HISTOIRE
DES
CONSPIRATIONS ET ATTENTATS
CONTRE LE GOUVERNEMENT ET LA PERSONNE
DE NAPOLÉON

PAR

ÉMILE MARCO DE SAINT-HILAIRE.

PARIS

CHARLES FELLENS, LIBRAIRE-ÉDITEUR.

Rue Rambuteau, 20.

HISTOIRE

DES

CONSPIRATIONS ET ATTENTATS.

Paris.—Imp. Preve et Cie, rue J.-J.-Rousseau, 15.

Explosion de la Machine infernale.

INTRODUCTION.

Dans tous les temps, et à toutes les époques, la civilisation a fait surgir des complots contre les hommes que la Providence jette à la tête des peuples pour affermir leurs destinées ou cimenter les bases d'un nouvel édifice social. Alexandre porte, dans les plis de ses drapeaux victorieux, les arts et les sciences dans la Perse et dans l'Inde, et quatre conjurations successives, ourdies au milieu même de ses camps, éclatent contre lui. César augmente de six grandes provinces le territoire du grand empire; il rétablit les lois méconnues, ramène le commerce sur les bords du Tibre, ressuscite cette sainte liberté que les proscriptions de Marius et de Sylla avaient hideusement transformée en licence, et César, tant de fois menacé du poignard, tombe enfin sous celui de Brutus! Dans les temps qui touchent aux nôtres, ne voyons-nous pas Henri IV vainqueur des factions, menacé maintes fois par le poison ou le fer des assassins, succomber enfin sous le couteau de Ravaillac? En Angleterre, Cromwell, pour prix de la gloire et de la puissance qu'il donna à la Grande-Bretagne, se vit sans cesse poursuivi par les ennemis de son gouvernement, comme si l'assassinat était le salaire habituel des hommes d'élite qui travaillent incessamment à la grandeur et à l'indépendance des nations!

Napoléon, plus qu'aucun autre des grands hommes des temps modernes, devait subir cette loi de la fatalité. Fils de la Révolution, mais pur de ses excès, il s'attira, dès le commencement de son consulat, la haine des républicains. Bientôt cette haine se grossit de celle des royalistes lorsque ceux-ci, après avoir inutilement essayé de lui faire jouer le rôle de Monck, se liguèrent, avec le reste des jacobins, pour renverser le colosse naissant qui réédifiait la prospérité publique à l'ombre des merveilles opérées par son génie. Cependant, il n'avait accepté l'héritage de la Révolution que, pour ainsi dire, *sous bénéfice d'inventaire*. En montant sur le pavois, il repoussa les hommes et les doctrines qui avaient fait de la France, pendant dix ans, un champ de deuil et de désolation. Son but, celui de toute sa vie, fut de rendre la France la plus puissante et la plus heureuse des nations, non-seulement par la gloire des armes, mais aussi par celle des sciences, des arts, et par celles, non moins nobles et non moins utiles, du commerce et de l'industrie. Ce programme, parfaitement connu des partis hostiles, leur ôtait tout espoir de succès; ils s'unirent alors dans le même but pour abattre, d'un seul coup, l'homme de génie et le bras de fer qui avaient enchaîné leurs détestables machinations.

Meurtrier de la liberté pour les républicains, usurpateur de la couronne de Louis XVI pour les royalistes, oppresseur des peuples pour un troisième parti qui recrutait ses séides au sein des sociétés secrètes de l'Allemagne, Napoléon était, pour tous, un obstacle, un épouvantail. Lui vivant, les partisans de la république, ceux de la royauté, ceux de la liberté allemande, ne pouvaient songer à proclamer leurs doctrines politiques. Les insensés ne voyaient pas que Napoléon, semblable à l'ange dont parle saint Jean dans l'Apocalypse, tenait dans sa forte main les clefs de l'abîme; qu'en s'efforçant de les lui arracher, ils ébranleraient le monde, et que de cet abîme sortiraient des maux incalculables qui réduiraient au néant liberté, couronne, indépendance, moralité et civilisation. L'heureuse étoile de Napoléon, ou plutôt les immuables décrets de la Providence, qui veille sur les hommes, ne permirent pas que le fer d'un fanatique vînt percer le cœur d'un héros: il était réservé à l'Angleterre d'abréger les jours du grand homme, en prodiguant au captif de Sainte-Hélène les tortures que le machiavélisme le plus perfectionné puisse inventer. Les ministres qui gouvernaient alors la Grande-Bretagne furent mieux inspirés que les assassins soudoyés par elle.

Dans cette longue série de tentatives meurtrières contre la vie ou la puissance de Napoléon, série que nous allons dérouler dans cet ouvrage, on verra que, de tous les fanatismes qui empoisonnent l'imagination, le fanatisme religieux, seul, n'aiguisa pas les poignards de l'assassinat. Cependant Napoléon combattit en Italie et en Espagne, ces terres classiques des exaltations et des croyances sans bornes! Cette remarque, qui n'a pas encore été faite, mérite une part dans les méditations des philosophes et des criminalistes. La loi pure et charitable du Christ est-elle mieux comprise depuis que le démon des révolutions a jeté sur le monde ses brandons de discorde? Ou bien, le même siècle qui avait produit un Marat, un Robespierre, un Carrier, était-il hors d'état de faire naître un Jacques Clément, un Ravaillac? Dieu, toujours miséricordieux pour l'humanité, lors même qu'il fait peser sur elle ses plus durs châtiments, semble ne pas permettre à la guerre, à la peste et à la famine de s'étendre ensemble sur la terre : ces fléaux y viennent cependant, mais ce n'est jamais que les uns après les autres et toujours après un certain laps de temps écoulé.

Les commencements d'un gouvernement nouveau sont presque toujours heureux : il n'en fut pas de même du Consulat. La première année fut une suite non interrompue de petites conjurations, d'obscurs complots, de sourdes trames contre Napoléon. Un événement décisif se préparait et mettait tous les esprits en mouvement, nous voulons parler de la bataille de Marengo. Les sentiments et les opinions fermentaient dans la capitale, et plus particulièrement dans les deux partis extrêmes, les républicains et les royalistes. Les mécontents nourrissaient l'espoir que celui qu'ils appelaient déjà le Cromwell de la France serait arrêté dans sa course, et que, élevé par la guerre, il périrait par la guerre. On était dans ces dispositions, lorsque, dans la soirée du 20 juin 1800, arriva à Paris un courrier du commerce, porteur de nouvelles de l'armée, annonçant que le 14, à cinq heures du soir, la bataille livrée près d'Alexandrie (celle de Marengo), avait tourné au désavantage de l'armée consulaire qui battait en retraite, bien qu'elle se battît encore. Cette nouvelle, répandue avec la rapidité de l'éclair, produit sur les esprits intéressés l'effet de l'étincelle électrique. On se cherche, on se rassemble, on va chez Chénier, chez Cour-

tois, chez Carnot; chacun prétend que : « Il faut tirer de la griffe du
« Corse la République qu'il met en péril, pour la reconquérir plus
« libre et plus sage ; qu'un premier magistrat est indispensable, mais
« qu'il faut que ce chef suprême ne soit ni dictateur, ni roi des soldats. »
Tous les regards se portent sur Moreau, sur Jourdan, sur Bernadotte ;
ils se tournent même vers Carnot qui, sans s'engager en rien et même
en repoussant toute solidarité, répond aux conspirateurs : « Attendez
« encore, surtout pas de légèreté, point d'imprudence, rien d'osten-
« sible ni d'hostile de votre part; on ne sait ce qui peut advenir. » Le
lendemain un courrier, expédié par le premier Consul, arriva chargé
des lauriers de la victoire ; le désenchantement fut complet, et dans la
nuit du 2 au 3 juillet le vainqueur de Marengo était de retour à Paris.
La première chose qu'il fit fut d'envoyer querir Fouché, ministre de
la police, auquel il dit :

« Eh bien ! on m'a cru perdu ; on a voulu essayer encore du Comité
de salut public ; je sais tout, et c'étaient des hommes que j'ai sauvés,
que j'ai épargnés... Me croient-ils un Louis XVI?... Qu'ils osent, et ils
verront... Ah! ils voulaient mettre Carnot à la tête du gouvernement...
Il eût été incapable de garder deux mois l'autorité[1]. »

Mais le Consul s'abusait, ou plutôt il s'était flatté ; il ne savait pas
tout : ainsi il ignorait qu'une fois en route pour revenir à Paris, toutes
les mesures étaient prises pour l'enlever et le faire disparaître comme
Romulus au milieu des éclairs de la tempête.

Nous nous sommes un peu étendu sur cette première tentative
essayée contre la vie de Napoléon, parce que les Mémoires contempo-
rains l'ont passée sous silence, et que la plupart des historiens qui ont
écrit sur le Consulat n'en ont parlé que d'une manière vague ; et cependant cette conspiration doit tenir sa place dans l'histoire, où elle est
désignée sous le nom de *complot du camp de Dijon*.

Il faut avouer que les partis politiques ont un instinct profond de ce
qui les comprime ou les blesse ; ils savent deviner la tête puissante qui

---

[1] Il serait injuste de rendre Carnot responsable des projets extravagants enfantés
par des cerveaux brûlés, et dont lui, Carnot, n'avait aucune idée ; sa conduite dans
cette affaire fut irréprochable ; le Comité qui dirigeait cette conspiration se composait de cinq personnes : Malet, Bazin, Gindre, Corneille et Lamarre.

les arrêtera dans leurs projets; alors, ils lui vouent une haine éternelle et la désignent à leur vengeance dans leurs plus extrêmes résolutions. Les familiers du Directoire et les habitués des clubs jacobins, irrités du dénoûment de la journée du 18 brumaire, moins peut-être que des résultats glorieux de Marengo, s'excitèrent au meurtre du Consul : « On conspire dans les rues, on conspire dans les salons », dit pour sa justification, devant ses juges, Joseph Aréna, qui avait voulu poignarder Napoléon à l'Opéra, le 18 octobre 1800. Trois de ces conspirateurs de carrefours, Melge, Veycer et Chevalier, furent successivement jugés et condamnés par des commissions militaires. D'autres, qu'on pourrait ranger parmi les conspirateurs de salons, convaincus d'avoir soudoyé et armé des assassins, furent emprisonnés temporairement. Cette seconde conspiration, qui n'avait aucune racine et qui n'était l'œuvre que de quelques misérables agents provocateurs, malgré l'accusation dirigée contre Joseph Aréna, Cerachi, Topino Lebrun et Demerville, aurait perdu, au grand jour des débats, toute sa gravité, si l'attentat du 3 nivôse (24 décembre 1800), dont nous allons dire quelques mots, ne fût venu réveiller les craintes du gouvernement et soulever l'indignation publique contre les jacobins qu'on supposait, mais à tort, être les auteurs de l'explosion de la rue Saint-Nicaise. Dès le lendemain de l'attentat, une instruction minutieuse commença contre ceux des prétendus conjurés que nous venons de citer. Ils comparurent devant une Cour de justice criminelle exceptionnelle, et tous trois, condamnés à mort, furent exécutés.

Il est des gens qui maintiennent dans leur opinion, sans doute parce qu'ils le croient, que Napoléon n'a jamais été brave. Un homme qui, de simple lieutenant d'artillerie, devient chef d'une nation comme la nôtre, ne peut être dépourvu de courage. Au surplus, la révolution du 18 brumaire et le complot d'Aréna attestent s'il en manquait.

On n'a jamais bien connu dans le public l'affaire de la machine infernale.

La police avait encore prévenu Napoléon qu'on cherchait à attenter à sa vie, et lui avait conseillé de ne pas aller à l'Opéra, où l'on savait qu'il devait se rendre le soir. A ce sujet, il avait fait venir, le matin, Dubois, alors préfet de police, qui lui avait confirmé ses craintes en ajoutant :

« Je vous conseille donc, général, de ne pas sortir ce soir.

— Pourquoi cela ? avait demandé le Consul, tout en continuant de se promener dans son cabinet.

— Parce qu'ils peuvent être là une douzaine de brigands désespérés... Un coup de pistolet est bientôt tiré, un coup de poignard est facile à donner, et si un tel malheur arrivait, il ne faudrait s'en prendre qu'à...

— Qu'à vous, interrompit brusquement Bonaparte en s'arrêtant court devant le préfet de police.

— Permettez, général ; nous ne pouvons répondre de la sûreté de votre personne si vous allez à l'Opéra, et cela est votre affaire et non celle de la police.

— Permettez vous-même, monsieur le conseiller d'Etat, ici chacun a son affaire, comme vous dites : la vôtre est de veiller sur moi et de me préserver de tout danger ; la mienne est d'aller ce soir à l'Opéra, attendu que *le Publiciste* l'a annoncé, et qu'il ne faut pas, ajouta-t-il en souriant, faire mentir les journaux. »

Voilà, croyons-nous, des preuves de courage qui ne sont pas équivoques, et ceux qui l'ont suivi sur le champ de bataille ne seraient point embarrassés d'en citer d'autres.

En 1801, un officier français, émigré en Russie, se trouvait dans la capitale. Le comte de Marcoff, ambassadeur de Paul Ier à Paris, le chargea de quelques commissions : le cabinet de Saint-Pétersbourg payait ses courses. Tout à coup, à son dernier retour en Russie, il est arrêté, ses papiers sont visités, et, après examen, il est déporté en Sibérie. La police française fit de vains efforts pour pénétrer les motifs de cette rigueur. Napoléon, en revenant de Tilsitt, dit au duc d'Otrante, à qui il avait demandé une note sur la famille de cet émigré :

« L'empereur Alexandre m'a assuré, dans nos conférences à Tilsitt, qu'il avait envoyé ce monsieur-là en Sibérie, pour s'être chargé de m'assassiner à Paris. »

Et cette affaire en resta là.

Trois ans plus tard, la conspiration dirigée par Georges Cadoudal en personne, favorisée par Pichegru, et applaudie par Moreau, qui n'en fut que le complice, faillit avoir de plus funestes résultats, d'abord pour le gouvernement, puis pour l'Empereur. Cette conspiration est la seule qui, par ses ramifications, l'importance de ses vues, la capacité de ses chefs, ait pu balancer, quelques instants, la fortune de Napoléon.

Le 17 février 1806, un sieur Guillet, ancien paumier des princes, arriva de Paris au port de Gravesend, et informa Fox, alors premier ministre d'Angleterre, qu'il avait des communications de la plus haute importance à lui faire. Guillet, sur l'ordre du ministre, vint à Londres et lui fut présenté. Cet homme lui exposa alors la résolution et le plan qu'il avait formé pour se défaire de Napoléon. Son moyen consistait en une pièce d'artifice braquée derrière la grille du quai de Chaillot, et qu'on tirerait au passage de la voiture impériale. Fox en donna avis immédiatement à M. de Talleyrand, ministre des relations extérieures. « La loi anglaise, lui disait le ministre anglais dans sa dé-
« pêche, ne me donne d'autre action sur cet individu que celle
« de le chasser du pays ; mais je vais le retenir quelques jours encore
« à Londres, pour donner le temps à votre gouvernement de prendre
« ses mesures pour se mettre en garde contre lui. » Guillet fut arrêté en Allemagne ; il avoua son entrevue avec Fox, mais il soutint que cette proposition de meurtre était venue du ministre anglais lui-même. La police ne défèra point Guillet à la justice, mais elle l'enferma à Bicêtre, où il mourut deux ans après son entrée ; cet homme était âgé de soixante-quinze ans.

Le 12 octobre 1809, Napoléon passait à Schœnbrunn la revue de ses troupes, lorsqu'un jeune homme, vêtu comme les employés d'administration de l'armée, se glissa dans les rangs de l'état-major impérial et chercha à s'approcher de l'Empereur. Deux fois repoussé par le général Rapp, il revint deux fois à la charge. Enfin, arrêté par les gendarmes d'élite, on trouve sur lui un long couteau ; il déclare se nommer Strapps, être fils d'un ministre luthérien de Naïmbourg en Saxe, et être âgé de dix-huit ans. Ce jeune homme était un illuminé ; c'était le premier fruit de cette sombre philosophie tudesque qui avait enfanté les sociétés secrètes. Strapps avoua son crime et mourut, comme on le verra, avec le courage d'un martyr, le jour même où l'artillerie annonçait la signature de la paix.

Un Polonais, se disant comte Pagowski, fut arrêté à Paris en 1810. On trouva dans ses papiers la copie d'une lettre qu'il avait adressée précédemment, de Hambourg, à l'empereur de Russie et dans laquelle il offrait à l'autocrate, en termes formels et motivés, d'assassiner Napoléon. Peut-être ce comte Pagowski ne voulait-il qu'attraper quelque argent au czar; mais des preuves positives d'espionnage pour le compte des Anglais le firent condamner par une commission militaire : il fut fusillé à la plaine de Grenelle en 1811.

Dès 1806, le général Malet avait essayé à Paris le triste drame qu'il y joua en 1812 avec plus de succès. Malet, homme d'une rare intelligence, républicain par conviction, n'avait, dans ces deux équipées, que lui seul pour confident. Selon nous, les historiens ont traité jusqu'à présent Malet trop légèrement : il y avait dans cet homme l'étoffe de deux Catilina et de trois Pinto; cependant le complot, ou, pour mieux dire, le plan subversif de cet *unique conjuré* tendait bien moins au meurtre de Napoléon qu'au renversement de son gouvernement; mais les périls les plus imminents devaient être, pour Napoléon, ceux qui l'attendaient au milieu même des compagnons de sa gloire et des objets de ses plus chères sympathies.

En 1813, des généraux voulurent l'enlever au milieu d'une revue. Des maréchaux, dit-on, profondément découragés par les désastres de la campagne précédente (celle de Moscou), invoquèrent sa mort. Cette défection morale prit un caractère plus sombre et plus ardent encore après la bataille de Dresde. Dès lors, rien ne fut plus capable de contenir l'intempérance des discours. Un jour le baron Fain, en sortant de la tente impériale, entendit un maréchal qui, au milieu d'un groupe d'officiers-généraux rassemblés pour l'*ordre*, proférait les plus sinistres pronostics. Le secrétaire de l'Empereur, frappé de l'impression que pouvaient en recevoir ces chefs de corps, en prévint Napoléon, qui se contenta de lui répondre :

« Que voulez-vous, ils sont devenus fous ! »

C'était précisément ce que ses lieutenants disaient de lui-même. En outre, une association secrète formée dans un régiment de gardes d'honneur à Tours, commandé par M. de Ségur, n'était guère moins hostile; cependant, comme il n'y eut point de commencement d'exécution, on ne peut guère la ranger parmi les conspirations qui mirent les jours de Napoléon en danger; mais, l'année suivante, il fut positivement question de faire disparaître Napoléon. Il s'agissait de le frapper au fond de quelque défilé ou d'un bois écarté, de creuser une fosse et d'y ensevelir son corps sans laisser la moindre trace du crime. C'eût été la fin de Moïse, c'eût été celle aussi de Gustave-Adolphe et de Charles XII. Le fait de la disparition de Napoléon, entre les deux grandes batailles de Craone ou de Champ-Aubert, eût certainement fait changer la politique de l'Europe. L'Empereur finissant ainsi, avec toutes ses couronnes et toute sa gloire, Paris n'eût point capitulé; le drame de Sainte-Hélène n'eût pas eu lieu. Toutefois, il n'en fut pas ainsi; quelques-uns des conjurés, redoutant le ressentiment et les recherches que n'eussent pas manqué de faire les chefs de la garde impériale, jugèrent à propos de s'en ouvrir à leur commandant, le maréchal Lefebvre, qui répondit :

« Un moment, messieurs! je commande au nom de l'Empereur, et je vous préviens que je le défends ou que je le venge, n'importe ce qui arrive. »

Le lendemain, nouveau message : cette fois ce fut un général de brigade qui se chargea de porter la parole; mais, aux premiers mots, le brave duc de Dantzick l'interrompit en lui disant :

« Général, ceci devient par trop fort; si vous et les vôtres persistez dans vos mauvais desseins, je vais prévenir l'Empereur; ainsi renoncez à vos projets, ou je parle. »

L'envoyé demanda vingt-quatre heures pour faire sa réponse; et, le croirait-on? cette réponse fut que l'on consentait à ce que le maréchal fît part à Napoléon de la résolution prise contre lui; on faisait plus, on l'y engageait, dans l'espoir que cet esprit, jusqu'alors inflexible, serait peut-être ébranlé d'une telle résolution. Mais l'Empereur, sans paraître ni surpris ni ému, fit au maréchal sa réponse ordinaire :

« Je sais que j'ai affaire à des fous; ne vous occupez pas de semblables billevesées. »

Il fallait au grand homme une conjuration de rois pour amener sa ruine et celle de la France; et cette conjuration eut lieu ; et le grand attentat de Sainte-Hélène est là pour en témoigner. Aussi rien n'a-t-il manqué à la gloire de Napoléon.

Après l'abdication de Fontainebleau, au mois d'avril 1814, les conseils les plus sinistres furent donnés, à Paris, par des hommes exaltés. Les haines contre lui étaient si vives, que l'on discuta sérieusement si l'on ne se déferait pas de lui par l'assassinat. Un double complot fut alors formé. Le premier par Maubreuil, qui, de son propre aveu, aurait accepté l'horrible mission de poignarder l'Empereur à son départ de Fontainebleau pour l'île d'Elbe ; mais les assassins qui devaient le seconder n'osèrent se hasarder contre une quarantaine de lanciers qui formaient l'escorte, et ils se dédommagèrent sur les fourgons de la reine de Westphalie qu'ils pillèrent. L'autre complot avait été ourdi par des royalistes fanatiques. Il y a encore bien des mystères dans cet ordre donné à un agent secret de traverser la France et d'arriver à Valence avant l'illustre exilé... On sait qu'il n'échappa que par miracle aux assassins d'Orgon, de Canat et de la Callade.

Déjà, deux ans avant l'attentat de Strapps, un Saxon, mais d'une naissance presque illustre et d'une éducation achevée, le baron de La Sahla, était venu à Paris dans l'intention de tuer Napoléon. La police française, en garde contre les illuminés des Universités allemandes, le suivait depuis Erfurt et l'arrêta à l'*hôtel des Princes*, rue Richelieu, où il était descendu. La Sahla était armé de quatre pistolets et d'un poignard. Cet arsenal ambulant, joint aux discours inconsidérés qu'il avait tenus sur sa route et aux provocations qu'il adressait aux militaires qu'il rencontrait dans les rues de la capitale, ne contribua pas peu à son arrestation. La Sahla cependant obtint sa liberté et retourna en Saxe ; mais au commencement de 1815, il revint à Paris avec les mêmes idées et la même détermination.

Blucker avait alors son quartier-général à Namur ; c'est lui qui fit délivrer un passe-port à La Sahla. Ce dernier, pour mettre son projet à exécution, s'était procuré de la poudre fulminante : le 5 juin 1815, vers une heure de l'après-midi, en sortant de la Chambre des représentants, où l'Empereur assistait, La Sahla glissa dans la *rue de Bourgogne* et tomba sur le paquet d'argent fulminant qu'il avait dans la poche de sa redingote. L'explosion, que cette chute détermina, le mutila horriblement; arrêté et conduit à la Préfecture de police, après un premier interrogatoire on le conduisit presque mourant à Vincennes, où il demeura jusqu'à la seconde rentrée des alliés dans la capitale, c'est-à-dire jusqu'au mois de juillet suivant. Blucker, auquel il s'était recommandé, le fit rendre à la liberté, et on n'entendit plus parler de lui.

Nous ne chercherons pas à atténuer l'acte de clémence dont La Sahla fut une première fois l'objet ; mais les allures, les propos inconsidérés, l'outrecuidance excessive de ce jeune homme nous porteraient à le ranger plus volontiers dans la catégorie des séides que dans la classe des conspirateurs.

Au surplus, depuis 1809, les écoles, les ateliers, les cafés de la Saxe, de la Prusse et des autres parties de l'Allemagne, exhalaient des idées de meurtre et d'assassinat. Il existait même, dans plusieurs villes de la Silésie et de la Poméranie, sous la forme et le nom de *compagnies de l'arquebuse*, des réunions où l'on s'exerçait au tir, dans le but, avoué par les règlements, de porter des coups plus assurés à l'ennemi *de la patrie allemande*, à Napoléon.

Au milieu d'embûches de toutes sortes, sous le poignard des factions sans cesse tourné contre sa personne, perdant une à une les affections de ceux qu'il avait faits les premiers après lui, l'Empereur ne manifesta pas un seule fois, nous ne dirons pas de la crainte, mais même de la préoccupation. Après la tentative du 3 nivôse, comme après celle de Strapps à Schœnbrunn et les révélations du maréchal Lefebvre en 1814, il ne montra ni humeur, ni découragement ; cette grande âme était supérieure aux craintes ordinaires de l'humanité et savait maîtriser tous les sentiments d'égoïsme, de personnalité et de vengeance.

Napoléon avait eu l'intention de faire écrire l'histoire des conspirations tramées contre lui, et de placer au Musée d'artillerie, avec le nom de ceux qui les avaient conçues, les armes et les machines qui devaient servir à la perpétration du crime. Ce vœu du grand homme reçut un commencement d'exécution, mais il ne fut pas complétement rempli.

Et lorsqu'à Sainte-Hélène il rappelait les nombreux dangers qu'il avait courus au milieu des complots, et les conspirations qui avaient surgi autour de lui au temps de sa puissance, il disait :

« Tous ces individus étaient des fanatiques, et, malheureusement, dans les têtes fanatisées il n'y a pas d'organe par où puisse pénétrer la raison. Pour pouvoir déraciner le fanatisme, il faudrait pouvoir l'endormir. En résumé, il n'y a que le fanatisme militaire qui soit bon à quelque chose ; il en faut pour se faire tuer !... »

HISTOIRE
DES
CONSPIRATIONS ET ATTENTATS

CHAPITRE I.

LA MACHINE INFERNALE.

1800.

I

Une après-dînée du mois de décembre 1800, Napoléon manifesta à Joséphine le désir d'aller au *théâtre de la République et des Arts* (l'Opéra) avec elle et ses deux enfants, Eugène et Hortense de Beauharnais (plus tard reine de Hollande); le jour fut choisi et fixé au surlendemain. En même temps il lui avait recommandé de ne pas se faire attendre, comme c'était un peu son habitude, et de se tenir prête à partir à sept heures et demie : l'heure du dîner devait être avancée à cet effet.

Le surlendemain, à cinq heures de l'après-midi, le premier Consul descend chez sa femme, croyant la trouver à sa toilette. Il n'est pas peu surpris de la voir étendue sur le petit canapé de son boudoir, avec sa fille assise à côté d'elle.

« Allons donc, paresseuse, lui dit-il en riant, il faut t'habiller et venir dîner; ne te rappelles-tu pas que nous allons ce soir à l'Opéra? C'était convenu avant-hier... Tu n'es pas seulement coiffée! A quoi donc penses-tu?

— Il est vrai, répond Joséphine; mais, tu le vois, je souffre; j'ai ma migraine.

— Ce n'est pourtant pas ton jour!... Allons, viens toujours; tu mettras un des nouveaux cachemires que tu as reçus.

— Je t'assure, Bonaparte, que ce n'est pas un caprice. Tiens, vois toi-même, j'ai une fièvre affreuse. »

Et, en disant ces mots, elle lui tend le plus joli bras qu'on puisse voir.

« En effet, dit Napoléon devenu pensif, tu es brûlante; couche-toi et bois de l'eau sucrée, cela ne sera rien. Veux-tu que j'envoie chercher Corvisart?

— C'est inutile pour ce soir.

— Alors, reste tranquille. Au lieu d'aller au spectacle, moi, je vais aller travailler; ta fille te tiendra compagnie : nous irons à l'Opéra un autre jour. Je reviendrai te voir bientôt : dors. »

Napoléon baisa la main de sa femme et se retira en marchant sur la pointe des pieds, après avoir recommandé à Hortense de faire boire de l'eau sucrée à sa mère.

Joséphine se mit au lit, et ne tarda pas à s'assoupir. Cette indisposition n'était alors qu'un léger accès de fièvre qui, sur les huit heures, devint très-fort.

A neuf heures, Napoléon entre sans bruit dans la chambre de sa femme, et demande à voix basse à Hortense, qui lisait, assise au pied du lit de sa mère qu'elle n'avait pas quittée de la soirée, comment allait la malade.

« Général, elle ne va pas bien! répond-elle.

— Bah! bah! votre mère s'écoute trop; qu'elle fasse comme moi!

— Et que fais-tu, toi? lui demanda Joséphine qui ne dormait pas.

— Je ne fais rien, parce que, en pareil cas, c'est ce qu'il y a de mieux à faire; demande à qui tu voudras.

— Laisse-moi donc; personne n'est plus douillet que toi. Je te dis que je suis très-malade, moi!

— Alors je vais écrire au pape pour qu'il t'envoie sur-le-champ son petit bonhomme de bois.

— Tu plaisantes toujours; envoie-moi plutôt Corvisart, je veux qu'il me tâte le pouls... Qu'est-ce que c'est donc que ce petit bonhomme de bois dont tu parles?

— Ma chère amie, c'est *Il Bambino!*... Les révérends pères Récollets viendront ici tout exprès te l'apporter dans leur carrosse. Ils se placeront à tes côtés, et ils y resteront, à mes frais, bien entendu, jusqu'à ce que tu sois morte ou guérie.

— Tout cela ne me dit pas ce que c'est que ton Bambino, ajouta Joséphine en souriant.

— C'est un petit Jésus de bois que l'on porte, à Rome, aux gens qui sont très-malades et surtout très-riches, lorsque déjà les médecins les ont abandonnés.

— Oh! oh! je n'en suis pas encore là.

— Ce petit bon Dieu est toujours en course, continua Napoléon; on se bat souvent à la porte du couvent pour l'obtenir. L'été surtout, il est singulièrement occupé, quoiqu'il fasse payer ses visites plus cher, en raison de la chaleur; mais maintenant que nous sommes en nivôse, probablement je l'aurai à meilleur marché, en marchandant un peu. Parle? ajouta le premier Consul en essayant de garder son sérieux; pour peu que tu le désires, je te donne ma parole que j'expédie à l'instant un courrier à Rome.

— Laisse-moi tranquille avec ton Bambino; tu as tort, Bonaparte, de plaisanter avec ces choses-là. Envoie-moi Corvisart, voilà tout ce que je te demande.

— Au fait, cela sera plus facile, plus vite fait, et ne coûtera pas si cher. »

Après avoir souhaité le bonsoir à sa femme et à sa belle-fille,

Napoléon se retira et ne revint que le lendemain; mais alors Joséphine allait beaucoup mieux, sa fièvre avait entièrement disparu. Corvisart n'avait pas été appelé. Elle ne regrettait que le spectacle qu'elle avait manqué; aussi se promit-elle de ne pas laisser échapper la première occasion qui se présenterait d'y aller, avec un de ses nouveaux cachemires, ses enfants et son mari. Elle n'attendit pas longtemps. La semaine suivante, elle était au salon avec sa belle-sœur Mme Murat, le général Lannes, Bessières et l'aide de camp de service, le capitaine Lebrun, tandis que Napoléon était rentré dans son cabinet pour y travailler avec Bourrienne. On vint à parler musique, et naturellement l'Opéra fut mis sur le tapis. Mme Murat, qui avait peut-être plus que sa belle-sœur le désir d'aller s'y faire admirer, dit qu'on devait y exécuter, le soir même, le grand oratorio de la *Création* d'Haydn, et que c'était un spectacle magnifique à voir.

« Bon! s'écrie Joséphine, voilà une bonne occasion. Capitaine, dit-elle à Lebrun, voulez-vous avoir la bonté d'aller commander le piquet d'escorte?

— Mais, maman, dit Hortense, si le premier Consul ne veut pas venir avec nous?

— Il viendra, ma chère amie.

— Ce n'est pas moi, mesdames, qui me chargerai de l'y engager, si vous voulez bien y consentir, dit Lannes; car le général n'avait pas l'air de trop bonne humeur à dîner : l'avez-vous remarqué?

— Il est comme cela depuis huit jours, reprit Joséphine; il n'y faut pas faire attention.

— Moi, je m'en charge, madame, dit tout aussitôt Bessières, à condition que vous me permettrez de vous accompagner.

— Certainement! » fit Mme Murat.

Et Bessières ainsi que Lannes, suivis de l'aide de camp de service, sortirent du salon.

Quelques instants après, Duroc vint annoncer que son général irait volontiers à l'Opéra; mais que, ne voulant pas perdre de temps, il va partir sur-le-champ en emmenant avec lui, dans sa voiture, Lannes, Bessières et Lebrun. Duroc s'offrit alors de remplacer Bessières auprès de ces dames : on l'accepta.

Cinq minutes s'étaient à peine écoulées, que Joséphine aperçoit la voiture dans laquelle était monté son mari déboucher rapidement dans le Carrousel.

« Et vite! et vite! Hortense, s'écrie-t-elle; donne-moi mon châle ; voilà Bonaparte déjà parti : je voudrais tâcher d'arriver en même temps que lui. »

Une de ses femmes lui apporte les cachemires qu'elle avait reçus récemment de Constantinople. Elle en prend un au hasard, et le jette négligemment sur ses épaules; puis, saisissant ses gants et son éventail :

« Allons, ma sœur, êtes-vous prête? dit-elle à Mme Murat.

— Permettez, madame, s'écrie Duroc, ce châle n'est pas posé avec assez de grâce sur vos épaules.

— Trouvez-vous, Duroc? En ce cas, drapez-le vous-même, comme vous m'avez dit, à l'égyptienne.

— Dépêchez-vous donc, ma sœur; vous êtes très-bien comme cela, dit Mme Murat impatiente de partir; mon frère doit être arrivé maintenant. »

La voiture du premier Consul était déjà parvenue à l'extrémité du Carrousel, que celle de Joséphine était encore dans la cour du château, quand tout à coup une explosion terrible se fait entendre!... C'est celle causée par la machine infernale de la rue Saint-Nicaise, à laquelle Napoléon, comme on sait, n'échappa que par miracle. Saint-Régent, un des principaux conjurés, s'était placé au milieu de cette rue ; un grenadier de l'escorte du premier Consul, le prenant pour un véritable porteur d'eau, qui par entêtement ne voulait pas se ranger lui et son tonneau, lui appliqua sur les épaules quelques légers coups de plat de sabre qui le firent s'éloigner. Napoléon passa, et l'explosion n'eut lieu qu'entre sa voiture et celle de sa femme.

A ce bruit étrange, Joséphine jette les hauts cris. Les glaces de sa voiture sont brisées; Hortense elle-même est légèrement blessée au bras d'un éclat de verre. Voyant tout le monde fuir en désordre, elle ne veut pas passer outre sans, au préalable, connaître la cause d'une explosion aussi extraordinaire. Duroc s'est élancé de la voiture presque aussitôt pour savoir ce que ce peut être. Il revient un quart d'heure après en annonçant que ce n'est qu'un accident causé par l'imprudence d'un armurier de la rue de la Loi (Richelieu), et il se hâte d'ajouter que ni le premier Consul, ni aucun de ceux qui l'accompagnaient n'ont eu le moindre mal; que cependant les chevaux ont eu peur, mais qu'il vient de voir son général, calme et paisible dans sa loge, occupé à lorgner les spectateurs et à causer avec Fouché.

Joséphine continua sa route, en passant cependant par un autre chemin que la rue Saint-Nicaise. Et lorsqu'elle entra dans sa loge, située à l'avant-scène, positivement en face de celle occupée par le premier Consul, celui-ci lui fit avec la main un signe très-amical. Bientôt la triste vérité lui fut connue. Elle fut près de se trouver mal; sa fille souffrait beaucoup de son bras, qu'elle avait entouré de son mouchoir. Quant à Mme Murat, elle n'était occupée qu'à compter le nombre des musiciens qui étaient dans l'orchestre.

La nouvelle de l'événement se répandit un peu plus tard parmi les assistants. L'agitation fut portée à l'extrême; mais l'attitude calme de Napoléon tranquillisa tous les spectateurs, et l'opéra continua comme s'il ne se fût rien passé d'extraordinaire. Le premier Consul, Joséphine et sa fille restèrent jusqu'à la fin.

De retour aux Tuileries, aussitôt que Napoléon vit entrer sa femme dans le salon, où il était arrivé quelques minutes avant elle, il courut l'embrasser affectueusement et lui dit presque en souriant:

« Ces coquins de jacobins voulaient me faire sauter! Et toi, tu as dû l'échapper belle? »

La mère et la fille ne lui répondirent qu'en fondant en larmes.

« Est-ce donc vivre, s'écria Joséphine, que de redouter sans cesse des assassins !

— Aussi ai-je lavé la tête à Fouché de la bonne manière ! ajouta Napoléon.

— A ta place, je ne voudrais plus rien avoir à démêler avec cet homme ; il me fait peur.

— Que veux-tu ? est-ce que je puis me passer de lui maintenant ?... Il est habile : je saurai toujours en tirer parti... Et puis, sois tranquille, ma chère amie, cette affaire me mènera plus loin qu'on ne pense, va !... »

En effet, quatre ans plus tard, Napoléon était Empereur.

II

Le lendemain, des députations du Conseil d'État, du Sénat, du Corps législatif et du Tribunat accoururent aux Tuileries pour féliciter le premier Consul de ce qu'il avait échappé au danger, et pour l'inviter, en même temps, à sévir contre les auteurs de l'attentat. Boulay de la Meurthe, qui porta la parole au nom du Conseil d'État, termina son discours en disant : « Il est temps enfin, « citoyen premier Consul, de satisfaire au vœu national en prenant « toutes les mesures nécessaires au maintien de l'ordre public. »

— Oui, citoyens, répondit Napoléon, *je prendrai des mesures* contre les *septembriseurs !*... Tant que cette poignée de brigands m'a attaqué directement, j'ai dû laisser aux lois le soin de les punir ; mais puisqu'ils viennent, par un crime sans exemple, de mettre en danger une partie de la population et de la cité, le châtiment que je leur réserve sera aussi prompt qu'exemplaire !... »

Il faudrait avoir vu la figure de Bonaparte, son geste toujours rare, mais expressif, pour se faire une idée de la manière avec laquelle il prononça ces paroles.

Les députations s'étant retirées, il ne restait plus dans le *salon de la Paix*, où elles avaient été reçues, que quelques conseillers intimes et les ministres de l'intérieur et de la police. Ce dernier essayait de prouver à son collègue (Lucien Bonaparte) que les royalistes émigrés, aidés de l'Angleterre, avaient seuls ourdi et exécuté le complot, lorsque Napoléon, qui avait accompagné Boulay de la Meurthe jusqu'à la porte, revint sur ses pas, et s'adressant à Fouché, qu'il avait écouté un moment, l'interrompit en lui disant avec vivacité :

« Allons donc ! vous ne ferez prendre le change ni à mon frère ni à moi ; il n'y a dans cette affaire ni nobles, ni chouans, ni prêtres ; il n'y a que des septembriseurs, des scélérats couverts de crimes, et qui sont en conspiration permanente, en révolte ouverte, en *bataillon carré* contre tous les gouvernements qui se sont succédé depuis le commencement de la Révolution. Ce sont de prétendus patriotes renforcés, des peintres, des sculpteurs, de misérables histrions [1], qui ont l'imagination ardente et un peu plus d'instruction que le peuple avec lequel ils vivent, et sur lequel ils exercent une sorte d'influence lorsqu'ils sont ensemble au cabaret. »

Ceux des conseillers d'Etat qui étaient présents abondèrent dans cette opinion et ne se gênèrent pas pour attaquer ouvertement Fouché, qui, du reste, était généralement détesté par eux. Quant à ce dernier, dès qu'il avait entendu toutes ces déclamations, il s'était retiré sans affectation dans l'embrasure d'une croisée, et là, seul, le visage affreusement pâle, il ne disait rien : on le regardait déjà comme un homme perdu : un de ceux qui avaient le moins vociféré contre le ministre de la police en eut pitié, et s'approchant de lui :

« Qu'est-ce que tout cela signifie ? lui demanda-t-il ; pourquoi ne vous défendez-vous pas ?

---

[1] Ici Napoléon faisait allusion au complot Ceracchi et Aréna, qui avait eu lieu trois mois auparavant, et dans lequel un obscur chanteur des chœurs de l'Opéra, nommé Floridor, avait été impliqué, ainsi qu'un maître de danse.

— Laissez-les dire, répondit Fouché avec un sourire forcé, je ne veux compromettre ni la sûreté de l'État ni personne..., je parlerai quand il en sera temps... Rira bien qui rira le dernier.

— Il nous faut absolument trouver un moyen de faire prompte justice des auteurs et des complices de l'attentat d'hier, dit Napoléon à ceux qui l'entouraient. Les sections de législation et de l'intérieur se réuniront aujourd'hui même, à deux heures, pour délibérer ; je les ai fait convoquer à cet effet. Depuis plusieurs jours, nous nous occupons de *tribunaux spéciaux* pour distraire de la juridiction ordinaire ceux qui attaquent et pillent les diligences sur les grandes routes ; je veux parler de ces brigands, connus sous le nom de *chauffeurs*, qui désolent les campagnes. Je suis d'avis qu'il suffit d'ajouter un article au projet de loi pour attribuer aux mêmes tribunaux la connaissance des crimes contre l'État.

— Je pense comme vous, citoyen premier Consul, dit un des conseillers d'État ; il ne faut pas faire une loi dans cette circonstance ; il vaut mieux fondre tout dans le projet sur les tribunaux spéciaux.

— Tout le monde ne sera pas de cet avis, dit une voix derrière le groupe.

— Si on ne le veut pas, répliqua vivement Napoléon, je trouverai bien le moyen de faire juger ces scélérats par une commission militaire. »

Au même instant le préfet de police Dubois entra dans la galerie et s'avança vers le premier Consul, qui lui dit dès qu'il l'aperçut :

« Je serais bien malheureux si, dans cette circonstance, j'avais été préfet de police.

— Citoyen premier Consul, répondit Dubois avec beaucoup de calme, une bonne police consiste à maintenir la sûreté et la tranquillité publiques, à prévenir les séditions ; mais il est impossible de deviner ce qui se passe dans la tête d'un fou. Il y a probablement très-peu de conjurés. Ce n'est guère que par les révélations de quelques initiés qu'on peut découvrir les complots de cette espèce. Cependant la police est en mouvement, et j'espère...

— Il n'y a rien à espérer avec un ministre de la police tel que Fouché, interrompit Rœderer, l'un des plus acharnés contre lui ; on ne peut laisser les jours du premier Consul à la merci d'un homme qui ne passe son temps qu'à s'occuper de filles publiques et de tripots.

— Allons, allons, Rœderer, point de personnalités, dit Napoléon en lui imposant silence avec un geste de la main. Je suis persuadé que Fouché a déjà fait son devoir ; c'est à nous d'aller faire le nôtre : venez avec moi. »

Et suivi de plusieurs conseillers d'Etat, il s'achemina lentement vers la salle du conseil, appuyé sur le bras de Rœderer, auquel il fit à voix basse des représentations sur ce qu'il appelait *ses élans mal dirigés*.

III

Dans cette première séance où les trois Consuls assistèrent, on arrêta définitivement la rédaction des deux articles additionnels à la loi sur les *tribunaux spéciaux*. Le premier leur attribuait la connaissance des *attentats contre la sûreté des membres du gouvernement*; le second donnait aux Consuls le droit d'expulser de Paris les hommes dont la présence leur paraîtrait compromettre la sûreté de l'Etat, et celui de les déporter en cas de violation de leur exil. Au moment où Portalis se levait pour donner lecture des articles, Napoléon prit la parole et dit :

« L'action d'un tribunal spécial est encore trop lente, trop circonscrite. Il faut une vengeance plus éclatante pour un crime aussi atroce ; il faut qu'elle soit rapide comme la foudre : il faut du sang !... Il faut fusiller autant de coupables qu'il y a eu de victimes, déporter les autres, et profiter de cette circonstance pour purger la République. Cet attentat est l'œuvre d'une bande de septembriseurs qu'on trouve mêlée à tous les crimes de la Révolution. Lorsque le parti verra son quartier-général frappé, le reste rentrera dans le devoir, les ouvriers reprendront leurs travaux, et dix mille individus qui, en France, tiennent encore à ce parti et sont susceptibles de repentir, l'abandonneront entièrement. Ce grand exemple est nécessaire pour rattacher la classe intermédiaire à la République ; mais il est impossible de l'espérer tant que cette classe se verra menacée par une centaine de loups enragés qui n'attendent qu'un moment favorable pour se jeter sur leur proie. Dans un pays où les brigands restent impunis et survivent à toutes les crises révolutionnaires, le peuple n'a point de confiance dans le gouvernement des honnêtes gens timides et modérés, s'il ménage toujours les méchants qui peuvent toujours lui devenir funestes. Dans ce cas, il faut pardonner, comme Auguste, ou prendre une grande mesure qui soit une garantie pour l'ordre social. Lors de la conjuration de Catilina, Cicéron fit immoler les conjurés et dit qu'il avait sauvé son pays. Je serais indigne de la grande tâche que j'ai entreprise et de la mission qui m'a été confiée si je ne me montrais pas sévère dans une telle occurrence. La France et l'Europe se moqueraient d'un gouvernement qui laisserait impunément miner un quartier de Paris, ou qui ne ferait de ce crime qu'un procès criminel ordinaire. Il faut considérer cette affaire en homme d'Etat. Ce n'est pas, au surplus, pour moi que je parle : j'ai bravé d'autres dangers, ma fortune m'a préservé et je compte encore sur elle ; mais il s'agit ici de l'ordre social, de la morale publique et de la gloire nationale. »

Ce discours changeait entièrement l'état de la question. Il ne s'agissait plus de juger d'après une loi à faire, mais de condamner et de déporter, par mesure de salut public, non des coupables avérés, reconnus, mais, à tout hasard, des hommes de la Révolution que l'on désignait, à tort ou à raison, comme des scélérats. Cette violence répugna au Conseil. La discussion devint froide et languissante sur la nécessité d'une telle mesure, sur la forme de son exécution ; Napoléon revenait toujours à son opinion primitive. Les orateurs tournaient autour de cette question, sans oser l'aborder franchement :

celle de savoir à quelle nuance politique appartenaient les coupables. Truguet, le premier, en eut le courage.

« Sans doute, dit-il, il faut que le gouvernement ait des moyens extraordinaires de se défaire des scélérats; mais il y en a de plus d'une espèce. On ne peut se dissimuler que les émigrés menacent les acquéreurs des domaines nationaux, que d'anciens prêtres fanatiques égarent le peuple des campagnes, que les agents de l'Angleterre s'agitent, que l'esprit public est corrompu par des pamphlets, que la révolte se ranime dans la Vendée...

— Un moment, citoyen Truguet! interrompit le premier Consul; de quels pamphlets voulez-vous parler?...

— Des pamphlets qui circulent publiquement...

— Mais encore, quels sont-ils?...

— Parbleu! citoyen premier Consul, vous les connaissez aussi bien que moi : quand il ne s'agirait que de celui qui a établi un parallèle entre César, Cromwell et vous [1]!... »

A ces mots, le rouge monta au visage de Napoléon, qui se leva avec vivacité, et interrompant Truguet :

« Je demande la parole! s'écria-t-il. Je vois avec douleur qu'il y a ici des gens qui parlent un peu... *vite*... et qui ne réfléchissent pas assez à l'impression que leurs paroles peuvent laisser dans les esprits. Oui, citoyen Truguet, ajouta-t-il en regardant fixement ce conseiller d'État, qui s'était levé à son tour, ce que je dis est pour vous. Au surplus, je ne me formaliserai pas du reproche que vous semblez m'adresser directement; nous sommes ici en famille, et tous nous devons avoir les uns pour les autres de l'indulgence et nous pardonner les écarts auxquels le feu de la discussion peut nous entraîner. N'en parlons plus, reprit-il avec un peu plus de calme;

---

[1] Ce pamphlet, dont le titre était *Parallèle entre César, Cromwell et Bonaparte*, avait pour but l'établissement de l'hérédité du premier Consul en France. Il était sorti du ministère de l'intérieur. Fouché, qui n'aimait pas Lucien Bonaparte, lui avait conseillé de publier cette brochure, afin de le brouiller tout à fait avec son frère, qui ignorait complètement cette intrigue. Fouché réussit parfaitement : Lucien fut disgracié et remplacé au ministère de l'intérieur par Chaptal.

mais on ne me fera pas prendre le change par des déclamations. Les scélérats sont connus, ils sont signalés par la nation; ce sont les septembriseurs, je vous l'ai déjà dit. Ce sont ces hommes, artisans de tous les crimes, et qui ont toujours été défendus ou ménagés par de misérables ambitieux subalternes. On parle de nobles et de prêtres! veut-on que je proscrive pour une qualité? veut-on que je déporte trois mille prêtres, des vieillards inoffensifs? Veut-on que je persécute les ministres d'une religion professée par la plus grande partie des Français et par les deux tiers de l'Europe? Lorsque George Cadoudal a voulu remuer dernièrement, il a attaqué les prêtres qui restaient fidèles au gouvernement. La Vendée n'a jamais été plus tranquille, et s'il s'y commet quelques attentats partiels, c'est qu'il est impossible d'y éteindre tout à coup les ressentiments particuliers. Il faudrait, sans doute, que je renvoyasse la majeure partie des membres du Conseil d'Etat; car, à l'exception de deux ou trois, on dit partout que ce sont des royalistes. L'autre jour, ne m'a-t-on pas accusé d'aristocratie, moi! N'a-t-on pas dit que le citoyen Defermon était un agent royaliste? Il faudrait que j'envoyasse le citoyen Portalis à Sinnamary, le citoyen Devaisnes à Madagascar, et que je me composasse un Conseil à la Babeuf! Me prend-on pour un enfant? Faut-il déclarer la patrie en danger? La France a-t-elle jamais été dans une plus brillante situation depuis la Révolution; les finances en meilleur état, les armées plus victorieuses, l'intérieur plus paisible? J'aime bien que des hommes, qui n'ont jamais figuré dans les rangs des véritables amis de la liberté, témoignent pour elle de si vives inquiétudes! Ne croyez pas, citoyen Truguet, que vous vous sauveriez en disant : *J'ai défendu les patriotes au Conseil d'Etat.* Ces prétendus patriotes, que vous voulez défendre, vous immoleraient comme nous tous. »

Après cette improvisation, prononcée avec la force et l'éloquence de la conviction, Napoléon leva brusquement la séance et descendit de son bureau sans même s'entendre avec le second Consul sur la convocation de la prochaine séance; mais lorsqu'il vint à passer devant Truguet, celui-ci sortit de son rang, s'avança et lui dit quelques mots à voix basse; le premier Consul répliqua tout haut en hâtant le pas :

« Allons donc! citoyen Truguet, tout cela est bon à dire chez Mme Condorcet ou chez Maillat Garat, mais non dans un conseil où siégent les hommes les plus éclairés de la France; vous me feriez croire que vous *jacobinisez* encore. »

Et sans laisser le temps à l'huissier du conseil, qui lui avait ouvert la porte de la salle, de la refermer, il la tira brusquement sur lui en répétant encore d'un ton dérisoire :

« Allons donc! allons donc! »

Tous les conseillers furent affectés d'une scène qui, selon eux, avait porté atteinte à la dignité de la magistrature et à la liberté des opinions. Bien que les uns prétendissent que Truguet avait eu le premier tort en abordant un peu brutalement une question aussi délicate, les autres soutinrent que le premier Consul avait été trop loin, cette fois, en l'apostrophant comme il l'avait fait à sa sortie; et pour le lui faire comprendre il fut résolu qu'aucun d'eux n'irait, le soir, au cercle de Mme Bonaparte, quoique ce fût une habitude lorsque, dans la journée, il y avait eu séance du Conseil d'État présidée par son mari.

Napoléon ayant vu la soirée se passer sans qu'aucun conseiller d'État se fût présenté dans le salon, en fit l'observation devant les personnes qui étaient présentes.

« Est-ce qu'ils me bouderaient aujourd'hui? dit-il; c'est possible. Je me suis un peu emporté; je leur ai déclaré qu'il fallait frapper comme la foudre, j'ai même assez malmené Truguet, qui n'a pas renoncé à ses vieilles habitudes. Eh bien! puisqu'il en est ainsi, tant mieux, je vais en profiter pour aller tirer au clair l'affaire du pamphlet qu'il m'a jeté au visage; au moins saurai-je à quoi m'en tenir avec lui; puis à la prochaine séance je les attends de pied ferme. »

IV

Le surlendemain du jour où le premier Consul avait admonesté tout haut et si vivement le vice-amiral Truguet à l'issue de la séance, Cambacérès avait convoqué chez lui les deux sections de législation et de l'intérieur ; tous ceux qui en faisaient partie, Truguet excepté, se rendirent à l'invitation du deuxième Consul. Dans cette séance préparatoire, Rœderer fit circuler parmi ses collègues, pour la signer, une déclaration qu'il avait rédigée la veille, et dans laquelle il proposait de changer le ministre de la police, ainsi que le personnel de son administration.

« Je me déclare officiellement l'ennemi de Fouché ! s'écria-t-il ; ce sont ses liaisons avec les terroristes, les ménagements qu'il a toujours eus pour eux, et les places qu'il leur a données auprès de lui, qui les ont encouragés à commettre cet attentat. »

Cette sortie de Rœderer contre le ministre de la police, que déjà l'opinion publique accusait de reste, parut peu généreuse et intempestive aux membres du Conseil, qui ne donnèrent aucune suite à l'accusation et à la proposition : Cambacérès prit alors la parole :

« Je sais positivement, dit-il, que le premier Consul insiste sur la nécessité d'attribuer au gouvernement un pouvoir extraordinaire, et désire que la section de législation rédige un projet de loi à présenter au Corps législatif : qu'en pensez-vous ? »

La plupart des membres persistèrent dans l'avis que les articles additionnels au projet sur les tribunaux spéciaux étaient suffisants.

« Cela n'empêchera pas le Conseil d'en discuter l'utilité ou les inconvénients, dit Portalis ; le premier Consul aime les discussions, pourvu qu'on n'y mêle ni amertume ni personnalités. »

Cette observation, qui était juste, s'appliquait autant à Rœderer, au sujet de Fouché, qu'à Napoléon, relativement à ce qui s'était passé entre lui et Truguet. Ce projet fut donc rédigé séance tenante, et après qu'on en eut donné lecture, Cambacérès annonça à ses collègues qu'il y aurait, le lendemain 7 nivôse [1], réunion de toutes les sections du Conseil d'État dans le lieu ordinaire de ses séances, c'est-à-dire aux Tuileries; ce qui voulait dire que le premier Consul y assisterait. En effet, il y arriva un des premiers. Les consuls, les ministres (celui de l'intérieur excepté), étaient présents. La discussion fut ouverte aussitôt par Napoléon, qui, après avoir insisté sur une grande mesure à prendre, ajouta qu'il s'agissait de savoir si le gouvernement devait proposer une loi, ou agir de sa propre autorité : il parut incliner pour le premier parti.

Thibaudeau combattit cette opinion, en soutenant que la législation actuelle suffisait.

« Sans cela, ajouta-t-il, on risque de donner à l'application de cette loi, encore à enfanter, un effet rétroactif et tout le caractère d'une loi de circonstance, surtout en débutant par l'appliquer à l'attentat du 3 nivôse, qui est un fait consommé. Ce n'est pas tout : qui nous dit que cette loi ne sera pas rejetée?

— Eh bien! nous aurons fait notre devoir, reprit Napoléon. Mais elle ne le sera pas.

— Je n'en sais rien, ni vous non plus, permettez-moi de vous le dire, citoyen premier Consul.

— Ah bah! fit Napoléon en continuant la discussion avec Thibaudeau.

— Mais, sans parler principe, répliqua ce dernier, on ne sait, dans le Corps législatif, quels sont les hommes qu'il s'agit d'atteindre; on n'y est pas convaincu que ce soient ceux que vous accusez; il est même un grand nombre de députés qui imputent le crime à un autre parti. (Ici Napoléon fit un geste négatif.) Les opinions sont au moins divisées, et en supposant que vous vous trompiez, la loi ne passera pas : nous faut-il en courir le risque ?

— Cela n'est pas à craindre ; les députés savent très-bien que les hommes dont j'ai parlé sont leurs ennemis comme les nôtres. Le Corps législatif n'est composé que du ventre de toutes les assemblées

[1] 28 décembre.

délibérantes qui se sont succédé depuis 89 jusqu'à ce jour. N'a-t-on pas voulu les jeter à l'eau, lorsqu'ils ont refusé, avant le 18 brumaire, de déclarer la patrie en danger? Les septembriseurs ne peuvent donc pas avoir pour eux, dans le Corps législatif, plus de huit ou dix députés, que du reste je connais parfaitement.

— Eh bien! même en supposant que ce soient les septembriseurs qui soient coupables, ils n'ont pas dû agir de leur propre mouvement; ils doivent avoir derrière eux des chefs et des meneurs.

— C'est encore une erreur de croire que le peuple ne fait rien que lorsqu'il est mené. Le peuple a un instinct qui le pousse, et d'après lequel il agit seul. Pendant la Révolution, c'est lui qui a mené les chefs dont vous parlez, quoique ceux-ci parussent le conduire.

— Alors, ils ont dû prévoir ce qu'ils feraient dans le cas où leur complot eût réussi.

— Voilà où vous vous trompez encore. Ils ont dit : *Tuons Bonaparte; après cela, nous ferons nos farces* [1]... Peut-être se seraient-ils rassemblés pour parcourir les rues de Paris, casser les lanternes, jeter l'épouvante dans les quartiers les plus riches, et former des comités; peut-être aussi que les hommes un peu plus relevés, tels que Barras, et qui leur ont dit : *Agissez, et nous nous montrerons,* se seraient montrés... à leurs fenêtres. Mon cher collègue, la plupart des hommes instruits ne sont que des hypocrites... (Oh! oh!... fit-on de toutes parts.) J'en excepte quelques amis sincères de la vérité, se hâta d'ajouter Napoléon; mais ils sont en bien petit nombre. Quant aux chouans et aux émigrés, ils sont soumis à des lois particulières : je puis les faire fusiller comme Magardel, lequel, comme vous l'avez su, était tout ce qu'il y avait de plus chouan. Au surplus, je suis ici, comme vous, pour m'édifier. Qui demande la parole? (Re-

---

[1] Expressions textuelles dont Napoléon se servit. Elles sont fidèlement rapportées dans les *Mémoires* de Thibaudeau *sur le Consulat* (page 36), dans la note du procès-verbal de la séance du 30 décembre 1801, et dans les *Mémoires* de Bourrienne (tome IV, chap. XII).

gnault de Saint-Jean d'Angély s'était levé.) Vous, Regnault? Eh bien! parlez. »

Ce conseiller témoigna la crainte que la loi ne passât pas ; à l'appui de son opinion, il cita une conversation qu'il avait eue avec quelques tribuns.

« Parbleu! je le crois, dit alors Napoléon; vous êtes toujours dans l'antichambre du Tribunat. Vous avez peur déjà, parce que ces gens-là nous ont rejeté une ou deux lois... Sachez donc, citoyen Regnault, que le peuple est un tigre quand il est démuselé. J'ai entre les mains un dictionnaire des hommes qui ont organisé les massacres ; la nécessité de la mesure une fois reconnue, il me semble qu'il faut la prendre par la voie la plus courte et la plus sûre. Au reste, la question qui nous occupe se réduit à ceci : le pouvoir extraordinaire n'appartenant à personne, personne n'a le droit de le donner, c'est évident ; mais par cette raison-là même que personne n'a ce droit-là, le gouvernement peut-il se l'arroger? Citoyen Talleyrand, vous avez la parole ; faites connaître votre avis.

— Je pense, dit le ministre des relations extérieures, qu'un acte du gouvernement vaut mieux, dans la crise où il se trouve, qu'une loi, parce qu'on dira que le gouvernement sait se défendre lui-même. Voyez les inconvénients qui résulteraient d'une mesure qui ne permettrait pas la punition prompte et sévère des coupables ! L'affaire Ceracchi a interrompu pendant plus de six semaines toutes les relations diplomatiques, et nous a forcés à rouvrir la campagne ; l'empereur de Russie lui-même avait donné l'ordre de suspendre toutes les ouvertures commencées. »

Le ministre de la justice fut de l'avis de Talleyrand, et dit « que le gouvernement devait agir le plus promptement possible. » Le troisième consul (Le Brun) abonda dans le même sens ; quant à Cambacérès, il avait annoncé assez clairement, dans le cours de la discussion, qu'il opinait pour une loi ; mais la majorité ayant décidé que le gouvernement n'en avait pas besoin, le premier Consul leva aussitôt la séance.

Le lendemain, le Conseil d'Etat s'assembla sous la présidence du deuxième consul. Dès l'ouverture de la séance, Portalis donna lecture du rapport de la détermination prise la veille; la rédaction en fut adoptée, quoique Truguet, Lainé et Defermon eussent ouvertement voté contre, et que quelques autres conseillers se fussent abstenus. Le premier Consul, instruit de cette particularité, voulut alors que les sections de législation et de l'intérieur réunies rédigeassent, pour le lendemain, un arrêté. On le lui soumit; mais n'ayant pas été content de sa rédaction, Napoléon fit proposer aux deux sections les trois points suivants :

1° Une commission militaire pour juger ;.

2° Une commission spéciale pour déporter;

3° Consulter le Sénat avant l'exécution.

Le Conseil d'Etat, toujours sous la présidence de Cambacérès, employa les journées des 17, 18 et 19 nivôse à discuter ces trois points. Ce qui prolongea ces séances, c'est qu'on était loin d'être d'accord sur les auteurs de l'attentat. Napoléon l'avait obstinément imputé aux jacobins et aux terroristes; mais l'opinion contraire émise par Fouché, suffisamment démontrée d'abord par son silence, par ses réticences et la patience avec laquelle il s'était laissé accuser; puis ensuite par les demi-confidences qu'il avait faites tant à ses collègues qu'à des membres du Tribunat, avaient jeté beaucoup de doute dans quelques esprits, et ces doutes avaient fini par faire fortement soupçonner que les chouans et les émigrés pouvaient bien être les seuls auteurs du crime. Dans cette hypothèse, il paraissait aussi injuste qu'odieux de fusiller ou de proscrire des hommes qui pouvaient avoir eu jadis des torts graves, et même qui pouvaient avoir commis des crimes, mais qui avaient été amnistiés depuis et qui étaient entièrement étrangers à l'attentat du 3. C'était une véritable réaction, effrayante dans ses conséquences pour tous les hommes de la Révolution. Dès le 15, le premier Consul avait conçu quelques doutes, car le décadi suivant, après la réception du corps diplomatique, il avait causé plus de deux heures dans son cabinet avec les deux consuls, les ministres de la justice, de la guerre et de la marine, et avait prononcé quelques mots de justification en faveur de Fouché, retenu chez lui par une assez grave indisposition.

« Il se pourrait bien, avait-il ajouté en hochant la tête, que l'Angleterre fût pour quelque chose dans tout ceci. »

Ces paroles indiquaient assez que Napoléon ne disait pas tout ce qu'il savait déjà à cet égard, et voilà sans doute pourquoi, dans la réunion des 17, 18 et 19, il y avait eu des débats violents et des personnalités entre quelques conseillers. Réal, connu pour être l'intime de Fouché, s'était élevé avec force contre le système de proscription provoqué par le premier Consul :

« Les vrais coupables, avait-il dit, seraient déjà connus si on voulait se donner la peine de les chercher avec bonne foi ; mais il y a ici certains ennemis de la liberté qui ne veulent qu'un prétexte pour proscrire ses défenseurs. »

Ici, Réal avait été interrompu par Regnault de Saint-Jean d'Angély, qui avait répondu avec vivacité :

« Il faudrait pourtant bien qu'on sortît du vague en citant des faits, et qu'on nommât enfin ceux qui veulent poursuivre des innocents en haine de la révolution...

— Eh bien ! toi, tout le premier ! avait à son tour interrompu Réal en se levant avec brusquerie ; je t'accuse, et ma démission sera au bout de mes preuves ; oui, toi, l'éternel ennemi de tout ce qui porte un cœur libre... »

A ces mots, un murmure improbateur avait couvert la voix de l'orateur, qui n'avait pu achever ; et pendant ce temps Regnault s'était levé, et d'une voix digne :

« Je déclare, avait-il répondu, qu'il n'y a plus de discussion possible ici ; je me retire. »

Et il était sorti de la salle. La séance fut aussitôt levée. Napoléon avait été prévenu de cet incident au bout de quelques minutes

« Si j'avais été là, dit-il, cela ne serait pas arrivé ; je les eusse l'un et l'autre rappelés vertement à l'ordre. La faute en est à Cambacérès, qui n'a pas su faire respecter la dignité de la séance : nous verrons ce soir. »

Dans cet intervalle, on avait inséré dans le *Moniteur* une suite de rapports de police qui remontaient jusqu'au mois de fructidor an VIII, dans lesquels on signalait, sous la qualification d'*enragés*, tous les individus que l'on se proposait de proscrire comme auteurs de l'attentat du 3 nivôse, ou comme coupables de l'avoir commis. On y rendait compte de plusieurs réunions plus ou moins hostiles au gouvernement; de propos, de menaces et de tentatives faites contre les jours du premier Consul. On y remarquait celles de Ceracchi, Aréna, etc. L'affaire Chevalier y était détaillée. On y trouvait la description d'une machine infernale saisie à son domicile, et le procès-verbal de l'examen de cette machine, qui avait été rédigé par le sénateur Monge. Cette pièce constatait que l'appareil contenait huit livres de poudre et deux livres de scories de fer ou de verrerie; que cette machine ne paraissait pas avoir été construite pour causer la mort d'une seule personne, mais bien pour en tuer immédiatement un grand nombre réunies sur un même point; et enfin la déclaration de Chevalier lui-même, qui avait avoué que sa machine avait été faite pour des armateurs de Bordeaux, qui voulaient s'en servir contre les Anglais. Le préfet de police annonçait, en outre, que les 1er et 2 nivôse, les *enragés* avaient été en mouvement, mais qu'on ne pouvait leur opposer aucun fait connu, et que rien n'avait éveillé les soupçons de l'autorité.

Cette série de rapports n'avait d'autre but que de faire croire que les terroristes seuls avaient commis l'attentat, afin de motiver la mesure dont on voulait absolument les frapper.

Ces documents, qui étaient loin d'offrir la moindre preuve contre qui que ce fût, n'étaient ni authentiques ni légaux; et cependant, dans un rapport particulier de Fouché, qui assurait que l'attentat du 3 nivôse était l'ouvrage des royalistes, il était dit textuellement :

« Ce ne sont plus là de ces brigands obscurs contre lesquels la
« justice et ses formes sont instituées, et qui menacent seulement

« quelques personnes ou quelques propriétés; ce sont des ennemis
« de la France, qui menacent à chaque instant la population de la
« livrer à l'anarchie. Ces hommes affreux sont en petit nombre,
« mais leurs tentatives sont innombrables. C'est par eux que la
« Convention nationale a été attaquée à main armée jusque dans
« le sanctuaire des lois. Ce sont eux qui ont voulu faire tant de fois
« des comités du gouvernement les complices ou les victimes de
« leur rage sanguinaire. Ce ne sont pas seulement les adversaires
« de telle ou telle forme de gouvernement établi. Tout ce qu'ils
« ont tenté depuis un an n'avait pour but que l'assassinat du pre-
« mier Consul, soit sur le chemin de sa maison de campagne, soit
« à l'Opéra, soit dans les rues, soit pendant les revues qu'il passait,
« soit enfin en s'introduisant, par des souterrains, jusque dans
« l'intérieur des Tuileries. C'est une guerre atroce, qui ne peut être
« terminée que par un acte de haute police extraordinaire. Cepen-
« dant, parmi ces hommes que l'autorité vient de signaler, tous
« n'ont pas mis le poignard à la main; mais tous sont universel-
« lement connus pour être capables de l'aiguiser. Aujourd'hui il
« ne s'agit pas seulement de punir le passé, mais de garantir l'or-
« dre social pour l'avenir. »

A la suite de ce rapport du ministre de la police, étaient deux
listes d'individus, dont les uns devaient être traduits devant une
commission militaire, et les autres déportés.

Le jour où parurent dans le *Moniteur* ces divers rapports, il y
eut le soir, aux Tuileries, grande affluence de conseillers d'État; et
comme on connaissait parfaitement l'opinion du premier Consul
sur ces rapports, il plut autour de lui des félicitations de toutes sortes. Cependant un conseiller moins flatteur que les autres, s'étant
hasardé de lui dire : « que d'après l'opinion même de Fouché, qu'il
« ne croyait pas toujours conséquent avec ses actes et ses paroles,
« les prétendus jacobins qu'il avait dénoncés n'étaient pas aussi
« coupables qu'on voulait bien le croire », Napoléon lui répondit
avec beaucoup de vivacité :

« Et moi je vous répète que Fouché a eu ses raisons pour ne pas dire toute sa pensée et pour ne pas nommer tous les individus. Il est naturel qu'il ménage un tas d'hommes couverts de crimes et de sang. N'a-t-il pas été un de leurs chefs? Ne sais-je pas ce qu'il a fait à Lyon et sur la Loire? Eh bien! c'est la Loire et Lyon qui m'expliquent la conduite de Fouché dans tout ceci. »

Puis, se calmant un peu, il ajouta après une pause :

« Allons donc, mon cher, vous n'y entendez rien, permettez-moi de vous le dire. Les royalistes! les émigrés! dites-vous? vous ne les connaissez pas : avec une compagnie de grenadiers, je mettrais en fuite tout le faubourg Saint-Germain ; tandis que les jacobins, les terroristes, sont des gens déterminés qu'on ne fait pas reculer aussi facilement. La chouanerie et l'émigration sont des maladies de peau ; le terrorisme est une maladie de l'intérieur. Je vous le prouverai à tous, quand vous voudrez. »

V

Dans tous les départements, à la nouvelle de l'attentat du 3 nivôse, les autorités avaient cherché à en découvrir les ramifications et les complices. Les dénonciations et les révélations étaient arrivées de toutes parts. Il résultait de la correspondance des préfets que les jacobins avaient effectivement organisé une vaste conspiration en France, conspiration qui eût éclaté si la machine infernale eût tué le premier Consul ; mais on ne put acquérir aucune preuve que ces hommes fussent les auteurs de l'attentat, seulement ils en auraient profité. Bien plus, un mois après, Fouché apporta avec lui à Saint-Cloud la preuve authentique que l'attentat du 3 nivôse était le résultat d'un complot ourdi par les partisans de la famille des Bourbons ; mais il était trop tard : l'acte de proscription dressé contre ceux qu'il avait qualifiés lui-même d'*enragés*, de *septembriseurs* et de *terroristes*, avait reçu son exécution. Il n'y avait plus à revenir, et quoique Napoléon sût à quoi s'en tenir à cet égard, il n'en dit rien, parce qu'il avait voulu atteindre et frapper ces mêmes hommes sur lesquels il n'était pas fâché de laisser peser ces accusations erronées. Enfin le ministre de la police fit un dernier rapport, dans lequel cette fois il signalait les vrais coupables, qui tous étaient des agents du parti royaliste, Carbon, Gayan, Limoëlan, Saint-Régent, etc.; tous venus d'Angleterre avec mission d'assassiner le premier Consul. L'ordre que Fouché avait donné depuis longtemps d'arrêter les conspirateurs n'avait pu être exécuté à cause de l'ombre impénétrable dont ils avaient su s'environner. Le cheval attelé à la machine infernale avait servi à diriger les recherches en conduisant à l'arrestation de Carbon, qui, découvert chez des ex-religieuses, mesdames de Guyon et de Cicé, avait fait connaître ses nombreux complices.

« Nimporte, avait dit Napoléon à Fouché, ces hommes-là (les terroristes) étaient dangereux, haïs et détestés; jamais ils ne se seraient soumis, et tôt ou tard c'eût été à recommencer : j'en suis débarrassé... Puisque vous avez trouvé des coupables parmi les royalistes, eh bien! qu'ils soient frappés de même.

Saint-Régent et Carbon, traduits devant les tribunaux, furent condamnés à mort, et portèrent leur tête sur l'échafaud; mais ils furent jugés suivant les formes légales, et si, dans cette affaire, l'arbitraire eut sa part, du moins la justice eut-elle aussi la sienne.

CHAPITRE II.

A LA MALMAISON.

1801-1815.

I

La Malmaison, située sur la route de Paris à Saint-Germain-en-Laye, au delà du village de Rueil, était peut-être, de toutes ses résidences, celle que Napoléon affectionnait le plus.

L'origine de la Malmaison est fort ancienne, s'il faut en croire nos antiquaires. Lors de l'irruption des Normands au onzième siècle, un chef de ces barbares, nommé Odon, s'établit avec quelques-uns de ses soldats sur la crête d'une des collines qui dominent la Seine et avoisinent Nanterre. Posté là, comme l'aigle dans son aire inaccessible, le hardi brigand s'élançait sur les voyageurs ou sur les marchands qui passaient sur la route, les rançonnait et souvent les entraînait dans son repaire, où il les égorgeait sans pitié, lorsque sa rapacité n'avait point été satisfaite. Ses crimes de tout genre frappèrent d'une telle épouvante la population de la contrée, qu'on appela l'espèce de grange fortifiée, qu'il avait fait élever dans ce lieu, *Mala domus*, c'est-à-dire la *Mauvaise maison*, d'où l'on fit par ellipse la *Malmaison*.

La superstition s'empara de cette renommée fatale, et longtemps après la mort d'Odon, les villageois n'approchaient qu'en tremblant des ruines de l'habitation abandonnée. Bientôt on raconta mille histoires lamentables arrivées sur ce territoire maudit; des apparitions nocturnes firent croire que le diable en personne y avait fait élection de domicile. Malheur au pèlerin qui affrontait par audace ou par ignorance les embûches dressées par Satan autour de ce domaine d'enfer; il payait cher l'abri qu'il y avait cherché.

Le bâtiment de la Malmaison, ainsi frappé d'une réprobation populaire, ne présentait plus que des décombres ; les terres y étaient en friche, et des flaques d'eaux stagnantes empoisonnaient l'air bien loin à la ronde. Enfin les moines de Saint-Denis, qui n'avaient pas peur du diable, s'emparèrent, en vertu d'une cédule royale, de ce terrain abandonné, le cultivèrent, sans penser même à l'exorciser, et peu à peu ces lieux, qui naguère étaient l'effroi des habitants du voisinage, devinrent des modèles de culture et de luxe agricole.

Cependant les alentours de la Malmaison étaient encore mal famés à la fin du quatorzième siècle; car nous lisons dans la *Chronique de Saint-Denis*, qu'en 1369 les bagages du connétable Duguesclin y furent pillés. A cette occasion, le brave connétable dit au roi Charles V :

« C'est grand'pitié, Sire, qu'à moins de trois lieues de votre capitale, on ne puisse voyager en sûreté, et qu'on soit exposé aux coups de main des larrons. A la paix prochaine, je ferai, avec mes hommes d'armes, si Votre Majesté le permet, une chevauchée durant laquelle je purgerai la contrée de cette vermine.

— Mon cher connétable, répondit le roi, vous ferez bien, et je vous octroie dès à présent le droit de faire main basse sur ces brigands téméraires qui ne respectent pas même les nippes de mes capitaines. Mais, Bertrand, ajouta le monarque en souriant malignement, puisque vous emmenez avec vous les grandes compagnies, je pense qu'à votre retour cette besogne ne sera plus nécessaire. »

En effet, ces *grandes compagnies*, conduites par Duguesclin en Espagne et dans d'autres expéditions lointaines, étaient pour la

France un véritable fléau, car elles pillaient elles-mêmes tout ce qu'elles rencontraient sur leur chemin.

A la fin du quinzième siècle, la Malmaison fut cédée par les moines de Saint-Denis au sieur Perrot, conseiller au Parlement de Paris. Plus tard cette demeure échut à Guiton de Forlagues, capitaine des gardes du cardinal de Richelieu, qui, habitant souvent sa maison de campagne de Rueil, avait trouvé convenable, dans des circonstances où sa vie était sans cesse menacée, que sa garde particulière fût logée à peu de distance. Foulargues agrandit le domaine et fit construire un bâtiment où il logea une partie de sa compagnie.

Après avoir passé successivement dans plusieurs mains, la Malmaison fut, en 1792, vendue comme propriété nationale et échut à un fournisseur des armées de la République.

Avant de partir pour l'Egypte, Napoléon avait témoigné à Joséphine le désir de trouver à son retour en France une maison de campagne toute meublée, avec jardins et dépendances, et il avait chargé son frère Joseph de s'occuper de cette acquisition ; mais celui-ci n'en fit rien. Dans les lettres que le général en chef de l'armée d'Orient écrivait à sa femme, il lui recommandait incessamment de lui ménager à son retour la surprise de cette maison des champs.

« Je ne veux pas un palais, lui mandait-il dans une de ces lettres,
« mais une de ces riantes villas comme tu en as tant vu en Italie.
« Que le logis soit un peu plus grand que la maison de Socrate,
« mais qu'il ne soit point aussi splendide que celui de Scipion, car
« je ne ramènerai pas d'Egypte trois cents esclaves, comme Scipion
« en ramena de Carthage. »

Joséphine, toujours en quête de ce qui pouvait plaire à son mari, chargea plusieurs personnes de faire des courses dans les environs de Paris pour y découvrir cette habitation tant désirée. Après avoir hésité longtemps entre Ris et la Malmaison, elle se décida pour cette dernière, qu'elle acheta de M. Lecoulteux du Moley, et non de M. Lecoulteux de Canqueleu, comme on l'a écrit, moyennant 200,000 fr., dont 40,000 fr. seulement furent payés à compte.

Cette habitation était loin de ressembler à ce qu'elle a été depuis. La propriété proprement dite se composait du château, qu'à son retour d'Egypte Napoléon trouva en assez mauvais état ; d'un parc, il est vrai, assez étendu, et d'une ferme dont les revenus n'excédaient pas 12,000 francs par an. Joséphine présida elle-même à tous les travaux d'embellissement et d'agrandissement qui furent exécutés dans la suite, pour créer, pour ainsi dire, cette belle demeure que Delisle devait plus tard célébrer dans son poëme des *Jardins*.

La Malmaison, propriété d'une famille riche qui mettait un certain orgueil à imiter les Anglais dans leur *confortabilité* de château, était déjà, à l'époque où Mme Bonaparte en fit l'acquisition, une jolie habitation. Le château n'était pas aussi grand que ceux de Méreville ou de Morfontaine, mais en revanche le parc était bien mieux distribué, malgré sa proximité de la montagne assez aride qui se trouve sur la gauche ; rien n'était plus vert, plus ombragé que les allées qui bordaient la grande route qui mène à Saint-Germain-en-Laye ; le voisinage de la Seine donnait encore, par sa proximité, une fraîcheur salutaire aux arbustes. Le premier Consul, voulant plus tard agrandir son domaine, demanda, comme service de voisin, à Mlle Julien, vieille fille très-riche demeurant à Rueil, de lui céder au prix qu'elle voudrait un jardin qui n'était séparé de ceux de la Malmaison que par un chemin vicinal. Le parc de la Malmaison n'avait pas plus de soixante-dix arpents d'étendue ; mais du côté de la propriété de Mlle Julien, il était tellement étranglé, que du sommet de la montagne dont nous avons parlé, et sur laquelle on avait élevé un petit belvéder à l'italienne, on pouvait voir tout ce qui se passait aux alentours. Ce fut là le véritable motif qui détermina le premier Consul à acheter cette partie de terrain, que Mlle Julien lui fit payer un prix exorbitant à cause de la convenance.

Quant aux appartements de l'habitation, ils se composaient chacun d'une assez belle chambre à coucher, avec cabinet de toilette, et d'une autre petite pièce pour un domestique. L'ameublement était encore plus simple, les chambres n'étaient même pas parquetées :

elles donnaient toutes sur un long corridor, auquel on montait par quelques marches, en laissant à droite l'appartement de Mme Bonaparte, et à gauche le salon de réception.

Joséphine célébra son installation à la Malmaison par une fête charmante. Le jour de l'inauguration de la jolie villa, on reçut à Paris la nouvelle que le général Bonaparte était de retour au Caire de son expédition de Syrie. Comme les bruits les plus alarmants avaient couru sur le siége de Saint-Jean-d'Acre, la rentrée dans la capitale de l'Égypte du général en chef était regardée par la nation comme une sorte de victoire. La fête s'en ressentit; la joie fut générale, Joséphine était heureuse alors, car son bonheur était celui de la France entière.

II.

Aussitôt après son retour d'Orient, Napoléon alla visiter sa nouvelle demeure. Les jardins étaient délicieux ; les fleurs et les plantes exotiques y étaient plantées à foison ; mille arbustes rares sillonnaient les allées du parc, capricieusement dessinées et presque toutes protégées par un ombrage séculaire. Le meuble de l'habitation avait été entièrement renouvelé. La nouvelle décoration, d'une élégance parfaite, ajoutait un charme de plus aux peintures modernes des plafonds, aux boiseries sculptées, au mirage féerique des glaces distribuées avec profusion. Le maître parcourut avec la joie d'un écolier les jardins et les appartements, et trouva partout matière à un éloge. Mme Bonaparte riait elle-même du ravissement de son époux, aussi lui dit-elle d'un ton presque tragique :

« Eh bien ! citoyen général, vous êtes donc bien satisfait de votre maison de campagne?

— Citoyenne, répondit Napoléon sur le même ton, vous êtes une Armide et vous mériteriez un Renaud. »

Après les événements du 18 brumaire, Napoléon, qui avait ses projets et qui ne voulait pas continuer de trôner au Luxembourg, dont les directeurs avaient rendu le séjour presque ridicule, habita constamment la Malmaison. Chaque soir, dans la belle saison, et dès que les affaires du gouvernement ne le retenaient plus dans le palais consulaire, on le voyait monter soit en voiture, soit à cheval, et, accompagné seulement d'un aide de camp, s'acheminer vers la charmante villa qu'il préférait même, disait-il en plaisantant, *à sa cage dorée des Tuileries*.

Cependant cette course n'était pas sans danger. Plus d'une fois on l'avait averti que des hommes apostés dans les carrières de Nanterre devaient l'enlever ou même attenter à sa vie. A ces avis, le Consul haussait les épaules et répondait à Fouché, alors ministre de la police, qui l'engageait à se tenir sur ses gardes:

« Ils n'oseraient! mais en eussent-ils l'intention, c'est à vous à pourvoir à la sûreté de ma personne; quant à moi, je ne puis ni ne dois me préoccuper des contes qui se débitent. »

Il est vrai que la route qui conduisait de Neuilly à la Malmaison n'était ni belle ni sûre. Comme les jours n'étaient pas encore longs, le Consul avait à passer, de nuit, entre le *Chant-du-coq*, espèce de cabaret isolé et mal famé, et les carrières tout à fait désertes de Nanterre. Puis, dans cette saison, la route de Saint-Germain était peu fréquentée. Ces nombreuses voitures entretenues par le mouvement de la population ne sillonnaient point alors, comme elles le firent depuis, les environs de Paris. Tout était solitaire et dangereux. Déjà, depuis son retour d'Egypte, plusieurs tentatives avaient été faites contre ses jours, et la découverte de quelques-uns des piéges qui lui furent tendus jusque dans son intérieur le força enfin de se tenir sur ses gardes. On a dit depuis que ces prétendus complots avaient été fabriqués par la police pour se rendre plus nécessaire au gouvernement ; mais ce qu'il y a de certain, c'est que les conspirateurs de cette époque—et on sait si les premiers temps du Consulat furent féconds en conspirations de toute nature,—employèrent tous les moyens pour se défaire de Napoléon. Sans parler ni de l'assassinat tenté sur lui à l'Opéra, ni du complot du camp de

Dijon, ni de la machine infernale, ni même de la conspiration de Georges Cadoudal, qui n'eut lieu que trois ans plus tard, nous allons citer un seul fait qui viendra à l'appui de notre assertion.

Il y avait des réparations urgentes à faire aux cheminées des appartements de la Malmaison. L'entrepreneur chargé de ces travaux avait envoyé des marbriers, parmi lesquels s'étaient glissés quelques misérables soudoyés par les conspirateurs. Bien que les personnes attachées au service du Consul fussent sans cesse sur le qui-vive, et qu'elles exerçassent chaque jour la plus grande surveillance, on remarqua que dans le nombre de ces ouvriers il se trouvait des hommes qui feignaient de travailler, mais dont les manières et le langage contrastaient singulièrement avec leur genre d'occupation. Ce soupçon n'était que trop fondé, car les appartements se trouvant prêts à recevoir le Consul, en faisant une tournée d'examen, on trouva sur le bureau devant lequel il avait coutume de s'asseoir une tabatière en tout semblable à celle dont il se servait habituellement. On s'imagina d'abord que cette tabatière avait été oubliée ou posée là par un valet de chambre, mais les doutes inspirés par la tournure équivoque de quelques-uns des faux marbriers ayant pris plus de consistance, on fit faire l'analyse du tabac que contenait la tabatière. Il était empoisonné.

Il y avait dans le parc même de la Malmaison une carrière assez profonde qui aboutissait à d'autres carrières situées hors du parc. Dans la crainte que les conspirateurs ne profitassent de cette localité pour s'y cacher et exécuter leur coup de main contre la personne du Consul dans une de ses promenades solitaires, on fit placer à l'ouverture de cette carrière une grille de fer.

Malgré ces lâches tentatives, la Malmaison n'en était pas moins devenue un séjour délicieux. C'était bien là, pour nous servir de l'expression de Chénier, qu'on trouvait le salon d'Aspasie sous la tente de Périclès.

A la Malmaison, Napoléon n'était pas plus l'homme du champ de bataille que celui du Conseil d'État. Il laissait, si nous pouvons nous exprimer ainsi, sa gloire à la porte, et ne conservait que ses qualités affectueuses. Le conquérant de l'Italie et de l'Égypte, celui qui avait dicté des lois à Milan et à Memphis, n'était plus à la Malmaison qu'un bon bourgeois exclusivement préoccupé de ses affections de famille.

Tout le monde était reçu à la Malmaison avec une égale courtoisie ; cependant la société intime du Consul ne se composait que d'un petit nombre de personnes. Parmi les militaires, on remarquait Bernouville, Lannes, Kellermann, Duroc, Berthier, Murat, Junot ; parmi les savants, les diplomates, les hommes de lettres et les artistes, MM. de Talleyrand, Volney, Cabanis, Desgenettes, Larrey, Denon, Chénier, Ducis, Lemercier, David, Isabey, Méhul, Chaudet et Talma. A cette élite de causeurs aimables et spirituels venait se joindre naturellement la famille Bonaparte, où l'on remarquait, comme on sait, plusieurs femmes charmantes. Ce fut sous les frais ombrages de la Malmaison que les frères du héros, qui devaient porter plus tard les couronnes de Naples, d'Espagne, de Hollande et de Westphalie, purent soupçonner les hautes destinées qui leur étaient réservées, et découvrir, pour ainsi dire, les sceptres qui se cachaient encore dans les faisceaux consulaires.

Dans ces réunions, également éloignées du sans gêne républicain, du mauvais ton du Directoire et de la froide étiquette de l'ancienne cour, régnait un abandon plein d'élégance. Là, chacun s'exprimait librement ; le savant pouvait soutenir ses systèmes, le diplomate ses utopies, l'artiste et le poëte leurs rêveries, avec la même indépendance que dans leur propre salon. Le Consul se mêlait à leurs entretiens, rompait des lances avec tout le monde, et ne restait étranger à aucun débat de science, d'art, de littérature et de politique. C'est ainsi qu'avec Lemercier et Talma, il soutenait la prééminence de Corneille sur Racine ; qu'avec Denon et David, il plaçait Michel-Ange au-dessus de Raphaël ; qu'avec Desgenettes et Cabanis, il immolait la médecine à la chirurgie ; et enfin qu'avec MM. de Talleyrand et Volney, il mettait Montesquieu bien au-dessus de Puffendorff.

Les soirées de la Malmaison se passaient parfois en lecture. Le cénacle bourgeois se formait en aréopage, et on pesait le mérite des ouvrages nouveaux qui attiraient alors l'attention publique. Napoléon se fit lire le *Génie du Christianisme* à la Malmaison, et résuma ainsi les opinions de tous les auditeurs en disant :

« Messieurs, le livre de M. de Chateaubriand est une œuvre de plomb et d'or, mais l'or y domine. »

Parfois aussi, dans les tièdes soirées d'été, le Consul, entouré de ses commensaux ordinaires, d'Hortense de Beauharnais et d'Eugène, ses enfants d'adoption, proposait une partie de barres sur la belle pelouse du château. C'était alors une folie d'enfants. Les deux camps se formaient, les courses commençaient, et Napoléon, toujours confiant dans sa fortune, se livrait si impétueusement à la poursuite de l'ennemi, qu'il était toujours fait prisonnier, presque au début de la partie. L'échange des captifs, les reproches que les vaincus se faisaient entre eux, formaient autant de gais épisodes.

Napoléon avait fait construire une petite salle de spectacle dans laquelle on jouait la comédie au moins une fois par mois. Michot, du théâtre de la République (la Comédie-Française), était chargé de la mise en scène, des répétitions et de la direction des acteurs, qui tous étaient fort indisciplinés, comme le sont tous les amateurs. On remarquait dans l'élégante troupe Mlle de Bauharnais, Mlle Auguié (qui devint plus tard Mme la maréchale Ney), Mme Junot (plus tard duchesse d'Abrantès), Murat, qui venait d'épouser Caroline Bonaparte, sœur du Consul; Pauline Bonaparte, cette autre sœur connue plus tard sous le nom de princesse Borghèse; puis Eugène de Beauharnais, Bourrienne, Lucien Bonaparte, etc. Le Consul ne jouait jamais; mais avec Joséphine, ses frères Joseph et Louis, et les personnes qui avaient dîné ce jour-là à la Malmaison, il formait le centre du parterre, parterre rigide et dont les remarques, souvent piquantes et formulées à haute voix, ne laissaient pas que d'ajouter au comique de la scène.

Les deux pièces que Napoléon aimait le plus à voir représenter étaient *le Barbier de Séville* et *Défiance et malice.* Dans *le Barbier de Séville*, le général Lauriston jouait le rôle d'Almaviva; Hortense, Rosine; son frère, Basile; Didelot, Figaro; Bourrienne, Bartholo; et Isabey, l'Eveillé. Le répertoire se composait encore des *Projets de mariage*, de *la Gageure imprévue*, du *Dépit amoureux* et de *l'Impromptu de campagne.* Hortense jouait à merveille, Mme Murat médiocrement, Eugène très-bien; Lauriston était un peu lourd, Didelot passable, mais Bourrienne excellait surtout dans les rôles de valet de l'ancien répertoire. Si d'ailleurs la troupe n'était pas bonne, ce n'était ni faute d'excellentes leçons, ni faute de répétitions, car Talma et Dugazon donnaient à tout le monde des conseils. Ils avaient, en outre, pour parler le style des coulisses, un matériel très-bien monté. Napoléon avait donné à chacun des acteurs une collection de pièces de théâtre magnifiquement reliées, et avait fait faire des costumes aussi riches qu'élégants.

Le Consul prenait donc un grand plaisir à ces représentations, et quoiqu'elles amusassent autant les acteurs que les spectateurs, les premiers furent plus d'une fois forcés de lui faire observer que leurs occupations ne leur laissaient guère le temps d'apprendre des rôles nouveaux. Alors Napoléon employait toutes ses séductions et disait à l'artiste récalcitrant :

« Bah! vous avez tant de mémoire, que cela ne vous coûtera rien; ne voyez-vous pas combien j'éprouve de plaisir à vous voir et à vous entendre? Vous vous lèverez un peu plus matin, voilà tout.

— En effet, je dors beaucoup, lui répondit un jour Bourrienne, auquel il persuadait d'apprendre le rôle de Sganarel du *Médecin malgré lui*.

— Allons, mon cher, reprit le Consul, faites cela pour moi. Vous me faites rire de si bon cœur, que vous ne voudriez pas me priver de ce plaisir, d'autant moins que vous savez que je ne m'amuse pas souvent. »

Et Bourrienne étudia le rôle qu'il joua parfaitement.

A la Malmaison, le jour de spectacle, la société était toujours très-nombreuse. Après la représentation, il y avait foule dans les appartements du rez-de-chaussée : là s'engageaient les conversations les plus animées. Joséphine faisait les honneurs de ces réunions avec beaucoup de tact et d'amabilité. Après ces délicieuses soirées, qui se terminaient ordinairement à une ou deux heures du matin, on reprenait la route de Paris.

Mais, à cette époque, ce n'était pas seulement à la Malmaison que l'on donnait des représentations théâtrales. Lucien possédait la magnifique habitation de Neuilly, et un jour il invita son frère et tous ses commensaux à une représentation extraordinaire chez lui. On joua *Alzire*. Sa sœur Elisa représentait Alzire, et lui Zamore. La vérité peut-être trop exacte des costumes révolta le Consul.

« Je ne dois pas souffrir une pareille licence! dit-il à Joséphine, placée à côté de lui dans la salle de spectacle. Je le signifierai à Lucien après le spectacle. »

En effet, dès que Lucien parut dans le salon, après avoir repris ses habits de ville, il l'apostropha vivement à ce sujet, et le prévint qu'à l'avenir il voulait qu'il s'abstînt de semblables représentations. Le soir, de retour à la Malmaison, il en parla avec un vif mécontentement.

« Quoi! dit-il, quand tous mes efforts tendent à rétablir les convenances sociales, mon frère et ma sœur se montrent dans un pareil costume sur des tréteaux! Cela n'arrivera plus, je le promets. »

Lucien avait un goût très-vif pour les succès de théâtre, auxquels il attachait une grande importance. Il disait parfaitement les vers tragiques, et aurait pu lutter avec avantage contre les meilleurs acteurs de la capitale.

Ces divertissements attachaient de plus en plus le Consul à sa modeste villa; aussi, tandis que Mme Bonaparte créait dans le château une riche galerie de peinture et de sculpture, des cabinets d'antiquités et d'histoire naturelle, une ménagerie et un jardin botanique, le Consul songeait au solide en s'appliquant à augmenter son domaine; il achetait tantôt un pré, tantôt une vigne, tantôt quelques arpents de terre labourable, et cela, disait-il, sur ses *économies personnelles*. Il disait vrai, car l'homme qui s'était deux fois emparé de l'Italie, qui avait eu dans ses mains les trésors de l'Egypte, et qui disposait, depuis son avénement au pouvoir, de toutes les ressources de la France, ne possédait pas cent mille écus, et n'avait pour tout traitement que les appointements de premier Consul, qui étaient de cent mille francs par an. La gloire chez Napoléon ne fut jamais ternie par l'avarice.

De son côté, Joséphine était passablement prodigue. Mme Bonaparte donnait, achetait, dépensait, sans jamais se rendre compte. Passionnée pour les fleurs rares, l'argent qu'elle consacrait, par exemple, à ce genre d'achat, était hors de proportion avec ce que le Consul pouvait lui allouer pour ses dépenses particulières.

Un jour arrive à la Malmaison une caisse expédiée de Hollande et qui renfermait les plus suaves œillets de Java et du Japon, des tulipes sans rivales, des jonquilles gigantesques, des renoncules du cap de Bonne-Espérance, et des dahlias de Bombay, les premiers qu'on eût vus en France. Napoléon était présent, et, malgré la joie que sa femme ressentit de ce surcroît de richesse botanique, elle craignait la mauvaise humeur de son mari.

« Te voilà contente, n'est-ce pas? dit Napoléon en parcourant des yeux le contenu de la caisse ouverte devant lui; mais tout cela doit coûter une somme énorme. Je parie qu'il y a là-dedans pour plus de douze cents francs de bouquets?

— Il n'y a pas moyen de te rien cacher, repartit Joséphine d'un ton moitié ironique, moitié craintif : j'avance que tu n'es pas très-éloigné du compte.

— Mais, c'est une folie! s'écria le Consul; cependant il n'y a que demi-mal, parce qu'avec ces fleurs nous garnirons nos plates-bandes. Voyons, qu'est-ce que cela te coûte?

— Devine?

— Quinze cents francs.

— Oui, à peu de chose près. »

Un Chalet à la Malmaison.

Et, en parlant ainsi, Joséphine continuait de sourire. La caisse valait dix mille francs !

III

On ferait un gros volume de tous les épisodes piquants dont la Malmaison fut le théâtre. Nous nous bornerons à en citer un seul.

Mme Bonaparte avait destiné une partie du parc au *fac-simile* d'un site de la Suisse qu'elle affectionnait. Rien ne manquait à cette reproduction : ni le chalet, ni le précipice, ni le petit pont de bois jeté sur l'abîme; il y avait jusqu'à des chèvres et des vaches qu'on avait fait venir du canton d'Appenzel même, et qui paissaient çà et là en pleine liberté, comme dans les tranquilles vallées qui les avaient vues naître. Un matin que Joséphine avait amené son mari déjeuner au chalet, quelle ne fut pas la surprise du premier Consul en voyant une belle et jeune fille qui y était établie lui faire les honneurs de la petite ferme avec une grâce merveilleuse! La jolie fermière servit des œufs, des fruits, du laitage, et s'excusa avec esprit de ne pouvoir pas recevoir plus dignement un hôte aussi illustre. Napoléon, enchanté de l'accueil, trouva tout excellent, et le repas champêtre terminé, il dit à la belle Suissesse :

« Mademoiselle, vous venez de prouver que vous jouez parfaitement les pastorales; venez avec nous au château, car je suppose que votre place est encore mieux marquée au salon que dans un chalet.

— Hélas! général, répondit la prétendue fermière, je voudrais bien revoir la France; mais... je ne puis quitter la Suisse sans la haute protection du premier Consul que j'implore en ce moment pour ma famille et pour moi. »

Napoléon démêla sur-le-champ la pensée de l'idylle, dans laquelle Joséphine lui avait fait jouer, à son insu, le rôle principal. Il regarda sa femme du coin de l'œil, et dit en souriant :

« Toute comédie doit avoir son dénoûment; celle-ci aura le sien, et c'est moi qui me chargerai de le trouver. »

Joséphine répondit :

« Mon ami, je t'ai laissé la tâche la plus facile...

— Et la plus agréable, interrompit Napoléon. Mademoiselle, continua-t-il en s'adressant à la jeune personne, vous et votre famille pouvez quitter la Suisse quand bon vous semblera ; les portes de la patrie vous sont ouvertes dès à présent, et vous ne sauriez en douter, puisque le premier magistrat de la République vous prie d'accepter son bras pour vous ramener en France. »

Joséphine, qui avait partagé la délicieuse émotion de la jeune exilée, suivit le couple, qui se dirigea lentement le long des allées du parc jusqu'au château, où le Consul signa immédiatement la radiation de Mlle de Saint***, de son père, de son grand-père et de ses deux frères.

Le vieux marquis de Saint***, cordon rouge, avait été colonel de dragons sous Louis XV, et le père de Mlle de Saint***, la pauvre Suissesse, était capitaine aux gardes françaises. Ainsi Napoléon, d'un seul trait de plume, rendait à la mère commune trois générations de gentilshommes qui, du reste, lui prouvèrent jusqu'au dernier moment que la reconnaissance n'est pas une vertu chimérique. Mlle de Saint***, qui plus tard fut attachée au service d'honneur d'une des sœurs de l'Empereur, épousa dans la suite le comte polonais, M. de W...

La Malmaison était donc, à cette époque, un lieu de délices, où l'on ne voyait arriver que des figures qui exprimaient la satisfaction. La famille du premier Consul y était assidue, bien qu'elle n'aimât pas Joséphine. Mlle Hortense de Beauharnais ne quittait jamais sa mère. Elles sortaient assez souvent à cheval, et allaient se promener soit dans la forêt de Saint-Germain, soit dans les bois de Marly, qui avoisinaient la Malmaison. Dans ses excursions, ses plus fidèles écuyers étaient ordinairement le prince de Poix et M. de l'Aigle. Un jour, comme une de ces cavalcades rentrait à la Malmaison, le cheval que montait Mlle Hortense fut effrayé et s'emporta. La fille de Joséphine, quoique parfaite écuyère, voulut s'élancer sur le gazon qui bordait les fossés de la route ; mais l'attache qui retenait son amazone l'empêcha de se débarrasser assez promptement, de sorte qu'elle fut traînée par son cheval pendant la longueur de quelques pas. Heureusement pour elle que le concierge de la Malmaison l'avait vue et qu'il se précipita à la tête du cheval, l'arrêta, et donna ainsi à ceux qui accompagnaient la fille de Joséphine le temps d'arriver et de la relever. Mlle Hortense ne s'était fait aucun mal ; elle fut la première à rire de sa mésaventure.

Le concierge de la Malmaison, appelé Nanté, était un ancien portier de l'Ecole de Brienne. Ce brave homme et sa femme avaient trouvé dans l'habitation favorite du premier Consul une douce retraite. Nanté, qui possédait toute la confiance de ses maîtres, avait imaginé, entre autres moyens de surveillance, de dresser six chiens énormes, au nombre desquels se trouvait un magnifique Terre-Neuve. On travaillait sans cesse aux embellissements de la Malmaison. Une foule d'ouvriers y passaient la nuit, et on avait eu grand soin d'avertir ceux-ci de ne pas s'aventurer seuls en dehors du château. Une nuit que quelques-uns des chiens de garde étaient restés avec les ouvriers dans l'intérieur du château et se laissaient caresser par eux, leur douceur apparente inspira à l'un de ces hommes assez de courage, ou plutôt d'imprudence pour ne pas craindre de sortir ; il crut même ne pouvoir mieux faire que de se mettre sous la sauvegarde de *Tom*, le Terre-Neuve, et l'emmena avec lui. Ils passèrent très-amicalement le seuil de la porte ; mais à peine furent-ils dans le jardin, que le terrible animal s'élança sur son compagnon et le renversa. Les cris de l'ouvrier réveillèrent les gens de service, qui accoururent à son secours. Il était temps, car *Tom* le tenait à la gorge et le serrait cruellement. On releva le malheureux grièvement blessé. Mme Bonaparte, qui apprit l'accident le lendemain, fit soigner jusqu'à parfaite guérison celui qui en avait été la victime, et lui fit donner une gratification.

Bien qu'à cette époque il y eût déjà des courtisans à la Malmaison, il n'y avait point de cour. L'étiquette était des plus simples : on ne voyait encore ni grand-maréchal, ni grand-chambellan, ni dames du palais, ni pages. La maison du premier Consul se composait seulement de MM. Phister, intendant ; Bérard, maître d'hôtel ; Gaillot et d'Anger, chefs de cuisine, et Collin, chef d'office. Au service particulier du premier Consul étaient attachés Hambert, premier valet de chambre ; Hébert, valet de chambre ordinaire ; Rustan, mameluck, et seulement deux valets de pied. Puis une demi-douzaine d'individus qui, sous la qualification de *garçons*, remplissaient les emplois secondaires. M. de Bourrienne, secrétaire intime du premier Consul, dirigeait ce personnel et ordonnançait les dépenses. Quoiqu'un peu vif, il avait su se concilier l'affection de tous : obligeant, juste surtout, lors de sa disgrâce il emporta les regrets de tous ceux qui avaient eu affaire à lui. C'est du moins une justice à rendre à l'homme que l'on a jugé parfois trop sévèrement.

Il n'y avait à la Malmaison qu'une seule table qui offrait une réunion de famille. Le Consul occupait un des côtés, ayant auprès de lui Mme Louis Bonaparte (Mlle Hortense avait épousé depuis peu le frère de Napoléon) ; Mme Bonaparte mère occupait le côté opposé. Les aides de camp du Consul mangeaient habituellement avec lui ; un des consuls, un ministre, étaient au nombre des convives ; rarement d'autres étrangers y étaient invités.

Tous les moments que Napoléon pouvait dérober aux affaires, il venait les passer à la Malmaison. Aussi la veille de chaque décade était-elle un jour de fête pour la Malmaison. Joséphine envoyait ses domestiques au-devant de son mari, elle y allait souvent elle-même, accompagnée de ses enfants et de quelques familiers du château. Tel était l'acharnement et l'audace des ennemis du Consul, que les approches du château étaient semées de pétards, de tessons de bouteilles pour effrayer et blesser les chevaux ; mais le passage le plus suspect était, comme nous l'avons dit précédemment, le bord des carrières de Nanterre. Aussi toutes leurs excavations étaient-elles soigneusement explorées par les gens de la maison. Le Consul leur savait gré de ce dévouement, et leur en témoignait sa satisfaction, quoiqu'il parût toujours sans inquiétude. Souvent même il se moquait de la crainte des siens, et racontait très-sérieusement à sa famille « que cette fois, il l'avait échappé belle sur la route, et que des « hommes à visage sinistre s'étaient montrés sur son passage. » Il dit même un jour que l'un d'eux l'avait couché en joue; puis, quand il croyait Joséphine bien effrayée, il éclatait de rire, l'embrassait et lui disait :

« Rassure-toi! il ne m'est rien arrivé de mal. »

Dans *ses jours de congé,* comme il appelait le décadi, Napoléon s'occupait plus de ses affaires personnelles que de celles de l'État; mais jamais il ne restait oisif : il faisait démolir, bâtir, agrandir, déraciner, planter sans cesse dans le parc, examinait les devis, calculait les revenus, les dépenses, et prescrivait l'économie par-dessus tout. Les moments passaient vite, et l'instant où *il lui fallait aller reprendre le collier de misère,* comme il le disait encore, arrivait trop tôt au gré de ses désirs; en un mot, il semblait un père au milieu de ses enfants. Cette abnégation de sa grandeur, ses formes simples, donnaient un charme de plus à ses manières déjà si séduisantes; mais aussi cette familiarité n'était pas toujours sans inconvénient pour lui.

En effet, ses habitudes toutes militaires, les mœurs toutes républicaines inspirées jusqu'alors par l'esprit d'égalité, avaient autorisé des libertés devenues désormais incompatibles avec la dignité du rang qu'occupait Napoléon, et le respect dû à son autorité; aussi dut-il bientôt renoncer à ces parties de barres dont nous parlions plus haut, parce que, tout innocent que fût ce jeu, il donnait lieu à des inadvertances qu'excusait l'espèce de camaraderie qu'il établissait, mais qui pouvaient dégénérer en licence. Le fait suivant, qui vient à l'appui de notre assertion, ne pouvant nuire au respect dû à la mémoire de l'illustre guerrier qu'il concerne, nous le racontons.

Un jour que le Consul avait fait venir dans la cour de la Malmaison des chevaux barbes qui lui avaient été envoyés en présent, l'officier général auquel nous faisons allusion proposa à Napoléon d'en jouer un au billard contre le prix qu'il pouvait valoir. Napoléon accepta. Il voulait et devait perdre. Son adversaire gagna en effet la partie.

« Je t'ai gagné, dit-il au Consul, qu'il avait gardé l'habitude de tutoyer ; donc j'ai le droit de choisir. »

Et, sans attendre une autorisation qu'il ne demandait pas, il courut examiner les chevaux, choisit le plus beau, le fit seller, brider, le monta et dit :

« Adieu, Bonaparte ; je ne dînerai pas ici aujourd'hui, car si je restais, tu serais capable de reprendre ton cheval. »

Napoléon n'eut pas le temps de lui répondre, parce qu'il était déjà loin. Pour prévenir le retour de pareilles scènes, il sentit le besoin d'éloigner temporairement l'officier général, mais en lui conférant un poste d'une haute distinction : il le nomma ambassadeur à Lisbonne.

Vers la même époque, Joséphine prit subitement un goût prononcé pour les antiques, les pierres gravées et les médailles. M. Denon flatta cette fantaisie et persuada sans peine à Mme Bonaparte que, se connaissant arfaitement en antiques, il lui fallait avoir à la Malmaison un cabinet et un conservateur. Cette proposition caressait trop l'amour-propre de la bonne Joséphine pour ne pas être accueillie sur-le-champ. On choisit donc l'emplacement, on prit un conservateur, et le nouveau cabinet s'enrichit aux dépens des collections de la Bibliothèque nationale. M. Denon, qui le premier avait donné cette idée, se chargea de faire une collection de médailles ; mais ce goût venu subitement s'en alla de même. Le cabinet fut pris pour faire un salon de compagnie, les antiques furent relégués dans l'antichambre de la salle de bain, et le conservateur, n'ayant plus rien à conserver, revint naturellement à Paris.

Devenue impératrice, Joséphine conserva sa prédilection pour la Malmaison ; c'est là qu'elle passait tous les moments que lui laissaient les obligations de son rang. La Malmaison reçut alors de grands embellissements ; par ses soins, une ménagerie aussi riche que celle du Jardin des Plantes et une école d'agriculture y furent établies. Le jardin botanique contenait déjà, soit en plein air, soit dans les serres chaudes, les plantes les plus rares que l'art et la patience de l'homme n'ont pu que faire végéter dans notre climat [1]. La ménagerie, l'une des plus complètes de l'Europe, renfermait tous les animaux terrestres, aquatiques et volatiles, qui peuvent vivre dans notre atmosphère. Enfin, l'école d'agriculture fut établie sur le plan de celle de Rambouillet. Dans ces divers établissements l'utile était toujours à côté de l'agréable.

Joséphine sacrifia des sommes énormes à organiser ces divers établissements, sans songer une seule fois à prodiguer l'or à l'effet de se construire un palais digne de celle qui était alors la femme du plus puissant monarque de l'Europe. La modeste habitation de la Malmaison parut toujours suffisante à son ambition. Mais si l'aspect de ce réduit champêtre n'annonçait point à l'étranger l'Impératrice des Français, le récit de ses actes de bonté, les larmes de reconnaissance que répandaient en parlant d'elle les habitants des villages voisins, la faisaient bien vite reconnaître.

Quelques années plus tard, lorsque, pour le malheur de la France, Napoléon posa le diadème qu'il avait forgé à la fournaise des batailles sur le front d'une archiduchesse d'Autriche, la femme excellente qu'un déplorable divorce retranchait de la scène politique, Joséphine, disons-nous, se retira tout à fait à la Malmaison avec ses souvenirs, ses enfants et ses fleurs, et y fonda une petite cour d'où les grands de l'Empire s'exclurent d'eux-mêmes, mais où l'ancienne, la véritable Impératrice, recueillit avec bonheur ceux qu'elle y avait reçus jadis. Parmi ces courtisans de la disgrâce, on remarqua des poëtes et des artistes. C'était en effet aux arts et aux lettres à consoler une femme qui, au temps de sa puissance, avait

[1] Les plantes de la Malmaison ont été peintes par Redouté et décrites par M. de Bonpland.

répandu si délicatement ses largesses sur tous les genres d'intelligence.

Nous dirons tout à l'heure comment cette noble femme mourut à la Malmaison. Elle expira en quelque sorte avec l'Empire, dont elle avait affermi les bases par ses qualités aimables et sa popularité. Son âme quitta la terre au moment même où la fortune de la France succombait au Nord et au Midi; au moment où Napoléon, meurtri par ses propres victoires, débarquait à l'île d'Elbe, dont la souveraineté lui avait été dévolue en échange de l'empire du monde. Les ailes de l'aigle avaient été coupées, mais ces monarques imprudents lui avaient laissé ses ongles et ses foudres; ils en sentirent les dernières étreintes et les derniers éclats à Waterloo.

Au commencement de 1814, la Malmaison devint un pèlerinage pour les rois étrangers, qui venaient y visiter la femme qu'ils avaient saluée impératrice et qu'ils saluèrent encore comme une reine; mais ces hommages d'un culte désintéressé attristaient l'âme toute française de Joséphine, et elle put se rappeler ces paroles philosophiques qu'elle ne craignit pas d'adresser à Napoléon le jour de leur séparation définitive :

« Je vous quitte, lui dit-elle, et je n'en fais pas moins des vœux pour votre bonheur; mais je crains que la couronne dont vous avez dépouillé mon front ne soit le présage de calamités moins affreuses pour moi que pour vous. Dieu veuille que je me trompe ! »

Hélas! elle n'avait que trop bien deviné!

A l'époque de son mariage avec Marie-Louise, Napoléon avait fait redemander à Joséphine quelques petits meubles auxquels il paraissait tenir; celle-ci s'empressa de les faire porter aux Tuileries. Exception faite de ces légères restitutions, le mobilier et la décoration de la Malmaison demeurèrent ce qu'ils avaient été auparavant. Le rez-de-chaussée, d'une extrême magnificence, contenait une foule de tables en mosaïque de Florence, de vases en lapis et en agate, de bronzes d'un travail précieux, de cristaux du Mont-Cenis et de porcelaines de Sèvres.

Aucun de ces objets ne fut même changé de place. La salle de billard était ornée du portrait de tous les cheiks du Caire, figures remarquables surtout comme types de physionomie. Pas une de ces peintures ne fut enlevée. Le meuble du salon en tapisserie, qui était l'ouvrage de Joséphine, ne fut pas changé. Le fond de ce meuble était en soie blanche avec le double J entrelacé de roses pompons. Seulement elle fit recouvrir ce meuble d'une housse de gros de Naples. Quant à l'appartement qu'elle s'était réservé au premier, il était d'une simplicité extrême. Sa chambre à coucher était tendue de mousseline blanche, avec des franges vertes. Aucun autre ornement ne s'y faisait remarquer, si ce n'était la toilette d'or offerte par la ville de Paris lors du sacre, et qui semblait posée là comme le cachet de la personne qui habitait cette chambre. Rien n'eût été digne de rivaliser avec ce meuble, dont le goût et la richesse étaient incomparables; aussi était-il tout à fait isolé dans la pièce. Plusieurs fois Joséphine voulut en faire cadeau à sa bru, la vice-reine d'Italie; le prince Eugène s'y opposa toujours. « C'était, disait-il à sa mère, un don personnel qu'elle avait reçu de la ville de Paris, il y aurait eu ingratitude de sa part à s'en séparer. » Napoléon lui avait envoyé cette toilette après son divorce, ainsi que le déjeuner d'or et d'autres objets d'une valeur non moins grande, qu'elle avait négligé d'emporter en quittant les Tuileries.

La Malmaison fut, pour Joséphine répudiée, ce que Saint-Cyr avait été pour Mme de Maintenon après la mort de Louis XIV, un refuge contre les ennuis et les déceptions qu'entraîne toujours un changement subit de fortune. Toujours expansive, bienfaisante, elle ne semblait regretter la pompe du trône que pour les malheureux qu'elle ne pouvait plus secourir avec autant d'efficacité. A part ces regrets, indices d'une âme généreuse, elle jouissait, dans sa tranquille chartreuse, des seuls bonheurs que le sort lui eût laissés. Au nombre des plaisirs qui lui étaient restés, il faut compter les visites trop rares, mais toujours bien accueillies, de Napoléon, qui venait incognito s'asseoir au foyer de sa seule amie et verser peut-être dans son âme les secrètes amertumes d'une union que la politique avait formée en dépit de la France, de l'histoire, et peut-être de lui-même. Quand l'Empereur était éloigné de la capitale, ou qu'il se trouvait à la tête de son armée, il remplaçait ses visites par une correspondance, où les épanchements les plus doux se mêlaient aux expressions les plus tendres.

Durant la campagne de 1813, il crut devoir apaiser les craintes de Joséphine en lui écrivant après la bataille de Dresde. Joséphine lui répondit :

« Oh ! que c'est bien à vous, mon ami, de ne point m'avoir ou-
« bliée ! vous avez lu dans mon âme ; vous avez deviné ses souf-
« frances et ses tortures ; merci de votre sollicitude, et continuez à
« me donner toujours et souvent de vos nouvelles. Mon sort a
« pu changer, mais mon cœur ne changera jamais pour vous.
« Des affections comme les miennes résistent à tout et survivent à
« tout. »

L'Empereur lui répondit courrier par courrier:

« Ma bonne Joséphine,
« J'ai reçu ta lettre ; je vois avec plaisir que tu te portes mieux
« et que tu es contente. J'espère que tu ne t'ennuies pas trop ; soi-
« gne-toi bien et ne doute jamais de mon affection pour toi.
   « NAPOLÉON.

« Dresde 21 septembre 1813. »

Cette amitié si tendre, qui avait remplacé un amour si longuement partagé, avait inspiré à Joséphine une sorte de culte pour le seul homme qu'elle avait véritablement aimé. Après son divorce, elle n'avait pas voulu que l'on dérangeât même une chaise dans l'appartement qu'avait occupé l'Empereur. Au lieu d'habiter cet appartement, situé au rez-de-chaussée, elle avait préféré se loger au premier étage, où elle était fort mal à l'aise. Au surplus, tout, comme nous l'avons dit, était resté exactement dans le même état qu'au moment où Napoléon avait quitté son cabinet, à la fin de mars 1809, pour aller entreprendre sa glorieuse campagne d'Autriche, couronnée par le succès de Wagram. Un livre d'histoire était posé sur son bureau, marqué à la page où il avait cessé sa lecture, et la plume dont il s'était servi conservait encore l'encre séchée qui, quelques instants auparavant, avait peut-être dicté des lois à l'Europe. Une mappemonde, sur laquelle il montrait aux confidents de ses projets les pays qu'il voulait conquérir, portait les marques de quelques mouvements d'impatience occasionnés sans doute par une légère observation. Joséphine seule s'était chargée d'ôter la poussière qui souillait ce qu'elle appelait ses *reliques;* elle avait défendu expressément qu'on entrât dans ce sanctuaire.

Dans la chambre à coucher de Napoléon, le lit de forme romaine dans lequel il couchait était sans rideaux. Des armes d'un travail précieux, telles que sabre turc, poignards antiques et pistolets, étaient suspendues à un panneau de la boiserie, et quelques pièces d'habillements étaient encore éparses çà et là. Il semblait qu'il était prêt à entrer dans cette chambre d'où il s'était banni pour toujours.

A la Malmaison, l'Empereur avait un petit jardin particulier auquel on arrivait par un pont recouvert de coutil comme une tente, et qui aboutissait immédiatement à l'entrée de son cabinet particulier. Les fenêtres de ce cabinet avaient vue sur une magnifique allée de tilleuls qui conduisait à la Jonchère; c'était dans ce petit jardin que Napoléon se reposait de ses travaux. Une fois séparée d'avec lui, Joséphine ne permit plus à personne de passer par ce petit pont pour aller dans le parc.

A la suite d'un dîner d'apparat que Joséphine offrit à l'empereur de Russie et au roi de Prusse, l'indisposition qui l'étreignait depuis quelques jours prit un caractère alarmant, et le 29 mai 1814 elle n'était plus. Pendant les cinq jours où la mort la marchanda en quelque sorte, elle conserva toute sa résignation et toute sa bonté. Redouté, le peintre de fleurs, était venu sur son ordre exprès; elle l'engagea à ne pas approcher d'elle, dans la crainte, disait-elle, *qu'il ne gagnât son mal.* Puis, lui désignant deux plantes qui étaient alors en fleurs, elle lui dit de se dépêcher d'en faire le dessin, « car ces pauvres fleurs, ajouta-t-elle, ont peu de jours à vivre. »

Elle dit encore, comme pour échapper à cette idée de destruction qui la dominait malgré elle :

« J'espère pourtant, mon cher Redouté, être guérie assez à temps pour les revoir fleurir encore. »

Illusion trop fragile, qui, trente heures après, était détruite sans retour : l'agonie commençait.

Les funérailles de l'impératrice Josephine eurent lieu dans l'église de Rueil, au milieu d'une population qui manifesta par ses sanglots l'attachement qu'elle portait à celle qui, après avoir été sa souveraine, avait voulu rester sa bienfaitrice. Les deux petits-fils de l'Impératrice conduisaient le deuil. Les généraux russes Saken et Czernitcheff s'y étaient rendus sur l'ordre de l'empereur Alexandre, et MM. de Nesselrode et de Humboldt, un grand nombre d'artistes, des officiers supérieurs des armées étrangères, suivirent le char funèbre qui était escorté par un détachement de cavalerie russe et par la garde nationale de Rueil. Au cimetière, la reine Hortense que ses dames n'avaient pu retenir à la Malmaison, se jeta sur la tombe de sa mère pour lui adresser un dernier adieu, et dans une prière qui arracha des larmes de tous les yeux, appela sur cette âme angélique la miséricorde de Dieu. La Malmaison, dans l'espace de quelques jours, vit ainsi ses maîtres descendre, l'un les degrés du trône, l'autre les degrés d'un tombeau.

Par une fatalité sans exemple, ou peut-être par un de ces retours secrets que les âmes les plus fortement trempées ressentent pour les lieux témoins de leur grandeur éclipsée, Napoléon, repoussé en 1815 par les représentants de la nation, traqué par les colonnes de Blücher et de Wellington, vint poser son pied fugitif dans cette demeure qui dut lui rappeler tant de doux et cruels souvenirs ! Il resta quatre jours entiers à la Malmaison, près de la modeste tombe élevée à Joséphine, à la seule impératrice digne de ce nom, se débattant encore contre les mille intrigues qui s'acharnaient à lui faire briser son épée, à lui faire abdiquer encore une fois sa gloire. Napoléon partit de la Malmaison pour Rochefort, et de Rochefort pour Sainte-Hélène !

Ainsi, les destinées de ce grand homme se nouèrent et se dénouèrent à la Malmaison. Là s'éleva, là s'éclipsa son étoile. Ce fut là qu'il foula aux pieds les insignes consulaires ; ce fut là qu'il perdit sans retour le manteau de pourpre et le sceptre que lui avait donnés la victoire.

Le 1er juillet 1815, la Malmaison fut ravagée et pillée par les troupes anglaises. Voici ce qu'on lisait à cette occasion dans un journal du temps :

« Cette belle propriété, où depuis quinze ans les produits les plus
« brillants des arts se trouvaient réunis, offre aujourd'hui l'aspect
« le plus triste : les statues de Canova, de Cartelier ; les tableaux
« charmants de Vernet, ont été détruits par le sabre et les baïon-
« nettes des Anglais et des Prussiens. »

Les héritiers naturels de Joséphine, auxquels appartenait la Malmaison, vendirent à une compagnie de banquiers ce domaine, qui devait cependant être précieux à leur cœur, et, chose singulière, aucun de nos modernes Turcarets ne délia les cordons de sa bourse pour arracher au morcellement ce domaine si national. *La bande noire* se présenta, et la Malmaison fut dépecée ni plus ni moins que l'ancien manoir d'un Montmorency ou d'un Crillon. Pour ces démolisseurs patentés, la noblesse n'a point d'illustration, les souvenirs n'ont point de patrie : ils seraient prêts à acheter au rabais les pierres de l'arc de l'Etoile et le bronze de la colonne Vendôme. De façon que la Malmaison a subi des outrages successifs : pillée par les Anglais et les Prussiens en 1815, elle fut rasée plus tard par ces Français iconoclastes.

La Malmaison n'est plus aujourd'hui que ce qu'elle était, ou à peu près, au onzième siècle, moins Odon le brigand et les superstitions ; mais un jour viendra où l'on inscrira sur une colonne placée au centre de cette noble résidence :

« Ici, le premier consul Bonaparte a passé les plus belles et les
« plus glorieuses journées de sa vie, car alors la patrie était libre,
« heureuse et grande, et il n'en était que le premier citoyen ! »

CHAPITRE III.
GEORGES CADOUDAL, MOREAU ET PICHEGRU.
1802-1804.

L'avénement de Bonaparte au consulat, salué d'abord par les royalistes, qui croyaient trouver en lui un nouveau Monck, puis ensuite par les républicains purs et même par les jacobins, dont les susceptibilités révolutionnaires ne s'effarouchaient pas trop d'une dictature temporaire, ne tarda pas à éveiller les inquiétudes et les craintes dans les deux grandes factions qui ambitionnaient, à cette époque, le gouvernement de la France. Ces craintes se traduisirent bientôt en malédictions; et la presse anglaise, toujours favorable alors aux perturbateurs, quelle que fût la couleur de la cocarde, devint peu à peu l'écho des plus vives diatribes, des accusations et des menaces les plus directes contre la personne du premier Consul, que les partisans de la maison de Bourbon appelèrent Cromwell, et que les démocrates de 93 comparèrent, dans leur style antique, à César.

Une haine commune contre un homme également haï et redouté par les serviteurs de la monarchie et par les jacobins détermina un rapprochement entre ces deux partis que l'échafaud séparait depuis dix ans. Les royalistes et les jacobins se rapprochèrent donc, non pas qu'ils voulussent partager le prix de la victoire, mais dans le simple but de travailler de concert à la ruine d'une autorité qu'ils regardaient comme usurpée, et d'un homme que les uns dénonçaient à la nation comme le fils ingrat de la Révolution, et que les autres regardaient comme un fourbe et un tyran, sauf à se disputer ensuite le pouvoir et à se décimer le lendemain du triomphe commun.

A ces deux grandes hostilités de principes vinrent se réunir les rivalités personnelles de gloire du jeune général, qui, dans ses campagnes d'Italie et d'Égypte, avait prouvé que son génie ne se renfermait pas seulement dans les étroites limites d'un champ de bataille. Pichegru, l'un des premiers, s'enrôla sous le drapeau du royalisme, tandis que Bernadote, Augereau et d'autres chefs de l'armée, non moins mécontents, mais fidèles aux convictions de leur jeunesse, restèrent impassibles dans les rangs républicains, attendant le moment favorable pour jeter leur épée dans la balance où allaient se peser encore une fo s les destinées de la patrie.

L'échauffourée de l'Opéra avait rendu circonspects les ennemis du premier Consul. Cette affaire et celle de la rue Saint-Nicaise avaient fait tomber six têtes, dont deux seulement appartenaient au parti royaliste. On voyait tout d'abord de quel côté penchait la sévérité du Consul. Les républicains s'isolèrent donc des intrigues et des conspirateurs royalistes, et semblèrent dire aux démolisseurs : « Nous ne vous troublerons pas dans vos expéditions. Faites table rase d'abord ; puis, quand le terrain sera déblayé, nous mesurerons nos forces, et la victoire sera aux plus braves et aux plus habiles. »

Les royalistes avaient entendu à demi-mot et se mirent à l'œuvre. Pichegru, gagné depuis longtemps par les flatteries et les promesses que le vieux prince de Condé lui avait faites incessamment au nom du prétendant, parvint, plus par son exemple que par les souvenirs d'une vieille amitié, à entraîner Moreau. Celui-ci, toujours faible, indécis, et malgré ses répulsions pour le système monarchique et surtout pour les Bourbons, se laissa non pas convaincre, mais intimider par des hommes adroits qui, en employant les couleurs du patriotisme, lui peignirent le renversement de l'ordre établi comme une nécessité publique.

Ainsi, le conquérant de la Hollande et le vainqueur de Hohenlinden, traîtres à leur propre fortune plus encore qu'à la France qui les avait comptés si longtemps au premier rang de ses libérateurs, se mêlèrent à de ténébreux conciliabules et s'allièrent à des hommes braves sans doute, mais fanatiques, et qui, pour relever la monarchie, s'étaient faits les auxiliaires de l'Angleterre, en appelant sur le sol de la mère commune toutes les misères et toutes les calamités de la guerre civile. En tête de ces hommes d'action, il faut placer Georges Cadoudal.

Il est hors de doute que, sans le concours de Pichegru et sans le quasi-assentiment de Moreau, la *conspiration de l'an XII*, comme on est convenu de l'appeler en terme historique, n'eût pu avoir lieu. Son origine est tout entière dans les espérances que donna aux princes français, réfugiés en Angleterre, la coopération puissante de ces deux généraux distingués.

On verra, dans le récit circonstancié que nous allons entreprendre, se développer les différentes phases de cette vaste conspiration et du procès célèbre qui la suivit et qui est pour ainsi dire unique dans les annales judiciaires des peuples. Pour la première fois peut-être, nos lecteurs seront complétement instruits des particularités qui prêtèrent un intérêt si puissant à la découverte de la conspiration, à l'arrestation des conjurés, à l'instruction du procès, aux débats et aux plaidoiries, aux grâces accordées à plus du tiers des condamnés, et enfin au supplice de douze victimes, péripétie sanglante qui vint clore ce grand drame politique [1].

Pour rendre notre travail moins indigne de l'importance et de la gravité du sujet, non-seulement nous avons étudié l'immense procédure qu'un honorable magistrat [2] a bien voulu faire mettre à

---

[1] A l'issue des audiences, chaque ambassadeur, chaque chargé d'affaires, chaque ministre étranger envoyait à sa cour, par un courrier spécial, la relation exacte de ce qui s'était passé au tribunal. Nous avons eu recours plus d'une fois à ces curieux documents.

[2] M. Courtin, ancien procureur impérial, directeur et l'un des principaux rédacteurs de l'*Encyclopédie moderne*.

notre disposition en 1831, mais encore nous avons consulté les témoins oculaires des faits [1], les prévenus, les avocats et jusqu'aux juges, qui ont été les paisibles interprètes de la loi dans cette affaire mémorable.

Des personnes qui ne sont pas même alliées à la famille du duc d'Otrante ont essayé de nous prouver, pendant le cours de notre travail, que Fouché n'avait point été un des principaux instigateurs de la conspiration de Georges. Notre seul but est de rechercher la vérité, et nous avons toujours éprouvé une vive satisfaction à rectifier, sur des pièces authentiques, les erreurs involontaires que nous avons pu commettre en nous appuyant sur des autorités respectables, mais qui avaient pu se tromper elles-mêmes. Toutefois, dans l'épisode historique que nous soumettons aujourd'hui au souverain juge des hommes et des choses, le public, nous ne nous sommes appuyé que sur des documents qui avaient pour nous toutes les apparences de la certitude. Le devoir de l'écrivain impartial est de distribuer à chacun sa part de louange ou de blâme, et il y a faiblesse à accueillir, même pour les réfuter, tous ces petits faits justificatifs, dont rien n'égale l'insignifiance, si ce n'est la vanité qui les inspire et l'inconvenance qui les rédige.

PREMIERS INDICES.

Malgré la rupture du traité d'Amiens et l'imminence d'une guerre nouvelle entre la France et l'Angleterre, les étrangers de distinction continuaient d'affluer dans la capitale. Les Parisiens, pleins d'enthousiasme pour le premier Consul, se livraient avec confiance aux spéculations du commerce ou de l'industrie. Tout grandissait, tout prospérait au sein de cette société régénérée et reconnaissante. Ce n'était partout que fêtes et plaisirs; et pourtant, au milieu de

---

[1] Entre autres MM. Fauconnier, ancien concierge du temple ; Fontaine Biré, alors détenu dans cette prison ; Lamy, greffier de la Force, etc., etc.

ces joies, de cet oubli du passé et de cette bonne opinion de l'avenir, tout aussi présageait une crise pour les esprits attentifs. On avait signalé depuis peu l'apparition d'agents suspects dont l'autorité s'était emparée par précaution; les levées de conscrits devenaient difficiles et orageuses dans les départements de l'Ouest; des achats considérables de poudre et de munitions, faits dans la capitale, avaient été dénoncés; on se sentait sur un terrain miné; mille bruits sinistres se croisaient comme lorsque se prépare une grande catastrophe. Des pamphlets [1] et des caricatures circulaient clandestinement dans Paris [2]. Enfin on écrivait de Londres que le premier Consul devait être assassiné.

Ces avis, sans être incontestables, étaient de nature à éveiller l'attention du gouvernement; et pourtant personne dans l'administration ne savait encore rien de positif sur ces menées, et ne pouvait indiquer la cause du malaise général qui existait dans les esprits, si ce n'était Fouché, bien que depuis près de deux ans il ne fût plus ministre de la police. Mais c'est que le futur duc d'Otrante connaissait bien le premier Consul. Il n'avait pas oublié ce que Napoléon avait dit de lui au Sénat, dans son message du 15 septembre 1802, en y appelant le ministre nouvellement disgracié.

« Si d'autres circonstances redemandaient un ministre de la police, le gouvernement n'en trouverait pas qui fût plus digne de sa confiance. »

Et Fouché, a-t-on prétendu, favorisait la naissance de ces circonstances avec toute son habileté. Bien qu'il eût été *absorbé* par

---

[1] En Angleterre, le rédacteur du journal imprimé en français, le *Courrier de Londres*, avait reproduit dans sa feuille le fameux pamphlet intitulé *Killing no mulder* (tuer n'est pas assassiner), dirigé autrefois contre Cromwell, en faisant précéder cette publication d'une *lettre adressée à M. Buonaparte*.

[2] Cette caricature était anglaise. On en expédia de Londres à Paris beaucoup d'exemplaires que la police rechercha soigneusement. On avait figuré la flotte française par un grand nombre de coquilles de noix, sortant du port de Boulogne; un matelot anglais, assis sur un rocher de Douvres, fumait tranquillement sa pipe, dont la fumée, portée par le vent, faisait chavirer notre escadre.

Sé nat, comme eût dit l'abbé Sieyès, il n'en continuait pas moins de recevoir beaucoup de monde. Sa jolie maison de la rue du Bac, en hiver, et sa magnifique campagne de Pont-Carré, en été, étaient toujours le rendez-vous des personnages marquants de la Révolution. Dans toutes ses conversations, Fouché disait, avec une confiance que personne ne pouvait expliquer, que tôt ou tard il faudrait bien que Bonaparte revînt à lui; il n'en faisait aucun doute, et ajoutait :

« Franchement, Régnier n'est qu'un gobe-mouches ; il est trop simple pour bien faire la police ; au premier jour il laissera tomber le premier Consul dans quelque piége dont il aura bien de la peine à se tirer. »

Mais personne n'attachait d'importance à ces propos. On les attribuait, soit à un sentiment de vanité, soit au désir qu'il avait de reconquérir son ministère, soit enfin à la haute opinion qu'il avait de ses talents, opinion qui n'avait été que trop encouragée par des louanges exagérées. D'un autre côté, chacun connaissait l'aversion du Consul pour lui; beaucoup de ceux qui l'approchaient avaient été témoins de la joie qu'il avait éprouvée après avoir eu le courage de se défaire de Fouché, non pas en lui donnant un remplaçant au ministère : chose étrange ! il ne l'eût point osé ; mais en supprimant le ministère. Fouché ne perdait donc pas de vue l'espèce d'engagement du Consul, quoique cet engagement ne fût que conditionnel. Fouché aimait le pouvoir et tout ce qu'il procure. Or, ce ministère avait largement fourni, par les jeux et d'autres recettes de ce genre affectées à son administration, à ces grandes acquisitions territoriales qui, si princières qu'elles fussent déjà, n'avaient point encore atteint les limites qu'il se proposait : *il avait toujours des voisins de campagne qui le gênaient.*

Pour appuyer notre opinion sur la conduite de Fouché et prouver qu'il connaissait parfaitement les trames qui s'ourdissaient tant à Londres qu'à Paris, nous dirons qu'au mois de mai 1803, époque à laquelle le gouvernement n'avait encore que de faibles indices du vaste complot qui se formait dans l'ombre, un homme, qui naguere avait possédé la confiance du premier Consul, mais qui l'avait perdue depuis, Bourrienne, allant voir Fouché un matin, le trouva prêt à partir pour Pont-Carré et occupé à cacheter un petit billet qu'il venait d'écrire au premier Consul. Fouché lui lut ce billet, qui finissait par ces mots : « L'air est plein de poignards. »

Ce qui précédait était un peu obscur, mais conduisait à ce résultat qui devait être aussi vague qu'effrayant pour le chef de l'État. Fouché, disons-nous, avait joint à son billet ce post-scriptum tout aussi court que laconique : « *Je pars à l'instant pour Pont-Carré.* »

« Comment! lui objecta le visiteur, *l'air est plein de poignards*, dites-vous, et vous quittez Paris avant d'aller aux Tuileries donner des explications au premier Consul?

— J'ai cru que vous le connaissiez aussi bien que moi, lui répondit Fouché avec son fin sourire. J'envoie mon billet par un exprès; je ne serai pas une heure à Pont-Carré que je recevrai l'invitation de me rendre aux Tuileries ; venez me voir demain, je serai de retour. »

Fouché expédia sa lettre, monta en voiture et partit. Le visiteur, curieux de savoir s'il ne s'était pas trompé, retourna à son hôtel le lendemain dans l'après-midi : il trouva effectivement Fouché chez lui.

« Eh bien! mon cher, lui dit ce dernier, n'avais-je pas prévu juste? A peine étais-je descendu de voiture à Pont-Carré, qu'un courrier est venu m'apporter l'ordre de me rendre sur-le-champ aux Tuileries. J'ai eu hier soir avec le premier Consul une longue conversation sur la situation des choses. Il me fit observer qu'il était très-satisfait de sa police. Je lui ai demandé alors ce qu'il aurait à répondre si je lui disais que Georges et Pichegru étaient depuis quelques jours dans la capitale pour l'exécution du complot dont je parlais; mais Bonaparte, comme enchanté de ma méprise, me répondit d'un air de pitié :

« Ah! que vous êtes bien informé! Régnier, qui me quitte à

l'instant, a reçu ce matin une lettre de Londres qui lui annonce que Pichegru a dîné, il y a trois jours, près de cette ville, à Kinston, je crois, chez un ministre du roi d'Angleterre. »

« J'ai persisté dans mon assertion. Bonaparte a envoyé chercher Régnier ; celui-ci m'a montré sa lettre, dont je connais la source; le premier Consul a triomphé d'abord, me croyant en défaut ; mais je suis revenu chez moi chercher des preuves, que je lui ai mises sous les yeux et qui lui ont démontré si clairement la présence à Paris de Georges et de Pichegru, que le gros Régnier, tout le premier, a commencé à craindre d'avoir été mystifié par ses agents, que je payais mieux que lui. Le premier Consul, voyant distinctement que mon successeur en savait moins que moi, a fait la grimace que vous savez, et a congédié Régnier. Je suis resté encore longtemps avec Bonaparte, auprès de qui j'ai, pour le moment, écarté la question du rétablissement de mon ministère, afin de ne pas lui donner l'éveil, et je l'ai engagé à confier la conduite de cette affaire à Réal, qui est véritablement mon élève, avec recommandation d'obéir aveuglément à toutes les directions qu'il croira devoir lui donner. »

Il est de fait que la police manquait d'action, de nerf et d'habileté depuis la suppression de ce ministère. D'après les avis de Fouché, le conseiller d'État Réal, connu par son activité et sa pénétration, fut attaché au grand-juge ministre de la justice, et, selon les termes de l'ordonnance : « Spécialement chargé de l'instruction et « de la suite de toutes les affaires relatives à la tranquillité et à la « sûreté intérieures de la République. » En outre, le premier Consul confia à Murat le gouvernement de Paris, en remplacement de Junot, qu'il envoya commander la division de grenadiers réunie à Arras, afin de placer un homme déterminé à la tête des forces rassemblées dans Paris et aux alentours. Junot, dont le dévouement était parfait pour le Consul, son ancien général, avait néanmoins des répugnances difficiles à vaincre quand il s'agissait de frapper des coups d'autorité. Bonaparte lui préféra donc Murat, qui lui avait prêté un concours si complet au 18 brumaire. Avec son beau-frère, il était sûr de tout, et dans la crise qui se préparait, c'était un homme précieux, car, il n'y avait plus à se le dissimuler, le gouvernement avait à craindre un danger dont il ignorait encore toute l'imminence, mais contre lequel il voulait se tenir sur ses gardes.

Sur ces entrefaites, Savary reçut une lettre d'un ancien chef vendéen qu'il avait eu l'occasion d'obliger et qui ne voulait plus que vivre en repos dans ses terres. Cette lettre prévenait l'aide de camp du premier Consul qu'il avait été récemment visité par une troupe de gens armés qui l'avaient entretenu de *folies* auxquelles il avait franchement renoncé depuis le 18 brumaire, et que, pour observer la parole qu'il avait donnée et se prémunir contre les suites qui pourraient en résulter, il commençait par l'informer de cette démarche. Le chef vendéen ajoutait que, « pour être à l'abri, il se « rendrait à Paris aussitôt que ses vendanges de pommes seraient « faites. »

Savary n'eut rien de plus pressé que de remettre cette lettre à Napoléon, qui, au caractère de vérité qu'elle offrait, jugea que son aide de camp obtiendrait peut-être des détails plus circonstanciés sur ce qui commençait à l'occuper très-sérieusement, et que, dans tous les cas, il était bon de connaître les dispositions politiques de la Vendée dans des circonstances qui pouvaient s'aggraver. Aussi engagea-t-il Savary à prévenir son ami, l'ancien chef vendéen, en allant le trouver sur-le-champ à sa campagne, tout en lui recommandant d'être vis-à-vis de lui circonspect et discret.

Savary partit le même jour incognito, et se rendit chez le chef vendéen, qui lui donna de nouveaux détails. Sur la proposition de l'aide de camp, ils partirent tous deux, après s'être déguisés, pour aller à la recherche de la bande en question. Le troisième jour, ils rencontrèrent des hommes qui avaient fait partie de cette bande, mais qui s'en étaient séparés la veille, et de qui Savary obtint tous les renseignements qui lui étaient nécessaires pour fixer ses idées sur ce qui se passait. Cette troupe, qui avait pour chefs deux individus nouvellement arrivés d'Angleterre, courait le pays pour annoncer un changement prochain dans le gouvernement de la France, et prévenir en même temps qu'on eût à se tenir prêt lorsque le moment d'agir serait venu. Effectivement, Savary vit les paysans se rassembler comme pour se préparer à l'insurrection.

Savary fut à même de juger, dans cette excursion, que la Vendée était encore susceptible d'être remuée, de même qu'il acquit la certitude que beaucoup de chefs, auxquels on supposait encore une grande puissance morale dans la contrée, y étaient tombés dans la déconsidération, à cause des rapports qu'ils avaient eus avec le gouvernement consulaire. On lui prouva même qu'aucun d'eux ne serait en état de soulever le pays, mais qu'il était probable que, cette fois, ce serait Georges Cadoudal lui-même qui viendrait dans ce but; on alla jusqu'à lui dire qu'on ne croyait pas qu'il s'exposerait à traverser la Bretagne, parce que tout le monde y était *vendu*, et qu'il risquerait d'être trahi, mais que probablement il arriverait par la Normandie.

Savary vit évidemment que ceux qui lui tenaient ce langage avaient la certitude que Georges était le seul homme qui pût encore inspirer aux Vendéens quelque confiance et les entraîner à un mouvement. Il revint à l'habitation de son compagnon de voyage et repartit dès le lendemain pour Paris.

Le premier Consul commençait à s'inquiéter de ne pas recevoir de nouvelles de son aide de camp, lorsque celui-ci se présenta à son lever. Les détails que lui donna Savary le surprirent beaucoup. Il le félicita de sa hardiesse à courir des chances si dangereuses, et lui tint compte des preuves de dévouement qu'il lui avait données dans cette circonstance; puis il se détermina à employer des moyens énergiques pour arriver à la découverte de la vérité.

Napoléon avait un tact infaillible pour juger de la gravité des événements. Depuis qu'il gouvernait en maître, les jugements par conseil de guerre avaient été fort rares; il avait même eu le projet de les supprimer tout à fait, hors le cas de discipline militaire. Cependant, il existait dans les différentes prisons de Sainte-Pélagie, de l'Abbaye, de Montaigu et du Temple principalement, plusieurs individus que la police y retenait comme prévenus d'espionnage ou de machinations politiques. On ne les avait point encore mis en jugement, parce que le premier Consul avait dit qu'un temps arriverait où on ne pourrait plus attacher d'importance à de semblables intrigues, et qu'alors on les mettrait en liberté; mais dans cette occurrence, il se fit apporter la liste de tous les individus incarcérés, avec la date et le motif de leur arrestation : des notes sur les antécédents de chacun de ces prisonniers étaient jointes au dossier.

Il y avait parmi ces derniers un nommé Picot et un nommé Le Bourgeois, qui avaient été arrêtés à Pont-Audemer, en Normandie, comme venant d'Angleterre avec des intentions suspectes. Ils avaient été signalés, à leur départ de Londres, par un agent que la police française y entretenait pour surveiller les réfugiés de la guerre de l'Ouest; cet agent avait même eu l'adresse de leur arracher la confidence des motifs qui les faisaient passer sur le continent, « où ils ne se rendaient, avouèrent-ils ingénument, que pour attenter à la vie de Bonaparte. » On s'était jusqu'alors contenté de les tenir en prison. Le Consul les désigna pour passer en jugement. Livrés immédiatement à une commission militaire, ces deux prévenus, malgré l'évidence des charges qui pesaient sur eux, montrèrent une obstination à laquelle on ne s'attendait pas. Ils refusèrent de répondre et furent condamnés à être fusillés, sans laisser échapper le moindre aveu, sans proférer la moindre plainte; bien plus, arrivés sur le lieu de l'exécution, ils semblèrent défier l'autorité en annonçant que le gouvernement n'attendrait pas longtemps la guerre, et qu'il *faudrait bien que Bonaparte y sautât.* Cette bravade empêcha l'impression pénible que cause toujours une exécution de cette nature, et on ne fut pas plus avancé. Le gouvernement, obligé de recourir aux informations sur un projet dont il ne faisait que soupçonner l'existence [1], excita le zèle de tous les fonctionnaires.

[1] On prétendit que plusieurs conjurés qui se trouvaient à Paris, entre autres Bur-

Le Consul prit donc une autre marche : il se fit représenter de nouveau la liste des individus incarcérés préventivement. Le premier inscrit en tête était un nommé Querelle, le second M. Dessolles de Grisolles.

« Quels sont ces deux hommes? demanda-t-il à Régnier. Il n'y a pour notes, à la colonne d'observations, que la qualité d'*officier de santé* pour l'un, et d'*ancien émigré* pour l'autre. »

Le grand-juge lui répondit :

« Général, ce Querelle est un Bas-Breton qui a servi sous les ordres du fameux Georges Cadoudal dans la Vendée. Venu à Paris il y a deux ou trois mois, il a été arrêté sur la dénonciation d'un créancier qu'il n'a pu satisfaire complétement, à ce qu'il paraît, et qui, pour se venger, l'a signalé au gouvernement comme conspirateur. Quant au second, je n'en ai jamais entendu parler.

— Je reconnais bien là les créanciers, dit Napoléon. Quand on a le malheur d'en avoir, il faut, règle générale, les payer entièrement ou ne leur rien donner du tout : le système des à-compte est toujours désastreux pour le débiteur. Quoi qu'il en soit, ajouta-t-il, je me tromperais fort si ces deux messieurs ne savaient pas quelque chose de ce qui se passe; faites-les juger, on verra. »

Traduit devant la commission qui devait les juger, M. Dessolles de Grisolles, faute de charges suffisantes, fut acquitté et sur-le-champ mis en liberté; quant au malheureux Querelle, avec des antécédents comme les siens, il était impossible qu'il ne fût pas condamné, et il le fut en effet. Le juge-rapporteur envoya le soir même le jugement au chef d'état-major pour qu'il le fît exécuter, selon la coutume, le lendemain de grand matin; mais celui-ci étant au bal, n'ouvrit la dépêche qu'à son retour et dormit là-dessus. Si l'ordre donné avait été suivi, il est probable que le condamné eût emporté son secret avec lui; mais ce retard dans le supplice jeta

ban, dont nous aurons bientôt occasion de parler, assistèrent à l'exécution de Le Bourgeois et de Picot, pour se convaincre de leur discrétion, car les condamnés connaissaient leur retraite, et s'ils eussent parlé, c'en était fait d'eux tous.

l'épouvante dans son âme ; et, à l'approche du moment fatal, qui cependant n'avait été retardé que de quelques heures, il tomba dans des convulsions si violentes, qu'on le crut empoisonné. Le médecin de la prison fut appelé pour lui procurer quelque soulagement. Tandis qu'il cherchait à lui donner un peu de courage, des demi-mots échappés à ce malheureux engagèrent le docteur à lui conseiller d'écrire au gouverneur de Paris pour demander un sursis.

« Qui sait? lui dit-il, vous obtiendrez peut-être votre grâce ; j'en ai vu revenir de plus loin que vous. »

Querelle s'était trouvé précédemment au Temple en même temps que Le Bourgeois et Picot, avec lesquels il avait eu des relations en Angleterre. Lorsqu'on vint les chercher pour les conduire devant le conseil de guerre, ceux-ci, connaissant la faiblesse de caractère de leur camarade, l'avaient exhorté à ne rien dire dans le cas où le même sort viendrait à l'atteindre, et sachant qu'il avait peur de l'enfer, Le Bourgeois avait ajouté :

« Tu parleras au tribunal ; tu en diras peut-être plus que tu n'en sais, et tu compromettras les innocents. Songes-y bien : Dieu ne pardonne jamais ni aux traîtres ni aux délateurs ; il les punit tôt ou tard du supplice des flammes éternelles. Tandis que si tu meurs avec courage et sans rien dire, Dieu te mettra au nombre des martyrs et te fera jouir de toutes les béatitudes célestes ! »

Puis Le Bourgeois et Picot avaient quitté leur camarade en raillant, et s'étaient laissé fusiller avec une inébranlable indifférence, comme nous l'avons dit. Mais au moment suprême, il s'était passé dans l'âme de Querelle un combat terrible. L'amour de la vie l'avait emporté sur les craintes de l'enfer, et il avait écrit à Murat qu'il désirait faire des révélations.

Le même jour, le premier Consul, préoccupé et soucieux, s'entretenait dans son cabinet avec Réal, lorsque la porte s'ouvre, et l'aide de camp de service annonce le gouverneur de Paris. Murat se présente.

« Ah! c'est vous, dit Napoléon en faisant quelques pas au-devant de son beau-frère; qu'y a-t-il de nouveau?

— Général, je viens de recevoir la lettre d'un malheureux condamné à mort qu'on doit exécuter aujourd'hui, et qui demande à faire des révélations.

— Eh bien! envoyez cette lettre au rapporteur de la commission qui l'a jugé, il verra ce qu'il doit faire.

— C'est aussi de cette façon que je procède lorsqu'il m'arrive de semblables missives; mais cette fois, général, j'ai eu l'idée de vous apporter celle-ci, parce qu'elle est autrement conçue que les autres : il y règne un ton de franchise qui m'a vivement intéressé. Tenez, lisez vous-même. »

Et Murat remit à Napoléon une lettre ouverte. Celui-ci ayant jeté les yeux sur la signature, s'écria :

« Justement c'est mon homme! » Puis, après avoir parcouru rapidement le contenu de la supplique, il la rendit à Murat en ajoutant : « Le pauvre diable veut gagner une heure de vie, et voilà tout. Faites comme je vous ai dit.

— Mais, général, reprit Murat, vous n'avez donc pas vu que cet homme dit positivement qu'il a des révélations importantes à faire?

— Je vous demande pardon, je l'ai parfaitement lu, et c'est pour cela que je vous répète que probablement ce que le condamné a à dire ne vaut pas la peine qu'on se dérange.

— Qui sait? répliqua Murat.

— Allons, reprit le Consul, puisque vous le voulez, je ne m'y oppose pas. » Et, s'adressant à Réal : « En votre qualité, reprit-il, voulez-vous aller l'interroger? Mais pas de sursis, entendez-vous? non-seulement ce Querelle ne mérite aucun intérêt, mais encore, d'après ce qui se passe, le temps serait mal choisi pour faire acte d'indulgence. »

Murat et Réal se retirèrent.

RÉVÉLATIONS INATTENDUES.

Tandis que cela se passait aux Tuileries, un homme détenu à la prison de l'Abbaye comptait les minutes avec anxiété. Déjà la force armée qui devait le conduire à la plaine de Grenelle pour y être fusillé était rangée sur la place, ou occupée à repousser les oisifs et les curieux qui s'y étaient rassemblés. Le fiacre dans lequel le patient devait monter était là, devant le guichet, la portière ouverte, le marchepied baissé. L'adjudant de place, chargé de présider à l'exécution, n'attendait pour partir que le retour de l'ordonnance qu'on avait dépêchée au gouverneur de Paris. Sur ces entrefaites, le condamné avait été déposé dans la petite salle appelée *le greffe*, éclairée par une seule fenêtre à hauteur d'appui, ayant vue sur la place. L'officier de dragons qui devait fournir l'escorte avait mis pied à terre pour se délasser; la bride de son cheval était attachée à l'un des barreaux de la fenêtre, d'où le malheureux contemplait d'un regard morne les apprêts de son supplice. Rien ne manquait à l'agonie du prisonnier, lorsque tout à coup un élégant équipage arrive sur la place et s'arrête devant la prison. Un homme vêtu de noir en descend lestement, frappe au guichet, qui s'ouvre à sa voix et se referme aussitôt sur lui.

A ce bruit de chevaux, de clefs et de pas précipités, le vague sentiment d'espoir que l'infortuné a conçu se dissipe : sans doute c'est le fatal départ qu'on vient lui annoncer. Pâle, et se soutenant à peine, il retombe sur l'escabeau qui lui servait de siége. La porte du greffe s'ouvre... Ce n'est pas l'adjudant qu'il voit, c'est l'homme noir, c'est Réal, qui, obéissant aux ordres du premier Consul, s'est rendu à l'Abbaye. Ce conseiller d'État trouve le condamné saisi d'un tremblement nerveux et pouvant à peine répondre aux questions qu'il lui adresse avec convenance.

« Vous avez annoncé, lui répète-t-il doucement, l'intention de faire des révélations : je viens les recueillir.

— C'est vrai, monsieur, répond Querelle; j'avais beaucoup de choses à dire ce matin; mais à quoi bon parler, maintenant que tout est fini ! Voyez plutôt... »

Et, d'un geste de désespoir, le malheureux montre la fenêtre et l'affreux spectacle qu'il a sous les yeux.

Réal ne put s'empêcher de tressaillir; il fait appeler le directeur de la maison, lui dit quelques mots à voix basse, et, un instant après, le condamné est transféré dans une autre salle. Là, Réal s'efforce de le rassurer; il lui fait apporter quelques rafraîchissements, et quand il le voit plus calme, il l'invite de nouveau à parler.

« Je n'ai pas le pouvoir de vous promettre votre grâce, ajouta-t-il; cependant, si ce que vous avez à dire était d'une haute importance, peut-être...

— Serait-il possible, monsieur ! s'écrie le prisonnier avec un mouvement d'espérance; mais non..., l'heure de ma mort a sonné : aussitôt que vous m'aurez quitté, on m'emmènera ! Et pourtant, si vous saviez !... N'importe ! j'aurai la conscience plus tranquille, et s'il me faut mourir, au moins aurai-je fait une bonne action auparavant.

— Allons, calmez-vous, tout espoir n'est pas perdu; mais répondez-moi : Vous vous appelez ?...

— Querelle, monsieur.

— Je le sais. Et vous étiez ?...

— Officier de santé.

— Où exerciez-vous avant votre arrestation ?...

— A Biville.

— A Biville, près de Dieppe ? répéta Réal avec vivacité.

— Oui, monsieur.

— Eh bien ! parlez, mon ami, je vous écoute.

— Oui, monsieur, je vais parler; mais, au nom de Dieu devant qui je paraîtrai bientôt, croyez à mes paroles. L'intérêt du premier Consul vous le commande. Hélas ! je suis trop près de la mort pour mentir.

— Rassurez-vous, reprit encore Réal, je vous réponds que vous ne mourrez pas..., du moins aujourd'hui, se hâta-t-il d'ajouter, comme pour ne pas donner trop d'espérance au prisonnier; puis, rapprochant sa chaise : voyons, tâchez de mettre un peu d'ordre dans vos idées, et faites en sorte de ne pas parler si haut. Vous disiez donc?...

— Je disais, monsieur, que j'ai été traduit hier devant une commission militaire avec une autre personne, M. Dessolles de Grisolles, dont vous avez entendu parler, peut-être? » Ici Réal fit un signe de tête affirmatif. « Plus heureux que moi, il a été acquitté, lui. Dieu veuille lui faire miséricorde! Tandis que moi, qui ai été condamné, je suis encore à apprendre ce qu'on a voulu me reprocher.

— Nous y voilà! se dit Réal.

— Vous doutez de mes paroles! s'écria Querelle, à qui la pensée de son interrogateur n'a point échappé, vous croyez que je ressemble à tous les condamnés, qui ne veulent que retarder le moment fatal... Je vous répète que je suis innocent du fait qui m'a été imputé hier, et pour lequel on me sacrifie aujourd'hui; mes juges ont dû me croire coupable, puisque je n'ai pas voulu invoquer l'alibi qui eût pu me sauver.

— Vous avez eu grand tort! exclama Réal.

— Non, monsieur, parce qu'il m'aurait fallu dire où j'étais alors, et que, loin de me défendre en faisant cet aveu, je me serais perdu; j'eusse prononcé moi-même mon arrêt de mort; comprenez-vous maintenant? » Ici Réal fit un signe de tête négatif. « Comment, vous ne comprenez pas que si j'étais innocent sur un point, j'étais coupable sur un autre?

— J'entends parfaitement; mais expliquez-vous?

— J'avais conspiré.

— Contre qui?

— Contre le premier Consul.

— A quelle époque, et avec qui?

— Tout récemment, avec Georges.

— Georges Cadoudal?

— Lui-même! J'étais du nombre de ceux qui sont débarqués avec lui à la falaise de Biville, l'année dernière. C'était un dimanche, je me le rappelle parfaitement; nous avons failli nous noyer tant la mer était mauvaise. Oui, monsieur, il y a six mois de cela.

— Georges à Paris! s'était écrié Réal, après s'être levé précipitamment de sa chaise.

— Est-ce que vous ne le saviez pas? demanda Querelle avec simplicité.

— C'est-à-dire..., reprit le conseiller d'Etat, qui voulait avoir l'air de ne rien ignorer, c'est-à-dire, je le savais...; mais vaguement... Je croyais Georges encore en Bretagne. »

Ainsi, Georges était à Paris depuis six mois, et ce qui n'avait paru jusqu'alors qu'un verbiage insignifiant acquérait tout à coup, par cette révélation, une importance extrême [1].

Réal n'en continua pas moins d'adresser au prisonnier des paroles encourageantes. Il lui promit positivement un sursis, à la condition de lui avouer franchement tout ce qu'il savait à ce sujet. Alors Querelle lui nomma les neuf individus qui avaient fait partie du premier débarquement.

« Nous avons été reçus à Dieppe, continua-t-il, par le père d'un de nos compagnons qui exerce, je crois, la profession d'horloger non loin de là. Il nous a conduits lui-même à quelque distance, dans une ferme dont j'ignore le nom et où nous sommes restés quelques jours. Ce n'est que plus tard que nous sommes venus, de ferme en ferme, jusqu'à Paris, où des amis de Georges sont arrivés au-devant de lui.

— Savez-vous leurs noms? demanda Réal.

---

[1] Une démarche mystérieuse tentée auprès du concierge du Temple, pour faire toucher à Querelle, qui y était emprisonné, la solde allouée à chacun des compagnons de Georges, faillit tout découvrir un mois auparavant. Cette circonstance devint le sujet d'une enquête de police que l'on ne put, ou qu'on ne voulut pas pousser assez loin.

— Je n'en connais que deux : M. Dessolles de Grisolles, dont je vous parlais tout à l'heure...

— Comment! celui qui a été acquitté hier? interrompit Réal.

— Lui-même, monsieur.

— C'est étrange, reprit Réal en tirant de sa poche un carnet sur lequel il écrivit quelques mots. Continuez, je vous écoute.

— Et un nommé Charles d'Hosier, poursuivit Querelle, que je me rappelai parfaitement avoir vu à Londres deux ans auparavant. Ces deux messieurs firent monter Georges dans le cabriolet qui les avait amenés, et ceux qui étaient venus à pied avec eux nous accompagnèrent jusqu'à Paris, où nous entrâmes les uns après les autres et par des barrières différentes. Depuis, je n'ai vu Georges que rarement, et seulement lorsqu'il m'a fait appeler, et jamais je ne lui ai parlé deux fois dans le même lieu. C'est en sortant une après-dînée de chez un marchand de vin du faubourg Saint-Germain, celui dont la boutique forme l'angle de la rue du Bac et de la rue de Varennes, chez lequel je crois qu'il demeurait alors, que je fus arrêté sur la dénonciation d'un misérable auquel j'avais donné jusqu'à mon dernier écu pour qu'il n'abusât pas de mon secret, car j'avais eu la faiblesse de le lui confier, un jour que j'avais eu besoin de ses services. Vous concevez que depuis ce moment je n'eus plus de nouvelles de Georges; mais je suppose qu'il n'a pas dû quitter Paris, parce qu'il attendait encore d'autres amis d'Angleterre.

— Êtes-vous sûr de cela?

— Monsieur, j'ai la certitude que d'autres débarquements ont dû s'opérer successivement, et qu'un prince de la famille royale, le comte d'Artois ou son fils, le duc de Berry, avec leurs aides de camp, devaient venir en France par la même voie; mais j'ignore l'époque précise; tout ce que je sais, c'est que ni l'un ni l'autre n'étaient encore arrivés lors de mon arrestation.

— C'est bien, dit Réal, à qui ces importantes confidences avaient plus d'une fois causé une agitation extrême. Je vais tâcher d'intéresser le premier Consul en votre faveur; mais il faut que vous ne souffliez mot de ce que vous venez de me dire à qui que ce soit, autrement je ne pourrais plus rien pour vous; songez-y. En attendant, prenez ceci. (C'était quelque argent.) Je reviendrai vous voir peut-être demain ou après... Ayez bon courage.

— Ah! monsieur, s'écria Querelle en se précipitant aux genoux de Réal, êtes-vous bien sûr que je ne mourrai pas?

— Je n'ose vous le promettre encore; mais soyez discret et espérez. »

Aussitôt que le conseiller d'Etat eut quitté le prisonnier, il enjoignit au directeur de l'Abbaye de mettre Querelle au secret, et d'opérer dans la nuit même sa translation au Temple; puis il écrivit un billet qu'il fit porter sur-le-champ au préfet de police, donna les ordres nécessaires pour que la troupe qui devait conduire le condamné au supplice évacuât la place, en annonçant hautement qu'il y avait sursis pour lui; et enfin, s'élançant dans sa voiture, il se fit conduire rapidement aux Tuileries

Le premier Consul se disposait à aller faire sa promenade accoutumée, lorsque Réal se fit annoncer.

« Eh bien! Réal, n'avais-je pas raison? demanda-t-il au conseiller d'État, du plus loin qu'il l'aperçut; ce n'était, je gage, que pour quelques niaiseries?

— Non pas, général, fort heureusement pour vous et pour moi, répondit celui-ci.

— Que voulez-vous dire?

— Je veux dire que je viens d'apprendre d'étranges choses.

— Contez-moi cela? »

Et après avoir engagé d'un geste de la main les personnes qui étaient présentes à sortir du salon, Napoléon commença à se promener à grands pas.

« Général, dit Réal d'une voix encore plus émue, Georges est à Paris avec toute sa bande. »

A cette révélation inattendue, le Consul s'arrêta court. Il y eut un instant de silence, après lequel, reprenant sa promenade :

« Allons donc! s'écria Bonaparte, avec ce petit mouvement d'épaule qui lui était habituel lorsqu'il voulait exprimer un doute; cela n'est pas possible.

— C'est positif, général, et, sans vous en douter plus que nous, vous êtes depuis six mois entouré d'assassins

— A d'autres! répliqua le premier Consul en pirouettant, les côtes de Dieppe sont trop bien observées; à moins cependant, ajouta-t-il d'un ton railleur, que ces gens-là ne soient venus en ballon.

— J'ai l'honneur de vous dire, général, que la situation n'est rien moins que plaisante, répliqua froidement Réal; que déjà plusieurs débarquements de même nature ont dû être effectués, et qu'il est temps de songer sérieusement à ce qui se passe. La police s'est complétement fourvoyée cette fois; mais heureusement je tiens le fil de l'affaire, grâce à l'excellente idée qu'a eue ce matin le général Murat; sans cela, je ne sais pas trop où nous en serions. »

A ces mots, Bonaparte fit un geste de surprise, puis, après un moment de réflexion :

« Voyons, Réal, lui dit-il d'un ton grave, dites-moi tout ce que vous savez?

— Un prince de la famille déchue est attendu d'un moment à l'autre : le comte d'Artois, le duc de Berry ou un autre.

— Attendu... Mais où?

— Ici même, général, à Paris!

— Pour le coup, c'est trop fort! Eh bien! qu'il vienne, je le recevrai! Mais parlez-moi d'abord de Georges et de ses Bretons : combien sont-ils?

— Querelle ne m'en a signalé qu'une demi-douzaine à peu près; mais, depuis six mois sa bande a dû se recruter, comme il me l'a fort bien fait observer.

— Vous avez raison, et vous m'avouerez que votre police est bien bête! Mais patience, on verra. Votre prisonnier vous a-t-il dit le nom de ces bandits?

— Oui, général, répondit Réal en tirant de sa poche son carnet sur lequel il jeta les yeux. Georges d'abord.

— Soit! Qui encore?

— Joyant, dit Villeneuve, celui qui a figuré au procès du 3 nivôse.

— Celui-là est une ancienne connaissance. Après?

— Picot...

— Comment, Picot? Je connais ce nom-là.

— Général, ce Picot, domestique de Georges, et qui est, dit-on, un chouan enragé, est frère ou tout au moins cousin de celui qui a été fusillé dernièrement avec le nommé Bourgeois, lorsque...

— J'y suis, interrompit Bonaparte; il s'agit des deux condamnés qui n'ont rien avoué, mais qui, sur le lieu même de l'exécution, ont dit *« qu'il faudrait bien que j'y sautasse à mon tour. »* Bien obligé! Continuez, Réal.

— Eh bien! général, ce même Bourgeois était, ainsi que Picot, du nombre de ceux qui ont débarqué avec Georges.

— Là! quand je vous le disais! N'avais-je pas raison de prétendre que ces deux vauriens étaient coupables? De même que la dernière fois, lorsque je me suis fait rapporter la liste, j'avais le pressentiment que le prisonnier de ce matin et ce M. Dessolles... Grisolles, un nom comme cela, en sauraient plus long que les deux autres. M'étais-je trompé? L'un a été déclaré innocent, c'est possible : mais l'autre, ce Querelle, vous le voyez!

— Général, votre perspicacité n'est pas en défaut; M. Dessolles de Grisolles était très-coupable.

— Que me dites-vous là? il a été acquitté!

— Oui, mais il est un de ceux qui sont allés au-devant de Georges, et c'est lui qui, avec un nommé Charles d'Hozier, ancien page du feu roi, l'a fait entrer à Paris, dans son cabriolet.

— Mais alors, à quoi pensez-vous? reprit Bonaparte avec vivacité; vous n'aviez pas un moment à perdre; il fallait sur-le-champ...

— C'est aussi ce que j'ai fait, interrompit le conseiller d'État, qui avait compris la pensée du premier Consul ; j'ai écrit de suite, du greffe de la prison, à Dubois.

— C'est bien. Vous devez en avoir d'autres encore?

— Le nommé Troche. Il a facilité de tous ses moyens le débarquement des conjurés.

— Troche... Troche..., attendez donc, ce nom-là m'a passé sous les yeux, il n'y a pas longtemps ; au surplus, j'ai là mes notes, nous verrons cela ensemble tout à l'heure. Et puis, qui encore?

— Un nommé Labonté, un Raoul Gaillard, un Lemaire, presque tous gens inconnus.

— Mais encore une fois, comment sont-ils venus?

— Ils ont été transportés par un officier de la marine anglaise. Encore une de vos anciennes connaissances.

— Sidney Smith?

— Non ; mais son aide de camp, son secrétaire, le capitaine Wright, ce qui est à peu près la même chose.

— Oh! les Anglais! les Anglais! s'écria Bonaparte, en se frappant le front.

— Après être débarqués le soir, continua Réal, ils se sont cachés chez des affidés pendant le jour, et n'ont marché que la nuit. Mais tranquillisez-vous général, je me charge de retrouver leurs traces ; le malheureux qui devait être fusillé aujourd'hui sera notre guide.

— En vérité, s'écria Bonaparte, en recommençant sa promenade, tout ceci est très-sérieux ; et après un silence. Vous croyez, reprit-il, que votre prisonnier vous a dit la vérité?

— Impossible de ne pas ajouter foi à ses révélations : il y avait trop d'intérêt.

— Vous avez suspendu l'exécution, n'est-ce pas?

— Certainement, général ; mais maintenant, il me faut un ordre régulier de sursis.

— Expédiez-le tandis que vous êtes là, je le signerai.»

Cet ordre fut aussitôt rédigé, signé et expédié à qui de droit.

« Et maintenant, général, reprit Réal, il faut prendre les mesures nécessaires pour qu'aucun de ceux qui sont ici ne puissent échapper.

— Et pour mettre la main sur ceux qui tenteraient d'y venir. Ceci me regarde, avait répliqué le Consul. Rentrons dans mon cabinet, je vous dirai ce que je veux faire ; et, comme il est tard, vous dînerez avec moi, afin d'avoir un peu plus de temps pour causer. »

MISSION DÉLICATE.

Si Napoléon se promettait d'avoir avec Réal une longue conversation, ce ne pouvait pas être, du moins, pendant qu'il serait à table, car on sait qu'il n'y restait pas longtemps. Ce jour-là, le dîner des Tuileries fut même expédié plus lestement peut-être que d'habitude ; et lorsque le Consul eut pris son café, dans le petit salon qui précédait immédiatement celui où il avait coutume de dîner, il emmena Réal dans son cabinet, et là, tous deux se livrèrent à des investigations dont le duc de Rovigo, bien qu'il ne fût pas encore ministre de la police générale de l'Empire, nous a dévoilé dans ses *Mémoires* le but et le résultat.

Avant tout, il faut qu'on sache que depuis le rétablissement de la tranquillité intérieure, la police avait fait le relevé de tous les individus qui avaient pris plus ou moins de part aux discordes civiles, ou qui s'étaient fait remarquer dans les contrées où les vols de diligence, et autres actes semblables avaient eu lieu. Ces états étaient divisés en plusieurs classes, savoir : 1° les excitateurs ; 2° les acteurs ; 3° les complices ; 4° ceux qui avaient célé ou favorisé l'évasion de ces trois sortes d'individus ; 5° et enfin ceux qui s'étaient trouvés victimes de leurs actes. Or, Bonaparte possédait un double de ces états, formulés par tableaux et par provinces. En les parcourant les uns après les autres, ils découvrirent que celui du département de la Seine-Inférieure signalait, à la résidence d'Eu et à celle de Tréport, un horloger nommé Troche, comme ancien émissaire du parti royaliste. Cet homme avait un fils qui demeurait avec lui et qui pouvait l'avoir remplacé ; bref, ce nom le frappa.

« Tenez ! dit Napoléon à Réal, en lui désignant du doigt le nom de Troche fils, écrit sur l'état, n'allons pas plus loin, voici notre homme. »

Un ordre de faire arrêter le jeune Troche par la gendarmerie et de l'amener immédiatement à Paris fut transmis, par le télégraphe, au sous-préfet de Dieppe ; le Consul avait encore une fois deviné juste.

Conduit chez Réal, Troche fils, âgé de dix-huit à vingt ans, nia tout d'abord ; mais Réal, ayant fait sortir d'un cabinet Querelle qu'on était allé chercher au Temple, le jeune homme le reconnut aussitôt, et se doutant dès lors de ce qu'on attendait de lui, il ne chercha plus à nier des faits devenus évidents. Il avoua tout. D'ailleurs, son rôle avait été si simple, qu'il ne voulut pas se rendre plus coupable par des dénégations qui n'auraient servi à rien. Il raconta donc tout ce qu'il avait fait, tout ce qu'il avait vu ou appris. Il dit qu'il avait conduit un des frères Polignac (toutefois sans désigner lequel) à Biville, dans la maison d'un matelot où ils avaient passé la journée ; que le soir il était allé le reprendre et l'avait mené à la ferme qui servait de première station pour se rendre à Paris. Ces premiers détails fixèrent l'opinion qu'on devait se former de cette entreprise. Enfin, le jeune homme déclara que trois débarquements avaient eu lieu déjà, et qu'il devait s'en opérer un quatrième le surlendemain du jour où il avait été arrêté. Réal fit provisoirement conduire le jeune Troche à Sainte-Pélagie, où il fut mis au secret, puis il alla sur-le-champ rendre compte au premier Consul de ce qu'il venait d'apprendre. En congédiant Réal, Bonaparte lui dit :

« En passant, priez Savary de venir me parler : vous le trouverez dans le salon de service. »

Celui-ci ne se fit point attendre. Il trouva le Consul, un compas à la main, qui mesurait, sur une carte de France, les distances des différents points de la côte de Normandie à Paris. Après avoir expliqué brièvement à son aide de camp le but de la mission dont il le chargeait, et qui était de s'emparer de ceux qui devaient effectuer le quatrième débarquement annoncé, Napoléon ajouta :

« Vous allez partir à l'instant. Monissez-vous de tout ce qu'il vous faut. Vous m'expédierez, tous les matins, un courrier pour m'informer de ce que vous aurez fait, vu ou appris la veille ; puis, quand vous les tiendrez tous, vous reviendrez par la route qu'ont dû suivre, dans l'origine, les petites bandes qui ont débarqué primitivement, afin de reconnaître par vous-même les lieux où elles ont séjourné. »

Savary partit de Paris à sept heures du soir, suivi d'une grosse *guimbarde* des écuries du premier Consul, pleine de gendarmes d'élite, habillés en bourgeois. Il emmenait avec lui le jeune Troche qu'on était allé chercher à Sainte-Pélagie, parce que les conjurés n'auraient pas pris terre s'ils ne l'eussent aperçu sur le rivage. Chemin faisant, ce jeune homme lui raconta naïvement toute l'aventure. Il venait seulement de s'apercevoir qu'on l'avait employé à des intrigues qui eussent pu le conduire à l'échafaud, et il mit autant de zèle à servir le gouvernement qu'il en avait mis à servir ses ennemis sans le savoir. Savary avait des pouvoirs pour tous les cas qui pouvaient survenir. Il arriva à Dieppe le lendemain à la nuit close, vingt-quatre heures après avoir quitté la capitale.

Il demanda tout de suite les signaux de la côte ; mais ils ne lui apprirent rien, si ce n'est qu'un cutter anglais continuait à se tenir en croisière près de Tréport. Il en fit part à Troche qui lui dit que c'était ce même bâtiment qui avait effectué les trois débarquements précédents. Le cutter se tenait dans cette position afin de pouvoir, dans une seule bordée, arriver jusqu'au pied de la falaise. La marée était assez forte et peu propre à favoriser l'échouage d'une chaloupe sur une côte hérissée de récifs. Néanmoins Savary ne s'arrêta pas à Dieppe ; il se déguisa et partit à cheval pour se rendre à Biville, toujours accompagné du jeune Troche et de ses gendarmes, qui tous étaient d'un courage éprouvé. On pouvait avec eux courir sans inquiétude tous les hasards. Il leur fit mettre pied à terre à quelque distance de Biville, envoya les chevaux dans une auberge et se remit en route, à pied, sous la conduite de Troche, qui le mena d'abord à une maison où entraient habituellement les émissaires que les paquebots anglais déposaient sur la côte. C'était là qu'ils se disposaient, après s'être reposés, à gagner la première station, laquelle, placée à plusieurs lieues dans les terres, était hors du cercle de la surveillance ordinaire de l'autorité. Située à l'extrémité du village qui regarde la mer, cette maison offrait à ceux qui la fréquentaient l'avantage de pouvoir entrer et sortir sans être aperçus. Savary pénétra, avec ses gendarmes, dans le jardin de cette chaumière, et, par une petite fenêtre, aperçut une longue table chargée de provisions : il appela Troche pour les lui faire remarquer.

« C'est la collation que l'on donne à ceux qui arrivent de la côte, lui répondit celui-ci ; s'ils ne sont pas venus encore, ils ne tarderont pas, car la marée va baisser ; et s'ils ne profitent pas de ce moment pour débarquer, ils ne pourront prendre terre aujourd'hui. »

Le temps pressait. Savary se détermina à entrer dans la maison, sans s'inquiéter des individus qui pouvaient se trouver dans une seconde pièce dont il avait aperçu la porte. Il avait avec lui un gendarme d'une force musculaire peu commune. Il lui ordonna de le suivre et de s'appuyer sur cette porte pour empêcher qu'on ne l'ouvrît, jusqu'à ce que tous ses camarades fussent là, persuadé qu'avec des hommes aussi déterminés que les siens, il viendrait à bout de ceux auxquels il pourrait avoir affaire, quel que fût leur nombre. Ces dispositions prises, il fit entrer Troche, qu'il ne quitta pas des yeux, dans la crainte que par quelque signe il ne vînt à les trahir... Mais toutes ces précautions étaient inutiles ; la femme du matelot ne douta pas un moment qu'ils ne fussent de nouveaux débarqués, et demanda à Troche, dans son patois, combien il amenait de débarqués.

« Je ne viens pas de la côte, lui répondit froidement le jeune homme.
— Alors, si vous y allez, vous y trouverez le petit Pageot de Pauly,

qui est parti il y a une heure après vous avoir attendu longtemps ici. »

Ce petit Pageot de Pauly était un compère de Troche qui venait quelquefois à la falaise, mais dont les fonctions se bornaient à conduire les débarqués à la seconde station et à porter leur bagage.

Désireux de connaître cet émissaire, Savary se hâta de quitter les lieux pour aller à la côte où le débarquement pouvait s'effectuer. De Biville à la côte il n'y a que pour quelques minutes de chemin. La terre était couverte de neige, le vent soufflait avec violence, la petite troupe marchait avec précaution, lorsqu'elle entendit parler à quelques pas d'elle. Troche crut reconnaître la voix de Pageot; mais comme la nuit était des plus sombres et que la conversation se tenait dans un chemin creux, il était impossible de juger du nombre des interlocuteurs. Savary embusqua ses gendarmes de chaque côté de ce petit chemin, et se plaça lui-même au point où ils devaient déboucher pour gagner la maison du matelot. Ceux qu'on avait entendus parler continuaient d'avancer. Ils n'étaient que deux. Néanmoins Savary donna le signal, et ses hommes se précipitèrent sur eux et les saisirent. Cette brusque attaque les effraya beaucoup; mais Pageot ayant reconnu Troche se rassura, ainsi que son camarade. Ils apprirent à Savary qu'ils venaient de la côte, que la chaloupe n'avait pu aborder parce que la lame était trop grosse. Pendant trois jours la chaloupe essaya chaque soir d'aborder ; mais la mer était si mauvaise qu'elle ne put y réussir. En effet, le pied de la falaise était couvert de récifs, et une embarcation, quelque légère qu'elle fût, n'aurait pu approcher que pendant la marée haute et par des eaux tranquilles.

Savary passa la nuit dans la maison du matelot, et, toujours accompagné de Troche, alla reconnaître, dès le point du jour, le cutter ennemi qui était celui auquel il avait affaire. Ce bâtiment gagnait le large dès que le jour commençait à poindre, et venait louvoyer aussitôt que le jour tombait, en se plaçant en face d'une tour de signaux de côte près de laquelle était fixé un câble connu dans le canton sous le nom de *Corde des contrebandiers*. Ce câble était appliqué perpendiculairement le long de la falaise qui, en cet endroit, a plus de deux cent cinquante pieds d'élévation à pic. Il était amarré à de gros pieux fichés profondément dans la terre et disposés de six pieds en six pieds. Celui qui montait le dernier le repliait et l'accrochait à un piquet destiné à cet usage, afin de le dérober aux regards des patrouilles qui pouvaient circuler le long de la côte. Ce moyen d'introduire de la contrebande devait être bien ancien, car cette corde avait ses surveillants qui étaient chargés de l'entretenir, et les contrebandiers payaient très-exactement la rétribution qui leur était imposée pour ce qu'ils appelaient *la Passe*.

Un homme qui gravissait la falaise par cette voie, un fardeau sur les épaules, courait le plus grand danger. Il suffisait qu'un de ces pieux d'amarrage vînt à manquer pour qu'il fût précipité dans l'abîme. Et cependant c'était par là que Georges et ses compagnons étaient venus en France. Assurément l'autorité eût été bien loin de songer à un passage qui s'effectuait à moins de cent pas d'une tour de signaux habitée par des guetteurs qui, à la vérité, se retiraient la nuit. Savary voulut connaître jusqu'à quel point les individus qui avaient organisé ce moyen de contrebande savaient ce qu'on leur faisait faire, et bientôt il put se convaincre qu'aucun d'eux ne croyait faire mal. Comme cette corde leur rapportait beaucoup de profit, ils l'entretenaient avec soin; mais pas un seul n'avait cherché à pénétrer ce qu'on ne lui avait pas dit. Plus tard, ils se montrèrent plus chagrins de la suppression de la corde que du supplice qui atteignit ceux auxquels elle avait servi pour pénétrer en France.

Savary retourna le soir même à la côte en se plaçant, lui et ses gendarmes, à l'issue du bébouché; mais la mer fut constamment grosse. Il passa ainsi plusieurs nuits à attendre un débarquement qui ne put s'effectuer. Il y avait près d'un mois que cet aide de camp du premier Consul faisait chaque jour le même manége, lorsqu'il reçut l'ordre de revenir à Paris.

C'est que, pendant son absence, il s'y était passé de graves événements.

LE TEMPLE ET LES SUSPECTS.

Paris, au temps du Consulat, avait conservé debout une forteresse féodale que le peuple, dans sa fièvre révolutionnaire, n'avait pas détruite, comme il avait fait de la Bastille et du Petit-Châtelet, dont il ne restait plus que des ruines. Le Temple, qui avait été affecté aux détenus politiques, se composait, à l'époque dont nous parlons, de cette vaste tour qui avait été occupée douze ans auparavant par Louis XVI et la famille royale. On voyait encore dans la chambre de la reine le paravent vert qui entourait son lit, et sur le mur, on pouvait déchiffrer quelques lignes au crayon, qui, disait-on, avaient été écrites par Mme Elisabeth, la veille de sa mort. Le *De profundis* y était en entier. Dans la chambre qu'avait habitée le roi, on lisait également ces mots tracés de la main du malheureux monarque : « Je pardonne à tous mes ennemis, même à Gourlet. » (C'était un porte-clefs.)

A cette tour était joint un grand bâtiment carré, percé de fenêtres garnies de barreaux de fer, dont la vue s'étendait sur un jardin planté d'arbres aussi vieux que l'édifice principal et arrosé par deux fontaines. Une terrasse régnait tout autour du bâtiment, entouré lui-même de chétives maisons, pour la plupart inhabitées. Là, étaient jetés sans distinction royalistes, jacobins, chouans, républicains, gens de toute sorte, suspectés par la police. L'Anglais sir Sidney Smith et son secrétaire, le capitaine Wright, y avaient été enfermés en 1796, sous le Directoire : ils s'évadèrent tous deux pour aller combattre contre nous à Saint-Jean-d'Acre. Wright fut repris et emprisonné au Temple en 1804 (nous dirons comment plus tard), et s'y coupa la gorge en 1805, de désespoir, dit-on, en lisant dans le *Moniteur* le succès de nos armées en Allemagne et la capitulation d'Ulm.

Au temps dont nous parlons, c'est-à-dire avant que la conspiration de Georges fût connue, le Temple avait reçu une population considérable; on y comptait plus de cent prisonniers, parmi lesquels se trouvaient plusieurs hommes de distinction. C'était, entre autres, le prince Pignatelli Marsiconovo, fils de celui qui avait été longtemps ambassadeur de Naples à Turin. C'était le baron de Larochefoucauld, qui avait servi à l'armée du vieux prince de Condé. C'était le marquis de Puyvert (le même qui fut nommé gouverneur de Vincennes, à l'époque de la Restauration). C'était lord Camelfort, qui, arrêté lors de la rupture du traité d'Amiens, s'y prit d'une manière fort originale pour informer sa famille de sa situation. Il était au secret, et écrivit sur un morceau de papier grossier ces mots au crayon : «Mille louis à qui fera connaître à lord Grandville, à «Londres, que lord Camelfort est emprisonné au Temple, à Paris.» Comme on le pense bien, ce papier était tombé dans les mains du concierge, qui s'était arrangé de manière à ce qu'il parvînt bientôt et sûrement à son adresse. C'était aussi Fauche-Borel, ce fameux libraire de Neufchâtel que, selon l'expression du premier Consul, « on voyait si souvent accourir à Paris avec un manuscrit sous le bras et une conspiration dans sa poche.» C'était enfin l'abbé David, dont nous parlerons tout à l'heure d'une manière plus étendue. Deux fois par jour, matin et soir, on faisait l'appel des prisonniers dans le jardin, et c'était un singulier assemblage de noms : c'étaient le banquier Récamier; Titus, premier danseur du théâtre de Bordeaux; de Goville, ancien lieutenant-colonel de Dauphin-Cavalerie; Mabile, chef d'office; Duclos (de Bordeaux), qui fut connu de nos jours sous le nom de l'*Homme à la longue barbe;* Lemaire, rédacteur du *Citoyen français;* Roger de Beauvoir, qu'il n'est pas besoin de distinguer ici de notre spirituel collaborateur; le Roger de Beauvoir détenu au Temple en 1803 avait été, sous le nom de Chabrias, aide de camp de Georges Cadoudal.

Un soir, au nom d'Octave répété plusieurs fois par le brigadier des gardiens, personne ne répondit. Octave était un noir qui avait été jadis secrétaire de Toussaint Louverture et qu'on avait amené en France avec son chef pour y apprendre les douceurs de la civilisation perfectionnée.

« Le citoyen Octave! répéta impérieusement le brigadier.

— Attends! lui dit un porte-clefs : ce citoyen-là est un mauricaud qui ne veut pas manger; il était tout à l'heure dans sa chambre, je crois même qu'il y faisait une prière à la mode de son pays, car il était couché sous son lit. Je vais aller le chercher. »

Le malheureux s'était en effet réfugié sous son lit.

« Eh! descendez donc à l'appel, citoyen mauricaud! » lui dit le porte-clefs en le tirant violemment par un bras.

Mais le pauvre noir ne fit aucun mouvement : il était mort, il avait avalé sa langue.

Il n'y avait alors aucun déshonneur à être enfermé au Temple; au contraire, cela donnait un certain relief. On s'y trouvait en bonne compagnie, avec des hommes d'esprit et de conviction. On y recevait ses parents, ses amis, et on y faisait une chère excellente quand on avait de l'argent.

Quelques détenus obtenaient même la faveur de communiquer avec le dehors, grâce à la secrète complaisance du concierge Boniface, qui les laissait sortir, sur parole, pour se promener, prendre des bains, dîner en ville et même aller à la chasse. Il n'y eut pas d'exemple qu'un prisonnier ne tînt pas scrupuleusement sa parole.

Seulement, de temps en temps, voici ce qui arrivait : au milieu de la nuit, les guichetiers faisaient lever un prisonnier sans bruit, le tenaient à l'écart, visitaient attentivement tous les recoins de sa chambre, furetaient partout et s'assuraient qu'aucune brique du plancher n'avait été soulevée pour pratiquer des cachettes. Puis ils passaient la main le long des barreaux de la fenêtre pour y chercher le cran d'une lime, ou bien les frappaient avec leurs grosses clefs, interrogeant ainsi leur diapason, afin de découvrir quelque tentative de descellement. Ensuite ils fouillaient la paillasse, palpaient les vêtements du prisonnier pour y découvrir quelque inégalité suspecte qui leur dénonçât la présence d'un papier ou d'un corps étranger, retournaient la chaussure; en un mot mettaient tout sens dessus dessous. Cette inspection terminée, ils passaient à un autre détenu. Malheur à celui chez lequel on trouvait quelques objets prohibés, tels que des armes, des cordes ou des outils; il était sur-le-champ conduit au cachot.

Le geôlier en chef, Fauconnier, qui avait succédé au débonnaire Boniface, était certainement, de tous les directeurs de la prison, le plus doux, le plus humain, et même celui qui avait le plus d'éducation : nous l'avons connu particulièrement. Il avait été parfaitement choisi pour le genre de pensionnaires confiés à sa garde. Un jour qu'il assistait à une partie de piquet que faisaient deux prisonniers, en présence de beaucoup d'autres qui s'étaient intéressés au jeu, mais que cela n'empêchait pas de causer de leurs affaires, il leur fit l'observation qu'il ne fallait rien dire en sa présence qui fût de nature à être rapporté à l'autorité, parce que d'autres que lui adressaient aussi des rapports à la police, et que, lorsque celle-ci était informée par une autre voie que la sienne, il recevait des reproches.

« Vous voyez bien, messieurs, ajouta-t-il naïvement, que vous pourriez me faire perdre ma place, et que chacun de vous en aurait grand regret. »

Ce que nous venons de dire pouvant être regardé comme une introduction indispensable à l'explication des faits dont nous avons à rendre compte, nous allons parler de ceux des prisonniers qui se trouvaient au Temple et dont la détention se rattachait essentiellement à la conspiration tramée par Georges Cadoudal, Moreau et Pichegru, en commençant par Fauche-Borel, qui fut le premier de tous, comme il était aussi le plus rusé, le plus actif et le plus habile[1].

Avant même la rupture du traité d'Amiens, des spéculateurs, dont

---

[1] Ce fut aux pressantes sollicitations de Mme Desmarets, femme du chef de la première division de la police, et au vif intérêt que le colonel de Morel, oncle de cette dame, témoigna en faveur de Fauche-Borel, son compatriote, que ce dernier dut de n'être pas impliqué comme accusé dans cette conspiration. La question en

l'excès de zèle ne fut pas moins funeste à la cause des Bourbons que ne le devint plus tard pour Napoléon le dévouement aveugle de quelques officiers, s'étaient immiscés dans des manœuvres politiques qui ne pouvaient avoir de résultat favorable pour personne. Parmi ces grands faiseurs de petites machinations, on avait remarqué un imprimeur-libraire de Neufchâtel, appelé Fauche-Borel, qui en 1795 était allé trouver Pichegru à Arbois pour lui faire, au nom du prince de Condé, des ouvertures tendant à abandonner les drapeaux républicains et à passer avec son armée au service des Bourbons. Fauche, qui ne demandait qu'à être remarqué, n'avait pas manqué de venir à Paris aussitôt que le traité d'Amiens lui en avait ouvert les portes. Le premier Consul avait eu connaissance de toutes ces menées; mais il n'en avait pris nul souci, se reposant sur la police du soin d'en surveiller les auteurs. La mission de Fauche avait pour but cette fois de réconcilier Moreau avec Pichegru. Ce dernier, comme on sait, proscrit au 18 fructidor, n'ayant pu obtenir du premier Consul l'autorisation de rentrer en France, habitait l'Angleterre, où il attendait une occasion favorable à l'exécution de ses anciens projets. Moreau était à Paris. L'inimitié de ces deux généraux pour Napoléon n'était un secret pour personne. Comme tout réussissait au premier Consul, celui-ci manifestait plus de dédain que de crainte pour ces deux hommes, rassuré qu'il était d'ailleurs par l'éloignement de l'un et par le caractère indécis de l'autre.

Cependant, ceux qui, pour nous servir de l'expression de Montaigne, *brassaient* le renversement du gouvernement consulaire, avaient compris qu'il n'y aurait rien à tenter sans le secours du vainqueur de Hohenlinden. Le moment n'était pas opportun ; mais ces mêmes hommes, initiés aux secrets du cabinet britannique, savaient aussi que cette paix d'Amiens n'était qu'une trêve, et il leur

---

avait plusieurs fois été agitée. Les avis se trouvant partagés, la voix de Desmarets fit décider que ce détenu ne serait pas compris dans l'immense procédure qui avait été instruite à ce sujet.

importait d'en profiter. Moreau et Pichegru, en effet, etaient mal ensemble depuis que celui-ci avait envoyé au Directoire les papiers trouvés dans les équipages du général Klinglin, émigré français au service d'Autriche, qui avaient démontré d'une manière évidente la trahison de Moreau. Depuis cette époque, disons-nous, le nom de ce général était demeuré sans influence sur l'esprit de l'armée, tandis que celui de Moreau, au contraire, était cher à tous ceux qui avaient vaincu sous ses ordres. Les premières tentatives de Fauche-Borel n'avaient eu pour résultat que de compromettre Moreau sans le déterminer à rien. Son indolence naturelle, et peut-être aussi son bon sens lui avaient fait prendre pour maxime : « qu'il « fallait laisser s'user les hommes et les choses, parce que les tem- « porisations n'étaient pas moins utiles en politique qu'à la guerre. » Fauche étant revenu à la charge, Moreau fut sensible à la démarche de Pichegru, et peu à peu se montra disposé à entrer dans les vues de ce général, lorsque Fauche, qui tant de fois avait été signalé à la police du gouvernement, fut arrêté et conduit au Temple.

Ce contre-temps ayant déterminé Moreau à se servir d'un autre intermédiaire entre lui et Pichegru, il chargea de sa confiance l'abbé David, ami de ce dernier, qu'il avait eu occasion de rencontrer plusieurs fois aux armées. Cet abbé, ancien curé de Pompadour, d'abord très-partisan de la Révolution, avait, comme on dit vulgairement, *jeté le froc aux orties*. Il s'était rendu à l'armée du Nord auprès de son neveu, le général Souham, où il avait fait des écrits pour les états-majors, ou corrigé ceux qui lui avaient été soumis; il avait même réuni beaucoup de matériaux sur les campagnes de Pichegru, et se proposait d'écrire un jour sa vie militaire. Attaché ensuite à une petite légation qu'on envoya dans le Valais pour traiter avec le roi de Sardaigne, et dont M. Durand, employé supérieur du bureau des affaires étrangères, était chef, David, disons-nous, fut signalé au 28 fructidor à cause de ses relations avec Pichegru, et perdit son emploi. A l'époque du 18 brumaire il était à Paris, où bientôt, grâce au concordat, il lui fut permis de reprendre ses fonctions sacerdotales. L'évêque de Limoges l'ayant demandé pour grand-vicaire, au lieu de se rendre à son poste David sollicita un évêché qu'on lui refusa, toujours à cause de ses antécédents avec Pichegru. C'était en faire irrévocablement un mécontent. Aussi se chargea-t-il volontiers de continuer la mission entreprise par Fauche-Borel, et de réunir Moreau et Pichegru contre Bonaparte. A la fin de 1802, il se disposait à passer à Londres avec des lettres importantes pour la cause royaliste; mais, ne sentant pas assez combien il était essentiel de tenir secrets les motifs de son voyage, il en fit imprudemment confidence à ce même M. Durand, avec lequel il avait été dans le Valais, et celui-ci donna l'éveil à la police de Paris, qui fit arrêter David à Calais. On lui prit ses papiers; cependant il fut assez heureux pour soustraire une lettre du général Moreau, en la glissant dans la doublure de son sac de nuit [1].

David fut conduit au Temple, où il trouva Fauche-Borel. Comme à cette époque les prisonniers pouvaient communiquer ensemble avec facilité, ils se racontèrent mutuellement l'objet de leur mission; mais l'importance de celle de l'abbé David avait paru telle aux yeux du Consul, qu'à chacun des interrogatoires que le préfet de police Dubois lui faisait subir, il venait lui-même y assister en secret, placé, dit-on, derrière un paravent, pour que rien ne pût lui être caché.

QUELQUES CONSPIRATEURS.

Mais le Temple, comme prison d'Etat, était à la veille de changer de régime. Dès le mois d'octobre 1803, la consigne devint très-rigoureuse. Les prisonniers s'aperçurent alors d'un changement étrange dans l'humeur de Fauconnier. Plus réservé dans ses causeries, il avait un air inquiet et inquisiteur. Ses guichetiers étaient devenus eux-mêmes plus discrets et surtout plus sobres : ils ne se

[1] Plus tard, et lorsque Moreau fut à son tour mis au temple, l'abbé David, qui y était resté, trouva moyen de rendre cette lettre au général, qui l'anéantit sur-le-champ en la mâchant.

grisaient plus comme d'habitude. Il n'y avait parmi eux que le seul Deschamps et un nommé Pompon qui fussent restés à peu près les mêmes.

« Ah! monsieur, dit un soir ce dernier, en confidence à Fauche-Borel, il se passe ici, depuis quelques jours, des choses bien extraordinaires. Il nous est arrivé plusieurs prisonniers qu'on a mis au secret le plus rigoureux. Il en est un, entre autres, qui ne fait que gémir et prier dans sa prison.

— Comment s'appelle-t-il? demanda Fauche.

— Je n'en sais rien. Ce n'est pas moi qui le sers, c'est mon collègue Deschamps; mais il n'a pas même voulu me dire son nom, ce qui prouve que ça va mal.

— Pour qui? pour le prisonnier, pour nous ou pour vous autres?

— Pour tout le monde, monsieur. »

Fauche, ayant pressé le sensible guichetier de tâcher de découvrir qui pouvait être ce prisonnier mystérieux, en joignant un écu de six francs à l'exhortation, ce dernier ne tarda pas à satisfaire sa curiosité.

« Cet homme, lui dit-il quelques jours après, se nomme Querelle. M. Réal ne l'interroge que la nuit, et quand le prisonnier revient de la salle des interrogatoires, il est toujours tout troublé, il se jette à genoux, fait des signes de croix, pousse des exclamations et prononce le nom d'un M. Georges et celui du général Pichegru; puis il frappe sa poitrine..., que sais-je!

« Il paraît qu'il l'a échappé belle, on devait le..., vous comprenez? Ici, Pompon passa rapidement le revers de la main devant son cou. Le collègue qui l'approche a ordre de rapporter ses moindres paroles et d'être aux aguets sur tout ce qui se passe autour de lui [1]. »

[1] La moindre infraction, de la part des gardiens, aux règlements imposés par le commandant militaire du Temple, était aussitôt punie de la peine de vingt-quatre heures de cachot.

C'était dans l'un de ces cachots, appelé *chambre de la gêne* ou *de la question*, que l'on faisait subir jadis aux malheureux, une fois condamnés par la juridiction du

Fauche fut très-empressé de voir l'abbé David pour lui communiquer ces renseignements.

Quand il lui eut dit tout ce qu'il avait appris du gardien Pompon au sujet du nouveau prisonnier, l'abbé en conçut une vive inquiétude, et ne douta plus que Pichegru ne se trouvât compromis tôt ou tard. Il jugea qu'il fallait informer Moreau et le frère de Pichegru de ce qui se passait au Temple.

L'année 1803 touchait à sa fin; les compliments et les souhaits du jour de l'an pouvaient servir de prétexte et procurer tout naturellement au neveu de Fauche, Edouard Vitel, qui avait la faculté d'entrer au Temple tous les jours et qui connaissait l'abbé Pichegru et le général Moreau, de se présenter chez eux ce jour-là, de très-bonne heure, afin d'éviter les regards indiscrets.

Le 1er janvier 1804, à six heures du matin, Vitel débuta par rendre visite à Moreau. Bien qu'il ne fît pas jour, le vieux domestique du général l'annonça aussitôt à son maître.

Au nom de Vitel, Moreau fit entrer tout de suite le visiteur qui, à son grand étonnement, trouva le général déjà levé, vêtu d'une robe de chambre et étendu sur son canapé, fumant tranquillement dans sa pipe d'écume de mer. La pièce était éclairée par deux bougies couvertes d'un garde-vue. Après avoir présenté au général les compliments de bonne année de la part de l'abbé David et de son oncle Fauche, Vitel le pria d'agréer, en leur nom, le petit cadeau dont il était porteur : c'était le modèle en carton de la tour du Temple, rempli de bonbons, produit des loisirs du marquis de Puyvert et d'un autre prisonnier, le chevalier de Mézières. A la vue de ces singulières étrennes, Moreau, comme saisi du pressentiment que cette tour dont on lui présentait le simulacre devait bientôt s'ouvrir pour lui, s'écria en se dressant sur son canapé :

« Ah! mon Dieu! mon cher monsieur Vitel, quel présent me fait-on là et quel jour choisissez-vous! »

grand-maître des templiers, les tortures alors en usage dans la législation de l'époque. Ces cachots furent démolis en même temps que la tour du Temple.

Puis il lut le billet de l'abbé David qui accompagnait ce triste hommage ; mais il n'y voulut faire aucune réponse par écrit et se contenta de dire à Vitel :

« J'espère que vous n'aurez rencontré personne à pareille heure dans la rue. Allons, c'est bien ; vous remercierez ces messieurs pour moi ; mais une autre fois ne venez pas si matin. Dans le cas où vous auriez quelque chose à me dire, je préférerais que vous vinssiez le soir, car mon hôtel est scrupuleusement observé ; et, dans cette saison, c'est une heure indue, que six heures du matin. »

Mais Vitel n'avait pas eu le choix de l'heure. Il fallait qu'il ne pût être vu de personne, et c'est l'observation qu'il fit au général en prenant congé de lui.

De la rue d'Anjou il courut rue de Vaugirard, où demeurait l'abbé Pichegru, frère du général. Le jour commençait à poindre. Il trouva celui-ci lisant son bréviaire dans son lit, et la seule réponse qu'il tira de lui, après qu'il eut pris connaissance du billet que lui écrivait aussi l'abbé David, fut qu'il était sans nouvelles de son frère depuis plusieurs mois ; qu'il n'avait aucune occasion de lui faire passer des siennes ; que quant à lui, il vivait dans une appréhension continuelle que le général ne vînt à quitter le lieu sûr qu'il habitait ; que depuis quelques jours il était beaucoup question de lui dans les salons de Paris et que cela l'inquiétait. Il ajouta, en terminant :

« Si *on* a occasion de lui écrire, il faut se contenter de lui faire savoir que *son parent de la rue de Vaugirard* se porte mieux, et qu'il lui recommande la plus grande circonspection. »

Après avoir fait ces deux visites, Vitel alla au Temple rendre compte à son oncle des réceptions qui lui avaient été faites. David fut frappé de ces paroles de l'abbé Pichegru : *Que son frère était l'objet de toutes les conversations.* Il était visible qu'on s'attendait, de sa part, à une tentative pour rentrer en France. Fauche et David s'applaudirent d'autant plus de la démarche qu'ils avaient faite, que s'ils avaient tardé de deux jours seulement, elle fût devenue impossible. Le 3 janvier, un ordre du préfet de police enjoignait au directeur de la maison du Temple de fouiller sévèrement tous les visiteurs et de faire arrêter immédiatement quiconque serait trouvé porteur de lettres de prisonniers pour le dehors, ou de tout autre objet suspect. Pendant ce temps, les événements marchaient. D'autres arrestations eurent lieu successivement dans le courant de janvier 1804. La cloche du greffe réveillait souvent les prisonniers au milieu de la nuit, ainsi que le bruit des verrous et des portes. On ne vivait plus au Temple que dans le pressentiment de quelque événement tragique. Un nommé Danouville [1], amené la veille et mis au secret, se coupa la gorge le soir même, au moyen d'un rasoir qu'il sut dérober au barbier de la prison. Il avait porté le coup si profondément, que sa tête ne tenait plus que par les vertèbres. Le lendemain matin, les guichetiers trouvèrent son cadavre dans une mare de sang.

La police pénétrait chaque jour de plus en plus le mystère de la conspiration, soit par suite du bonheur de ses investigations, soit par les dénonciations qu'on lui adressait officieusement, soit enfin par l'effet du hasard. La tour du Temple était devenue le quartier-général des conjurés, lorsqu'il s'y passa un événement qui porta le dernier coup à leurs desseins. Un nommé Bouvet de Lozier, âgé de trente-six ans environ, officier royaliste, adjudant-général de Georges et l'un de ses confidents intimes, l'avait précédé à Paris où il avait su se ménager des intelligences. C'était lui qui, sous un nom supposé, avait fait préparer une partie des stations pour les conjurés [2]:

[1] Il avait été arrêté sur la ligne des logements préparés pour les conjurés, que Savary avait été chargé d'explorer au retour de sa mission. Ce Danouville avait été précédemment compromis dans l'affaire de la machine infernale.

[2] D'après le rapport adressé par Savary au premier Consul, au retour de sa mission de Biville, conformément aux instructions qu'il avait reçues avant son depart, les lignes de station que les conjurés débarqués en France avaient parcourues étaient préparées dans cet ordre : la première de ces stations, à partir de Biville, était à Guillemecourt, chez le jeune Pageot de Pauly, dont nous avons parlé; la deuxième, à la ferme de la Potterie, commune de Saint-Remy, chez les Détrimont; la troisième, à Prusseville, chez Loizel. Là avaient été formées trois lignes distinctes en direction sur Paris : sur celle de gauche, la quatrième station était Aumale,

c'était lui aussi qui recevait la correspondance d'Angleterre ; en un mot, c'était l'un des agents les plus actifs de la conjuration. Il avait fait louer par une dame Saint-Léger, qui passait pour être sa maîtresse, une maison à Chaillot, Grand'Rue, n° 6, où Georges était allé descendre à son arrivée à Paris, sous le nom de Larive. Actif et zélé, il accompagnait fréquemment Georges et Pichegru dans leurs rendez-vous clandestins. Il avait été arrêté le dimanche 12 février, rue Saint-Sauveur, chez la dame Saint-Léger, et amené au Temple. On le mit au secret dans une chambre située à côté du chauffoir commun. Il fut d'abord assez maltraité et confié spécialement à la garde des deux guichetiers Elie et Savard. On l'interrogea très-sévèrement. Il était en proie au plus sombre désespoir. La nature de son interrogatoire frappa tellement son imagination que, redoutant de compromettre ses amis, le 14 février, vers minuit, il se pendit dans sa chambre au moyen d'une cravate de soie noire qu'il attacha au gond le plus élevé de sa porte. Heureusement pour lui et malheureusement pour ses amis, une circonstance fortuite fit qu'au moment même où il perdit connaissance, Savard entra dans sa chambre, et tous les voisins du pendu purent entendre ce guichetier qui criait à tue-tête :

« Au secours ! à moi, Elie ! Vite un couteau ! un couteau ! »

C'était pour couper le nœud de la cravate qui servait de corde. Le malheureux Bouvet, délivré, resta longtemps sans mouvement. On

---

chez Monnier ; la cinquième, à Feuquières, chez Colliaux ; la sixième, aux Monceaux, chez Leclerc ; la septième, à Auteuil, chez Rigaud ; la huitième, à Saint-Lubin, chez Massignon ; et la neuvième, à Saint-Leu-Taverni, chez Lamotte. A prendre au point d'embranchement, ligne du milieu, la quatrième station était à Gilles-Fontaine, chez la veuve Levasseur ; la cinquième, à Sainte-Claire, chez Daché ; la sixième, à Gournay, chez la veuve Caqueray. A remonter encore audit embranchement, la quatrième station était à Roncherolles, chez les Gambu ; la cinquième, à Saint-Crépin, chez Bertangles ; la sixième, à Etrépagny, chez Danouville ; la septième, à Vauréal, chez Bouvet de Lozier lui-même, et la huitième, à Eaubonne, dans une maison appartenant au nommé Hyvonet. Tous ces individus avaient été arrêtés successivement et mis au Temple. Plus tard ils figurèrent au procès, les uns comme accusés et les autres comme témoins à charge.

crut un moment, à cause du vacarme que faisaient les porte-clefs, survenus en grand nombre, que ces gens-là étaient en querelle et qu'ils s'entr'égorgeaient. Comme chacun prêtait attentivement l'oreille, on entendit Fauconnier dire à ses subordonnés :

« Transportez-le tout de suite dans le greffe, et allez chercher M. Soupet (c'était le médecin du Temple) ; il respire encore. »

Les prisonniers ne savaient quoi penser. Ce bruit, ces allées et venues et ces paroles les plongèrent dans l'anxiété le reste de la nuit. Si le gardien fût entré chez Bouvet quelques heures plus tard, c'en était fait de lui, et le conspirateur eût emporté son secret dans la tombe. Les soins qu'on lui prodigua le rappelèrent à la vie. La police, instruite de l'événement presque à l'instant même, ordonna que le prisonnier fût amené chez Desmarets aussitôt qu'il serait en état de supporter la voiture. Le directeur de la prison remplit sa mission avec zèle, et vers les deux heures après minuit, Bouvet fut conduit à la préfecture de police par les deux hommes auxquels il était redevable de la vie, Fauconnier et Souper.

Mais le lendemain, 15 février, la consternation de Fauche-Borel et de l'abbé David fut au comble, lorsqu'ils apprirent que le général Moreau lui-même avait été amené au Temple dans la matinée et mis au secret dans la chambre que Sidney-Smith avait occupée huit ans auparavant.

DÉCLARATION IMPRÉVUE

Une fois que l'homme qui avait voulu se donner la mort pour ne pas compromettre ses amis fut sauvé, il n'en devint naturellement que plus attaché à la vie. Il demanda à être conduit chez le grand-juge ; on l'y mena sur-le-champ, et là, au milieu de la nuit, les yeux et le visage encore gonflés de sang, l'âme exaspérée des désastres de son parti, qu'il imputait tout haut à la défection de Moreau, il dévoila sans ménagement, devant Réal que Regnier avait envoyé chercher, les promesses portées à Londres au nom de Moreau par le général Lajolais; par suite, l'arrivée de Pichegru à Paris, ses conférences avec Moreau, qui avait substitué des vues personnelles aux engagements pris dans l'intérêt de la cause des Bourbons; et enfin il fit une déclaration spontanée bien autrement importante que les révélations de Querelle, par la raison qu'étant lui-même plus avant dans la conjuration, il en connaissait toutes les ramifications et avait été à même d'en suivre la marche la plus récente. Querelle, détenu au Temple depuis plus de trois mois, n'avait rien pu dire qui fût dans le cas de compromettre Moreau, et la police n'avait encore aucune donnée certaine sur la présence de Pichegru dans Paris et surtout sur ses conférences avec Moreau, qu'on n'avait pu jusqu'alors que suspecter.

Maintenant, qu'on se représente Réal portant, à sept heures du matin, une telle déclaration au premier Consul, qu'il trouva entre les mains de son valet de chambre Constant.

« Ah! ah! s'écria Bonaparte en voyant arriver le conseiller d'Etat d'aussi bonne heure; vous avez donc du nouveau, ce matin?

— Oui, général; j'ai même entre les mains tout ce que vous pouvez imaginer de plus fort.

— Eh bien! dites. Vous pouvez parler devant Constant...

— Puisque vous le voulez, général, vous saurez que Pichegru est à Paris, et que Moreau... »

A peine ce nom était-il prononcé, que Bonaparte se leva avec vivacité, posa sa main sur la bouche de Réal, fit hâter sa toilette, et dès qu'il fut libre :

« Maintenant, voyons cela », dit-il au conseiller d'Etat.

Dès les premières explications, le premier Consul s'agita, porta la main à son front comme pour rappeler quelques souvenirs; puis, devenu plus calme, il dit à Réal, aussitôt que celui-ci eut achevé son rapport :

« Ah! je comprends, maintenant. Je vous ai déjà dit que vous ne teniez pas le quart de cette affaire-là. Eh bien! à présent même, vous n'avez pas tout; mais vous n'en saurez pas davantage, ni moi non plus. »

En effet, il a fallu 1814 pour leur apprendre le reste à tous deux.

Puis, après un silence, Napoléon reprit :

« Faites-moi donc voir la déclaration de ce Bouvet de Lozier, comme vous l'appelez. »

Et le Consul la lut attentivement d'un bout à l'autre; elle était ainsi conçue :

« C'est un homme qui sort des portes du tombeau, et encore cou-
« vert des ombres de la mort, qui demande vengeance de ceux qui,
« par leur perfidie, l'ont jeté, lui et son parti, dans l'abîme où il
« se trouve.

« Envoyé en France pour soutenir la cause des Bourbons, il se
« trouva obligé ou de combattre pour Moreau ou de renoncer à une
« entreprise qui était l'unique objet de sa mission.

« Je m'explique :

« *Monsieur* (depuis Charles X) devait passer en France pour se
« mettre à la tête d'un parti royaliste. Moreau avait promis de se
« réunir à la cause des Bourbons. Les royalistes rendus en France,
« Moreau se rétracte. Il leur propose de travailler pour lui et de
« le faire nommer dictateur. Voici les faits, c'est à vous de les ap-
« précier.

« Un général qui a servi sous les ordres de Moreau, Lajolais,
« est envoyé par lui auprès du prince, à Londres. Pichegru était
« l'intermédiaire. Lajolais adhère, au nom et de la part de Moreau,
« aux points principaux du plan proposé. Le prince propose son
« départ; mais dans les conférences qui ont lieu à Paris entre
« Moreau, Pichegru et Georges, le premier manifeste ses intentions
« et déclare ne pouvoir agir que pour un dictateur et non pour un
« roi. De là hésitation, dissension et perte presque totale du parti
« royaliste.

« J'ai vu le même Lajolais le 25 janvier, à Paris, lorsqu'il vint
« prendre Georges et Pichegru à la voiture où j'étais avec eux,

« boulevard de la Madeleine, pour les conduire à Moreau, qui les
« attendait à quelques pas de là. Il y a eu entre eux une conférence
« aux Champs-Elysées, dans laquelle Moreau a prétendu qu'il n'é-
« tait pas possible de rétablir le roi, et a proposé d'être mis à la
« tête du gouvernement, sous le titre de dictateur, ne laissant aux
« royalistes que la chance d'être ses collaborateurs ou ses soldats.

« Le prince, c'est-à-dire *Monsieur*, ne devait venir en France
« qu'après avoir connu le résultat des conférences entre les trois
« généraux et après une réunion complète, un accord parfait entre
« eux pour l'exécution. Georges rejeta toute idée d'assassinat et
« de machine infernale; il s'en était expliqué formellement à Lon-
« dres : il ne voulait, je le répète, qu'une attaque de vive force,
« dans laquelle lui et ses officiers auraient pu payer de leur per-
« sonne. L'objet de cette attaque était de s'emparer du gouverne-
« ment.

« Je ne sais quel poids aura près de vous l'assertion d'un homme
« arraché depuis une heure à la mort qu'il s'était donnée lui-même,
« et qui voit devant lui celle qu'un gouvernement offensé lui ré-
« serve ; mais je ne puis retenir le cri de mon désespoir et ne pas
« attaquer l'homme qui m'y a réduit. Au surplus, on pourra trouver
« des faits conformes à tout ce que j'avance dans la suite du grand
« procès où je suis impliqué. »

« Comment Moreau a-t-il pu s'engager dans une telle affaire? demanda le Consul après avoir rendu le papier à Réal. Le seul homme qui pût me donner des inquiétudes, le seul qui pût avoir des chances contre moi, se perdre si maladroitement! J'ai une étoile. »

Réal proposa alors au Consul de faire arrêter Moreau sur-le-champ; celui-ci s'y refusa en disant :

« Moreau est un homme trop important; il m'est trop directement opposé, j'ai trop d'intérêt à m'en défaire pour m'exposer ainsi aux conjectures de l'opinion.

— Cependant, général, objecta Réal, si Moreau conspire avec Pichegru...

— Oh! ceci est différent : prouvez-moi que Pichegru est ici, et je signe aussitôt l'arrestation de Moreau.

— Mais c'est prouvé, reprit Réal.

— Non pas pour moi, répliqua le Consul. Ecoutez, reprit-il après un moment de réflexion, il est bien facile de s'en assurer : Pichegru a un frère, ancien moine, qui doit habiter Paris. Vous dire où, je n'en sais rien, ceci est votre affaire. Faites chercher sa demeure. S'il n'est plus chez lui, cela donnera déjà lieu de penser que Pichegru est à Paris; si au contraire l'abbé est dans son logement, assurez-vous de sa personne avec douceur et sans scandale, bien entendu; c'est un homme simple, et sa première émotion vous mettra sur la voie de la vérité. C'est maintenant, ajouta Napoléon, qu'il nous faut prendre toutes nos mesures pour qu'aucun d'eux ne puisse échapper.

— J'ai déjà prescrit, dit Réal, de fermer les barrières et d'examiner rigoureusement tous ceux qui se présenteraient pour entrer.

— C'est plutôt pour sortir! interrompit vivement Bonaparte.

— Et j'ai écrit au grand-juge, pour la forme, continua Réal.

— Ah! pour la forme?... répéta le Consul avec une expression de regret; c'est aussi pour la forme (et il appuya sur le mot), que j'ai supprimé le ministère de la police, et j'ai fait une faute énorme. Fouché n'aurait pas laissé les choses aller si loin, d'autant que le royalisme donne dans le personnel de la conspiration. Il n'aurait pas eu besoin, lui, de ménager ses vieux amis les jacobins. Qu'avez-vous fait encore?

— J'ai donné rendez-vous à Dubois dans mon cabinet pour dix heures ce matin. Je ne tirerai pas grand parti de lui; mais il mettra à ma disposition ses agents que je compte employer à ramasser dans les mauvais lieux les conspirateurs les plus obscurs. J'ai mandé également les inspecteurs généraux de police, qui me feront trouver les autres par leurs officiers de paix. Pâsques se chargera de me déterrer Lajolais; il faut qu'il me l'amène vivant, sans lui je ne saurais rien sur Moreau. Je connais Lajolais de vieille date. Je lui ferai peur, il parlera. Il y a encore un homme qu'il me faudra, je sais qu'il est à Paris, c'est Coster Saint-Victor. Il y a justement ce soir bal à Frascati; je connais son faible, on le prendra à la sortie. Mais ce n'est pas tout, général, ne devez-vous pas passer une grande revue après-demain?

— Après-demain dimanche? Mais..., je crois que oui.

— Il faut la contremander sous un prétexte quelconque.

— Pourquoi cela?

— Parce qu'ils peuvent être là une soixantaine, la bande entière peut-être, qui comprendront, en voyant les barrières fermées, que tout moyen de quitter Paris leur est ôté. C'est donc soixante désespérés que nous allons avoir sur les bras, car il n'y a plus de salut pour eux que dans votre mort. Encore une fois, général, il vous faut remettre votre revue à un autre jour. Un coup de pistolet est bientôt tiré, un coup de poignard est facile à donner; et si un tel malheur arrivait, il ne faudrait ne s'en prendre...

— Qu'à vous! interrompit brusquement Napoléon en s'arrêtant court devant le conseiller d'État.

— Permettez, général, nous ne pouvons répondre de la sûreté de votre personne si vous ne contremandez pas votre revue, et cela est votre affaire et non la nôtre.

— Permettez vous-même, monsieur le conseiller d'État; ici chacun a la sienne : la vôtre est de veiller sur moi et de me préserver de tout danger, la mienne est de passer des revues; je passerai la mienne après-demain.

— Général, c'est imprudent.

— Il serait bien plus imprudent de faire autrement. Cette revue n'a-t-elle pas été annoncée? Paris s'inquiéterait, je ne veux pas de cela; arrangez-vous comme vous voudrez, prenez vos précautions. »

Le premier Consul et Réal se séparèrent à ces mots, assez mécontents l'un de l'autre.

Le même jour, dans la matinée, l'abbé Pichegru fut trouvé chez lui. Interrogé, il avoua qu'il avait récemment vu son frère à Paris; il n'en fallut pas davantage. L'ordre d'arrêter Moreau fut signé aux

Tuileries le soir à minuit, et envoyé par estafette au général Moncey, commandant général de la gendarmerie, pour être mis à exécution le lendemain matin. Au moment où le premier Consul prenait cette résolution, il fit la remarque que Moncey était l'ami de Moreau.

« N'importe, dit-il après avoir signé le papier, Moncey est un homme de devoir. »

Le lendemain fut un jour de perplexité. Des mesures avaient été prises pour que l'arrestation de Moreau eût lieu soit à sa terre de Grosbois, soit à son hôtel à Paris. Le premier Consul se promenait fort soucieux dans sa chambre. Il fit appeler son premier valet de chambre et lui ordonna d'aller dans le faubourg Saint-Honoré rôder autour de la maison de Moreau et de tâcher de savoir si l'arrestation avait été opérée, s'il y avait eu du tumulte, et de venir promptement lui faire son rapport. Constant obéit; mais il ne remarqua rien d'extraordinaire, soit à l'extérieur, soit à l'intérieur de l'hôtel. Il ne vit que quelques agents de police qui se promenaient dans la rue d'Anjou, l'œil dirigé sur la porte de la maison habitée par l'homme qu'ils devaient arrêter. Sa présence pouvant être remarquée, Constant s'éloigna, pressa le pas et revint rendre compte au premier Consul de ce qu'il avait observé; mais pendant ce temps Moreau avait été arrêté et Bonaparte en était déjà instruit. Le premier Consul convoqua aussitôt un conseil extraordinaire, qu'il présida, composé des deux Consuls, ses collègues; du grand-juge, des ministres de l'intérieur, des affaires étrangères et de la guerre; des sénateurs Fouché, François de Neufchâteau et La Place; des conseillers d'État Réal et Regnault de Saint-Jean-d'Angely; des membres de la Cour de cassation Muraire et Oudard, et du chef de la secrétairerie d'État Maret; et il commença par donner connaissance de toute la conspiration. Il y eut des avis pour traduire les prévenus devant une commission militaire, afin d'en finir le plus tôt possible, selon l'expression familière au premier Consul, *frapper comme la foudre;* mais dans cette circonstance il décida, au contraire, que le procès serait suivi sans précipitation, dans les formes et devant les tribunaux ordinaires. En conséquence, et après la levée du conseil, il chargea le grand-juge d'aller, accompagné de Locré, interroger le général, et lui dit en le quittant :

« Monsieur Regnier, avant toute question, voyez si Moreau veut me parler ; dans ce cas, prenez-le dans votre voiture et amenez-le-moi ; tout peut se terminer entre nous. »

Et il lui répéta deux fois cette recommandation en ajoutant :

« Vous me comprenez bien ? »

Ainsi avait fait Henri IV envers le maréchal de Biron, son ancien frère d'armes ; mais, comme Biron, Moreau devait refuser d'avouer ses torts

Dans le premier interrogatoire que le grand-juge, accompagné d'office de M. Locré, secrétaire du Conseil d'État, avait fait subir à Moreau, le général nia qu'il connût la présence de Georges et de Pichegru à Paris, par conséquent qu'il les eût vus et encore plus qu'il fût instruit de leurs projets. Comment d'ailleurs avouer quelques torts, quand ces torts se rattachent essentiellement à une procédure où il y va de la vie de tant d'autres personnages ? Il est dans les procès politiques des situations plus fâcheuses que celle des accusés les plus coupables, et Moreau s'était mis dans une position de ce genre. Aussi, lorsque Regnier vint rendre compte à Bonaparte du premier interrogatoire subi par le général, le premier Consul lui demanda-t-il avant tout :

« Eh bien ! Moreau !... me l'amenez-vous ?

— Non, général, il ne m'a pas même demandé à vous voir. »

A ces mots, le Consul fit un geste de contrariété, et se retournant, il dit à demi-voix à Réal, qui était présent, et de manière à être entendu de lui seul :

« Voilà ce que c'est que d'avoir affaire à un imbécile. »

Effectivement, si le grand-juge avait bien compris sa mission, l'intention de Napoléon était, dit-on, après avoir eu une explication avec Moreau, de le renvoyer chez lui.

Dans la soirée du même jour, les murs de la capitale furent couverts de placards où l'on annonçait la découverte de la conspiration de Georges Cadoudal et de ses Chouans, et l'arrestation de Moreau. Son nom et celui de Pichegru y étaient confondus, sous la qualification de *brigands*, avec tous les Bretons qui avaient pris part au complot contre la vie et le gouvernement du premier Consul ; puis un rapport du grand-juge sur ces manœuvres criminelles fut inséré le lendemain dans tous les journaux. Ce rapport commençait ainsi :

« De nouvelles trames ont été ourdies par l'Angleterre ! Elles
« l'ont été au milieu de la paix qu'elle avait jurée ; et quand elle
« violait le traité d'Amiens, c'était bien moins sur ses forces qu'elle
« comptait que sur le succès de ses machinations. Mais le gouver-
« nement veillait. L'œil de la police suivait tous les pas de l'agent
« de l'ennemi ; elle comptait les démarches de ceux que son or ou
« ses intrigues avaient corrompus, etc. »

La suite de ce rapport annonçait le but de la conspiration, qui était l'assassinat du premier Consul et la contre-révolution. C'était en Angleterre que la conspiration avait été tramée ; c'étaient les Anglais qui avaient excité et payé les conjurés. Ceux-ci avaient traversé les mers sur un bâtiment de cette nation. Ce rapport se terminait ainsi ; c'est le grand-juge qui continue de parler.

« Je dois ajouter que les citoyens ne peuvent concevoir aucune
« inquiétude ; la plus grande partie des brigands est arrêtée ; le
« reste est en fuite ou vivement poursuivi par la police. Aucune
« classe de citoyens, aucune branche de l'administration n'est at-
« teinte par aucun indice, par aucun soupçon. »

L'auteur de ce rapport devenu fameux semblait s'être efforcé de donner à son administration un brevet d'incapacité. Napoléon fut le premier à s'en apercevoir, car l'ayant lu le soir avant qu'on le portât au *Moniteur*, il le trouva flasque et sans dignité, ce qui lui fournit une nouvelle occasion de regretter Fouché, « dont les rapports, qu'il prenait la peine de faire lui-même, dit-il, étaient toujours nerveux, concis et à la hauteur de leur sujet. » Cela était vrai ; mais il n'y avait pas de temps à perdre, les événements se pressaient et le rapport fut imprimé, tel quel, dans tous les journaux.

Beaucoup de personnes regardèrent d'abord ce récit comme une fable.

« Moreau conspirateur ! disait-on, c'est impossible. Conspirateur avec Georges et Pichegru, et en faveur de la contre-révolution ! Jamais on ne persuadera personne que le vainqueur de Hohenlinden ait pu souiller sa gloire, flétrir ses lauriers à ce point. Moreau arrêté ! C'est que Bonaparte est jaloux d'un grand citoyen dont les vertus et les sentiments républicains l'importunent. Georges et Pichegru à Paris ! c'est insulter, par une fable grossière, au bon sens du public. »

Voilà les doutes qu'opposaient les ennemis du gouvernement au rapport du grand-juge. L'instruction du procès et les débats devaient seuls apprendre ce qu'il fallait en croire.

Cependant la revue que le premier Consul devait passer le lendemain dimanche n'avait point été contremandée, et Réal s'était empressé de donner des instructions en conséquence à Dubois et à ses inspecteurs de police. Dans ce temps-là les maisons qui bordaient le Carrousel, en face du château, étaient presque exclusivement occupées par des femmes de mauvaise vie. Déjà, à l'époque du 3 nivôse, il avait été question de les faire déloger. Dans la nuit du samedi au dimanche toutes ces femmes reçurent l'invitation d'aller passer ailleurs que chez elles la journée du lendemain.

Il faut le dire ; jamais revue n'attira plus de curieux. Dès le matin une foule innombrable encombrait la place du Carrousel pour tâcher d'apercevoir le premier Consul et lui témoigner, par ses vivats, l'affection qu'on avait pour sa personne. A peine eut-il commencé à diriger son cheval vers les premières lignes de grenadiers de la garde consulaire que les acclamations redoublèrent. Il parcourut les rangs au pas et répondit par quelques saluts simples mais affectueux à l'effusion de joie de ses soldats, puis il vint se placer au bas du pavillon de l'Horloge pour voir le défilé. Pendant ce temps, Réal était constamment resté sur le grand balcon et avait suivi avec anxiété, la lorgnette à la main, tous les mouvements du premier Consul. Malgré les précautions qu'il avait prises de faire garder les avenues de la cour des Tuileries et de garnir de gendarmes habillés en bourgeois toutes les fenêtres des maisons qui entouraient le Carrousel, Réal éprouva tout le temps que dura cette parade une vive inquiétude, qui ne cessa qu'au moment où il vit le Consul mettre pied à terre, et qu'il l'entendit monter le grand escalier du palais, suivi de son nombreux et brillant état-major.

LE GÉNÉRAL MOREAU.

Le commandant de la gendarmerie d'élite, le major Henry, avait été chargé par le général Moncey d'arrêter Moreau. Il le rencontra à la descente de Charenton, qui revenait à Paris, seul, dans sa voiture. Henry était dans son cabriolet. Aussitôt qu'il aperçut le général, il fit signe à son cocher d'arrêter; et, lui-même mettant pied à terre, ouvrit la portière en disant respectueusement à Moreau :

« Mon général, je suis chargé d'une pénible mission : tenez, voyez. »

Et en même temps il lui mit sous les yeux l'ordre dont il était porteur. Moreau le lut, le rendit au major, et, sans prononcer un mot, sans opposer la moindre résistance, descendit de sa voiture, monta dans le cabriolet de l'officier de gendarmerie et se laissa conduire au Temple le plus docilement du monde, ne paraissant occupé que d'éviter les regards du public. Arrivé à la prison, Fauçonnier refusa de le recevoir parce que le mandat d'arrêt n'était point en règle. Enfin, sur un mot expédié par le grand-juge, Moreau fut écroué.

Depuis la paix de Lunéville, Moreau vivait à l'écart; un goût pour la retraite, une indifférence peut-être affectée pour les honneurs qui ne pouvaient pas le faire sortir du second rang, et une aversion réelle pour toute espèce d'occupation lui avaient fait adopter ce genre de vie. Il n'avait qu'une instruction négligée qui le rendait incapable de gouverner ; quant au mépris qu'il affectait pour les dignités, ce n'était chez lui qu'un genre de distinction qu'il avait pris et auquel un courtisan n'aurait pu se méprendre. On aurait pu dire à Moreau, comme à Diogène : *Je vois ton orgueil à travers les trous de ton manteau.* A une grande fermeté dans le danger il joignait, dans la vie privée, une faiblesse de caractère qui le rendait l'homme le plus facile à persuader. Comme il travaillait peu, son jugement était lent et sa prévoyance courte ; il avait besoin d'être aidé dans ses déterminations, de là ses complaisances pour les gens qui avaient fini par prendre beaucoup d'empire sur lui et qui, sous le voile de l'amitié, le perdirent en voulant le faire servir à leur ambition.

Dès le commencement de son retour de l'armée à Paris, Moreau, excité par ses prétendus amis, avait essayé d'entretenir le premier Consul de politique et d'administration. L'essai qu'il fit de son influence ne lui ayant pas réussi, il vit tout d'abord à qui il avait affaire et n'y revint plus. Hormis quelques cerveaux brûlés, presque tous les généraux de son armée avaient repris du service et avaient obéi au chef de l'Etat, tandis qu'il s'était retiré dans sa terre de Grosbois, où il jouissait de la fortune qu'il avait acquise en servant son pays, et peu à peu, par l'effet même de sa retraite, il avait obtenu une sorte de puissance sur l'opinion, grâce aux propos qu'on lui prêtait sur l'impossibilité de la descente en Angleterre, projetée par le premier Consul. Les mécontents d'alors avaient même conseillé à Moreau «de ne pas compromettre sa gloire en allant se fourvoyer dans cette équipée de Boulogne» ; et il avait eu la faiblesse d'écouter ce conseil. Aussi, depuis la rupture du traité d'Amiens, n'avait-il pas paru une seule fois aux Tuileries, même dans les occasions où il était du devoir d'un bon citoyen, comme d'un grand capitaine, de s'y montrer et de venir offrir ses services. Moreau, cependant, ne pouvait être considéré comme un simple particulier, bien qu'il affectât de le paraître ; et, quand des villes et des provinces entières s'étaient imposé les sacrifices qu'exigeait l'agression la plus inouïe qu'on eût encore vue, et que ces provinces envoyaient des députés porter leurs offrandes et leurs vœux au chef du gouvernement, le devoir du général Moreau était de ne pas rester spectateur indifférent des nouveaux dangers de sa patrie. Voilà les conseils que ses véritables amis eussent dû lui donner; mais il se renferma dans un orgueilleux silence, et on ne tarda pas à savoir que c'était parce qu'il ne pouvait plus le rompre décemment.

Sondé de bonne heure sur de prétendus ressentiments qu'on lui supposait contre Pichegru, étonné qu'on le crût un obstacle à sa rentrée en France, Moreau répondit aux premières ouvertures que lui fit à ce sujet Fauche-Borel, par des expressions d'intérêt pour un ancien frère d'armes exilé. Mais cet exilé avait d'autres vues pour sa rentrée, et tout en se ménageant un rapprochement avec Moreau, lui-même s'unissait davantage aux ennemis extérieurs de Napoléon, tandis que Moreau cédait à des impressions qui l'éloignaient de plus en plus de la cause et de la personne du premier Consul. Il ne partageait plus le premier rang dans l'armée; le second lui avait échappé par les avantages que Bonaparte avait faits à Murat, son beau-frère, en le nommant au gouvernement de Paris. Entraîné vers les mécontents de l'intérieur, il n'en fut que plus en butte aux suggestions du dehors. Bientôt on ne lui parla plus du rappel de Pichegru, mais de leurs griefs communs et de la nécessité de s'entendre contre un dominateur qui menaçait tout. Ces colloques rapportés à Londres étaient interprétés dans le sens des espérances qu'on s'y était faites d'avance, et la position de Moreau y prêtait plus que tout autre. Mécontent et se tenant à l'écart, quoique n'en conservant pas moins l'estime du peuple et de l'armée, on en conclut qu'il avait la volonté et les moyens d'abattre celui qu'on appelait, non plus son rival, mais son ennemi. Il ne fallait donc plus donner à cette volonté qu'une impulsion par l'ascendant de Pichegru, et à ces moyens qu'un point d'appui par la force d'exécution du général vendéen Georges Cadoudal. Mais on se trompa, parce que le rôle de Monck était peut-être, de tous, celui pour lequel Moreau avait le moins de dispositions. Aussi, dans une entrevue avec Pichegru, où les intentions furent précisées par celui-ci nettement et sans intermédiaire, Moreau ne laissa-t-il aucun espoir à ce dernier en lui disant :

« Faites de Bonaparte tout ce que vous voudrez, mais ne me demandez pas de mettre à sa place un prince Bourbon, quel qu'il soit. »

Alors commencèrent tous ses embarras. Il se vit impliqué avec des hommes qui, ayant compté sur lui, quoique sans lui, semblaient s'être livrés à sa foi. Non-seulement son refus ruinait leur opération, mais il les jetait eux-mêmes dans un péril extrême. D'un autre côté, Moreau restait à leur merci, car ne pas entrer dans leurs projets ne l'exemptait pas des risques d'en avoir connu et approuvé certaine partie. En rompant la négociation, il ne pouvait pas se séparer tout à fait de ceux qui avaient commencé de traiter avec lui. De toute façon, il fallait qu'il fût compromis, ou vis-à-vis d'eux et de l'opinion, ou vis-à-vis du gouvernement et de la loi. De là, la vengeance des royalistes, qui croyaient ne plus devoir aucun ménagement à un républicain qui d'abord avait fait mine de les servir, mais qui en définitive les avait abandonnés complétement; de là, la déclaration de Bouvet de Lozier, qui le signala à l'ennemi commun, c'est-à-dire au gouvernement, dans un moment où il ne songeait même pas à lui.

Moreau était Breton, comme on sait. Il détestait les Anglais et avait les chouans en horreur. Il nourrissait la plus grande répugnance pour l'aristocratie quelle qu'elle fût. Il était loyal, et ce qu'on est convenu d'appeler vulgairement *bon vivant*. Joséphine l'avait marié à Mlle Hulot, créole de l'Ile-de-France. Cette demoiselle avait une mère ambitieuse qui dominait sa fille et qui bientôt domina son gendre. Si Moreau eût fait un autre mariage, aucun doute que le vainqueur de Hohenlinden ne fût devenu premier maréchal de l'Empire, duc ou prince, malgré sa répulsion pour les titres nobiliaires; il eût fait les campagnes de la grande armée, y eût acquis une nouvelle gloire, et enfin, puisque sa destinée était de tomber sur un champ de bataille, au moins eût-il été frappé par un boulet russe, prussien ou autrichien, mais non par un boulet français [1]. »

Nous ne craignons pas de le dire, dans tous les temps, la conduite de Napoléon à l'égard de Moreau fut à l'abri du moindre reproche. Ce n'est pas lui qui repoussa Moreau, ce fut Moreau qui s'éloigna de lui. Le Consul ne le craignait pas, il l'avait prouvé en lui donnant le commandement de la plus belle armée de la République. Il se sentait assez grand, assez fort pour voir sans ombrage Moreau à ses côtés, pour partager avec lui la gloire des campagnes qui ne pouvaient manquer de s'ouvrir encore, et même pour s'appuyer sur lui comme il l'avait fait sur le brave Desaix. Moreau ne pouvait s'abaisser en avouant une supériorité que Desaix avait lui-même si noblement reconnue.

Moreau ne fut pas traité au Temple avec la même rigueur que ses coaccusés. Il n'eût pas été sans danger de le faire, car, même dans sa prison, il ne cessa d'être l'objet des hommages et du respect de tous les militaires, sans en excepter ceux à la garde desquels il avait été confié. Un grand nombre de ces soldats avaient servi sous ses ordres et se rappelaient combien il était aimé dans les armées qu'il avait commandées. Moreau, il est vrai, ne possédait pas, comme Na-

---

L'Empereur disait encore à Sainte-Hélène : « Moreau était un homme faible, mené par ses alentours et serviteur soumis de sa femme et de sa belle-mère; en résumé, Moreau était un général de la vieille monarchie. »

M. Bignon a dit à son tour dans son *Histoire de France*, tome III, chap. xxxiv, page 427 : « J'ai eu personnellement une preuve bien remarquable de l'ascendant
« qu'une femme pouvait prendre sur le général Moreau. Immédiatement après la
« campagne désastreuse de 1799, époque où j'étais secrétaire d'ambassade à Milan,
« nous voyions le général Moreau tous les jours, et avec lui une personne qui
« n'était pas sa femme, mais que, par courtoisie, nous traitions comme telle. Lors-
« qu'à la veille des combats on fit partir les femmes de l'armée, le général Moreau
« me donna les noms hollandais de cette personne, afin de lui délivrer un passe-
« port pour la France. Je lui remis le passe-port comme il me l'avait demandé. Le
« lendemain, il me le rendit en me priant de lui en faire un autre sous le nom
« d'*épouse du général de division Moreau*. « Mon nom, me dit-il comme pour
« excuser sa faiblesse, lui rendra le voyage plus facile et plus agréable. » Cette dame
« est celle qui s'est fait connaître ensuite par les *Mémoires d'une Contemporaine.* »

poléon, ce charme irrésistible qui entraîne, mais il avait un ascendant de modération, de douceur et de justice qui avait su lui attacher le soldat. C'était dans Paris une conviction générale, que si Moreau avait voulu dire une seule parole aux gendarmes chargés de veiller sur lui, cette garde fût devenue tout à coup une garde d'honneur, prête à exécuter tout ce qu'il aurait voulu. Peut-être aussi les égards qu'on lui témoignait, et la faveur qu'on lui accorda de voir chaque jour sa femme et son enfant, ne furent-ils que d'habiles calculs pour le retenir dans les limites de son caractère habituel.

D'après les lois existantes, Georges et ses coaccusés étaient justiciables de la même commission militaire qui avait déjà condamné Le Bourgeois, Picot, Dessolles de Grisolles et Querelle. Moreau, prévenu de *correspondance avec l'ennemi* et même de *trahison*, par ses rapports bien prouvés avec Pichegru, était-il dans le cas d'être livré à un conseil de guerre? Réunirait-on tous les prévenus devant les mêmes juges, ou diviserait-on la procédure? La commission militaire et le conseil de guerre eussent dû être nommés par le gouvernement même. Il était de la justice et de la politique du Consul de s'interdire une telle nomination. D'un autre côté, au milieu des passions que ce grand complot était venu remuer, convenait-il d'en remettre la connaissance à la décision d'un jury? Le Conseil d'Etat avait déjà prononcé que : *vu l'évidence des charges, tout serait laissé à la justice du pays*. Et Napoléon avait abondé dans cette opinion. Quoi qu'il en soit, le jury fut suspendu par une loi spéciale, et la Cour criminelle de Paris, saisie d'une cause où le nom de Moreau divisait déjà l'armée, le peuple et les grandes autorités. Aux considérations graves qu'on avait fait valoir auprès du premier Consul, celui-ci avait répondu :

«La loi ne fait exception de personne ; si Moreau est innocent, il sera absous ; s'il est coupable, la justice le condamnera. »

HISTOIRE

PICHEGRU.

Cependant, à l'exception de Moreau, aucun des principaux conjurés n'était encore arrêté. Si l'on ne parvenait pas à les saisir, l'accusation contre lui devenait une calomnie, le gouvernement était taxé de mauvaise foi, et le premier Consul convaincu d'une invention odieuse pour perdre un rival illustre dont la gloire et la popularité l'importunaient. Une dénégation formelle fut donc la première ressource du général et de ses amis. Au Tribunat, le frère de Moreau déclara, avec le sentiment de la plus vive douleur, qu'il était innocent des crimes qu'on lui imputait, qu'il se justifierait si on lui en donnait les moyens, et il demanda qu'on apportât au jugement du général la plus grande solennité.

« Je puis donner l'assurance, s'écria alors Treilhard, qui était en même temps conseiller d'État, qu'il sera accordé aux prévenus toute la latitude possible pour leur défense. »

Certes, il était naturel qu'un frère repoussât comme mensongères des imputations dirigées contre un homme dont lui et sa famille recevaient tant d'illustration. Le démenti était excusable en une telle douleur et dans un cas semblable. Mais à côté des parents du général, à côté des envieux du premier Consul, il existait une nation pour laquelle la vie du chef de l'État était alors un gage de repos et de sécurité. Quelque intérêt que l'on portât à Moreau, nul homme de bon sens ne voulait alors le renversement du gouvernement, nul n'eût voulu courir les risques de voir la France livrée de nouveau aux horreurs de l'anarchie. La nation dut être justement effrayée pour elle-même, et lorsqu'elle adressa de toutes parts ses félicitations au premier Consul, il était injuste, comme on le dit alors, de trouver une basse flatterie dans l'expression de sentiments qui puisaient leur principe dans l'intérêt national le mieux entendu.

Outre que la sûreté du chef de l'État demandait la prompte arrestation des chefs du complot, celle de Pichegru et de Georges était d'une haute importance pour constater la culpabilité de Moreau, et jusqu'alors eux et leurs lieutenants avaient échappé à l'activité de la police. En vain elle avait renouvelé l'ordre aux habitants de Paris, qui logeaient des étrangers chez eux, d'en faire la déclaration au commissaire de police de leur quartier respectif dans les vingt-quatre heures, le gouvernement crut devoir effrayer les receleurs par une mesure extraordinaire. Il présenta au Corps législatif un projet de loi portant que : « le recèlement de Georges et de ses complices, actuellement cachés dans la capitale ou aux environs, serait jugé et puni comme le crime principal. » Le projet définissait le délit de recèlement, sa peine, et promettait à ceux qui se conformeraient immédiatement à la mesure prescrite, de ne pas être poursuivis.

Le soir, le signalement[1] de Georges et de ses complices fut affiché sur tous les murs de la capitale et dans la banlieue. Georges, ainsi que quelques-uns de ses compagnons, étaient connus. On les avait vus à Paris trois ans auparavant, alors qu'ils n'étaient point compromis. Il était donc tout simple que la police pût donner leur signalement exact; mais comment aurait-elle pu se procurer celui des conjurés que personne n'avait jamais vus, si cette police occulte, dont nous avons parlé, ne les eût connus? Cette réflexion n'a pas peu contribué à nous convaincre que, mieux renseigné que la police du gouvernement, Fouché avait connaissance des machinations

---

[1] Voici ce signalement tel qu'il a paru dans les journaux : le portrait n'était pas flatté.

« Cinq pieds quatre pouces, extrêmement puissant; épaules larges, tête effroya-
« ble par sa grosseur, cou très-raccourci; doigts courts et gros, jambes et cuisses
« peu longues, le nez écrasé et comme coupé dans le haut, yeux gris, dont un sen-
« siblement plus petit que l'autre; sourcils légèrement marqués et séparés, cheveux
« châtain clair, assez fournis, coupés très-courts; teint coloré, joues pleines, bou-
« che petite, dents très-blanches, barbe peu garnie; favoris clair-semés et roux,
« menton renfoncé. Marchant en se balançant; voix douce, sans accent; bien mis,
« linge toujours blanc. » (*Moniteur* du 27 février 1804.)

qui précédèrent la découverte de la conspiration. Quoi qu'il en soit, l'éveil fut donné ainsi aux conjurés; et, dès le même soir, ils purent entendre leurs noms proclamés par la bouche des crieurs publics; dès le même soir aussi, personne ne put franchir les barrières de Paris, sous quelque prétexte que ce fût, et le lendemain des officiers de police et des gendarmes vérifièrent les passe-ports ou la carte de sûreté de ceux qui se présentèrent, en reconnaissant les individus pour s'assurer que les conspirateurs ne s'échappaient pas. Cette surveillance s'étendit partout : les personnes qui faisaient partie de la maison du premier Consul n'en furent même pas exemptes. Leurs moindres démarches étaient épiées.

Un portier des Tuileries, nommé Angel, fut désigné par Bonaparte pour aller s'établir à la barrière des Bons-Hommes, afin de reconnaître et d'observer les gens du château qui allaient et venaient pour leur service, soit à Saint-Cloud, soit autre part. Il paraît que les rapports qu'Angel lui adressa directement lui plurent, car, le procès terminé, il le fit appeler un matin et parut si satisfait de ses réponses et de son intelligence, qu'il le nomma suppléant d'un nommé Landoire, qui était alors ce que l'on appela depuis gardien du portefeuille [1].

La loi portée contre les recéleurs produisit son effet. Les conjurés furent obligés d'errer pour ainsi dire sans pouvoir trouver d'asile. Depuis huit jours, tous les suppôts de la préfecture faisaient d'inutiles efforts pour en découvrir quelques-uns, quand un ami de Pichegru, un ancien officier d'état-major, celui-là même qui lui avait offert son dernier refuge, vint trouver Murat, le 27 février au soir,

---

[1] Cet emploi était des plus pénibles pour celui qui le remplissait. Il ne devait jamais s'éloigner du petit corridor noir sur lequel s'ouvrait une des portes du cabinet de Napoléon; il prenait même ses repas sur place. Fort heureusement pour Landoire, la conspiration de Georges lui fit donner un aide. Ce même Angel fit, en 1812, la campagne de Russie, et mourut au retour, lorsqu'il n'était plus qu'à quelques lieues de la capitale, des suites de la fatigue et des privations qu'il avait subies comme tous ceux qui étaient attachés à la maison de l'Empereur. (Constant, *Mém.*, tome I, chap. XVI, page 223.)

et lui offrit de lui livrer Pichegru moyennant cent mille francs. Quoique cette somme fût exorbitante, le gouverneur de Paris s'engagea à la lui faire donner, à la condition qu'il allait lui faire connaître sur-le-champ le lieu où il s'était réfugié.

« C'est chez moi, rue Chabanais, n° 5 », lui répondit celui-ci.

Et en même temps il donna par écrit à Murat la description exacte de la chambre que Pichegru occupait depuis quinze jours dans son appartement.

« Il faut signer cette déclaration, lui dit Murat après l'avoir lue. Quel est votre nom ?

— Général, je me nomme Leblanc », répondit-il.

Et il signa.

« Mais, lui fit observer le gouverneur de Paris, vous connaissiez la loi portée contre les recéleurs; pourquoi avez-vous attendu jusqu'à présent pour venir faire votre déclaration ?

— C'est vrai, général, répondit Leblanc; mais je ne croyais pas commettre un délit en offrant pour quelques jours un asile à un homme de ma connaissance, dont le but, en venant à Paris, était, m'a-t-il dit, de chercher les moyens d'obtenir sa radiation comme émigré. Convaincu depuis hier seulement que ce n'était qu'un prétexte pour colorer de méchants projets, j'ai cru rendre un service au gouvernement en venant lui offrir les moyens de le faire arrêter, d'autant plus, ajouta cet homme, comme pour excuser sa délation, que je ne suis pas riche. »

Quelques heures après, c'est-à-dire à quatre heures du matin, à l'aide des renseignements fournis, le commissaire de police Comminges, accompagné de deux inspecteurs et de quatre gendarmes, tous gens déterminés et vigoureux, se rendirent bien armés au domicile de Leblanc. On avait jugé ces précautions nécessaires parce qu'on n'ignorait pas que Pichegru, doué d'une force prodigieuse, ne se laisserait pas prendre sans une vive résistance. Comminges fit connaître au portier de la maison l'objet de sa matinale visite, et demanda à parler à la cuisinière de Leblanc. Celle-ci, qui avait le mot, descendit de sa mansarde, située dans les combles, ouvrit la porte de la cuisine, et, à l'aide d'une fausse clef que celui qui vendait ainsi son hôte avait fait faire d'avance, introduisit les six agents dans la chambre de Pichegru, qui dormait paisiblement dans son lit. Ceux-ci se précipitèrent sur lui avant qu'il eût eu le temps de se réveiller et de faire usage de ses armes, qu'il plaçait toujours sous son oreiller (une paire de pistolets à deux coups et un poignard). Une bougie était restée allumée sur un guéridon; un des agents renversa la table pour éteindre cette lumière, et, dans la lutte que Pichegru soutint longtemps avec vigueur, il mordit un gendarme à la jambe et reçut pour sa part deux coups de sabre, dont l'un sur la cuisse. Ce ne fut qu'après un quart d'heure d'efforts surhumains qu'il se rendit, en disant :

« Je suis vaincu! laissez-moi. »

Il fut enveloppé dans une couverture, lié comme un paquet, jeté dans un fiacre, et conduit chez Réal, qui l'interrogea aussitôt.

« Comment vous appelez-vous? lui demanda ce conseiller d'État.

— Vous le savez aussi bien que moi, répondit le général d'un ton de dédain.

— Vous connaissez Georges?

— Non!... Quel est ce Georges?

— Un misérable venu d'Angleterre pour assassiner le premier Consul.

— Est-ce que vous me croyez fait pour être lié avec des scélérats? répondit Pichegru avec un geste de fureur. Je n'ai jamais connu cet homme.

— D'où venez-vous? poursuivit Réal.

— Que vous importe!

— Où avez-vous débarqué?

— Où j'ai pu.

— Comment êtes-vous venu à Paris?

— En voiture.

— Avec qui?

Interrogatoire de Pichegru.

— Avec moi.

— Connaissez-vous Moreau?

— Il a servi jadis sous mes ordres.

— L'avez-vous vu depuis que vous êtes à Paris?

— Des militaires ennemis, comme nous le sommes, ne se voient que l'épée à la main.

— Me connaissez-vous, moi?

— Oui, certes.

— J'ai souvent rendu justice à vos talents militaires.

— C'est possible. Aurez-vous bientôt fini?

— On va panser vos blessures.

— C'est inutile, dépêchez-vous de me faire fusiller. Il me tarde d'avoir un peu de tranquillité.

— Avez-vous un prénom? lui demanda encore Réal.

— Non!

— Comment! ne vous appelait-on pas quelquefois *Charles?* c'est ainsi que vous êtes désigné dans la correspondance de Bareuth.

— Dans la correspondance que vous avez faite. Au surplus, je ne répondrai plus à vos impertinentes demandes. »

En effet, il garda le silence sur les autres questions que Réal lui adressa, et on le conduisit au Temple [1], d'où il ne devait plus sortir vivant.

Ainsi, en résumé, Pichegru niait avoir vu Moreau et s'étonnait qu'on le crût réconcilié avec ce général, quand ils n'avaient pas vidé leur querelle, comme cela a lieu entre les militaires; enfin il n'eut pas l'air de connaître Georges, et « s'étonna de voir son nom accolé à celui de cet homme-là. » Mais Pichegru était loin, il faut en convenir, d'inspirer le même intérêt que Moreau. On ne lui pardonnait

[1] En arrivant au Temple, Pichegru était vêtu d'un frac brun, d'une cravate de soie noire, et portait ce qu'on appelait alors des bottes à retroussis. Un mouchoir blanc enveloppait une de ses mains; il boitait un peu à cause de la blessure qu'il avait reçue à la cuisse. Beaucoup de gendarmes l'accompagnaient. (Témoignage de M. Fontaine-Biré.)

pas, surtout dans l'armée, ses anciennes négociations avec le prince de Condé. Cependant, nous avons eu connaissance d'un trait de lui qui, selon nous, l'honore beaucoup. Pichegru avait eu pour aide de camp, dans l'origine, le célèbre peintre Lagrenée. Ce jeune homme, parvenu au grade de capitaine, donna sa démission lors de la proscription de son général, au 11 fructidor, et reprit ses pinceaux qu'il avait abandonnés pour les armes. Pichegru, tandis qu'il se cachait à Paris, alla voir son ancien aide de camp, qui voulut absolument lui donner un asile. Pichegru refusa obstinément d'accepter l'offre courageuse de M. Lagrenée, ne voulant pas risquer de compromettre un homme qui lui avait déjà donné une si grande preuve d'attachement en refusant de servir après sa disgrâce. Plus tard, M. Lagrenée alla porter son talent en Russie. On lui a toujours su gré des nobles sentiments qu'il avait montrés dans un temps malheureux pour un homme qui avait été son bienfaiteur. M. Lagrenée est mort depuis, autant regretté des amis des arts que de l'intéressante et nombreuse famille qu'il laissa après lui.

GEORGES CADOUDAL.

Le gouvernement avait déjà sous la main deux des conspirateurs qu'il redoutait le plus : Moreau et Pichegru ; mais restait Georges, et celui-là n'était pas une proie facile. Homme d'énergie s'il en fut, son nom seul intimidait les agents de la police. Certaines personnes prétendaient que Fouché, connaissant sa retraite, avait conseillé à Réal de ne pas l'arrêter tout d'abord, afin de laisser peser toute l'affaire sur Moreau et sur Pichegru. Georges pris, tout était fini, et c'était là justement ce que l'adroit Fouché ne voulait pas. On s'était saisi de Picot, domestique de Georges. On l'avait soumis, comme on le verra aux débats, à un régime très-sévère pour lui faire avouer le lieu où son maître s'était caché. Picot n'avait rien dit.

Pour donner une idée de la présence d'esprit et du courage de Georges, nous allons citer un fait qui nous a été raconté dans notre jeunesse, par M. Guilbart, ancien chirurgien aux gardes françaises et qui, au temps du Consulat, s'était établi à Paris, faubourg Saint-Denis, n° 3. Le fils de M. Guilbart, médecin en chef de l'hôpital de Montreuil-sur-Mer, nous a depuis confirmé les détails que nous donnons ici.

Une nuit de la fin de février 1804, la sonnette de la maison de M. Guilbart est fortement ébranlée : la servante descend et ouvre la porte à un homme enveloppé dans un manteau, qui s'élance plutôt qu'il n'entre dans l'allée obscure de la maison, et qui monte à l'appartement du docteur, situé au second étage.

« Le chirurgien est-il visible? demande l'inconnu.

— Oui, monsieur, répond la domestique ; mais il est couché à cette heure.

— Qu'il se lève au plus vite, je souffre comme un damné d'une dent, il faut qu'il me l'arrache sur-le-champ. »

Tout accoutumée qu'elle était à de semblables visites, la domestique du docteur ne put cependant, à la vue de l'étranger, se défendre d'un sentiment de crainte et d'étonnement.

« Vous avez peur de moi, la belle enfant? dit Georges, car c'était lui, en accompagnant ces paroles d'un sourire. Tranquillisez-vous ; vous n'avez rien à redouter : le mal de dent est comme le mal d'amour ; mais hâtez-vous de prévenir votre maître, car je pourrais bien, en vous regardant ainsi, perdre un mal pour en gagner un autre. Allez, allez! j'attends. »

La domestique de M. Guilbart était une jeune et belle fille du pays de Caux.

M. Guilbart arriva un moment après.

« Allons donc, docteur! s'écria Georges ; je vous attends avec impatience. »

Le chirurgien fit asseoir le visiteur sur le siége de douleur et prépara ses instruments. Puis il invita le patient à lui désigner la dent qui le faisait souffrir. Georges ouvrit la bouche et, au grand étonnement du praticien, laissa voir trente-deux dents de la plus belle venue et de l'aspect le plus sain.

« Mais permettez, dit M. Guilbart, après avoir examiné minutieusement le râtelier de son client; je ne vois pas ici la plus légère trace de dent attaquée.

— Vous n'êtes pas un grand clerc, monsieur, répliqua Georges ; tenez, arrachez-moi celle-là. Voilà où est le mal.

— En êtes-vous bien sûr? demanda encore le docteur.

— Très-sûr, vous dis-je : dépêchez-vous.

— Cependant, monsieur..., je vous assure...

— Monsieur! il me semble qu'il m'est bien permis de me faire ôter une dent qui me gêne? »

Et Georges avait prononcé ces mots avec une énergie qui ne permettait plus de réplique ; et dans le geste d'impatience qui lui était échappé, M. Guilbart avait entrevu deux pommeaux de pistolets qui sortaient de la ceinture du visiteur et le manche d'un riche poignard. Désormais toute considération devenant inutile, l'honnête chirurgien se décida à extraire la dent.

Après avoir subi la douloureuse opération avec une froide impassibilité, Georges prit des mains du docteur un verre d'eau, se rinça la bouche et lui dit, en donnant cette fois à sa physionomie une douce et reconnaissante expression :

« Je vous suis très-obligé, monsieur, du service que vous venez de me rendre. Croyez bien que je ne l'oublierai jamais. »

Puis la conversation s'engagea, une conversation d'une heure entière, car le chirurgien n'osait congédier un client si poli et surtout si bien armé. Pendant ce temps, Georges parla de choses futiles et indifférentes, et montra autant d'esprit que d'enjouement.

Un coup de sifflet qui se fit entendre au dehors interrompit brusquement l'entretien. Georges se leva aussitôt, déposa un double louis sur le coin de la cheminée, serra affectueusement la main du docteur et descendit rapidement l'escalier, laissant M. Guilbart dans l'incertitude de savoir si l'homme qui venait de le quitter était un fou ou un voleur. Il ne raconta le lendemain qu'à quelques amis intimes son aventure de la veille, et ceux-ci se perdaient en conjectures quand l'arrestation de Georges, qui eut lieu peu de jours après, et le récit dans les papiers publics de ses nombreuses courses nocturnes, ainsi que son signalement et son portrait répandus avec profusion, éclairèrent M. Guilbart sur la véritable profession de son mystérieux visiteur.

Georges, se voyant suivi dans la rue, avait voulu se soustraire aux regards des agents de police. Pour cela, il s'était introduit chez M. Guilbart; et, afin de colorer d'un prétexte plausible une visite faite à pareille heure et de gagner du temps, il s'était fait arracher une dent excellente. Le coup de sifflet n'était qu'un signal convenu avec un affidé qui l'accompagnait pour l'avertir qu'il n'y avait plus pour lui aucun danger à se remettre en route. M. Guilbart conserva longtemps la dent de Georges, non comme une relique de parti, mais, disait-il en véritable dentiste, comme un souvenir de l'héroïsme de ce chef des conjurés bretons.

Les recherches contre les conjurés continuaient avec la même activité, et le 4 mars suivant, MM. de Rivière et Jules de Polignac furent arrêtés ; voici comment :

Traqué comme tous les autres suspects, M. de Rivière avait eu primitivement l'idée d'aller, avec quelques-uns de ses compagnons, demander un asile au comte de La Borde, dont l'hôtel est situé rue d'Artois, dans la Chaussée-d'Antin ; mais arrivé sur le boulevard des Italiens, l'un d'eux fit remarquer, placardé sur l'un des pilastres du balcon du pavillon d'Hanovre, l'arrêté du préfet de police concernant les receleurs.

« Il serait impardonnable, dit alors M. de Rivière, de compromettre toute une famille, tandis que nous pouvons, à prix d'argent, nous procurer une retraite tout aussi sûre que chez M. le comte de La Borde. »

Cet avis prévalut. Les amis se séparèrent : on chercha à se loger chacun de son côté. Dans la soirée, M. de Rivière rencontra un de ses anciens valets de chambre appelé La Bruyère, chez lequel il n'avait pas voulu aller demeurer de peur de le compromettre ; mais celui-ci, après lui avoir fait le tableau des dangers auxquels il serait exposé, parvint, à force d'instances, à lui faire accepter un lit chez lui. La Bruyère garda son ancien maître pendant dix-huit jours sans qu'il fût inquiété, lorsqu'il fut perdu par une imprudence de M. Jules de Polignac. Un jour, en rentrant dans son logement, ce dernier apprend que son frère Armand vient d'être arrêté. Il accourt étourdiment confier ce malheur à son ami, M. de Rivière, qui l'engage à demeurer dès ce moment caché avec lui.

«Personne ne vous a-t-il vu entrer ici, lui demanda-t-il.

— Personne, pas même la portière de la maison.

— Eh bien, vous êtes sauvé ! »

Ils avaient déjà passé six jours ensemble sans que rien eût troublé leur sécurité, lorsqu'un soir, Jules, malgré les sages représentations de son ami, voulut sortir pour se trouver à un rendez-vous qui, disait-il, était indispensable. Il sortit en effet ; mais il fut reconnu par un agent qui le suivit, le vit rentrer et passa la nuit devant la maison.

Le Lendemain, à six heures du matin, on pénétra dans le logement de La Bruyère, et les deux réfugiés furent saisis dans leur lit.

Le commissaire de police Comminges, ayant demandé à La Bruyère s'il ne connaissait pas la loi qui défendait aux citoyens de loger des étrangers, il répondit à ce magistrat :

«M. de Rivière n'est pour moi ni un étranger, ni un maître, puisqu'il ne m'a jamais traité comme un domestique : c'est un ami ; la guillotine serait à ma porte, que je lui donnerais encore asile, si l'occasion s'en présentait. »

Ils furent conduits tous trois chez Réal pour être interrogés.

«Monsieur, vous ne saurez rien, dit M. de Rivière au conseiller d'État, si vous ne me donnez l'assurance qu'on ne fera pas le moindre mal à l'homme qui m'a recueilli et qui ne connaissait même pas le motif de ma présence à Paris. »

Réal le lui promit; et après son interrogatoire, M. de Rivière, passant dans la pièce où attendait La Bruyère, l'embrassa en lui disant :

« Adieu, mon ami ; j'ai assuré votre tranquillité, je suis content. »

Au moment de son arrestation, M. de Rivière portait à son cou, attaché par un petit cordon de soie, le portrait du comte d'Artois, en miniature, avec ces mots écrits derrière [1] :

« *Paroles de Monseigneur :*

« Conserve-toi pour tes amis et contre nos ennemis communs.

« 22 octobre 1796. »

« Donné par monseigneur le comte d'Artois, à son fidèle de Rivière, son aide de camp, au retour de plusieurs voyages dangereux, à Paris et dans la Vendée. »

MM. Jules de Polignac et de Rivière furent conduits au Temple. Plusieurs autres arrestations ayant été faites successivement, on ne songea plus qu'à s'emparer de Georges.

Le vendredi 9 mars, à six heures du soir, un officier de paix, nommé Caniolle, reçoit à la préfecture de police où il était, ce qu'on appelle *d'attente*, l'ordre de se porter au bas de la Montagne-Sainte-Geneviève, pour y suivre un cabriolet de place numéroté 53, s'il vient à passer par là.

Caniolle se rend au lieu qui lui a été indiqué, et en effet, un peu avant sept heures, comme le jour était déjà tombé, le cabriolet signalé vient à passer. Caniolle le suit. Ce cabriolet allait chercher Georges.

Chemin faisant, Caniolle rencontre des inspecteurs de police qui,

---

[1] A l'issue du procès, La Bruyère et sa femme furent envoyés en surveillance à Bourges ; mais cette espèce d'exil ne dura que six mois, au bout desquels il leur fut permis de revenir à Paris.

de leur côté, ont reçu des instructions. Il leur fait part de sa découverte et ceux-ci suivent aussi le cabriolet qui monte lentement jusqu'à la place Saint-Etienne-du-Mont, tourne dans la rue de la Montagne-Sainte-Geneviève, et s'arrête en face d'une allée attenant à une boutique de fruitière.

Un instant après, quatre individus, parmi lesquels Caniolle reconnaît Georges à son signalement, sortent précipitamment de cette allée, et après quelques paroles échangées entre eux, Georges et celui qui paraît être le plus jeune (Léridan) s'apprêtent à monter dans le cabriolet dont le conducteur a allumé les lanternes, lorsque Caniolle passe sans affectation au milieu d'eux, sans doute pour les mieux reconnaître.

« Qu'est-ce que c'est que cela? s'écria alors l'un des compagnons de Georges (Burban), en repoussant doucement l'indiscret; la rue n'est-elle pas assez large pour vous?

— Il me semble qu'on peut passer tranquillement son chemin », répliqua l'agent de police.

Pendant ce temps, un collègue de Caniolle, nommé Destavigny, survient avec trois de ses inspecteurs. De son côté, Georges s'est jeté dans le cabriolet avec Léridan; et, sans attendre Burban, qui devait l'accompagner et remplacer le cocher (qu'on ne put jamais retrouver), Georges, disons-nous, lance le cheval et part au galop.

Caniolle et les autres agents n'avaient pas d'autres instructions que de suivre le cabriolet, car on ne voulait point arrêter Georges dans la rue. Bien qu'il eût déjà de l'avance sur eux, ils le rejoignirent au coin de la rue Saint-Jacques, le virent monter la rue Sainte-Hyacinthe, traverser la place Saint-Michel et entrer dans la rue de la Liberté (des Fossés-Monsieur-le-Prince). L'agent Buffet et un de ses camarades suivent alors à toute course la voiture, qui descend rapidement cette rue, dont la pente est très-inclinée dans cette direction; mais Georges a aperçu par le vasistas des hommes haletants qui semblent courir après lui, et il dit à Léridan qui a les guides en main :

Arrestation de Georges Cadoudal.

« Nous sommes poursuivis ; fouette, ou nous sommes pris. »

Au moment où le cabriolet débouchait sur le carrefour de l'Odéon, Caniolle, qui s'en était rapproché, sentant ses forces s'épuiser et craignant de laisser échapper une proie si précieuse, fait un dernier effort, s'élance à la bride du cheval et s'y cramponne en criant :

« Arrête ! arrête ! au nom de la loi ! »

Le cheval ralentit sa course, puis s'arrête. Alors Buffet, qui avait suivi son chef de près, monte sur le marchepied et avance la tête jusque sous la capote du cabriolet pour examiner ceux qui sont dedans. Mais aussitôt deux coups de pistolet sont tirés par Georges dans des directions opposées : l'un renverse Buffet raide mort d'une balle qui l'atteint au milieu du front, l'autre blesse grièvement Caniolle, resté à la tête du cheval ; puis Georges et Léridan s'élancent, l'un à droite, l'autre à gauche ; mais un troisième inspecteur qui est survenu court après Léridan et l'arrête sans difficulté, tandis que Georges est saisi au collet par l'agent Petit, assisté de l'officier de paix Destavigny. Ceux-ci ne le contiennent que difficilement, et ils ont vu briller un poignard dans ses mains. Heureusement pour eux un garçon chapelier, nommé Thomas, se précipite sur Georges et le saisit à bras le corps pendant que le commis du bureau de loterie de la rue du Théâtre-Français, appelé Lamotte, et le nommé Vignal, arquebusier, attirés par l'explosion et les cris qu'ils ont entendus, le désarment et prêtent main-forte aux agents qui garrottent Georges, le hissent dans un fiacre et le conduisent à la Préfecture de police où Dubois l'interroge de suite en présence de Desmarets.

Georges, que ces deux fonctionnaires voyaient pour la première fois et dont ils s'étaient fait une idée si monstrueuse, comme le témoigne le signalement que nous avons rapporté, leur parut un homme de belle figure, ayant l'œil clair, le teint frais, le regard assuré et la voix douce. Quoique très-replet, il avait les mouvements dégagés, et rien dans sa personne ne révélait un chef de conjurés. Lorsque le préfet le questionna, le calme du prisonnier, après une semblable bagarre, et ses réponses franches et mesurées, faites dans le meilleur langage, durent contraster singulièrement avec l'idée qu'il s'était faite de ce dominateur des landes du Morbihan. Interrogé sur l'explosion du 3 nivôse, Georges répondit :

« J'avais envoyé à Paris quelques-uns de mes officiers pour *se défaire* de Bonaparte, parce que je croyais *la mesure* nécessaire ; mais je ne leur avais prescrit aucun moyen d'exécution. Ils ont choisi celui de l'explosion : elle était très-blâmable, puisqu'elle sacrifiait inutilement des innocents. »

Puis il ajouta avec la même tranquillité :

« Mais cette fois mon projet était d'attaquer le premier Consul à force ouverte et avec des armes égales à celles des gardes de son escorte. »

Dubois lui montra le poignard saisi sur lui, lequel était orné d'une magnifique garniture en argent, pour lui demander s'il le reconnaissait, et il ajouta tout en examinant cette arme d'un très-beau travail :

« Le contrôle que j'aperçois ici n'est-il pas le contrôle anglais ?

— Je ne sais, monsieur, répondit Georges en souriant ; mais ce que je puis vous certifier, c'est qu'en venant à Paris, je ne l'ai pas fait contrôler à l'hôtel des Monnaies. »

A une heure du matin, Georges fut conduit au Temple où se trouvait déjà rassemblé tout le personnel de la conspiration. Il n'était sorti de la maison de la fruitière de la Montagne-Sainte-Geneviève que pour se rendre chez le nommé Carron, parfumeur, qui demeurait dans la rue du Four-Saint-Germain.

Une fille, Izai, qui avait loué une chambre chez cette fruitière appelée Lemoine, avait été chargée par Georges, un moment avant son départ, de porter chez un individu dont il lui avait indiqué la demeure, un paquet fort lourd quoique de petit volume ; mais cette fille ayant passé par le carrefour de l'Odéon un quart d'heure après l'arrestation de Georges, et ayant vu beaucoup de monde attroupé qui s'entretenait de l'événement, eut peur, retourna sur ses pas, et, n'osant rentrer à son domicile, alla se réfugier chez une voisine, à qui elle donna le paquet de Georges à garder. La police fut bientôt sur les traces de cette fille, et l'on apprit que le mari de la voisine, chez laquelle elle s'était cachée, curieux de voir ce que contenait le paquet mystérieux, y avait trouvé, avec des bijoux de prix, un sac contenant un millier de souverains de Hollande, c'est-à-dire une valeur de 40,000 francs environ. Lors des débats, ce curieux voisin, qui y figura comme témoin, ne put nier qu'il en eût soustrait la moitié.

La fille Izai était habituellement chargée par quelques-uns des compagnons de Georges de faire toutes leurs commissions. Lors de son arrestation, elle portait à son cou un médaillon, représentant une croix faite de satin blanc brodée de noir et placée sur un fond de satin rose. Derrière ce médaillon était écrit :

« Parcelles de la vraie croix,
« vénérées à la Sainte-Chapelle de Paris
« et dans la collégiale de Saint-Pierre à Lille. »

Le premier Consul ayant appris tous les détails de l'arrestation de Georges, ordonna que les enfants de Caniolle et de Buffet fussent élevés aux frais de l'État. Il voulut aussi que l'on fît une enquête publique pour découvrir le nom des personnes qui, dans cette circonstance, avaient manifesté leur courage et leur dévouement, afin qu'elles fussent récompensées. L'argent qui avait été trouvé sur Georges, montant à 70 ou 80,000 francs, fut donné à la veuve Buffet, sur la conduite de laquelle Napoléon s'était fait faire un rapport qui avait été favorable. Apprenant que le mari s'enivrait tous les soirs et battait sa femme tous les matins, en un mot qu'elle avait été très-malheureuse avec lui, il lui fit encore une pension sur sa cassette particulière, en disant :

« Parbleu! Mme Buffet doit être bien contente; la voilà riche maintenant, et, qui plus est, débarrassée de son mari. N'est-ce pas deux bonheurs à la fois? »

Georges arrêté, il restait encore quelques individus, désignés comme faisant partie de la conspiration, qui avaient trouvé moyen de se soustraire aux perquisitions de la police. De ce nombre étaient Villeneuve et Burban, dont les agents de police, envoyés sur les traces de Georges, auraient pu facilement s'emparer s'ils en avaient été requis, puisqu'ils s'étaient trouvés avec lui rue de la Montagne-Sainte-Geneviève; mais la police ne jugea à propos d'arrêter ces conjurés que deux jours après. Le fameux commissaire Comminges, qui déjà avait opéré l'arrestation de Pichegru, de MM. de Rivière, de Polignac et de beaucoup d'autres, accompagné d'un inspecteur et de quelques gendarmes d'élite, vêtus en bourgeois, trouvèrent Villeneuve et Burban rue Jean-Robert, chez un nommé Dubuisson, peintre en éventails.

Ce Dubuisson et sa femme avaient accordé un asile à plusieurs des compagnons de Georges. MM. de Polignac et de Rivière avaient logé quelque temps chez eux. Quand on vint pour y arrêter Villeneuve et Burban, ils essayèrent de les sauver en protestant qu'ils étaient partis dès le matin; mais les yeux exercés du commissaire ayant soupçonné une cachette pratiquée dans une armoire, et personne n'ayant répondu à son appel, un des gendarmes eut recours à un moyen infaillible pour savoir à quoi s'en tenir. Il tira sur ce point deux coups de pistolet, dont l'un blessa Villeneuve au bras. Villeneuve se montra alors et on les emmena tous les quatre.

Raoul Gaillard, frère d'Armand Gaillard, en essayant de passer la Seine pour se dérober à la poursuite des gendarmes, fut tué d'un coup de carabine par l'un d'eux.

Dans ces diverses arrestations, l'appui secret donné aux conspirateurs par la police particulière de Fouché n'a pas paru douteux à plusieurs historiens, et s'il faut les en croire, cette conspiration protégée par lui n'était pas un but, mais un moyen de rentrer au ministère. Le rusé ministre aurait regardé comme un coup de maître de parvenir à y englober Moreau, sachant bien que Napoléon lui pardonnerait ses menées s'il venait à les découvrir, pour cela seulement qu'il l'aurait délivré d'un homme que l'on s'efforçait de lui peindre comme un rival dangereux.

Les mêmes historiens ajoutent que Fouché avait fait connaître par ses agents, à Pichegru, à Georges et à quelques autres partisans de la royauté, que l'on pouvait compter sur Moreau qui, disait-il, était prêt à agir.

On sait qu'au contraire le général Moreau répondit à Pichegru qu'on l'avait trompé, et qu'il n'avait entendu parler de rien.

D'un autre côté, Ruzilion déclara le 6 mars, dans l'interrogatoire qu'on lui fit subir immédiatement après son arrestation, qu'il avait entendu dire à MM. de Polignac :

« Tout va mal, ils ne s'entendent pas ; Moreau ne tient pas sa parole, nous avons été trompés. »

M. de Rivière déclara aussi qu'il n'avait pas tardé à se convaincre qu'on l'avait abusé, et qu'il allait repartir pour Londres lorsqu'on l'avait trouvé chez La Bruyère. Il est de fait que la majeure partie des prévenus devaient quitter Paris lorsque tous furent arrêtés presque en même temps. Georges était résolu à retourner en Vendée lorsqu'il fut dénoncé par celui qui, au su de la police, l'escortait depuis son départ de Londres, et qui le préserva à Paris de toute surprise aussi longtemps que l'on eut besoin de savoir ce qu'il voulait faire et avec qui il s'était lié.

Ce qu'il y a de certain, c'est qu'il fallait que la police connût le moment précis de son départ de la maison de la femme Lemoine, les rues par où il devait passer et jusqu'au numéro du cabriolet qui devait l'emmener, pour qu'elle pût le faire saisir à point nommé, comme elle le fit. De qui aurait-elle pu avoir ces détails si ce n'est de l'homme que Georges regardait comme un complice, et qui était lui-même enrôlé dans la contre-police de Fouché? L'arrestation presque simultanée des conjurés prouve que l'on savait où les trouver, et qu'ils n'avaient dû leur tranquillité temporaire qu'à la parfaite connaissance que le gouvernement avait de toutes leurs démarches.

Depuis le moment où la conspiration avait été dénoncée par Querelle, jusqu'au jour où tous les individus signalés furent sous la main de la justice, les barrières étaient restées fermées, et personne n'avait pu ni entrer dans Paris ni en sortir sans une autorisation en règle. Les habitants de la capitale, qui d'abord s'étaient vivement préoccupés de l'événement, avaient cessé d'y songer, et, pendant que l'autorité redoublait d'efforts pour s'emparer des conjurés, tandis que la police fouillait les maisons, qu'elle démolissait des cachettes habilement construites, l'objet intéressant pour la classe aisée était de savoir comment aurait lieu la promenade annuelle de Longchamps, si la barrière de l'Etoile continuait d'être fermée. Cette question, toute puérile qu'elle semblait être, n'était pas sans intérêt pour l'administration. La suppression de la solennité de Longchamps aurait été une perte irréparable pour le commerce. Toutefois, l'autorité ne se montrait pas disposée à céder aux exigences de la mode, lorsque, fort heureusement pour les *lions* de l'époque, les deux derniers complices de Georges ayant été arrêtés dans la matinée du dimanche des Rameaux, l'ordre d'ouvrir toutes les barrières fut aussitôt donné. La promenade de Lonchamps eut donc lieu cette année plus nombreuse et plus brillante que jamais.

INSTRUCTION DU PROCÈS.

Immédiatement après son retour de Biville à Paris, Savary ayant été nommé au commandement supérieur du Temple, la police lui en fut entièrement abandonnée, et ses gendarmes d'élite durent renforcer la garde de cette prison ; mais après les arrestations successives de Pichegru, de Georges et des autres conjurés, le Temple se trouva tellement encombré, qu'on fut obligé de transférer beaucoup de détenus dans d'autres prisons. L'instruction de cette immense procédure commença aussitôt.

Il y eut deux espèces d'interrogatoires : les uns vinrent de la police, alors conduite par Dubois et Desmarets ; les autres furent dirigés par Thuriot, membre du tribunal criminel et délégué par lui à cet effet. Dubois avait été jadis procureur au Châtelet : c'était un des hommes les plus habiles dans l'art d'arracher des aveux aux accusés. Procédant d'après les vieilles formes, il avait tout à la fois cette fermeté et cette douceur qui entraîne la confiance. Patriote de bonne foi, il était fâché peut-être d'avoir à compromettre Moreau et Pichegru, en constatant les rapports que ces deux généraux avaient eus avec Georges, MM. de Rivière, de Polignac et plusieurs autres accusés; mais il avait promis à Réal de rechercher la vérité entière, et il allait de son honneur de tenir sa promesse. Desmarets, chef des bureaux de la police secrète, était aussi habile que Dubois : ses services dataient de dix ans. Il était doux, poli, humain; mais cette politesse, cette douceur et cette humanité ressemblaient un peu à celle des geôliers qui font de la philanthropie avec les malheureux que l'échafaud attend.

Quant à Thuriot, le conventionnel, il avait conservé les formes acerbes et impératives du tribunal révolutionnaire. On lui avait confié la direction de la haute procédure, parce qu'on savait qu'il serait sans faiblesse pour les conspirateurs.

Chaque soir, Réal apportait au premier Consul les interrogatoires subis par les accusés; et, dès le commencement de l'instruction, il n'est pas douteux qu'un aveu de Moreau n'eût suffi pour le faire mettre hors de cause; mais un aveu eût donné à Napoléon un immense avantage sur lui. En supposant que Pichegru et Georges fussent parvenus à s'échapper, non-seulement Moreau, bien qu'arrêté, ne pouvait plus être convaincu des faits qui lui étaient imputés, et il sortait triomphant du Temple, comme une grande victime arrachée aux fureurs de l'ambition et d'une haine jalouse. Le premier système de Moreau avait donc été, comme nous l'avons dit, celui d'une absolue dénégation; mais ce système, il ne pouvait le soutenir longtemps. L'aveu qu'il n'avait pas eu la franchise de faire à l'instant où Napoléon lui en aurait tenu compte, il le fit, mais d'une manière incomplète, et dans le moment le plus inopportun, quand il ne pouvait plus nuire qu'à lui-même, à ses coaccusés et à Pichegru ; il le fit dans une longue lettre qu'il adressa au premier Consul, le 8 mars, dix jours après que Pichegru était sous les verroux.

Dans cette lettre, qu'un ennemi n'aurait pas conçue autrement pour fournir des armes contre lui, Moreau commençait par faire l'historique de l'origine de ses liaisons avec Pichegru, des obligations qu'il lui avait eues et de la fatale découverte des papiers qu'il avait cru devoir envoyer au Directoire. Il avouait ce qu'il savait n'être pas ignoré, que l'abbé David avait servi d'intermédiaire entre Pichegru et lui ; mais il expliquait ces relations comme ayant eu pour unique objet de faire rayer Pichegru de la liste des émigrés.

« Je n'entendis plus, écrivait-il, parler de Pichegru que très-in-
« directement et par des personnes que la guerre forçait de revenir
« en France. Depuis cette époque jusqu'à présent, pendant les deux
« dernières campagnes et pendant la paix, il m'a été quelquefois fait
« des ouvertures assez éloignées pour me faire entrer en relation
« avec les ci-devant princes français : je trouvai cela si ridicule, que
« je ne fis pas même de réponse.

« Quant à la conspiration actuelle, je puis vous affirmer égale-
« ment que je *suis loin d'y avoir pris la moindre part*. Je vous
« avoue même que je suis encore à concevoir comment une poignée
« d'hommes épars peut espérer de changer la face du gouvernement
« et de replacer sur le trône une famille que tous les efforts de
« l'Europe et de la guerre civile n'ont pu parvenir à y placer, et
« que surtout je fusse assez déraisonnable, en y concourant, pour
« perdre le fruit de tous mes travaux. Je vous le répète, général,
« *quelque proposition qui m'ait été faite, je l'ai repoussée* par opinion
« et regardée comme la plus insigne de toutes les folies. »

Ce passage, qui semblait vague dans les termes, n'en était pas moins significatif, surtout en l'interprétant par ce qui suit :

« Une délation répugnait trop à mon caractère ; presque tou-
« jours jugée avec sévérité, elle devient odieuse et imprime un sceau
« de réprobation sur celui qui s'en rend coupable, *vis-à-vis sur-*

« *tout de personnes à qui on doit de la reconnaissance et avec les-*
« *quelles on a eu d'anciennes liaisons d'amitié.* »

Ce dernier paragraphe était la reconnaissance la plus formelle des propositions qui lui avaient été faites par Pichegru, désignées d'une manière trop sensible pour qu'on pût s'y méprendre, et Moreau ne s'aperçut pas qu'il devenait délateur malgré lui, en s'excusant d'avoir été discret une première fois par crainte d'être accusé de délation.

La réponse du Consul à cette lettre fut ce qu'elle devait être.

« Il n'est plus temps, dit-il à Regnier. Maintenant que le général Lajolais et Rolland ont parlé et que les poursuites juridiques sont commencées, les lois veulent qu'aucune pièce à charge ou à décharge ne soit soustraite aux regards des juges. Faites joindre la lettre de Moreau à la procédure. »

Cette lettre du général Moreau au premier Consul était sans doute confidentielle ; c'était au premier Consul seul qu'il avait entendu donner l'explication de sa conduite. Celui-ci manqua-t-il de générosité en la renvoyant au tribunal pour servir de pièce au procès ? Nous ne le pensons pas ; Napoléon, comme chef du gouvernement, avait des devoirs à remplir. Ecrite quinze jours plus tôt, cette longue lettre eût pu produire un effet différent ; mais la lutte était engagée : le premier Consul avait à vaincre des préventions qui n'étaient point en sa faveur, et déjà les déclarations de Lajolais [1] et de Rolland avaient été accablantes pour Moreau. Voici ce que Lajolais avait dit dans son premier interrogatoire, le 16 février, lendemain de l'arrestation de Moreau, et plus de trois semaines avant que ce dernier se déterminât à écrire au premier Consul :

« Je savais depuis quelque temps et par l'intermédiaire d'un ami
« commun, l'abbé David, que Pichegru et Moreau, jadis divisés,
« s'étaient enfin réconciliés. J'ai vu Moreau plusieurs fois l'été der-
« nier, et, dans les différentes conférences que j'ai eues avec lui, il
« m'a confirmé ce fait. Il m'a plus tard témoigné l'intention d'avoir

---

[1] Ce dernier avait été arrêté le 14 février, veille du jour où Moreau avait été lui-même conduit au Temple.

« une entrevue avec Pichegru. Je me suis chargé de la lui procurer.
« Je suis parti pour Londres où j'ai vu Pichegru. Je lui ai parlé du
« désir de Moreau ; Pichegru m'a avoué qu'il formait les mêmes
« souhaits et qu'il saisirait l'occasion d'un pareil rapprochement
« pour quitter l'Angleterre. A peine quinze jours s'étaient-ils
« écoulés, que cette occasion se présenta ; nous en profitâmes. Plus
« tard il me fit prier de venir à Chaillot. C'est tandis qu'il y de-
« meurait qu'il eut ses conférences avec Moreau. La première eut
« lieu sur le boulevard de la Madeleine. Deux autres se passèrent
« dans la maison même de Moreau, rue d'Anjou-Saint-Honoré. Je
« n'ai assisté à aucune de ces entrevues. J'ai profité de la première
« circonstance offerte pour enlever Pichegru de son logement de
« Chaillot, où il n'était point en sûreté. Il a demeuré pendant deux
« jours chez Rolland, ensuite je l'ai caché dans la maison que j'ha-
« bitais moi-même rue Culture-Sainte-Catherine, et qu'il quitta
« pour retourner chez Rolland. »

Dans un second interrogatoire, Lajolais confirma sa précédente déclaration, et ajouta qu'arrivé en Angleterre, il était descendu au
petit village de Brampton, près de Londres, chez Pichegru, où il
avait trouvé Cauchery et le comte d'Artois, et que ce prince, au
moment de se retirer, lui dit en parlant de la France :

« Si nos deux généraux veulent bien s'entendre, je ne tarderai pas
à y arriver. »

Il était resté quinze jours chez Pichegru.

« La chaloupe, ajouta-t-il, qui nous conduisit à la marée montante
« au pied de la falaise de Biville, aborda le 16 janvier dernier. Nous
« primes terre au moyen d'une corde que nous trouvâmes disposée
« à cet effet. Nous étions six ou sept : Pichegru d'abord, sous le nom
« de Charles ; puis Ruzillon, sous celui du Major ; Jean-Marie, sous
« celui de Lemaire ; un autre, sous celui de Richemond ; Armand
« Gaillard et moi. »

Lajolais ajouta, au sujet d'une dernière entrevue chez Moreau :

« En rentrant, Pichegru parut mécontent, et, contre son ordi-

« naire, s'ouvrant à moi peu à peu, il me dit en parlant de Moreau :
« Il paraît que ce... (en se servant d'une expression grossière) a
« aussi de l'ambition et qu'il voudrait régner. Eh bien ! je lui sou-
« haite beaucoup de succès ; mais, à mon avis, il n'est pas en état
« de gouverner la France pendant trois mois. »

Depuis ce temps, je n'ai eu connaissance d'aucune autre entrevue.

« Quant à Georges, ajouta Lajolais, son but m'a paru être le ré-
« tablissement pur et simple de la monarchie en France. C'est pour
« arriver à ce résultat qu'il est parti précipitamment de Londres, il
« y a plus de six mois. Il avait tout son monde dans la Picardie et dans
« Paris. Pour réussir, il voulait tuer le premier Consul. Dès son ar-
« rivée dans la capitale il fit sonder Moreau par Villeneuve, compa-
« triote du général. Villeneuve, fort lié avec le secrétaire de Moreau,
« nommé Fresnières, s'adressa d'abord à ce dernier, qui n'obtint de
« Moreau que des paroles évasives. Enfin, pressé davantage, le gé-
« néral fit répondre par Fresnières, que : étant au plus mal avec le
« premier Consul, il ne se porterait jamais à un assassinat contre sa
« personne, mais seulement à tout ce qui serait nécessaire au bien
« de son pays. Georges attendait encore une vingtaine d'individus
« tous bien armés qui devaient débarquer et venir à Paris. J'enten-
« dis dire un jour par un ami de Georges, d'une chambre voisine
« de celle où il se trouvait : *Il faut absolument nous glisser dans les*
« *Tuileries.* Il a été aussi question d'un projet d'attaque sur la route
« de Boulogne. »

Enfin, dans un dernier interrogatoire (celui du 20 février), Lajolais dit encore :

« En remettant, l'été dernier, à Moreau la lettre de Pichegru, ce
« dernier m'avait également chargé de prendre des renseignements
« sur la détention de l'abbé David au Temple. Moreau me dit alors :
« La police a mis la plus grande perfidie dans la manière dont elle
« l'a arrêté à Calais. Longtemps on n'a pu communiquer avec lui ;
« mais maintenant, j'en reçois fréquemment des nouvelles par l'in-
« termédiaire de mon secrétaire, qui connaît un nommé Vitel, ne-

« veu de Fauche-Borel, et qui a la faculté d'entrer au Temple quand
« bon lui semble pour y voir son oncle.

Rolland avait fait une déclaration en ces termes :

« Le jour où je conduisis, dans mon cabriolet, Pichegru chez Mo-
« reau, à son retour, Pichegru me fit entendre que Moreau avait des
« projets bien différents de ceux que je lui supposais. Il me dit qu'il
« avait vu les princes en Angleterre, et qu'il avait été chargé par
« eux de faire à Moreau des ouvertures à cet égard, mais que n'étant
« pas tombés d'accord, il me priait d'aller le voir le lendemain, lui
« Moreau, et de lui demander s'il voulait diriger un mouvement
« royaliste, ou, dans le cas contraire, s'il voulait s'engager à mettre
« l'autorité dont il se trouvait investi en des mains légitimes, aus-
« sitôt qu'il le pourrait. Voici à peu près la réponse que me fit Mo-
« reau : Je ne puis me mettre à la tête d'aucun mouvement en fa-
« veur des Bourbons. Ils se sont tous si mal conduits, qu'un essai
« semblable ne réussirait pas. Si Pichegru faisait agir dans un autre
« sens, il faudrait alors que le Consul et le gouverneur de Paris
« disparussent. Je crois avoir un parti assez fort dans le sénat pour
« obtenir une certaine autorité ; je m'en servirais aussitôt pour
« mettre tout le monde à couvert ; mais je ne veux m'engager à rien
« par écrit. »

Ces déclarations de Lajolais et de Rolland, jointes à celles de Bouvet de Lozier, confirmèrent suffisamment les charges qui s'éle-
vaient contre Moreau. Il était évident que s'il n'avait pas voulu
prendre part, de sa personne, au coup qu'il s'agissait de frapper, il
s'était montré disposé à laisser faire, puis à agir aussitôt qu'on se
serait débarrassé du premier Consul, soit d'une manière, soit d'une
autre. De son côté, Fauche-Borel, qui était de ceux qu'on avait
gardés au Temple, bien qu'il ne dût pas figurer ostensiblement dans
le procès, craignait qu'on n'eût trouvé dans les papiers du général,
qui tous avaient été saisis, une lettre originale du prétendant
(Louis XVIII) qu'il lui avait remise précédemment ; mais il fut
bientôt rassuré par Moreau lui-même, à qui l'on permettait de se

promener seul soit dans le jardin, soit dans le corridor de sa chambre. Un jour, le gardien Pompon, auquel Fauche avait témoigné le désir de voir Moreau de près, *par curiosité*, lui avait-il dit, vint le prévenir que le général se promenait dans le corridor. C'était une occasion qui pouvait peut-être ne jamais se rencontrer ; Fauche en profita aussitôt.

« Nous ne pouvons nous entretenir qu'un instant, lui dit Moreau ; j'espère que vous êtes parfaitement tranquille sur le papier que vous m'avez remis dans le temps. J'ai vu avec plaisir qu'il n'a pas été question de vous dans mes interrogatoires, ce qui me prouve combien vous avez été prudent ; mais quel est donc le démon qui a pu pousser ces gens-là à venir, comme des fous, en France pour leur perte et pour la mienne ? Je ne sais comment tout cela finira. »

Quant à Fauche, à peu près certain de n'avoir pas été compromis jusqu'alors, il écrivit lettres sur lettres et de tous côtés, dans le but d'obtenir sa liberté. Il faisait même agir des personnages puissants ; mais aucun de ceux qui lui témoignaient de l'intérêt ne put réussir dans ses démarches. Pour toute raison on répondait :

« M. Fauche est un prisonnier trop important pour le laisser aller dans les circonstances présentes. »

Le grand-juge Regnier promettait chaque semaine à Vitel, neveu de Fauche, qui se présentait régulièrement à toutes ses audiences, que la détention de son oncle aurait bientôt un terme ; mais il ajoutait qu'il fallait prendre patience. Et à d'autres amis qui sollicitaient aussi de leur côté : Que voulez-vous ! je n'y puis rien ; le premier Consul est inflexible à son égard. Il prétend que M. Fauche n'est pas aussi innocent qu'il veut bien le dire [1].

Napoléon, comme on voit, ne se trompait point à l'égard de l'ancien libraire-imprimeur de Neufchâtel.

---

[1] Napoléon répondit un jour au grand-juge, qui le sollicitait en faveur de Fauche : « Si nous le mettions en liberté aujourd'hui, demain il fomenterait de nouvelles intrigues contre moi, et après-demain nous serions forcés de le réintégrer au Temple. Puisqu'il y est, qu'il y reste. »

INTERROGATOIRES DES ACCUSÉS.

Dans les premiers temps que Moreau était au Temple, Fauconnier avait proposé un matin à Fauche-Borel de faire ensemble un tour de jardin, tandis que le général s'y promenait. Ce n'était que pour observer l'effet que produirait sur lui la vue de Moreau, car il dirigea ses pas de manière à ce qu'ils se rencontrassent face à face; mais Fauche, toujours sur ses gardes et soupçonnant le piége, n'eut pas l'air de le connaître. Il craignait que le général n'eût pas la même pensée; mais ce dernier le rassura parfaitement par sa contenance. En retournant sur leurs pas, Fauconnier dit à Fauche:

« Est-ce que vous n'avez pas reconnu ce monsieur à côté de qui nous venons de passer?
— Non! quel est cet homme?
— C'est le général Moreau.
— Comment! reprit Fauche en jouant l'étonnement, c'est là le général Moreau? »

Et se retournant pour mieux l'examiner :
« Je lui croyais un tout autre air», ajouta-t-il.

On avait intérêt à savoir si Fauche avait eu quelques rapports avec lui, d'après ce que Lajolais avait déclaré dans son dernier interrogatoire. On espérait aussi faire avouer à Moreau qu'il connaissait particulièrement l'abbé David; mais à la question que lui adressa Thuriot à ce sujet, dans le premier interrogatoire qu'il lui fit subir, il avait répondu tranquillement :

« L'abbé David qui? »

D'après cette réponse Thuriot avait jugé qu'il ne le connaissait pas, puisqu'il n'avait entendu par le nom de David qu'un nom de baptême; mais plus tard, et lorsqu'on les eut confrontés l'un à l'autre, le général fut bien forcé de convenir qu'il connaissait intimement et depuis longtemps l'abbé.

Pichegru, bien plus que Moreau, sut ennoblir ses fers par une

grande fermeté. Dans le peu de jours qu'il était resté à Paris, il avait pu reconnaître, par le mauvais succès des démarches de Georges auprès de Moreau, que la cause qu'il avait si chaudement embrassée n'était rien moins que populaire. Dans ses interrogatoires il se dispensa de convenir qu'il voulût rétablir la royauté des Bourbons : il aima mieux paraître animé d'un sentiment personnel de haine contre le premier Consul, « qui, dit-il, l'ayant toujours regardé,
« lui Pichegru, comme un obstacle à son ambition, a spéciale-
« ment concouru aux événements de fructidor en le faisant pro-
« scrire. Fatigué des calomnies que les journaux français publiaient
« journellement sur son compte, il avait cru ne pouvoir mieux
« faire, pour les démentir, que de rentrer en France. Voilà tout
« ce qu'il pouvait déclarer. »

Il y avait de l'adresse et une certaine élévation d'âme dans ces réserves qui évitaient de compromettre personne. Ce fut alors qu'on lui donna lecture des déclarations de Cauchery. Cet accusé avait dit dans ses interrogatoires précédents :

« Lajolais vint à Paris l'été dernier. Il m'annonça que Pichegru
« l'y envoyait pour savoir si Moreau était dans les dispositions qu'il
« avaient manifestées à David. Un dimanche matin, Lajolais vint
« chez moi, et, comme j'étais avec du monde, il me dit à l'oreille :
« J'arrive de Londres, j'y ai vu Pichegru, il sera lui-même ici ce
« soir ou demain. En effet, le lundi un jeune homme, qui me dit
« s'appeler Saint-Vincent (c'était Joyan), arriva chez moi avec un
« billet de Pichegru adressé à Lajolais. Celui-ci étant présent,
« fit une réponse au bas de laquelle je témoignai en peu de mots,
« au général, l'impatience que j'avais d'embrasser M. Charles (c'é-
« tait entre nous le nom de Pichegru). Le lendemain mardi, il me
« répondit, par le même messager, que n'étant pas chez lui il ne
« pouvait encore me recevoir ; mais Saint-Vincent me donna un
« rendez-vous pour le jour suivant, entre sept et huit heures du
« soir, dans un café de la rue de Grenelle-Saint-Honoré : Lajolais
« s'y trouvait déjà. Saint-Vincent vint nous prendre et nous cou-

« duisit à un fiacre dans le fond duquel je reconnus Pichegru : un
« autre individu était avec lui, je sus plus tard que c'était Georges.
« Nous descendîmes sur le boulevard du Temple en face des petits
« spectacles, et de là nous allâmes à pied dans une maison du fau-
« bourg, où j'eus à peine le temps d'échanger quelques paroles
« avec Pichegru, qui me congédia en me remettant dix louis.
« Enfin Saint-Vincent nous mena, Lajolais et moi, à Chaillot, où
« était Pichegru. Deux jours après, nous l'accompagnâmes chez
« Moreau. (Ce devait être la seconde entrevue.) Georges venait d'y
« arriver de son côté; mais en nous voyant entrer, il partit en di-
« sant à Pichegru :

« — Aujourd'hui il (Moreau) ne se plaindra pas; je m'en vais.

« Pendant l'entretien de Pichegru et de Moreau, qui eut lieu
« dans le cabinet de ce dernier, nous restâmes, Lajolais et moi,
« dans son salon. Pichegru étant venu nous retrouver, nous dit :

« — Aujourd'hui j'ai été fort content de Moreau.

« Quelques jours après, Pichegru quitta Chaillot et alla demeurer
« à l'hôtel du Commerce, que je lui avais indiqué comme un lieu
« sûr. Ce fut pendant son séjour dans cette maison qu'eut lieu sa
« troisième entrevue avec Moreau, chez lequel il fut conduit par
« son secrétaire Fresnières; il en revint cette fois très-mécontent.

« Après quelques jours passés dans cet hôtel, où il témoigna
« n'être pas à l'aise, il alla loger chez Lajolais, qui avait loué un
« appartement rue Culture-Sainte-Catherine, sous le nom de Le-
« vasseur. Il y resta jusqu'au lundi-gras, puis il alla demeurer
« chez une dame Gilles, rue Carême-Prenant. Le mercredi, j'appris
« que Lajolais et Moreau avaient été arrêtés. Je courus chez Mme Gilles,
« où je trouvai Pichegru, auquel j'annonçai ces deux arrestations.
« A la nouvelle de celle de Moreau, il fit un geste d'étonnement et
« de douleur; mais il ne me dit rien, car il avait toujours été très-
« réservé avec moi. N'osant plus me montrer moi-même, je ne vis
« plus aucune des personnes qui pouvaient me mettre au courant
« des affaires. »

Cette déclaration de Cauchery, et plus tard la faiblesse de Moreau, ayant suffisamment convaincu Pichegru que rien ne pourrait le soustraire à une condamnation capitale, il est probable qu'il se demanda s'il devait la devancer ou l'attendre, et qu'il s'arrêta au premier parti. Au surplus, il ne voulut signer aucun de ses interrogatoires, donnant pour raison que : « Connaissant les machinations de la police, il devait craindre qu'elle ne fît tout disparaître à l'aide de procédés chimiques, et que, ne laissant que sa signature, elle lui ferait dire tout ce qu'elle voudrait. »

La position de Georges était différente de celle de Pichegru et de Moreau. C'est toujours une belle distinction qu'un invariable attachement à la même cause. Fidèle à son caractère et à son opinion, et, de même que Pichegru, incapable de trahir personne par des déclarations indiscrètes, il mit une sorte de gloire à proclamer hautement son but, ne cherchant à se disculper que sur le mode dont il se proposait de faire usage pour y parvenir. A tous ses interrogatoires il opposa des réponses brèves et fermes.

Questionné sur la date de son arrivée en France, il répondit :

« Il y a cinq ou six mois : je ne saurais préciser l'époque juste.

— Où avez-vous logé?

— Nulle part.

— Quel était votre dessein en venant à Paris?

— D'attaquer le premier Consul.

— N'était-ce pas avec le poignard?

— Non. C'était avec des armes pareilles à celles de son escorte

— Expliquez-vous.

— Moi et mes officiers nous avions compté, un à un, les gardes de Bonaparte ; ils étaient trente. Moi et vingt-neuf des miens eussions engagé corps à corps le combat avec eux, après avoir tendu deux cordes dans les Champs-Elysées pour arrêter l'escorte et fondre sur elle le pistolet au poing. Puis, forts de notre bon droit et sûrs de notre courage, Dieu eût fait le reste.

— Qui vous a chargé de venir en France?

— Les princes, pour y rétablir la monarchie. L'un d'eux y serait arrivé si j'avais écrit que j'avais les moyens suffisants pour parvenir à ce but.

— Quelles personnes avez-vous fréquentées à Paris?

— Je ne les connais pas ; je ne veux pas augmenter le nombre des victimes. »

Il paraît que Pichegru n'avait voulu être pour rien dans les moyens d'attaque contre le premier Consul, car dès son arrivée à Paris, apprenant que l'attentat projeté n'était pas consommé, il dit avec beaucoup d'humeur à Georges dès qu'il le vit :

« Que signifient ces délais et ces précautions? A Londres, vous ne reculiez devant rien. Tenez promptement votre parole, je ne veux vous revoir que lorsque cette affaire sera terminée. »

Mais Georges, tout intrépide qu'il était, n'avait pas tout calculé. Il était resté près de six mois caché à Paris, pendant lesquels l fortune ne lui avait offert que deux occasions pour exécuter son projet, en supposant qu'il eût employé le moyen qu'il s'était proposé. Le premier Consul était inattaquable aux Tuileries, et on ne pouvait le surprendre dans ses promenades dont les lieux n'étaient jamais ni réglés ni prévus. L'assassiner au spectacle était devenu impossible depuis la tentative d'Arena et l'affaire de la machine infernale. Georges ne pouvait donc consommer son attentat que pendant un des voyages du premier Consul, et juste au moment de son départ. Or, Napoléon n'alla pendant ce temps que deux fois à Boulogne, où l'armée était alors rassemblée. La première fois, M. de Lavalette, directeur général des postes, n'en fut instruit qu'à un bal que donnait le second consul Lebrun. Bonaparte y vint à dix heures, et en se promenant dans les salons, ayant aperçu son ancien aide de camp de l'armée d'Egypte, il lui fit signe d'approcher, et lui dit à l'oreille et de manière à ce que personne ne pût l'entendre :

« Je pars dans deux heures pour Boulogne avec Duroc. Deux voitures à six chevaux. »

Lavalette était toujours en mesure. L'estafette partit seulement une heure avant lui pour faire préparer les relais; et le lendemain le Consul était arrivé à Boulogne avant qu'on pût savoir à Paris de quel côté il s'était dirigé. Le moment du retour, à la vérité, eût été plus facile à savoir. On devait naturellement penser qu'il ne resterait pas longtemps absent de Paris, et il eût été facile à Georges, en l'attendant sur la route avec sa bande, d'entourer sa voiture et de l'attaquer; mais au premier voyage, Georges n'avait pas réuni tout son monde, et il voulait d'ailleurs que l'attentât eut lieu à Paris. Le second voyage de Napoléon fut fait avec plus de précaution encore.

La procédure avançait, quoique lentement; mais de jour en jour elle prenait une meilleure attitude dans l'intérêt de l'accusation. Un seul point paraissait dangereux dans le procès, c'était la présence simultanée à l'audience de Moreau et de Pichegru. Moreau surtout était l'ami de Bernadotte, de Macdonald, de Lecourbe, de Dessolles, de Gouvion Saint-Cyr, de Moncey, de Jourdan; mais Moreau était timide, irrésolu, dans une position fausse envers tous les partis; tandis que Pichegru était vif et déterminé; il pouvait attaquer le gouvernement, les débats devaient être publics, beaucoup de soldats seraient peut-être présents; il pouvait se passer à l'audience quelque mouvement militaire. En vain disait-on que les paroles de Pichegru compromettraient Moreau; mais que répondre à Pichegru s'il s'avisait de dire : « Nous sommes victimes de la police secrète de Fouché et d'agents provocateurs; je suis venu à Paris parce que la police du gouvernement m'en a ouvert les portes pour me perdre dans un complot. »

Au milieu de ces agitations et de ces craintes, deux événements sinistres vinrent aggraver la position des accusés.

CATASTROPHE ET SUICIDE.

Le 21 mars 1804 le bruit se répandit dans Paris que le duc d'Enghien avait été fusillé pendant la dernière nuit à Vincennes :

on faisait, sur les derniers moments du prince, des récits lamentables.

Il était vrai : le dernier rejeton de Condé, victime d'une fatale erreur, était tombé, frappé mortellement, dans un des fossés de la citadelle, au pied de ce donjon où son aïeul, le grand Condé, charmait, cent cinquante ans auparavant, les ennuis de sa captivité en cultivant des fleurs de ses mains victorieuses.

La sévérité hâtive de ce jugement et de cette exécution, que nous avons racontés, fut un sujet d'étonnement pour Paris, pour la France et pour l'Europe, et frappa vivement les imaginations dans un moment où déjà elles étaient émues de la présence de Moreau, l'un de nos plus illustres généraux, sur les bancs d'une cour de justice. Le suicide de Pichegru au Temple vint bientôt augmenter cette lugubre disposition des esprits.

Le vendredi 6 avril, Savary étant de service auprès du premier Consul, reçut dès le matin, de l'officier de gendarmerie qui commandait le poste de la garde du Temple, un billet qui le prévenait « qu'on avait trouvé le général Pichegru mort dans son lit, que cet événement occasionnait beaucoup de rumeur parmi les prisonniers, et que le grand-juge venait d'en être instruit. »

L'officier donnait cet avis à Savary, tant à cause de l'importance du fait qu'en raison de sa qualité de chef du corps de la gendarmerie d'élite, laquelle qualité obligeait tous ceux qui en faisaient partie à lui rendre compte chaque jour de ce qu'ils avaient fait ou appris dans les vingt-quatre heures.

Savary remit le billet au premier Consul, qui, après l'avoir lu, dit avec dédain :

« Voilà une belle fin pour le conquérant de la Hollande! » Puis, s'adressant à son aide de camp : « N'avez-vous pas d'autres détails? lui demanda-t-il.

— Pour le moment, non, général.

— Eh bien! courez au Temple, allez aux informations et revenez vite. »

Savary arriva au Temple en même temps que Réal, qui venait

de la part de Regnier pour connaître, lui aussi, les détails de l'événement. Ils entrèrent, accompagnés de Fauconnier, et du médecin Souper, dans la chambre du général, qu'ils reconnurent parfaitement, quoique son visage fût devenu cramoisi par l'effet de l'apoplexie dont il avait dû être frappé. La tête de son lit était appuyée contre la fenêtre et placée de manière à ce que la tablette lui servît à poser sa lumière pour lire. Il y avait au dehors un factionnaire placé sous cette fenêtre, qui était au rez-de-chaussée, et par laquelle, au besoin, on pouvait voir tout ce qui se passait dans l'intérieur de la chambre.

Pichegru était couché sur le côté droit; il s'était mis autour du cou une cravate de soie noire, qu'il avait tordue comme un petit câble. Il est présumable qu'il avait d'abord serré cette cravate autant qu'il avait pu le supporter; puis, à l'aide d'une petite branche de bois de six pouces de longueur, qu'il avait arrachée d'un fagot dont les débris se trouvaient encore dans sa chambre, il l'avait tournée comme on fait d'un moulinet, jusqu'au moment où sa raison s'était égarée. Alors sa tête, en retombant sur son oreiller, avait empêché la cravate de se détordre. Dans cette situation, l'apoplexie n'avait pu tarder d'arriver. Sa main était encore sous sa tête et touchait presque à ce petit tourniquet. Enfin, sur sa personne, autour de son lit et dans sa chambre, aucune trace de dérangement ou de violence ne se faisait remarquer. Il y avait sur sa table de nuit un livre ouvert et renversé. Réal reconnut ce volume pour le *Sénèque* qu'à sa demande il lui avait envoyé la veille, et fit la remarque qu'il était ouvert justement à la page où le célèbre philosophe dit que « celui « qui veut conspirer doit, avant tout, ne pas craindre de mourir. » C'était probablement la dernière lecture de Pichegru qui, n'ayant d'autre alternative que l'échafaud ou la nécessité de recourir à la clémence du chef de l'État, avait préféré le suicide à l'une et à l'autre de ces extrémités.

Savary ayant interrogé le gendarme de garde la nuit dans l'antichambre qui séparait Georges de Pichegru, celui-ci lui répondit

« qu'il n'avait rien entendu de toute la nuit, sinon que le général avait un peu toussé vers minuit. » Il interrogea de même les deux gendarmes qui avaient été posés en sentinelle devant la fenêtre de Pichegru, depuis minuit jusqu'à quatre heures du matin : « Ils n'avaient entendu aucun bruit non plus. »

« Eh bien ! dit alors Réal, qui avait présidé à ces informations, quoique le suicide soit évidemment démontré, on aura beau faire, on aura beau dire, on croira toujours que, n'ayant pu convaincre le général, on l'a étranglé. »

Cette considération détermina le grand-juge à faire mettre, dès ce moment, un garde dans la chambre même de chacun des individus impliqués dans l'affaire de Georges, afin de les empêcher d'attenter à leur vie. On était donc bien éloigné de songer à la leur ôter par des exécutions nocturnes et mystérieuses.

« Général, nous avons perdu la meilleure pièce de conviction contre Moreau ! »

Ce fut en ces termes que Réal, à son retour du Temple, aborda le premier Consul dans son cabinet.

La mort de Pichegru donna lieu à des bruits si contradictoires et en même temps si calomnieusement absurdes, qu'il serait inutile de les réfuter. Voici ce que des témoins oculaires [1] nous ont appris à ce sujet.

Pichegru, après avoir été arrêté, avait été interrogé par Réal et mis au secret dans une des pièces du rez-de-chaussée de la tour du Temple. On différa quelques jours de lui faire subir d'autres interrogatoires pour se donner le temps de réunir les pièces et les dépositions qui le concernaient. Pichegru n'était séparé de Georges que par une petite pièce qui servait d'antichambre commune à leurs

---

[1] Fauconnier, concierge du Temple, qui vivait encore en 1820 ; M. Monginet, alors commandant du Temple, et qui depuis a été capitaine de gendarmerie à la résidence d'Evreux ; M. Bellanger, chef d'escadron de gendarmerie à la résidence d'Alençon, qui était alors lieutenant de la légion d'élite, et se trouvait ce jour-là de garde au Temple. (C'est lui qui écrivit à Savary le billet dont nous avons parlé.

chambres, dont le concierge avait la clef; et, pour empêcher qu'ils ne pussent se communiquer les questions que Thuriot ou Réal leur adressaient séparément lorsqu'ils les interrogeaient, ce dernier avait voulu qu'on plaçât deux sentinelles dans cette antichambre, qui, au moyen du bruit qu'il leur avait été ordonné de faire, soit en causant, soit en agitant leurs armes, devaient rendre sans effet la conversation que les deux prisonniers auraient tenté d'avoir ensemble. Outre cela, l'un et l'autre étaient appelés plusieurs fois par jour pour être confrontés avec les accusés ou les témoins, lorsque ceux-ci les chargeaient dans leurs dépositions.

Georges avait pris son parti sur l'issue du procès; mais Pichegru, à cause de ses antécédents, n'avait pas fait de même. Chaque fois qu'il était appelé à la salle d'instruction, il voyait sa position s'aggraver. Peut-être aussi s'était-il flatté que, dans l'information judiciaire, on ne pourrait rassembler assez de preuves de sa participation à un complot contre lequel l'opinion publique s'était soulevée. Quoi qu'il en soit, il dut bientôt se convaincre qu'il lui serait impossible de se disculper de sa coopération au projet de Georges. Cette désespérante considération, continuellement présente à son esprit sous la voûte d'une prison, dut lui inspirer la détermination qu'il prit d'attenter à ses jours. Pichegru était naturellement gai et causeur. Il aimait surtout les plaisirs de la table; or, l'horreur de sa situation avait non-seulement changé son caractère et ses habitudes, mais encore les traits de son visage s'étaient visiblement altérés. S'il ne s'était pas tué, il aurait sans doute été condamné à mort, mais il n'aurait pas été exécuté : Napoléon s'étant expliqué, à ce sujet, d'une manière formelle.

« Est-ce que vous irez encore interroger Pichegru aujourd'hui, avait-il demandé un matin à Réal.

— Certainement, général, avait répondu celui-ci, aujourd'hui et jours suivants, jusqu'à ce que je sois parvenu à savoir de lui la vérité tout entière.

— Ecoutez : avant de commettre une telle faute, Pichegru a bien et honorablement servi son pays ; je n'ai que faire de son sang. Tandis qu'il en est temps encore, dites-lui qu'il faut qu'il regarde tout ceci comme une bataille perdue ; mais qu'il ne peut demeurer en France. Pressentez-le sur Cayenne ; il connaît ce pays, on pourrait lui faire là, s'il le voulait, une belle position.

Pichegru avait trop de finesse pour ne pas comprendre l'intention de cette demi-confidence ; aussi parla-t-il avec abandon à Réal de Cayenne et de ce qu'on pourrait y opérer.

« Avec six millions et 60,000 nègres, lui dit-il entre autres choses, on pourrait faire de cette île un de nos plus importants établissements coloniaux. »

Malheureusement Réal ne revit plus Pichegru, auquel il avait très-ouvertement offert ses bons offices auprès du premier Consul ; et, la veille du jour où on le trouva étranglé dans son lit, le général avait dit au concierge Fauconnier dans sa causerie habituelle du soir :

« Je commence à croire que ce finassier de Réal a voulu s'amuser à mes dépens avec son histoire de Cayenne : il est temps d'en finir. »

Lors de sa mort, ce général n'était point gardé à vue dans sa prison. Pendant les premiers jours seulement, deux gendarmes avaient été placés dans sa chambre, avec ordre de ne le pas quitter un seul instant. Cette surveillance le fatigant, il avait demandé à en être délivré ; on en avait référé au premier Consul, dont voici la réponse :

« Quand un homme veut se tuer, il en trouve toujours l'occasion.
« Ne tourmentez pas Pichegru, et ôtez-lui ses gendarmes, si cela
« l'ennuie. »

Toutes ces manifestations d'intérêt de la part de Bonaparte pour Pichegru ont été, depuis, perfidement travesties par ses ennemis. Mais aujourd'hui, qui oserait accuser Napoléon de cruauté ? Douze ans plus tard, à Sainte-Hélène, parlant de l'inculpation relative à cette mort violente, il dit qu'il eût été honteux à un gouvernement, tel que le sien, de chercher à s'en défendre, parce que cette inculpation était par trop absurde.

« Quant à moi, ajouta-t-il, que pouvais-je y gagner? Un homme de mon caractère n'agit pas sans de grands motifs. M'a-t-on jamais vu verser du sang par caprice? Quelques efforts qu'on ait faits pour noircir ma vie et dénaturer mon caractère, ceux qui me connaissent savent que mon organisation est étrangère au crime. Il n'est pas, dans toute mon administration, un acte privé que je ne puisse avouer devant un tribunal, je ne dis pas sans embarras, mais même avec quelque avantage. C'est tout bonnement que Pichegru se vit dans une position désespérée; son âme trempée fortement ne put envisager l'infamie du supplice; il désespéra de ma clémence ou la dédaigna, il se donna la mort; et voilà tout.

FIN DE L'INSTRUCTION DU PROCÈS.

Depuis que Savary avait été investi du commandement supérieur du Temple, le régime de la prison était devenu militaire. Les employés de la maison, et à plus forte raison les détenus, trouvaient ce régime d'une sévérité extrême. Lorsque l'aide de camp du premier Consul était venu constater le décès de Pichegru, il avait amené avec lui plusieurs officiers généraux de ses amis, parmi lesquels se trouvait Louis Bonaparte, qui étaient attirés, sans doute, par la curiosité de voir Georges. Ils le trouvèrent couché sur son lit, les deux mains fixées sur la poitrine au moyen de menottes qu'on lui avait appliquées à son arrivée, et qu'on ne lui avait point ôtées depuis. Plusieurs gendarmes l'entouraient et remplissaient en quelque sorte la petite tourelle qui tenait au chauffoir où on l'avait placé, comme nous l'avons dit, vis-à-vis de la chambre de Pichegru. Georges sembla vivement contrarié de cette visite, et lorsque, Savary s'étant retiré, un gendarme lui eut appris qu'au nombre des visiteurs était le frère du premier Consul, il s'abandonna à un accès de fureur, qui fut le seul, il est vrai, qu'on remarqua chez lui pendant les cinq mois et demi que dura sa détention.

A quelques jours de là, Savary provoqua presque une émeute chez les prisonniers. Villeneuve, cet aide de camp de Georges, grand et beau jeune homme qui avait été arrêté avec Burban chez Dubuisson, revenait de la salle d'instruction, le bras en écharpe, à cause de sa blessure, et accompagné d'un gendarme. Que ce fût avec intention ou sans le vouloir, toujours est-il qu'en passant à côté de Savary il le toucha légèrement. Celui-ci l'apostropha d'une manière un peu vive.

« Monsieur, lui dit Villeneuve en le regardant fixement, si vous aviez été poli, je me serais empressé de vous faire mes excuses ; mais puisqu'il en a été autrement, je vous dirai que je suis ici sur mon terrain et que ce terrain ne devrait pas être le vôtre. »

A ces mots, Savary saisit Villeneuve au collet et donna l'ordre à Fauconnier de le mettre aux fers pendant vingt-quatre heures. Cette punition, infligée à un prisonnier malade, révolta tellement les autres, qu'ils se seraient portés à quelques excès envers Savary s'ils n'avaient été contenus par les gendarmes qui escortaient toujours leur commandant en chef. Hâtons-nous de dire que Savary était d'un caractère impétueux, mais bon ; qu'avant son départ il révoqua un ordre donné *ab irato*, et que les prisonniers purent voir, un moment après la sortie de l'aide de camp du premier Consul, Villeneuve, debout, derrière les barreaux de sa fenêtre.

La longue instruction de ce procès, déjà si fertile en épisodes tragiques, tirait à sa fin, lorsqu'un incident bizarre vint encore retarder l'ouverture des débats. Une foule de dépositions avaient fait retentir le Temple du nom du capitaine Wright, et les feuilles publiques s'étaient entretenues de cet officier en sens divers. Après avoir débarqué Georges et les siens à la falaise de Biville, Wright était allé s'établir en croisière dans les eaux de Quiberon. Surpris par le calme sur les côtes du Morbihan, il fut capturé par nos bateaux plats, ainsi que tout son équipage, après un combat où il avait été légèrement blessé au bras. On l'emmena à Vannes, où il n'était bruit que de ce qui se passait à Paris. Le préfet de ce département, le général Julien, frère de l'ancien aide de camp de Napoléon en Egypte, instruisit le grand-juge de cette capture, et reçut de Régnier l'ordre d'envoyer le capitaine avec tous ses hommes à Paris. Ils entrèrent dans la cour du Temple tandis que Georges et quelques-uns des siens s'y trouvaient, sans songer à eux le moins du monde. Les officiers anglais et français n'eurent garde d'avoir l'air de se reconnaître; mais les matelots, qui n'y entendaient pas malice, abordèrent franchement, parmi les subalternes de Georges, quelques anciennes connaissances.

On mit Wright au secret, et on procéda à la confrontation des gens de son équipage avec les subordonnés de Georges. Leurs déclarations achevèrent de confirmer les renseignements déjà obtenus; mais Wright persista, avec un flegme tout britannique, à décliner la compétence des juges qui voulaient l'interroger, en disant :

« Je suis officier de la marine royale d'Angleterre. Peu m'importe le traitement que vous me réservez : je n'ai de compte à rendre des ordres que j'ai reçus qu'à mon gouvernement. Je ne connais d'ailleurs ni vous, ni ceux dont vous me parlez. »

Enfin, la minutieuse instruction du procès étant complétement achevée, on accorda aux prévenus plus de liberté, sans doute pour les mieux observer dans leurs rapports entre eux. On leur permit de se promener plusieurs ensemble dans le jardin et de se former en petits groupes.

Les compagnons de Georges, sans s'inquiéter du sort qui leur était réservé, jouaient, soit au petit palet, soit à la balle, soit aux barres. MM. de Polignac, de Rivière et Coster Saint-Victor surtout se distinguaient par leur adresse et leur agilité dans ces divers exercices. Coster, ce conjuré dont nous n'avons point encore parlé, était le plus fort coureur de la bande. Un jour que, tout en nage à force d'avoir couru, il avait, dans un moment de halte, ôté sa cravate et rabattu le col de sa chemise, un de ses compagnons de jeu lui dit en plaisantant qu'il pouvait se vanter d'avoir le cou d'Antinoüs.

« Parbleu ! mon cher, lui répondit Coster, tu fais bien de te presser de me complimenter sur la forme de mon cou, car dans huit jours peut-être il sera coupé. »

Et, s'élançant sur un de ses rivaux, il se mit à courir de plus belle.

Coster Saint-Victor était à la fois l'Achille et le Pâris de la conjuration. D'une taille moyenne, mais bien prise, sa tournure était gracieuse et svelte. Il avait une de ces figures qui se composent d'un mélange inexprimable de douceur et d'énergie. Quand il se livrait à la pétulance de ses inspirations, il s'élevait jusqu'à l'enthousiasme. Sa conversation annonçait une certaine instruction et beaucoup d'esprit naturel ; ce qu'il y avait alors d'effrayant en lui, c'était l'expression étourdissante de sa gaieté, qui contrastait d'une manière pénible avec sa position. Il était sensible, et généreux jusqu'à la prodigalité ; il aimait dans ses jeux à faire parade de son adresse et de sa vigueur athlétique, que des traits un peu efféminés étaient loin de déceler. Il se flattait de n'avoir jamais manqué ni d'argent ni de maîtresses, et de n'avoir jamais eu d'ennemi que lui-même et le premier Consul. Coster avait alors trente-trois ans. On disait au Temple que, dans les derniers temps, n'ayant plus de refuge assuré dans Paris, il avait trouvé, pendant quelques jours, un asile chez une des femmes à la mode du temps, en lui disant son nom et en lui avouant le danger qui les menaçait l'un et l'autre. Non-seulement cette dangereuse hospitalité ne lui avait point été refusée, mais encore la femme, belle et riche, chez laquelle il s'était présenté de cette façon, s'était éprise de lui et avait juré de l'arracher au sort qui l'attendait s'il consentait à l'épouser. Saint-Victor avait refusé sous le prétexte « qu'il était aimé d'une jeune personne à laquelle il avait fait promesse de donner sa main s'il venait à sauver sa tête. »

Tout ayant été disposé pour l'ouverture des débats publics de-

Georges Cadoudal au Temple.

vant le tribunal criminel, les détenus compris dans l'acte de l'accusation reçurent l'ordre de se tenir prêts pour le lendemain dimanche 27 mai, six heures du matin, afin d'être transférés du Temple à la Conciergerie. Les préparatifs de ce départ mirent tous les prisonniers en mouvement. On aurait dit les apprêts d'un long voyage. Chacun arrangeait sa malle ou son porte-manteau ; ils s'appelaient les uns les autres pour s'entr'aider ; ceux-ci chantaient, ceux-là déclamaient, tous cherchaient à s'étourdir ; il n'y avait de tristesse que pour ceux qui devaient rester.

Georges, qui avait tant plaisanté avec ses Bretons sur la destinée de la République, lui qui s'était si fort égayé aux dépens de la nouvelle famille impériale, prit, la veille de son départ pour la Conciergerie, un air grave et solennel. Il changea tout à fait de ton et de manières. Au lieu de raconter à ses compagnons des anecdotes burlesques et piquantes, ou de leur parler de la guerre de la Vendée, comme il l'avait fait jusqu'alors, il s'assit au pied d'un marronnier qui était dans un des angles du jardin, tandis que ses officiers se tenaient debout autour de lui, et il leur adressa une exhortation toute paternelle.

Il leur recommanda, entre autres choses, de faire tous leurs efforts pour se rendre maîtres d'eux-mêmes et conserver leur sang-froid au tribunal devant lequel ils allaient comparaître, leur disant de ne jamais répondre avec précipitation aux questions que leur adresseraient les juges, de crainte de leur montrer du trouble et de la timidité, ce qui serait indigne de la cause pour laquelle ils s'étaient dévoués ; qu'ils devaient tous se considérer comme *les juges de leurs juges*, et se bien pénétrer de cette idée.

« Quand vous ne vous sentirez pas assez forts en vous-mêmes, ajouta-t-il, tournez les yeux vers moi, pensez que je suis à côté de vous, que je ne puis avoir une destinée différente de la vôtre, en un mot que le même sort nous attend. Et c'est là le beau côté de notre affaire », continua-t-il en souriant.

Il leur recommanda également de montrer de l'affabilité envers les gens qui les avaient gardés et servis pendant leur détention, quoiqu'il y en eût parmi eux qui les eussent souvent traités de *scélérats* et de *brigands*.

« Remarquez, leur dit-il encore, que ces épithètes ont aujourd'hui une signification absolument contraire à celle qu'elles avaient autrefois. Notre bon roi Louis XVI, qui a habité comme nous cette tour, a été appelé *traître* et *tyran*. Croyez-vous qu'il s'en soit fâché?... Notre Seigneur Jésus-Christ (à ce nom tous les Bretons inclinèrent la tête, quelques-uns se signèrent) fut, lui aussi, traité de séditieux et d'imposteur. Vous voyez, mes chers amis, que les hommes ne se trompent jamais autant sur les mots que lorsqu'ils font de mauvaises actions. Je vous recommande donc, dit Georges en finissant, de vous aider les uns les autres comme de véritables frères, et de penser à Dieu. Comptez plus sur l'assistance de vos camarades que sur celle du prêtre qu'on vous présentera, parce qu'il ne sera peut-être qu'un bourreau travesti. Montrez à tout le monde, dans votre contenance, dans vos discours et sur votre visage, que vous avez ce courage et cette résolution qui auraient triomphé des ennemis de notre foi et de notre roi, si nous n'avions pas été indignement trahis. »

Les Bretons rentrèrent dans la tour les uns après les autres, marchant lentement et parlant bas, sans s'inquiéter de ce qui se passait autour d'eux.

Georges les suivit après les avoir vus tous défiler devant lui.

Les accusés quittèrent le Temple le lendemain matin ; il n'y resta que les prisonniers qui avaient logé, sur la route de Biville à Paris, Pichegru, ses amis, Georges et sa suite. Ils étaient très-nombreux et tous gens de la campagne, qui désiraient qu'on les rendît à la liberté et à leur famille.

Pendant quelques jours, le Temple devint très-bruyant. Le dimanche suivant, les détenus s'assemblèrent tumultueusement dans une grande salle dont on avait ôté les lits, puis se mirent à chanter des cantiques, puis enfin à danser des *bourrées*. Dans le moment où ils étaient le plus animés, un des prisonniers, M. Fontaine-Biré, apprit d'un guichetier ce qui s'était passé la veille au tribunal. Il en fit part à un nommé Languillet, un de ces mêmes paysans, qui avait su prendre sur ses camarades l'ascendant que donne la facilité du langage unie à une volonté forte. Emu de compassion en faveur de compatriotes sur la tête desquels la mort planait déjà, celui-ci frappa de son gros soulier ferré sur le plancher en s'écriant d'une voix de Stentor :

« C'est assez ! qu'on arrête ! » Et, promenant un regard sévère sur cette troupe haletante, il reprit : « Malheureux que nous sommes ! est-ce là la conduite que nous devons tenir dans ce lieu maudit, quand nous savons que ceux qui l'ont habité avec nous sont sur le point de perdre la vie ? A genoux, tous !... Que l'on prie pour eux, que l'on chante le *De Profundis*. Voici monsieur, dit-il en désignant Fauche-Borel, qui aura la bonté de nous le lire dans le livre qu'il tient à la main. »

Ce livre était un volume de Bourdaloue que Fauche avait acheté sur les quais quelques jours avant son arrestation, et que par hasard il avait gardé dans sa poche. Il renfermait justement un sermon sur la mort. Fauche le lut à haute voix, et le recueillement des paysans bretons fut unanime et solennel pendant cette lecture, qui dura plus d'une heure.

OUVERTURE DES DÉBATS.

De toutes les époques de la vie de Napoléon, la plus pénible fut sans contredit celle où le général Moreau se vit, par ses ordres, amené sur le banc des accusés. Aucune de ses entreprises ne lui avait causé jusqu'alors autant d'inquiétude, parce qu'il avait toujours eu pour lui les vœux de la nation ; tandis que dans le procès où Moreau était impliqué, l'opinion publique était plus ou moins partagée. Si elle reconnaissait des torts chez le général, elle ne voulait pas admettre de crime ; elle désirait voir constater son innocence. Quant au Consul, au contraire, Moreau une fois arrêté, il lui importait qu'il fût trouvé coupable.

Quelques jours avant l'ouverture des débats, Napoléon dit à M. de Meneval, secrétaire de son cabinet particulier :

« Savez-vous si Bourrienne est à Paris? Il faudrait vous en informer et lui dire de se rendre aux séances du tribunal. Tous les soirs il vous enverrait un bulletin de ce qu'il aurait observé [1]. »

Enfin, l'ouverture des débats eut lieu le 28 mai 1804, dix jours après que Napoléon avait été proclamé empereur. Peu de procès politiques, depuis cette époque, ont pu donner une idée de la fermentation qui régnait dans Paris. Le mécontentement qu'excitait la mise en jugement de Moreau se manifesta tout haut et brava le gouvernement. L'opinion publique s'était méprise sur le caractère de Georges et sur celui de quelques autres conjurés, que l'on regardait comme des brigands, du moins dans cette partie nombreuse de la population qui croit facilement les déclarations qu'on lui présente comme officielles. Cependant, il n'en était pas de même à l'égard de MM. de Polignac, de Rivière, Gaillard, Charles d'Hozier, Coster Saint-Victor, et surtout de Moreau. Ce nom dominait tous les autres, et l'autorité se trouvait dans une grande perplexité. Il fallait, d'une part, entourer le général d'une garde assez imposante pour contenir l'empressement de ses partisans, et, d'autre part, il fallait aussi ne pas tellement grossir cette garde qu'elle pût de-

---

[1] Ces bulletins, rédigés par Bourrienne, adressés régulièrement à M. de Meneval et remis par ce dernier à Napoléon, conduisirent l'ancien secrétaire intime, un an après, à être nommé ministre plénipotentiaire à Hambourg. Ce retour de Napoléon vers Bourrienne fut une nouvelle preuve du souvenir qu'il a toujours conservé des services rendus et de la générosité avec laquelle il oubliait les torts. Quoique la conduite de Bourrienne à Hambourg n'eût pas toujours été irréprochable, il l'y maintint. L'invasion des villes anséatiques par la coalition de 1813 le trouva dans le même poste. La nécessité d'être instruit de ce qui se passait sur les fontières fit désirer à l'Empereur de recevoir des bulletins hebdomadaires de ses ministres à Hambourg et à Munich. Ces rapports étaient adressés à M. de Meneval. La croix de la Légion-d'Honneur était souvent demandée dans les lettres d'envoi de Bourrienne. M. de Meneval avait ordre de n'y pas répondre.

venir un point de ralliement si la voix d'un chef de l'armée, encore honoré, l'appelait à la défense de sa personne. On croyait partout à la possibilité d'un soulèvement en faveur du vainqueur d'Hohenlinden, et ce soulèvement aurait eu lieu peut-être si le général eût été condamné à la peine capitale.

Il serait impossible de se représenter l'affluence qui encombrait toutes les avenues du Palais de Justice dès le matin du lundi, et qui ne cessa de s'y porter pendant les treize jours que dura le procès, et surtout celui où le jugement devait être prononcé. La meilleure compagnie de la capitale chercha à y assister. La suppression du jury pour cette affaire faisait dire que les accusateurs se croyaient plus sûrs des juges spéciaux que des juges ordinaires. La mort récente du duc d'Enghien dans les fossés de Vincennes, la mort plus récente encore de Pichegru au Temple, jetaient dans les esprits une anxiété profonde; chacun semblait frappé de stupeur.

A dix heures du matin, les douze juges du tribunal criminel, vêtus de leurs simarres, entrèrent en séance dans la grande salle du Palais, qu'on avait disposée à cet effet, et se placèrent silencieusement sur leurs siéges.

Ce tribunal était ainsi composé :

Hémart, président, dont le souvenir se rattachait aux premiers temps de nos troubles politiques.

Martineau, vice-président, d'un caractère modéré et de mœurs douces.

Thuriot, qui avait dirigé l'instruction, et que les Bretons, dans leur irritation, appelaient *Tue-Roi*.

Parmi les autres juges on comptait Lecourbe, frère du général de ce nom; Clavier, dont le nom appartenait honorablement aux sciences; Bourguignon, qui plus tard devint avocat-général; Dameu-Laguillaumie, Rigault, Selves, Granger et Desmaisons.

Gérard, homme dévoué au pouvoir et rigide magistrat, remplissait les fonctions d'accusateur public; Fremyn, celles de greffier.

Huit huissiers audienciers avaient été spécialement attachés à la

Cour pour tout le temps que devaient durer les débats. Souppé, médecin du Temple, et le chirurgien de la Conciergerie, avaient été invités par le président à se trouver tous les jours au Palais, dans le cas où leur ministère viendrait à être réclamé pour les accusés ou pour les nombreux témoins assignés dans cette affaire.

Le président ayant donné l'ordre d'introduire les prévenus, on les vit défiler, un à un, entre deux gendarmes. Tous, à l'exception de Bouvet de Lozier, qui n'osait lever les yeux sur ses compagnons d'infortune que sa faiblesse avait trahis, paraissaient pleins de résignation : leur maintien était grave et assuré.

Moreau, assis comme les autres sur le banc des criminels, avait l'air calme et méditatif. Il était vêtu d'une longue redingote bleue et ne portait aucune marque distinctive qui pût indiquer son grade ou son rang. Près de lui on voyait Lajolais, son ancien aide de camp; Cauchery, l'ami de Pichegru; l'abbé David, ce confident de Fauche-Borel au Temple, et Charles d'Hozier, si soigneusement recherché dans ses manières, si fidèle à sa tenue d'étiquette, qu'on l'aurait cru paré pour une présentation solennelle à Versailles.

Quant à Georges, on le reconnaissait à sa tête énorme, à ses larges épaules, à son œil fier et hautain, qui parcourait l'assemblée comme pour accuser la lâcheté de ceux qui n'avaient pas su mourir pour une cause. A ses côtés étaient assis l'aventureux Burban, connu dans ses expéditions téméraires sous le nom de Malabry, et quelquefois de Barco, et Pierre Cadoudal, parent de Georges, que sa force musculaire avait fait surnommer par les Vendéens *Bras-de-Fer*.

Les jeune Polignac et de Rivière, placés au deuxième rang, inspiraient un sentiment de vif intérêt. Il y avait tant de candeur et de dévouement dans la figure résignée de ces hommes qui semblaient attendre le martyre, que leurs ennemis mêmes semblaient les plaindre et les respecter. Mais tous les regards se concentraient sur Coster Saint-Victor.

Quoique depuis longtemps emprisonné, ce confident de Georges avait affecté de paraître cette fois devant le tribunal avec le costume

insouciant dans lequel on l'avait surpris avec Roger, rue de Sain-
tonge : la robe de chambre de basin blanc, le pantalon à pieds du
matin, et les pantoufles de maroquin rouge. Malgré cette tenue
moqueuse, Saint-Victor avait quelque chose de chevaleresque qui
prévenait tout d'abord en sa faveur. On eût dit d'un de ces conspirateurs à la Fiesque ou de ces jeunes capitaines du temps de la Fronde,
qui savaient mener de front la politique et les plaisirs.

Enfin, derrière Saint-Victor et sur une troisième banquette, s'é-
taient placés les autres conjurés, ces Bretons des landes du Morbihan,
qui tous tenaient leurs regards fixés sur Georges, dont ils suivaient
les moindres mouvements. Au milieu d'eux se faisait remarquer
Picot, cet ancien domestique de Georges, que les sanglantes représailles qu'il avait exercées sur les soldats de la République avaient
fait surnommer le *Bourreau-des-Bleus*. Ce Picot était un petit
homme, gros et commun, aux membres carrés, aux épaules carrées,
à la tête carrée. Ce qu'il y avait de plus remarquable dans son visage
criblé de petite vérole, c'était le contraste de ses cheveux noirs,
coupés très-courts sur le front, avec ses sourcils touffus et d'un rouge
ardent, sous lesquels étincelaient deux petits yeux fauves, voilés par
des cils de la même nuance.

Sur les quarante-six accusés, on remarquait encore cinq femmes [1],
dont la présence sur ce même banc excitait la pitié.

La première audience fut entièrement consacrée aux formalités
préliminaires. Après que le président eut adressé à chacun d'eux
les questions d'usage sur leurs nom, âge, profession et domicile,
l'avocat-général Gérard commença la lecture de l'acte d'accusation,
qui dura cinq heures, pendant lesquelles la voix des huissiers, qui
recommandaient le silence, eut beaucoup de peine à contenir les

---

[1] C'étaient les femmes Denaud, Dubuisson, Gallois-Monnier, avec leurs maris;
C'était enfin la fille Izay. Les autres accusés étaient : Troche père et fils, horlo-
gers; Caron, parfumeur; Datry, Deville, les frères Ducorps (Noël et Louis), Even,
Armand Gaillard, Hervé, Joyan, Lélan, Lemercier, Lenoble; Léridan, arrêté en
même temps que Georges; Marille, Oswale, Rochelle; Roger, l'ami de Saint-
Victor; Rolland, Rubin-Lagrimodière; Ruzilion, major suisse; Spin et Verdet.

sourdes rumeurs qui se manifestaient dans l'auditoire, quand le nom de Moreau venait à être prononcé. Cette lecture n'ayant été terminée qu'à cinq heures, l'audience fut renvoyée au lendemain neuf heures du matin.

Nous n'avons pas l'intention de tracer dans cette étude le procès-verbal complet des débats. Les pièces de cette volumineuse procédure ayant été recueillies et publiées dans nombre de volumes qu'on peut consulter, nous nous bornerons à rappeler les incidents qui frappèrent le plus l'attention de l'auditoire.

Ce fut dans la seconde séance, celle du mardi 29 mai (9 prairial), que le président Hémart, de sa voix brève et sévère, commença d'interroger les témoins à charge [1]. Au fur et à mesure de leur audition, il faisait une série de questions aux différents accusés, en commençant par Georges. Ce chef des conjurés inspirait moins d'intérêt que de curiosité. Sans parler de la différence de leurs antécédents, Moreau et Georges présentaient, par la position devant la justice du pays, un grand contraste. Moreau semblait plein de sécurité sur le sort qui l'attendait; Georges, au contraire, envisageait celui qui lui était réservé avec une fermeté, nous ne dirons pas stoïque, mais sauvage. Comme pour venger d'avance sa mort, il prenait parfois le ton de causticité injurieuse auquel il semblait avoir renoncé depuis le moment où il avait harangué ses compagnons au Temple. Dans l'amertume de ses sarcasmes, faisant allusion au vote conventionnel de Thuriot, celui des juges qui se montrait le plus sévère, Georges l'appelait *M. Tue-Roi*. Il lui arriva même une fois, après avoir prononcé ce nom, de se retourner vers le gendarme placé derrière lui et de lui dire d'un ton de dédain :

« Faites-moi donner un verre d'eau-de-vie afin de me rincer la bouche. »

Après que les témoins de l'arrestation de Georges, Caniolle, Destavigny, Petit, Delamotte, Vignal, etc., eurent répondu aux inter-

---

[1] Au nombre de 139. Il n'y avait que vingt-quatre témoins à décharge, dont douze seulement furent entendus.

rogations du président, et que celui-ci se fut adressé à Georges pour lui demander s'il avait quelques observations à faire sur les déclarations qu'il venait d'entendre, le dialogue suivant s'établit entre l'interrogateur et l'accusé :

« Georges, lui demanda Hémart, avez-vous quelque chose à répondre?

— Non! répondit Georges sèchement, sans même détourner les yeux d'un papier qu'il tenait à la main.

— Convenez-vous des faits qui vous sont imputés?

— J'en conviens. »

Et comme Georges n'avait pas eu l'air de prêter attention aux questions que le président lui avait adressées, celui-ci l'avertit, en termes sévères, qu'il ne devait pas lire quand il l'interrogeait. Alors le dialogue recommença de cette façon :

« Vous convenez d'avoir été arrêté sur le lieu désigné par les témoins?

— J'ignore le nom de l'endroit.

— Avez-vous tiré deux coups de pistolet?

— Je ne me le rappelle pas.

— Avez-vous tué un homme?

— Ma foi! je n'en sais rien.

— Vous aviez un poignard sur vous?

— C'est possible.

— Et deux pistolets?

— Cela peut être.

— Avec qui étiez-vous dans votre cabriolet?

— Je ne sais qui ce pouvait être.

— Où avez-vous logé à Paris?

— Nulle part.

— Au moment de votre arrestation, ne logiez-vous pas rue de la Montagne-Sainte-Geneviève, chez une fruitière?

— Au moment de mon arrestation, interrompit Georges avec un mouvement d'impatience, je logeais dans mon cabriolet.

— Où avez-vous couché la veille de votre arrestation?

— La veille de mon arrestation, je ne me suis pas couché.

— Que faisiez-vous à Paris?

— Je me promenais.

— Quelles personnes y voyiez-vous ?

— Personne. »

Par cette courte esquisse de la manière dont Georges répondit aux premières interpellations du président, on peut juger quelle fut son attitude pendant les débats. En tout ce qui le concernait personnellement, il ne céla rien ; mais en tout ce qui pouvait compromettre ses compagnons, il garda constamment le silence ; tout l'art des insinuations, des rapprochements, des inductions, vint échouer contre cette résolution qu'il avait prise de ne rien dire.

La troisième séance, celle du mercredi 30 mai, n'offrit rien de bien intéressant ; mais la quatrième eut une physionomie toute particulière. Le juge Thuriot interrogea Moreau longtemps. Il sembla résulter des réponses du général qu'il était totalement étranger au complot et aux intrigues qu'on avait tramés à Londres. Presque aucun des témoins à charge qui furent entendus à son sujet ne le connaissait ; aussi Moreau déclara-t-il d'une voix assurée qu'il n'y avait pas un seul des accusés assis sur le même banc que lui qui l'eût vu, pas un seul qui l'eût connu, lui, Moreau, avant son incarcération au Temple. Il repoussa les attaques dont il était l'objet avec calme, quoique de temps en temps il laissât échapper quelques éclairs de fierté. Lors de la déposition de Rolland, qui avait déclaré dans son interrogatoire « qu'il avait été douloureusement affecté lorsque Pichegru l'avait chargé de la mission qu'il accomplit auprès de Moreau, et qu'il l'avait été davantage encore après l'avoir achevée », Moreau se leva et, s'adressant au président :

« Ou Rolland est un homme attaché à la police, s'écria-t-il, ou il a fait cette déclaration parce qu'il avait peur ! Notez bien, magistrats, qu'on ne l'a pas interrogé ; mais qu'on lui a dit : « Vous voilà dans « une position affreuse : ou vous allez être complice d'une conspi-

« ration, ou vous allez en être le confident : si vous ne dites rien,
« vous êtes complice; si vous faites des aveux, vous êtes sauvé. »
Ce seul exemple, ajouta Moreau, peut donner une idée de la loyauté
avec laquelle l'instruction a été menée. »

Mais le général produisit dans l'auditoire un effet électrique lorsque le président, l'ayant accusé de vouloir se faire nommer dictateur, il s'écria encore :

« Moi, dictateur ! qu'on trouve donc mes partisans ! Mes partisans doivent être les soldats français, puisque j'en ai commandé les neuf dixièmes et sauvé plus de cinquante mille. Voilà quels sont mes partisans ! On a arrêté tous mes aides de camp [1], tous les officiers

---

[1] L'un d'eux, le colonel Delélée, qui avait épousé une femme jeune et belle, était depuis un an en congé à Besançon. Camarade et frère d'armes des colonels Guillemmot, Foy et Hugo, père de Victor Hugo, notre poëte national, qui lui-même est filleul de Mme Delélée, tous trois devenus célèbres généraux depuis, il s'occupait peu d'affaires politiques, beaucoup de son ménage et nullement de conspiration; lorsque tout à coup il est arrêté et jeté dans une chaise de poste. Ce n'est qu'en courant sur la route de Paris qu'il apprend, de l'officier de gendarmerie qui l'accompagne, que Moreau a conspiré, et qu'en sa qualité d'aide de camp du général, il se trouvait au nombre des suspects.

Arrivé à Paris, le colonel est écroué à la prison Montaigu et mis au secret. Sa femme avait couru sur ses traces; mais ce ne fut qu'à grand' peine qu'elle obtint du directeur de la prison la permission de venir dans la cour entrevoir son mari à travers les barreaux d'une fenêtre. Cependant le colonel obtint la faveur d'embrasser son enfant. Trois fois par semaine Mme Delélée conduisait son fils à Montaigu, et un gardien l'introduisait auprès du prisonnier, qu'il était chargé ne pas perdre de vue tant que l'enfant demeurerait avec son père. Le petit bonhomme, à peine âgé de quatorze ans, joua son rôle de dissimulateur avec autant d'adresse que d'aplomb. Un jour il feint de boiter et se plaint qu'un grain de sable, qui est entré dans sa chaussure, le blesse. Le colonel, qui tournait le dos au gardien, prend son fils sur ses genoux pour le soulager, et trouve dans un de ses brodequins un petit papier qui lui apprend où en est l'instruction du procès et ce qu'il a à craindre ou à espérer. Enfin, après cinq mois de captivité, le colonel, contre lequel il ne s'était élevé aucune charge, est, non pas absous, mais rayé des contrôles de l'armée et envoyé en surveillance à Besançon.

Jeune et plein de courage, Delélée voit du fond de sa retraite ses camarades acquérir, sur les champs de bataille, des grades, des titres, de la fortune et, mieux que cela, de la gloire; tandis que lui, condamné à l'obscurité, passe ses jours à suivre

que je connaissais, et cependant on n'a pas trouvé contre eux l'ombre d'un soupçon. Vous m'attribuez la folie d'avoir voulu me faire nommer dictateur par les partisans des Bourbons, qui combattent pour leur cause depuis 1792 ; et vous voulez que ces gens-là en vingt-quatre heures projettent de m'élever à la dictature? C'est là qu'est la folie. On a parlé de ma fortune : j'ai commencé avec rien.

sur une carte d'Europe, la marche triomphante de la grande armée. Cent demandes ont été successivement adressées par lui au ministre de la guerre et au chef de l'État, qui lui-même semble inflexible. A chaque nouvelle démarche faite en faveur du malheureux colonel, on répond : « Qu'il attende! »

Les habitants de Besançon, qui s'intéressaient au sort du colonel, profitent d'une occasion qui se présente pour faire en faveur de leur compatriote une sorte de démarche officielle. C'était au retour de la campagne de Prusse. De tous les points de l'Empire arrivaient des députations chargées de féliciter Napoléon sur ses nouvelles victoires. Le colonel Delélée est unanimement élu membre de la députation du Doubs, dont le préfet, le maire, et d'autres autorités font partie, et que doit présider le maréchal Moncey. Dès leur arrivée dans la capitale, les députés de Besançon se font présenter aux ministres. Celui de la guerre prend à part le président et lui dit :

« Comment se fait-il, mon cher maréchal, que parmi vous j'aperçoive un officier publiquement connu pour être sous le coup d'une disgrâce, et dont la vue ne peut manquer de déplaire à l'Empereur?

— Que voulez-vous? lui répondit Moncey, je l'avais prévu comme vous ; mais vous ne connaissez pas les têtes francontoises. Cependant je vais tâcher d'arranger cela. »

Au sortir du salon ministériel, Moncey s'approche de Delélée, et le tirant un peu à l'écart :

« Mon cher colonel, lui dit-il d'un air un peu embarrassé, je viens de voir, à l'air dont nous a reçu Son Excellence, qu'on est malheureusement toujours mal disposé contre vous. Si l'Empereur vous voit, il est à craindre qu'il ne prenne cela pour une intention ouverte de le braver, et...

— Eh bien! monsieur le maréchal?

— Eh bien! il sera furieux.

— Que voulez-vous que j'y fasse?

— Mais, pour éviter de compromettre la députation, de vous compromettre vous-même, vous feriez peut-être bien, mon cher colonel, de...

— De quoi faire, monsieur le maréchal? interrompit Delélée ; parlez?

— De vous retirer sans bruit.

— Monsieur le maréchal, reprit le colonel, vous me permettrez de ne point suivre le conseil que vous voulez bien me donner. Je ne suis pas venu de si loin pour re-

J'aurais pu avoir 50 millions, je ne possède absolument qu'une maison à Paris et une terre. Quant à mon traitement comme général en chef, il est de 40,000 fr., et qu'on se garde bien de le comparer avec mes services. »

Cependant, interpellé si les conférences et les entrevues qu'on lui reprochait étaient vraies, il répondit *non!* mais le vainqueur de

culer, comme un enfant, devant le premier obstacle. Je suis las de souffrir une disgrâce que, vous le savez, je n'ai pas méritée, et encore plus fatigué de mon oisiveté. Que l'Empereur s'irrite ou s'apaise, il me verra, je lui parlerai; qu'il me fasse fusiller après s'il le veut, je ne tiens guère à la vie. Cependant, monsieur le maréchal, je passerai par ce que décideront mes collègues, MM. les députés de Besançon.

Ceux-ci n'ayant pas désapprouvé la résolution du colonel, longtemps prise d'avance, se rendirent aux Tuileries le jour indiqué pour la réception solennelle des députations des bonnes villes de France qui se trouvaient à Paris. Les salons étaient encombrés. Dans un des principaux groupes on remarquait un officier de haute taille, vêtu d'un uniforme très-simple, dont la coupe datait de quelques années; il ne portait aucun des insignes qui pouvaient indiquer son grade : c'était le colonel Delélée. Le président de la députation du Doubs paraissait mal à son aise et semblait vouloir s'isoler. Des anciens camarades de Delélée qui étaient présents, bien peu semblaient le reconnaître; les plus hardis lui faisaient de loin un léger signe de tête; les plus prudents ne le regardèrent pas. Quant à lui, impassible et résolu, il semblait ne s'inquiéter de rien.

Enfin on annonce l'Empereur. Les groupes se mettent en haie. Le colonel se place au premier rang.

Napoléon commence sa tournée. Il adresse la parole aux présidents des députations, en disant à chacun d'eux quelques mots flatteurs. Arrivé devant les députés du Doubs, il salue le maréchal qui la préside, et va sans doute lui dire quelque chose, lorsque ses regards tombent sur un officier qu'il ne se rappelle pas avoir jamais vu; il avance et lui demande :

« Qui êtes-vous, monsieur?

— Sire, je suis le colonel Delélée, ancien premier aide de camp du général Moreau. »

Et ces mots sont prononcés d'une voix ferme, mais respectueuse.

« Ah! ah! » fit Napoléon en reculant de deux pas.

Puis, fixant deux yeux de feu sur le colonel qui s'incline, il reporte ses regards sur le premier inspecteur-général de toute la gendarmerie de France, qui devient pâle comme un mort. Napoléon se rapproche, et, s'adressant à Delélée :

« Que venez-vous faire ici? reprit-il.

— Sire, ce que je fais depuis deux ans. Désirer que Votre Majesté daigne

Hohenlinden n'était pas habitué au mensonge : une rougeur soudaine lui monta au visage, et tous les spectateurs la remarquèrent.

Malgré les visibles efforts de Thuriot pour arracher des aveux aux accusés, obtenir des contradictions et, par suite, de nouvelles lumières, aucun autre fait sérieux ne fut articulé contre Moreau : mais toute sa culpabilité était dans ses conférences et dans ses entre-

me dire de quoi je suis coupable, ou qu'elle me fasse rendre mon grade. »

Parmi ceux qui se trouvaient à portée d'entendre ces demandes et ces réponses, il n'y en avait pas beaucoup qui pussent respirer librement. Enfin un sourire indescriptible vint errer sur les lèvres serrées de l'Empereur qui, se rapprochant du colonel, porta un doigt vers sa bouche, en disant à demi-voix, mais d'un accent presque amical :

« Chut ! il ne faut plus parler de cela aujourd'hui. »

Et il poursuivit sa tournée. Il avait à peine fait dix pas, que, rebroussant chemin, il revint se placer devant Delélée en faisant un signe au duc de Feltre, demeuré à distance :

« Monsieur le ministre de la guerre, lui dit-il, prenez le nom de cet officier, et ayez soin de me le rappeler au conseil. Il doit s'ennuyer à ne rien faire, nous lui donnerons de l'occupation. »

Puis, ayant fait au colonel un petit signe de la main, il s'éloigna.

Quarante-huit heures après, Delélée reçut sa nomination de chef d'état-major de l'armée du Portugal. Ses lettres de service lui enjoignaient d'aller sur-le-champ se mettre à la disposition du duc d'Abrantès. Une fois ses équipages disposés, il alla prendre congé de l'Empereur, qui lui dit :

« Monsieur le colonel, je sais qu'il est inutile que je vous engage à réparer le temps perdu. Avant peu j'espère que nous serons également satisfaits l'un de l'autre. »

En sortant de cette dernière audience, Delélée dit à ses amis qu'il ne lui manquait plus, pour être tout à fait heureux, qu'une bonne occasion pour se faire hacher.

L'audience terminée, ce fut à qui s'empresserait le plus auprès du colonel. Il fut félicité, embrassé, ses deux mains ne purent suffire à toutes les mains qu'on vint lui tendre. Savary qui, la veille au soir, avait encore ajouté aux frayeurs du maréchal Moncey en s'étonnant qu'un officier eût l'audace de venir ainsi braver l'Empereur jusque chez lui, allongea son bras par-dessus les épaules de ceux qui entouraient le colonel. Moncey prétendit lui avoir prédit ce qui venait d'arriver. Enfin, il reçut du ministre de la guerre une invitation à dîner pour le lendemain. Delélée partit. Il eut bientôt gagné les Pyrénées et traversé l'Espagne. Il fut reçu par Junot à bras ouverts. Mais à peu de temps de là, Delélée tomba malade d'un excès de fatigue, et mourut, n'emportant qu'un seul regret, celui de n'avoir pu, suivant le mot de Napoléon, réparer le temps perdu.

vues avec Pichegru, qui n'étaient que trop prouvées malgré ses dénégations. Quoi qu'il en soit, l'attitude du général fut constamment calme; il avait plutôt l'air d'un habitué du Palais qui assistait par curiosité à une cause intéressante, que d'un accusé que ces débats pouvaient conduire à la mort. Aussi, après cette audience caractéristique, Georges lui dit-il, tandis qu'on les reconduisait à la Conciergerie :

« Général, encore une séance comme celle-ci, et il ne tiendra qu'à vous d'aller le soir même coucher aux Tuileries. »

Au commencement de la sixième séance, celle du samedi 2 juin, il y eut un incident dont l'effet électrique fut prodigieux : ce fut le moment où le général Lecourbe, ami de Moreau, entrant inopinément dans la salle d'audience avec un jeune enfant, l'éleva dans ses bras en s'écriant d'une voix émue, mais forte :

« Soldats! voilà le fils de votre général! »

A ces mots, à cette action, tout ce qu'il y avait de militaires de service dans la salle se leva spontanément et lui présenta les armes. En même temps un murmure de sympathie parcourut tout l'auditoire. Certes, si en ce moment Moreau eût dit un mot, l'enthousiasme était tel en sa faveur, que le tribunal eût été renversé et que le prisonnier fût devenu libre.

Moreau garda le silence, et seul parut ne prendre aucune part à à ce mouvement.

En général, pendant tout le temps que durèrent les débats, Moreau inspira tant de respect, que lorsqu'il se levait pour répondre aux interpellations qui lui étaient adressées, les gendarmes commis à sa garde se levaient en même temps que lui, et se tenaient debout et découverts tant qu'il parlait.

Le capitaine Wright fut appelé dans cette séance comme cent trente-quatrième témoin à charge. C'était un petit homme aux formes chétives, mais à la figure expressive. Il était vêtu de l'uniforme bleu de la marine royale anglaise, et portait le bras droit en écharpe.

Il s'avança d'un pas chancelant jusqu'au pied du tribunal, et attendit que le président l'interrogeât. Celui-ci lui ayant adressé les questions d'usage, Wright déclara, dans un baragouin anglo-français, qu'il était capitaine de corvette, qu'il était âgé de trente-cinq ans, et qu'il demeurait à Londres, chez le commodore Sidney Smith, son ami.

Le procureur-général ayant fait observer au président que le témoin était blessé, un huissier lui apporta une chaise. Le capitaine remercia et s'assit; il était extrêmement pâle.

Au même instant, Coster Saint-Victor avança le bras et fit un signe.

« Que voulez-vous? lui demanda le président.

— Je voudrais qu'on passât ce flacon d'eau de Cologne au capitaine », répondit Coster.

Le même huissier prit le flacon, et, l'ayant présenté à Wright, celui-ci, sans rien perdre du flegme qui le caractérisait, échangea avec Coster un salut de politesse, après lequel le président commença d'interroger le témoin; mais Wright déclara poliment ne vouloir répondre à aucune question.

« J'ai été pris à la suite d'un combat et fait prisonnier de guerre, ajouta-t-il; je réclame tous les droits de ma position. »

Le procureur-général demanda au président de faire lire au témoin son interrogatoire du 21 mai précédent; mais après cette lecture, Wright fit observer qu'on n'avait pas fait mention, dans cette pièce, de la menace qui lui avait été faite de le traduire devant une commission militaire pour le fusiller, s'il ne trahissait pas le secret de son pays.

Alors Hémart, s'adressant à Georges, lui demanda s'il connaissait le témoin.

« Je ne l'ai jamais vu, répondit celui-ci.

— Et vous, Wright, voulez-vous enfin répondre aux questions qui vous seront faites?

— Non, monsieur, je réclame les droits et les usages de la guerre,

— C'est comme vous voudrez. L'audience est levée et continuée à demain », dit Hémart.

Il était à peine midi : chacun s'étonna que cette séance eût été si courte.

La séance du lendemain, dimanche 3 juin, fut ouverte comme à l'ordinaire; seulement le public se pressait davantage dans l'enceinte du tribunal, parce que le bruit avait couru, la veille au soir, que Moreau devait, dès l'ouverture, prononcer un discours : il n'en fit rien.

On continua d'entendre les dépositions des derniers témoins, et il n'y eut autre chose d'intéressant dans cette septième séance que le combat de générosité fraternelle qui s'éleva entre les deux frères Polignac, assis à côté l'un de l'autre, et se pressant continuellement les mains, comme pour se dire que ni la vie ni la mort ne pourrait les séparer.

« Voyez Jules, dit Armand aux juges ; ce n'est encore qu'un enfant. Sauvez sa vie, car il ne savait encore ce qu'il faisait. Moi seul je suis coupable. J'avais la conscience de mes actions. S'il vous faut l'une de nos deux têtes, prenez la mienne, je vous l'offre ; mais épargnez celle d'un jeune homme qui n'a pas compris la portée de ses actions. »

A ces touchantes paroles, Jules répondit d'un ton exalté :

« Non! non! messieurs, ne l'écoutez pas : je suis seul au monde, je n'ai point de femme, moi! je n'ai pas d'enfants! Armand est père de famille, lui! Quant à moi, j'ai mangé le pain de l'exil dès mon enfance, ma vie est inutile; prenez ma tête, je vous la donne, mais épargnez mon frère. »

Pendant le cours de cette audience, l'intérêt le plus vif s'attacha à MM. de Polignac, de Rivière, Charles d'Hozier, Coster Saint-Victor et Armand Gaillard. Tous étaient jeunes, et l'auditoire entier accompagna leurs déclarations de vœux bienveillants; mais la plupart dédaignèrent d'avoir recours aux dénégations, et semblaient moins occupés du soin de sauver leur tête que de sauver l'honneur de la cause pour laquelle ils étaient assis sur le banc des criminels. L'auditoire fut attendri jusqu'aux larmes, lorsque Hémart, ayant présenté à M. de Rivière, comme pièce de conviction, le portrait du comte d'Artois, lui demanda :

« Accusé, reconnaissez-vous cette miniature?

— Je ne distingue pas bien d'ici, monsieur le président, répondit M. de Rivière; si vous vouliez me la faire passer?... »

Et quand il l'eut dans les mains, il la couvrit de baisers et de larmes, et, serrant ce portrait sur son cœur, s'écria avec exaltation :

« Croyiez-vous donc que je ne reconnaissais pas ce portrait? Mais je voulais l'embrasser encore une fois avant de monter sur l'échafaud. Maintenant, messieurs, je suis heureux, vous pouvez prononcer votre sentence. »

Cette scène fit sur l'auditoire une impression non moins profonde que la précédente, car elle rappelait le dévouement des époques chevaleresques, que toute âme généreuse ne peut s'empêcher d'admirer.

La liste des témoins étant épuisée, le président donna la parole au procureur-général, qui, dans un réquisitoire longuement détaillé, appela sur la tête de chacun des accusés toute la rigueur des lois. Puis la séance fut suspendue jusqu'au lendemain lundi 4 juin. Ce jour-là, dès qu'il eut pris place sur son siége, le président, cédant à d'anciennes habitudes, appela à la tribune le défenseur du premier accusé.

Il nous faut dire que parmi les dispositions locales qui avaient été prises dans l'intérieur du tribunal, une sorte de chaire ou de tribune avait été élevée, à la gauche des juges et en face de la place où l'accusateur public siégeait isolé, pour les avocats qui devaient défendre les accusés. Comme il n'entre pas dans les limites que nous nous sommes imposées de rapporter ici les quarante-six plaidoiries qui furent prononcées dans cet immense procès, nous nous bornerons à citer le nom des avocats qui prirent tour à tour la parole [1],

---

[1] Ce furent : MM. Agier pour *Troche fils*; Daussel, pour *Louis Ducorps*; Bil-

et nous dirons que les séances des 5, 6, 7, 8 et 9 juin leur furent entièrement consacrées.

Déjà neuf d'entre eux avaient parlé; c'était le tour de Bonnet, défenseur de Moreau; on attendait ce plaidoyer avec impatience, lorsque le président, faisant observer au procureur-général que la journée était très-avancée, suspendit l'audience en annonçant qu'elle serait reprise le lendemain, à huit heures du matin.

PLAIDOIRIES DES AVOCATS, DÉFENSE DES ACCUSÉS.

Le 6 juin, dès que le tribunal eut pris séance, Hémart appela Bonnet à la tribune; mais Moreau se leva aussitôt et crut devoir retracer en peu de mots le tableau de la carrière qu'il avait parcourue, d'après ce principe : *qu'une vie entière est toujours un sûr témoignage pour ou contre un accusé*, et ayant demandé la parole au président :

« Vous pourrez parler après votre défenseur, interrompit Hémart.

— Ce que j'ai à dire, répliqua le général, doit précéder la plaidoirie de mon avocat; non pas que ma confiance en lui ne soit entière, mais je sens le besoin de parler moi-même à vous et à la nation.

— Vous avez la parole.

lecoq, pour *de Rivière*; Blacque, pour *Caron*; Bonnet, pour *Moreau*; Bourguignon, pour la *femme Gallois*; Boutron, pour *Cauchery*; Boyeldieu, pour *Monnier et sa femme*; Chauveau-Désormeaux, pour *Troche père*; Collin, pour *Denaud et sa femme*; Cotterel, pour *Lajolais et Roger*; Delachalumelle, pour *Verdet*; Dommaget, pour *Georges Cadoudal, Delleville, Armand Gaillard, Lelan et Merille*; Dufriche-Foulines, pour *Pierre Cadoudal et Lemercier*; Gaillard Laférière, pour *Hervé et Rochelle*; Gauthier, pour *Coster Saint-Victor et Picot*; Girod, pour *la fille Izay*; Guichard, pour *les frères Polignac et Rolland*; Lebon, pour *Bouvet de l'Hozier, Ruzillon et Charles d'Hozier*; Maugeret, pour *Joyant et Noël Ducorps*; Moynat, pour *David et Datry*; Petit-d'Auterive, pour *Gallais*; Ponsard, pour *Burban et Leridan*; Poujol, pour *Dubuisson et sa femme*; Roussiale, pour *Lagrinaudière et Spin*; Daussel, pour *Roger*.

« Des circonstances malheureuses, dit Moreau d'une voix calme
« et sonore, des circonstance sproduites par le hasard ou préparées
« par la haine peuvent obscurcir quelques instants la vie du plus
« honnête homme. C'est donc ma vie entière que j'oppose aux ac-
« cusateurs qui me poursuivent. Elle est assez publique pour être
« connue ; je n'en rappellerai que quelques époques, et les témoins
« que j'invoquerai seront le peuple français et les peuples étran-
« gers que la France a vaincus, etc. »

Le reste de son discours fut semé de traits propres à produire une
vive impression, parce qu'ils étaient simples et vrais.

« Je devins guerrier parce que j'étais citoyen, continua-t-il, je
« portai ce caractère sous les drapeaux, je l'y ai conservé. La
« guerre sous mes ordres ne fut un fléau que sur les champs de
« bataille, etc. »

Après avoir expliqué les difficultés de sa position au 18 fructidor,
il rappela qu'à la suite de cette journée le Directoire, disposé à
l'indulgence, lui avait donné de l'emploi.

« J'ose croire, reprit-il, que la nation n'a pas oublié avec quel
« dévouement on me vit combattre, en Italie, dans des postes su-
« bordonnés ; elle n'a point oublié comment je fus reporté au com-
« mandement en chef par les revers de nos armées, et renommé
« général en quelque sorte par nos malheurs. On me proposa plu-
« sieurs fois de me mettre à la tête du gouvernement. Je me croyais
« fait pour commander aux armées et non pour commander à la
« République, etc. »

Le 18 brumaire arriva : Moreau était à Paris. Il s'était joint au
général Bonaparte ; il avait concouru à l'élever à ce haut degré de
puissance que les circonstances rendaient nécessaire.

« Lorsque, quelque temps après, il m'offrit le commandement en
« chef de l'armée du Rhin, poursuivit-il, je l'acceptai du Consul
« avec autant de dévouement que des mains de la République elle-
« même. Jamais mes succès militaires ne furent plus rapides, plus
« nombreux et plus décisifs. Quel moment pour conspirer ! Un am-

« bitieux aurait-il laissé échapper l'occasion, à la tête d'une armée
« de 100,000 hommes tant de fois triomphante? Je ne songeai qu'à
« licencier mon armée et à rentrer dans la vie civile. »

Nous nous arrêterons ici à regret; mais cette partie du discours de Moreau nous paraît déplacée. Lorsque Napoléon lui avait donné plus de *cent vingt mille hommes* pour combattre en Allemagne, tandis que lui ne s'en était réservé que *soixante mille* pour combattre et vaincre en Italie, Moreau pouvait-il se faire un mérite de n'avoir pas songé alors à trahir sa confiance et allumer la guerre civile? Car enfin, le vainqueur de Marengo avait aussi sa gloire; il avait aussi son armée triomphante, et, s'il était facile de conspirer, Moreau pouvait-il donc penser qu'il eût été aisé de faire réussir une telle conspiration, en supposant même qu'on l'eût choisi pour en être le chef? Une prudence éclairée eût dû supprimer ce passage plus nuisible qu'utile à sa défense. Le général accusé était bien mieux dans la vérité lorsqu'il ajoutait que, s'il avait voulu suivre des plans de conspiration, il aurait dissimulé ses sentiments et sollicité tous les emplois qui l'auraient replacé au milieu des forces de la nation :

« Je savais bien, continua-t-il, que Monck ne s'était pas éloigné
« des armées lorsqu'il avait voulu conspirer, et que Cassius et Brutus
« s'étaient rapprochés du cœur de César pour le mieux percer. »

Moreau protesta de son innocence à la face des hommes et du Ciel, et finit en disant :

« Magistrats, je n'ai plus rien à dire; tel a été mon caractère,
« telle a été ma vie entière; et cependant je suis accusé d'être un
« brigand, un conspirateur. L'homme généreux que j'ai chargé
« de ma défense va, je l'espère, vous convaincre que cette accusa-
« tion n'est pas fondée. Vous savez vos devoirs, la France vous
« écoute, l'Europe vous contemple, et la postérité vous attend ! »

Quoique ces protestations ne pussent pas porter dans les âmes une conviction à laquelle se refusait l'évidence, cette harangue, tout empreinte d'un caractère antique et républicain, fut, à plusieurs reprises, interrompue par les applaudissements de l'auditoire. L'opinion publique, nous le répétons, croyait Moreau victime de la jalousie du premier Consul devenu Empereur : c'était Pompée aux prises avec César.

Les huissiers ne pouvant, malgré leurs efforts, rétablir le calme et le silence, le président annonça que l'audience était suspendue pendant une heure, et la Cour se retira dans la salle des délibérations.

Moreau, dit-on, avait fait composer ce discours par son ami Garat. Napoléon, dans cette circonstance, trouva l'éloquence du membre de l'Institut très-ennuyeuse, et cela se conçoit. Plus tard, lors de la cérémonie de la pose de la première pierre du monument de Desaix à la place Victoire [1], ce fut Garat qui prononça le discours d'usage, qui eut le défaut d'être d'une longueur démesurée. En rentrant aux Tuileries, Napoléon dit à ceux des membres de l'Institut qui l'avaient reconduit dans ses appartements :

« Avez-vous compris quelque chose au galimatias que notre collègue a débité? Quel enfileur de mots! il a parlé pendant deux heures au moins. En vérité, il y a des gens qui ne savent pas se taire. »

Quoi qu'il en soit de l'éloquence de Garat, sa conduite fut noble en cette circonstance, car il avait d'avance la certitude que l'Empereur lui saurait mauvais gré d'avoir prêté sa plume au seul homme dont la gloire militaire, sans pouvoir jamais égaler la sienne, pût le faire regarder comme son émule.

A peine la Cour avait-elle repris séance, que le président appela maître Bonnet, qui cette fois monta à la tribune.

L'indicible intérêt qui s'était attaché au général pendant son discours fut encore fortifié par le plaidoyer de Bonnet. La cause était belle, et l'avocat ne fut pas au-dessous de sa cause. Un seul point était difficile à justifier : c'étaient les entrevues de Moreau avec Pichegru, et le silence sur le projet des conjurés, silence qui devenait

---

[1] La disposition du lieu fut changée, et le monument de Desaix, dont on fit une fontaine, fut érigé au milieu de la place Dauphine, en face le Pont-Neuf, où il est encore.

une sorte de complicité en laissant un libre cours à l'exécution du crime. Mais notre code moderne ne renferme aucune loi qui punisse le silence, tout répréhensible qu'il soit; et pour la trouver cette loi, il eût fallu remonter à Louis XI, et, pour lui en faire l'application, au jugement de l'infortuné de Thou, sous Louis XIII, à ces jugements iniques prononcés par Laubardemont et formulés par Richelieu. Bonnet trouva dans ce rapprochement de notre histoire une citation heureuse : il appuya sur l'ignominie dont s'était couvert Laubardemont, passa sur l'entrevue du boulevard de la Madeleine avec toute la rapidité que lui permettaient les dénégations constantes de Moreau, la mort de Pichegru et le mutisme de Georges. Ce fut là véritablement qu'il sauva son client [1].

L'auditoire était pour ainsi dire suspendu aux lèvres de Bonnet. Jamais avocat ne fut écouté avec un silence plus religieux, jamais l'indépendance du barreau français, toujours la même dans les circonstances les plus opposées, ne fut plus honorable; la magistrature elle-même se fit, en 1804, un devoir d'applaudir à l'éloquence courageuse des Bonnet, des Dommaget, des Billecoq, des Roussiale, des Maugeret, des Petit-d'Hauterive, qui tous plaidèrent d'une manière remarquable dans cette grande affaire, comme elle a applaudi de nos jours à celle des Barrot, des Dupin, des Berryer, des Paillard de Villeneuve et des Mauguin.

Les séances des 7 et 8 juin furent encore remplies par la plaidoirie des avocats [2].

---

[1] Dix ans plus tard, Bonnet, en parlant de cette affaire au duc de Rovigo, alors ministre de la police impériale, lui avoua que si dans son plaidoyer il eût admis comme constante l'entrevue de Moreau avec Pichegru sur le boulevard de la Madeleine, il ne lui serait resté aucun moyen de sauver le général, et que le moindre contact avec Georges, s'il eût été suffisamment prouvé à l'audience, l'eût perdu sans ressource.

[2] Dans son plaidoyer pour les frères Polignac, l'avocat Guichard s'attacha surtout à faire ressortir l'excellence et l'antiquité de la famille de ses nobles clients, en disant, entre autres choses :

« Les Polignac, messieurs, descendent de la maison patricienne des Apolli-

Le samedi 9, M° Gauthier prit le dernier la parole pour Coster Saint-Victor.

Dans un plaidoyer hardi et fertile en incidents, Gauthier s'attira plus d'une fois la censure du président et du procureur-général, qui finirent par lui retirer la parole. Au surplus, on ne pourrait que fausser son opinion sur ces mémorables débats, si l'on s'en rapportait

naire, qui tiraient eux-mêmes leur nom du monument dont les restes se voyaient encore, avant la Révolution, dans le vieux château de Polignac, près du Puy en Velay. Ils jouissaient autrefois du plus beau privilége que les grands puissent exercer sur la terre, celui de faire grâce. »

Puis vint le tour de M° Moynat, pour l'abbé David, qui se borna, pour ainsi dire, à faire passer sous les yeux de la Cour une épître adressée par l'accusé à l'abbé Sicard, son ami, en l'an IX (1801).

« Assurément, dit textuellement M° Moynat, cette épître n'a pas été composée pour la cause que j'ai l'honneur de défendre aujourd'hui devant vous, et ce n'est pas lorsque *l'imagination de mon client était couverte de chaînes*, que son cœur était sous les verrous, qu'il aurait pu penser de si belles et si grandes choses. Il parle dans cette épître, facilement versifiée, des divers mots de la langue qui nous ont gouvernés pendant la Révolution, tels qu'*indivisibilité*, *liberté*, *égalité*, et enfin il arrive au mot *constitution*, et dit :

« Ce mot, pourtant, était né doux et bon ;
» Mais ses mentors l'ont rendu furibond ;
« Ils l'ont séduit dès sa tendre jeunesse,
« Et l'ont courbé vers la scélératesse.

« Après sa mort, il lui naquit deux sœurs,
« Qui, comme lui, n'eurent ni frein ni mœurs.
« Dans le désordre et le crime élevées,
« Du jour bientôt elles furent privées.

« Une autre enfin lui succéda : l'an huit...;
« Mais un héros par la main la conduit.
« L'activité, les talents, la prudence,
« Ont protégé les jours de sa naissance.

« Ah ! celle-ci fait renaître l'espoir !
« Dès son aurore on dut s'apercevoir
« Que la raison, la vertu, la sagesse,
« Elèvent bien cette jeune princesse.

« Voilà comment l'abbé David, mon client, ajouta M° Moynat, a su parler de la journée du 18 brumaire et du héros qui s'est assis sur ses bases inébranlables. Eh bien ! magistrats, vous le voyez ! David jugeait les événements en historien, révé-

aveuglément au compte-rendu des audiences qui parut au fur et à mesure dans les journaux du temps. Les modifications imposées par le pouvoir qui gouvernait alors la presse furent l'objet d'une récrimination amère de la part de Coster Saint-Victor, qui, lorsque Hémart lui eut demandé, selon l'usage, s'il n'avait rien à ajouter pour sa défense, répondit avec beaucoup d'animation :

lant à la postérité les grandes actions, et son imagination poétique savait encore trouver de nouvelles fleurs pour orner et embellir la couronne que la nation vient de poser sur la tête radieuse de Napoléon, notre auguste Empereur. »

Ce pathos de palais, ces vers de confiseurs ne produisirent pas sur les magistrats et sur l'auditoire tout l'effet qu'en attendait M⁰ Moynat. En revanche, celle de Gauthier, qui vint immédiatement après en faveur de Coster Saint-Victor, fut fertile en incidents, et provoqua plus d'une fois la censure du tribunal, qui finit par lui ôter tout à fait la parole.

« Messieurs, avait dit Gauthier en commençant, si un célèbre orateur romain, entreprenant comme moi, pour la première fois, la défense d'un accusé, implorait pour lui-même l'indulgence de ses juges, combien la vôtre ne me serait-elle pas nécessaire, etc. »

Puis, après cet exorde, passant aux faits principaux imputés à Coster dans la conspiration, il s'écria :

« Grand Dieu! toi seul peux lire dans le fond des cœurs, et voilà que d'humbles mortels prétendent en pénétrer les replis! Je ne doute pas, messieurs, qu'en matière de conspiration, il serait trop tard d'attendre une tentative, dont le succès peut, sinon absoudre le coupable, au moins lui assurer l'impunité.

— Mais, que dites-vous là, M⁰ Gauthier? s'écria Thuriot, qui, pendant la plaidoirie de l'avocat, n'avait fait que parler bas à l'oreille de Hémart.

— Je dis, messieurs, continua Gauthier, que lorsque le vertueux Caton professa cette maxime dans le sénat de Rome, les sicaires de Catilina s'étaient déjà liés par d'affreux serments ; que dis-je? l'armée rebelle avait déployé l'étendard de la révolte ; elle était aux portes de Rome ; les projets des conjurés étaient connus, les preuves en étaient certaines, authentiques, incontestables. Oseriez-vous déclarer qu'ici vous connaissez bien clairement les projets des conspirateurs? Non!... Car, songez-y, messieurs, le monde vous observe, il ne se payera pas d'un vain mot. Inutilement votre arrêt, quel qu'il soit... »

Ici le président fit un bond, et interrompant l'avocat :

« Ceci est trop fort! s'écria-t-il : le procureur-général a la parole. »

Celui-ci se leva et dit :

« Tous les amis de l'ordre, tous ceux qui sont faits pour observer l'influence que peut avoir cet ordre, si utile au bonheur et au maintien de la société, ont

« J'ai à ajouter que les témoins à décharge dont j'avais demandé la citation n'ont point paru. J'ajoute, en outre, que je suis surpris qu'on se plaise à égarer l'opinion publique et à déverser l'ignominie, non-seulement sur nous, mais encore sur nos généreux défenseurs. J'ai lu ce matin les journaux d'aujourd'hui, et j'ai vu avec un vif chagrin que les comptes-rendus... »

été étonnés, ont été affligés du genre de défense que le défenseur a adopté. Il semble qu'il ne soit venu ici que pour catéchiser les magistrats; il semble enfin que ceux-ci soient indignes de la place qu'ils occupent; car, quand on se permet de pareilles leçons, on doit avoir une pareille pensée. »

Et, après avoir admonesté l'avocat en termes sévères, le procureur-général termina en disant :

« Au surplus, magistrats, en attendant que la loi indique des moyens de répression plus sûrs que ceux qui existent, le tribunal a toujours sa police intérieure ; il lui est permis de ne pas y admettre un défenseur quand il ne se comporte pas selon que sa mission et son devoir l'exigent; d'après cela, je m'en rapporte à votre prudence.

— Défenseur! demanda Hémart, vous sentez-vous assez de sagesse pour terminer votre plaidoirie dans les bornes qui sont prescrites à ceux de votre ordre?...»

L'avocat ne répondit rien et demeura, comme il l'avait fait pendant le réquisitoire de l'avocat-général, assis et la tête appuyée sur ses deux mains.

« Vous connaissez, je vous le répète, Me Gauthier, reprit le président, les faits qui sont imputés à votre client; vous aurez toute la latitude pour discuter ces faits, mais à la condition que vous ne vous permettrez aucune sortie inconvenante, et qu'il ne vous arrivera plus de manquer de respect à la justice. »

L'avocat ayant continué de garder le silence, le président dit en élevant la voix :

« Allons, à un autre. »

Mais au moment où Me Roussiale se disposait à prendre la parole, Gauthier se leva, et, se tournant vers Coster Saint-Victor, auquel l'incident qui venait de s'élever n'avait rien fait perdre de son calme ordinaire, il lui dit d'un ton pénétré :

« Coster, vous m'aviez chargé de votre défense; vous m'aviez invité à y déployer du courage... Je pense n'en avoir pas manqué. De mon côté, je vous avais conseillé la modération, et je vous avais promis l'exemple. Cependant, vous venez de l'entendre, il paraît que mes calculs m'ont trompé; une bouche plus éloquente que la mienne est digne de terminer votre défense; quant à moi, je suis quitte envers vous : mon ministère est fini. »

A ces mots, Coster, visiblement ému, avait adressé un salut gracieux de remerciement à son avocat qui, après avoir placé sous son bras le volumineux dossier qu'il avait devant lui, était immédiatement sorti de la salle.

Ici le président interrompit Coster en lui faisant observer que ces faits étaient étrangers à sa cause.

« Point du tout, reprit Coster, la réclamation que j'ai l'honneur de faire au tribunal tient essentiellement à ma cause et à celle de mes malheureux coaccusés. Les comptes-rendus ont défiguré d'une manière déplorable la plaidoirie de plusieurs de nos défenseurs. Je manquerais à la reconnaissance que je dois au mien, interrompu si intempestivement par l'accusateur public, si je ne rendais pas ici un hommage sincère au zèle et au talent qu'il a déployés pour moi. Je proteste donc contre les inepties que les folliculaires du gouvernement ont mises dans la bouche de ces citoyens courageux, et je prierai ici Mᵉ Gauthier de me continuer ses généreux secours jusqu'à mes derniers moments. »

A peine Saint-Victor avait-il achevé, que Picot se leva et dit d'un ton plein de colère :

« Moi, j'ai à dénoncer qu'en arrivant à la Préfecture de police, le jour de mon arrestation, on a commencé par m'offrir 200 louis d'or qu'on a comptés devant moi, sur la table, et ma liberté, si je voulais déclarer la demeure du général Georges, mon maître. J'ai répondu que je ne la connaissais pas, et c'est la vérité, puisqu'il était toujours comme en camp-volant. Alors le citoyen Bertrand a dit à l'officier de garde d'apporter le chien d'un fusil de munition avec un tourne-vis, pour me serrer les pouces ; puis on m'a attaché et on m'a serré les doigts.

— Ceci n'est que le résultat de la leçon que probablement on vous aura faite, et que vous mettez à la place de la vérité, dit Hémart.

— C'est la vérité pure, répliqua Picot. Les soldats du poste peuvent le dire ; j'ai été chauffé au feu, et j'ai eu les doigts écrasés.

— Comment se fait-il que ce soit la première fois que l'accusé fasse mention de cette circonstance ? demanda Thuriot.

— Parbleu ! vous le savez bien ! Quand vous m'avez interrogé vous-même au Temple, ne m'avez-vous pas dit qu'on arrangerait cela ? et c'est resté là.

— Vous ne m'avez jamais dit un mot, dans vos déclarations, de ce dont vous vous plaignez aujourd'hui, répliqua Thuriot.

— Si je ne vous en ai pas parlé depuis, c'est que j'ai eu peur qu'on ne recommençât à me chauffer et à m'estropier.

— Accusé ! s'écria le procureur-général, vous pouvez dire des mensonges ; mais vous devez vous comporter avec plus de décence en présence de la justice.

— Comment ! s'écria à son tour Picot, en proie à la plus grande exaltation, vous voulez peut-être que je vous remercie et que je vous dise des politesses ! Eh bien ! merci !

— C'est assez ! taisez-vous ! » dit à son tour Hémart d'un ton impératif. Et, s'adressant à Georges : « Avez-vous quelque chose à ajouter à votre défense ? » lui demanda-t-il.

Georges se leva et dit :

« Je n'ai que très-peu de mots à ajouter aux paroles éloquentes prononcées par mon défenseur. Le gouvernement ne voulant pas ratifier certaines conventions passées entre le général Brune et moi, j'ai dû croire qu'il ne ratifierait rien, et qu'il me sacrifierait tôt ou tard. J'ai donc cru devoir prendre mes sûretés; mais la preuve que je tenais à la paix, c'est que depuis je n'ai pas fait la guerre, et cependant j'aurais pu facilement la recommencer en Vendée.

« Toujours attaché à la France et à la famille des Bourbons, toutes les nouvelles que je recevais du continent m'annonçaient que l'opinion publique était fortement prononcée en leur faveur. Au moment de la rupture du traité d'Amiens, je n'ignorais pas qu'il avait été question de proclamer Bonaparte empereur. Ce fut alors que je me déterminai à passer en France, avec quelques amis, pour voir par moi-même si l'esprit public était tel qu'on nous l'avait annoncé. Je ne sais pas si ces démarches ont le caractère qui constitue une conspiration. Je ne suis pas assez familiarisé avec les lois françaises pour en juger; vous les connaissez mieux que moi, messieurs; je laisse donc à vos consciences à en décider. »

Pour ne pas répéter la formule que, selon l'instruction du code criminel, le président est obligé d'adresser à un accusé avant de prononcer sur son sort, nous nous bornerons à citer les noms et les réponses de ceux des accusés qui, en raison de leur qualité et de leur position, offraient quelque intérêt. Ainsi Moreau, interpellé à son tour par Hémart, répondit :

« Il n'y a au procès ni écrits, ni témoins qui déposent contre moi. Il est évident que mes liaisons avec David sont loin d'être criminelles, et qu'elles n'ont eu pour but que le rappel du général Pichegru dans sa patrie. Quant à ma réconciliation avec ce dernier, elle est du ressort de l'opinion publique, et je suis loin de la redouter. Mais ce qui est clair comme le jour, c'est que j'ai rejeté avec indignation toutes les ouvertures qui m'ont été faites de la part des anciens princes français. La seule charge peut-être qui existe contre moi au procès, est une causerie intime entre moi et Rolland, tronquée forcément par lui, évidemment dictée par l'interrogatoire, provoquée par l'espérance ou par la crainte, et adoptée par un homme qui a cru y trouver un moyen de salut. En définitive, dans cette conspiration imprévue, on ne trouve pas le moindre complice, ni dans l'armée, ni dans les autorités, ni parmi les citoyens. »

BOUVET DE LOZIER. — « Je m'en rapporte à l'humanité de mes juges et à la clémence de l'Empereur. »

ARMAND GAILLARD. — « Ce n'est qu'à cause de mon malheureux frère que j'ai donné une espèce d'adhésion à un projet qui avait pour but de rétablir la monarchie; mais ce rétablissement était fondé, d'après ce qu'on m'avait dit, sur un plan qui avait pour base l'opinion publique. Je n'ai jamais pensé qu'un roi de France pût remonter sur le trône de ses ancêtres au moyen du plus lâche des crimes, un assassinat ! C'est vous dire, messieurs, que j'attendrai avec le calme de l'innocence l'arrêt que votre justice prononcera. »

LAJOLAIS. — « On ne m'a jamais communiqué aucun plan de conspiration ; donc je ne pouvais pas être un agent de conspiration. Il me semble que mon raisonnement est logique. »

L'ABBÉ DAVID. — « Pélisson n'abandonna pas le surintendant

Fouquet dans sa proscription, et la postérité ne lui en a fait aucun reproche. Ce trait fait plus d'honneur à Pélisson que ses ouvrages. J'espère que mon attachement pour Pichegru pendant sa proscription ne me fera pas plus de tort que celui de Pélisson pour Fouquet pendant sa détention. L'Empereur doit avoir des amis, il doit même en avoir beaucoup, parce que, de même que Sylla, personne n'a fait plus de bien à ses amis. Je suppose qu'à la journée de brumaire il eût manqué son coup : il eût été proscrit, sans doute...

— Ce que vous dites là n'a pas le sens commun, interrompit le président.

— Il eût été proscrit, sans doute, continua David.

— Taisez-vous! s'écria Thuriot.

— Je continue, magistrats; et, je vous le demande, blâmeriez-vous ceux qui, malgré sa proscription, correspondraient avec lui et travailleraient à le faire rappeler? »

Pendant ce discours, Thuriot, qui n'avait pas cessé de s'agiter sur son siége en regardant ses assesseurs, s'écria avec colère :

« Les paroles que nous venons d'entendre sont d'une inconvenance...

— Magistrats! interrompit à son tour David avec beaucoup de calme, ma vie est dans vos mains; je ne crains pas la mort; je sais que quand, en révolution, on veut demeurer honnête homme, on doit s'attendre à tout et se résoudre à tout. »

RUZILION. — « Je n'ai qu'à remercier franchement mon éloquent défenseur, M. Le Bon, des généreux efforts qu'il a faits pour prouver mon innocence au tribunal. »

HERVÉ. — « Vous voyez en moi, mes bons juges, un vieux soldat qui n'a eu d'autre intention, en venant à Paris, que de solliciter son incorporation dans une compagnie de vétérans. Vous en avez la preuve sous les yeux; je ne vous dis que cela; suffit, je me conformerai à l'ordonnance. »

BURBAN. — « On m'a accusé d'avoir donné un coup de poignard à un mouchard. Pour qui me prend-on? Est-ce que j'aurais donné un coup de poignard à un mouchard, moi! C'eût été me déshonorer. Je lui eusse donné tout simplement mon pied...

— Assez! interrompit le président; à un autre.

— Mais vous ne me laissez pas achever, reprit Burban. Je n'ai pas pu donner de coups de poignard à un mouchard, puisque je n'ai pas rencontré de mouchard; voilà ce qu'aurait dû dire mon défenseur, et c'est justement ce qu'il a oublié. C'était important. »

PIERRE CADOUDAL. — « Je vous dirai que, lors de mon arrestation, le gendarme qui s'est présenté s'est arrêté à cinq ou six pas de moi. Je lui ai dit : « Avancez, gendarme, n'ayez pas peur. » Mes pistolets chargés étaient dans ma ceinture, à la mode de mon pays; j'avais, de plus, un poignard dans ma poche. Il n'y avait que lui et moi. Or, si j'avais voulu *détruire* ce gendarme, cela m'était bien facile, et je sais comment on *opère*. Au lieu de cela, je me suis laissé prendre au collet par lui, et je lui ai même offert un verre de vin. Vous voyez bien que je suis innocent de cette conspiration. »

CHARLES D'HOZIER. — « Tout mon crime, si crime il y a, est d'avoir avoué que j'avais procuré des logements à mes coaccusés. Je l'ai avoué dès le premier moment de mon arrestation. M. le procureur général a requis contre moi la peine de mort; et pourquoi? Non pour avoir procuré ces logements, mais pour avoir fait l'aveu de mon opinion politique. Vous savez, messieurs, si cette opinion m'a jamais empêché de me soumettre aux lois du pays que j'habite. J'attends donc avec grande confiance votre décision à mon égard. »

CARON. — « Messieurs les juges, comme vous connaissez mon innocence, je demande que vous ordonniez ma mise en liberté sur-le-champ pour aller à ma boutique rassurer ma famille, qui doit être très-inquiète de moi; cependant si la chose n'était pas possible aujourd'hui, j'attendrais jusqu'à demain. »

PICOT. — « Faites de moi tout ce que vous voudrez, et n'en parlons plus. »

NOEL DUCORPS. — « Je ne vous demande qu'une chose, si vous me condamnez : on a saisi sur moi, lors de mon arrestation, une cinquantaine de francs, produit de mon travail; j'ai une pauvre mère que ma position a réduite à la mendicité. Je vous en supplie, messieurs, rendez-lui ce peu d'argent et abandonnez-lui mes dépouilles : je serai content. »

LA FILLE IZAY. — « Je n'ai à vous dire qu'une chose ; c'est que je suis une pauvre fille qui n'a à se reprocher qu'un moment de faiblesse pour un homme ; mais j'ai toujours été sage et honnête. Hélas! messieurs, si l'on condamnait toutes les femmes que je connais...

— C'est assez! interrompit vivement le président.

— On a voulu faire croire à la justice que j'étais une voleuse, continua l'accusée.

— Taisez-vous, vous dis-je, la Cour appréciera. »

JULES DE POLIGNAC. — « Comme j'étais trop ému après le discours de mon frère, je n'ai pu que prêter une légère attention à ma propre défense. Plus tranquille à présent, j'ose espérer, messieurs, que ce que vous a dit Armand ne vous engagera pas à avoir égard aux vœux qu'il vous adressait en ma faveur. Je le répète, au contraire : s'il faut que l'un de nous succombe, il en est temps encore, sauvez-le, rendez-le aux larmes d'une épouse ; je n'en ai point, moi. Plus que lui je puis braver la mort ; trop jeune encore pour avoir goûté la vie, puis-je la regretter?

— Non ! non ! s'écria Armand en se jetant tout éploré au cou de son frère, qu'il étreignit convulsivement, tu ne mourras pas, toi! c'est moi... Je t'en prie..., mon cher Jules... »

A ces paroles, les larmes coulèrent des yeux de tous les assistants. Hémart se hâta de mettre fin à ce combat si touchant de dévouement fraternel, en disant de sa voix sévère :

« La séance est levée ; le tribunal va délibérer. »

Il n'était encore que onze heures du matin lorsque la Cour se retira dans la salle du conseil. Depuis le commencement des débats, l'affluence, loin de diminuer, s'était chaque jour accrue : elle était immense ce jour-là ; et, quoique l'on prévît bien que le jugement ne serait prononcé que fort tard, pas un des assistants ne quitta la salle, dans la crainte de ne plus retrouver sa place quand la Cour rentrerait en séance.

ARRÊT DE LA COUR.

Cependant, il fallait formuler la sentence. Le procès de Moreau eût porté un coup funeste au pouvoir s'il n'eût été suivi de la condamnation du général. Aussi Réal avait-il dû insinuer confidentiellement aux magistrats que, si Moreau était acquitté, le gouvernement se verrait obligé de faire un coup d'État.

« Si vous le condamnez, leur avait-il dit, l'Empereur lui fera grâce. »

On a prétendu, à tort sans doute, que Napoléon sentait tellement la nécessité d'obtenir cette condamnation, qu'il avait chargé quelques intimes de visiter les amis des juges, et, pour obtenir ce résultat, de leur faire des offres de places et d'argent; mais on a dit aussi que ces offres avaient été repoussées par le plus grand nombre.

Un des membres du tribunal a cru devoir faire connaître, dix ans plus tard, le secret des délibérations de la salle du conseil. D'après un écrivain consciencieux et bien instruit, voici ce qui s'y serait passé :

« Thuriot, le premier de tous, proposa d'abord de condamner
« Moreau à la peine de mort, en répétant à ses collègues ce que Réal
« lui avait dit : *Que l'Empereur lui ferait grâce.*

« — Et qui nous la fera, à nous? » répliqua Clavier.

Ce mot sublime était digne des beaux temps de la vieille magistrature française.

Hémart, Selves et Granger opinèrent comme Thuriot. Bourguignon proposa l'*excuse*, sorte de circonstance atténuante qui éloignait la peine capitale. Dameuve, Clavier, Laguillaumie, Rigaud, Desmaisons et Martineau, votèrent l'absolution. Lecourbe déclara qu'il ne voyait pas même l'ombre d'une conspiration dans les pièces du procès. Ainsi, sur douze juges, sept se déclarèrent pour Moreau ou le tinrent *excusable;* quatre seulement se prononcèrent pour une condamnation.

Hémart refusa de fermer la discussion : Thuriot menaça ses collègues :

« Vous voulez, leur dit-il, mettre Moreau en liberté. Eh bien! on ne l'y mettra pas! Vous forcerez le gouvernement à faire un coup d'État, je le sais pertinemment, car ceci est une affaire politique bien plutôt qu'une affaire judiciaire.

— L'acquittement du général, dit Hémart, sera un signe de guerre civile. Les personnes étrangères attendent l'issue de ce procès pour reconnaître officiellement Bonaparte comme empereur. Il est des sacrifices que la sûreté de l'État a le droit d'exiger de ses magistrats. »

Alors Lecourbe prenant la parole, dit avec une chaleureuse vivacité :

« M. le président viole ouvertement le principe moral et conservateur qui déclare l'accusé acquitté quand la majorité des voix est pour lui. C'est un crime de lèse-humanité, c'est un crime de lèse-justice qu'aucune considération ne peut excuser.

— Monsieur, tant que l'arrêt n'est pas prononcé, répliqua Hémart avec aigreur, le juge a la faculté de modifier, ou même de rétracter son opinion. »

Dès ce moment, la majorité des juges devint incertaine en présence de considérations si extraordinaires.

Un de ceux qui avaient voté pour la peine capitale, Granger, revint à l'avis de Bourguignon; Selves suivit son exemple. Laguillaumie et Clavier, craignant de perdre le général en voulant le sauver, cédèrent à la majorité de leurs collègues. Lecourbe et Rigaud persévérèrent seuls dans leur opinion, et protestèrent contre le jugement qui allait condamner un accusé reconnu innocent : la délibération dura vingt-quatre heures.

Enfin, le dimanche 10 juin, à quatre heures du matin, une stupeur générale frappa la foule qui était demeurée dans l'enceinte du tribunal, lorsqu'un coup de sonnette annonça que les juges allaient rentrer en séance. La clarté lugubre que jetaient dans cette salle immense quelques flambeaux épars, la présence inattendue de la force armée qui avait envahi le prétoire, tout donnait à cette scène, déjà si imposante, un caractère particulier de pathétique terreur. Un instant après, un second coup de sonnette, plus violent que le premier, se fit entendre encore, et Hémart, suivi de tous les juges marchant lentement, vint, au milieu du plus morne silence, prendre sa place sur son siége, tenant à la main une grande feuille de papier : c'était l'arrêt du tribunal.

Les accusés furent introduits successivement et par catégories de pénalité [1]. Il résultait de la sentence longuement motivée, que lut le président, que Georges Cadoudal, Bouvet de Lozier, Ruzilion, Rochelle, Armand de Polignac, Charles d'Hozier, de Rivière, Louis Ducorps, Picot, Lajolais, Roger, Coster Saint-Victor, Deville, Armand Gaillard, Joyan, Burban, Lemercier, Pierre Cadoudal, Lehan, et Mérille étaient condamnés à la peine capitale.

Pendant le prononcé de cet arrêt, il régna dans l'auditoire une profonde anxiété ; chacun des spectateurs craignait d'entendre retentir un nom qui, bien plus que les autres, excitait un puissant intérêt. On fut comme soulagé d'un poids immense en entendant le président prononcer le reste du jugement ainsi conçu :

« Et attendu que Jean-Victor Moreau, Jules de Polignac, Le-
« ridant, Rolland et la fille Izay, sont coupables d'avoir pris part
« à la conspiration, mais qu'il résulte de l'instruction et des débats
« des circonstances qui les excusent, la Cour réduit la peine qu'ils
« ont encourue à deux années d'emprisonnement. Elle acquitte les
« autres détenus [2]. »

[1] Ceux qui devaient être acquittés entrèrent les premiers ; puis vinrent ceux qui n'étaient passibles que de l'emprisonnement : les condamnés à mort furent amenés les derniers.

[2] Couchery, l'abbé David, Hervé, Lenoble, Lagrimaudière, Noël Ducorps, Datry, Even, Troche père et fils, Monnier et sa femme, Verdet Spin, Dubuisson et sa femme, Caron, les époux Gallois et Denand. Toutefois, des réserves furent faites

Ce jugement rendait tous les condamnés passibles des frais énormes de la procédure. En conséquence de la solidarité attachée à l'arrêt, MM. de Polignac, de Rivière et autres, étaient tenus d'acquitter, vis-à-vis de Moreau et de ses ayants cause, leur quote-part des frais, obligation contre laquelle il n'y a prescription qu'après trente ans révolus. A son retour en France, en 1814, Louis XVIII exempta MM. de Polignac et de Rivière de cette dette, que le fisc s'était empressé de leur réclamer par voie judiciaire.

Après le prononcé de l'arrêt, on ne remarqua sur la figure des condamnés à mort ni jactance, ni dédain. Leur physionomie resta calme et résignée; aucun d'eux ne fit entendre la moindre récrimination; seulement Georges, qui se trouvait placé à côté de M. de Rivière, lui dit au moment où ils sortirent du tribunal :

« Maintenant que nous avons terminé avec le roi de la terre, il faut nous mettre en règle avec le roi du ciel. »

Un moment après, Billecoque vint à la Conciergerie visiter M. de Rivière. Du plus loin que ce dernier aperçut son éloquent défenseur, il courut à lui, l'embrassa et lui dit en souriant :

« Eh bien! mon ami, c'est comme dans l'Enéide, vous n'avez embrassé qu'une ombre. »

Dans la matinée, Réal eut un entretien avec Georges à la Conciergerie, à la suite duquel il fit appeler M. de Rivière au greffe.

« L'Empereur, qui apprécie le courage et la fidélité, dit-il à celui-ci, vous fait grâce de la vie; bien plus, il vous verrait avec plaisir entrer au service, persuadé que vous tiendriez votre parole, si vous la donniez : voudriez-vous un régiment?

— Je serais heureux et fier de commander à des soldats français, répondit M. de Rivière; mais jusqu'à présent j'ai servi de cœur et d'âme un autre drapeau, je ne puis accepter.

— Vous avez suivi la carrière diplomatique : voudriez-vous être un de nos ministres en Allemagne?

par le procureur général contre Verdet, Denand et sa femme, ainsi que pour les époux Dubuisson.

— Je n'ai été envoyé qu'accidentellement dans les cours étrangères par le roi et *Monsieur*. J'étais votre ennemi : que penseraient de moi les souverains en me voyant négocier pour des intérêts contraires à ceux que j'ai défendus jusqu'à présent? Je perdrais leur estime et la mienne ; puis-je accepter, je vous en fais juge?

— Eh bien! entrez dans l'administration : voulez-vous une préfecture?

— Je ne suis qu'un soldat. Je suis étranger à l'administration et aux lois nouvelles qui régissent la France depuis mon émigration. Je serais un trop mauvais préfet.

— Mais alors, que voulez-vous?

— Subir ma peine! »

Il faut rendre cette justice à Réal, il ne se formalisa pas des paroles pleines de franchise de M. de Rivière ; au contraire, il l'en estima davantage, et fut un de ceux qui intercédèrent le plus pour lui.

« Vous êtes loyal! lui dit-il en se retirant ; si je puis vous être utile, disposez de moi. J'avais ordre de vous envoyer à Fontainebleau dans le cas où vous auriez accepté ce que j'avais à vous proposer ; mais puisqu'à mon grand regret vous voulez subir votre sort, vous resterez ici. »

Le même jour, en revenant de son hôtel, où il avait du monde à dîner, Réal dit encore aux personnes qui l'attendaient dans son salon :

« J'arrive de la Conciergerie. J'ai vu M. de Rivière, j'ai causé longtemps avec Georges. Celui-là surtout est vraiment un homme extraordinaire. Je lui ai dit que j'étais disposé à demander sa grâce à l'Empereur, qui bien certainement me l'accorderait s'il voulait promettre de ne plus conspirer contre son gouvernement, et accepter du service dans l'armée ; j'ai beaucoup insisté, tout a été inutile ; il a résisté à toutes mes ouvertures, et il a fini par me dire : « Mes amis et mes camarades m'ont suivi en France, je les « suivrai à la mort. »

On verra bientôt si Georges tint parole. Certes, ceux auxquels

Napoléon faisait faire de telles offres, dans le fond d'un cachot, par l'intermédiaire de celui de ses conseillers d'État qui devait être le plus en faveur à cette époque, ne pouvaient pas être des *brigands*, comme la police, dont le vocabulaire reste le même sous tous les régimes, voulait bien le dire dans les placards dont elle n'avait cessé de tapisser les murs de la capitale.

La durée de ce procès avait été une véritable crise, non que des mesures de prudence et même de répression n'eussent pourvu à tout, de manière à n'avoir aucun danger à craindre ; mais pour un gouvernement qui s'établissait, une émeute eût produit un effet fâcheux sur l'opinion européenne.

Ce ne fut pas d'ailleurs un spectacle de peu d'intérêt que cette lutte de deux grandes gloires militaires devant un tribunal criminel, lutte inégale en apparence, puisque l'un des rivaux était dans les fers, tandis que l'autre venait de monter sur le trône, mais égalisée par les esprits qui portaient au plus faible, en préventions favorables, tout ce qui lui manquait en force extérieure.

Parmi les personnes qui manifestèrent le plus hautement leurs sympathies pour Moreau, on distingua les généraux Lecourbe et Macdonald. Le dévouement à l'homme que l'on croit injustement opprimé est toujours digne d'éloge. Le général Macdonald eut un mérite de plus : il n'avait jamais été dans des rapports intimes avec Moreau, dont il croyait, au contraire, avoir eu à se plaindre dans la campagne de 1799. Ce ressentiment fut oublié dès l'instant où il le vit malheureux. Plus tard, dans une mutation de fortune plus grande encore, Fontainebleau vit le maréchal Macdonald, l'un des derniers, rester fidèle à Napoléon, forcé d'abdiquer l'empire.

GRACES SOLLICITÉES ET OBTENUES.

Le jugement qui condamnait à la peine de mort vingt individus excita dans Paris une sensation unanime de pitié, plus vivement sentie peut-être par la famille impériale que par tous ceux qui lui étaient dévoués. Depuis l'époque du tribunal révolutionnaire, jamais procès n'avait compris une si grande masse de victimes. L'arrêt de la Cour, crié dans les rues de la capitale, devint la préoccupation des salons comme celle des ateliers. Une sorte de terreur régna partout. « Tant de têtes allaient-elles être livrées au bourreau? Ferait-on grâce à quelques-uns? » Telles étaient les questions que s'adressaient tout bas les personnes qui entouraient le nouvel empereur, et notamment Joséphine, sa fille, Mme Louis, connue plus tard sous le titre de *la reine Hortense*, et ses belles-sœurs. Alors ce fut à qui se chargerait d'obtenir du souverain la grâce d'une des victimes. Les généraux, les aides de camp, depuis Murat jusqu'à Rapp, supplièrent Napoléon pour qu'il accordât une grâce commune et générale. C'était une noble action : les échafauds n'ont jamais consolidé un pouvoir qui commence. Joséphine se chargea donc d'obtenir la grâce du comte Armand de Polignac, que Mme de Montesson, malgré son grand âge, et Mme de Polignac elle-même, étaient venues lui demander à Saint-Cloud : mais on fut forcé, pour ainsi dire, de vaincre la répugnance de M. de Rivière pour obtenir qu'il acceptât la sienne.

« Pourquoi moi seul et pas tous? objecta-t-il. Ai-je donc été moins fidèle que les autres? S'ils meurent, pourquoi vivrais-je! »

On craignit un moment qu'il ne s'opposât, par quelques protestations, aux démarches qu'on voulait faire en sa faveur. Les larmes de sa famille et de ses amis triomphèrent de sa résistance, et l'on obtint, sinon son adhésion formelle, du moins son consentement tacite. Mlle de Riffardeau, sœur de M. de Rivière, avait obtenu une audience de l'Impératrice, qui, tout en la recevant avec sa bienveillance accoutumée, lui avait fait cependant quelques observations :

« M. de Rivière, lui avait-elle dit, a l'air d'un chef de parti ; c'est, après Georges, l'homme qui s'est mis le plus en évidence de tous ceux qui ont été condamnés; peut-être serait-il bien qu'il écrivît directement à l'Empereur.

— Hélas! madame, avait répondu Mlle de Riffardeau à Joséphine, je vois bien que le caractère de mon frère n'est pas connu de Votre Majesté : il ne voudra pas écrire, et moi-même je n'oserais le lui proposer.

— Eh bien! revenez demain; je tâcherai d'arranger cela, et j'espère vous donner une bonne nouvelle. »

Le lendemain, Joséphine présenta elle-même Mlle de Riffardeau à Napoléon, qui accorda à M. de Rivière une commutation de peine.

Mlle de Riffardeau s'empressa d'aller en informer son frère, qui était tellement affecté du sort réservé à ses compagnons, que, pour toute réponse, il fit entendre ces paroles :

« Allons! il y a trois jours on me condamnait à mourir; aujourd'hui on me condamne à vivre. Que la volonté de Dieu soit faite! »

M. de Lavalette, qui, onze ans plus tard, devait solliciter pour son propre compte une grâce semblable, que les Bourbons, il faut le dire, refusèrent à sa femme, bien qu'elle fût nièce d'une impératrice et cousine de deux reines; M. de Lavalette, disons-nous, conduisit lui-même Mlle Lajolais à Saint-Cloud, où l'attendait la princesse Louis. Celle-ci plaça la pauvre enfant dans le *salon bleu*, par où elle savait que son beau-père devait passer pour aller au Conseil. Mlle Lajolais se jeta aux pieds de l'Empereur; ses larmes, ses supplications, la chaleur d'âme de cette jeune personne, âgée tout au plus de douze ou quatorze ans, qui s'attacha à ses pas avec une sorte de violence convulsive, lui firent accorder la grâce de son père.

L'impératrice Joséphine, Mme Murat, et ses deux sœurs, les princesses Elisa et Borghèse, se chargèrent conjointement de solliciter la grâce de MM. Rochelle de Bercy, Bouvet de Lozier et Charles d'Hozier.

La duchesse de Laforce, qui avait imploré la clémence de l'Empereur en faveur de Coster Saint-Victor, ne put rien obtenir; Napoléon se montra inexorable pour ce condamné. Il courut alors, au sujet du malheureux jeune homme, une anecdote que nous avons entendu raconter dans le temps, mais qui, bien évidemment, ne pouvait être que le fruit d'une imagination oisive. On disait que

Grâce pour mon père, Sire!

Saint-Victor, et la nature de son caractère pouvait le faire supposer, avait trouvé un asile chez une belle actrice très en vogue et placée fort avant dans les bonnes grâces du premier Consul. On ajoutai que Bonaparte, qu'elle n'attendait pas, était venu lui rendre visite, et qu'il s'était trouvé, sans le savoir, en présence de Saint-Victor, qui aurait pu disposer de sa vie, puisqu'il était toujours armé ; mais que, dans cette rencontre de rivalité galante, il n'y avait eu entre eux qu'un échange de courtoisie. Ce conte n'avait évidemment d'autre but que de rendre Napoléon odieux. La malignité se réservait sans doute, dans le cas où l'infortuné eût été condamné et non gracié, d'attribuer l'inflexibilité du souverain à une vengeance d'amant jaloux, et ce fut ce qui arriva ; mais l'anecdote est complétement absurde.

Georges avait écrit à Murat, le lendemain de sa condamnation, une lettre très-noble de sentiments et d'esprit, dans laquelle il implorait, non pas sa grâce, mais celle de ses compagnons. Le gouverneur de Paris ne la lut pas sans émotion. Il demandait cependant à se jeter sur les côtes d'Angleterre, si on voulait lui accorder la vie. « Ce ne sera, disait-il, qu'échanger de genre de mort, et du moins celui-là sera-t-il utile à mon pays. » Cette supplique fut lue en conseil particulier. Napoléon se montrait disposé à lui accorder sa demande, lorsqu'on lui représenta que Georges et sa *bande* avaient tué, dans une rue de la capitale, des fonctionnaires publics : « Que ce crime ne pouvait obtenir de miséricorde ; que ce serait ménager des assassins et décourager ceux chargés de le défendre, lui, Empereur ; que Georges, *homme obscur* dans son parti, n'était, après tout, qu'un chef de *brigands* devenu fameux seulement par des actions atroces, et qu'enfin il ne fallait en punir aucun si celui-là était épargné. » Mais Murat, qui avait senti plus vivement que personne le besoin d'inaugurer le nouveau règne par des actes de clémence, revint à la charge. Murat, soldat de fortune, était susceptible des plus nobles inspirations ; aussi dit-il à Napoléon :

« Sire, Georges est très-coupable, sans doute ; mais dans les guerres civiles les circonstances seules déterminent, en dernier résultat, quels sont les coupables. Georges défendait une cause qu'il croyait juste. Est-il moins excusable sous ce rapport que MM. de Polignac et de Rivière; que les émigrés, leurs complices, qui ont tranquillement vécu dans l'aisance à Londres et qui ne se sont pas exposés, comme lui, aux coups de fusil? Si Votre Majesté fait grâce aux Polignac et aux autres, pourquoi n'userait-elle pas de clémence envers Georges? Est-ce parce que ceux-ci sont nobles et que Georges ne l'est pas? Mais ce serait une raison de plus pour l'épargner. Georges est un homme de grand caractère, et si Votre Majesté daigne lui accorder la vie, je le prends, moi, pour mon aide de camp.

— Parbleu! je le crois bien! et moi aussi, avait répondu Napoléon.

— Une fois sa parole donnée, reprit Murat, je répondrais de lui comme de moi-même.

— Mais, interrompit l'Empereur avec impatience, ce diable d'homme voudrait que je fisse grâce à tous ses compagnons! c'est impossible. Il en est parmi eux qui ont commis des assassinats en pleine rue. Au surplus, le Conseil s'est prononcé. »

Dans le nombre des autres condamnés à mort se trouvait encore Armand Gaillard. Grâce aux touchantes sollicitations de sa sœur, il obtint la remise de cette peine. Venue en toute hâte de Rouen à Paris, Mlle Gaillard fut assez heureuse pour obtenir une audience particulière de Joséphine, dont le cœur était accessible à tous les sentiments nobles et généreux, et qui plaida elle-même auprès de Napoléon la cause de M. Armand Gaillard, et cette tâche lui fut d'autant plus facile, que tout son crime dans cette malheureuse affaire se réduisait à une erreur.

On avait encore tenté, mais vainement, de fléchir Napoléon en faveur d'un dernier condamné, le major Ruzilion. L'Empereur avait même défendu qu'on lui en parlât davantage, en disant :

« Qu'ils me jettent toute l'Europe sur les bras, c'est à moi de me défendre, l'attaque est légitime; mais qu'ils fassent sauter tout un quartier; que, pour m'atteindre seul, ils n'aient pas craint de faire périr ou d'estropier plus de cent personnes, et que maintenant ils m'envoient cinquante brigands pour m'assassiner, cela est trop fort. Je leur ferai verser des larmes de sang. Ils apprendront à leurs dépens ce que c'est que légitimer l'assassinat. »

Il est vrai qu'à tort ou à raison Napoléon était persuadé que Ruzilion avait trempé dans l'affaire de la machine infernale. Quoi qu'il en soit, le jour même de l'exécution, à six heures du matin, le banquier Schérer accourut tout en pleurs à Saint-Cloud et demanda à Rapp de solliciter la grâce de son beau-frère Ruzilion. Il était accompagné de quelques Suisses, ses compatriotes, tous parents du condamné

« Nous savons bien, disent-ils à l'aide de camp de Napoléon, que le major a mérité la mort; mais il est père de famille, et c'est plutôt pour ses enfants que pour lui que nous venons implorer la clémence impériale. »

Rapp descend, entre dans la chambre à coucher de l'Empereur, qui achevait de s'habiller, et lui expose le motif de sa matinale visite.

« Quel est celui-là? lui demande Napoléon, comment s'appelle-t-il?

— Ruzilion, Sire.

— Il est mille fois plus dangereux, mille fois plus coupable que Georges! s'écrie l'Empereur avec un geste de fureur.

— C'est possible, Sire; mais faites-lui grâce, non pour lui, mais pour tant de braves gens qui ont assez gémi de ses sottises. Votre Majesté fera une bonne action.

— Eh bien! dit Napoléon en s'adressant à Corvisart qui était présent, vous l'entendez: voici comment mes aides de camp me traitent; ils ne craignent pas de me donner des leçons.

— Sire, ce n'est pas une leçon, reprit Rapp avec sa franchise accoutumée, c'est un bon conseil.

— A la bonne heure », fit Napoléon en arrachant le papier des mains de son aide de camp.

Puis, après avoir écrit en marge de la supplique ce seul mot : *Approuvé*, il lui rendit le papier, en ajoutant d'un ton plus doux :

« Envoie au plus vite un courrier, car le temps presse, et, si je ne me trompe, ce doit être pour aujourd'hui. »

Ce fut ainsi que Ruzilion obtint grâce de la vie : ce fut ainsi que l'homme, que ses détracteurs ont représenté comme altéré de sang et de vengeance, en agit. Nul, dans cette pénible circonstance, ne s'approcha de sa personne sans obtenir grâce pour un parent ou pour un ami.

RÉSUMÉ IMPARTIAL.

La veille du jour qui avait été fixé pour l'exécution des condamnés, l'Empereur fit dire à Bourrienne de venir lui parler à Saint-Cloud.

Depuis la dernière fois que Bourrienne avait vu Napoléon, il s'était passé tant d'événements, que, malgré la conduite circonspecte qu'il avait tenue, il craignait qu'on eût cherché, par quelques rapports secrets, à le noircir dans son esprit. Aussi en arrivant au palais était-il fort inquiet; mais à peine fut-il introduit dans le cabinet impérial que toutes ses craintes s'évanouirent en voyant Napoléon venir à lui, et, selon son habitude, lui pincer familièrement l'oreille, en lui disant :

« Eh bien ! Bourrienne, vous avez assisté au procès de Moreau, depuis le commencement jusqu'à la fin?

— Votre Majesté a dû recevoir les comptes-rendus que j'ai eu l'honneur de lui adresser exactement.

— Oui, oui; je les ai lus avec attention; mais parlez-moi franchement : Qu'est-ce que les badauds disaient? Ont-ils cru que Moreau fût innocent ou coupable?

— Sire, innocent n'est pas le mot ; coupable ne l'est pas non plus.

— Expliquez-vous !

— Je dis que malgré les charges accablantes qui pesaient sur le général, il n'a été articulé contre lui, aux débats, aucun fait constant, aucune révélation sérieuse.

— Parbleu! je le sais bien. Tous les prévenus s'étaient parfaitement entendus sur ce point; mais les faits sont là, et l'expérience prouvera qu'on a eu raison de le mettre en jugement. Je ne l'aurais pas voulu qu'on n'aurait pas pu faire autrement. Du premier coup d'œil j'avais vu clair dans cette affaire. Je m'étais d'abord opposé à l'arrestation de Moreau; mais lorsque Bouvet de Lozier eut parlé, pouvais-je laisser conspirer ouvertement contre mon gouvernement?

— Sans doute, Sire; cependant Votre Majesté a dû voir qu'aux débats...

— Pouvait-on prévoir, interrompit Napoléon, qu'en présence de la justice, qu'à la face de Dieu et des hommes, ce Bouvet, que j'ai gracié, démentirait en quelque sorte ce qu'il avait dit et écrit auparavant? Il y a eu là un enchaînement de circonstances au-dessus des prévisions humaines; mais, encore un coup, j'ai dû consentir à ce qu'on arrêtât Moreau quand j'ai eu la preuve palpable de ses intelligences avec Pichegru. L'Angleterre ne m'a-t-elle pas dépêché des assassins?»

A ces mots, ce fut Bourrienne qui interrompit Napoléon en lui disant respectueusement :

« Permettez, Sire. Votre Majesté doit se rappeler la conversation qu'elle eut, en ma présence, avec M. Fox, et à la suite de laquelle elle me fit l'honneur de me dire : « Bourrienne, je suis bien aise
« d'avoir appris de la bouche d'un homme d'honneur, que le gou-
« vernement anglais est incapable de faire attenter à ma vie : j'aime
« à estimer mes ennemis. »

— Vous êtes bien bon! s'écria l'Empereur, avec un geste d'incrédulité. Je n'ai pas prétendu dire qu'un ministre anglais ait fait venir un coupe-jarret, et qu'il lui ait dit : « Tiens, voilà de l'ar-
« gent et un poignard, va tuer le premier Consul. » Certes, je ne

crois pas cela; mais il n'en est pas moins vrai que tous ceux qui sont venus en France, conspirer contre moi, étaient à la solde de l'Angleterre. Est-ce que j'ai jamais envoyé des gens à Londres pour frapper celui qui est à la tête du gouvernement? Je fais bonne guerre à la Grande-Bretagne, sans chercher à réveiller le souvenir des anciens partisans des Stuarts. N'est-ce pas un M. Wright, un capitaine de la marine royale qui a fait débarquer sur les côtes de Dieppe tous les complices de Georges? Soyez sûr, mon cher, qu'à l'exception de quelques frondeurs que je saurai bien faire taire, le vœu de la France, dans cette affaire, a été pour moi; partout l'opinion s'est déclarée en ma faveur, je le sais. Aussi n'ai-je pas craint de mettre au grand jour toutes ces trames et de donner de la solennité aux débats. La plupart de ces messieurs voulaient que je nommasse une commission militaire devant laquelle les prévenus auraient été jugés, condamnés, puis exécutés dans les vingt-quatre heures. Ces messieurs-là vont quelquefois un peu vite en besogne, je suis payé pour le savoir[1]; aussi n'ai-je pas voulu de ce mode de juridiction. On n'aurait pas manqué de dire, comme du reste on l'a fait déjà, que je redoutais l'opinion, tandis que je ne la crains pas du tout; je crois l'avoir prouvé. Qu'on jase tant qu'on voudra, à la bonne heure; mais que je ne l'entende pas. Ce n'est certes pas à ceux que j'ai attachés à ma nouvelle maison, et qui devraient l'être à ma personne, qu'il peut être permis de blâmer tout haut ce que je fais. »

Comme à ces paroles Bourrienne ne put dissimuler un mouvement dans lequel Napoléon crut voir quelque chose de plus que de la surprise, il s'interrompit en souriant, et reprit le bout de l'oreille de son ancien secrétaire en lui disant d'un ton affectueux :

« Ce n'est pas pour vous, mon cher, que je dis cela; mais j'ai à me plaindre de Lacué. Croiriez-vous que pendant ce maudit procès il a été clabauder en faveur de Moreau? lui, mon aide de camp, un

[1] Napoléon voulait sans doute faire allusion ici au procès du duc d'Enghien, qui avait eu lieu trois mois auparavant

homme qui me doit tout! Je lui ai fait donner un savon par son père[1], que j'aime et que j'estime, après m'en être plaint à son beau-père[2]; mais, pour vous, c'est différent, se hâta d'ajouter Napoléon; vous vous êtes bien conduit, vous m'avez servi fidèlement; je vous en saurai gré.

— Sire, j'ignore absolument ce qu'a pu dire ou faire le colonel Lacué, que je ne vois plus depuis longtemps.

— Vous n'avez pas besoin de le défendre, interrompit Napoléon avec vivacité.

— A propos, reprit-il en rompant brusquement le cours de la conversation, savez-vous que c'est à moi qu'est due la découverte de Pichegru à Paris? Ils me disaient sans cesse : « Pichegru est ici »; mais aucun d'eux ne pouvait m'en donner la preuve. Ennuyé de les entendre répéter le même refrain : « Vous êtes un niais, ai-je dit à Réal; à votre place il y aurait longtemps que je saurais à quoi m'en tenir. Assurez-vous d'abord de son frère l'abbé, puis vous verrez. » Eh bien! tout s'est passé comme je l'avais prévu. Dès que le frère de Pichegru s'est vu arrêté, sans même laisser aux magistrats le temps de l'interroger, il est allé au-devant de tout ce qu'on voulait savoir de lui, en leur demandant s'il était possible qu'on lui fît un crime d'avoir reçu un frère chez lui. Ainsi plus de doute. Un misérable chez qui Pichegru s'était réfugié est venu vendre à Murat le secret de sa demeure. Quelle épouvantable dégradation! livrer la tête d'un ami en échange d'un peu d'or! Murat m'a dit hier que cet homme était parti pour Hambourg avec le fruit de sa trahison; il lui arrivera malheur, soyez-en persuadé, Bourrienne, parce que le bien mal acquis ne profite jamais. Mais, chose que vous ne devineriez pas, c'est le lieu qu'avait choisi Pichegru pour se cacher avant d'avoir été trahi. Voyons, je vous le donne en mille.

[1] Le comte de Cessac; il était gouverneur de l'École Polytechnique et conseiller d'État.
[2] Lebrun, troisième consul, alors architrésorier de l'Empire,

— Ma foi!... Sire, répondit l'ancien secrétaire intime, comme pour dire d'avance qu'il renonçait à cette prétention.

— Eh bien! je vais vous le dire, moi...

— Sire, dit en entrant dans le cabinet le chambellan de service, son excellence le grand-juge, que Votre Majesté avait fait mander, vient d'arriver.

— Bien. J'y vais, dit l'Empereur. Et s'adressant à Bourrienne :

— Ne vous en allez pas, ajouta-t-il, nous avons encore à causer : je reviens à l'instant. »

A peine dix minutes s'étaient-elles écoulées que Napoléon revint :

« Où en étions-nous? demanda-t-il à Bourrienne.

— Sire, Votre Majesté me faisait l'honneur de me donner à deviner...

— Ah! oui... à propos de Pichegru? Eh bien! c'était aux Invalides qu'il voulait aller se cacher, dans l'hôtel même, au milieu des braves officiers qui avaient été les témoins de sa trahison sur les bords du Rhin ; est-ce concevable? »

Puis revenant à Moreau, Napoléon parla longuement de ce général.

« Il a de bonnes qualités, dit-il, et sa bravoure est à toute épreuve; mais il manque tout à fait d'énergie. Il est mou, indolent; à l'armée, il vivait comme un pacha. Il fumait du matin au soir et restait au lit les trois quarts de la journée. Ensuite, il aimait trop la bonne chère ; trop paresseux pour être instruit, on ne le vit jamais ouvrir un livre. Depuis son mariage, ce n'était plus un homme. Il est assez singulier que ce soit moi qui l'aie engagé à se marier. On m'avait dit que Mlle Hulot était une créole, et je crus qu'il trouverait en elle une autre Joséphine. Vous rappelez-vous, mon cher, ce que je vous disais il y a trois ans, que Moreau finirait par venir se casser le nez sur la grille des Tuileries. Il n'y a pas manqué, et c'est sa faute, car, pour moi, vous avez été témoin de tout ce que j'ai fait pour me l'attacher. Vous vous souvenez de l'accueil que je lui fis après le 18 brumaire. Eh bien! depuis, il ne m'a témoigné que de l'ingratitude; il a été fourré dans tous les propos de caillettes. Sa belle-mère ne lui avait-elle pas mis en tête que j'étais jaloux de lui ? Eh ! bon Dieu ! à propos de quoi aurais-je pu être jaloux ! Vous en savez quelque chose. Vous avez vu comment sa réputation a été faite par le Directoire, effrayé de mes succès en Italie, et qui, à cause de cela, voulut qu'il y eût dans l'armée un général qui balançât ma popularité.

« Je suis sur le trône à présent, continua Napoléon, tandis que lui est en prison, et cela parce qu'ils ont fait de Moreau un *malcontent*; or, du mécontentement à la révolte il n'y a qu'un pas. J'ai hésité longtemps à le faire arrêter ; je ne m'y suis déterminé qu'après y avoir mûrement réfléchi, et encore ai-je consulté mon conseil, auquel j'ai fait entendre qu'il ne s'agissait pas d'une bagatelle. J'ai exigé de chacun de ceux qui le composaient qu'il m'avouât s'il existait ou non contre Moreau des charges assez fortes pour entraîner une condamnation capitale. Leurs réponses furent affirmatives et unanimes. Ils me déclarèrent qu'il ne pouvait se soustraire à une condamnation à mort, parce que sa complicité en premier chef était évidente ; puis voilà que les autres me le condamnent comme un voleur de mouchoirs. Que voulez-vous que je fasse de lui maintenant ? Le garder au Temple ? J'en aurai bien assez sans lui. Et puis il y serait toujours un point de ralliement. Je veux qu'il vende ses biens et qu'il quitte la France ; c'est ce qu'il y a de mieux à faire. Encore si c'était là la seule bêtise qu'ils m'eussent fait faire !

— Sire, je crois que Votre Majesté a été un peu trompée...

— Comment, un peu ?... interrompit Napoléon avec vivacité, dites que je l'ai été beaucoup. Je n'ai que deux yeux, et malheureusement ce n'est pas assez pour tout voir. Au surplus, Moreau s'est bien trompé lui-même, s'il a cru que j'avais de l'animosité contre lui. Dès qu'il a été sous la main de la justice je lui ai envoyé Régnier, de préférence à tout autre, parce que c'est un brave homme, d'un caractère doux et conciliant ; mais au lieu d'accueillir comme il aurait dû le faire cet acte de générosité qu'il n'a pas compris ou qu'il n'a pas voulu comprendre, il a fait le fier, et tant que Pichegru n'a pas été arrêté, il a répondu avec hauteur à toutes mes ouvertures; mais ensuite il a bien fallu qu'il baissât le ton; alors il m'a écrit sur sa conduite antérieure une longue lettre que j'ai fait joindre aux pièces de la procédure. Ecoutez donc, chacun son tour. Moreau s'est perdu par sa faute. Il faut des hommes autrement façonnés que lui pour conspirer contre moi.

« Tenez, par exemple, poursuivit Napoléon, il y a parmi les condamnés des gens que je regrette : Georges, entre autres ; celui-là est fortement trempé ; entre mes mains un pareil homme eût fait de grandes choses. Je sais apprécier tout ce que vaut la fermeté de son caractère, et je lui aurais donné une bonne direction. Je lui ai fait dire par Réal que s'il voulait s'attacher à moi, non-seulement il aurait sa grâce, mais encore... Enfin, qui sait, peut-être l'aurais-je placé au nombre de mes aides de camp; les autres auraient crié, mais cela m'eût été bien égal. Georges a tout refusé ; c'est une barre de fer. J'en suis fâché, mais il subira son sort; c'est une nécessité de ma position. Si je ne fais pas d'exemple, l'Angleterre va lancer contre moi tous les vauriens de l'émigration ; mais, patience, j'ai le bras long et je saurai les atteindre s'ils bougent. Moreau n'a vu dans Georges qu'un brutal ; moi, j'y ai vu autre chose. Vous devez vous rappeler la conversation que j'eus avec lui aux Tuileries au commencement de mon consulat : vous étiez avec Rapp dans la pièce à côté ; je n'ai pu parvenir à le ramener. Quelques-uns de ses camarades se sont émus au nom de la patrie et de sa gloire; quant à lui, il est toujours resté froid. J'ai eu beau tâter toutes les fibres de son caractère, parcourir toutes les cordes de son cœur, je l'ai trouvé insensible à tout ce que je lui ai dit. Alors Georges ne m'a plus semblé qu'un entêté. Il en revenait toujours à *ses princes légitimes* et à ses Vendéens. Ce fut après avoir épuisé tous les moyens de conciliation, que je pris le langage de premier magistrat de la république. Je lui recommandai d'aller vivre tranquille et soumis chez lui, et de ne pas se méprendre sur la nature de la démarche que j'avais faite à son égard ; c'est-à-dire de ne pas attribuer à la faiblesse ce qui n'était que le résultat de ma modération et de ma force. Soyez-en persuadé, ajoutais-je, et répétez-le à tous les vôtres ; tant que j'aurai en mains les rênes de l'autorité, il n'y aura ni chances ni salut pour quiconque osera conspirer. Je le congédiai alors. La suite a prouvé si j'avais eu raison de lui recommander de se tenir tranquille. Réal m'a dit que quand Moreau et lui (car Georges est allé réellement chez Moreau) s'étaient trouvés en présence, ils n'avaient pu s'entendre, parce que Georges ne voulait pas agir autrement que pour les Bourbons; mais lui, au moins, il avait un plan, tandis que Moreau n'en avait aucun. Moreau voulait me renverser, se mettre à ma place et voilà tout. Je vous le demande, Bourrienne, cette idée avait-elle le sens commun? »

Puis, Napoléon parla de la conscience des juges qui avaient cru devoir absoudre Moreau, et termina en disant à son ancien secrétaire :

« Il finira mal, je vous le prédis. Quant à vous, continuez d'être prudent, discret surtout; je ne vous oublierai pas, je vous le promets. »

Et lui ayant fait de la main un salut affectueux, l'Empereur le congédia.

UNE EXÉCUTION EN PLACE DE GRÈVE.

Rentrés à la Conciergerie, les condamnés à mort s'étaient pourvus en cassation, quelques-uns contre leur gré et seulement pour céder aux instances de leurs parents et de leurs amis, qui, dès ce moment, et comme nous l'avons dit, multiplièrent les démarches pour obtenir leur grâce. Ceux-là furent le soir même (le dimanche 10 juin), transférés à Bicêtre, et les autres reconduits au Temple. Le 23 juin suivant, la Cour d'appel ayant rejeté tous les pourvois à la fois, l'arrêt de commutation de peine fut signifié à ceux qui avaient été graciés précédemment [1], et ceux qui devaient mourir furent avertis que l'exécution de leur jugement aurait lieu dans les vingt-quatre heures.

Georges passa en prières la nuit qui précéda le jour fatal, tandis que ses compagnons d'infortune, pour célébrer la grâce accordée à quelques-uns d'entre eux, firent retentir la prison de ce chant si connu :

« Quel bonheur! ils ont leur grâce!
C'est nous la donner à tous. »

Le lundi 25 juin, à quatre heures du matin, deux de ces voitures,

---

[1] Armand de Polignac, de Rivière, Bouvet de Lozier, Lajolais, Rochelle de Brecy, Charles d'Hozier, Armand Gaillard et Ruzilion.

Voici le texte des lettres de grâce accordées à cette occasion :

« Napoléon, par la grâce de Dieu et les constitutions de l'Empire, empereur des
« Français, etc.

« Notre cœur a été d'autant plus affecté des nouveaux complots tramés contre
« l'État par les ennemis de la France, que deux hommes qui avaient rendu de grands
« services à la patrie y ont pris part.

« Par votre arrêt du 21 prairial dernier, vous avez condamné à la peine de mort
« (ici le nom du gracié), l'un des complices. Son crime est grand, mais nous vou-
« lons lui faire sentir dans cette circonstance les effets de notre clémence, que nous
« avons toujours eue en singulière prédilection.

« En conséquence, et après avoir réuni et consulté notre Conseil privé, dans
« notre palais de Saint-Cloud, nous avons déclaré et déclarons faire grâce de la
« peine capitale à (le nom du gracié répété), et commué ladite peine en celle de
« quatre années de prison dans le lieu qui sera désigné.

« Mandons et ordonnons que les présentes, scellées du sceau de l'Empire, vous
« seront présentées dans trois jours, à compter de leur réception, par notre procu-
« reur général impérial près ladite Cour, et en audience publique, où l'impétrant
« sera conduit pour en entendre lecture, debout et la tête découverte; que lesdites
« lettres seront de suite transcrites sur vos registres, à la réquisition du même
« procureur général impérial, avec annotation d'icelles en marge de la minute de
« l'arrêt de condamnation.

« Donné en notre palais de Saint-Cloud, sous le sceau de l'Empire, le 14 mes-
« sidor an XII (23 juin 1804). NAPOLÉON. »

Cette pièce, calquée sur la minute des lettres de grâce octroyées jadis par les anciens rois de France, avait été rédigée par M. Maret, chef de la secrétairerie d'État. Cependant, on voit que Napoléon ne la datait pas, comme il le fit quelques mois plus tard : « Et de notre règne la première année. »

appelées vulgairement par les prisonniers *paniers à salade*, vinrent à Bicêtre chercher les condamnés pour les conduire à la Conciergerie. En voyant partir ses anciens compagnons, M. de Rivière leur cria d'une fenêtre qui avait vue sur la cour principale :

« Adieu, mes amis; la place d'honneur est aujourd'hui la place de Grève. »

Mot sublime, mais qui renfermait un blâme énergique pour les familles qui avaient imploré la clémence du souverain.

Le même jour, 25 juin, dès six heures du matin, des crieurs publics, à la voix rauque et la boutonnière ornée d'une médaille de cuivre, annoncèrent aux habitants des faubourgs de Paris que l'exécution des condamnés aurait lieu dans la matinée.

Une foule innombrable commença à stationner sur la place du Palais-de-Justice, sur le pont au Change et sur les quais qui conduisaient à la Grève, pour voir passer les condamnés

Pendant ce temps, l'échafaud se dressait sur la place de Grève, et, tandis que les nobles recevaient leur grâce, les paysans bretons, parqués dans une salle basse de la Conciergerie, se préparaient à mourir en écoutant les exhortations de Georges, leur chef. Les moments leur étaient comptés; il ne leur restait plus que quelques heures à vivre. Les employés de la prison semblaient consternés ; les porte-clefs eux-mêmes, selon la coutume, ne répondaient plus à leurs questions. Le nommé Eberle [1], celui qui était spécialement chargé de veiller sur eux jusqu'au moment où ils devaient être livrés aux exécuteurs [2], tournait autour de la chambre, sans but, et comme un homme qui ne sait plus ce qu'il fait.

« Je croyais que c'était ordinairement le samedi qu'on exécutait ? » lui demanda Coster Saint-Victor.

---

[1] Le même auquel, douze ans plus tard, devait être confiée la garde de M. de Lavalette dans une circonstance semblable.

[2] A cause du grand nombre des condamnés, cette fois le bourreau de Paris avait appelé ses confrères de Versailles et de Rouen, avec leurs valets, pour l'aider dans ses sanglantes fonctions.

Eberle n'ayant pas répondu, Saint-Victor renouvela sa question.

« Quelquefois le lundi, répondit enfin le gardien.

— Et l'exécution a lieu à quatre heures du soir? poursuivit Saint-Victor.

— Quelquefois plus tôt », répondit encore celui-ci.

Et, comme fatigué de ces questions, Eberle sortit machinalement et oublia même de fermer la porte de la prison.

Saint-Victor se précipita sur ses pas, et, le prenant par le bras, le ramena dans la pièce en le suppliant de lui prêter un rasoir.

A cette demande, le gardien le regarda d'un air stupéfait.

« Un rasoir! répéta-t-il.

— Oui, un rasoir! reprit tranquillement Saint-Victor; mais, ajouta-t-il, ne croyez pas que ce soit pour me couper la gorge. Je vous donne ma parole d'honneur que je n'ai aucun dessein sinistre. Je voudrais simplement me faire la barbe, parce que je suis persuadé qu'il y aura des femmes de ma connaissance.

— Monsieur Coster, lui dit alors Deville en faisant avec sa main un geste d'horrible allusion, attendez encore un peu, on ne tardera pas à nous faire la barbe à tous.

— Je le sais, mon ami, lui répondit Saint-Victor en souriant; mais cette fois je crains qu'on ne nous rase de trop près. »

On vint chercher le major Ruzilion pour le conduire au greffe, où on lui annonça que sa peine avait été commuée le matin même.

Un instant après, Georges fut appelé, et l'offre d'obtenir sa grâce lui fut renouvelée : on n'exigeait de lui que d'écrire à l'Empereur pour la lui demander personnellement.

« Fera-t-on grâce à mes officiers? » demanda-t-il.

La personne chargée de cette communication lui ayant répondu que pour ce qui concernait ceux-ci le gouvernement voulait que la justice eût son cours :

« Alors n'en parlons plus, interrompit Georges, je subirai ma peine; c'est moi qui les ai entraînés dans le péril, et puisqu'ils doivent mourir, il y aurait lâcheté de ma part à ne pas partager leur sort. »

Onze heures et demie sonnaient à l'horloge du Palais lorsque les patients, au nombre de douze, sortirent de la Conciergerie, garrottés et à peine vêtus. Ils furent hissés les uns après les autres sur trois charrettes attelées chacune d'un maigre cheval, et s'assirent sur des chaises qu'on y avait fixées au moyen de cordes passées dans les claies. Chacun des condamnés était assisté d'un prêtre; un des exécuteurs se tenait debout derrière eux. Dès que ce funèbre cortége se mit en marche, les cris de la populace commencèrent à se faire entendre horribles et menaçants; l'impatience l'avait gagnée, et cette impatience s'était augmentée en raison du temps écoulé.

Georges occupait la première des charrettes avec Pierre Cadoudal, son cousin; Roger, l'un de ses lieutenants, et Picot, son ancien domestique.

Ces deux derniers avaient regardé fixement la foule, sans prêter beaucoup d'attention aux exhortations du prêtre qui leur parlait à voix basse, en mettant sous leurs yeux l'image du Christ; mais Georges, au contraire, avait constamment tenu la tête baissée et récitait ses prières. Il en était à l'*Ave Maria* quand il aperçut l'instrument du supplice, et s'arrêta à ces mots : « *Ayez pitié de nous maintenant.* » Comme son confesseur l'engageait à continuer :

« Pourquoi, mon père? demanda Georges avec douceur: *Maintenant et à l'heure de notre mort,* n'est-ce pas? Eh bien! c'est inutile, puisque nous y voilà. »

A l'instant où les charrettes débouchèrent sur la place de Grève, la cohue qui les avait suivies, s'étant considérablement grossie pendant le parcours, déborda tout à coup sur la place comme un torrent et roula vers l'échafaud, protégé par un triple rang de dragons et de gendarmes; puis, tout à coup il se fit un grand silence. Ceux qui étaient dans la première charrette en descendirent, les prêtres s'éloignèrent.

Ce fut alors que Georges, s'adressant à celui qui paraissait être le chef des exécuteurs, lui dit :

« Monsieur, on a dû vous apprendre que j'ai demandé à mourir le premier; c'est à moi d'ailleurs à montrer l'exemple : quand vous aurez fait votre office, n'oubliez pas de montrer ma tête à mes compagnons, afin de leur ôter l'idée que j'ai pu leur survivre. »

Et après avoir affiché ce mépris si noble pour ce que l'homme redoute le plus, la mort, il se laissa conduire, monta les degrés d'un pas ferme, et fut exécuté le premier.

Mais lorsque le bourreau, pour accomplir le dernier vœu du supplicié, eut saisi sa tête par les cheveux pour la montrer au peuple, un murmure sourd et terrible s'éleva sur tous les points de la place et fit tressaillir jusqu'aux exécuteurs eux-mêmes : les compagnons de Georgees, seuls, regardèrent fixement et sans sourciller la tête de leur chef bien-aimé.

Pierre Cadoudal succéda à Georges; puis vint le tour de Picot, et ainsi des autres.

Les deux premières charrettes se vidèrent au bruit des acclamations qui se succédaient avec des intermittences effrayantes. A chaque tête qui tombait, c'était un long bourdonnement semblable au bruit du tonnerre, suivi bientôt d'une attente silencieuse; puis les mêmes cris recommençaient.

Parmi cette foule compacte, il y avait des gens qui se montaient sur la pointe des pieds pour ne rien perdre de l'affreux spectacle et qui se croyaient obligés de communiquer à ceux que leur petite taille empêchait de *bien voir*, le programme du sanglant sacrifice.

Déjà huit condamnés avaient passé sous le fer rougi par le sang; les quatre derniers, Deville, Coster Saint-Victor, Mercier et Louis Ducorps, étaient descendus de la troisième charrette, lorsque cette boucherie humaine fut suspendue pendant dix minutes... Coster, d'après les instructions données à l'exécuteur, devait être exécuté le dernier.

La tête de Deville venait de tomber, ses trois compagnons étaient déjà au pied de l'échafaud, lorsque Mercier et Louis Ducorps demandèrent à faire des révélations. Le cas avait été prévu. Aussitôt, un magistrat, qui se tenait à portée, s'avança, suivi d'un greffier, pour recevoir leurs tardifs aveux ; mais ces déclarations, tout à fait insignifiantes, n'eurent d'autre résultat que de gagner un peu de temps sans intérêt pour leur vie. Ils avaient voulu seulement retarder encore l'exécution d'un de leurs chefs, de Coster Saint-Victor, dont la famille avait jusqu'au dernier moment espéré la grâce. Saint-Victor, comme honteux d'être redevable de quelques minutes d'existence à l'humanité des exécuteurs qui se tenaient à ses côtés, leur dit ces paroles qui achèveront de peindre son caractère :

« Messieurs, le soleil commence à m'incommoder beaucoup, finissons-en, je vous prie. »

Et il fit quelques pas vers l'échafaud ; mais ceux-ci le retinrent. Le magistrat délégué, auquel ses deux compagnons avaient parlé, s'était retiré, et ceux-ci, devant passer avant lui, ce ne fut pas long, et son tour arriva enfin. Il monta rapidement les degrés, releva sa belle tête et jeta un dernier regard du côté des Tuileries. Au même moment, on entendit çà et là de plaintifs murmures et des femmes dire en sanglotant :

« Quel dommage ! un si beau jeune homme !

— *Vive le roi !* » cria Saint-Victor d'une voix retentissante.

Et il se jeta lui-même sous le couteau qui venait d'abattre la tête de ses onze compagnons.

Soit maladresse de la part des exécuteurs, soit hasard, soit enfin par quelque phénomène particulier de vitalité, la tête de Saint-Victor, une fois séparée du tronc, bondit sur l'échafaud et roula sur le pavé. Un des valets la ramassa et la jeta dans un des paniers. Parmi les gens qui assistèrent au supplice de Georges et de ses complices, il y en eut qui prétendirent que la tête de Coster avait prononcé quelques paroles.

L'exécution avait duré vingt-sept minutes. Depuis les temps néfastes de 1793 et 1794, jamais on n'avait vu, en un seul jour, répandre tant de sang sur un échafaud. Malgré le sentiment d'horreur que ce terrible holocauste fit éprouver à la classe élevée, le soir de cette exécution toutes les promenades publiques, tous les lieux de réunion étaient remplis d'une foule élégante et oisive qui ne parlait que du courage que Georges et ses amis avaient montré le matin. Au spectacle, pendant les entr'actes, des colporteurs offraient au public le *Journal du soir des frères Chaigneau*. Chacun s'empressait d'acheter la feuille semi-officielle ; mais elle ne contenait que deux petits aliénas, dont le premier était ainsi conçu :

« Les condamnés Georges Cadoudal, etc. (suivaient les noms des
« douze suppliciés), ont été transférés cette nuit, sous une forte es-
« corte de gendarmes, de Bicêtre à la Conciergerie, où l'arrêt de
« la Cour de justice criminelle, confirmé par celle de cassation, leur
« a été signifié. Tous ont demandé des confesseurs. Georges s'est
« mis aux pieds du sien et a longtemps écouté ses exhortations. A
« onze heures et demie les condamnés sont montés dans les char-
« rettes qui les attendaient pour les conduire à la place de Grève.
« A onze heures cinquante-cinq minutes la tête de Georges est
« tombée la première. Deux d'entre les condamnés ont demandé à
« faire des révélations et ont subi leur jugement aussitôt après.
« Coster, dit Saint-Victor, a été exécuté le dernier. »

Le second alinéa ne contenait que ces quelques lignes :

« Ce matin, les lettres de grâce, émanées de la clémence impé-
« riale en faveur de... (suivaient les noms des condamnés à mort
« dont la peine avait été commuée), ont été envoyées par S. Exc. le
« grand-juge au greffe de la Cour de justice criminelle pour y être
« entérinées. »

QUELQUES DESTINÉES.

Bien qu'après l'exécution de Georges et de ses compagnons les impressions produites par ce grand procès se fussent peu à peu effacées, on s'occupait encore de Moreau et du sort qui lui était réservé. Bientôt on apprit que le général traitait pour ainsi dire de puissance à puissance avec Napoléon, qui ne demandait pas mieux que de transiger. Fouché était l'intermédiaire et Savary l'agent de cette négociation secrètement conduite.

Il fut convenu que les deux années de prison auxquelles le général avait été condamné seraient changées en un exil *volontaire.*

Le souverain avait compris l'impossibilité de traiter un général de cette importance comme un repris de justice correctionnelle, en lui faisant subir la même peine qu'à un *voleur de mouchoirs*. On convint donc que Moreau quitterait la France et se retirerait aux État-Unis.

Savary alla au Temple pour s'entendre avec lui sur les préparatifs de ce voyage, pour lequel cet aide de camp de l'Empereur mit sa voiture à la disposition du proscrit. Napoléon se chargeait de payer les frais de route jusqu'à Barcelone, où Moreau avait désiré qu'on le conduisît directement.

Suivant les uns, Napoléon fit négocier le départ comme nous venons de le dire; suivant d'autres, Mme Moreau sollicita elle-même l'exil de son mari comme une grâce. Nous pensons que Napoléon et Moreau désiraient autant l'un que l'autre qu'une barrière comme l'Océan ou la Méditerranée fût mise entre un d'eux. Quoi qu'il en soit, le général sortit du Temple dans la nuit du samedi au dimanche 29 juillet 1804, sous la conduite et la responsabilité de ce même major Henry, qui l'y avait amené cinq mois auparavant. En se mettant en route, Moreau ne manifesta aucun regret de quitter la France, ne fit entendre aucune récrimination contre Napoléon, qu'il avait continué d'appeler *Bonaparte*, ne lui reconnaissant pas le titre d'*empereur*, et boudant, comme un enfant, contre cette qualification; mais il parut attacher beaucoup de prix aux bons procédés dont le commandant de gendarmerie usa envers lui tout le temps que dura le voyage.

Arrivé à l'extrême frontière, sur le bord d'un petit ruisseau, Moreau et Henry descendirent de voiture pour se délasser, et s'assirent sur la pierre qui servait de délimitation aux deux pays.

« Parbleu! mon général, s'écria le major en jouant la surprise, je me rappelle maintenant que j'avais reçu l'ordre de M. Réal de vous remettre une lettre lorsque vous auriez touché la frontière d'Espagne; la voici. »

Et le major lui présenta un papier cacheté, que d'abord Moreau ne voulut pas accepter, en disant d'un ton un peu troublé :

« Une lettre !... une lettre ! Que me veut-on ? qu'exige-t-on encore de moi ? Voyons, monsieur, dites-le-moi : de quoi s'agit-il ?

— Je l'ignore, mon général, répondit celui-ci ; mais il ne tient qu'à vous de le savoir sur-le-champ : lisez. »

Moreau rompit le cachet et lut attentivement ; puis, après un moment de réflexion, il s'écria avec vivacité :

« On demande que je signe l'engagement de ne jamais porter les armes contre la France ! Ah ! bien volontiers ! Mais comment a-t-on pu supposer que je serais capable de commettre un crime aussi grand que celui de tirer l'épée contre ma patrie ? Commandant, je vous donne ici ma parole d'honneur que si l'Empereur (ce fut la première fois que Moreau employa cette qualification) a besoin de moi, que si la guerre a lieu, il n'a qu'à me le faire savoir ; je reviendrai plus vite que je ne m'en vais.

— Général, la France n'attendait pas moins de votre grande âme. Tous, nous vous admirons ; mais je dois vous avouer encore que je suis chargé de rapporter à Paris une réponse à cette lettre, écrite de votre main.

— Je vous la donnerai ; mais il me faut prendre un peu de repos auparavant. Accompagnez-moi jusqu'à Barcelone, et là je ferai ce que l'on désire. »

Le major était autorisé à ramener Moreau à Paris si ce dernier reconnaissait Napoléon comme empereur, et s'il donnait sa parole *écrite* de se conduire à l'avenir en bon et loyal Français. Mais, arrivé à Barcelone, huit jours s'écoulèrent sans que Moreau se fût déterminé ; il promettait, et différait de jour en jour, par une sorte de fausse honte. Enfin il semblait décidé à tenir la promesse qu'il avait faite au major, lorsque sa femme et sa mère vinrent le retrouver à Barcelone, où il leur avait donné rendez-vous. Quelques heures après leur arrivée, Moreau déclara énergiquement au major Henry que, puisqu'il était décidé à subir son exil et à ne jamais revenir en France, l'engagement qu'on exigeait de lui devenait inutile. Le commandant de la gendarmerie quitta donc Moreau le jour même pour revenir à Paris.

Savary a dit qu'il avait eu l'occasion de voir, dix ans plus tard, un officier anglais qui avait connu Moreau à l'armée du Rhin et qui l'avait retrouvé ensuite en Amérique. Cet Anglais, toujours au dire du duc de Rovigo, avait entendu le général se féliciter de ce que la police de Paris n'avait pas découvert plus tôt ses relations avec Pichegru, parce qu'il se croyait sévèrement observé par elle; et, à cet égard, l'Anglais lui conta l'anecdote suivante; c'est Moreau qui parle :

« Il y avait déjà quelque temps que Pichegru était à Paris; nous nous voyions presque tous les soirs. Lorsqu'il venait chez moi, il avait coutume de demander un de mes domestiques, qui était le seul qui le connût, et auquel j'avais donné l'ordre d'être toujours prêt à l'introduire dans mon cabinet, où j'allais le rejoindre aussitôt.

« Une fois, mon salon étant rempli de personnes qui avaient dîné chez moi, Pichegru vint plus tôt qu'à son ordinaire. Ne trouvant pas sur l'escalier le domestique qui avait l'habitude de l'y attendre, il monta jusqu'à l'antichambre, où n'ayant rencontré personne non plus, parce que mes gens étaient à dîner à la cuisine, il ouvrit la porte du salon : le voyant rempli de monde, il se retira précipitamment, et ne fut heureusement reconnu que de ma femme, qui avait tourné la tête du côté de la porte au moment où il l'avait ouverte. Je sortis tout de suite pour aller moi-même conduire le général à mon cabinet, où nous restâmes une partie de la soirée.

« Le lendemain j'eus une explication vive avec Mme Moreau, qui prétendait que je me perdais, parce que Pichegru ne venait à Paris que pour travailler en faveur des Bourbons, et qu'une fois qu'il n'aurait plus besoin de moi, il me ferait repentir de ce que j'avais écrit contre lui au Directoire. Elle ne cessa, pendant longtemps, de me parler de ce ton-là, et j'étais dans des transes mortelles qu'elle n'allât confier ses doléances à quelques-unes de ses amies ; mais il paraît qu'elle n'en fit rien, car ce ne fut pas par des indiscrétions qu'on eut les premiers avis de cette affaire. »

Ainsi aurait parlé Moreau pendant son séjour en Amérique, lorsqu'en France un parti s'efforçait de le peindre comme la victime d'une jalousie que son grand talent avait inspirée au chef de l'État.

Le départ de Moreau fut annoncé par le *Moniteur* en ces termes laconiques :

« Le général Moreau est parti ce matin pour les États-Unis. »

Les biens qu'il possédait étaient d'une réalisation difficile. Cette vente lui aurait fait supporter un grand préjudice. Napoléon acheta sa terre de Grosbois et sa maison de la rue d'Anjou-Saint-Honoré d'après l'estimation que le général en avait faite. Fouché, qui avait été réintégré dans son ministère, lui en paya le prix sur les fonds secrets de son département, et le contrat fut passé, au nom de l'Empereur, dans l'étude de M° Noël, notaire à Paris. Fouché, espérant que Napoléon lui ferait présent de Grosbois ou tout au moins de l'hôtel de la rue d'Anjou, lui demanda plusieurs fois ses intentions à cet égard; mais celui-ci, après avoir éludé longtemps de les faire connaître, répondit enfin :

« Vous avez raison, il faut en finir : allez dire à Mme Bernadotte que je lui donne la maison de la rue d'Anjou, et à Berthier la terre de Grosbois. Vous leur en ferez passer acte. »

La fausse direction que, dès le principe, Regnier avait laissé prendre à l'affaire de Georges, fut la cause principale qui détermina Napoléon à rétablir le ministère de la police et à le rendre à celui qui avait eu l'adresse de faire croire à la nécessité de l'y rappeler. Il y a toute apparence que l'Empereur prit en considération la chance où une guerre future le forcerait à sortir des frontières de France, et qu'il regarda Fouché comme plus propre qu'aucun autre à maintenir la tranquillité publique et à surveiller les complots que, pendant son absence, on pourrait encore ourdir en faveur des Bourbons. La vérité est que l'habileté de Fouché, comme ministre de la police, était devenue proverbiale; mais toutes les louanges qui lui ont été prodiguées furent toujours ridiculement exagérées. La seule chose positive chez lui, c'est qu'il abandonna les uns après les autres tous les partis auxquels il eut l'air de s'attacher, dès que son intérêt, le seul guide qu'il ait eu en sa vie, lui conseillait de le faire. Les faits et l'histoire sont là : qu'on les consulte.

Pour en finir avec Moreau, on sait comment, neuf ans plus tard, il accomplit sa destinée en tombant dans les bras de l'empereur Alexandre, frappé mortellement par un de nos boulets, à la bataille de Dresde. Un billet qu'il écrivit le soir même à sa femme se terminait par ces mots étranges : « Ce *coquin* de Bonaparte est toujours heureux. »

La destinée de ceux dont la peine de mort avait été commuée à l'issue du procès de Georges ne fut pas moins bizarre que celle de Moreau. Ainsi, Jules de Polignac, après avoir été successivement enfermé à Ham et à Vincennes, parvint à s'échapper de la maison de santé du docteur Dubuisson, située dans le faubourg Saint-Antoine, et à se soustraire aux recherches de la police jusqu'en 1814, époque où il alla à Vesoul retrouver le comte d'Artois. Signataire des fameuses ordonnances qui, en 1830, déterminèrent la révolution de juillet, un jugement de la Cour des pairs le condamna à une prison perpétuelle, à la perte de ses titres, grades, etc., en le déclarant mort civilement. Détenu dans ces mêmes châteaux de Vincennes et de Ham où il avait été prisonnier vingt-six ans auparavant, il devint libre après dix ans de réclusion.

Armand de Polignac (l'aîné) partagea le sort de son frère jusqu'en 1814, et suivit à peu près les phases de sa fortune. Il vit aujourd'hui tranquille et ignoré à Paris.

Le marquis de Rivière fut nommé, à l'époque de la Restauration, capitaine des gardes du corps, ambassadeur à Constantinople, puis gouverneur du duc de Bordeaux. Il mourut au mois de juillet 1828.

Charles d'Hozier devint écuyer du comte d'Artois.

Lajolais termina sa vie au château de Bellegarde, la veille même du jour où il devait recouvrer sa liberté.

Rochelle de Brecy fut placé dans un des régiments d'infanterie de la garde royale, en qualité de lieutenant-colonel.

Ruzillon obtint grâce pleine et entière en 1805, et se retira en Suisse.

Bouvet de Lozier fut envoyé en 1814 à l'île Bourbon, comme gouverneur général de cette colonie.

Armand Gaillard se maria et obtint un honorable emploi dans la maison du roi.

Enfin la famille de Georges fut anoblie, et son frère Joseph Cadoudal, qui avait servi sous ses ordres dans les guerres civiles de l'Ouest, fut nommé en 1815 colonel de la légion du Morbihan.

Quant à Pichegru, la Restauration lui éleva des statues. Nous avons vu, exposée dans la cour du Louvre, son image en bronze, destinée à la ville de Besançon, sa patrie. On en préparait l'inauguration en juillet 1828, lorsque la majorité des Francs-Comtois ayant trouvé inconvenant qu'on lui imposât un monument qu'elle n'avait ni souhaité, ni demandé, ni payé, exprima hautement son opposition à cette cérémonie, et l'inauguration de la statue fut ajournée.

On a vu avec quelle amertume Moreau se plaignit au tribunal de ce que sa disgrâce se fût étendue à tous ceux qui lui étaient attachés. Le général Lecourbe fut rayé des contrôles de l'armée et exilé dans son département. Son frère, le juge, faisant partie d'une députation de son tribunal à l'Empereur, crut devoir profiter de l'occasion pour lui demander la réintégration du général sur les contrôles de l'armée.

« Monsieur, lui répondit Napoléon avec un mouvement d'humeur, que vous ayez voté l'absolution de Moreau, vous étiez libre d'obéir à votre conscience ; mais que vous ayez nié l'existence de la conspiration et que vous ayez été proclamer partout que Moreau était innocent, c'est par trop fort, et je suis étonné que vous osiez vous présenter devant moi. Retirez-vous. »

L'Empereur aurait voulu qu'on publiât un détail historique et circonstancié de cette conjuration. Son désir fut laissé sans exécution [1].

Il avait également prescrit qu'on rassemblât au musée central d'artillerie, où avaient été déposés précédemment le modèle et les fragments trouvés de la machine infernale, toutes les armes diverses des conjurés, avec le nom de chacun de ceux à qui elles avaient appartenu. Malgré cet ordre, tous ces objets se vendirent à l'encan, sans plus de façon que pour les pièces les plus communes d'un greffe criminel.

Telle fut l'issue de ce procès mémorable, qui exerça une grande influence sur l'opinion publique. Il mit en évidence des ambitions qu'on ne soupçonnait pas et des alliances dont on était loin de se douter, en montrant Pichegru et le républicain Moreau jetés, avec Georges Cadoudal, les deux Polignac, de Rivière et d'autres royalistes, dans les cachots du Temple pour la même cause. Les hommes des faubourgs, dont les piques appuyaient les décrets de la Convention nationale, se demandèrent alors si des chefs d'armées pouvaient, au gré de leurs caprices ou de leurs passions, trahir ainsi les intérêts de la liberté. Avec cet admirable bon sens dont le peuple est doué dans les grandes crises sociales, il se demanda, disons-nous, si la tranquillité, le bonheur, l'avenir de la France pouvaient dépendre de la turbulente ambition de quelques hommes. Ces réflexions profitèrent naturellement au nouveau gouvernement, qui avait le grand mérite d'être établi, et qui, avec autant de gloire, offrait à la France plus d'ordre et de sécurité que les gouvernements précédents.

Enfin, l'Empereur, sans avoir à redouter aucune comparaison,

---

[1] Desmarets, chef de la première division du ministère de la police sous l'Empire, et que sa position mettait mieux que personne à même de bien juger des hommes et des événements, avait commencé ce travail, lorsque la mort vint le surprendre au mois d'avril 1832, dans une campagne où il vivait retiré depuis 1815.

avait à craindre que ses ennemis fissent de Moreau, sinon leur chef, du moins leur étendard. Napoléon avait immortalisé, par cent combats, les champs de la vieille Lombardie et ceux de l'antique Egypte; il avait, par son humeur altière, abaissé les rois de l'Europe ligués contre la France, et enrichi le pays des fruits de ses conquêtes. Moreau, de son côté, avait deux fois, dans deux campagnes merveilleuses, planté le drapeau républicain sur les bords du Rhin et du Danube, et s'était concilié le respect des vaincus, l'amour de ses soldats et l'admiration de sa patrie. Hoche, Kléber, Desaix, Joubert n'existaient plus; Moreau restait seul debout. Impliquer le général républicain dans une conspiration royaliste, c'était lui ôter tout prestige aux yeux d'un peuple qui l'aimait, aux yeux d'une armée dont il était l'idole. L'accusation de Moreau était si positive, qu'il ne pouvait échapper à une condamnation quelconque. Le condamnait-on à mort?... Napoléon lui faisait grâce. Le condamnait-on à une prison perpétuelle ou temporaire?... la politique astucieuse de Fouché lui offrait l'exil en échange, et Moreau disparaissait de la scène du monde, chargé tout au moins d'une de ces inconséquences que le peuple ne pardonne pas, celle d'avoir voulu abattre Napoléon après avoir contribué à son élévation, lorsqu'au 18 brumaire il s'était constitué volontairement le gardien des directeurs prisonniers dans leur palais du Luxembourg.

Si Napoléon frappait ainsi le parti républicain militaire, personnifié dans le général Moreau, il atteignait également le parti royaliste dans ses plus hautes sommités. Le pavé de la Grève se teignit du sang des paysans bretons, mais le glaive respecta la tête des princes de Polignac, du marquis de Rivière, du comte d'Hozier et des autres gentilshommes, chefs véritables et moralement responsables de la conspiration. Les mères, les épouses, les sœurs de ces gentilshommes vinrent se prosterner, comme autrefois la famille de Darius, aux genoux du nouvel Alexandre, et, clément comme le jeune roi de Macédoine, le jeune Empereur, touché par les larmes de cette noblesse qu'il voulait s'attacher, usa de la plus belle prérogative de la couronne, le droit de faire grâce. L'implorer en pareille circonstance, c'était le reconnaître comme monarque.

« Ainsi, d'un seul coup, Napoléon frappa mortellement le parti
« républicain et le parti royaliste. A l'un il sembla dire :

« Vos généraux sont des ambitieux qui voulaient trafiquer de
« la liberté; moi, je vous l'emprunte pour vous la rendre un jour
« brillante de plus de gloire que vos proconsuls ne vous en ont ja-
« mais donné. »

Et aux royalistes :

« Ralliez-vous à moi, abandonnez une race déchue, qui ne sait
« pas même affronter un danger personnel pour recouvrer un
« trône, et qui n'est prodigue que du sang de ses plus fidèles ser-
« viteurs. Venez à moi, car mes droits sont aussi sacrés que le fu-
« rent ceux de Hugues Capet. Je ferai une nouvelle noblesse ; je
« reconstruirai, avec les vieilles forteresses des pays conquis, des
« fiefs, des duchés, des baronnies pour mes soldats bien-aimés ;
« mais je conserverai aussi vos titres et je les ferai respecter à l'é-
« gal de ceux que j'instituerai ; et, un jour, quand le temps aura
« tout couvert de sa poussière, on ne distinguera plus parmi vos
« couronnes celles qui auront été décernées par moi de celles qui
« le furent par Charlemagne. »

Napoléon tint parole : les républicains devinrent princes, ducs, comtes, barons ; et les Montmorency, les Larochefoucauld, les Narbonne, les Contades, les Salmes, les Dumanoir, les Xintrailles, les Dreux-Brézé, les Rohan et les Crillon allèrent prendre, sous la tente impériale, le mot d'ordre aux grands jours de bataille.

CHAPITRE IV.

AU CHATEAU DE MARRAC.

1808.

I

Afin qu'on ne pût élever de doute sur l'intention qu'il avait *d'arranger* les affaires survenues en Espagne à la suite des événements politiques d'Aranjuez, Napoléon, accompagné de Joséphine, partit de Saint-Cloud le 2 avril 1808 pour aller, lui, jusqu'à Burgos, au-devant du prince des Asturies, c'est-à-dire de Ferdinand VII; l'Impératrice devait s'arrêter à Bayonne.

Des voitures chargées de meubles de la couronne, des équipages et des employés de la maison impériale étaient déjà entrés en Espagne : les relais étaient préparés et les logements indiqués sur la route. Cette démonstration de l'Empereur vainquit la résistance de Ferdinand VII, qui quitta Madrid le 10 du même mois, accompagné de ses conseillers ordinaires, les ducs de l'Infantado et de San-Carlos, Cevallos et le chanoine Escorquitz, son ancien précepteur.

De Bordeaux à Bayonne, des populations entières abandonnèrent leurs travaux pour voir au moins une fois l'homme dont le nom retentissait depuis dix ans jusqu'au fond des plus obscurs villages. Napoléon arriva à Bayonne le 14 avril, à neuf heures du soir. Une foule immense s'était précipitée dès le matin sur son chemin. La longue rue Maubec à Saint-Esprit, la place, les deux ponts, les quais, étaient jonchés de verdure et resplendissaient d'illuminations; ses clochers, malgré l'interdiction du jeudi saint, tintaient à toutes volées; le canon tonnait sur les remparts, à la citadelle, et mêlait sa voix aux bruyantes acclamations de la foule.

Les gendarmes d'élite et les lanciers polonais escortaient les voitures impériales, autour desquelles se pressaient un nombreux état-major et des compagnies de gardes d'honneur basques, composées d'hommes choisis parmi les plus beaux dans un pays où les qualités physiques sont si communes. Le berret blanc national, orné d'un large gland rouge; la veste, la culotte et la demi-guêtre de velours noir, tel était le costume pittoresque que les Basques avaient adopté, et que faisaient encore mieux valoir leur taille et leur figure.

Napoléon descendit à l'hôtel du Gouvernement, que la ville avait fait décorer et meubler avec élégance; mais il ne tarda pas à choisir le château de Marrac, bâti par la veuve de Charles II : il l'acheta, ainsi que le domaine de Saint-Michel, d'un négociant de la ville, M. Trastour, moyennant 800,000 francs, et il y fixa sa résidence [1]. Une position riante, des ombrages magnifiques et un vaste emplacement derrière le château firent donc la fortune et la célébrité de Marrac. Une sorte de ville provisoire y fut créée : des baraques en bois servirent de logement aux bataillons et aux escadrons de la garde qui devaient faire le service du château. Une belle route, construite comme par enchantement, s'ouvrit jusqu'à Bayonne, et cette succursale de la capitale de l'empire, alors brillante et animée, se remplit d'officiers, de fonctionnaires, d'équipages et de curieux. Les travaux étaient suspendus, et la ville tout entière, joyeuse, en habits de fête, se portait chaque jour à Marrac.

---

[1] Ce château avait été bâti, sur d'assez belles proportions, pour servir de résidence à l'infante Marie-Victoire, qui devait épouser Louis XV, mais dont le mariage n'eut jamais lieu, à cause de l'extrême jeunesse de cette princesse. Une autre tradition locale dit que ce château fut bâti par la reine d'Espagne, veuve de Charles II, qui ne voulait point retourner en Allemagne et ne pouvait rester en Espagne.

Le château par lui-même ne pouvait être comparé à aucune des résidences impériales, à cause de son peu d'importance relative; mais sa structure, sa physionomie, les formes un peu lourdes de son ensemble, lui donnaient un caractère de grandeur et de féodalité. Le parc était considérable, les jardins étaient dessinés avec goût, et, du haut de ses monticules chargés de citronniers et d'orangers en pleine terre, on voyait couler les flots bleus de la Nive, petite rivière qui charrie dans ses sinueux méandres les stalactites détachés de sa source pyrénéenne. Marrac était donc devenu, pour l'homme d'État, pour le philosophe et pour l'historien, un lieu remarquable. C'est, en effet, dans cette résidence que se déroulèrent les premiers actes d'un des plus grands drames des temps modernes, la déchéance des Bourbons d'Espagne.

Le parc fut bientôt transformé en un champ de manœuvres, et c'est là que Napoléon passait en revue les troupes qui entraient successivement en Espagne. On a prétendu que les corps qui s'y rendaient étaient mécontents : c'est une erreur. Berthier, Savary, Duroc, de Champagny, Murat, Talleyrand et de Pradt, aumônier de l'Empereur, quittaient peu le château. Tous furent plus ou moins initiés aux projets du maître sur le sort des princes espagnols, et tous ont attesté dans leurs écrits que jamais l'armée ne montra plus d'enthousiasme et de dévouement à son chef.

II

Dès le 16 avril, c'est-à-dire le lendemain de l'arrivée de Napoléon à Marrac, les habitants de Bayonne vinrent danser la pamperruque[1] devant les fenêtres du château. Les danseurs et les danseuses,

---

[1] La *pamperruque* est une danse particulière au pays basque, et qu'on n'exécute que dans les circonstances solennelles et devant des personnes illustres. Cette danse est exécutée par treize acteurs, sept hommes et six femmes, au son du tambour de basque et du galoubet. Les costumes des danseurs et des danseuses sont très-brillants. La pamperruque est de la famille des danses espagnoles, et notamment du fandango et de la cachucha.

La Pamperruque.

costumés magnifiquement, étaient des jeunes gens et de jeunes femmes appartenant aux premières familles bourgeoises de Bayonne. L'Empereur s'amusa beaucoup de cette danse, qu'il fit *bisser*, et donna un témoignage de satisfaction aux danseurs et aux danseuses en leur faisant remettre par un chambellan sept épingles en diamants et six bracelets d'un travail exquis.

La députation portugaise, envoyée de Lisbonne pour complimenter l'Empereur, l'attendait à Bayonne. Elle lui avait été présentée à l'hôtel du Gouvernement quelques heures après son arrivée. Napoléon ne donna pas le temps au comte de Lima, qui en était le chef, de commencer sa harangue; il prit lui-même la parole, et lui dit d'un ton un peu brusque :

« Je ne sais pas encore ce que je compte faire de vous : cela dépend de ce qui se passera ici. Êtes-vous d'ailleurs dans le cas de faire un peuple? Vous êtes abandonnés par votre prince, qui s'est fait conduire au Brésil par les Anglais. Il a fait là une grande sottise, votre prince, il s'en repentira, je vous en réponds. » Puis, se retournant vers M. de Pradt, il ajouta d'un ton presque gai : « Il en est des princes comme des évêques : il faut qu'ils résident. » Puis, s'adressant de nouveau au comte de Lima, il lui demanda quelle était la population du Portugal; et comme s'il répondait à sa propre question, il ajouta en hochant la tête : « Deux millions, tout au plus? »

— Sire, plus de trois, répondit le comte.

— Je ne l'aurais pas cru, répliqua l'Empereur. Et à Lisbonne, combien d'habitants, cent cinquante mille âmes?...

— Plus du double, Sire, reprit encore le comte.

— En vérité! s'écria Napoléon en faisant un geste d'étonnement. Enfin que vous faut-il à vous autres Portugais? Voulez-vous être Espagnols? »

A ces mots, le comte de Lima, relevant la tête avec fierté, s'affermissant dans son attitude et portant la main sur la garde de son épée, répondit d'une voix forte :

« Non, Sire, jamais!

— Bravo! comte de Lima, s'écria Napoléon, les anciens héros portugais n'eussent pas mieux dit. »

Alors l'Empereur adressa quelques paroles aux membres les plus influents de la députation, entre autres à l'évêque de Coïmbre et à Pereira de Mello, grand-inquisiteur du royaume. La députation se retira et se hâta d'envoyer aux Portugais une adresse pleine de confiance dans les bonnes dispositions de l'Empereur. Il est positif que le *non* si énergiquement prononcé par le comte de Lima avait plu beaucoup à Napoléon.

Bientôt les visites officielles se succédèrent à Marrac. Les autorités civiles et militaires, les fonctionnaires publics furent présentés à l'Empereur, tandis que les dames faisaient leur cour à l'Impératrice. Napoléon s'informa auprès de M. d'Etchegarey, maire de Bayonne, des besoins de la cité, et il n'a pas tenu à lui plus tard que les embellissements et les améliorations qu'il avait projetés ne fussent réalisés. On l'a accusé de froisser quelquefois les gens par sa brusquerie ; mais Napoléon n'avait pas l'habitude des lieux communs ; le développement d'une idée était un luxe dont il ne faisait usage que dans l'intimité. Dans la discussion publique, sa parole était brève, mais son esprit supérieur jetait incessamment des éclats de lumière qui éclairaient tout à coup les questions les plus obscures.

L'abdication forcée du vieux roi Charles IV avait servi merveilleusement les projets de l'Empereur, dont la politique tendait évidemment à éteindre la dynastie régnante en Espagne pour y substituer la sienne. Il aurait voulu peut-être que Ferdinand VII régnât sous la condition d'une sorte de vasselage ; mais il ne pouvait vouloir à aucun prix qu'il régnât par l'acclamation du peuple et de l'armée. Médiateur naturel entre le père et le fils, il ne tarda pas à exiger du fils, par le père, une abdication qui lui livrait l'Espagne.

Le prince des Asturies, Ferdinand VII, arriva à Bayonne le 20 avril ; des appartements lui avaient été préparés dans la maison Dubroc, sur la place d'Armes, où il descendit avec son frère, don Carlos. Vers les trois heures de l'après-midi, Napoléon se rendit à cheval auprès du prince espagnol, qu'il embrassa aux acclamations du peuple. A six heures, les voitures impériales amenèrent à Marrac les deux princes et les grands seigneurs espagnols qui les avaient accompagnés dans leur voyage. L'Empereur et l'Impératrice leur firent le meilleur accueil, et après le dîner, la jeune cour, comme on l'appelait à Marrac, fut reconduite à Bayonne avec le même cérémonial. Aussitôt après, le général Savary, aide de camp de l'Empereur, somma le prince des Asturies de remettre la couronne d'Espagne en échange du petit royaume d'Etrurie, que Napoléon lui offrait; le prince repoussa avec dédain la proposition : il devait bientôt être forcé d'y accéder.

Le jour que ce prince était parti de Madrid, Murat avait exigé, lui aussi, la mise en liberté du prince de la Paix, que le peuple avait failli massacrer, et qui vint à son tour à Bayonne. Il précéda de deux jours l'arrivée de Charles IV et de la reine Marie-Louise, sa femme, qui occupèrent à l'hôtel du Gouvernement les mêmes appartements que l'Empereur avait lui-même habités avant d'aller à Marrac. Une longue file de voitures et de chevaux suivait le cortége et semblait annoncer une longue absence. On eût dit déjà d'une cour exilée, emmenant à la hâte ses effets les plus précieux et ses plus fidèles serviteurs. Charles IV se rendit à Marrac, où il fut reçu par Napoléon, entouré de tous les grands officiers de sa maison civile et militaire. Un mal de jambe rendait difficile et pénible la marche du vieux roi, qui dit à l'Empereur en montant le grand escalier du château :

« Je vous en prie, Sire mon frère, soutenez-moi, j'en ai besoin. »

Napoléon lui répondit en souriant :

« Eh bien ! appuyez-vous sur mon bras et ne craignez rien : je suis fort, moi ! »

Charles IV, vieillard de haute taille et de manières simples, portait sur ses traits ce caractère facile et débonnaire qui avait compromis l'Espagne et qui l'avait soumis lui-même pendant tout son règne à la volonté de la reine Marie-Louise, sa femme, et, par elle, au joug du favori Manuel Godoy. Charles IV avait accepté ces deux dominations, et, en arrivant à Bayonne, son unique pensée était d'obtenir de Napoléon une vie paisible avec sa femme et son favori, dont il ne pouvait, pas plus que la reine, se séparer.

Ferdinand VII fut bientôt circonvenu pour céder la couronne d'Espagne. La reine et Godoy mirent dans leurs obsessions une insistance sans égale. L'insurrection de Madrid du 2 mai donna à Napoléon encore plus d'impatience, et le chanoine Escorquitz lui-même conseilla l'obéissance à son royal élève. Ce jour-là, en revenant de Bayonne, où il avait été voir le vieux roi, l'Empereur traversa avec agitation les appartements du château, et se rendit dans les jardins. Après avoir fait quelques tours, il appela toutes les personnes qu'il avait mises dans la confidence de ses projets, et, comme un homme plein d'un sentiment qui l'oppressait, il leur raconta, dans ce style pittoresque plein de verve et d'originalité qui lui était propre, tout ce dont il venait d'être témoin : sa narration avait en quelque sorte transporté ses auditeurs au milieu de la scène. Il peignit Charles IV reprochant à son fils l'outrage fait à ses cheveux blancs, et la perte de la monarchie espagnole, que lui-même avait su conserver intacte au milieu des désordres de l'Europe.

« C'est le roi Priam », ajouta Napoléon. Puis, après un moment de silence, poursuivant son récit : « La reine vint ajouter, dit-il, à cette scène en éclatant en menaces et en invectives contre Ferdinand. Après lui avoir reproché, en termes amers, de les avoir détrônés, elle me demanda de le faire monter sur l'échafaud. Quelle femme ! quelle mère ! Elle m'intéressa malgré elle et malgré moi pour son fils; qui, j'en suis certain, ne vaut pourtant guère mieux qu'elle. »

Le 6 mai, Ferdinand rendit la couronne à son père, qui en avait déjà disposé en faveur de Napoléon, dans un traité secret signé la veille. Les infants don Antonio, don Carlos et don Francisco avaient adhéré pour leur part à la même renonciation.

Charles IV et son fils Ferdinand partirent successivement de Bayonne, le premier pour le château de Compiègne, qui, comme nous l'avons dit précédemment, lui avait été assigné pour résidence, avec une liste civile de trente millions de réaux (environ sept millions de notre monnaie), et le second pour Valençay, avec une rente apanagère de douze cent mille francs. Napoléon proclama son frère Joseph roi d'Espagne et des Indes. Le peuple espagnol seul protesta généreusement contre cette usurpation par une prise d'armes générale; mais pas un seul des corps officiels de l'État ne fit entendre une parole de résistance : le cardinal primat d'Espagne, quoique Bourbon lui-même, fut le premier à envoyer à Bayonne, où une junte extraordinaire avait été convoquée, l'adhésion la plus dévouée et la plus explicite.

Joseph Bonaparte, pour ainsi dire arraché à son paisible et attrayant royaume de Naples, arriva le 7 juin à Marrac, quelques heures après la promulgation de l'acte qui le dotait de la couronne d'Espagne. Napoléon était allé au-devant de lui et l'avait fait monter dans sa voiture pour l'entretenir des intérêts puissants qui commandaient son acceptation, en lui disant entre autres choses :

« Je puis mourir. Murat, qui a un parti dans l'armée, je le sais; Eugène, qui, jeune encore, a conquis l'estime de la nation, se disputeraient ma succession avant que tu ne pusses arriver du fond de l'Italie pour la recueillir. Il ne faut pas que la couronne de France sorte jamais de notre famille. Ta place est en Espagne. Là, en cas de malheur, tu me succéderas naturellement et sans obstacle. D'ailleurs, cet arrangement terminera, je l'espère, nos querelles de ménage. Je donnerai Naples à Murat..., *s'il daigne* l'accepter », avait repris Napoléon après un temps d'arrêt et avec une inflexion de voix ironique.

La voiture qui portait les deux frères s'arrêta devant le péristyle du château. Joséphine, entourée de ses dames, reçut son beau-frère au bas du grand escalier. Les grands d'Espagne, rassemblés dans la galerie, se précipitèrent au-devant de Joseph en le nommant leur roi, aux acclamations de tous ceux qui assistaient à cette brusque intronisation.

Cependant ce n'avait pas été sans de grandes hésitations que Napoléon s'était déterminé à faire cet autre 18 brumaire de rois. Les lettres qu'il adressait au grand-duc de Berg (Murat), alors à Madrid, et qui sont des chefs-d'œuvre de politique, prouvent jusqu'à quel point il redoutait la possibilité d'une guerre nationale avec l'Espagne. L'orgueil de Murat, ou plutôt son impétuosité naturelle, le poussèrent à châtier trop sévèrement les rebelles de Madrid; dès lors, toute espérance de paix fut perdue, et Napoléon lui-même s'écria, en apprenant l'affaire du 2 mai :

« Murat, sans s'en douter, vient de forger à l'Espagne cinquante mille fusils et cent pièces de canon dans les ateliers de Manchester. »

L'Empereur touchait juste, et l'Angleterre ne tarda pas, en effet, à jeter en Espagne des armes, des munitions, des trésors et des soldats.

En apprenant de la bouche même de Napoléon les suites funestes pour ses anciens sujets de la journée du 2 mai, le vieux Charles IV dit en pressant les mains de Napoléon :

« Mon frère, je prévoyais ce malheur. Les hommes coupables qui, pour satisfaire leurs passions, ont agité le peuple, croyaient pouvoir le contenir : ils se sont engloutis dans l'abîme qu'ils avaient ouvert. »

Charles, sur l'invitation de Napoléon, nomma sur-le-champ le grand-duc de Berg lieutenant-général du royaume des Espagnes et des Indes, et l'on montre encore dans le château de Marrac la table où cette espèce d'abdication fut signée par le petit-fils de Philippe V.

Les instants que Napoléon n'employait pas à diriger une politique inextricable, et qui l'emportait au delà même de ses prévisions, étaient consacrés à passer les troupes en revue. Le 14e régiment d'infanterie de bataille, qui était alors en garnison à Bayonne, venait manœuvrer tous les deux jours régulièrement dans le parc du château. La légion portugaise que Napoléon envoyait en France, et qui traversa Bayonne vers la fin de mai, fût également passée en revue par lui, et l'enthousiasme qu'il excita parmi ces soldats alla jusqu'au délire. Moins d'un an après, ces mêmes soldats maudissaient le grand capitaine.

III

L'Empereur reçut aussi à Marrac une députation des notables de la ville de Bordeaux, ayant à sa tête le maire et le conseil municipal. Cette députation venait remercier Napoléon des bienfaits qu'il avait répandus dans la cité. Elle lui adressa en outre des actions de grâce pour la résidence impériale dont il avait ordonné la construction dans la ville même de Bordeaux [1]. L'Empereur, quoique fortement préoccupé au moment où la députation lui fut présentée, répondit :

« Je reçois vos remerciements. Un jour, je l'espère, quand la paix générale aura comblé mes vœux, j'irai chaque année visiter toutes mes bonnes villes. La vôtre, messieurs, qui est au premier rang dans mes affections, ne sera pas négligée, et j'irai à Bordeaux avec le désir d'augmenter son importance et ses richesses. »

Au milieu des graves événements dont Bayonne et Marrac étaient devenus le théâtre, il se passa, de nuit, dans les jardins du château, une espèce de drame à deux acteurs, dont la péripétie ne dépassa pas les limites de cette résidence. La connaissance du fait que nous allons raconter ne serait pas arrivée jusqu'à nous si Napoléon lui-même ne l'eût conté, à Sainte-Hélène, à un de ses compagnons d'exil, qui, à son retour à Paris, voulut bien nous en faire part.

Une nuit que l'Empereur, agité par les mille résolutions qui se croisaient dans son esprit, ne pouvait dormir, il se lève et parcourt

---

[1] Cette résidence devait s'élever sur une partie de l'emplacement du Château-Trompette. Les plans étaient faits et arrêtés, les architectes désignés, lorsque les événements de 1813 et de 1814 vinrent annihiler ce projet. Nous avons vu, dans le cabinet du savant architecte Chalgrain, un de ceux que Napoléon avait chargés de présenter des devis, le dessin de cette résidence. Rien n'eût été plus grandiose et plus magnifique que ce palais.

seul les sinueuses allées du parc réservé de Marrac. Un silence imposant régnait sous ces sombres ombrages; seulement de loin en loin on entendait quelques cris rauques des pêcheurs de la Nive qui tendaient leurs filets au clair de lune et le son argentin des capucines de fusil, que les factionnaires, placés de distance en distance autour du jardin, faisaient résonner. L'Empereur, absorbé dans ses réflexions, continuait machinalement sa promenade, lorsque tout à coup un moine sort d'un fourré de charmille et se pose à genoux devant lui en inclinant la tête.

Napoléon s'arrêta court. L'idée de Henri III, assassiné à Saint-Cloud au milieu de ses courtisans par Jacques Clément, lui vint à la mémoire; il fit bonne contenance cependant, et dit au religieux d'une voix forte :

« Monsieur, qui êtes-vous? que me voulez-vous? et comment se fait-il que vous vous trouviez ici à pareille heure?

— Sire, répondit le moine en bon français, et sans changer de posture, je suis ici par la volonté de Dieu, et je viens sauver Votre Majesté. »

A ces mots, Napoléon tressaillit.

« Que signifie ce langage? Expliquez-vous.

— Sire, vous allez faire la guerre à l'Espagne...

— Qui vous l'a dit? interrompit Napoléon.

— Si du moins, reprit le moine en se relevant, vous ne lui déclarez pas la guerre, vous serez forcé, vous, de la subir en imposant à ce pays un roi et des institutions qui ne lui conviennent pas.

— Monsieur, vous en savez trop ou trop peu.

— Sire, je vais vous dire qui je suis, poursuivit le moine, et peut-être aurez-vous égard à mes paroles et à la démarche périlleuse que j'ai tentée aujourd'hui pour parvenir jusqu'à Votre Majesté. Avant d'être franciscain, j'ai été soldat. Je me suis engagé à seize ans, et j'ai servi dans les troupes du roi de Sardaigne. Dans la première campagne d'Italie, j'ai été votre prisonnier à Lodi, après avoir été blessé à cette bataille, et je n'ai recouvré ma liberté qu'après votre glorieux traité de Tolentino. Mais, Sire, tout ennemi des Français que j'étais, je n'ai pu m'empêcher d'aimer et d'admirer le jeune général en chef de l'armée d'Italie. Cette admiration, Sire, cet amour ont grandi avec votre fortune, et, sous le froc qui me couvre, j'ai un cœur qui conserve encore pour Votre Majesté le même degré de respect et le même amour. C'est ce dévouement à votre auguste personne, Sire, qui m'a fait braver aujourd'hui le ressentiment de mes compatriotes et les baïonnettes de vos gardes pour pénétrer jusqu'à vous. J'espère, Sire, que maintenant vous ne doutez plus de moi.

— Est-ce que par hasard vous seriez ambitieux? demanda brusquement Napoléon.

— Nullement, Sire. Je ne suis qu'un pauvre franciscain.

— Ganganelli l'était comme vous, et il est devenu pape.

— Je ne voudrais pas même être supérieur de ma communauté, répliqua modestement l'adepte de saint François.

— Alors, que voulez-vous?

— Vous servir, Sire, et vous sauver, sans autre espoir de récompense que d'occuper une petite place dans votre souvenir.

— Voyons, arrivez au fait; on pourrait nous surprendre, et je ne voudrais pas qu'on me trouvât ici, d'après ce qui se passe, en conférence mystérieuse avec un moine.

— Il y a de bons moines, Sire, comme il y a de bons rois.

— C'est possible, mais encore un coup, expliquez-vous.

— Sire, vous n'ignorez pas que, dans notre ordre, le premier vœu est celui de la pauvreté : nous mendions...

— Ah! nous y voilà! fit Napoléon en souriant; oui, je sais cela, continua-t-il, et vous n'en faites pas mieux.

— Peut-être, Sire. Tous les hommes mendient plus ou moins : ceux-ci des richesses, ceux-là des dignités.

— Il y a quelque chose de vrai dans ce que vous dites là. Poursuivez.

— En faisant nos quêtes dans les provinces d'Espagne, Sire,

nous nous identifions en quelque sorte avec les populations ; nous connaissons bien mieux que les ministres de S. M. très-catholique, notre auguste roi, les besoins, les espérances de ses peuples. C'est pour cela, Sire, qu'en vous parlant, c'est la voix du peuple que vous entendez par la mienne, et, vous le savez, la voix du peuple c'est la voix de Dieu !

— Excepté quand c'est un Marat qui se fait l'organe du peuple, objecta Napoléon.

— Peut-être, Sire. Mais, de grâce, écoutez les vœux et les espérances du peuple espagnol. Si vos soldats entrent en Espagne pour imposer au pays un prince qui ne soit point Espagnol et des lois qui lui soient étrangères, ces soldats n'en sortiront pas. »

Et, en prononçant ces derniers mots, le franciscain s'était de nouveau jeté aux genoux de Napoléon, qui, n'ayant pu maîtriser une certaine émotion à ces singulières paroles, lui dit :

« Que faites-vous, monsieur ?

— Sire, répondit le moine toujours prosterné, je sais que les princes sont faciles à irriter. Je vous ai offensé peut-être en vous parlant comme je l'ai fait ; mais Dieu m'ordonnait d'agir ainsi, et j'ai obéi. Maintenant que ma mission est accomplie, ordonnez de moi ce que vous voudrez ; je suis prêt à tout souffrir.

— Retirez-vous, repartit Napoléon, je ne décerne pas les palmes du martyre. Celui qui a relevé en France la croix et les autels ne vient pas ici renverser les autels et briser la croix. Retournez dans votre couvent, et dites à vos compatriotes que l'empereur Napoléon veut le bonheur et l'indépendance de l'Espagne, et qu'il ne portera jamais une main profane sur les institutions d'un peuple fidèle et allié de la France. Adieu, monsieur. A propos, reprit l'Empereur dès que le moine se fut relevé, n'oubliez pas de répondre au *qui-vive* de mes sentinelles : *Lodi*, c'est le mot d'ordre d'aujourd'hui, car c'est l'anniversaire de cette bataille. »

Le franciscain se retira lentement et disparut bientôt sous les sombres allées du parc.

Quelques instants après être rentré au palais, l'Empereur entendit un coup de fusil tiré dans la direction qu'avait prise le religieux. Il envoya s'informer de la cause de cette explosion. Le messager revint et lui annonça qu'un des factionnaires venait de tirer sur un individu qui n'avait pas répondu au *qui-vive* trois fois répété par lui, et que malheureusement cet individu avait été tué sur le coup.

« Sire, ajouta le messager, c'était un moine espagnol.

— C'est mon homme, dit Napoléon à voix basse ; le nom de Lodi devait décidément porter malheur à ce pauvre diable de moine. »

Enfin la fameuse constitution dite de Bayonne avait été adoptée après onze séances. Le roi Joseph se rendit dans cette ville. En face du trône qui lui avait été élevé dans une des salles du palais du Gouvernement, un Evangile avait été placé sur un prie-dieu. Le nouveau roi jura le premier d'être fidèle à la constitution, et les députés jurèrent ensuite d'être fidèles au roi. En même temps, du fond de sa retraite de Valençay, Ferdinand lui adressait le témoignage de toute sa satisfaction pour le choix qui l'avait porté au trône d'Espagne. Joseph partit pour Madrid le 9 juillet, avec tous les députés de la junte et les grands seigneurs espagnols qui, trois mois auparavant, avaient formé le cortége du prince des Asturies, proclamé roi d'Espagne, comme nous l'avons dit, sous le nom de Ferdinand VII.

Enfin, Napoléon et Joséphine quittèrent Marràc le 21 juillet, non sans laisser derrière eux une grande prospérité due à leur séjour dans ce château et aux événements politiques dont Bayonne avait été le théâtre. LL. MM. étaient de retour à Saint-Cloud dans les premiers jours d'août.

CHAPITRE V.

A SCHŒNBRUNN.

1809.

orsque les souverains alllemands eurent reconnu l'impossibilité où ils étaient de résister à Napoléon par les moyens ordinaires, c'est-à-dire en opposant leurs armées à la sienne, ils s'adressèrent à leurs peuples, et, comme dans tous les temps de danger pour les charlatans couronnés, ils parlèrent de liberté et d'égalité.

« Saxons ! Allemands ! dirent-ils dans un manifeste publié par toute l'Allemagne au commencement de 1809, à partir de ce moment, nos arbres généalogiques ne comptent plus pour rien. La régénération de l'Allemagne peut seule produire de nouvelles familles nobles. Entre nous, il n'y a plus d'autres distinctions que celle du talent et de l'ardeur avec lesquels on défend la cause sacrée de la patrie ! *La liberté ou la mort !* »

Ces paroles furent puissantes sur les Allemands. Napoléon devint pour eux l'ennemi, non plus de la patrie seulement, mais aussi de la liberté. La jeunesse, imbue d'un patriotisme haineux par les parents et les maîtres, attacha toutes ses idées de vengeance, de salut et de gloire à sa perte. Les écoles, les comptoirs, les cafés de l'Autriche, de la Prusse et de la Saxe ne fomentèrent plus que des idées de meurtre ; il existait même, sous la forme de *compagnie d'arquebuse*, des réunions où l'on s'exerçait au tir dans le but, avoué par les règlements et les circulaires, de porter des coups plus assurés *à l'ennemi de la patrie allemande*. Frédéric Straaps fut le représentant le plus insensé de cette exaltation politique. Il n'eut ni associé ni confident. Aucun de ses parents ni de ses amis ne devina le véritable motif de son exaspération ni l'acte coupable auquel elle l'entraîna. Son imagination, vivement impressionnée par les événements qui avaient précédé et suivi la bataille de Wagram, le poussa follement à l'assassinat. Beaucoup de versions furent faites au sujet de cet attentat, qui, s'il eût réussi, eût changé subitement la face du monde.

Dans les premiers jours d'octobre 1809, Napoléon se trouvant à Schœnbrunn, où l'on traitait alors de la paix avec l'Autriche, s'entretenait avec son grand-maréchal Duroc et Savary [1], l'un de ses aides de camp, des attentats qui pouvaient être médités contre sa personne, et leur montrait à cet égard beaucoup d'incrédulité. Duroc et le duc de Rovigo étaient loin de partager la sécurité de l'Empereur; ce dernier surtout insistait sur cette circonstance, qu'il avait lu des rapports confidentiels où on le prévenait que plusieurs individus avaient reçu du cabinet de Vienne la mission de se défaire de la personne de l'Empereur.

« Bah! dit Napoléon, je sais en effet que le prince de Litchesten (plénipotentiaire autrichien) a dit dernièrement à Champagny (ministre des relations extérieures de France), dans une de leurs confidences, qu'il y avait en Allemagne des *têtes montées* contre moi; mais que les souverains étrangers avaient repoussé avec horreur les offres qui leur avaient été faites à ce sujet. On met cela en avant, ajouta-t-il, pour nous rendre plus coulants sur les conditions du traité; c'est fort adroit sans doute, mais ils n'y gagneront rien. Et d'ailleurs quel est l'homme qui oserait tenter un coup sur moi?

—Ma foi, Sire, répliqua le duc de Rovigo, il en est qui en seraient

---

[1] Le duc de Rovigo n'était pas encore ministre de la police; il était seulement commandant général du corps de la gendarmerie d'élite de la garde impériale.

capables, car, bien que Votre Majesté échappe toujours aux hasards des combats, sa vie n'en est pas moins dans la main d'un séide.

— Allons donc, Savary! vous êtes fou! Personne ne veut mourir, et ici il faudrait y être bien résigné!

— Oui, Sire; mais il ne faut que cela. »

Il fut ensuite question de la possibilité d'un attentat par empoisonnement. Duroc parut croire que ce moyen était le seul qui pût être tenté, parce qu'il laisserait au coupable l'espoir de l'impunité. Savary se rangea à cet avis; mais Napoléon haussa les épaules en disant avec impatience :

« Vous savez bien, Duroc, que Berthollet m'a enseigné jadis une précaution infaillible : nul poison n'ayant d'action par les voies extérieures, il me suffirait, au moindre goût âpre ou insolite d'une boisson, de la rejeter à l'instant. Allez, allez, ajouta-t-il avec un demi-sourire, si jamais je suis empoisonné, ce ne sera que par Fourneau ou par Réchaud [1], et certes il n'y aura pas préméditation de leur part. »

Cette conversation en resta là.

Tous les jours, à midi, Napoléon passait dans la cour du château de Schœnbrunn une grande parade à laquelle il faisait venir successivement les hommes qui sortaient des hôpitaux, afin de s'assurer par lui-même s'ils avaient été bien soignés. Cette revue attirait chaque fois beaucoup de curieux qui venaient de Vienne. Le jeudi 12 octobre, après avoir descendu le perron du château, il traversait la cour pour gagner la droite d'un régiment de la vieille garde qui formait la première ligne, lorsqu'un jeune homme, vêtu à peu près comme le sont les employés d'administration, à l'armée, tâcha de

---

[1] Par une singularité assez plaisante, tels étaient les noms véritables des deux maîtres d'hôtel de la maison de l'Empereur. Fourneau, dont l'épouse était une des femmes de chambre ordinaires de l'impératrice Joséphine, avait été chef d'office dans la maison de Louis XVI. Le second, avant d'entrer chez l'Empereur, était maître d'hôtel du duc d'Abrantès. C'est lui qui disait à Junot, en lui parlant de Napoléon : « Général, je ne mourrai pas content que je n'aie mis le pied dans la *bouche* de cet homme-là. »

s'approcher de l'Empereur en se portant en hâte du côté où il se trouvait. Le prince Berthier remarqua ce mouvement, et, piquant son cheval pour devancer l'inconnu :

« Où allez-vous? lui demanda-t-il.

— Je veux parler à l'Empereur.

— Monsieur, on ne parle pas ainsi à l'Empereur; retirez-vous! »

Et, sur un signe, les sentinelles échelonnées çà et là pour contenir les curieux font écarter le jeune homme. Mais peu après, le même individu, en passant derrière la ligne des grenadiers, cherche de nouveau à gagner la tête de la colonne. Rapp, qui l'a aussi remarqué, court à lui, et cette fois le repousse assez durement. Enfin, comme il le voit persister à passer outre, il appelle un gendarme d'élite et lui donne l'ordre de s'emparer de l'importun et de le conduire au poste du palais. D'autres gendarmes arrivent bientôt, et, tandis qu'ils conduisent le prisonnier, l'un d'eux sent quelque chose de résistant sous le côté droit de sa redingote. On le fouille... On trouve un couteau de cuisine dont la lame, longue de dix pouces et fraîchement affilée, était enveloppée d'un grossier papier gris qui formait une espèce de gaîne retenue par plusieurs tours de gros fil [1].

« Pourquoi portez-vous ce couteau sur vous? lui demande l'officier du poste.

— C'est mon secret », répond brusquement le jeune homme.

Le duc de Rovigo, averti par ses gendarmes, arrive promptement. Il l'interroge. Le détenu lui déclare, sans détour, qu'il a formé le projet de tuer l'Empereur.

« Je me nomme Straaps, ajoute-t-il d'un ton plein de fierté; je suis Saxon, j'ai dix-neuf ans, mon père est ministre luthérien à Naübourg. Faites de moi ce qu'il vous plaira; j'ai dit la vérité. »

Pour s'assurer de tous ses mouvements, on l'attacha bras à bras à un gendarme, et Savary alla retrouver l'Empereur, qui assistait au défilé des troupes. Déjà Rapp l'avait instruit du danger qu'il

---

[1] Napoléon ayant donné ce couteau au général Rapp, celui-ci le légua, à sa mort, à sa femme, Mme la comtesse Rapp, chez qui nous l'avons vu.

venait de courir; il n'y ajoutait aucune foi; mais lorsque le duc de Rovigo lui eut montré le couteau trouvé sur Straaps, il dit d'un ton presque moqueur :

« Ah! c'est différent! il paraît qu'il y a *quelque chose!* Qu'on aille me chercher ce jeune homme; je veux le voir, l'interroger moi-même. »

Après le défilé, Napoléon retint quelques-uns des généraux qui avaient assisté à la parade, et rentra avec eux au palais. Arrivé dans le salon de service, il trouva M. de Champagny qui l'attendait.

« Vous ne savez pas? lui dit-il froidement; eh bien, le prince de Litchesten avait raison lorsqu'il vous racontait qu'on lui avait fait la proposition de m'assassiner...

— Que veut dire Votre Majesté? demanda le ministre.

— Oui, de m'assassiner, répéta Napoléon; on vient de le tenter il n'y a qu'un instant. Suivez-moi avec ces messieurs, vous allez tout savoir. »

Un instant après, Savary fit amener Straaps devant l'Empereur par un officier de gendarmerie. En voyant un jeune homme, Napoléon fut saisi d'un mouvement de pitié.

« Ce n'est pas possible, dit-il, c'est un enfant! »

Puis, lui ayant demandé s'il le connaissait, Straaps, que la présence de l'Empereur n'intimida nullement, lui répondit avec calme :

« Oui, Sire.

— Et où m'avez-vous vu?

— A Erfurth, l'automne dernier. »

Quoique instruit des aveux du prisonnier, Napoléon n'en revint pas moins à sa première idée, et, s'adressant à Corvisart[1], qui était survenu, il lui désigna du doigt le jeune Allemand en lui disant :

---

[1] Ce premier médecin de l'Empereur, qui ne l'avait jamais accompagné dans aucune de ses campagnes, avait été mandé à Schœnbrunn quelques jours auparavant, à la sollicitation de son confrère Desgenettes, médecin en chef de l'armée, pour être consulté au sujet d'une affection de poitrine dont Napoléon souffrait depuis quelques jours.

« Vous allez voir, docteur, que c'est un malheureux atteint de folie ou d'imbécillité. »

Alors il interrogea le prisonnier, devant tous les assistants, avec beaucoup de douceur et même avec compassion. Le jeune Allemand lui déclara sans hésiter la ferme résolution qu'il avait prise de le tuer.

« Mais à propos de quoi? dit Napoléon en se croisant les bras sur la poitrine ; quel motif a pu vous porter à ce crime?

— Je voulais procurer la paix à l'Allemagne, répondit Straaps sans le moindre signe d'émotion.

— Je n'ai fait la guerre qu'à l'Autriche : n'est-ce pas elle qui est venue m'attaquer?

— L'Allemagne est toute en armes : la voix de Dieu m'a dit que la mort d'un seul homme pacifierait tout, et cet homme, c'est...

— Jeune homme! interrompit Napoléon avec vivacité et sans lui laisser le temps d'achever sa phrase, Dieu ne saurait ordonner un crime!

— C'était un sacrifice nécessaire. »

Sur un coup d'œil de l'Empereur, Corvisart toucha le pouls de Straaps. Il n'y trouva qu'un peu d'agitation, mais nul indice d'un état maladif ou d'un dérangement sensible d'intelligence ; il en fit à demi-voix l'observation à Napoléon, qui, après un instant de réflexion, adressa cette question au jeune homme :

« Et si je vous faisais grâce, m'en sauriez-vous gré?

— Non! je tâcherais de vous tuer plus tard!

— Ah! reprit Napoléon, il paraît qu'un crime n'est rien pour vous!

— Vous tuer n'est pas un crime, répliqua Straaps froidement; c'est au contraire un saint devoir. »

La férocité de ces paroles contrastait singulièrement avec le ton doux et l'air modeste avec lesquels Straaps les prononçait. L'inébranlable résolution qu'elles annonçaient et ce fanatisme si inaccessible à toutes les craintes humaines firent sur l'Empereur une impression profonde, qu'il affecta de cacher sous une parfaite tranquillité. L'officier de gendarmerie emmena Straaps.

« Suivez-le, dit Napoléon à Savary, et que justice soit faite. »

Un moment après, tous ceux qui étaient présents se retirèrent, excepté M. de Champagny, que l'Empereur retint par le bras.

« Monsieur le duc, lui dit-il d'une voix fort émue, il faut faire la paix avec ces bêtes sauvages, entendez-vous! Retournez à Vienne auprès des plénipotentiaires; je m'en rapporte entièrement à vous. » Et lui faisant de la main un signe amical : « A demain ! » ajouta-t-il.

L'instruction du procès de Straaps commença le jour même. Les recherches de la police procurèrent les renseignements suivants :

Straaps était parti, le 12 septembre précédent, d'Erfurt, où il était en apprentissage chez un fabricant de nankins, avec un mauvais cabriolet et un vieux cheval qu'il avait empruntés à un ami de son père. Il n'avait jamais rien laissé transpirer de son projet; seulement on trouva, après son départ, un billet de lui, qui donnait à entendre qu'il allait s'enrôler dans l'armée allemande, et qui finissait par ces mots : « On me trouvera parmi les vainqueurs, ou mort « sur le champ de bataille. » A quelque distance d'Erfurt, il vendit le cheval et la voiture, ce qui lui procura assez d'argent pour achever son voyage jusqu'à Vienne, où il se logea dans un des faubourgs. Dès le lendemain, il acheta chez un revendeur un couteau de cuisine, qu'il paya 20 kreutzers (à peu près 18 sous); il l'aiguisa; puis, sans communiquer avec personne, il assista tous les jours à la parade qui avait lieu à Schœnbrunn, jusqu'à ce qu'il eût trouvé une occasion favorable d'exécuter son dessein. Il est probable que s'il eût pris quelques précautions, on l'eût laissé s'approcher de l'Empereur, « et, comme il le dit lui-même à ses juges, qu'une fois à portée, il eût frappé des coups bien assurés. »

Pendant les quatre jours que dura la procédure, son caractère de douceur et de résignation ne se démentit pas un seul instant. Il persista dans ses aveux et dans les motifs qui lui avaient inspiré sa résolution. Seulement, lorsque le président de la commission militaire vint à discuter avec lui sur ses préventions contre Napoléon, il parut touché de quelques traits caractéristiques, et dit avec bonne foi :

« Si j'avais connu cela plus tôt, peut-être n'aurais-je pas pris envers Dieu un engagement irrévocable. »

Il répondit encore au président, qui lui demanda s'il connaissait le châtiment réservé aux régicides :

« Je sais que je subirai des tortures : je m'y étais résigné d'avance ; mais la mort y mettra un terme et me procurera, au sein de Dieu, une récompense proportionnée à mes souffrances. »

Le président lui ayant dit alors que les tortures envers les criminels n'étaient ni dans la législation ni dans les mœurs françaises, il sembla apprendre avec satisfaction que la plus grande rigueur qu'il eût à redouter était d'être fusillé.

La veille de son exécution, Straaps écrivit à son père :

« Encore cette nuit Dieu m'a apparu : c'était une figure sem-
« blable au soleil ; sa voix m'a dit : *Marche en avant, tu réussiras*
« *dans ton entreprise, mais tu y périras.* Je me sens soutenu par
« une force invincible, etc. »

Il lui parlait ensuite de la récompense qui l'attendait dans le ciel,
« où je serai réuni, ajoutait-il, à l'amie que mon cœur avait choisie. »

Le lundi 16 octobre, jour où il devait être exécuté, fut aussi celui où la paix avec la France et l'Autriche fut annoncée à l'armée. A midi, en entendant les salves d'artillerie tirées à cette occasion, Straaps demanda avec inquiétude pourquoi l'on tirait le canon.

« C'est pour la paix qui vient d'être signée par l'empereur Napoléon, lui fut-il répondu.

— O mon Dieu ! s'écria-t-il en levant les yeux et les mains au ciel, je te remercie ! Voilà donc la paix faite, et je ne suis pas un assassin ! »

A deux heures, il fut conduit à pied au lieu du supplice ; il marcha à la mort avec résignation. Un quart d'heure après il n'existait plus.

On trouva sur lui le portrait d'une jeune fille blonde, une boucle de cheveux de la même nuance, et une lettre de son père, qui lui disait entre autres choses :

« Reviens auprès de nous, cher enfant, ton esprit est malade.
« J'appliquerai un baume sur les plaies de ton cœur, qui me sont
« connues. »

Ces touchantes exhortations avaient été impuissantes.

Le même jour, 16 octobre, à deux heures de l'après-midi, Napoléon quittait Schœnbrunn pour se rendre d'abord au château de Nymphimbourg, où toute la cour de Bavière l'attendait, et de là à Paris. Le temps était magnifique. Il était à cheval, entouré de ses aides de camp; il allait au pas. Comme il tournait une colline et qu'il faisait remarquer à Savary la beauté du vaste panorama qui se déroulait à sa vue, une décharge de mousqueterie, dont les échos répercutèrent le bruit au loin, se fit entendre. L'Empereur arrêta son cheval et dirigea ses regards sur un petit nuage grisâtre qui s'élevait lentement en rasant le sol.

« Qu'est-ce là? » demanda-t-il.

Le duc de Rovigo lui ayant répondu que ce devait être l'exécution de Straaps :

« Ah! reprit l'Empereur avec une expression pénible : une pauvre victime des sociétés secrètes dont l'Allemagne est infestée! Il me faudra cependant un jour les étouffer toutes! »

Puis, ayant piqué des deux, il poursuivit sa route au galop.

CHAPITRE VI.

A PARIS ET A ROME.
1810.

L'année 1810 touchait à sa fin. Napoléon commençait à goûter les avantages d'une paix à laquelle les puissances de l'Europe ne l'avaient point accoutumé et se livrait sans réserve, pour nous servir de son expression, « au plaisir d'être heureux dans son ménage comme un bon bourgeois », surveillant la haute administration de l'Empire, caressant sa vieille armée, protégeant les sciences, encourageant les arts et ne songeant sérieusement qu'aux nombreux embellissements qu'il avait depuis longtemps projetés pour sa capitale, lorsque la vieille querelle qu'il avait avec le pape, venant tout à coup à s'envenimer, ajourna toutes ces créations de monuments.

I

En quittant la France en 1805, apres le couronnement, le saint père avait emporté le secret dépit de n'avoir pas obtenu de celui qu'il venait de sacrer Empereur tous les avantages qu'il en attendait, s'imaginant que Napoléon allait rendre à la tiare son ancienne splendeur, et faire revivre ces beaux jours du Vatican, où la papauté disposait des sceptres et des couronnes.

A peine Pie VII eut-il remis les pieds sur le sol d'Italie, que des cardinaux brouillons profitèrent de ces dispositions pour s'emparer de son esprit et le rendre hostile à la France. A peine Napoléon venait-il de donner le royaume de Hollande à son frère Louis, au mois de juin 1806, que le pape, ayant résolu de ne délivrer aucune bulle aux évêques nommés aux siéges vacants de l'Empire, éteignit le titre épiscopal de Bois-le-Duc, dont l'Empereur venait de disposer en faveur de l'abbé Van Camp, prêtre hollandais, aussi respectable par ses lumières que par ses vertus. Sans en conférer avec le saint-siége, Napoléon ordonna au nouvel évêque d'aller administrer son diocèse; mais le pape, offensé du mépris que l'Empereur semblait faire de ses droits, refusa opiniâtrément l'institution canonique à l'abbé Van Camp, qui resta à Paris. Napoléon l'apercevant dans la galerie de Diane un dimanche matin, en se rendant à la messe, lui fit signe de venir à lui :

« Eh bien! comment va votre diocèse? lui demande-t-il.

— Sire, j'avouerai franchement à Votre Majesté que je n'en sais rien, répond M. Van Camp.

— Que voulez-vous dire, monsieur l'abbé?

— Que je n'y ai pas encore mis les pieds, Sire, et que par conséquent je ne puis savoir ce qui s'y passe.

— Vous avez eu tort, monsieur; j'entends que vous vous y rendiez. Il est temps, j'imagine! Votre chapitre a dû nécessairement vous nommer évêque capitulaire?

— Non, Sire.

— Ah! ah! Et pour quelle raison s'y est-il refusé?

— Par une très-bonne, Sire : c'est qu'il n'y a pas de chapitre.

— J'entends; mais au moins il y a des curés, un clergé...

— Oui, Sire; il est même très-nombreux

— Eh bien! ils n'ont qu'à vous donner des pouvoirs.

— Sire, c'est impossible; ils ne peuvent donner ce qu'ils ne possèdent pas. Les canons des saints conciles s'y opposent formellement.

— Les canons des saints conciles! Je ne connais pas ces canons-là, moi! tout ce que je sais, c'est que je veux être obéi ; je veux qu'on fasse ce qui est juste. Qui donc alors gouverne votre diocèse?

— Sire, c'est un vicaire apostolique.

— Encore une fois, c'est ce que je ne veux pas! s'écria l'Empereur en frappant du pied avec impatience. Partez demain, monsieur l'abbé ; faites-vous obéir de vos subordonnés ; je ne veux pas dans mes États d'autorité étrangère. »

Et Napoléon se dirigea vers la chapelle, en disant à voix basse : « Tout cela finira par se gâter! Les meneurs du pape se trompent grossièrement et me lasseront à la fin! J'investirai mes Cours impériales de l'appel comme d'abus. Moi aussi, j'aurai un conseil de conscience ; je convoquerai un concile national s'il le faut, car mes soldats ne peuvent rien à tout ceci. Il me faudra battre le pape avec ses propres armes. A ses érudits, à ses ergoteurs, à ses légistes, j'opposerai les miens ; peut-être m'en mêlerai-je. On verra! »

L'Empereur essaya vainement de ramener le saint-père à des sentiments plus en harmonie avec son caractère. Dès ce moment, se décidant à séparer pour toujours la puissance temporelle d'avec la puissance spirituelle, il fit occuper Rome par une garnison française. Le saint-père protesta d'abord contre cette occupation, puis tenta de s'en délivrer par la force. L'Empereur, craignant une insurrection dans le genre de celle qui avait éclaté en 1797, alors que son frère Joseph s'y trouvait en qualité d'ambassadeur de la République française, recourut aux moyens de rigueur : il fit occuper Rome par le général Miollis, avec un corps de troupes considérable, afin que cette grande cité, devenue un foyer perpétuel d'intrigues contre la France, ne donnât pas aux campagnes l'exemple et le signal d'une révolte. Il déclara en outre, par un décret impérial daté de Vienne, le 17 mai 1809, que les États romains étaient désormais réunis à l'Empire. Ce fut alors que le pape lança contre Napoléon les foudres de l'Eglise. La bulle d'excommunication fut envoyée dans toutes les villes d'Italie, d'Espagne, de Belgique et même de France.

II

Quoique l'Empereur se souciât peu de cette excommunication, il ne laissa pas que d'être inquiet du surcroît d'embarras qu'elle allait lui causer, en ce qu'elle le mettait dans l'obligation de sévir contre quelques malheureux prêtres. Dans cet état de choses, comprenant de quelle importance il était pour lui que le saint-père ne restât pas à Rome, il le fit enlever de son palais dans la nuit du 5 au 6 juillet, et conduire au château de Fenestrelles, où il resta quelques jours, et de là à Savone, où on lui donna un état de maison convenable.

Les choses en étaient là, et les dissensions entre le trône et l'Église semblaient oubliées, lorsqu'elles vinrent à renaître tout à coup à l'occasion du mariage de Napoléon avec Marie-Louise, auquel les cardinaux romains refusèrent d'assister. L'Empereur voulut en finir avec le saint-siége à quelque prix que ce fût. Il imagina d'envoyer au pape une députation composée de quatre prélats, avec des instructions précises ; et lorsque le dimanche suivant ces princes de l'Église vinrent prendre congé, Napoléon, apercevant l'archevêque de Tours qui était en quelque sorte leur président, il lui dit d'une voix très-élevée :

« Eh bien ! monsieur l'archevêque, comment vont nos affaires de Rome ? N'y a-t-il encore rien de nouveau ?

— Sire, la députation de vos évêques va se mettre en route pour Savone, répondit M. de Barral.

— Tâchez donc de faire entendre raison au saint-père : rendez-le sage, autrement il n'a qu'à perdre avec moi. Dites-lui biende ma part, entendez-vous (et Napoléon appuya sur ces mots), qu'il n'est plus au temps de Grégoire, et que je ne suis pas un Débonnaire ; il a l'exemple de Henri VIII. Certes, je n'ai pas la méchanceté de ce prince, mais en revanche j'ai plus de force et de puissance. Qu'il sache bien que, quelque parti que je prenne, j'ai 600,000 hommes en armes, qui, dans tous les cas, marcheront avec moi si l'Europe m'y oblige ! »

Les quatre prélats se rendirent à Savone, où ils restèrent près d'un mois sans pouvoir rien obtenir. Le saint-père avait une idée fixe : il voulait retourner à Rome, et, pour toute réponse aux observations qu'on lui faisait, il se bornait à répéter : *A Roma! à Roma!* La députation prit congé de lui et revint en France.

Ce retour sans résultat contraria l'Empereur au dernier point, et comme il s'en expliquait un jour avec le cardinal Fesch, son oncle, qui s'était déclaré en faveur du saint-père, le cardinal ne craignit pas de lui faire des observations sur sa propre conduite envers Pie VII, qui était venu le sacrer. Napoléon répondit à son oncle que le pape et lui étaient deux fous, et il ajouta :

« Il est entêté, il ne veut entendre à rien! Non certes, je ne lui rendrai pas Rome! Il ne veut pas rester à Savone; mais alors où veut-il donc que je l'envoie?

— Au ciel, apparemment, répondit le prélat.

— Non, monsieur le cardinal, reprit Napoléon en lançant à son oncle un regard terrible : c'est à Paris qu'il faut qu'il vienne..., et il y viendra... »

Le lendemain de cet entretien, un nouveau décret impérial, daté du 8 novembre 1810, assignait au pape pour résidence l'ancien palais de l'archevêque de Paris, avec deux millions de revenu annuel.

Quoique les précautions de la police eussent été multipliées pour que la bulle d'excommunication restât ignorée, le bruit en transpira, et le pape ne tarda pas à avoir un parti puissant dans le clergé et parmi les dévots du faubourg Saint-Germain. Dans quelques paroisses même on refusa, après la messe, de chanter le *Domine, salvum fac imperatorem.* Napoléon, qui avait un instinct merveilleux pour sentir d'où partait une mauvaise influence, faisait rechercher par sa police secrète la fameuse bulle d'excommunication. « Il est impossible, disait-il, que l'abbé d'Astros ne soit pour rien dans tout ceci. » Il ne se trompait pas : l'abbé d'Astros était alors premier grand-vicaire de Notre-Dame. Il était en France l'agent le plus actif du pape. Le siège de la métropole était devenu, comme beaucoup d'autres, vacant par la mort du cardinal du Belloy ; l'Empereur y avait d'abord nommé son oncle, le cardinal Fesch, qui, ayant donné sa démission bientôt après, avait été remplacé par le cardinal Maury ; mais celui-ci n'ayant pas non plus obtenu son institution canonique, l'abbé d'Astros, en sa qualité de vicaire capitulaire, le remplaçait et administrait le diocèse.

L'Empereur fit appeler Savary et lui donna ses instructions. Savary fit prier le cardinal Maury de passer à son hôtel, ayant à l'entretenir de la part de l'Empereur; il l'engageait à amener l'abbé d'Astros avec lui. Tous deux arrivent, et tandis que le grand-vicaire est absent de chez lui, un agent y est envoyé avec ordre de visiter son appartement et de bien examiner tout ce qui serait de capacité même à contenir une feuille de papier. Le résultat de ces recherches amena la découverte de papiers cachés, partie dans la doublure d'une vieille soutane appendue dans une garderobe, et partie dans une boîte à manchon. Ces papiers se composaient d'une copie de la fameuse bulle, d'une longue instruction du légat du pape, et d'une douzaine de lettres autographes du cardinal Pietro, premier ministre du saint-père. Le ministre de la police envoya immédiatement tous ces papiers à l'Empereur.

« Ah ! messieurs du clergé métropolitain ! s'écria Napoléon à la vue de ces pièces accusatrices, vous apprendrez si l'on se joue de moi impunément. »

Cela se passait dans les derniers jours de décembre 1810.

Le clergé de Paris, qui excommuniait l'Empereur, ne manquait néanmoins aucune des présentations aux Tuileries. Le 1ᵉʳ janvier 1811, il vint, en effet, la croix en tête et conduit par le grand-vicaire de Notre-Dame. Les grands appartements des Tuileries étaient déjà encombrés. L'Empereur n'avait pas encore paru : enfermé dans son cabinet depuis le matin, il avait donné l'ordre qu'aussitôt que le comte Réal serait arrivé on vînt le prévenir. Le conseiller d'État, chargé de l'administration de la partie politique de l'Empire, connaissait parfaitement l'affaire de la bulle et la visite domiciliaire qui avait été faite chez l'abbé d'Astros, puisque c'était lui qui avait conseillé la mesure. A onze heures et demie il se fait annoncer à l'Empereur, qui s'écrie en le voyant :

« Ah! vous voilà, Réal; vous venez bien tard. En arrivant ici, qui avez-vous vu?

— Ici, Sire?...

— Oui, dans les salons de la grande galerie?

— Beaucoup de monde : des maréchaux, des ambassadeurs, des préfets, des conseillers d'État, des membres de l'Institut, des...

— Je sais, je sais; mais, parmi tout ce monde, avez-vous vu des prêtres?

— Oui, je crois avoir aperçu le chapitre métropolitain.

— D'Astros y est-il?

— Sire, je l'ai vu qui paraissait pérorer dans un groupe d'évêques.

— Vous allez l'arrêter à l'instant même; vous le mettrez dans votre voiture, vous le conduirez chez lui, et en sa présence vous visiterez tous ses papiers.

— Sire, je croyais que cela avait déjà été fait, et que Votre Majesté avait entre les mains...

— Il me faut autre chose. D'Astros n'est pas seul dans cette affaire; il doit avoir des complices; il m'importe de les connaître. Rien, d'ailleurs, ne prouve que ce soit à lui que la bulle ait été envoyée directement de Rome. Savary n'a fait que de la mauvaise besogne. Procédez vous-même à cette recherche, et si vous trouvez quelque chose qui vous mette sur la voie, vous enverrez sur-le-champ M. le grand-vicaire à Vincennes, où j'aurais dû le faire camper depuis huit jours. Harel l'y recevra : il a mes instructions.

— Mais, Sire, objecta Réal, il est en grand costume : ce sera un scandale, une seconde représentation de l'arrestation du cardinal de Rohan à Versailles...

— Croyez-vous, Réal?... »

Et Napoléon parut réfléchir. Enfoncé dans son fauteuil, la tête légèrement inclinée, les jambes croisées, et faisant tourner ses pouces autour l'un de l'autre, il resta quelques minutes sans parler; enfin, se levant avec vivacité, il reprit :

« Vous avez raison, il faut éviter le scandale, non pour lui, qui n'a pas craint de l'occasionner, mais pour les autres, pour moi. Mettez le plus de convenance possible; je vous autorise même, dans le cas où il montrerait de la franchise, à prendre sur vous d'être indulgent. »

L'Empereur ne pouvait faire choix d'un homme plus habile que Réal, qui possédait un esprit très-fin, un langage insinuant, et toute la fausse bonhomie d'un juge d'instruction. Réal sortit du cabinet de l'Empereur et rentra dans les grands appartements. La première personne qui vint à lui fut l'abbé d'Astros.

« Eh bien! monsieur le comte, lui dit ce dernier en le saluant d'un air patelin, vous étiez tout à l'heure avec notre auguste Empereur, nous a-t-on dit; comment va-t-il? Sa Majesté nous recevra-t-elle bientôt?

— L'Empereur se porte très-bien, monsieur le grand-vicaire; il ne peut tarder à arriver.

— Est-il de bonne humeur?

— Hum! à peu près, fit Réal en hochant la tête; vous allez être à même d'en juger. »

Et le conseiller d'État va se mêler dans les groupes.

A peine quelques instants se sont écoulés, que les deux battants de la porte du grand salon s'ouvrent avec fracas. « L'Empereur, messieurs! » crie un huissier. A ces mots, les groupes se dispersent, tout le monde se range sur deux lignes, le plus grand silence succède au bourdonnement des conversations particulières; les pages, les chambellans, les écuyers et les aides de camp de service paraissent dans la galerie; ils sont immédiatement suivis de Napoléon, qui, le regard soucieux, s'avance d'un pas précipité, le chapeau sur la tête et les mains croisées sur le dos.

Quand l'Empereur avait l'intention de faire ce qu'il appelait *une scène* à quelqu'un, il choisissait toujours le moment où il y avait le plus de témoins : cela lui donnait plus de fermeté. Lorsqu'on était tête à tête avec lui et que l'on connaissait bien son caractère, on pouvait être certain, avec beaucoup de sang-froid et de franchise surtout, de le calmer plus ou moins facilement, le premier moment passé.

Dès qu'il eut aperçu l'abbé d'Astros, qui se tenait en avant du clergé métropolitain, tous les muscles de sa physionomie, d'ordinaire si impassible, se contractèrent subitement ; ses lèvres se serrèrent l'une contre l'autre et devinrent bleues ; ses yeux étaient flamboyants ; il était visible qu'il faisait un effort sur lui pour dissimuler sa colère. Il alla droit au grand-vicaire, et, s'arrêtant à quelques pas en avant, il fit un geste de la main comme pour lui dire qu'il était prêt à l'écouter. Alors M. d'Astros, sans paraître déconcerté, débita sa harangue, dans laquelle il ne manqua pas de parler de son dévouement, de sa fidélité, de son amour pour sa personne sacrée.

« Voilà qui est bien, monsieur l'abbé, dit Napoléon avec un sourire amer ; et il serait encore mieux de vous distinguer par votre obéissance aux lois de l'Empire et votre respect pour ma personne sacrée, comme vous voulez bien le dire. » Et s'animant à mesure qu'il parle : « Ah ! ah ! c'est donc vous qui cherchez à allumer dans mes États le feu de la sédition ! c'est donc vous qui trahissez votre souverain pour exécuter les ordres d'un prêtre étranger ! Sachez, monsieur l'abbé, que je ne veux ni révolte, ni fanatisme, ni martyr ! Je suis chrétien, moi, et meilleur chrétien que vous ! Je saurai soutenir les droits de ma couronne, s'il le faut, contre de téméraires et criminelles entreprises ! Avez-vous donc oublié que je porte là une épée pour la défendre ? »

Et en prononçant ces paroles, l'Empereur frappa de sa main gauche la poignée de son épée.

A ce geste expressif, tous les spectateurs éprouvèrent un frissonnement. Le plus profond silence régnait dans la vaste galerie. Le grand-vicaire, atterré, balbutia quelques excuses. Deux membres du chapitre furent obligés de lui prêter leur assistance pour l'aider à sortir du salon et à regagner sa voiture; mais, arrivés au bas du grand escalier, ils trouvèrent le comte Réal, qui se tenait aux aguets dans le vestibule du pavillon de l'Horloge. Il s'avança au-devant d'eux, et s'adressant à l'abbé d'Astros :

« Monsieur le grand-vicaire, lui dit-il, j'ai à vous parler.

— A moi, monsieur le comte?... Hélas! c'est impossible en ce moment; vous le voyez, je me sens très-incommodé; il faut que je rentre chez moi au plus tôt.

— C'est de la part de l'Empereur que j'ai à vous entretenir. Pardon, messieurs », ajouta Réal en s'adressant aux deux chanoines, en même temps qu'il donnait l'ordre à un valet de pied de faire avancer sa voiture.

Un petit assaut de politesse s'engagea :

« Montez donc, monsieur le grand-vicaire, dit Réal.

— Après vous, monsieur le comte, je vous en prie.

— Je vois qu'il faut vous dire le fin mot, monsieur l'abbé : vous êtes mon prisonnier, et nous allons chez vous. »

A cette terrible confidence, le pauvre abbé se sentit pris d'un tremblement général, et se hâta, pour ne pas se trouver mal, de monter en voiture.

« Voyons, mon cher monsieur d'Astros, lui dit Réal avec ce ton mielleux d'un juge interrogateur, il y a moyen d'arranger cette affaire, qui ne sera rien si vous le voulez. Vous savez certainement ce dont je veux parler? Répondez-moi franchement, et quelque rigoureux que soient les ordres de l'Empereur, j'interviendrai facilement en votre faveur. Au lieu de vous conduire chez vous, comme je dois le faire, venez chez moi, nous causerons, et tout se terminera entre nous deux.

— En vérité, monsieur le comte, tout ce qui m'arrive aujourd'hui m'étonne au dernier point : j'ignore réellement ce dont il est question.

— Vraiment!... Vous ne savez rien de relatif à la bulle d'excommunication?... Et la visite faite dernièrement chez vous, ne vous en a-t-on donc rien dit?

— Absolument rien..., du moins qui me soit personnel!... J'ai eu connaissance de cette bulle, c'est vrai ; mais comme tout le monde : c'est-à-dire que je l'ai lue imprimée.

— Et vous n'êtes pour rien dans la publication? Vous n'avez reçu à ce sujet aucune jussion du pape?

— Aucune, je vous assure.

— En ce cas, c'est chez vous qu'il nous faut aller.

— A votre choix, et ce sera comme vous l'entendrez, monsieur le comte; mais je dois vous prévenir que vous n'y trouverez rien qui n'atteste mon respect pour l'Empereur et mon entier dévouement à son auguste personne.

— Non-seulement je le désire bien sincèrement, mon cher monsieur d'Astros, mais encore j'en suis intimement persuadé. »

Et l'ordre est aussitôt donné au cocher de changer de direction. La voiture s'étant arrêtée à la porte de la maison qu'habitait le grand-vicaire de Notre-Dame, Réal pria ce dernier de le conduire immédiatement dans son cabinet. En y entrant, le conseiller d'État, comme guidé par un sûr instinct, alla droit à une corbeille placée sous le bureau et destinée à recevoir les enveloppes et les papiers de rebut. Après bien des recherches, il ne restait plus dans la corbeille que deux ou trois chiffons de papier : c'était précisément la minute d'une réponse à la lettre d'envoi du pape. M. d'Astros pâlit; il se confondit en excuses et en supplications.

— Monsieur l'abbé, il n'est plus temps, lui dit froidement Réal; je vous avais offert le moyen de vous sauver, vous ne l'avez pas voulu; je n'ai plus maintenant qu'à rendre compte à l'Empereur de ce qui vient de se passer. En attendant, je ne puis me dispenser d'exécuter des ordres que j'ai reçus de S. M. Nous allons partir pour Vincennes. »

Cet acte de rigueur n'apaisa même pas la tempête excitée par la bulle d'excommunication. Comme nous le verrons dans la suite, la colère de l'Empereur éclata bientôt sur une tête plus illustre.

III

En arrivant à Vincennes, l'abbé d'Astros fut mis au secret. On ne voulut même pas qu'il appelât auprès de lui un valet de chambre qui le servait depuis longtemps; mais en revanche on mit à sa disposition l'appartement le plus confortable du château, une promenade sur le rempart, la bibliothèque des officiers d'artillerie, et une table délicatement servie. Chaque jour il recevait la visite du commandant d'armes de la place, auquel l'Empereur avait recommandé d'avoir pour ce prisonnier tous les égards possibles.

Quelques jours après cette arrestation, le duc de Rovigo, toujours d'après les instructions de Napoléon, à qui il importait de connaître toutes les ramifications de ce petit complot de sacristie, alla faire une visite à M. d'Astros. Celui-ci le reçut fort mal, comme on doit bien le penser, et s'obstina à ne rien répondre aux questions qui lui furent faites. Le ministre de la police prit alors le ton d'un homme bien informé, quoiqu'il ne sût encore rien, et, le pressant davantage, il fit entendre à l'abbé qu'il n'avait été poussé dans cette position que par un homme qui avait connaissance de tout. Le grand-vicaire crut avoir trouvé une porte de salut en répondant qu'il ne connaissait pas la personne qui lui avait apporté les papiers saisis chez lui quelques jours auparavant, et que d'ailleurs il n'en voulait faire aucun usage.

« Prenez garde, monsieur l'abbé, reprit le duc de Rovigo, il n'est qu'une seule manière de désarmer la colère de l'Empereur; c'est d'avouer avec franchise ce qu'il en est. Vous savez qu'une fois le premier moment d'orage passé, l'Empereur est bon, et qu'il oublie facilement les torts qu'on a pu avoir envers lui. Je sais tout, vous dis-je, et cette affaire peut vous mener loin si vous persistez dans ce système. Déjà avec M. le comte Réal vous auriez pu éviter le désagrément qui vous arrive. Prenez garde, encore une fois! »

Soit frayeur, soit dépit d'avoir été trahi et dénoncé, M. d'Astros consentit à parler. Il nomma un autre vicaire, capitulaire comme lui et un de ses parents, M. Portalis fils, conseiller d'Etat et directeur de la librairie, dont le père était alors ministre des cultes. En définitive, il avoua tout. Il résultait de ses aveux que c'étaient les cardinaux, que l'Empereur avait éloignés de Paris après son second mariage, qui avaient donné à l'abbé d'Astros les instructions du saint-père relativement à la publication de la bulle d'excommunication. Un certain père Fontana, jésuite italien, retiré dans le couvent des religieuses de Chaillot, et un M. Franchet, employé dans une administration à Lyon (le même qui fut préfet de police sous la Restauration), étaient les messagers du cardinal di Pietro, auquel le pape avait envoyé ses pouvoirs en quittant Rome.

Le duc de Rovigo s'empressa d'adresser à l'Empereur, le jour même, un rapport très-circonstancié de son entrevue avec M. d'Astros. Dans ce rapport, il faut l'avouer, le directeur de la librairie n'était pas épargné. Napoléon chargea le comte Réal de suivre cette affaire.

Ce conseiller d'Etat, qui savait bien mieux que le duc de Rovigo faire jouer tous les ressorts de la police, apprit bientôt que l'abbé d'Astros, avant de donner connaissance au clergé de Paris de la bulle d'excommunication, l'avait gardée six mois; qu'il s'était enfin décidé à la faire imprimer clandestinement, et que, l'ayant fait afficher pendant la nuit à la porte de l'église métropolitaine, en présence de quelques chanoines sur la discrétion desquels il pouvait compter, le lendemain matin des copies de ce bref s'étaient répandues dans la capitale, et de là dans les départements. Réal alla même jusqu'à prétendre qu'aussitôt que le directeur de la librairie avait eu connaissance de cette pièce hostile, bien loin de la faire saisir immédiatement et de chercher à découvrir les auteurs de la publication, il avait poussé l'imprudence jusqu'à colporter cette pièce dans quelques salons du faubourg Saint-Germain, cachée qu'il la tenait ordinairement dans la forme de son chapeau.

En apprenant ces nouveaux détails, Napoléon entra en grande colère contre le directeur de la librairie, et s'écria :

« Une conspiration matérielle est arrêtée dès qu'on a saisi le bras qui tient le poignard ; mais une conspiration morale n'a point de terme : c'est une traînée de poudre. Peut-être qu'à cette heure des villes entières s'égorgeraient si je n'avais su y mettre ordre. Et Portalis !... Portalis ! Je ferai de lui un exemple sévère. »

Napoléon n'éclata cependant que deux jours après, le 4 janvier 1811, en plein Conseil d'Etat. Quand l'Empereur avait de vifs reproches à exprimer, ses allocutions étaient dures, même humiliantes ; mais il fallait de bien graves sujets de mécontentement.

En voyant entrer Napoléon la figure sombre et le front plissé, aucun des conseillers d'État qui se trouvaient déjà rassemblés dans la salle n'osa bouger ; chacun cherchait à deviner sur qui tomberait la foudre. Napoléon seul, le chapeau sur la tête, les mains croisées sur le dos, allait et venait devant le bureau du secrétaire, ne laissant échapper que des mots entrecoupés, parmi lesquels on distinguait particulièrement celui de *bigot*, épithète qu'il appliquait sans doute au grand-vicaire de Notre-Dame.

Or, le comte Bigot de Préameneu était présent. Ce mot de *bigot* avait plusieurs fois frappé son oreille ; ne pouvant supporter plus longtemps l'incertitude qui l'obsède, il prend une résolution, se lève, et dit d'une voix émue :

« Sire...

— Eh bien ! que me voulez-vous ? répond l'Empereur en s'arrêtant brusquement et sans lui laisser le temps d'achever sa phrase.

— Sire, reprend le comte Bigot en baissant les yeux, j'ai cru que... Votre Majesté... me parlait...

— Point du tout !... Mais, à propos, vous avez raison, Bigot : je vous nomme ministre des cultes. »

Ce fut ainsi que le comte Bigot de Préameneu remplaça au ministère des cultes M. de Portalis père.

Sur ces entrefaites, le directeur de la librairie vient à entrer dans la salle, et se dispose à prendre sa place accoutumée, lorsque l'Empereur, dont les sourcils se froncent subitement, l'arrête du geste et lui dit d'une voix terrible :

« Halte-là, monsieur! restez où vous êtes! »

Et alors ses regards scrutateurs semblent fouiller dans l'âme du conseiller d'Etat pour y surprendre sa pensée, tandis que l'effroi s'empare du malheureux, qu'une pensée subite vient d'éclairer, et que ses genoux fléchissent sous lui. Il veut s'approcher d'un siége pour s'en faire un appui; Napoléon, qui a deviné son intention, reprend avec une nouvelle véhémence :

« Debout, monsieur, debout! Peut-être serait-ce dans une posture plus humble que vous devriez aujourd'hui vous tenir devant moi! Eh quoi! on ose m'outrager, un libelle coupable se colporte, vous le savez. Répondez : saviez-vous ce qui s'était passé la nuit à Notre-Dame! Allons! point de détours jésuitiques. Le saviez-vous?

— Sire, balbutia le directeur de la librairie, je savais..., il est vrai..., que...

— Ah! vous le saviez! reprend l'Empereur agité d'un mouvement nerveux. Vous le saviez, et vous ne m'en instruisez pas! vous gardez le silence! Mais, monsieur, quels ont été vos motifs! seraient-ce vos principes religieux?... Mais alors, pourquoi vous trouvez-vous ici? Est-ce que je violente la conscience de personne? Suis-je allé vous prendre au collet pour vous faire mon conseiller? C'est une faveur insigne que je vous ai accordée à votre sollicitation, car vous êtes ici le plus jeune et le seul qui n'ayez aucun titre acquis. »

Les conseillers d'Etat, pour qui cet incident était inattendu, gardaient un morne silence. L'Empereur se tut un moment. Quant à M. de Portalis, il semblait anéanti; mais Napoléon reprit avec moins d'emportement et avec cette dignité qu'il savait conserver en pareil cas :

« Monsieur, vous m'avez fait un serment personnel ; comment vos sentiments religieux, je vous le répète, peuvent-ils s'arranger avec la violation manifeste que vous venez d'en faire?... L'obéissance qui m'est due le cède-t-elle donc à ces prétendues considérations?... Lequel est votre souverain? le pape ou moi?... Voyons, monsieur, répondez; vous êtes ici en famille; vos collègues vous jugeront : répondez !

— Sire, j'avais pensé qu'en sévissant publiquement contre un homme qui avait cru remplir sa mission, je ne ferais qu'attirer sur lui l'intérêt qui s'attache toujours à un martyr. Je connais l'étendue de mes devoirs, et je me rappelle mon serment.

— Vos devoirs, monsieur, vos devoirs! Le premier de tous était de me consulter, et vous l'avez méconnu. Votre serment, vous l'avez trahi, oui, trahi, vous dis-je. Comment! on a l'audace de prononcer en chaire le nom de votre Empereur en lui appliquant des qualifications infâmes, et vous laissez dire!... Vous faites plus encore, s'il faut en croire ceux qui sont bien informés : vous prenez vous-même le soin de répandre cette insolente diatribe! Et, dites-moi, pourquoi, dans l'obligation de vos devoirs et de votre serment, n'êtes-vous pas venu me dénoncer le coupable? Ne suis-je pas abordable à chaque instant pour vous tous?

— Sire, c'était mon cousin, dit à voix basse le conseiller d'Etat, en baissant la tête.

— Eh bien, raison de plus! répliqua vivement l'Empereur. Vous saviez que j'ai des pardons pour toutes les fautes, excepté pour la vôtre à présent ! Peut-être devrais-je vous punir comme un traître; je vous fais grâce. Seulement, vous n'êtes plus conseiller d'Etat. Allez, monsieur! ne paraissez jamais devant moi. »

A ces mots, ayant posé ses coudes sur son bureau et sa tête dans ses deux mains, l'Empereur parut un instant comme absorbé. Le conseiller d'Etat, foudroyé, eut à peine assez de force pour se retirer de la salle du conseil. Sa consternation, son effroi, étaient si visibles, que Napoléon, dont le cœur était généreux et qui oubliait facilement les torts dès qu'il les avait fait sentir, en eut compassion.

« Monsieur, lui dit-il encore d'une voix moins irritée, mais sans cependant changer d'attitude, je suis fâché de tout ceci pour la mémoire de M. votre père, dont je n'ai pas oublié les services. »

Quand l'exilé fut sorti, Napoléon releva la tête et ajouta, après un moment de silence et d'un ton pénétré :

« J'espère, messieurs, que pareille scène ne se renouvellera jamais : elle m'a fait trop de mal. Je ne suis point défiant, je pourrais le devenir. »

Et, se penchant vers M. Locré, occupé à rédiger tranquillement le procès-verbal, il lui toucha légèrement l'épaule, en lui disant :

« Vous écrirez : *Trahi*, entendez-vous ? *trahi! trahi!* »

On comprend que le reste de cette séance ne ressembla aucunement aux autres, où régnait pour l'ordinaire une familiarité, une aisance parfaites. Chacun entendait retentir à ses oreilles les terribles paroles adressées au malheureux conseiller d'Etat, dont la disgrâce fut complète. Il perdit ses emplois, ses dignités, et reçut un ordre d'exil qui l'envoyait à quarante lieues de Paris. M. de Pommereuil fut nommé directeur de la librairie à sa place.

IV

Cependant, le pape ne voulant entendre à aucune des propositions qui lui étaient faites, Napoléon imagina d'assembler à Paris les évêques de France et d'Italie en un concile national, qui peut-être ramènerait la paix dans l'Eglise, en décidant quelque chose de stable. Comme il en conférait avec le nouveau ministre des cultes, celui-ci, pour éviter une responsabilité dont il redoutait les suites, l'engagea à consulter auparavant quelques ecclésiastiques versés dans la matière.

« Vous avez raison, lui dit Napoléon ; mais à qui m'adresserai-je préférence ?

— Sire, à l'archevêque de Bordeaux, aux évêques de Troyes, de Versailles ; à l'abbé Frayssinous, aux grands capitulaires de...

— Je n'en veux pas! s'écria l'Empereur : tous ceux que vous nommez là se sont constamment prononcés pour le pape ; j'aime mieux l'abbé Maury, l'archevêque de Malines ; l'évêque de Digne, par exemple, est-il à Paris?

— Je crois que oui, Sire.

— C'est bien. Je le ferai prévenir : si l'abbé Miollis tient de famille, il doit être pour moi. »

L'abbé Miollis, évêque de Digne, était oncle du général Miollis, chargé précisément de l'occupation de Rome ; mais ici les prévisions de l'Empereur le trompèrent.

La semaine suivante, ces trois prélats entraient dans le cabinet de Napoléon, qui les reçut avec la plus grande affabilité. Il leur parla d'abord de choses indifférentes ; puis, entrant subitement en matière :

« A propos, messieurs, je vous ai fait appeler aujourd'hui, parce que je veux mettre un terme à mes différends avec le pape. Je ne puis vous dissimuler que, depuis que j'ai été forcé de sévir contre le grand-vicaire de Notre-Dame, contre quelques prêtre étrangers animés d'un faux zèle et d'un mauvais esprit, et même contre une personne qui faisait partie de mon conseil, nos relations sont loin d'être amicales. La majeure partie des diocèses de l'Empire sont privés de secours spirituels, le saint-père s'obstinant à ne pas donner son approbation aux choix que j'ai faits pour remplir ces vacances ; au surplus, vous le savez comme moi. Et puis, pourquoi m'a-t-il excommunié? La querelle que nous vidons sur la terre lui donne-t-elle le droit de me fermer les portes du ciel?... Est-ce qu'il y a quelqu'un, dans le monde, capable de me juger? Il faut que tout cela ait un terme : c'est indécent! Je veux surtout pourvoir aux besoins de l'épiscopat : voilà pourquoi j'ai désiré vous consulter. Vos lumières me font espérer qu'en satisfaisant le saint-pontife, vous n'oublierez pas le respect dû à ma couronne. »

Après ce discours, prononcé d'un ton calme, mais sévère, Napoléon s'était levé, avait fait quelques tours dans son cabinet, et était venu se rasseoir en paraissant attendre qu'un des assistants prît la parole ; mais aucun d'eux ne semblait pressé d'entamer une semblable discussion avec lui. Le cardinal Maury, s'adressant à l'évêque de Digne, lui dit :

« Vous avez, monseigneur, longtemps étudié les lois de l'Eglise gallicane, votre avis ne peut être que précieux à Sa Majesté. »

Mais l'abbé Miollis, qui avait beaucoup de finesse, répondit aussitôt :

« Dieu me garde ! monsieur le cardinal, de parler avant Votre Eminence, à moins que Sa Majesté ne me l'ordonne positivement. Je n'ai pas, comme vous, agité à la tribune nationale, avec l'énergie et le talent qui vous distinguent, de si hautes questions d'Etat. »

A ces mots, un léger sourire parut sur les lèvres de l'archevêque de Malines. L'Empereur, devinant les trois prélats, trancha la question en disant au cardinal :

« Allons, monsieur de Paris, à vous la balle ! on vous la renvoie. »

Sentant l'impossibilité de reculer, celui-ci réfléchit un moment, puis propose à l'Empereur, comme *mezzo termine*, d'offrir au pape le département de Vaucluse, en lui promettant de lui rendre les Etats romains lorsque l'avenir aurait prouvé la sincérité de sa réconciliation. »

A cet avis, Napoléon fronça le sourcil, et, se croisant les bras sur la poitrine :

« Voilà, s'écria-t-il, une belle manière de dénouer la difficulté, ma foi !... Vous n'y songez pas, monsieur le cardinal ! un enfant de dix ans aurait mieux répondu ! Mon département de Vaucluse au pape ! Eh ! que ne m'engagez-vous plutôt à lui donner mon beau royaume d'Italie !... Certes, je crois qu'il ne le refuserait pas. Et vous, monsieur de Malines, que pensez-vous de tout ceci ?

— Votre Majesté nous met dans une position... extrêmement délicate ; nous ne pouvons que lui donner des... avis très... incertains. Et d'ailleurs nous ignorons encore ce qu'elle est décidée à faire.

— Ah! ah! vous aussi, dit l'Empereur en riant, vous voulez faire de la diplomatie avec moi!... Vous savez pourtant que je n'aime pas cela. Et vous, monsieur de Digne, me donnerez-vous votre avis d'une manière aussi évasive?

— Non, Sire; je parlerai à Votre Majesté suivant l'impulsion de mon cœur, et je ne lui dissimulerai pas que tout accord entre elle et le saint-père me paraît impossible.

— Impossible! dit l'Empereur en faisant un mouvement sur son fauteuil. Je puis au moins assembler le clergé en concile national! Me désobéirait-il?

— Non, Sire, s'écria avec feu M. de Pradt, enchanté de pouvoir reprendre la parole. Et j'admire l'heureuse idée de Votre Majesté.

— Mais, reprit l'abbé Miollis en s'adressant à l'archevêque de Malines, vous oubliez, monseigneur, que dans ce cas le premier acte des pères du concile sera de reconnaître la suprématie du pape.

— J'écraserais quiconque aurait cette audace! interrompit Napoléon avec un accent terrible et en frappant avec force de ses deux poings fermés sur le bureau devant lequel il était assis. Au reste, continua-t-il d'un ton plus calme, nul d'entre vous, messieurs, n'aura, je l'espère, cette témérité. »

Et Napoléon, s'étant levé de son fauteuil, termina la conférence en ajoutant avec une exquise politesse :

« Messieurs, je vous remercie, vous pouvez vous retirer. »

Les prélats sortirent, à l'exception de M. de Pradt, que l'Empereur retint près de lui, préférence dont ce dernier se montra très-fier, à en juger par la morgue tout épiscopale avec laquelle il salua ses deux confrères.

Ce que l'estimable abbé Miollis avait prévu arriva : le concile fut convoqué et assemblé le 11 juin suivant; mais, comme dès la première séance il jura au pape une obéissance aveugle, Napoléon le dispensa d'une seconde, et prononça la dissolution avec d'autant plus de motifs, qu'il venait d'apprendre par Réal que des instructions secrètes avaient été envoyées de Savone aux évêques et archevêques qui le composaient. L'Empereur sévit immédiatement contre les plus suspects : ceux de Gand, de Troyes, de Tournay et de Toulouse furent arrêtés avec quelques prêtres encore, et, comme l'abbé d'Astros, conduits à Vincennes, où l'on exigea leur démission.

V

Ce fut en ces conjonctures qu'eut lieu l'expédition de Russie. Avant de quitter Paris, Napoléon fit appeler le duc de Rovigo et l'entretint longtemps de ses interminables démêlés avec le pape. Après lui avoir tracé la ligne de conduite qu'il aurait à suivre pendant son absence, il ajouta : « Ne faites rien sans me consulter. » Et il partit pour Dresde.

A peine était-il arrivé dans la capitale de la Saxe, qu'il apprit l'établissement d'une croisière anglaise devant Gênes. La résidence de Savone ne lui paraissant plus assez sûre, et craignant que les Anglais ne tentassent d'enlever le pape, ou bien que les Italiens ne vinssent à le délivrer, il écrivit au duc de Rovigo de transférer Sa Sainteté à Fontainebleau. Il lui recommanda de ne rien négliger pour rendre le voyage commode et agréable, ne voulant en aucune façon, disait-il, violenter le chef de l'Église, et désirant seulement l'isoler d'une influence funeste au repos de la France et de l'Italie. Le saint-père ne fit aucune difficulté de quitter Savone. En passant par le mont Cenis, il tomba gravement malade. L'officier supérieur de gendarmerie qui dirigeait le voyage était si effrayé de la responsabilité qui pesait sur lui, qu'il ne parlait pas moins que de se brûler la cervelle si le pape venait à mourir entre ses mains. Heureusement ce n'était qu'une grave incommodité. Trois jours après, Pie VII put se remettre en route pour Fontainebleau, où il arriva d'un trait le 19 juin 1812.

C'est à cette arrivée qu'il faut rappeler ce procès-verbal si plaisamment naïf, et que nous devons rapporter comme éminemment caractéristique, bien qu'il soit déjà connu. L'officier supérieur dont nous venons de parler était si content de se voir débarrassé de son prisonnier, qu'il exigea, dit-on, du concierge du château, un récépissé en bonne forme, lequel lui fut délivré en ces termes, s'il faut en croire la chronique : « *Reçu un pape en bon état. Dont quittance* « *pour valoir ce que de droit. Signé*, etc. »

Tout le temps que le pape demeura à Fontainebleau, il fut constamment traité en souverain, comme il l'avait été déjà lors de son premier voyage pour le sacre. Parmi les officiers de sa maison que l'Empereur avait placés auprès de l'illustre prisonnier en qualité de chambellans, était M. Denon, que le saint-père ne tarda pas à prendre en grande affection ; il le tutoya même et ne l'appela plus autrement que *mon fils*.

Un jour que Pie VII s'était plu singulièrement à une conversation qu'il avait eue avec son chambellan sur l'expédition d'Égypte, il lui demanda l'ouvrage que ce dernier avait publié sur les antiquités égyptiennes. Plusieurs passages de ce livre n'étaient pas d'accord avec certains passages de la Genèse, relatifs à la création du monde. Pie VII lui ayant dit, quelques jours avant, que cette lecture l'avait vivement intéressé, Denon chercha à excuser les points délicats.

« C'est égal, c'est égal, mon fils, dit à plusieurs reprises le saint-père ; tout cela est fort curieux, et en vérité je ne le savais pas. »

Le chambellan crut alors pouvoir apprendre à Sa Sainteté qu'elle avait excommunié l'ouvrage et son auteur.

« Excommunié ! toi, mon fils, reprit le pape avec la plus touchante bonté ; je t'assure que je ne m'en doutais pas, et la preuve, la voilà. »

Et le saint-père présenta à Denon son anneau à baiser.

Au milieu des graves événements qui se succédèrent en Europe après l'immense désastre de la campagne de Russie, l'Empereur, de retour à Paris, avait mis au premier rang des affaires urgentes à terminer, son accommodement définitif avec le saint-siége et le clergé.

Il n'avait jamais existé entre lui et Pie VII aucune inimitié personnelle. Le pape se plaisait à reconnaître le génie de l'Empereur, les services qu'il avait rendus à la religion, même l'affection qu'il avait pour lui. De son côté, Napoléon professait pour Pie VII une sincère estime. « Je lui ai de grandes obligations, disait-il, il m'a sacré. C'est d'ailleurs un modèle de douceur; mais il est bien mal entouré. »

Dans les premiers jours de janvier 1813, après avoir eu un long entretien avec M. de Talleyrand dans son cabinet, on l'entendit dire au grand-chambellan en sortant :

« Décidément je vois bien qu'il me faut donner de ma personne pour en finir, et aller moi-même surprendre le pape à Fontainebleau. »

Or, le 21 du même mois, une partie de chasse fut commandée pour Grosbois. Napoléon s'y rendit ; mais après la chasse, il fit tourner bride sur Melun, et gagna Fontainebleau. Son arrivée inopinée surprit le pape et prévint l'effet des mauvaises dispositions qu'on n'eût pas manqué de lui inspirer. Le saint-père reçut l'Empereur avec affection, et le lendemain il lui rendit sa visite. L'entrevue dura plus de deux heures ; elle eut lieu dans le cabinet des petits appartements. On se dit d'abord tout ce qu'on avait sur le cœur ; mais rien d'amer ne vint aggraver le passé. Tout ce que Napoléon savait mettre de séduisant dans une conversation, il le mit dans celle-ci. De son côté, le saint-père l'écouta avec un intérêt qu'il ne cherchait pas à dissimuler. La conversation avait lieu en italien. On convint de jeter sur le papier les bases du nouveau concordat. A l'instant même l'Empereur fit venir un de ses secrétaires et les lui dicta. A chaque article, le saint-père approuvait de la tête. Enfin, le 25 janvier 1813, après trois jours de conférences, l'acte était définitivement arrêté. Le saint-père se rendit dans les appartements de l'Impératrice, qui, la veille, était arrivée à Fontainebleau ; et là, au milieu d'un cercle brillant formé de prélats, de militaires et de grands dignitaires de l'Empire, on signa le concordat. La journée du lendemain fut encore employée en visites d'amitié, en félicitations et distributions de grâces et de faveurs. Mille francs furent distribués à chacun des serviteurs du saint-père. Une pension de 12,000 francs, prélevée sur la cassette impériale, fut donnée au docteur Porta, médecin du pape. Les évêques et les cardinaux qui avaient encouru la disgrâce de l'Empereur sortirent de Vincennes ou furent rappelés de leur exil. L'abbé d'Astros lui-même fut fait évêque. Enfin Napoléon pardonna à M. de Portalis fils, qui, par l'entremise de M. Molé, grand-juge, fut nommé président de la Cour d'Angers.

L'Empereur revint à Paris le 27, et fit publier, au bruit du canon des Invalides et des cloches de Notre-Dame, la conclusion du concordat. En rentrant dans ses appartements, il frappait, avec une véritable joie d'enfant, la basque de son habit dans laquelle était une copie de cet acte, en fredonnant gaiement et à demi-voix ces paroles : « La victoire est à nous !... » de l'opéra de la *Caravane du Caire*, alors fort en vogue.

Quant au pape, il fut entouré de pompes et d'hommages. Napoléon en eût fait une idole s'il avait voulu rester en France, parce qu'en ce cas Paris fût devenu la capitale du monde chrétien. Mais le saint-père devait retourner dans ses Etats. Il quitta Fontainebleau le 24 janvier 1814, comblé de présents magnifiques. Il faut le dire, dans les positions difficiles où il s'était trouvé vis-à-vis de l'Empereur, il fut heureusement servi par ses vertus et la douceur de son caractère. On lui doit encore un éloge non moins mérité : c'est que, de tous les souverains de l'Europe, c'est peut-être celui qui avait eu le plus à se plaindre de Napoléon, et que cependant ce fut celui de tous, pour ne pas dire le seul, qui couvrit plus tard d'une touchante protection la famille persécutée du grand homme.

CHAPITRE VII.

UN PRISONNIER D'ÉTAT.

1810.

Depuis quelque temps déjà Pie VII était à Savone par ordre de l'Empereur, lorsque le cardinal di Pietro, que le pape, en quittant Rome, avait nommé son délégué, fut mandé à Paris. Il s'y rendit, sans cesser toutefois d'administrer les affaires de l'Eglise; mais ayant refusé, comme beaucoup de ses collègues dissidents, d'assister à la cérémonie religieuse du mariage de Napoléon avec Marie-Louise, il fut immédiatement relégué à Semur : on lui défendit en même temps de porter les insignes de sa dignité, et il lui fut interdit de correspondre avec Sa Sainteté.

Calme au milieu de la tempête soulevée par l'orgueil justement blessé de Napoléon, Pie VII puisait dans sa conscience et sa foi la force nécessaire à la lutte qu'il avait à soutenir. Nous avons dit précédemment que la sentence d'excommunication fulminée contre l'Empereur avait été expédiée secrètement à plusieurs évêques et cardinaux français, ainsi qu'au cardinal di Pietro; mais la police dont M. de Chabrol entourait le pape à Savone était assez bien faite pour que la liste des personnes auxquelles la bulle avait été adressée à Paris fût connue avant même que cette bulle arrivât dans la capitale.

Furieux de cet acte d'hostilité, Napoléon, comme nous l'avons dit encore, donna l'ordre d'arrêter les cardinaux italiens qui étaient en France, et de les enfermer à Vincennes. Quarante-huit heures après, le cardinal di Pietro était enlevé à Semur, jeté dans une voiture de poste, et amené à Paris sous l'escorte d'un officier de gendarmerie.

Il était huit heures du soir lorsque la voiture toute poudreuse s'arrêta dans la cour du ministère de la police, alors situé sur le quai Voltaire. Le ministre était absent, ainsi que Desmarest, qui d'ordinaire le suppléait dans de pareilles circonstances. Ce fut l'inspecteur général Pâques qui reçut l'éminence ultramontaine.

« Monsieur, dit tout d'abord le cardinal, d'une voix volubile et avec un accent italien fortement prononcé, on m'a forcé de partir sans me donner même le temps de déjeuner, et je n'ai rien pris de toute la route qu'on m'a fait faire d'une seule traite; je vous prie, avant tout, de me faire donner à dîner.

— Monsieur le cardinal, répondit Pâques respectueusement, vous dînerez à l'hôtel de la Force.

— Alors je vous serai fort obligé de me faire conduire tout de suite à cet hôtel, car j'ai le plus grand besoin de prendre quelque nourriture.

— J'aurai l'honneur de conduire moi-même Votre Eminence; mais souffrez auparavant que je prescrive quelques dispositions indispensables.

— Oh! mon Dieu, ne vous mettez pas en peine; croyez bien que je ne suis pas dans une disposition d'esprit à m'occuper des misères corporelles : un plat de macaroni, le premier poisson venu, quelques légumes, un peu de pâtisserie et le dessert... »

Pâques sourit d'un air moitié fin, moitié surpris, que l'Eminence ne remarqua pas ; puis il sortit et ne reparut qu'au bout d'une heure. Le cardinal ne chercha pas cette fois à dissimuler sa mauvaise humeur.

« Pourquoi ne pas avouer tout simplement que l'on a résolu de me faire mourir de faim? s'écria-t-il.

— Pardon, monsieur le cardinal, interrompit Pâques ; j'ai tardé un peu, mais enfin me voici...

— Et vous allez me conduire à cet hôtel de la Force ?

— A l'instant même.

— C'est fort heureux ! Mais hâtez-vous, de grâce, car je suis exténué. »

On monte en voiture à la grande satisfaction du cardinal, qui ne doute pas que l'*hôtel de la Force* ne soit une résidence convenable, où il doive être traité avec les égards et le respect dus à son caractère, à son âge, et à sa dignité de prince de l'Eglise. Bientôt l'équipage s'arrête dans une petite ruelle étroite et sombre, devant une porte basse. Pâques met pied à terre le premier ; il invite le cardinal à descendre, puis il lui recommande de baisser la tête. Le prélat s'incline.

« Encore, encore, monseigneur, dit-Pâques ; il s'agit d'entrer par cette petite porte.

— Voilà une singulière entrée pour l'ancienne demeure des ducs de la Force », dit le cardinal.

Il avait à peine formulé cette observation, suite de son erreur, que déjà il se trouvait dans une salle voûtée, entouré d'hommes revêtus d'un uniforme sinistre, et presque tous tenant à la main un trousseau d'énormes clefs.

« Passez par ici », lui dit d'une voix rude et brutale un de ces hommes.

Le cardinal ne revenait pas de sa surprise ; il se retourna pour interroger son conducteur ; mais déjà l'inspecteur général Pâques avait disparu.

« Où suis-je donc ? s'écria-t-il.

— Oh ! soyez tranquille, vous êtes en sûreté ; vous êtes à la Force, voilà tout, répondit un des gardiens...

— Comment ! cet hôtel de la Force est donc une prison ?

— A vrai dire, c'est quelque chose d'approchant... »

Le cardinal se tût. Un quart d'heure après on le conduisit dans une étroite cellule, meublée d'un misérable lit, d'une table vermoulue et d'une chaise. A peine le prélat y fut-il entré, que des cris, des jurements, des blasphèmes se firent entendre de la cellule voisine à sa droite.

« Qu'est-ce? fit le cardinal tout effrayé.

— Ah! dame! il ne faut pas faire trop attention ; c'est un voleur qui se purge de la bile qu'il amasse ici depuis six mois. »

Au même moment des chants obscènes, des éclats de rire et des trépignements cadencés retentirent dans la cellule de droite.

« Encore! s'écria le cardinal.

— Oh! de ce côté-là, c'est différent, continua le guichetier. c'est une belle et joyeuse fille qu'on a envoyée ici pour faire un peu pénitence. »

Le prélat n'y put pas tenir davantage ; la résignation dont il s'était armé lui échappa.

« Oh! c'est horrible! s'écria-t-il ; placer un cardinal de la sainte Église romaine entre un voleur et une fille perdue!

— Il est vrai que ça peut paraître incohérent et d'une familiarité exagérée, fit le gardien; mais, dame! tout ça dépend de l'habitude; la vie est un voyage, comme on dit à l'Opéra-Comique, toute la question est de louvoyer sa barque et de voir comment l'heure de la bourrasque se terminera. »

Le cardinal ne répliqua pas, car, au langage de son interlocuteur, il comprenait, avec sa finesse italienne, que peut-être n'était-il pas si abrupte qu'il semblait s'efforcer de le paraître.

Dès qu'il fut seul, il se jeta tout habillé sur le grabat qui lui était destiné. n quart d'heure après on lui apporta quelques mets envoyés par le directeur de la maison, mais préparés toutefois avec plus de soin que ceux du vulgaire des prisonniers. Il ne toucha pas à cette nourriture grossière, et il y avait soixante-douze heures qu'il n'avait mangé, lorsqu'on vint lui annoncer qu'il allait être condu chez le ministre de la police. Bientôt, en effet, on le fit monter en voiture, et il arriva à l'hôtel du quai Voltaire. Cette fois ce fut par le conseiller d'Etat Réal qu'il fut reçu.

« Ah! monsieur, lui dit tout d'abord le prélat, on a chez vous bien peu de respect pour notre sainte religion et bien peu d'égards pour ses ministres.

— Croyez, monsieur le cardinal, répondit Réal, que je serais au désespoir qu'on eût manqué à la déférence qui vous est due à tant de titres.

— De la déférence!... Mais savez-vous, monsieur, où l'on m'a fait coucher, moi, cardinal?... entre un voleur et une prostituée!...

— C'est fort mal, dit Réal; et cependant une fois en sa vie, au moins, Notre-Seigneur Jésus-Christ s'est trouvé en plus mauvaise compagnie encore.

— C'est vrai, monsieur; il est certain que Notre-Seigneur...; mais... un cardinal de la sainte Église romaine confondu avec le rebut de la civilisation!

— Je conviens, répliqua le conseiller d'État, qu'on aurait pu faire mieux, et je donnerai des ordres pour que pareille chose n'arrive pas à l'avenir; je dois, vous daignerez excuser cette formalité, je dois avant tout vous faire subir un interrogatoire.

— Je sais, je sais; mais sur ce point vous pouvez, monsieur, parfaitement vous abstenir, car je ne répondrai à aucune de vos questions. En mon âme et conscience, je crois ne devoir compte de ma conduite qu'à Dieu, et après lui au sacré Collége.

— Soit, rien ne vous contraint à répondre à mes interrogations, et ce n'est là d'ailleurs qu'une affaire de forme; ce que nous avons intérêt à savoir, nous le savons; ainsi, vous ne pouvez nier que vous ayez reçu, il y a trois jours, une lettre du pape.

— Certes non, je ne le nierai pas. J'ai reçu une lettre; elle m'est parvenue par une main sûre; le cachet était intact, et je l'ai brûlée après l'avoir lue... Oh! votre police est bien adroite; mais Dieu est pour nous!

— Il est clair que notre police ne peut pas lutter avec Dieu, et c'est quelquefois très-malheureux... Eh bien! voyons, puisque vous convenez que cette lettre vous est parvenue, il ne doit pas vous en coûter davantage de me dire ce qu'elle contenait?

— Oh! pour cela, c'est une autre affaire! ne l'espérez pas, mon cher monsieur, vous ne le saurez jamais.

— Vrai! monsieur le cardinal? permettez-moi de vous dire que cela est fâcheux!

—Pour vous, oui; et j'en suis désolé, en vérité, car, à tout prendre, vous paraissez un galant homme; mais je dois vous déclarer que, dussé-je passer le reste de ma vie enfermé dans votre horrible hôtel de la Force, je ne vous dirai jamais un mot du contenu de cette lettre.

— Cela est réellement contrariant.

— En effet, je le crois.

— Sans doute; car si vous ne voulez pas absolument me dire ce que contenait cette malencontreuse lettre, je me verrai dans la nécessité de le rappeler moi-même à votre souvenir.

— Oh! fit le cardinal en souriant, ceci n'est qu'une ruse de guerre, mais moins fin que moi ne s'y laisserait pas prendre; le cachet, je vous le répète, était intact.

— Oui, parfaitement intact, j'en suis assuré.

— Or, la lettre m'ayant été remise par une main sûre, je suis bien tranquille, et si la persécution doit s'appuyer sur ce prétexte, du moins ne pourra-t-elle atteindre que moi.

—Mon Dieu, au fond, nous nous trouvons d'accord plus que vous ne pensez, monsieur le cardinal; aussi ai-je commencé par vous prier de me dire le contenu de cette lettre.

— Donc vous ne le connaissez pas.

— Pardon, je ne concède pas ce point, la conséquence n'est pas rigoureuse.

— Quoi! vous persistez à soutenir que vous savez ce qu'elle contenait?

— Sans aucun doute.

— Et vous pourriez me le dire à l'instant, exactement?

— Très-exactement ; je puis même faire plus, et vous en mettre sous les yeux la traduction, car elle était écrite en italien.

— Pour le coup, c'est trop fort !

— Oui, c'est fort, répondit Réal ; et en même temps, tirant un papier d'un carton de son bureau, il commença à lire, d'une voix indifférente, la traduction de la lettre. A mesure que cette lecture avançait, le cardinal donnait les signes d'une indicible surprise.

— Voici qui confond l'imagination, s'écria-t-il quand le conseiller d'Etat eut terminé ; j'ai minutieusement examiné le cachet ; il était intact, j'en ai la certitude, et j'ai brûlé la lettre sans la communiquer à personne !

— Je vous arrête là, monsieur le cardinal ; certes, il me serait aisé d'user de représailles, et de vous dire que jamais vous ne saurez comment nous sommes parvenus à nous procurer la copie de cette lettre ; mais je veux agir plus loyalement avec vous... Tout ceci d'ailleurs n'est pas mystérieux autant que vous pourriez peut-être le supposer : vous avez brûlé la lettre, n'est-ce pas ?

— J'ai vu la flamme la consumer sous mes yeux.

— Fort bien ; mais vous n'en avez pas dispersé les cendres. Ces cendres, ces vestiges négligés par vous, nous nous les sommes procurés ; un de nos plus habiles chimistes les a soumis à une analyse investigatrice, et nous avons retrouvé textuellement le contenu de la lettre.

— Pas de dérision, monsieur, je vous prie ; vous ne me supposez pas une crédulité assez puérile pour admettre cette fable. Vous avez employé un autre moyen ?

— Cela pourrait bien être ; mais cet autre moyen, je ne vous le ferai connaître que si vous consentez vous-même à me dire quel a été près de vous l'intermédiaire secret de Sa Sainteté.

— Impossible, monsieur ; j'aime mieux croire à l'analyse des cendres.

— Comme bon vous semblera : gardons chacun notre secret.

— Je voudrais toutefois, dit encore le cardinal après quelques instants de silence, vous demander une grâce : ce serait de ne pas me faire conduire de nouveau à cet hôtel de la Force.

— Telle n'a pas été un instant mon intention, répondit Réal ; veuillez, avant tout, me faire l'honneur de dîner avec moi, monsieur le cardinal ; je vous accompagnerai moi-même dans un château où vous trouverez des personnes de connaissance.

— Et où je serai prisonnier ?

— C'est avec douleur que je me vois dans la nécessité de vous répondre affirmativement.

— Que la volonté de Dieu s'accomplisse ! » fit le cardinal.

Le dîner se passa assez gaiement, et le digne prélat y fit honneur avec un appétit propre à donner témoignage d'une grande résignation. Le soir venu, le cardinal et le conseiller d'Etat montèrent dans une voiture qui les conduisit à Vincennes, et là, monsignor di Pietro fut mis en possession d'un petit appartement qui lui avait été préparé. Il eut bientôt pour compagnons de captivité les cardinaux Gabrielli et Oppironni, ainsi que l'abbé d'Astros, vicaire-général du diocèse de Paris, dont le siége était vacant depuis la mort du cardinal Du Belloi. M. d'Astros blâma fort la position où s'était placé le cardinal di Pietro ; il lui reprocha surtout sa trop grande franchise.

« Il ne fallait à aucun prix, disait-il, avouer que vous eussiez reçu une lettre du saint-père.

Mais si vous n'avez rien avoué, vous, monsieur l'abbé, répliqua le prélat italien, comment se fait-il que vous soyez amené ici ?

— Oh ! moi, c'est différent, et, certes, ce n'est pas faute de discrétion. Voici comment je me suis trouvé enferré dans cette malheureuse affaire. J'arrivais aux Tuileries, où je devais, comme vous savez, complimenter l'Empereur à l'occasion de sa fête, lorsqu'en sortant M. Réal m'aborda, et me dit :

— Monsieur l'abbé, veuillez, je vous prie, prendre la peine de venir avec moi ; Sa Majesté m'a chargé de vous parler. »

Je le suivis ; il me conduisit à sa voiture dans laquelle il m'invita à monter; il prit place près de moi, et ordonna de conduire à mon hôtel.

« Monsieur l'abbé, me dit-il chemin faisant, ne savez-vous rien de relatif à la bulle d'excommunication lancée par le pape?

— J'en ai eu connaissance comme tout le monde, lui répondis-je.

— Et vous n'avez reçu à ce sujet aucun message de Sa Sainteté?

— Aucun.

— C'est ce qu'il faudra examiner. »

Le mot n'était pas poli; mais j'eus l'air de ne pas y faire attention. Au bout de dix minutes nous arrivions à l'hôtel de l'archevêché; Réal entra sans façon dans mon cabinet.

« Monsieur l'abbé, me dit-il alors, je crois que vous feriez sagement d'avouer que vous avez reçu une missive du pape. J'aurais pu faire comme Votre Eminence, dire que j'avais reçu une lettre et que je l'avais brûlée; mais j'avais résolu de garder jusqu'à la fin mon secret. Je tins bon, je n'avouai rien ; mais le malheur voulut que l'attention de Réal fût tout d'abord attirée par une corbeille placée sous un bureau, et destinée à recevoir les papiers sans utilité. Il prend quelques-uns de ces papiers, et le premier sur lequel il jette les yeux se trouve être précisément la minute de la réponse que j'avais faite à Sa Sainteté, et dans laquelle, en accusant réception de la bulle d'excommunication, j'instruisais le saint-père que, par mes soins, elle avait été publiée dans le diocèse. Deux heures plus tard, j'étais amené ici ; et vous voyez, monsieur le cardinal, que ce n'est pas du moins le manque de discrétion qui m'y a conduit.

— Oh! oh! monsieur le vicaire-général, s'écria le prélat avec son accent saccadé, qui ajoutait à l'étrangeté de l'exclamation, si j'ai, moi, été trop franc, convenez que vous avez été, vous, bien étourdi ! »

Le cardinal di Pietro resta à Vincennes jusqu'en 1813, époque où il lui fut enfin permis de se rendre près du pape, alors à Fontainebleau. Durant sa longue détention, il n'avait pas perdu un seul instant sa quiétude et sa bonne humeur; il ne paraissait même pas conserver une rancune bien profonde contre Napoléon, car plus d'une fois on l'entendit dire, d'un ton de bonhomie narquoise, à l'annonce de quelque nouvelle victoire de l'Empereur :

« Encore!... Eh! qu'est-ce que ce damné d'homme ferait donc, s'il n'était pas excommunié?

CHAPITRE VIII.

INTRIGUES DIPLOMATIQUES.

1810.

I

Au mois d'avril 1809, à la veille de son départ pour la campagne d'Autriche, Napoléon, en présence des ministres et de quelques conseillers d'État, demanda à Fouché :

« Que feriez-vous s'il m'arrivait d'être emporté par un boulet ou si je mourais de quelque autre accident ?

— Sire, répondit ce ministre de la police avec son aplomb ordinaire, je prendrais le plus de pouvoir que je pourrais, afin de dominer les événements et de n'être pas débordé par eux. »

A ces mots, Napoléon regarda fixement Fouché; puis, après un moment de réflexion, il répliqua :

« A la bonne heure, c'est le droit du jeu. »

Six semaines après, l'Empereur avait vu ses ponts emportés par le Danube et son armée séparée par les deux rives du fleuve. Cette situation critique exigeait de prodigieux travaux et beaucoup de temps. Le cabinet britannique, toujours habile à profiter de nos embarras, dirigea sur Flessingue une expédition conduite par lord Chatam, beau-frère du célèbre Pitt, qui s'empara de ce port, s'avança sur Anvers et menaça ainsi la Belgique. A peine cette nouvelle fut-elle connue à Paris, que le conseil des ministres s'assembla extraordinairement. sous la présidence de l'archichancelier Cambacérès. Fouché opina pour un appel immédiat aux gardes nationaux de l'Empire, afin de les opposer à l'agression anglaise.

« Que diraient l'Empereur et l'armée, ajouta-t-il en terminant sa motion, si la France, défendue au loin par eux, laissait envahir impunément son territoire en attendant des secours?

— Monsieur Fouché, dit Cambacérès, qui craignait toujours de se compromettre, je ne veux pas risquer de me faire *décoller*, moi ! J'ai expédié ce matin un courrier à l'Empereur, et je suis d'avis qu'on attende sa réponse.

— Et moi, en *attendant*, répliqua sèchement Fouché, je ferai mon devoir. »

Le jour même, le ministre de la police lançait le fameux manifeste ayant pour titre : *Appel au courage français!* lequel donnait l'ordre à tous les préfets de mobiliser la garde nationale de leur département. Cette mesure, tout excessive qu'elle pouvait être, n'en porta pas moins à l'opinion publique un coup décisif. Quinze jours ne s'étaient pas écoulés que 1,200,000 soldats citoyens se trouvèrent sur pied. Le seul département du Nord, administré par M. de Pommereuil, fournit 14,000 hommes armés et équipés. Le dernier détachement partait de Lille dix-sept jours après que la circulaire ministérielle avait été affichée dans la ville. Napoléon n'osa pas d'abord blâmer hautement ce qui avait été fait; mais il éprouva un secret dépit de ce que, dans son empire, un de ses ministres eût assez de pouvoir pour soulever et mettre en armes tout le pays. En prenant l'initiative de ce grand mouvement, Fouché en avait saisi également la direction, tandis que les ministres de la guerre et de l'intérieur étaient restés indécis. En outre, il avait envoyé Bernadotte commander ces forces civiques, sans être retenu par la considération que ce maréchal avait été récemment éloigné de l'armée par Napoléon, qu'il avait gravement mécontenté [1]; mais c'était assez la manière de Fouché d'enchevêtrer les actes de l'Empereur de telle

---

[1] Napoléon et les écrivains militaires qui ont écrit sur la campagne de 1809 s'accordent à dire qu'on avait eu à se plaindre de Bernadotte dans la guerre précédente,

sorte que celui-ci ne pouvait plus, sans inconvénient, séparer ensuite les siens de ceux de son ministre. Dans le même temps, le duc d'Otrante faisait un pacte avec un autre disgracié, M. de Talleyrand, qui jusqu'alors s'était montré son plus constant adversaire. Quoique déchu du ministère des affaires étrangères, le prince de Bénévent avait su se maintenir dans un certain degré de confiance jusqu'au jour où l'Empereur, de retour du fond de la Péninsule, lui retira sa clef de grand-chambellan pour la donner, le même jour, à M. de Montesquiou. Ce fut alors que M. de Talleyrand, toujours habile à calculer les chances de l'avenir, fit sa première apparition dans le salon du duc d'Otrante, dans ce même salon où naguère ce dernier demandait tout haut à M. Desmarets, celui de ses chefs de division chargé des affaires relatives à la sûreté de l'État, « s'il y avait encore de la place à Vincennes », et ajoutait : « C'est pour y loger ce Talleyrand, qui l'a bien mérité ! »

Sans doute, cette vieille antipathie des deux ministres les plus influents n'avait jamais déplu à Napoléon ; mais si les diplomates s'entendent souvent à distance, un rapprochement aussi étrange, aussi public, commenté par les courtisans, dut lui donner à penser. Il avait besoin de ministres tout à fait dans sa confiance et pénétrés de ses idées ; il voulait des commis et non des hommes d'État. Les liaisons de Fouché avec les divers partis hostiles à son gouvernement ne lui étaient pas restées inconnues ; Fouché représentait, dans le Sénat, un parti qu'il voulait anéantir à tout prix. Enfin la cour impériale, depuis l'arrivée de Marie-Louise, avait pris des allures toutes nouvelles. Fouché devait se trouver un peu déconcerté en présence de la jeune souveraine, nièce de Marie-Antoinette, et à laquelle

---

et que dans celle-ci on eut à lui reprocher des fautes inexplicables : à Wagram il attaqua trop tard ; le lendemain, sans combattre, il évacua Adlerklau, appui des manœuvres de l'Empereur, et devenu par sa retraite le centre des attaques de l'ennemi ; enfin, après avoir paralysé ainsi une partie des résultats de la victoire, le prince de Ponte-Corvo, après la bataille, fit, contre l'usage, une proclamation individuelle, où il qualifiait de *colonnes de granit* les troupes saxonnes qu'il avait sous ses ordres.

il ne pouvait rappeler, par conséquent, que des souvenirs pénibles. A la vérité, pour faire oublier le passé de son ministre, Napoléon l'avait caparaçonné de croix, de cordons, et l'avait affublé du titre de *duc d'Otrante*. Fouché lui-même avait si bien pris cette métamorphose au sérieux et se croyait si parfaitement duc d'Otrante, qu'en rappelant une conversation qu'il avait eue jadis avec Robespierre, il lui arriva de s'écrier naïvement :

« Un jour, Robespierre me dit : *Duc d'Otrante*, etc. »

Mais tout le monde, à la nouvelle cour, n'avait pas aussi peu de mémoire. Quoi qu'il en soit, Napoléon, qui ne voulait pas de dévouement incertain, avait résolu de se défaire de Fouché. Il aurait même accompli cette pensée dès son retour de la campagne de 1809, si ce ministre n'avait pas eu dans ses mains des papiers auxquels lui, chef de l'Etat, attachait un grand prix, et qu'il voulait faire rentrer dans les siennes auparavant. La disgrâce de Fouché fut donc différée ; mais, à partir de ce moment, l'Empereur s'abstint de lui parler d'aucune affaire ; il ne l'appela même plus à ses conseils privés.

Le duc d'Otrante avait bien prévu que son pouvoir ministériel ne pourrait survivre longtemps au nouvel ordre de choses ; mais plus Napoléon avait concentré en lui-même ses dispositions défavorables, plus le ministre s'en était inquiété.

A cette époque, l'Empereur désirait ardemment la paix avec l'Angleterre. Une secrète négociation avec cette puissance avait été entamée, de son consentement, et sous le couvert de son frère Louis, roi de Hollande. Ce dernier avait envoyé à Londres un agent avoué, M. de Labouchère, le plus riche banquier d'Amsterdam, pour traiter avec le marquis de Wellesley, alors premier ministre. Déjà il y avait eu des conférences ; les choses prenaient même une assez bonne tournure, lorsque malheureusement il vint à la pensée de Fouché de coopérer à la négociation, dont il avait été instruit par un de ses agents particuliers à Londres, nommé Fagan. Il espérait pouvoir, par l'importance d'un pareil service, triompher des préventions de l'Empereur. En conséquence, il chargea secrètement M. Ouvrard, l'un des plus adroits négociateurs de ce temps-là, d'une mission à Londres, afin de sonder les dispositions des membres du cabinet, qu'il connaissait particulièrement, et ouvrir, s'il était possible, une nouvelle voie à un accommodement avec le gouvernement français.

M. Ouvrard, comprenant tous les risques d'une semblable mission, ne l'accepta que sur l'assurance que lui donna le ministre que l'Empereur l'avait autorisé, lui Fouché, à agir ainsi. Muni d'instructions dont les bases étaient à peu près les mêmes que celles dictées à M. de Labouchère, M. Ouvrard partit; mais, par caractère, le duc d'Otrante suspectant tout le monde et ne voulant pas que M. Ouvrard s'écartât de la ligne qu'il lui avait tracée, il chargea ce même M. Fagan de le surveiller. Cette surveillance nécessita, de la part de ce dernier, des allées et venues continuelles de Londres à Paris et de Paris à Londres, car le duc d'Otrante avait trop de prudence pour se faire écrire ce qui pouvait se dire. En définitive, les deux négociateurs, qui ne se connaissaient pas, entravèrent mutuellement leurs opérations; la divergence de leurs offres fit supposer au ministère anglais qu'on lui tendait un piége; l'agent du roi de Hollande, aussi bien que celui de Fouché, fut éconduit : toute négociation fut brusquement rompue.

Pendant que ces choses se passaient, Napoléon faisait avec Marie Louise un voyage d'agrément. Après avoir parcouru la Belgique, il alla à Amsterdam. Cette excursion en Hollande cachait un but politique, celui de savoir où en était la grande affaire de la paix avec l'Angleterre, qui ne se terminait pas. Surpris de tant de lenteurs, déjà il avait eu avec son frère Louis, venu tout exprès de La Haye à Amsterdam, de vives explications, lorsque, la veille de son départ de cette ville pour retourner à Saint-Cloud, dans un dernier entretien, Louis lui demanda pourquoi, dans les circonstances où ils se trouvaient l'un et l'autre vis-à-vis de la Grande-Bretagne, lorsqu'il s'agissait du bonheur des Hollandais et de l'honneur de sa couronne à lui, roi de Hollande, il l'exposait à des reproches doublement fâcheux de la part du cabinet anglais.

A cette interpellation, Napoléon regarda son frère avec surprise; il semblait ne pas comprendre le sens de ses paroles. Louis reprit avec le même calme :

« Oui, tandis que moi, plein de bonne foi, j'envoie à Londres un homme d'une probité reconnue, dont le caractère, les paroles et la présence même sont les garants de mes intentions, vous envoyez, vous, un homme obscur, un agent secret, et vous vous servez de lui pour traiter en votre nom et sans moi!

— C'est faux! interrompit Napoléon avec vivacité.

— C'est vrai! répliqua Louis d'un ton ferme. Ce n'est qu'après avoir acquis la preuve positive de ce que j'avance que M. de Labouchère m'a prévenu de tout ce tripotage.

— Mais, de par le grand diable [1], s'écria Napoléon avec colère, je ne connais pas cet homme, je ne sais pas son nom, je n'ai donné aucune instruction de ce genre. » Puis il croisa les bras sur sa poitrine, et, ayant réfléchi quelques instants, il reprit d'une voix sourde : « Qui donc aurait osé envoyer quelqu'un à Londres? Je le saurai, et malheur à celui-là! malheur à tous deux! reprit-il en se promenant à grands pas.

— Et quel autre que votre Fouché? reprit Louis. Je vous répète que l'on traite en ce moment pour vous à Londres, et que l'on y discute les mêmes intérêts que ceux qui servent de base au traité que nous avons arrêté ensemble. Est-ce ainsi que je dois croire à une parole donnée? »

A ces mots, Napoléon avait pâli; il allait et venait dans l'appartement, en passant à chaque instant son mouchoir sur son front; il semblait agité d'une pensée terrible. Enfin, se rapprochant de son frère :

« Écoute, lui dit-il avec un calme apparent, je vois qu'il y a dans tout ceci une trame criminelle; mais je n'y suis pour rien, je

---

[1] Dans ses moments d'humeur, Napoléon employait fréquemment cette locution. Les héros d'Homère juraient aussi quelquefois.

t'en donne ma parole, ma parole d'Empereur, ma parole de frère, ajouta-t-il en lui prenant la main. Me crois-tu?... »

Louis était honnête homme : une parole donnée par son frère Napoléon était pour lui comme une parole venue de Dieu.

« Je vous crois, lui répondit-il; mais il importe à mon honneur que vous fassiez rechercher l'auteur de cette machination.

— De ce crime!... exclama l'Empereur.

— Vous le devez à vous-même; car enfin, on n'a pas craint de se servir de votre nom. »

Napoléon ne répondit pas, mais il eût été facile de deviner qu'un orage grondait dans son âme. Ses sourcils rapprochés, ses lèvres serrées l'une contre l'autre, tout indiquait chez lui une résolution terrible.

« Je découvrirai l'auteur de ces tromperies, dit-il à son frère avec un sourire amer. Je crois reconnaître le serpent qui depuis longtemps m'enlace de ses nœuds. Oui, tu as raison, ce doit être Fouché. Je le pulvériserai! tiens..., comme cela! »

Et, en disant ces mots, Napoléon, qui avait pris sur la console une de ces petites bonbonnières d'ivoire que l'on travaille si délicatement en Hollande, la broya dans sa main.

II

De retour à Saint-Cloud dans les derniers jours de mai, Napoléon chargea immédiatement le préfet de police Dubois de découvrir toutes les ramifications de cette intrigue. Celui-ci, habile et prompt dans ses démarches, apprit bientôt que le duc d'Otrante avait eu des relations en Angleterre, beaucoup plus fréquentes que ses besoins de police ne l'exigeaient. Sur cet indice, Dubois mit ses agents en campagne, et ceux-ci ne tardèrent pas à arrêter un des négociateurs mystérieux, qui fut immédiatement conduit à Vincennes et mis au secret le plus rigoureux. Cet homme n'était autre que le chevalier de Fagan, ancien émigré rentré et ancien chevalier de Saint-Louis, qui avait conservé en Angleterre beaucoup de connaissances. Lorsque cet agent se vit ainsi claquemuré, il eut peur et Fouché aussi.

Toutefois, ce dernier, passé maître en ces sortes d'affaires, parvint à faire croire au prisonnier que le courroux de l'Empereur n'aurait pas de bornes s'il s'avisait de prononcer son nom à lui, duc d'Otrante, dans les interrogatoires qu'on ne manquerait pas de lui faire subir, et que, en conséquence, il lui fallait se taire s'il n'aimait mieux voir tomber sa tête. Fagan fut tellement frappé de stupeur, que lorsque le conseiller d'État Réal alla l'interroger, il parla seulement de choses qui ne pouvaient en rien compromettre le ministre de la police; il persista même à dire qu'il n'était allé en Angleterre que pour son propre compte et simplement afin de terminer quelques affaires d'intérêt qui remontaient au temps de son émigration. Mais Dubois, qui savait tout, s'y prit de façon qu'un homme sûr parvint jusqu'à Fagan, et n'eut pas de peine à le convaincre que le duc d'Otrante le jouait, et qu'il n'y avait qu'un moyen de se tirer de là : c'était de déclarer franchement tout ce qu'il savait. Cette révélation changea la résolution du chevalier : il raconta tout ce qu'on voulait apprendre, nomma Fouché, M. Ouvrard, et ajouta que ce dernier, qu'on croyait n'être allé qu'en Hollande, avait fait plusieurs voyages à Londres, d'où il avait rapporté des lettres pour le duc d'Otrante.

Napoléon présidait le Conseil des ministres à Saint-Cloud lorsqu'il reçut le rapport confidentiel qui le mettait au courant de cette intrigue. Cette fois les faits étaient patents et l'occasion de se débarrasser de Fouché était trop belle pour qu'il la laissât échapper. Voulant que cette rupture eût lieu avec tout l'éclat d'un coup d'Etat, il se contint, et afin d'en apprendre davantage, il se décida à faire arrêter M. Ouvrard le jour même et avant la fin du Conseil. Il fit signe au duc de Bassano de venir à lui. Après quelques paroles échangées à voix basse, celui-ci sortit de la salle pour transmettre directement à l'aide de camp de service, qui était Savary, l'ordre de l'Empereur, avec recommandation de l'exécuter immédiatement. Mais le duc de Rovigo ne connaissait ni la demeure ni le signalement de M. Ouvrard. Il était d'ailleurs trois heures, et le Conseil finissait ordinairement à quatre. N'importe! Savary monte dans la voiture de service, et quelques minutes après il est sur la route de Paris, brûlant le pavé et rêvant au moyen de savoir la demeure de M. Ouvrard, lorsqu'il lui vint dans la pensée que Mme Hamelin, avec laquelle il savait que cet habile spéculateur était lié, pourrait la lui enseigner. Il se rend chez cette dame. Celle-ci, sans lui laisser le temps de lui apprendre le motif de sa visite, le prie de ne pas rester chez elle, parce qu'elle attend deux visiteurs qui lui ont demandé de tenir sa porte close à tout le monde.

« Ils peuvent arriver d'un moment à l'autre, ajouta-t-elle. Quel serait leur embarras en vous voyant ici!

— Ces personnes me connaissent donc! demanda Savary avec étonnement.

— Certainement, reprend Mme Hamelin en souriant; il en est une surtout que vous connaissez mieux que moi. »

Savary insiste pour savoir le nom de ces deux mytérieux personnages; Mme Hamelin, croyant n'avoir aucun motif de les lui taire, lui dit d'un air de confidence :

« Eh bien! c'est M. de Talleyrand et Ouvrard. Maintenant, mon cher général, partez vite. Si vous avez quelque chose d'important à me dire, revenez à six heures, je serai libre. »

Cette indiscrétion involontaire ne pouvait venir plus à propos en aide à Savary, pour lui livrer l'homme qu'il ne connaissait pas, et qu'il lui fallait trouver dans un temps donné. Ne voulant pas laisser deviner l'ordre dont il était porteur, il se montra contrarié du retard que cette visite apportait à la communication qu'il avait à faire à Mme Hamelin, et se retira en lui promettant d'être exact au rendez-vous. Puis il court au quartier des gendarmes d'élite dont il est colonel, choisit un capitaine, M. de Meckmel, qu'il sait connaître M. de

Talleyrand de vue et etre un homme incapable de manquer aux bienséances comme à son devoir, lui donne les renseignements que le hasard lui a fournis, ainsi que les ordres écrits dont il peut avoir besoin pour exécuter sa mission. M. de Meckmel va droit à la maison de Mme Hamelin, ne s'en laisse pas refuser l'entrée, pénètre jusqu'au salon, où il trouve M. de Talleyrand en conférence avec un homme qui lui était inconnu ; et, au risque de se tromper, s'adressant aussitôt à ce dernier :

« Monsieur, lui dit-il poliment, j'ai quelque chose d'important à vous communiquer en particulier. »

L'inconnu le suit dans l'antichambre.

« N'est-ce pas à monsieur Ouvrard que j'ai l'honneur de parler? lui demande alors M. de Meckmel.

— A lui-même, monsieur, répond M. Ouvrard en s'inclinant légèrement.

— En ce cas, monsieur, je vous arrête par ordre de S. M. l'Empereur. »

M. de Meckmel exhibe l'ordre du duc de Rovigo. M. Ouvrard le suit. Tous deux montent dans un fiacre, dont le devant est occupé par deux officiers de gendarmerie, et arrivent ainsi à l'Abbaye. Vingt-quatre heures après, M. Ouvrard était transféré à Vincennes.

Quant à Savary, il était retourné le même soir à Saint-Cloud. Napoléon, en l'apercevant, lui demanda avec un regard d'intelligence :

« Avez-vous trouvé?

— Oui, Sire.

— Et... c'est fait?

— Oui, Sire.

— C'est bien : ne vous mêlez plus de cela; le reste me regarde. »

Un grand conseil avait été convoqué extraordinairement à Saint-Cloud le 2 juin. L'archichancelier Cambacérès, l'architrésorier Lebrun, tous les ministres, le duc de Bassano et Regnault de Saint-Jean-d'Angély, étaient présents. Les membres du Conseil s'assirent autour de la grande table, couverte d'un velours vert, et Cambacérès prit la présidence. Pendant ce temps, Napoléon, renversé dans son fauteuil, tambourinait une marche avec ses ongles sur le bord de la table. Ayant ensuite compté des yeux les assistants pour vérifier s'ils étaient au complet, il prit la parole et fit connaître le motif de cette convocation.

« Messieurs, dit-il, je vous ai fait appeler pour vous demander votre avis sur un fait qui s'est passé dernièrement. J'ai acquis la preuve matérielle, palpable, qu'un grand dignitaire de l'Empire a entretenu avec l'Angleterre, sans ma participation, sans mon aveu, une correspondance secrète. Je désire que chacun ici m'indique à tour de rôle la nature du châtiment qu'il croit devoir être infligé au coupable. »

Ces paroles, prononcées lentement et d'une voix solennelle, intimidèrent ceux des assistants qui n'étaient pas dans la confidence. Leurs regards se dirigèrent vers M. de Talleyrand, ne pouvant croire que dès qu'il s'agissait d'intrigues secrètes, il pût être question d'un autre que lui. Ils ne tardèrent pas cependant à reconnaître que, cette fois, l'affaire ne le regardait pas. Le prince de Bénévent demanda en effet à l'Empereur si dans les pièces qu'il avait en sa possession il en était qui fussent décisives.

« Sire, ajouta-t-il, il est important que Votre Majesté nous éclaire sur ces deux points : on ne peut juger un prévenu sans connaître sa qualité et la nature du fait qui lui est imputé. »

Cette adroite conclusion obtint l'assentiment du Conseil.

« C'est dans l'ordre », répondit Napoléon.

Et, se penchant sur la table en tournant la tête du côté de Fouché, sans autre transition, il dit :

« C'est vous, duc d'Otrante ! »

Fouché tressaillit, mais ne répondit pas ; seulement sa physionomie exprima le dédain. L'Empereur reprit alors en changeant de ton :

« Monsieur le duc d'Otrante voudrait-il bien nous dire ce que M. Ouvrard est allé faire de sa part en Angleterre ?

— Sire, répondit Fouché sans se déconcerter, je n'ai donné ni pouvoirs ni instruction à M. Ouvrard, que je connais à peine. Peut-être M. Ouvrard se sera-t-il cru en mesure, par M. de Labouchère, gendre de sir Francis Baring, de sonder le terrain à Londres relativement aux négociations de paix entamées; j'ai eu connaissance, je l'avoue, mais d'une manière indirecte, de cette affaire, à laquelle je n'ai attaché aucune importance.

— Ouvrard est allé beaucoup plus loin, répliqua Napoléon; il a fait des ouvertures en votre nom, il a présenté des articles. S'il n'a pas été autorisé par vous, il est coupable, très-coupable, et il doit être mis en jugement. »

Le ministre fit un signe de tête négatif.

« Non ! dites-vous ? ajouta Napoléon en élevant peu à peu la voix. Eh bien! je vous dis, moi, que vous faites la guerre et la paix sans ma participation, et que peut-être vous avez trompé Ouvrard lui-même en le mêlant dans ces intrigues; j'en sais quelque chose. »

Fouché chercha à excuser M. Ouvrard sur ses intentions et sur son zèle, qui, disait-il, avait peut-être été poussé trop loin, et soutint, avec une certaine énergie de langage, qu'on n'aurait pas dû le priver de sa liberté.

« C'est donc à dire que j'ai eu tort de le faire arrêter ? » s'écria Napoléon avec un éclat de voix terrible. Puis, se levant avec vivacité, il ajouta : « Duc d'Otrante, vous avez risqué votre tête à ce jeu! »

A ces mots, tous les assistants, stupéfaits, s'étaient levés, à l'exception de Fouché, qui, affectant le plus grand calme, était resté sur son siége, les yeux fixés sur son portefeuille, avec lequel il avait l'air de jouer. D'un signe, Cambacérès ayant engagé ses collègues à se rasseoir, il y eut un moment de silence, que Napoléon rompit encore en s'adressant au grand-juge Régnier, ministre de la justice :

« Duc de Massa, lui demanda-t-il, que prononcent nos lois contre un ministre qui traite avec l'ennemi sans l'autorisation de son souverain?

— Sire, Votre Majesté vient de le dire, répondit Régnier d'une voix émue.

— Vous l'entendez, monsieur le duc d'Otrante! reprit Napoléon; vous êtes libre de vous retirer. »

Et ces mots, quoique prononcés avec calme, furent accompagnés d'un geste et d'un regard que Fouché comprit parfaitement. Il se leva aussitôt, plaça son portefeuille sous son bras, salua l'assemblée et sortit du salon d'un pas mal assuré. Cette fois, c'était plus qu'une disgrâce.

III

Dès que Fouché eut quitté la salle du conseil, Napoléon mit sous les yeux des ministres toutes les pièces de l'affaire. Mais le duc d'Otrante s'était conduit avec une telle prudence, qu'il n'y avait pas une seule de ces pièces qui, matériellement, pût le faire condamner. Il n'avait eu l'air, dans ces négociations entamées mystérieusement avec le cabinet de Londres, que de vouloir préparer les voies à un traité de paix. Il semblait n'en discuter que les bases; la trame, en un mot, était ourdie avec infiniment d'adresse. M. de Champagny, ministre des relations extérieures, après avoir tout examiné avec attention, prétendit que si on publiait le contenu de ces papiers dans le *Moniteur*, comme Napoléon en avait émis l'idée, l'opinion générale, loin de s'élever contre le duc d'Otrante, se prononcerait en sa faveur. M. de Talleyrand partagea cet avis et alla même plus loin : il conseilla à l'Empereur de calmer son ressentiment et de laisser au duc d'Otrante son ministère en se contentant de le soumettre personnellement à une surveillance rigoureuse, qui permettrait d'user de rigueur à propos, s'il venait à donner un cours plus dangereux à ses menées.

Napoléon, ne voulant pas faire connaître ce qui se passait au fond de son âme, et voyant que le Conseil pensait unanimement qu'on n'était pas en mesure d'attaquer ouvertement Fouché, termina la séance en disant qu'il réfléchirait à ce grave sujet, et congédia ses grands dignitaires. Le duc de Bassano partait avec les autres; mais à peine était-il hors des grands appartements, que l'Empereur le rappela pour le charger d'aller de sa part redemander à Fouché son portefeuille et le lui rapporter.

Le lendemain, qui était un dimanche, lorsque Savary entra dans le salon de l'Empereur avec l'aide de camp de service qui devait le remplacer, Napoléon lui fit un signe d'intelligence, comme pour lui dire de ne pas s'en aller; puis, après avoir donné quelques ordres :

« Est-ce que vous ne comptez pas rester à Saint-Cloud aujourd'hui? lui demanda-t-il.

— Sire, mon service auprès de Votre Majesté finissant ce matin, mon intention était de retourner à Paris immédiatement après la messe.

— Ne partez pas : il serait possible que je vous fisse appeler dans la journée. »

Savary ne fut pas très-flatté de l'invitation. Il craignait que l'Emreur n'eût encore une arrestation à ordonner, et qu'il l'en chargeât; il n'en était rien. A onze heures, la messe fut dite comme à l'ordinaire. En sortant de la chapelle, le duc de Rovigo rencontra le comte de Sémonville, qui ne venait à Saint-Cloud que très-rarement et seulement le soir, lorsqu'il y avait réception. Il lui témoigna, en termes aimables, son étonnement de le rencontrer au palais à pareille heure.

« Voulant aujourd'hui rendre quelques visites à des douairières qui habitent Versailles, lui répondit le comte, j'ai profité de l'occasion pour passer par Saint-Cloud. »

Après ce propos sans importance, le comte monte en voiture.

Cependant le temps se passe; quatre heures sonnent : Savary, qui n'a entendu parler de rien, croit que l'Empereur l'a oublié ou qu'il a changé d'avis. Néanmoins, pour se tenir à portée dans le cas peu probable où il pourrait le faire appeler, il indique à un huissier le lieu où l'on sera sûr de le trouver, et va demander à dîner à la duchesse de Bassano, qui habite une charmante maison de campagne située vis-à-vis du vieux pont de Sèvres, bien décidé à ne retourner à Paris qu'après le coucher le l'Empereur.

Là, tandis qu'il cause avec la duchesse qui attend son mari, le duc de Bassano arrive de Paris, amenant dans sa voiture le comte de Sémonville. La duchesse et Savary vont au-devant des nouveaux venus. L'aide de camp de l'Empereur est si accoutumé à voir sortir des portefeuilles de la voiture du chef de la secrétairerie d'Etat, qu'il ne fait pas attention que dans le nombre de ceux que le valet de pied en retire se trouve celui du ministre de la police; mais il remarque parfaitement que l'on extrait de cette voiture un paquet que le comte de Sémonville s'empresse de vérifier, et qui renferme un costume complet de sénateur, y compris l'épée et le chapeau à plumes. Savary, qui avait vu le comte le matin à la messe, ne peut concevoir comment, ayant affaire à Versailles, il est allé à Paris et est revenu à Saint-Cloud aussi promptement.

« Si monsieur le comte, lui dit-il malignement, rend ses visites aux douairières de Versailles en costume complet de sénateur, je crains fort qu'elles ne le reçoivent pas aussi gracieusement qu'il mérite de l'être.

— Je vous assure, mon cher duc, lui répond M. de Sémonville, que ce n'est pas mon habitude; une fois n'est pas coutume, et, ajoute-t-il en souriant, c'est afin de les familiariser un peu avec le costume de cour, qu'elles se plaignent toujours, à moi, d'avoir perdu de vue depuis la Révolution. »

Le duc de Bassano, ayant des comptes à rendre à l'Empereur avant le dîner, s'excuse auprès de ses convives et remonte dans sa voiture pour aller au palais.

Resté seul avec le duc de Rovigo, le comte de Sémonville lui propose de faire avec lui un tour de promenade dans le parc de Saint-Cloud. Chemin faisant, ce dernier apprend à Savary que le ministère de la police a été retiré à Fouché le matin même.

« Et de qui parle-t-on pour le remplacer? lui demande Savary.

— On l'ignore encore. Le duc de Bassano ne nous a quittés tout à l'heure que pour reporter le portefeuille à l'Empereur. Ne l'avez-vous pas remarqué dans sa voiture?

— Ma foi, mon cher comte, la seule chose qui ait frappé mes yeux, c'est le paquet dans lequel étaient l'épée et le chapeau de sénateur dont vous vous êtes emparé en arrivant. Cela m'explique votre prompt retour à Saint-Cloud. Permettez-moi de vous faire ici mon compliment bien sincère; le service de l'Empereur et celui de l'État ne pourront que gagner à ce changement, j'en suis persuadé. »

M. de Sémonville refuse ce compliment en protestant qu'il ne veut rien, et qu'il n'acceptera jamais une pareille responsabilité.

« L'Empereur ne m'a-t-il pas placé au sénat, ajouta-t-il.

— Au fait, reprit Savary, c'est comme s'il vous eût envoyé *ad patres*. »

M. de Sémonville, homme d'esprit, riait encore de cette plaisanterie échappée à l'aide de camp de Napoléon, lorsqu'il aperçut un piqueur des écuries impériales qui venait au galop, menant un cheval en laisse.

« Qu'est-ce que cela signifie? » demande à Savary M. de Sémonville d'un ton dans lequel perce une joie mal déguisée.

Le duc de Rovigo, se rappelant alors ce que l'Empereur lui avait dit le matin, lui répond tristement:

« Parbleu! cela signifie que c'est moi qu'on vient chercher, je le parierais. Je croyais pourtant bien en être quitte pour aujourd'hui.

— Monsieur le duc, lui dit alors le piqueur en mettant précipitamment pied à terre, S. M. l'Empereur vous demande au plus vite: voici un cheval afin que vous ne perdiez pas de temps. »

Savary était en bas de soie et dans une toilette fort peu convenable pour un écuyer. Le comte de Sémonville lui en fit l'observation.

« Et comment veux-tu que je monte à cheval? s'écria Savary en s'adressant au piqueur.

— Mais..., comme monsieur le duc le fait ordinairement, répondit naïvement celui-ci.

— Eh bien! suis-moi. »

Savary retourne précipitamment chez la duchesse de Bassano, chausse une paire de bottes appartenant au duc, met ses souliers dans ses poches, et tandis que chacun plaisante sur ce singulier accoutrement, il est déjà à cheval et part. Arrivé au palais, il quitte ses bottes d'emprunt dans le vestibule et rechausse de nouveau ses souliers.

A peine s'est-il métamorphosé une seconde fois, qu'un chambellan vient à sa rencontre :

« Général, lui dit-il, j'ai ordre de Sa Majesté de vous prier d'attendre dans le salon de service.

IV

Lorsque le duc de Bassano avait quitté Savary pour reporter au palais le portefeuille du ministre de la police, il avait trouvé l'Empereur en conférence avec Cambacérès, et fort occupé à trouver immédiatement un successeur à Fouché.

« Sire, disait l'archichancelier, je ne puis aussi promptement indiquer à Votre Majesté un homme digne d'un poste tout de confiance. Je la prie donc de m'accorder quelques instants pour songer au choix qu'il lui convient de faire.

— Eh bien! allez vous promener! » lui avait répondu Napoléon en souriant.

Et Cambacérès s'était éloigné. Resté seul avec l'Empereur, le duc de Bassano riait en lui-même de l'embarras de l'archichancelier, se croyant assuré de procurer le ministre que celui-ci allait demander aux orangers de la terrasse. Déjà, par avance, le chef de la secrétairerie d'État avait parlé à l'Empereur de M. de Sémonville, un de ses plus intimes amis; et comme Napoléon n'avait paru ni accepter, ni refuser ce sénateur, il ne doutait pas du succès. Dès la veille, à la sortie du Conseil, il avait prévenu M. de Sémonville.

De là l'apparition de ce dernier à la messe du matin, le mauvais prétexte qu'il avait donné à Savary, et son retour si prompt à Saint-Cloud. Il était convenu avec le duc de Bassano d'attendre chez la duchesse qu'il l'envoyât chercher pour aller prêter, entre les mains de l'Empereur, le serment d'entrée en fonctions, tant ils étaient sûrs l'un et l'autre de réussir. Profitant de l'absence de Cambacérès, le duc de Bassano renouvela donc à Napoléon la proposition qu'il lui avait faite du comte de Sémonville pour ministre de la police.

« C'est peut-être un bon choix, répondit l'Empereur ; mais avant de me décider, je veux prendre encore l'avis de Cambacérès, à qui le grand air aura pu donner enfin quelque idée. Allez le chercher. »

Le duc de Bassano se met aussitôt en quête de l'archichancelier, le rencontre et lui fait part de ses désirs et des intentions de l'Empereur. Il a quelque peine à le persuader : les talents administratifs du candidat ministériel ne paraissent pas à Cambacérès assez éclatants pour les fonctions dont il s'agit. Enfin, ce dernier consent à appuyer le protégé du duc de Bassano, et tous deux rentrent dans le cabinet de l'Empereur, qui, dès qu'il les aperçoit, leur dit d'un air satisfait et en se frottant les mains à sa manière :

« Mon choix est fait. Monsieur l'archichancelier, je vous ai fait appeler pour que vous assistiez au serment que va prêter le nouveau ministre de la police. Vous, duc de Bassano, vous en dresserez l'acte. » Puis il sonne, un chambellan se présente : « Faites entrer le duc de Rovigo, qui doit être dans le salon de service.

— Sire, dit alors le duc de Bassano tout confus, je croyais...

— Mon cher duc, vous avez eu tort de croire », interrompit Napoléon.

Le duc voulut insister en faveur de son candidat : un signe de l'Empereur l'en empêcha.

Le duc de Rovigo entra alors : Napoléon alla au-devant de lui :

« Ah ! ah ! Savary, lui dit-il en souriant, voilà bien une autre affaire! je veux vous faire ministre de la police; vous sentez-vous la force de remplir cette place? »

La foudre eût éclaté sur la tête de l'aide de camp, qu'elle eût produit sur lui moins d'effet que ces paroles. Cependant il se remit et répondit d'un ton respectueux :

« Sire, je me sens le courage d'être dévoué toute ma vie à Votre Majesté; mais je dois lui avouer que je n'ai aucune idée de cette besogne.

— Bah! bah! tout s'apprend. Ce n'est pas la mer à boire que d'être ministre. Quand vous serez embarrassé, vous viendrez me trouver. »

L'archichancelier lut la formule du serment, que Savary prêta sur-le-champ. Après quoi Napoléon les ayant congédiés, le nouveau ministre revint, avec le duc de Bassano, dîner à Sèvres chez ce dernier, qui, chemin faisant, lui recommande de ne point parler de ce qui vient de se passer.

« La recommandation est inutile, répond Savary; je suis plus mort que vif. De ma vie il ne m'est arrivé d'événement auquel je fusse moins préparé.

— Ni moi non plus », réplique le duc de Bassano en souriant.

Après le dîner, M. de Sémonville et la maîtresse de la maison s'approchèrent curieusement du duc de Bassano pour lui demander si le nouveau ministre de la police était enfin nommé.

« Le voici, répondit Maret en montrant Savary.

— Pas possible! dit M. de Sémonville stupéfait; comment cela est-il donc arrivé?

— Ah! ma foi, mon cher comte, allez le demander vous-même à l'Empereur; je n'en sais pas plus que vous.

— Au moins, M. le duc de Rovigo aurait pu nous en dire quelque chose, répliqua le sénateur sèchement.

— Je vous donne ma parole qu'il n'en sait pas plus que vous et moi. »

Nous ignorons si M. de Sémonville alla faire ses visites aux douairières de Versailles; mais, ce qu'il y a de sûr, c'est qu'il rapporta le même soir à Paris son épée et son chapeau à plumes.

Dans la même soirée aussi, le duc de Bassano accompagna Savary à Paris pour lui faire remettre immédiatement l'hôtel du ministère de la police. Fouché demanda alors à son successeur la permission de rester quelques jours encore dans son appartement pour rassembler, en même temps que les effets mobiliers qui pouvaient lui appartenir, les papiers qu'il aurait à lui communiquer pour son instruction. Savary eut la bonhomie d'y consentir, et quinze jours après, lorsque le duc d'Otrante quitta définitivement l'hôtel, il ne lui remit pour tous papiers qu'un *Mémoire* contre la maison de Bourbon, qui avait au moins dix années de date, et la liste des agents de la brigade de sûreté de la ville de Paris, connus sous la vulgaire qualification de *patrouille grise*. Il avait brûlé ou soustrait tout le reste. En revanche, il eut l'air de mettre le duc de Rovigo au courant des formes et des traditions de son ministère, tandis que, dans le fait, il le laissa dans la plus complète ignorance de tous les rouages de sa vaste administration.

Le lendemain de l'installation de Savary à l'hôtel du quai Conti, l'Empereur le fit appeler et lui donna ses instructions en se promenant avec lui dans la partie réservée du parc de Saint-Cloud.

« Pour ce qui est de votre prédécesseur, lui dit-il entre autres choses, ne le perdez pas de vue un seul jour : Fouché est plus fin que vous et moi, et malheureusement je n'en ai pas encore fini avec lui. Quant à votre administration, voyez tout le monde, ne maltraitez personne. On vous croit dur, ce serait faire regretter votre prédécesseur que de vous laisser aller à des idées de réaction. Ne renvoyez aucun de vos employés. Si par la suite vous avez à vous plaindre de quelques-uns, il ne faudra pas les déplacer avant six mois, et encore devrez-vous faire en sorte de leur trouver un poste au moins égal à celui que vous leur ôterez. Pour me bien servir, il faut bien servir l'État. Ce n'est pas en faisant faire mon éloge lorsqu'il n'y aura pas lieu, que l'on me rend service; on me nuit au contraire : j'ai été fort mécontent de ce qui a été fait là-dessus dans les journaux jusqu'à présent. Quand vous serez obligé d'user de rigueur, il faudra toujours que cela soit juste, parce qu'alors vous vous en prendrez à la responsabilité de votre charge, vis-à-vis de moi. J'espère bien que vous ne ferez pas comme M. Fouché, qui mettait sur mon compte les rigueurs que je ne lui commandais pas, et s'attribuait, en revanche, les grâces que je lui ordonnais de faire. Traitez bien les gens de lettres ; on les a indisposés contre moi en leur disant que je ne les aimais pas; on a eu là une méchante intention : sans mes occupations, je les verrais plus souvent. Ce sont des hommes utiles qu'il faut toujours distinguer, parce qu'ils font honneur à la France.

« Pour bien faire la police, poursuivit Napoléon, il faut être sans passion. Méfiez-vous des haines; écoutez tout et ne vous prononcez jamais sans avoir donné à la raison le temps de revenir. Ne vous laissez pas mener par vos chefs de bureau; écoutez-les, mais qu'ils vous écoutent, et qu'ils ne suivent d'autre direction que celle que vous leur donnerez d'après la mienne, entendez-vous bien? Mais, je vous le répète encore, faites surveiller Fouché à Paris, à Ferrières. J'ai un compte particulier à régler avec lui, je ne veux pas qu'il m'échappe avant qu'il ne l'ait entièrement liquidé, et s'il ne s'y prête pas de bonne grâce, d'ici à huit jours, on verra du nouveau. »

V

Le public fut étrangement surpris en lisant dans le journal officiel la nomination du duc de Rovigo au ministère de la police, en remplacement de Fouché. Napoléon aurait nommé à cet emploi l'ambassadeur de Perse à Paris, que cela n'eût pas causé plus d'étonnement aux uns et plus de peur aux autres. On n'entendait parler que d'exil, que d'emprisonnement. D'un autre côté, la disgrâce du duc d'Otrante produisit d'abord un mauvais effet chez tous les fonctionnaires dont les antécédents se rattachaient à la révolution. Mais l'Empereur s'y prit très-adroitement pour les rassurer, en atténuant cette disgrâce, dont ses intimes seuls avaient le secret, par l'appel du ministre déchu au gouvernement général de Rome, beau titre d'État, qui lui fut annoncé par la lettre suivante insérée au *Moniteur* :

« Monsieur le duc d'Otrante, les services que vous nous avez
« rendus dans les différentes circonstances qui se sont présentées
« nous portent à vous confier le gouvernement de Rome. Nous at-
« tendons que vous continuerez, dans ce nouveau poste, à nous
« donner des preuves de votre zèle pour notre service, et de votre
« attachement à notre personne.

« Cette lettre n'étant à autre fin, nous prions Dieu, monsieur le
« duc d'Otrante, qu'il vous ait en sa sainte et digne garde.

« A Saint-Cloud, le 3 juin 1810.

« NAPOLÉON. »

Fouché accepta cette nouvelle dignité avec une feinte satisfaction (car il ne pouvait être la dupe du motif politique qui l'avait provoquée); il usa du même style pour répondre sur-le-champ à l'Empereur :

« Sire, j'accepte avec reconnaissance le gouvernement de Rome,
« auquel Votre Majesté a la bonté de m'élever pour récompense des
« faibles services que j'ai été assez heureux de lui rendre.

« Je ne dois cependant pas dissimuler à Votre Majesté que j'é-
« prouve une peine très-vive en m'éloignant d'elle : je perds à la
« fois le bonheur et les lumières que je puisais chaque jour dans
« ses entretiens.

« Si quelque chose peut adoucir ce regret, c'est la pensée que je
« donne dans cette circonstance, par ma résignation absolue aux
« volontés de Votre Majesté, la plus forte preuve d'un dévouement
« sans bornes à son auguste personne.

« Je suis, avec le plus profond respect, Sire, de Votre Majesté
« impériale et royale le très-humble et très-obéissant serviteur et
« fidèle sujet,

LE DUC D'OTRANTE.

« Paris, 4 juin 1810. »

Napoléon connaissait parfaitement Fouché. Le duc d'Otrante ne disait jamais son dernier mot et se laissait rarement deviner. A l'exemple de M. de Talleyrand, il ne se plaçait, dans aucun cas, en dehors du mouvement, et il était de ces hommes qu'on ne peut réduire à la nullité, parce qu'ils font incessamment de la politique, aussi bien dans le pouvoir qu'en dehors du pouvoir. Or, c'était là ce que l'Empereur voulait empêcher, avant tout, en l'éloignant de Paris. De son côté, Fouché savait que ses moindres démarches seraient épiées. Aussi chercha-t-il toutes sortes de prétextes pour prolonger son séjour dans la capitale. Il y faisait ostensiblement ses préparatifs de départ pour Rome, quoiqu'il sût bien qu'il n'irait jamais s'y installer, et montait sa maison sur le pied de celle d'un vice-roi. Enfin, ne recevant du ministre des relations extérieures aucune instruction, et voulant décidément savoir à quoi s'en tenir, il chargea le prince de Neufchâtel, avec lequel il avait toujours été dans les meilleurs termes, de solliciter de l'Empereur son audience de congé. Celui-ci lui fit répondre verbalement que, Sa Majesté n'ayant pas encore assigné le jour de cette audience, il croyait convenable, pour éviter le caquetage public, qu'il se retirât dans sa terre en attendant de nouveaux ordres, les instructions qu'il sollicitait ne pouvant manquer de lui être expédiées très-prochainement.

Fouché se rendit donc à son magnifique château de Ferrières, après avoir fait insérer par voie détournée, dans le *Journal de l'Empire*, qu'il partait pour son gouvernement de Rome. A peine avait-il quitté Paris depuis vingt-quatre heures, qu'un parent de sa femme accourut le prévenir que, le lendemain matin, il devait être arrêté ou au moins gardé à vue, et que tous ses papiers seraient saisis. Quoique exagérée, l'information était positive; elle venait d'un homme qui appartenait au cabinet de l'Empereur, et qui depuis longtemps s'était attaché à la fortune politique du duc d'Otrante. A l'instant même, ce dernier mit en lieu de sûreté tous ses papiers importants. L'opération terminée, il attendit tranquillement ce qui pouvait advenir.

Le lendemain, de grand matin, un de ses émissaires arrive à franc étrier, porteur d'un billet de Mme Hamelin, qui lui annonce de son côté que Savary a informé l'Empereur, la veille, qu'il avait emporté de l'hôtel du ministère sa correspondance secrète et ses ordres confidentiels. Ce second avis ne faisait que confirmer le premier; enfin, quelques heures ensuite, un domestique vint le prévenir qu'une voiture aux armes de la maison impériale avait été aperçue à l'extrémité de l'avenue du château. Cinq minutes après, le prince de Neufchâtel se faisait annoncer au salon : il était seul.

Fouché ne se fit pas attendre. Après les compliments d'usage, Berthier lui dit, d'un air un peu embarrassé, qu'il venait par ordre de l'Empereur lui demander sa correspondance, et que, dans le cas d'un refus de sa part, Sa Majesté se verrait avec peine contrainte de faire mettre le scellé sur ses papiers. Puis, prenant le ton persuasif et lui parlant comme à un ancien ami, Berthier le pressa de déférer au désir du maître, en ajoutant :

« Mon cher duc, Sa Majesté vous en saura gré; et pour ma part je serai enchanté de ma mission. »

Ces paroles tranquillisèrent tout à fait Fouché, qui lui répondit d'un ton d'expansion :

« Comment, mon cher grand-veneur, moi résister aux ordres de l'Empereur, après ce qu'il vient de faire pour moi! y pensez-vous? Ne l'ai-je pas toujours servi avec un zèle aveugle, quoiqu'il m'ait souvent blessé par ses défiances? Venez dans mon cabinet, venez partout; je vais vous remettre toutes mes clefs, vous livrer tous les papiers que je puis avoir. Il est heureux pour moi que Sa Majesté me mette à une épreuve aussi inattendue, et dont je vais sortir avec tant d'avantages. L'examen rigoureux que vous voudrez bien faire mettra l'Empereur, je l'espère, à même de se convaincre de l'injustice du soupçon que la malveillance de mes ennemis a pu seule lui inspirer contre le plus fidèle de ses sujets et le plus dévoué de ses ministres.

Le calme et l'espèce de dignité que Fouché mit à débiter cette harangue produisirent sur le messager, naturellement confiant, l'effet que le rusé ministre en attendait. Aussi ajouta-t-il aussitôt :

« Quant à la correspondance privée de l'Empereur avec moi, pendant l'exercice de mes fonctions, comme la plupart de ces lettres étaient de nature à rester à jamais secrètes, je les ai toutes brûlées en résignant mon portefeuille, ne voulant pas exposer des pièces si importantes aux chances des investigations indiscrètes de mon successeur. Au surplus, mon cher prince, se hâta de continuer Fouché, qui avait vu Berthier pâlir à cette mensongère déclaration, à défaut des lettres autographes, vous trouverez encore quelques-uns des papiers que réclame l'Empereur. Ils sont soigneusement renfermés dans deux cartons étiquetés que je vais vous livrer bien volontiers. Il vous sera facile de les reconnaître à un simple aperçu, et de ne pas les confondre avec d'autres qui me sont entièrement personnels ; je ne les livre pas moins, avec la même confiance, à votre examen. Dieu merci ! je ne crains rien et n'ai rien à craindre d'une pareille épreuve. »

Berthier se confondit en excuses ; mais il n'en procéda pas moins à la recherche qui lui était recommandée. Ne trouvant rien, dans les paperasses insignifiantes que Fouché lui fit passer sous les yeux, qui eût le moindre rapport avec les documents que Napoléon lui avait signalés, il remonta en voiture et se hâta de retourner à Saint-Cloud rendre compte d'une mission dont les résultats lui paraissaient si satisfaisants. Mais en écoutant le récit de ce qui venait de se passer à Ferrières entre son chef d'état-major et son ex-ministre, Napoléon s'élança de son siège et bondit comme un lion blessé. Une indicible colère l'agita. Il marcha d'abord sans parler, se mordant les lèvres, torturant le gant de peau de daim qu'il tenait dans ses mains, et s'écria enfin d'un accent terrible :

« C'est-à-dire que cet homme pense que je vais traiter avec lui de puissance à puissance ! Eh bien !... il se trompe ! »

Cependant, après qu'il eut éclaté en menaces contre Fouché, à qui les épithètes les plus dures ne furent pas épargnées, la réflexion reprit peu à peu son empire; il devint d'une tristesse calme et se fit répéter, mot pour mot, toutes les circonstances de cette visite.

« J'ai l'honneur d'assurer à Votre Majesté, disait Berthier tout tremblant, que j'ai examiné, avec la plus scrupuleuse attention, les papiers du duc d'Otrante, et que je n'en ai pas trouvé un seul qui pût donner matière à la moindre récrimination contre lui.

— Mais ce n'est pas de cela qu'il s'agit ! s'écriait Napoléon avec des mouvements d'impatience qui faisaient pâlir le grand-veneur; ce sont mes lettres que je voulais. Encore une fois, que sont-elles devenues?

— Sire, je vous l'ai dit : le duc d'Otrante m'a certifié les avoir brûlées toutes.

— Et vous avez cru cela, vous, Berthier, qui connaissez l'homme aussi bien que moi ! A moins cependant que Savary se soit entendu avec lui. Oh ! non, reprit-il aussitôt, il en est incapable. Au surplus, je ne vous en veux pas, à vous, parce qu'en affaires d'État vous n'êtes qu'une femme ; vous avez dû nécessairement vous laisser mystifier par l'être le plus rusé de l'Empire, vous qui l'êtes le moins. Ce n'est pas vous que j'aurais dû envoyer à Ferrières. »

Et Napoléon, revenant toujours à sa première idée, s'écriait en haussant les épaules :

« Mais comment avez-vous pu croire que Fouché ait pu jamais brûler ma correspondance particulière?

— Sire, répondit le prince de Neufchâtel dans la simplicité de sa bonne foi, il m'en a donné sa parole d'honneur. »

A ces mots, Napoléon ne peut réprimer un éclat de rire; mais, reprenant bientôt son sérieux et se croisant les bras sur la poitrine, il ajouta, en appuyant sur chaque mot :

« Il... vous... a... donné... sa parole... d'honneur, dites-vous?

— Oui, Sire, répliqua Berthier avec son flegme habituel.

— Oh ! alors, s'écria Napoléon en changeant d'intonation, c'est différent; mes lettres se retrouveront, j'en ai la certitude. Allons, allons, ne nous tenons pas pour battus; on verra ! »

Et, se frottant convulsivement les mains l'une contre l'autre, il répéta plusieurs fois d'une voix sourde :

« Oui, on verra ! »

VI

A quelques jours de-là, après une séance du Conseil d'État qui avait eu lieu à Saint-Cloud comme à l'ordinaire, Napoléon, accompagné du prince de Neufchâtel, était rentré dans son cabinet avec l'archichancelier, lorsque tout à coup on entendit sa voix retentir avec éclat. Le comte Dubois, un des conseillers, qui était sorti des derniers du palais, s'apprêtait à remonter dans sa voiture, qui stationnait devant le perron d'honneur, lorsqu'il lui semble qu'on a prononcé son nom. Il lève la tête, et voit l'Empereur qui, sur le balcon de son cabinet, l'appelait en effet de la voix et du geste.

Presque alarmé de l'agitation qu'il remarque chez Napoléon, le préfet de police se hâte de remonter le grand escalier, et, jugeant inutile de se faire annoncer, il allongeait déjà le bras pour mettre la main sur le bouton de la porte du cabinet impérial, lorsque le chambellan de service [1] s'élance et lui barre le passage en lui déclarant qu'il n'entrera pas.

« Sa Majesté est avec le grand-chancelier et le prince de Neufchâtel, dit-il au préfet de police ; mes ordres portent de ne laisser entrer qui que ce soit.

— Cet ordre ne peut me concerner, lui fait observer froidement celui-ci, puisque je viens d'être appelé par Sa Majesté elle-même.

— Eh ! monsieur, c'est impossible !

---

[1] La duchesse d'Abrantès, dans ses *Mémoires*, prétend que ce chambellan était le comte de Rémusat. Sans affirmer le contraire, nous ferons cependant observer qu'en ses qualités de *premier chambellan*, de maître de la garde-robe et surintendant des spectacles de la cour, M. de Rémusat n'étaitp as astreint au service des chambellans ordinaires. Il avait d'ailleurs trop de tact pour agir de la sorte ; mais enfin, que ce soit lui ou un autre des quatre-vingt-deux chambellans que Napoléon avait attachés à sa personne, le fait n'en est pas moins exact.

— J'en ai donc menti? réplique Dubois, qui commence à s'échauffer.

— Monsieur, je ne dis pas cela; mais je crois que vous l'aurez rêvé. Si Sa Majesté vous eût mandé, je le saurais; je n'ai pas bougé de cette place. Or, qui diable voulez-vous qui vous ait appelé, puisque je fais le service?...

— Parbleu! monsieur, quelqu'un qui se sert mieux lui-même qu'il n'est servi : l'Empereur, vous dis-je!

— Monsieur! s'écria le chambellan en se redressant de toute sa hauteur, blessé qu'il était de ces paroles.

— Eh bien!... monsieur!... » répliqua Dubois en élevant la voix encore plus haut que lui.

Le chambellan murmurait quelques mots peu polis peut-être, lorsque la porte du cabinet s'ouvre violemment : c'est Napoléon.

« Vous devriez savoir, dit-il à Dubois d'un ton de reproche, que quand je donne un ordre, j'entends qu'il soit exécuté. Tout à l'heure ne vous ai-je pas dit moi-même de monter à l'instant? Au lieu de disputer avec monsieur, pourquoi n'êtes-vous pas entré tout de suite?

— Ma foi, Sire, il n'y a pas de ma faute; c'est à M. le chambellan que Votre Majesté doit s'en prendre.

— Qu'est-ce à dire? répliqua vivement Napoléon.

— Monsieur s'est opposé à ce que j'entrasse chez Votre Majesté.

— Allons, dit l'Empereur en faisant signe au préfet de police d'entrer dans son cabinet; ils sont tous de même, dans les petites choses comme dans les grandes, dans l'antichambre comme au Conseil; mes ordres sont toujours mal compris, mal exécutés! »

Il n'y avait dans le cabinet que Cambacérès, qui paraissait, comme toujours, fort calme, et Berthier, qui, selon son habitude, se rongeait les ongles en regardant en l'air, comme s'il se fût amusé à compter les abeilles d'or dont la draperie de la fenêtre était parsemée. Quant à Dubois, ne comprenant rien au changement qui s'était opéré chez l'Empereur, qu'il avait quitté si calme un moment auparavant, il attendait une explication; mais celui-ci gardait le silence et se promenait à pas précipités, les mains croisées sur le dos, en jetant de temps en temps sur son bureau un regard furtif. Sur ce bureau était une grande feuille de papier en tête de laquelle on voyait quelques lignes de son écriture, les plus illisibles que jamais il eût tracées. Enfin, il s'arrêta.

« Ce M. Fouché est un grand coupable! » dit-il à demi-voix et comme en se parlant à lui-même.

Puis il recommença sa promenade. Aucun des assistants n'ayant pris la parole, il y eut encore un moment de silence, que Napoléon rompit comme la première fois, en disant du même ton :

« Oui, un grand coupable, qui mériterait d'être fusillé. » Et, élevant peu à peu la voix : Mais, poursuivit-il, qu'il ne compte pas faire de moi ce qu'il a fait de son Dieu, de sa Convention, de son Directoire! Je ne suis pas un Barras, moi! J'ai la vue longue et la mémoire fidèle. On ne me trompe pas ainsi ; il n'est pas facile de se jouer de moi! Qu'il se tienne bien pour averti! Il a des notes, des instructions écrites de ma main, il a mes lettres : j'entends qu'il me les rende. »

Enfin, s'adressant directement à Dubois, il reprit avec plus de calme :

« Je sais que vous êtes ennemi de Fouché; mais cela importe peu. Je vous ai choisi pour une mission délicate, importante, pour lui surtout, car il y va de sa tête!

— Sire, s'écria le préfet de police avec une sorte d'épouvante, je supplie Votre Majesté de me dispenser de l'honneur qu'elle daigne me faire. Elle-même vient de le dire : M. le duc d'Otrante est mon ennemi personnel; il croira que j'ai voulu le braver, et j'avoue que dans la position où il s'est placé vis-à-vis de Votre Majesté, cette pensée me serait très-pénible. Un autre que moi, Sire...

— Je vous ai dit que cela importait peu, interrompit brusquement Napoléon. Vous allez, auprès de lui, remplir une mission grave, qui n'a rien que de très-honorable, de très-naturel, et que vous seul pouvez mener à bien : j'ai compté sur vous. Ecoutez-moi bien :

Fouché, pendant son dernier ministère, a reçu de moi beaucoup d'ordres et de lettres confidentielles écrites de ma propre main. Eh bien! croirez-vous que, la semaine dernière, lorsque je lui ai fait redemander ces papiers, qu'il aurait dû me rapporter de son propre mouvement, croirez-vous, dis-je, qu'il m'a fait répondre...

— Qu'il ne les remettrait qu'à Votre Majesté en personne, se hâta de dire Dubois.

— Ah! ah! laissez-moi donc achever, reprit Napoléon en frappant du pied avec impatience. Il a dit qu'il avait tout brûlé. Eh! tenez, demandez au prince de Neufchâtel : c'est lui que j'avais envoyé à Ferrières. N'est-il pas vrai, Berthier, qu'il a eu l'effronterie de vous dire qu'il avait tout jeté au feu? »

A cette interpellation, le prince avait fait un signe de tête affirmatif, accompagné d'un léger murmure, tout en continuant de se ronger les ongles.

L'Empereur continua avec vivacité :

« Lui! Fouché! brûler des papiers importants! Non, non, à d'autres! Il n'est plus assez jeune pour faire une telle école. »

Puis, frappant tout à coup de son poing fermé sur le bord de son bureau, il s'écria d'une voix retentissante :

« Il a mes lettres! je veux mes lettres! Il me les rendra, il le faut, je les aurai, ou sinon!... »

Et, pâle de colère, il s'assit. Ses yeux étincelaient. Cet emportement en présence de trois hommes, peut-être les plus calmes de l'Empire, donnait à cette scène un caractère étrange. Dubois semblait anéanti, le prince de Neufchâtel n'avait plus un seul ongle à ronger; Cambacérès n'osait aspirer la prise de tabac qu'il tenait dans ses doigts depuis que Napoléon avait commencé de parler; tous trois l'écoutaient immobiles, comme eussent fait des statues. Cette explosion passée, Napoléon reprit en faisant sur lui-même un dernier effort pour paraître calme :

« Ecoutez-moi, Dubois : Fouché est à Ferrières, occupé de ses préparatifs de départ. Vous irez le trouver demain de grand matin;

vous lui demanderez en mon nom, entendez-vous, en mon nom (il appuya sur ces mots), tous les papiers qu'il tient de moi.

— S'il refuse, Sire? objecta le préfet de police.

— S'il refuse? répondit Napoléon, eh bien! s'il refuse, qu'on le mette entre les mains de dix gendarmes, et qu'il soit conduit sur-le-champ à Vincennes, auprès de son ami Ouvrard; et, de par Dieu! je ferai voir à M. le duc d'Otrante qu'un procès capital peut se mener promptement. Allez, Dubois, allez!

— Pardon, Sire; mais encore faut-il que Votre Majesté me désigne spécialement les papiers qu'elle veut que je réclame à M. le duc d'Otrante. Elle doit les connaître, en savoir à peu près le nombre; s'il plaît au duc de ne m'en donner que dix et qu'il en ait vingt?

— Vous avez raison : j'avais même commencé d'en dresser une liste; tenez, la voilà. »

Et il fit asseoir Dubois sur le fauteuil qu'il venait de quitter, devant la feuille de papier sur laquelle il avait commencé d'écrire. Alors, reprenant sa promenade ou plutôt sa course, il se mit à dicter, mais avec une telle rapidité, que jugeant lui-même que Dubois ne pouvait le suivre, il s'interrompit et se jeta dans un autre fauteuil :

« Il m'est impossible de dicter, comme il m'est impossible d'écrire, dit-il en imprimant à une de ses jambes ce mouvement convulsif qui lui était habituel lorsque sa volonté se trouvait momentanément paralysée en face d'une résistance insurmontable. Prenez cette liste; tout informe et tout incomplète qu'elle est, elle pourra vous servir. Au surplus, ajouta-t-il en se levant avec vivacité, car il ne pouvait rester en place, il y a une chose bien simple à faire : c'est de mettre les scellés sur tous les papiers qui resteront; je vérifierai ceux que vous me rapporterez, et on verra. Allons, Dubois, à demain, partez de bonne heure pour ne pas vous laisser prévenir. »

L'Empereur se rassit encore, et resta silencieux, immobile et serrant fortement de ses deux mains les têtes d'aigle qui ornaient les bras de son fauteuil. Dubois s'inclina et sortit. Berthier et Cambacérès profitèrent également de ce moment de répit pour le suivre.

Napoléon ne s'aperçut même pas de leur disparition, tant il était absorbé dans ses réflexions.

VII

De retour à la préfecture de police, et quoique la journée fût très-avancée, le premier soin de Dubois fut de faire partir immédiatement pour Ferrières une brigade d'agents, avec ordre de surveiller le château et de suivre ceux qui en sortiraient avant son arrivée. Puis, le lendemain, à la pointe du jour, il envoya chercher des chevaux de poste et se mit lui-même en route, accompagné d'un officier de paix, à qui, chemin faisant, il donna ses instructions. Sa voiture était suivie de quatre gendarmes à cheval, vêtus d'habits bourgeois, et sur la prudence et le sang-froid desquels il pouvait compter au besoin. En avant de Ferrières, l'officier de paix dit à Dubois :

« Monsieur le préfet, si vous vouliez me permettre encore une observation ? Je pense qu'il ne faut pas donner à M. le duc d'Otrante le temps de se reconnaître, et qu'il serait bien de pénétrer dans son appartement sur les pas de son valet de chambre. Moi, je resterai dans la voiture, prêt à accourir, au signal convenu, avec mes hommes, qui ne doivent même pas être aperçus des gens du château. »

Dubois fut de cet avis. Les gendarmes mirent pied à terre en dehors de l'avenue, et sept heures sonnaient à l'horloge d'une petite église voisine, lorsque le préfet de police se présenta seul au vestibule, qu'il trouva encombré de ballots, de caisses et de malles portant cette suscription : *A son excellence monseigneur le gouverneur de Rome*. Les avenues et la cour principale étaient remplies d'équipages et de fourgons qui portaient également cette inscription en lettres colossales : *Gouverneur général de Rome*. Tous les hôtes du château dormaient encore. Dubois s'étant annoncé à un valet de chambre, qu'il rencontra, comme ayant quelque chose de très-pressé et de très-important à communiquer à son maître, ce domestique prit sur lui de l'introduire dans la chambre à coucher du duc. Celui-ci, brusquement réveillé et assez déconcerté d'une visite si matinale, fixa un œil inquiet sur le nouveau venu, et reconnaissant aussitôt son ennemi ou plutôt son rival :

« Que peut-il y avoir à pareille heure, chez moi, pour votre service? lui demanda-t-il du ton d'un homme troublé dans son sommeil.

— Monsieur le duc, répondit Dubois en s'inclinant, je présente mes excuses à Votre Excellence ; mais je suis envoyé par l'Empereur. »

A ce nom, Fouché tressaillit ; son visage, ordinairement si pâle, se couvrit d'une teinte bilieuse ; il sauta précipitamment à bas du lit. Dubois s'empressa de le rassurer, et tandis que le duc passait à la hâte une robe de chambre, il lui exposa, en peu de mots, le motif de sa visite, en l'atténuant de son mieux ; mais le coup n'en fut pas moins rude.

« Que je lui rende ses notes, ses instructions? s'écria Fouché en parcourant la chambre d'un pas mesuré et comme un homme qui a pris une résolution invariable ; mais où voulez-vous que je les prenne, mon cher monsieur, puisqu'elles sont brûlées ! J'ai mis dernièrement sous les yeux du prince de Neufchâtel, que l'Empereur m'a envoyé comme vous aujourd'hui, le peu de papiers que je possède ; ils sont à votre disposition comme ils étaient à la sienne. Quant aux lettres que m'a écrites Sa Majesté, et qu'elle me fait réclamer avec tant d'instance, il ne m'en reste pas une seule. J'ai juré au prince de Neufchâtel, je le jure à vous, je le jurerai à qui l'on voudra et tant qu'on voudra. »

Ce n'étaient pas des protestations qui pouvaient embarrasser Fouché ; mais Dubois avait des ordres précis ; et avec Napoléon il n'y avait pas moyen d'éluder ; il fallait qu'on obéît.

« C'est bien fâcheux », reprit le préfet d'un air narquois.

Et peu à peu il arriva à prononcer les mots de *gendarmes*, de *Vincennes* et de *procès*. A cette révélation inattendue, un changement subit s'opéra dans les manières et dans le langage de l'ex-ministre. Il s'arrêta, ses genoux fléchirent, et il tomba sur un fauteuil comme anéanti. Dubois crut un moment qu'il s'évanouissait.

« A Vincennes! moi, à Vincennes! s'écria alors le duc d'une voix lamentable; mais qu'ai-je fait à l'Empereur? que veut-il de moi? me faire mon procès! C'est donc ma tête qu'il demande! Eh, mon mon Dieu! je la lui abandonnerais bien volontiers si j'étais seul au monde. »

Et, rassemblant toutes ses forces, il se leva et marcha quelques moments dans la chambre comme un insensé. Dubois essaya de le calmer, et lui parla de nouveau de la remise des lettres.

« Mais, mon cher comte, puisque je vous répète que je les ai anéanties toutes! Croyez-vous donc que j'ai eu l'imprudence de garder des papiers qui pouvaient me perdre, et tous les miens avec moi? »

Et Fouché, en parlant sur ce ton, continuait sa course à travers les chambres, levant les yeux au ciel, se heurtant contre les meubles et joignant les mains en prenant Dieu à témoin de la sincérité de ses paroles. Le préfet de police en fut touché, et malgré la leçon que l'Empereur lui avait faite, il crut de bonne foi ce que disait Fouché. Quoique celui-ci ne lui eût jamais montré que de la malveillance, il le consola de son mieux, et, voulant faire pour lui ce qu'il pensait que Fouché eût fait à son égard en pareille circonstance, il reprit :

« Ecoutez-moi, monsieur le duc; je vais mettre les scellés sur les papiers que vous me dites avoir ici, je ne puis m'en dispenser; je dirai à Sa Majesté que vous n'avez rien voulu me montrer, n'ayant pas trouvé que mes pouvoirs fussent suffisants. Je l'engagerai à envoyer un conseiller d'État pour lever les scellés, Réal, par exemple, parce que je sais qu'il est votre ami, et tout ira bien. Vous savez qu'avec l'Empereur il n'y a jamais que le premier mouvement à redouter, qu'une fois qu'il a dormi sur sa colère, souvent il n'en reste aucune trace à son réveil ; calmez-vous donc, et croyez qu'il vous reste encore des amis et des défenseurs.

Fouché et Dubois rassemblèrent en effet la foule de papiers insignifiants qui déjà avaient passé sous les yeux de Berthier. Le préfet de police apposa son cachet sur cette belle collection ; et, après avoir déjeuné au château, il quitta l'ex-ministre dans les meilleurs termes, s'en revint, comme il était venu, pour rendre compte à l'Empereur de la délicate mission dont il s'était acquitté avec une extrême réserve, soit qu'il eût peut-être déjà le pressentiment que sa disgrâce devait suivre bientôt celle du duc d'Otrante [1], soit qu'il jugeât prudent de pas choquer un ministre qui, deux fois renversé, pouvait cependant remonter une troisième fois au pouvoir.

VIII

Lorsque Dubois entra chez l'Empereur, il le trouva entouré de ses officiers, la cravache à la main et prêt à monter à cheval pour aller faire une promenade au bois de Boulogne. Sur un signe, ceux qui étaien présents passèrent dans le salon voisin.

« Eh bien! lui dit Napoléon lorsqu'ils furent seuls : vous avez été bien longtemps? »

En apprenant le résultat de l'expédition du préfet de police, l'indignation qu'il fit éclater contre Fouché ne saurait se décrire. Il se mit à marcher brusquement, faisant retentir sur le parquet ses talons éperonnés, et agitant sa cravache comme s'il en eût menacé quelqu'un. Enfin, s'arrêtant tout à coup :

« Décidément, dit-il, je crois que cet homme voudrait que je le fisse jeter dans un cul de basse fosse! Il n'en sera pas ainsi · ce serait faire trop beau jeu à ses amis et à mes ennemis. »

[1] Dubois fut effectivement remplacé par M. Pasquier (aujourd'hui président de la Chambre des pairs), le 14 octobre 1810, comme on le verra à la fin de ce volume, dans le chapitre ayant pour titre : *Préfecture de police*.

Et comme l'Empereur parla de traduire le duc d'Otrante devant un tribunal compétent, le préfet de police lui raconta sa visite à Ferrières en homme d'esprit, et parvint de cette manière à le calmer un peu. Il lui dit qu'il avait bien observé le duc d'Otrante pendant l'espèce d'enquête qu'il lui avait fait subir, et qu'il était convaincu que les lettres en question avaient été réellement brûlées.

« Il avait trop peur pour ne pas l'avoir fait, ajouta-t-il ; mais si Votre Majesté conserve encore quelque doute à cet égard, elle peut lui envoyer M. Réal ou toute autre personne, car moi je ne puis faire de pareilles expéditions sans que le travail de mon département en souffre beaucoup. Cependant, je doute qu'on fasse autrement que je n'ai fait.

— Vous avez raison, vous ne pouvez, pas plus que Berthier, retourner à Ferrières : Réal ira. En vous en allant, passez chez lui et dites-lui qu'il vienne sur-le-champ me parler. »

Deux heures s'étaient à peine écoulées, que ce conseiller d'État était introduit dans le cabinet impérial.

— Vous allez vous rendre à Ferrières, lui dit Napoléon après l'avoir mis au courant des choses ; vous lèverez les scellés apposés ce matin, par Dubois, sur les papiers de Fouché. Abstenez-vous de tout commentaire, et redemandez-lui de ma part, purement et simplement, les lettres que je lui ai écrites à diverses époques. Seulement, ajouta-t-il en souriant, prenez garde de vous en laisser conter comme Dubois. C'est un fin matois que M. Fouché ! Au surplus, vous en savez quelque chose. Allez, Réal ; je vous attends ce soir, à votre retour, ou, s'il est trop tard, demain à mon petit lever. »

Chargé de cette mission plus pacifique, Réal arriva à Ferrières, en calèche découverte, pour prévenir d'avance toute inquiétude au château. Mais, à son approche, un cheval qu'on tenait tout sellé dans la cour disparut, et lorsque Réal fut introduit, Fouché n'était plus chez lui ; Réal ne trouva que la duchesse d'Otrante tout en larmes, qui ne savait elle-même où son mari était allé, et s'il devait revenir. Sur ce nouvel incident, Réal dépêcha à Saint-Cloud son chasseur avec une lettre pour l'Empereur, qui lui répondit sur-le-champ : *Faites comme vous jugerez le plus convenable.* Réal demanda à la duchesse la permission d'attendre son mari. Plusieurs heures se passèrent ainsi. Heureusement pour lui, Fouché reparut à dix heures du soir, après une journée très-agitée, car, avoua-t-il, aussitôt qu'on lui avait annoncé l'arrivée de Réal, s'étant muni d'une forte somme qu'il avait prise la veille chez son fermier, il avait fait mettre des chevaux de poste à sa voiture de voyage, et s'était dirigé tantôt vers Saint-Cloud, pour y confondre ses ennemis, tantôt vers Paris, pour s'y cacher.

« J'ai même eu un moment l'idée de fuir en Angleterre, ajouta-t-il.

— C'était le plus sûr moyen de vous perdre pour toujours, dit Réal.

— Aussi, après y avoir réfléchi, ai-je pris le parti le plus sage, celui de revenir chez moi.

— Vous avez très-bien fait ; seulement vous eussiez dû arriver à l'heure du dîner. »

Réal arracha les scellés sans autre formalité ; mais lorsqu'il fut de nouveau question des lettres autographes de l'Empereur, Fouché assura d'une manière positive et avec un tel accent de vérité qu'elles étaient brûlées, qu'il n'y avait plus moyen de revenir sur ce chapitre : c'était ce que voulait le duc d'Otrante. En pareil cas, lorsqu'on ne peut administrer la preuve contraire, le mieux est de paraître convaincu. Napoléon n'insista plus ; mais ne voulant pas être entièrement dupe de son ancien ministre, il se vengea en rendant cette fois sa disgrâce aussi publique que complète. Quelques jours après la visite que Réal avait faite à Ferrières, on lut dans le *Moniteur* le décret suivant, remarquable de laconisme :

« Napoléon, par la grâce de Dieu, etc., etc., mandons et ordon-
« nons :

« Son Excellence le sénateur duc d'Otrante est révoqué de ses
« fonctions de gouverneur général de Rome. »

Dès lors, Fouché ne songea plus à son voyage ; il quitta Ferrières pour revenir à Paris habiter *incognito* son petit hôtel de la rue du Bac et y attendre les événements. A peine y était-il installé, qu'il reçut un billet du prince de Neufchâtel, qui l'engageait à passer chez lui le plus tôt possible; il y courut.

« L'Empereur est furieux contre vous, lui dit Berthier; jamais je ne l'ai vu si monté. Il s'est mis dans la tête que vous vous êtes joué de lui, en nous assurant que vous aviez brûlé sa correspondance. Il prétend que c'est un crime d'État punissable, que de vous obstiner à garder ces papiers; et, ma foi, à votre place... j'aurais peur...

— Peur de quoi? répliqua le ministre. Croyez-vous que je ne sois pas bien fâché à présent de les avoir anéantis, ces maudits papiers? Ils étaient la seule garantie de mes actes. Votre doute à cet égard est pour moi un soupçon injurieux. Au surplus, je vous avouerai que si je les avais encore, je ne m'en dessaisirais pas. »

Berthier ne lui dissimula pas le ressentiment que l'Empereur conservait de cette obstination, et lui fit comprendre quelle pouvait en être la terrible conséquence.

« Depuis quinze ans, lui répondit Fouché, je suis habitué à dormir la tête sur l'échafaud. Je connais la puissance de l'Empereur, mais je ne la redoute pas. »

Toutefois, cet avertissement de Berthier fit réfléchir le duc d'Otrante. Craignant moins les effets de sa nouvelle disgrâce que les menées de ses ennemis, il accourut le lendemain à Saint-Cloud pour tâcher de prévenir le légitime ressentiment du maître.

« Me voici! dit-il au grand-maréchal; j'ai le plus grand intérêt à voir l'Empereur sans retard, afin de lui prouver que je suis loin d'avoir mérité le coup affreux dont il lui a plu de me frapper. »

Duroc hocha la tête en signe d'incrédulité et ne répondit pas. Fouché poursuivit :

« Dites à Sa Majesté que j'attends dans votre cabinet qu'elle daigne m'accorder quelques minutes d'audience.

— Ma foi, monsieur le duc, je dois vous avouer que vous l'avez échappé belle hier au soir. Si le prince de Neufchâtel et moi n'avions détourné l'Empereur de l'idée qu'il avait de vous faire arrêter, vous seriez en ce moment à Vincennes.

— Je vous remercie, monsieur le grand-maréchal ; mais vous lui avez épargné une folie ou pour le moins un acte impolitique, et qui eût servi de texte à la malignité ; car Sa Majesté, en agissant ainsi, n'eût pas manqué de jeter l'alarme parmi les hommes les plus dévoués à sa personne et aux intérêts de son gouvernement. »

Duroc descendit chez l'Empereur. Un moment après, il remonta et dit à Fouché :

« Sa Majesté consent à vous recevoir ; mais, d'après la manière dont elle semble disposée, je vous conseille, en ami, de mettre un peu d'eau dans votre vin. Au surplus, vous allez être à même d'en juger : venez avec moi. »

Duroc introduisit le duc d'Otrante dans le cabinet de l'Empereur, qui, en ce moment, était debout, appuyé sur la cheminée de marbre, presque aussi haute que lui. Au maintien, à l'air de componction de son ex-ministre, Napoléon crut avoir deviné sa pensée et le but de sa démarche.

« Bonjour, monsieur le duc d'Otrante », lui dit-il d'une voix douce, accompagnée d'un geste gracieux.

Puis, voyant le grand-maréchal se retirer pour les laisser seuls :

« Restez, Duroc, ajouta-t-il de même ; vous ne pouvez être de trop ici. »

Alors, sans laisser le temps à Fouché de prendre la parole et d'expliquer le motif de sa venue, d'un ton qui semblait lui offrir un gage de réconciliation :

« Monsieur le duc d'Otrante, lui dit-il, j'ai consenti à vous recevoir dans l'espérance que, mieux éclairé sur vos véritables intérêts, vous me remettriez enfin ma correspondance privée : vous me l'apportez, je suppose ?

— Sire, je l'ai brûlée », répondit Fouché en baissant les yeux.

A ces mots, Napoléon s'avança vivement, et, s'arrêtant devant lui :

« Je n'en crois rien, dit-il en se contraignant; il me la faut, rendez-la-moi !

— Elle est en cendres, Sire.

— Cela n'est pas ! répliqua l'Empereur en s'asseyant dans son fauteuil; vous l'avez cachée, je le sais. Voyons, ces papiers, où sont-ils ?

— Sire, je prends Dieu à témoin...

— Monsieur, interrompit l'Empereur avec exaspération, ne blasphémez pas ! Pour la dernière fois, voulez-vous me rendre mes lettres, oui ou non ? »

D'un geste, le duc d'Otrante ayant indiqué que ces lettres n'existaient plus, Napoléon se leva de son fauteuil, et, en proie à une agitation nerveuse :

« C'est assez, reprit-il, retirez-vous ! »

Fouché tenait à la main un mémoire justificatif qu'il avait préparé la veille. En se retirant, il le déposa sur la console placée à côté du bureau de l'Empereur, en accompagnant ce mouvement d'un profond salut; mais Napoléon, tout bouillant de colère, se précipita sur le papier, et, le foulant aux pieds, s'écria en fixant des yeux flamboyants sur son ancien ministre :

« Je ne veux plus rien de vous ! »

. . . .

Après avoir quitté Saint-Cloud, le duc d'Otrante se jeta immédiatement dans une chaise de poste et se dirigea rapidement sur Lyon, où il trouva son ancien secrétaire Maillocheau, commissaire général de police, qui, lui devant ce poste, lui remit tous les papiers qui pouvaient lui devenir nécessaires dans l'hypothèse d'un exil. Puis, de Lyon, il passa avec la même rapidité en Italie. Il se retira à Florence. Non-seulement Napoléon l'y laissa tranquille, mais encore il ne lui retira aucun de ses nombreux bienfaits [1].

---

[1] Indépendamment des 200,000 livres de rentes que Fouché possédait déjà lors de son premier ministère, pendant les six autres années de son administration il sut se faire environ 900,000 fr. de revenu. Joignez à cela sa dotation de duc d'O-

Bientôt, fatigué d'une situation indécise, humilié peut-être de se voir mis en oubli et de n'avoir pas même eu l'honneur d'une persécution, le duc d'Otrante revint à résipiscence, et, selon les prévisions de Napoléon, cette fameuse correspondance *brûlée*, ces importants papiers *réduits en cendres* se retrouvèrent et furent remis à l'Empereur, qui permit alors à Fouché d'habiter Aix. Plus tard, envoyé en Illyrie en qualité de gouverneur, il ne reparut plus sur la scène politique qu'en 1815, époque où il fut encore rappelé au ministère de la police par Napoléon. Cette troisième fois, ce fut le ministre qui renvoya le souverain. Ce fut un triomphe plus fâcheux pour le duc d'Otrante que ses précédentes disgrâces mêmes, car il n'en recueillit qu'un exil irrévocable.

Plus tard Napoléon, à Sainte-Hélène, revenant sur les faits que nous venons de raconter, peignit le caractère de Fouché en disant :

« Ce n'était pas assez, pour lui, que de s'être mêlé de mes affaires de famille sans mon autorisation, il fallait encore qu'il gouvernât, qu'il fît la paix et la guerre à mon insu. L'intrigue lui était aussi nécessaire que la nourriture : il intriguait en tout temps, en tous lieux, de toute manière et avec tous. On ne découvrait jamais rien de fâcheux qu'on ne fût sûr de l'y rencontrer pour quelque chose. Sa manie était de vouloir être de tout et de chercher toujours à mettre ses pieds dans les pantoufles des autres. »

trante, évaluée à 90,000 fr., plus sa sénatorerie d'Aix, en Provence, de 30,000 fr., cela formait, non compris le rapport de la terre de Ferrières et des fermes attenant au château de Pont-Carré, un total de 1,220,000 fr. de rentes qui lui venaient entièrement de Napoléon.

CHAPITRE IX.

MALET, LAHORIE ET GUIDAL.

1812.

Un général dont les services n'avaient pas été sans éclat, mais qui était d'un esprit sombre et d'un caractère entreprenant, conçut en 1812, au fond d'une prison où on le retenait depuis quatre ans, le dessein, merveilleux à force de témérité, de renverser le dominateur de l'Europe, le maître du monde, et tenta d'opérer à lui seul une révolution, sans autre moyen que ce cri funèbre : L'Empereur est mort! Il avait calculé, avec une rare sagacité, les chances qu'un premier moment de stupeur pouvait offrir à qui saurait tout oser. Dédaignant les procédés des conspirateurs ordinaires, les associations, les confidences, les délibérations, les lenteurs et les indécisions qui perdent tout en pareille affaire, il résuma toute la conspiration dans sa seule volonté. Ce qu'un comité organisé aurait pu faire, il le supposa fait; les actes que les premiers corps de l'État eussent pu formuler dans une crise politique, il les supposa rédigés; en un mot, il supprima tout ce qui sépare la pensée de l'exécution.

Ce général, cet homme, c'est Malet.

Rien jusqu'à présent dans l'histoire n'a pu être comparé à cette entreprise. Ce fut un attentat isolé, qui se termina en quelques heures, qui n'eut pas l'éclat du succès, mais qui, en échouant, reçut une immense importance de l'insuccès même et de l'incroyable témérité de la tentative. Cette tentative produisit l'effet de ces grandes commotions terrestres qui ébranlent la nature un moment et qui cessent bientôt, sans avoir rien déplacé, ne laissant à la réflexion que l'idée des graves calamités qu'elles auraient pu produire. Aussi ne sait-on véritablement quelle qualification donner à cette affaire, qui ne fut, à proprement parler, ni un complot ni une conspiration. Ces mots, dans leur définition légale, exigent un concours d'individus qu'on chercherait ici vainement. La qualification de coup de main ou celle d'échauffourée nous semblerait convenir de préférence, si d'ailleurs cette folle équipée n'avait fait marcher au supplice douze malheureux, parmi lesquels neuf ont été regardés ensuite comme innocents par l'opinion, sinon par l'histoire.

TROIS GÉNÉRAUX.

Charles-François Malet naquit à Dôle, le 25 juin 1754, dans cette province de la Franche-Comté qui reçoit de ses montagnes une âpreté de mœurs comparable à celle de la Suisse. Le père de Malet était possesseur de fiefs, chevalier de Saint-Louis, et il portait sur son blason une épée flamboyante.

Le jeune Malet, en sa qualité de gentilhomme, entra à seize ans dans les mousquetaires noirs. Son front était large et intelligent, ses yeux avaient une grande vivacité d'expression; sa taille était petite et bien proportionnée. Comme il avait reçu une éducation brillante, il ne tarda pas à réussir dans le monde, où son prestige fut grand comme causeur agréable. A cette époque, ce genre de mérite était fort à la mode. Il avait trente-six ans lorsque la révolution éclata. Ses liaisons avec le parti philosophique l'entraînèrent vers de nouveaux principes. Portant depuis longtemps l'épaulette, Malet fut nommé commandant de la garde nationale de Dôle, puis il se fit chef des volontaires lorsque l'ennemi vint aux frontières, partit pour l'armée du Rhin, et devint bientôt aide de camp du marquis de Beauharnais, premier mari de l'impératrice Joséphine. Nommé successivement adjudant général et général de brigade, il servit bien la République, et il fit partie de cette armée commandée par Championnet, qui passa les Alpes pour aller s'opposer aux Autrichiens en Italie. Masséna le cita honorablement dans plusieurs rapports.

Selon quelques biographes, dès l'avénement de Napoléon au consulat, Malet avait pénétré les desseins du futur empereur, et dès le mois de mai 1800, ayant un commandement au camp de Dijon, il résolut d'enlever le premier Consul à son passage par cette ville, où il devait inspecter l'armée de réserve avant qu'elle allât vaincre à Marengo ; mais cette conspiration ne fut rien moins que prouvée. Quoi qu'il en soit, les opinions républicaines hautement professées par Malet, et son caractère entreprenant plus encore que l'indépendance qu'il affichait, expliquent assez les disgrâces successives dont il fut frappé.

Eliminé de l'armée active et envoyé à Bordeaux avec le titre de commandant du département, il vota contre le consulat à vie. On le relégua aux Sables-d'Olonnes, et là il fit éclater une opposition encore plus vive. En vain essaya-t-on de le gagner, comme tant d'autres, par des faveurs ; il répondit à M. de Lacépède, grand-chancelier de la Légion-d'Honneur, qui lui annonçait sa nomination de commandeur de l'Ordre.

« Citoyen, j'ai reçu la lettre par laquelle vous m'annoncez la
« marque de confiance que m'a donnée le grand conseil de la Lé-
« gion-d'Honneur. C'est un encouragement à me rendre de plus en
« plus digne d'une association fondée sur l'amour de la patrie et
« de la liberté. Je souscris de cœur et d'âme au serment exigé.

« 11 nivôse an XII. »

Comme on le voit, dans cette lettre laconique pas un mot flatteur qui ait rapport au fondateur de l'institution. Quand Napoléon fut proclame empereur, Malet lui adressa une lettre de félicitation ainsi conçue :

« Citoyen premier Consul,

« Nous réunissons nos vœux à ceux des Français qui désirent voir
« leur patrie heureuse et libre. Si un empire héréditaire est le seul
« refuge contre les factions, soyez empereur; mais employez toute
« l'autorité que votre suprême magistrature vous donne pour que
« cette nouvelle forme de gouvernement soit constituée de manière
« à nous préserver de l'incapacité ou de la tyrannie de vos succes-
« seurs, et qu'en cédant une portion si précieuse de notre liberté,
« nous n'encourions pas un jour, de la part de nos enfants, le
« reproche d'avoir sacrifié la leur.

« Je suis avec respect, citoyen premier Consul, etc.

« Général MALET. »

En même temps, il écrivait au général Gobert :

« J'ai pensé que lorsqu'on était forcé par des circonstances im-
« prévues de donner une telle adhésion, il fallait y mettre de la
« dignité et ne pas trop ressembler aux grenouilles qui deman-
« dent un roi. »

Disgracié comme républicain *incarné*, car on marchait à grands pas dans la voie des idées monarchiques, et Malet n'aimait pas à flatter, il fut cependant réintégré dans son grade de général de brigade et envoyé à Angoulême comme il l'avait été à Bordeaux ; mais il y montra des opinions inconciliables avec celles du préfet Bonnaire. De là, on l'envoya à Rome, où il ne s'accorda pas mieux avec le général Miolis, qui en avait été nommé gouverneur général; le ministre de la guerre chercha un prétexte pour se débarrasser d'un homme qui portait sans cesse ombrage au gouvernement impérial. Il ne trouva pas d'autre moyen que de l'accuser d'avoir, dans le partage d'une saisie importante, favorisé les soldats français au détriment de la milice romaine, et l'appela à Paris pour rendre compte de sa conduite. Mais Malet fut reconnu irréprochable par une commission d'enquête, dont le grand-juge Régnier et le ministre des finances Corvetto faisaient partie. Quoi qu'il en soit, Malet fut complétement disgracié, et, comme on disait alors, *mis à la disposition du ministre.*

Cet officier général se trouvait dans cet état de réforme lorsque la prolongation de la campagne de Pologne (celle de 1807) et la victoire équivoque de Preusch-Eylau vint mettre en action son idée favorite. Dans son désœuvrement, il s'était lié à Paris avec quelques-uns de ces hommes remuants, ambitieux, et qui, bien que fonctionnaires civils ou militaires, se plaignaeint du gouvernement parce qu'ils trouvaient qu'il ne faisait pas assez pour eux. Malet profita habilement des dispositions qu'ils manifestaient pour leur persuader qu'un mouvement allait s'opérer par de puissants moyens dans le sénat, dans l'armée et dans le peuple. A ceux de ces hommes qui étaient plus obscurs et par conséquent plus résolus, il confiait, sous le sceau du secret, qu'ils avaient été désignés comme membres du nouveau gouvernement, les tenant ainsi dans l'attente continuelle de l'ambition. C'étaient là les premiers instruments qu'il lui convenait de mettre en jeu. Du reste, il ne leur demandait ni d'agir ni de se compromettre : tout devait être réglé et consommé par un pouvoir supérieur, « qu'il ne pouvait leur désigner, ayant fait le serment, disait-il, de ne le pas faire connaître. » Il ne leur fallait que se tenir prêts à succéder à l'ordre de choses aboli. Il alla même jusqu'à leur assigner tel ou tel jour pour le dénoûment attendu, et comme le jour indiqué passait comme les autres, il prétendait, avec ce calme et cet air de conviction qui le caractérisaient, qu'un incident imprévu avait nécessité un contre-ordre, une remise : « Mais, ajoutait-il encore, c'est reculer pour mieux sauter. »

Il est plus probable que, pour lui, le grand moyen de cette révolution consistait dans un appareil de fausses nouvelles et de faux ordres ; que Malet lui-même devait payer de sa personne, se montrer hardiment en uniforme, en proclamant le nouveau gouvernement, persuadé que ses accolytes, voyant enfin l'accomplissement de l'œuvre tant prédite, ne manqueraient pas de s'y associer avec une confiance qui entraînerait les autres; mais, comme nous l'avons dit, il se gardait bien de livrer son secret à ses affidés, parce qu'ils n'auraient plus vu en lui qu'un perturbateur ou un fou. Aussi, quand tous furent arrêtés, les premiers aveux présentèrent-ils les indices d'un vaste projet ne tendant à rien moins qu'à renverser le gouvernement impérial; mais, pour ce qui était des moyens réels, on n'en découvrit aucun. Comme dans les divers interrogatoires qu'on avait fait subir aux inculpés il avait été beaucoup question de hautes mesures que devait prendre le Sénat, de proclamations, etc., le préfet de police Dubois eut l'idée que le complot pouvait bien se rattacher à certains membres influents de ce grand corps, opinion vivement combattue par le ministre Fouché, mais qui rentrait dans les prévisions de Napoléon. Aussi fit-il entendre à cette occasion les mots d'*élimination* et d'*épuration du Sénat*. L'enquête se faussa dans cet aperçu, et Malet vit bien qu'on s'occupait moins de lui que de trouver des coupables haut placés. Le Sénat, pas plus que Malet, prétendu moteur de cette conspiration impossible, n'ayant pu être convaincu faute de preuves matérielles, un décret n'en ordonna pas moins que Malet serait détenu, *par mesure de sûreté*, dans une prison d'État. En conséquence, il fut arrêté et écroué à la Force.

Ce fut dans cette prison que Malet retrouva Lahorie, dont il avait été longtemps le camarade à l'armée du Rhin, et Guidal, qu'il avait rencontré au temps du Directoire chez Barras, qui l'employait particulièrement. Lahorie ne devait son grade d'adjudant général qu'à ses talents. Il avait remplacé auprès de Moreau le général Dessolles, en qualité de chef d'état-major, et, dès ce moment, s'était invariablement attaché au vainqueur de Hohenlinden, avec lequel il conserva les rapports les plus intimes jusqu'au moment de son procès, époque à laquelle il s'enfuit en pays étranger avec Frénières, secrétaire de Moreau. Le désir d'exploiter les germes de mécontentement qu'il croyait rencontrer en France le ramena à Paris, où il se conduisit avec une telle imprudence et s'expliqua sur le gouvernement impérial avec tant de hardiesse, qu'il attira sur lui l'attention de la police. Napoléon avait souvent réitéré l'ordre de le faire partir pour l'Amérique; mais Fouché n'en avait tenu aucun compte. Lahorie était Breton; il avait facilement trouvé des protecteurs et des ressources pour vivre sans emploi. Enfin, Napoléon ayant ordonné son arrestation, il fut, comme Malet, enfermé à la Force.

Quant à Guidal, on l'avait arrêté dans les environs de Marseille, à la suite d'une affaire de jacobinisme, et amené à Paris parce qu'on espérait de lui quelques renseignements, d'après ce qu'en avait mandé le préfet du Var. Or, pendant que Guidal était à Paris, on éventa à Marseille même une affaire semblable, qui mena à la découverte d'un ancien espionnage exercé à la côte de Provence par des Français au bénéfice de l'amiral anglais qui croisait devant Toulon. Guidal fut accusé d'avoir été à bord de la flotte anglaise et d'y avoir envoyé son fils. Cet espionnage durait, disait-on, depuis plusieurs années, sans qu'on s'en fût douté. Guidal fut à son tour emprisonné à la Force, en attendant que son procès s'instruisît. Ce fut ainsi que Malet, Lahorie et Guidal se trouvèrent réunis dans la même prison au commencement de 1808.

Après la bataille d'Essling, en 1809, Malet, quoique privé de tout moyen d'action, se remit encore à son œuvre fatale. D'après des révélations faites à temps par un des initiés, jeune Romain détenu avec lui, Malet devait s'échapper (on ne sut jamais comment) de sa prison, le dimanche 29 juin (jour où un *Te Deum* avait été chanté à Notre-Dame pour célébrer l'entrée des Français à Vienne); Malet, disons-nous, arrivait sur la place de l'église métropolitaine en grande tenue d'officier général et l'épée à la main, précédé d'un tambour et d'un drapeau. Là, il criait au milieu de la foule du peuple et des soldats : « L'Empereur est mort; vive la liberté! »

Il masquait avec des pelotons d'infanterie toutes les issues de la cathédrale et y enfermait les principales autorités réunies pour la cérémonie. Les prisons s'ouvraient. Les généraux Marescot et Dupont, alors à l'Abbaye, devaient être délivrés; puis un gouvernement provisoire était nommé, des courriers, des commissaires extraordinaires étaient expédiés dans chaque département, etc.; enfin, quand la fable sur laquelle tout cela s'échafaudait serait démentie, Malet espérait que le mouvement aurait déjà assez de force pour continuer, en empêchant ceux qui seraient compromis de revenir sur leurs pas. Le dénonciateur, qui s'était d'abord adressé à l'archichancelier, ajoutait que l'uniforme et les armes de Malet étaient depuis longtemps déposés dans une maison située non loin de la prison de la Force.

La police, avertie à temps, n'eut besoin que d'un peu de surveillance pour prévenir cette incartade, en supposant même qu'elle eût été sérieusement projetée; mais il est permis de le croire, parce qu'elle rentre parfaitement dans l'esprit de la première, et que l'une et l'autre ne semblent être que des esquisses de celle qui devait avoir réellement lieu trois ans plus tard, en 1812.

Lors du mariage de Napoléon avec Marie-Louise, il y eut une amnistie en faveur de quelques prisonniers d'État. Malet obtint d'être transféré dans une maison de santé placée sous la surveillance de la police, et qui comptait déjà plusieurs prisonniers jouissant de la même faveur; mais Lahorie et Guidal, malgré leurs instances, le premier pour être envoyé en Amérique, le second pour être reconduit à Marseille, où il devait être jugé, demeurèrent à la Force.

LA MAISON DE SANTÉ.

A l'extrémité de la rue du Faubourg-Saint-Antoine, sur la gauche, avant d'arriver à la barrière du Trône, on voit aujourd'hui une maison numérotée 555, et d'assez belle apparence, quoique toutes les fenêtres soient garnies de barreaux de fer. Au-dessus de la porte d'entrée de cette habitation on lit ces mots écrits en lettres d'or sur une table de marbre noir : *Maison de santé*. C'est l'ancienne maison du docteur Dubuisson, spécialement destinée au traitement des aliénés.

Là, il y aura bientôt trente-un ans, un homme conçut le plan hardi de renverser ce qui paraissait si grand aux yeux de l'Europe, et cet homme, c'était Malet. Il avait associé à ses projets un autre prisonnier comme lui, l'abbé Lafon, royaliste, agent des princes de la maison de Bourbon et correspondant des comités établis dans le midi de la France et dans la Vendée [1]. Malet et lui se plurent dès les premières causeries. Le gentilhomme républicain devait parfaitement s'entendre avec l'abbé royaliste. Le soir, ils faisaient leur partie d'écarté ou d'échecs, et quand ils tournaient le roi, l'abbé disait :

« Général, la monarchie a le dessus. »

Quand, aux échecs, Malet faisait l'abbé échec et mat :

« Mon cher, lui disait-il, la république a l'avantage. »

Tous deux étaient parfaitement d'accord dans leur haine contre Napoléon, et sur ce point il n'y avait jamais de discussion.

Après avoir beaucoup réfléchi aux divers moyens d'exécuter son fameux projet, Malet s'arrêta à celui-ci :

Il supposait l'Empereur mort le 8 octobre sous les murs de Moscou, et concluait que le Sénat devait être investi du suprême pouvoir. Ce fut donc par l'organe du Sénat qu'il résolut de parler à la nation, à l'armée. Il fit pour les soldats une proclamation dans laquelle, tout en déplorant la perte du chef de l'État, il annonçait l'abolition du régime impérial et la restauration du gouvernement populaire, c'est-à-dire de la République, en faisant connaître la composition de ce nouveau gouvernement. Cette proclamation était signée du nom de tous les sénateurs, puis un décret émané de ce même Sénat le nommait, lui Malet, gouverneur de Paris et comman-

---

[1] Chez le docteur Dubuisson étaient aussi détenus depuis longtemps MM. de Polignac (frères), de Puyvert et l'abbé Lafon. Il est présumable que ces ennemis de Napoléon, rapprochés du général Malet par la sympathie d'un malheur commun, durent applaudir à ses desseins. Toutefois, l'abbé Lafon fut le seul qui prit une part active à la conspiration. MM. de Polignac, ne voulant pas risquer une seconde fois leur vie, furent envoyés, sur une demande prétextée par eux, dans une autre maison de santé, située barrière Saint-Jacques, où ils attendirent l'événement sans crainte de se voir de nouveau

dant de toutes les troupes circonscrites dans l'étendue de la première division militaire. Cela posé, d'autres décrets partiels donnaient de nouveaux commandements, des grades plus élevés, et des gratifications à tous les militaires que Malet comptait faire servir à l'exécution de son projet. Comme on le voit, pour réussir, Malet s'était reposé sur deux idées : surprendre et séduire; surprendre par la nouvelle subite de la mort de l'Empereur jetée dans les casernes, séduire en promettant aux militaires de l'avancement et du repos.

Une fois ce programme bien arrêté, Malet et l'abbé Lafon se mirent à l'œuvre. Lafon travailla à la rédaction des sénatus-consultes qui devaient proclamer l'abolition de l'Empire et la création d'un gouvernement provisoire. Malet, toujours ardent pour la cause républicaine, y plaçait en tête Moreau, le rival de Napoléon. Il maintenait M. Frochot, préfet du département de la Seine, pour ne pas bouleverser l'administration municipale; puis il laissait à l'abbé le choix des autres candidats qui devaient compléter le gouvernement provisoire. MM. de Montmorency et de Noailles avaient été désignés par l'abbé; mais ni lui ni Malet n'étaient d'accord sur la nomination d'un cinquième, l'un proposant Masséna ou Brune, l'autre un Bourbon de la branche aînée ou même le duc d'Orléans. On voulait ainsi faire une part à toutes les espérances et à toutes les ambitions. Enfin, un dernier sénatus-consulte organisait la garde nationale du pays d'après les principes de 1789, et le commandement en chef était donné à M. de La Fayette.

Tandis que Lafon rédigeait les actes relatifs à l'organisation des autorités civiles, Malet s'occupait des ordres militaires avec une précision admirable. Ils n'avaient l'un et l'autre, dans cette conspiration de prison, qu'un seul complice, un caporal de la garde de Paris, nommé Rateau, de la connaissance de l'abbé Lafon, et qui était son compatriote. Il leur servait de secrétaire et transcrivait en belle écriture les faux sénatus-consultes et les faux ordres, croyant de bonne foi mettre au net le manuscrit d'une histoire des guerres de la Révolution à laquelle Malet était censé travailler depuis longtemps.

Au dehors, tout se préparait avec le même zèle et la même discrétion. Il y avait peu de temps qu'un prêtre espagnol, nommé Caamagno, détenu dans la maison du docteur Dubuisson pour les mêmes motifs que l'abbé Lafon, avait été remis en liberté. Avant son départ, l'abbé avait fait à l'Espagnol la confidence de la révolution que Malet allait tenter, en lui disant, comme il le croyait lui-même, « que la conspiration tramée par lui n'avait d'autre but que de rendre au roi d'Espagne, Ferdinand V (alors prisonnier à Valençay), la liberté et le trône; de délivrer le pape retenu à Fontainebleau, et enfin de rappeler en France les Bourbons, ses princes légitimes. » Caamagno, d'un esprit très-borné et plein d'exaltation, avait applaudi à un tel plan et s'était empressé d'offrir le petit logement qu'il avait loué rue Neuve-Saint-Gilles, près de la place Royale, pour y recevoir les conspirateurs eux-mêmes, y faire apporter et y recéler les objets qui pourraient être utiles à l'exécution du projet. Outre ce prêtre, l'abbé Lafon avait su attirer à lui, mais sans lui faire aucune confidence, un jeune Vendéen nommé Boutreux, qui faisait son droit à Paris, tout en sollicitant un emploi dans l'instruction publique, et sur le dévouement duquel il pouvait compter.

Les choses étant ainsi préparées, Malet n'attendit plus qu'une circonstance favorable pour agir. Enfin, il crut que le moment était venu. En effet, le dernier bulletin, daté du 27 septembre, avait annoncé, en même temps que l'entrée des Français à Moscou, l'incendie qui avait dévoré cet unique refuge de notre armée. Au milieu de la stupeur que cet événement avait produit en France, on ne recevait de Napoléon et du quartier-général que de rares nouvelles, qui n'apprenaient rien de décisif. La tristesse et l'inquiétude régnaient dans Paris, et les hauts fonctionnaires ne dissimulaient pas leurs appréhensions. Il fallait quinze jours au moins pour venir de Moscou; or, on était au 19 octobre, et depuis le vingt-septième bulletin, le gouvernement n'avait donné aucunes nouvelles officielles. Le lendemain 20, qui était un mardi, au moment où les pensionnaires de la maison, après avoir achevé leur dîner, se levaient de table pour passer dans le salon de conversation, M. Dubuisson, dont la porte du cabinet était entr'ouverte, vit distinctement une personne, qu'il ne reconnut pas, sortir furtivement. Il s'élance sur ses traces..., c'était Malet, vêtu d'une redingote bleue et la tête couverte d'un chapeau rond à larges bords.

« Comment, général, lui dit le docteur d'un ton de reproche et en passant son bras sous le sien, c'est ainsi que vous abusez de ma confiance! Comme j'ai lieu de croire que ce n'est pas la première fois que vous sortez de la sorte, je vous déclare que je vais en faire mon rapport à qui de droit.

— Eh quoi! docteur, voudriez-vous me perdre tout à fait? répondit Malet d'un air contrit.

— Général, vous connaissez toute la responsabilité qui pèse sur moi. Vous m'aviez donné votre parole que vous ne bougeriez pas. Jusqu'à présent j'avais compté sur votre honneur; dès à présent je n'y crois plus.

— Eh bien, docteur, je l'avoue, se hâta d'interrompre Malet, je suis sorti plusieurs fois; je voulais voir mon père, qui, vous le savez, est très-malade et demeure fort loin d'ici.

— Je suis persuadé que vous n'aviez que des intentions louables; mais mon devoir avant tout; je n'ai pas envie de me brouiller avec le gouvernement; je ferai mon rapport dès ce soir.

— Alors, faites-le! réplique Malet d'un ton d'humeur; seulement, si demain je suis reconduit à la Force ou transféré à Vincennes, c'est à vous que je serai redevable de ce nouveau malheur. »

Et le général, ainsi que le docteur, tous deux fort émus, étaient rentrés dans la maison.

Ce qui venait de se passer ouvrit les yeux au docteur Dubuisson. Dans la crainte, sinon de recevoir l'ordre de fermer son établissement (ce qui était déjà arrivé à un de ses confrères des Champs-Elysées pour un motif semblable), du moins d'encourir un blâme sévère de la part de l'autorité, il résolut de faire surveiller particulièrement Malet par le jardinier de la maison, et d'adresser le soir même son rapport à la police, pour ne pas être prévenu par elle. De son côté, Malet communiqua ses craintes à l'abbé Lafon lorsqu'ils se furent retirés dans leur chambre; mais ce dernier lui répondit :

« Tranquillisez-vous. Je connais Dubuisson; c'est un excellent homme, incapable d'exécuter la menace qu'il vous a faite, d'autant plus qu'au fond je le crois royaliste.

— N'importe, il ne faut pas perdre de temps, répliqua Malet; le moment est propice; écrivez à Rateau de venir demain soir avec le mot d'ordre; si la police n'envoie ses agents qu'après-demain, ils arriveront trop tard. Allons! ajouta Malet en pressant énergiquement la main de l'abbé, nous voilà entre la mort et la liberté; c'est à nous de décider la question. »

Le lendemain matin, M. Dubuisson était entré dans la chambre de Malet; celui-ci lui demanda d'un air indifférent s'il avait fait son rapport.

« Certainement, général, lui répondit-il; je ne perds jamais de temps; d'ailleurs, j'étais bien aise de vous prouver qu'on ne me trompe pas *impunément*. »

Cette expression irrita Malet, qui, changeant de ton et de manières, répondit au docteur avec un sourire plein d'ironie :

« Eh! monsieur le docteur, qui a jamais songé à vous tromper? vous êtes fou! vous êtes plus malade que vos malades : croyez-moi, allez prendre des douches.

— Général! s'écria celui-ci offensé.

— Eh bien! reprit Malet, allez au moins en donner, puisque vous tenez tant à votre devoir. Quant à moi, je me porte bien. Voilà pourquoi je n'ai besoin ni de vos soins ni de vos visites, et vous prie de me laisser seul. »

Le docteur se retira. Malet, ayant annoncé le désir de rester dans sa chambre (sans doute pour pouvoir conférer plus librement avec Rateau), ne descendit pas à l'heure des repas; mais Rateau ne vint que le lendemain, parce qu'il s'était fait consigner pour s'être enivré la veille. Malet lui recommanda de se trouver le soir même avec

Boutreux rue Neuve-Saint-Gilles, et de faire en sorte surtout de lui rapporter le mot d'ordre, sans lequel il n'aurait pu agir.

A propos! ajouta-t-il avec son aplomb ordinaire, j'ai eu hier la visite du général Lamotte; je lui ai parlé de vous; vous passerez très-incessamment officier.

— Vous êtes bien bon, mon général; mais je n'ai que deux ans de service, sans campagne...

— Les élèves de Saint-Cyr en ont-ils plus que vous?

— Ils ont l'instruction.

— N'avez-vous pas une magnifique écriture?

— Ma foi, mon général, la vérité est que nous avons de vieux officiers qui sont d'une ignorance... ah!... L'autre jour encore, le capitaine de musique a écrit le mot *flûte* sur son rapport avec trois *t*. Heureusement, le commandant, qui est très-ferré sur son instruction, lui a fait l'observation que ce mot ne s'écrivait qu'avec deux *t*; le capitaine a bien été forcé d'en mettre un à la réserve; mais il ne paraissait pas du tout satisfait.

— Alors, soyez chez M. Caamagno à six heures. C'est plus sûr, et attendez-moi. En supposant que vous soyez en retard pour rentrer au quartier, soyez tranquille, j'écrirai à vos chefs, et je prendrai tout sous ma responsabilité. »

LE RENDEZ-VOUS.

Le soir du 22 octobre 1812, tout étant disposé, Malet, comme de coutume, fit sa partie d'échecs avec l'abbé Lafon. Il gagna constamment et ne put s'empêcher de s'écrier plusieurs fois : « Tout va bien! » Il paraissait très-gai, ce qui prouve qu'il était parfaitement maître de lui. A dix heures il se retira dans sa chambre, où l'abbé ne tarda pas à venir le joindre. Là, ils commentèrent une dernière fois le fameux sénatus-consulte qui devait être lu aux soldats dans les casernes, aux ministres et aux autorités qu'on devait arrêter dans leurs hôtels. A minuit, Malet, supposant que tout le monde était couché dans la maison, avertit l'abbé qu'il était temps d'agir. Au signal convenu, le jardinier vint au-devant d'eux dans le jardin, appliqua, sur le petit mur qui le séparait de la ruelle, une échelle pour franchir plus aisément cet obstacle ; Malet monta le premier, sauta légèrement de l'autre côté, et aida Lafon, moins ingambe que lui, à faire de même, puis ils descendirent la grande rue du Faubourg-Saint-Antoine, en se dirigeant vers la place de la Bastille. Quoique mus par une même pensée, ces deux hommes cependant étaient agités de sentiments bien différents. L'abbé, pensif et indécis, demandait au général :

« Êtes-vous bien sûr de pouvoir entraîner les régiments de la garde de Paris? »

Malet, calme et résolu, répondait :

« Aujourd'hui tous les militaires désirent la paix. D'ailleurs, je ne laisserai pas à leurs chefs le temps de la réflexion.

— Mais le préfet Frochot pensera peut-être au roi de Rome?

— Il ne pensera qu'à sa préfecture. Un fonctionnaire public ne voit que sa place. Rien de meilleur dans une révolution que ces gens-là. Dès que le pouvoir se déplace, ils le suivent, se groupent autour de lui, et les masses se groupent autour d'eux. Et puis, Bonaparte mort, qu'est-ce que le roi de Rome? qui songera à lui? sa mère tout au plus! Vous verrez, mon cher; je veux que demain à pareille heure Fontanes nous ait déjà débité un magnifique discours au nom du Sénat.

— Comment! nous ne le destituerons pas?

— Y pensez-vous! où trouverions-nous une meilleure trompette pour sonner la fanfare?

— Grand Dieu! dit l'abbé, quand Napoléon apprendra...

— Ne pourrez-vous donc jamais vous pénétrer de l'idée que cet homme est mort? j'en ai la preuve incontestable, là, sous mon bras. »

Et en disant ces mots, le général pressait le gros portefeuille qu'il avait emporté et qui contenait les sénatus-consultes, les proclamations, les ordres du jour, les instructions, les lettres confidentielles et enfin toute la chancellerie du nouveau gouvernement qu'il voulait établir ; quant à l'abbé, il n'avait emporté avec lui qu'un petit paquet dans lequel était un habit de laïque qui devait servir à son déguisement, et tous deux, malgré la pluie qui tombait par torrents, arrivèrent bientôt rue Neuve-Saint-Gilles et montèrent chez le prêtre Caamagno, qui les attendait en proie à la plus vive anxiété, ainsi que le caporal Rateau et le répétiteur Boutreux. Fidèles au rendez-vous qui leur avait été assigné la veille, ils étaient arrivés depuis longtemps. Rateau livra à Malet les mots d'ordre et de ralliement qu'il avait su se procurer, lorsque des pas se firent entendre sur le palier.

« Grand Dieu ! serions-nous trahis ? dit l'abbé Lafon à voix basse.

— Ne craignez rien, mon frère, lui répondit Caamagno, Dieu nous protége.

— Il me semble qu'on monte l'escalier, demanda froidement Malet ; qui peut venir à cette heure ?

— Sans doute des bourgeois de la maison qui seront attardés, répondit Rateau avec indifférence.

— Mais j'entends des voix, répliqua l'abbé dans un trouble extrême ; ne restons pas ici...

— N'ayez donc pas peur, monsieur Lafon, reprit Rateau d'un ton goguenard ; personne ici ne veut vous faire de mal ; et cependant, à vous voir, on dirait que vous êtes de corvée pour faire la conduite à un guillotiné.

— Il a raison, calmez-vous, ajouta Malet à voix basse et en lui saisissant le bras. Si nous sommes découverts, la fuite est inutile, la guillotine n'est-elle pas à la porte ? »

C'étaient effectivement deux locataires, ouvriers imprimeurs, qui rentraient un peu ivres.

L'abbé Lafon, qui voulait juger de loin le drame, avait eu la précaution de persuader à Malet qu'en s'élançant du petit mur de la maison de santé, il s'était donné une entorse, afin d'avoir le prétexte de rester en arrière des autres, et ses premiers mots chez le prêtre espagnol, où il était entré en boitant, furent ceux-ci :

« Ah ! mon Dieu ! j'ai cru que je n'arriverais jamais !

— Qu'avez-vous, mon cher frère ? lui demanda Caamagno en patois basque.

— Hélas ! je me suis foulé le pied en sautant par-dessus le mur.

— Aussi, monsieur Lafon, objecta Rateau d'un ton de compassion, qu'aviez-vous besoin *d'affranchir* le mur et de venir ici à pareille heure, puisqu'il n'y a personne à confesser ? »

Malet interrompit leur conversation pour demander à Caamagno si les objets qu'on avait dû apporter *de la part du gouvernement* s'y trouvaient. Pour toute réponse, l'Espagnol lui ayant montré une malle placée dans un coin de la chambre, Malet l'ouvrit avec précipitation et en retira deux uniformes complets, l'un de général, l'autre d'aide de camp ; deux épées, une paire de petits pistolets de poche, une écharpe de commissaire de police, et, s'adressant à Rateau et à Boutreux :

« Messieurs, leur dit-il, j'ai une grande nouvelle à vous annoncer : l'Empereur est mort !

— Ah ! quel malheur ! s'écria Rateau en faisant un bond sur sa chaise.

— Ce n'est pas tout, continua Malet ; le Sénat a cru devoir apporter quelques changements dans la forme du gouvernement et remplacer quelques-uns de ses anciens fonctionnaires, tels que le commandant de Paris, le ministre et le préfet de police, par des hommes sur le zèle et le patriotisme desquels il pouvait compter. C'est moi qu'il a chargé de l'exécution de ces dernières mesures, et voilà la lettre par laquelle il me nomme lieutenant-général et me donne plein pouvoir d'agir en son nom. » Puis, s'adressant particulièrement à Rateau : « Caporal Rateau, lui dit-il, vous désirez de l'avancement ?

— Certainement, mon général ; le militaire en général et les caporaux en particulier ne désirent pas autre chose.

— Eh bien! à ma sollicitation, le ministre de la guerre vous a nommé mon aide de camp, avec le grade de lieutenant.

— Officier! aide de camp! moi! s'écria Rateau en sautant de joie et en battant des mains. Quel bonheur! Vive l'Empereur!

— Il est mort, vous dis-je! interrompit Malet d'une voix éclatante. Demain votre brevet vous sera expédié. Voici votre nouvel uniforme; habillez-vous. » Puis, s'adressant à Boutreux, il poursuivit : « Monsieur, d'après mes instructions, je dois être accompagné d'un officier ministériel pour proclamer les décrets du Sénat; en vertu de mes pouvoirs extraordinaires, je puis vous nommer commissaire de police; acceptez-vous cet office?

— Certainement, général.

— En ce cas, prenez cette écharpe, et suivez-moi, au nom de la loi! »

Au moment où Malet et ses deux accolytes, après avoir revêtu leur uniforme, se disposaient à sortir, on entendit un léger bruit dans la maison. Malet prêta l'oreille, l'abbé pâlit.

Malet et les siens sortirent de la maison, rue Neuve-Saint-Gilles, en y laissant l'abbé Lafon et Caamagno, dont on n'entendit plus parler, et se dirigèrent sur la caserne de la rue Popincourt, occupée par la dixième cohorte et qui était la plus rapprochée.

A LA CASERNE POPINCOURT.

Il était environ deux heures du matin. Malet se présenta à la porte du quartier en disant :

« C'est de la part du commandant de Paris. »

On lui ouvrit. Mais, apprenant que le commandant Soulier, qu'il ne connaissait pas, habitait hors de la caserne, il se fit conduire à son logement par un homme de garde, en s'annonçant sous le nom du général Lamotte.

« Eh bien, commandant, dit-il à ce dernier, qu'il trouva en

proie a une fièvre ardente, il y a du nouveau, et je vois bien que vons n'avez pas été prévenu : l'Empereur est mort sous les murs de Moscou le 7 de ce mois. Voici une dépêche du Sénat à votre adresse. »

Et il jeta sur le lit de Soulier un paquet qui renfermait le prétendu décret du Sénat, la proclamation aux soldats et sa nomination au grade de général de brigade.

A la vue d'un officier général, Soulier essaya de se lever; mais, à ces mots : *L'Empereur est mort!* il retomba comme frappé de stupeur, en répétant douloureusement :

« L'Empereur est mort! ô ciel! quel malheur!

— Hélas! oui, quel malheur! répéta Rateau ; tout le monde est du même avis. »

Alors, profitant du trouble du commandant, Malet lui déroula les actes du Sénat, qui, entre autres mesures, nommaient le général Malet commandant de Paris à la place de Hullin; puis il ajouta :

« Commandant, il faut faire prendre les armes à votre cohorte.

— Oui, mon général, tout de suite », répondit Soulier tout troublé. Et, s'adressant au soldat qui avait accompagné Malet, il ajouta : « Courez vite chez le capitaine Piquerel ; allez éveiller les officiers qui ne logent point au quartier ; faites battre le rappel par le tambour de garde.

— Non! interrompit vivement Malet; il ne faut pas que cette nouvelle se répande encore dans Paris. Qu'on prévienne seulement les officiers logés au quartier, et que la troupe s'assemble sans bruit dans la cour. »

L'adjudant-major Piquerel arriva bientôt.

« Ah! capitaine, lui dit Soulier, l'Empereur est mort!

— C'est ce qu'on vient de m'apprendre, mon commandant. Cela va faire une *fameuse* mutation à porter sur le rapport. Mais qu'allons-nous faire sans lui?

— Ce que nous faisions avant lui, monsieur le capitaine, dit Malet froidement.

— Et la grande armée! demanda Soulier.

— Elle n'existe plus, dit encore Malet.

— Elle n'existe plus! répéta Piquerel d'un ton de stupeur; quelle catastrophe!

— Oui, elle a été rasée entièrement, répondit Rateau, ce qui fait que la catastrophe va nous procurer un fameux avancement.

— Allons, monsieur l'adjudant-major, faites diligence; la cohorte devrait être déjà sous les armes, répondit Malet. Vous, colonel, vous êtes trop souffrant pour quitter le lit; restez.

— Hélas! mon général, je ne vous obéis qu'à regret; mais, vous le voyez...

— Sans doute; votre adjudant-major vous remplacera. »

On descendit dans la cour; là, Boutreux donna connaissance du sénatus-consulte à la cohorte rassemblée. Cette lecture excita, parmi le groupe qui entourait Malet, Rateau et Boutreux, la plus grande surprise. Quelques-uns ne pouvaient y croire.

« Lui! mort! le petit Caporal! Allons donc! c'est impossible, dit un capitaine nommé Stenhower; on voit bien que vous ne le connaissez pas.

— Quand on vous dit que c'est la pure vérité », répliqua Rateau. Puis il ajouta d'un ton d'emphase : « Devant le boulet tous les Français sont égaux. »

— C'est donc par un boulet! demanda un officier.

— C'est par un biscaïen qui lui est entré dans l'œil droit et lui est sorti par l'oreille ganche, répondit Rateau qui perdait un peu la tête. L'Empereur a crié au secours! mais il n'était plus temps. Le prince de Neufchâtel s'est trouvé mal de chagrin. Demandez plutôt à mon général ici présent, il possède des détails qui lui ont été apportés par un courrier du télégraphe. »

Mais Malet avait autre chose à faire qu'à affirmer les assertions un peu hasardées de son aide de camp; aussi se hâta-t-il de donner des ordres. Les soldats se mirent en marche sans une seule cartouche (il y en avait dix mille à la caserne), et avec les mêmes pierres à fusil *en bois* qui leur servaient journellement à faire l'exercice.

Ce fut ici le moment le plus difficile pour Malet, mais celui en même temps qui prouva le plus sa merveilleuse audace, puisque deux heures après son évasion il était maître d'une partie de la force publique, sans autre effort que d'avoir trouvé un chef de corps qui voulût bien livrer sa troupe au premier venu, sur des ordres signés de gens qui lui étaient parfaitement inconnus, mais que la hiérarchie militaire, si puissante alors, lui présentait comme ses supérieurs.

A LA PRISON DE LA FORCE.

A cinq heures, Malet, à la tête d'un fort détachement de la 10e cohorte, arriva devant la prison de la Force. La sentinelle placée devant le guichet, croyant que c'était une patrouille qui arrivait, fit entendre son : « Qui vive? »

« Ronde d'officier général », répondit Malet en s'approchant du factionnaire.

Ce dernier appela le sergent qui commandait le poste; Malet se fit reconnaître et frappa lui-même au guichet. Un gardien demanda de l'intérieur ce qu'on voulait.

« Ouvrez, lui dit Malet, j'ai des ordres. »

Celui-ci, voyant un général à la tête de soldats, s'empressa d'introduire Malet, Rateau, Boutreux et une partie de la troupe dans la salle du greffe, et se hâta d'aller réveiller le directeur de la prison, qui arriva demi-vêtu.

« Vous avez encore chez vous les généraux Lahorie et Guidal? lui demanda Malet.

— Oui, général; mais ce n'est que pour peu de jours, répondit avec étonnement M. Baud, qui reconnut dans celui qui lui adressait cette question un de ses anciens pensionnaires.

— Monsieur le commissaire de police, reprit Malet en s'adressant à Boutreux, veuillez donner connaissance à monsieur des ordres du Sénat. »

Boutreux fit pour la troisième fois lecture du sénatus-consulte, qui annonçait la mort de l'Empereur ; après quoi Malet, présentant un papier à M. Baud, lui dit :

« Maintenant, faites sortir les généraux Lahorie et Guidal; voici l'ordre de leur élargissement. »

Soit que le directeur se doutât de quelque chose, soit que le commissaire de police lui parût suspect, car il ne se rappelait point l'avoir jamais vu, il répondit à Malet, après avoir lu attentivement le papier qu'il lui avait remis :

« Général, cet ordre n'est pas régulier; nos instructions exigent que la signature du ministre de la police soit apposée sur cette pièce; elle a été oubliée, voyez vous-même. »

Et M. Baud lui rendit le papier.

« Comment! ne me reconnaissez-vous plus? s'éria Malet.

— Pardonnez-moi, général, balbutia le directeur en baissant les yeux; je ne pourrai jamais oublier qu'on m'a fait l'honneur, il y a quatre ans, de vous confier à ma garde; mais tandis que le greffier va lever ces écrous, permettez-moi de dépêcher un de mes gardiens à monseigneur le duc de Rovigo.

— Il n'est plus ministre, interrompit Malet; et si vous tenez à votre place, je vous engage à obéir et à ne pas faire de réflexions. Vous devez vous rappeler que je ne les aime pas. »

Le directeur de la prison de la Force n'ayant pas les moyens de résister à l'injonction de Malet, dut se résigner, bien qu'il eût compris tout d'abord qu'il se passait quelque chose d'extraordinaire; et, sans ajouter un mot, il alla lui-même chercher les prisonniers.

Il est à remarquer que, parmi les fonctionnaires publics qui jouèrent un rôle plus ou moins actif dans ce drame, le seul à peu près qui se montra inébranlable fut un geôlier. Guidal, réveillé en sursaut, crut qu'on venait le prendre pour le conduire à Toulon devant le conseil de guerre qui devait le juger.

« Qu'on me fusille tout de suite, et que cela finisse ! » s'écria-t-il avec d'énergiques jurements.

Mais, au lieu de la mort, c'était la liberté qu'on lui apportait. Lahorie arriva le dernier, tenant un sac de nuit à la main et suivi de deux guichetiers qui portaient ses bagages. Il avait mis tant de lenteur à se déshabiller et à faire ses préparatifs de départ, qu'il était près de six heures lorsqu'il arriva au greffe.

Salués, embrassés, félicités sur leur délivrance, dans leur surprise, Guidal et Lahorie demandèrent des explications à Malet. Celui-ci les instruisit en peu de mots de tout ce qu'il disait être relatif à l'Empereur et au Sénat. Sur ces entrefaites, quelques prisonniers, et entre autres un Corse nommé Boccheampe, arrivèrent au greffe, on ne sait ni pourquoi ni par quel moyen, mais ils profitèrent de l'occasion pour se faire mettre en liberté. Les premières émotions un peu calmées, Malet se hâta de distribuer les rôles. Toujours au moyen de prétendus actes du Sénat, Lahorie fut nommé ministre de la police, en remplacement de Savary; Guidal eut le commandement de la nouvelle garde du Sénat. Boccheampe fut désigné comme préfet du département de la Seine; le malheureux était loin de se douter que c'était un arrêt de mort qu'il recevait. Boutreux devait remplacer le préfet de police Pasquier; Rateau, en sa qualité d'aide de camp de Malet, fut chargé de porter au colonel Rabbe, commandant de la garde de Paris, les prétendues dépêches du Sénat, qui mettait cette troupe à la disposition de son général. Il était six heures et demie du matin; il faisait à peine jour, car cela se passait au mois d'octobre. Ces divers chefs d'emploi se divisèrent, et chacun d'eux, accompagné d'un détachement de soldats, se mit en marche pour accomplir sa mission; quant à Malet, il se dirigea vers l'état-major de la place de Paris. C'était là que Rateau devait venir le retrouver.

CHEZ LE MINISTRE DE LA POLICE.

Maintenant l'action va se partager. Tandis que Lahorie et Guidal, avec un bataillon de la 10° cohorte, marchent sur l'hôtel du ministre de la police, situé quai Malaquais, presque au coin de la rue des Saints-

Lahorie à la Force.

Pères, Rateau se rend à la caserne de la garde de Paris ; les dépêches qu'il tient de Malet, et qu'il remet à l'adjudant de service, suffisent pour faire mettre immédiatement la troupe sous les armes. Le colonel Rabbe et ses officiers examinent à peine les prétendus ordres du Sénat, et partent pour se porter sur les points que Malet leur indique dans ses instructions. De son côté, Boutreux, le nouveau préfet de police, à la tête d'un fort détachement de soldats, envahit la cour de la préfecture. Selon ses habitudes laborieuses, M. Pasquier était déjà debout. Boutreux lui signifie les ordres du Sénat.

« L'Empereur est mort, lui dit-il tout d'abord ; les constitutions de l'Empire sont abolies, vous n'êtes plus préfet de police. »

M. Pasquier veut parler, Boutreux ne l'écoute pas ; les soldats s'emparent de lui pour le conduire à la prison de la Force, qui lui est destinée. Cependant M. Pasquier, dans le tumulte qu'occasionne cette brusque arrestation, trouve moyen de dépêcher un de ses secrétaires auprès de l'archichancelier, qui demeure rue de Grenelle-Saint-Germain ; mais toutes les issues de la préfecture lui sont fermées, et Boutreux s'installe dans le cabinet du préfet pour y attendre de nouveaux ordres. Pendant ce temps, un lieutenant de la 10° cohorte était allé surprendre M. Desmarets, qu'il trouva encore couché, et le conduisit également à la Force, où il trouva M. Pasquier, qu'on y avait amené déjà.

—Que se passe-t-il donc ? demanda Desmarets au préfet de police.

— Je n'en sais rien, répondit celui-ci ; mais je suppose que c'est une conspiration !

— Dans quel but ?

— Je l'ignore entièrement. »

Telles furent les paroles que, dans leur naturel effroi, ils échangèrent en latin, tout en acceptant les condoléances du directeur de la prison, qui s'empressa de les mettre sous les verrous, alléguant pour excuse la présence d'un de ses subalternes dont il se méfiait.

Il était six heures et quart ; le jour commençait à poindre ; Lahorie et Guidal étaient arrivés à l'hôtel du ministre de la police.

Si l'on pouvait adresser un reproche au duc de Rovigo pour son ministère, ce ne serait certainement pas celui d'avoir cédé à la paresse, car jamais il ne lui arriva de laisser languir la besogne d'un jour à l'autre. Pendant cette même nuit, il avait écrit jusqu'à cinq heures du matin, et venait de se mettre au lit, lorsque tout à coup il est réveillé par un tumulte qu'il entend dans la pièce contiguë à sa chambre à coucher. Très-fatigué qu'il est de son travail de la veille, il reste dans son lit; mais bientôt les panneaux de la porte sont violemment ébranlés; s'imaginant que le feu est dans l'hôtel et que ses gens font tout ce vacarme pour l'éveiller, il s'écrie :

« C'est bien ! je comprends, je vais ouvrir! »

Et se levant, il cherche, dans l'obscurité profonde qui règne autour de lui, la porte qui conduit dans son cabinet, dont les contrevents sont toujours fermés la nuit, lorsqu'il aperçoit, à travers les fractures déjà faites dans la boiserie, des soldats en armes qui remplissent ses appartements. Quelques-uns ayant achevé d'enfoncer la porte, qui tenait encore à l'aide des verrous, le duc, resté en chemise, leur demande ce qui les amène chez lui.

« Appelez le général ! » s'écrie une voix partie d'un groupe de soldats, que Savary ne peut pas distinguer tant la pièce en est remplie.

Aussitôt Savary voit devant lui un homme qui doit lui paraître un être fantastique. C'est le général Lahorie, en grand costume d'officier général, l'épée au côté. L'effet produit sur le ministre par tout ce qui se passe est comme celui d'une forte secousse électrique; il voit sans y voir, il entend sans entendre.

« Comment diable ! lui dit Lahorie, ta chambre à coucher est comme une forteresse ! Tu es étonné de me voir ici, n'est-ce pas?

— *Etonné* n'est pas le mot, répond Savary », qui se frotte les yeux, ne se croyant pas encore bien éveillé.

L'expression manque en effet pour peindre ce qui se passait alors dans la tête du duc. Il venait de reconnaître Lahorie, qu'il avait lui-même fait mettre en prison, et il le voyait là, commandant des soldats et venant sans doute pour l'arrêter lui-même, car Lahorie lui dit aussitôt en s'avançant vers lui :

« Tu es arrêté ; félicite-toi d'être tombé entre des mains généreuses, car il ne t'arrivera pas de mal. »

Le ministre, ne comprenant rien à ce qu'il voit ni à ce qu'il entend, demeure stupéfait. Lahorie continue :

« L'Empereur a été tué sous les murs de Moscou le 8 octobre dernier. »

La foudre eût éclaté sur la tête du duc sans lui causer une stupeur aussi grande que celle dont le frappa cette terrible nouvelle. Mais peu à peu ses idées reprenant leur lucidité, il entrevit qu'il y avait dans tout ceci une affaire mal montée, mais dont les résultats devaient être aussi funestes pour les uns que pour les autres ; car, en supposant que l'Empereur fût mort en Russie, était-ce ainsi que lui, ministre, devait l'apprendre ? Cette remarque judicieuse lui inspira des doutes sur la réalité d'un tel événement.

« Allons donc ! tu me fais des contes, répondit-il à Lahorie, qui, ayant été son camarade jadis, avait conservé avec lui, malgré la différence des positions et des sentiments politiques, l'habitude du tutoiement ; j'ai une lettre de l'Empereur de ce jour-là, je puis te la montrer.

— Cela ne se peut pas, interrompit Lahorie en fixant des regards étincelants sur Savary.

— Je te répète que je puis te la faire voir...

— Non ! te dis-je, cela est impossible ! »

Et en prononçant ces mots, il y avait chez Lahorie une telle exaltation, que sa mâchoire et tous ses membres étaient agités d'un tremblement nerveux.

« Mais où est donc le petit sergent ? demanda-t-il plusieurs fois en s'adressant aux soldats ; qu'on fasse monter le petit sergent ! »

A ces mots, Savary crut que ce petit sergent n'était autre qu'un homme chargé de l'expédier promptement ; aussi, s'approchant du général :

« Lahorie! lui dit-il avec vivacité, nous avons bivouaqué ensemble, nous avons senti la fumée de la poudre aux mêmes batailles, j'espère que tu ne l'oublieras pas et que tu ne me laisseras pas assassiner comme un chien. »

A ce mot *assassiner*, Lahorie tressaillit.

« Qui te parle de mort? lui répondit-il fort ému.

— Tout ce que je vois autour de moi, répondit le duc en regardant fixement Lahorie, qui baissa les yeux. Au reste, ajouta Savary, tu dois te rappeler encore que je t'ai sauvé la vie lors de l'affaire de Moreau. »

Lahorie ne répondit rien et sortit de la chambre, sans doute pour aller chercher le petit sergent en question.

N'ayant rien gagné sur Lahorie, Savary ne songea qu'à vendre sa vie le plus cher possible; cependant, s'adressant à celui qui lui paraît être le commandant de la troupe (c'était Piquerel), il lui demande :

« Qui êtes-vous, monsieur?

— Je suis capitaine adjudant-major de la 10e cohorte, répond cet officier.

— Ces hommes sont-ils sous vos ordres?

— Oui, monsieur.

— Ainsi, ajoute Savary, vous n'êtes pas des soldats révoltés? »

A cette demande, tous se récrient.

« Non! non, disent-ils, nous sommes avec nos officiers, et c'est un général qui nous a conduits ici.

— Connaissez-vous ce général? demande encore Savary.

— Non! répondent-ils encore.

— Eh bien! moi, je le connais. C'est un ancien aide de camp de Moreau qui était en prison à la Force, dont il n'aurait pas dû sortir sans ma permission. C'est un conspirateur qui vous a entraînés et qui vous perd. Me connaissez-vous, moi?

— Non!

— Vous savez au moins chez qui vous êtes?

— Nous ne le savons pas davantage.

— Moi, je vous connais, dit une voix; je sais que vous êtes le ministre de la police.

— Alors, répliqua Savary, je vous ordonne, je vous requiers d'arrêter sur-le-champ le général Lahorie, qui, je vous le répète, est un conspirateur et qui vous perd en vous amenant chez moi. »

Pendant ce colloque, l'adjudant-major Piquerel avait constamment tenu Savary par le bras droit et un autre officier par le bras gauche, de sorte qu'il ne pouvait agir; mais ayant remarqué que les soldats n'avaient pas même de pierres à feu à leurs fusils, cette circonstance le rassura, et, s'adressant à Piquerel, qui était décoré de la Légion-d'Honneur :

« Mon cher monsieur, lui dit-il, vous jouez là un jeu auquel il ne faut pas perdre, prenez-y garde! vous pouvez être fusillé dans un quart d'heure, si je ne le suis pas moi-même, car il ne faut que ce temps-là aux grenadiers de la garde pour monter à cheval, et alors gare à vous! »

Cet officier, ébranlé un moment, moins par la peur du danger que par la crainte de coopérer à une mauvaise action, baissa les yeux et sembla réfléchir; Savary profita de cette disposition d'esprit en se hâtant d'ajouter :

« Si vous êtes un homme d'honneur, ne vous souillez pas d'un crime et ne m'empêchez pas de vous sauver tous; je ne vous demande que de me laisser faire. »

En disant ces mots, Savary avança le bras droit pour saisir la poignée de l'épée que Piquerel tenait sous le sien, à cause de l'exiguité de l'appartement, où les soldats s'étaient pour ainsi dire entassés; mais celui-ci, devinant l'intention de Savary, lui retint le bras vigoureusement :

« Non, monsieur, lui dit-il d'un ton bref, vous êtes confié à ma garde et vous marcherez où on me dira de vous conduire.

— Vous êtes un malheureux, répliqua Savary, qui ne devrez vous en prendre qu'à vous-même lorsque vous verrez la fin de tout ceci. »

Comme il achevait de parler, Savary vit, par la fenêtre près de laquelle il se trouvait, Lahorie qui traversait la cour de l'hôtel d'un pas précipité, suivi d'un homme dont la figure n'avait rien de rassurant; tous deux entrèrent bientôt comme des furieux. Lahorie resta derrière, mais son compagnon vint droit à Savary, et, lui posant l'épée sur la poitrine :

« Me reconnaissez-vous? lui demanda-t-il en proférant un horrible jurement.

— Non, monsieur.

— Je suis le général Guidal, que vous avez fait arrêter à Marseille et conduire à Paris par vos gendarmes.

— Ah! ah! fit Savary, je me le rappelle parfaitement : mais si on avait exécuté mes ordres, il y a plus d'un mois qu'on vous eût reconduit à Marseille. »

A ces mots, Guidal, qui semblait fort exaspéré, fit un mouvement.

« Venez-vous chez moi pour m'assassiner lâchement? poursuivit Savary.

— Non! je ne veux pas vous tuer, mais vous allez venir avec moi au Sénat.

— Pourquoi faire au Sénat? demanda Savary.

— Pas de réflexion! » interrompit Guidal d'une voix de tonnerre. Et, s'adressant aux soldats qui l'entouraient, il ajouta : « Faites-le marcher.

— Piquez-le un peu, s'il ne veut pas avancer, dit une voix.

— Allons donc! qu'y a-t-il tant à faire? hurla un autre. On enfile cela comme des grenouilles!

— Eh bien! soit! va pour le Sénat, dit Savary en rappelant tout son sang-froid; mais au moins laissez-moi m'habiller.

C'est inutile, on va vous apporter des vêtements », répliqua Guidal.

Et, sur l'ordre de ce dernier, le valet de chambre de Savary les rassembla et les lui remit.

Tandis qu'il s'habillait le plus lentement possible pour gagner du temps, un des secrétaires de son cabinet, M. de Cluys, ancien officier de chasseurs, qui avait été averti de ce qui se passait, arriva au milieu de cette foule, qu'il voulait d'abord brusquer sans la marchander; Savary lui fit signe de ne pas se faire arrêter lui-même, et lui dit à haute voix :

« Allez prévenir mon voisin d'être sans inquiétude et que l'on ne m'a fait aucun mal. »

Celui-ci comprit parfaitement et courut chez Réal, qui demeurait dans la rue des Saints-Pères, à côté de l'hôtel du ministère; mais il ne put lui parler. Quoi qu'il en soit, ce furent ces deux fonctionnaires qui donnèrent l'alerte à l'archichancelier et au ministre de la guerre.

Lahorie et Guidal, qui tenaient toujours Savary au milieu des soldats, décidèrent de l'envoyer à la Force; Guidal se chargea de l'y conduire.

Le ministre de la police avait constamment à son hôtel un poste de la garde de Paris; l'officier qui le commandait, et qui était placé là par l'état-major de la place, ne s'informa pas de la cause du désordre qui avait lieu. Comme garde de sûreté, il avait un gendarme d'ordonnance pour aller porter les dépêches, mais ce dernier ne se trouvait pas à l'hôtel.

Guidal envoya chercher un cabriolet de place, y fit monter Savary et se plaça à sa gauche, tandis que le cocher occupait la droite. Puis, ayant donné l'ordre à un petit détachement de marcher en avant, on prit le chemin de la Force. En passant le long du quai des Lunettes, l'idée vint à Savary de s'échapper. Parvenu au pied de la tour de l'Horloge, il pousse violemment le devant du cabriolet, s'élance et prend sa course vers la place du Palais-de-Justice; mais il n'avait pas remarqué qu'un autre piquet de soldats suivait le cabriolet. Ces derniers se mirent à courir après lui en criant :

« Arrêtez! arrêtez! »

A Paris, il n'en faut pas davantage pour que chacun prête main-forte ; aussi fut-il arrêté, et les soldats de Guidal l'ayant pris bras dessus bras dessous, le conduisirent à pied à la Force.

Ce fut le concierge qui apprit à Savary tout ce qui s'était passé le matin dans cette prison, et qui l'informa que MM. Pasquier et Desmarets y avaient été amenés avant lui.

« Tout ce qui se passe en ce moment est étrange, inconcevable, lui dit Savary; Dieu sait ce qui en résultera. En attendant, placez-moi dans une chambre écartée, donnez-moi des vivres, enfermez-moi et jetez la clef dans un puits. »

Le concierge se conduisit bien ; il donna sa parole au ministre que, quoi qu'il arrivât, il le protégerait.

Un grand pas venait d'être fait, le coup le plus important avait été porté. L'action de la police, de cette autorité qui répondait de la tranquillité de Paris et de la sûreté du gouvernement, était anéantie ; mais il restait encore l'autorité militaire à vaincre, et ce n'était pas le plus facile ; aussi Malet s'en était chargé lui-même en allant chez le général Hulin, qui, en l'absence de Junot, alors en Russie, commandait la place de Paris et toutes les troupes de la première division militaire.

A LA PLACE VENDÔME.

En arrivant sur la place Vendôme, Malet avait expédié un lieutenant et vingt-cinq hommes de sa troupe, avec ordre d'aller se mettre en bataille devant la porte du bureau de l'état-major, situé à l'angle de la place Vendôme, à droite et du côté opposé à l'hôtel du gouvernement de Paris, habité par Hulin, en lui recommandant expressément de ne laisser sortir personne de l'état-major. Puis il avait remis à cet officier un paquet pour l'adjudant général Doucet, commandant de la place. Ce paquet contenait les mêmes pièces que les autres : l'annonce de la mort de l'Empereur, l'acte du Sénat, les proclamations et la nomination du général Malet au gouvernement de Paris; enfin une nomination de général de brigade avec un bon de 100,000 fr. pour lui, Doucet. A ce paquet il avait joint une instruction en forme de lettre confidentielle, dans laquelle il témoignait à Doucet le plaisir qu'il éprouvait à entrer en relation de service avec lui, et le priait d'envoyer tels et tels ordres aux troupes qui étaient à Saint-Denis, Saint-Germain et Versailles, ainsi qu'à celles casernées à Paris. Il n'exceptait que la garde soldée de la 10ᵉ cohorte, qu'il avait employée pour l'arrestation du préfet et du ministre de la police. Il ajoutait que, « connaissant les relations d'amitié qui existaient entre lui et le gouverneur de Paris, il avait voulu lui épargner cette commission, et que par conséquent il s'en était chargé. » Enfin il lui recommandait de garder à sa porte, jusqu'à nouvel-ordre, le piquet que commandait l'officier qui lui remettrait les présentes dépêches; puis, s'étant dirigé à gauche de la place, il entra chez Hulin.

Il faisait déjà grand jour. Le gouverneur de Paris n'était pas encore levé, et Mᵐᵉ Hulin s'occupait à parcourir le *Moniteur* que sa femme de chambre venait de lui apporter au lit, et elle y cherchait des nouvelles de Russie, lorsque des pas précipités et une espèce de colloque se firent entendre dans la pièce qui précédait.

« Quel vacarme! dit Mᵐᵉ Hulin à son mari, et qui peut se permettre de venir te déranger si matin?

— Doucet ou quelqu'un de l'état-major, répondit celui-ci en bâillant; il faut que ce soit pour affaire de service et qu'il y ait du nouveau; je vais me lever.

as, ne le laisse pas entrer, réplique Mᵐᵉ Hulin, je ne veux on me voie ainsi en bonnet de nuit. »

A peine achevait-elle de parler, que la porte s'ouvre avec violence. Mᵐᵉ Hulin se cache sous les draps. C'est Malet qui, à la faveur de son uniforme, a pu pénétrer jusqu'à cette pièce. Il va droit à l'alcôve, et entr'ouvrant brusquement les rideaux :

« Général, dit-il à Hulin, je suis chargé d'une pénible mission : le gouvernement vous a destitué, et, en me nommant à votre place, il m'a donné l'ordre de m'assurer de votre personne. Remettez-moi donc votre épée et le cachet de la première division. »

Les paroles de Malet, plus encore que son arrivée si imprévue, avaient troublé Hulin à tel point que, pour toute réponse, il ne put que balbutier ces mots :

« Général..., je ne croyais pas avoir démérité...; mais un soldat tel que moi ne connaît que... l'obéissance au gouvernement...; cependant..., ma fidélité à l'Empereur...

— L'Empereur est mort sous les murs de Moscou, interrompt Malet, et voici le sénatus-consulte qui établit un autre gouvernement; écoutez. »

Tandis que Malet commence la lecture de cette pièce, Hulin se jette à bas de son lit et passe un robe de chambre, tout en examinant la figure de son successeur, qu'il ne connaît pas, qu'il n'a jamais vu, et que, par instinct, il soupçonne pouvoir bien être un imposteur : mais il est seul en ce moment; que faire! Sa femme vient heureusement le tirer d'embarras en lui disant de l'alcôve, où Malet n'a pu l'apercevoir :

« Mais, mon ami, si monsieur te remplace, il doit avoir des ordres; il faut qu'il te les montre auparavant.

— C'est juste, réplique aussitôt Hulin d'un ton énergique. Où sont vos ordres, monsieur? Montrez-moi vos ordres!

— Passons dans votre cabinet, général, je vais vous les montrer », répond froidement Malet.

A peine Hulin, qui était entré le premier, se retourne-t-il pour dire à Malet : « Voyons vos ordres! » que ce dernier, tirant de sa ceinture un de ses pistolets, lui lâche le coup à bout portant au milieu du visage, en disant :

« Les voilà, mes ordres [1]! »

---

[1] Hulin était un homme de six pieds et d'une vigueur en proportion de sa taille; Malet, au contraire, était petit, et Hulin l'eût facilement terrassé s'il en avait eu le temps. Tel est le motif pour lequel Malet se débarrassa de lui de cette façon.

DES CONSPIRATIONS. 363

Hulin tomba grièvement blessé à la mâchoire. Au bruit de l'explosion, Mme Hulin s'élance de son lit et se précipite, à demi-nue, dans le cabinet de son mari en poussant des cris affreux. Malet les enferme tous deux, descend tranquillement l'escalier, traverse la place Vendôme et monte chez l'adjudant général Doucet, qui demeure à l'entresol. Cet officier, de même que Hulin, était encore couché lorsque le lieutenant expédié par Malet se présenta chez lui. Ne comprenant rien à ce que ces dépêches contiennent, il demande au lieutenant ce qui s'est passé à la caserne.

« J'ai vu prendre les armes à la cohorte, lui dit celui-ci ; j'ai suivi le général Lamotte (Malet) à la Force, où j'ai vu mettre en liberté les généraux Lahorie et Guidal, puis j'ai accompagné le général Lamotte (Malet) jusqu'à la place Vendôme, où je l'ai quitté pour venir ici, tandis qu'il s'est rendu chez le général Hulin, où il doit se trouver maintenant. Tenez, mon général, ajouta-t-il, je vois d'ici notre détachement qui est devant la porte du gouverneur de Paris. »

Et il devait effectivement l'apercevoir de la fenêtre du logement occupé par Doucet. Ce dernier, ne pouvant plus douter de ce qu'il voit et de ce que lui dit le jeune officier, n'ose cependant rien prendre sur lui de peur d'engager sa responsabilité. Malet lui ordonnait de mettre l'adjudant Laborde aux arrêts, parce qu'il se méfiait de son activité. Comme cet adjudant demeurait dans le même hôtel que lui, Doucet le fit appeler ; ils relisaient ensemble toutes les pièces envoyées par Malet, lorsque celui-ci, après être sorti de chez Hulin, entra dans la chambre où ils se trouvaient tous les deux.

« Pourquoi l'adjudant Laborde n'est-il pas aux arrêts, ainsi que je l'avais ordonné ! »

Telles furent les premières paroles de Malet, qui ajouta en s'adressant à Laborde :

« Monsieur, rendez-vous aux arrêts ! »

Laborde résiste d'abord ; une discussion s'engage, à la suite de laquelle l'adjudant dit en se retirant :

« Pour me rendre aux arrêts, il faut que je sorte, car ce n'est pas ici ma chambre. »

Et il se retire. Mais à peine est-il au bas de l'escalier, qu'il aperçoit l'inspecteur général de police Pasques, auquel un sergent du piquet de la 10ᵉ cohorte refusait l'entrée. Pasques venait par hasard au bureau de l'état-major de la place pour y prendre des renseignements sur un Anglais qu'il avait été chargé d'arrêter la veille, et qu'il n'avait pu découvrir à Passy, où on le disait caché. Laborde crie de la cour aux soldats de le laisser entrer, ce qu'ils font, parce que tous ont l'habitude d'obéir à cet adjudant, qu'ils connaissent parfaitement.

Ce dernier apprend à l'inspecteur de police ce qui se passe, lui fait part de ses doutes et le conduit jusqu'à la chambre de Doucet. A peine y est-il entré, que la scène change tout à coup. La présence inattendue de cet inspecteur de police, bien connu de Malet [1], lui fait perdre contenance, surtout lorsque Pasques lui dit d'une voix assurée :

« Monsieur Malet, vous savez bien que vous n'avez pas la permission de sortir de chez M. Dubuisson sans que j'aille vous y chercher. Pourquoi donc vous vois-je ici à pareille heure et en uniforme ? » Et, s'adressant à Doucet : « Général, ajoute-t-il, il y a là-dessous quelque chose que je ne puis comprendre; faites-le arrêter d'abord, je prends tout sur moi; je vais courir au ministère pour savoir ce que cela signifie. »

Pendant ce temps, Malet s'était levé de sa chaise pour aller s'adosser contre la cheminée. Se voyant perdu, il met la main au second

---

[1] Sous l'Empire, les prisonniers d'État qui obtenaient la faveur de demeurer dans des maisons de santé ne pouvaient en sortir que pour de très-graves motifs, sur une permission spéciale du ministre de la police, et dans ce cas ils ne le pouvaient faire qu'accompagnés d'un agent de police militaire. C'était ordinairement le sieur Pasques, le même qui avait arrêté Moreau, Pichegru et plus tard Malet, que l'on chargeait de cette surveillance. En outre, il avait mission d'aller, au moins une fois par semaine, dans ces maisons de santé pour se faire représenter au besoin tel ou tel prisonnier, devenu plus ou moins suspect.

pistolet qu'il a dans sa ceinture. Laborde, devinant son intention, s'élance sur lui et l'appréhende au corps en criant :

« A la garde! à moi, dragons! au secours! »

Aussitôt un maréchal des logis et trois dragons se précipitent dans la pièce, et, aidés de Doucet et de Pasques, parviennent à terrasser Malet, qui s'écrie :

« Dragons! l'Empereur est mort!

— C'est faux! réplique Laborde.

— Dragons! je suis le gouverneur de Paris.

— N'en croyez rien, reprend Laborde.

— Vous répondrez devant le Sénat de l'attentat...

— Ne l'écoutez pas!... Mettez-lui un bâillon! c'est un brigand! un conspirateur!

— Qui parle ici de brigand et de conspirateur? s'écrie Rateau en se précipitant à son tour dans l'appartement.

— Dragons! crie Laborde, empoignez-moi aussi cet homme : c'est un émigré, un chouan!

— Moi, un chouan, un émigré! dit Rateau en reculant de quelques pas; riche bête que vous êtes! je suis Rateau le Bordelais, aide de camp du général ici présent.

— C'est un faux aide de camp, reprend Laborde. Allons donc, gendarmes, désarmez-le et mettez-lui les poucettes.

— Vous voulez donc vous faire fusiller sans rémission? » dit Rateau, qui tire son épée pour défendre son général.

Au même instant, les gendarmes qui étaient survenus, et qui d'abord semblaient indécis, se jettent sur Rateau, le garrottent et le bâillonnent avec un mouchoir. On se disposait à traiter Malet de même, lorsque celui-ci dit aux dragons qui le serraient de près :

« Lâchez-moi; sur mon honneur, je ne ferai rien et je ne dirai rien. »

On se contenta de le garder à vue sans lui faire la moindre violence. Mais tandis que cette scène avait lieu à l'entresol de l'état-major de la place, il s'en passait une autre au rez-de-chaussée entre

Réal et le lieutenant Régnier, qui, d'après la consigne qu'il avait reçue, s'opposait à ce que ce conseiller d'État pénétrât au delà.

« Je suis le comte Réal, disait ce dernier à l'opiniâtre officier.

— Il n'y a plus de comte, répondait celui-ci en raillant.

— N'appartenez-vous donc pas à la 10e cohorte !

— Il n'y a plus de cohorte.

— Mais j'ai l'honneur de vous dire que je viens de la part de Son Excellence.

— Et moi je vous répète qu'il n'y a plus d'excellence », répétait Régnier sur le même ton.

Ces réponses laissèrent enfin apercevoir à Réal le sens de la conspiration ; la tête puissante de Malet avait invoqué les souvenirs de la République, et Réal, qui avait compris une partie de la vérité, s'était empressé de rétrograder.

A neuf heures et demie, Laborde et Doucet, après avoir délibéré, se décidèrent à montrer aux troupes, sur le balcon, Malet et Rateau entourés de gendarmes, en s'écriant devant le peuple assemblé :

« Mes amis, l'Empereur n'est pas mort ! Votre père existe. Vive l'Empereur !

— Vive l'Empereur ! répondirent les soldats.

— Mes amis, reprit Doucet, vous avez été trompés par d'infâmes conspirateurs.

— A bas les conspirateurs ! vive l'Empereur ! répéta-t-on sur la place.

— Les brigands vont recevoir leur punition, ajouta Laborde.

— Oui, oui, fusillez-les ! crièrent les uns. Non, il faut les guillotiner ! » hurlèrent les autres.

A dix heures, on convint que Malet, Rateau et tous ceux qu'on pourrait arrêter comme ayant pris part à la conspiration, seraient conduits sous bonne escorte au ministère de la police pour y être préalablement interrogés. Cette mesure fut exécutée sur-le-champ. Puis, après avoir ordonné aux troupes, qui s'étaient successivement rassemblées sur la place Vendôme, de rentrer chacune dans sa caserne respective, Laborde courut à la Préfecture de police et à l'Hôtel-de-Ville, où le drame avait pris un caractère moins tragique, mais plus grave peut-être dans ses conséquences.

A L'HÔTEL-DE-VILLE.

Bocchampe, ce Corse prisonnier d'État détenu à la Force, mis en liberté par Malet et nommé par lui préfet de la Seine, s'était contenté, en arrivant sur la place de Grève, de rôder en curieux aux alentours sans oser pénétrer dans l'Hôtel-de-Ville. Parlant à peine français, et dans un costume plus que douteux, il avait compris qu'il fallait un autre prestige que celui de sa personne et de son langage pour prendre possession du poste qui lui avait pour ainsi dire été imposé. Il attendait patiemment que les événements se dessinassent d'une manière plus claire, lorsque Soulier, ainsi qu'il en avait reçu l'ordre de Malet, vint à son tour occuper la place de Grève avec une compagnie de sa cohorte, l'arme au bras; puis, s'adressant au concierge de la porte principale de l'Hôtel-de-Ville :

« J'ai des dépêches et une lettre à remettre à M. le préfet, lui dit-il; peut-on le voir?

— Il est à la campagne », lui fut-il répondu.

Soulier attendit. La veille, en effet, Frochot était allé, comme d'habitude, coucher à sa maison de Nogent-sur-Seine. Le 23 octobre au matin, il revenait tranquillement à Paris, au pas de son cheval, lorsque vers les huit heures, passant devant l'hospice des Orphelins de la rue du Faubourg-Saint-Antoine, il vit venir à lui, monté sur un de ses chevaux, le nommé Francard, son garçon d'écurie, qui lui remit un billet tracé au crayon, de la main de M. Villemsens, son ami. Ce billet renfermait simplement ces mots : « On attend M. le préfet. » Et plus bas deux autres mots, presque effacés, qui ne lui présentèrent aucun sens raisonnable et que lui parurent être ceux-ci : « *Fecit imperator.* » Frochot hâta sa marche, toujours en cherchant à déchiffrer les deux mots incompréhensibles. Il y avait renoncé, et le billet s'était même échappé de ses mains, lorsqu'un gamin l'ayant ramassé, il lut enfin distinctement les mots *fuit imperator*, qui lui apprirent la prétendue catastrophe. Frochot pressa son cheval et arriva sur la place de Grève, qu'il vit remplie de peuple et de soldats. Il mit pied à terre dans la cour intérieure et trouva à son débotté M. de Villemsens, qui, pâle et consterné, lui confirma la fatale nouvelle, l'informa que le ministre de la police était venu le demander, et qu'enfin le commandant de la troupe stationnée sur la place avait ordre d'arrêter M. Lapierre, un des employés supérieurs du bureau militaire, qui, à tort ou à raison, avait conservé la réputation de ce qu'on appelait encore un jacobin.

Bouleversé par ce qu'il vient d'apprendre, Frochot monte dans son appartement intérieur ; le commandant Soulier arrive presque sur ses pas, et lui dit qu'il a une communication importante à lui faire. Frochot lui fait traverser la salle dite *des Fastes* et le conduit dans son cabinet.

« Monsieur le préfet, dit alors Soulier du ton d'un homme abattu par la souffrance physique, vous avez dû recevoir ce matin un paquet à votre adresse.

— Non, commandant, répond Frochot troublé ; mais je vais le faire chercher.

— Eh bien ! n'importe, reprend Soulier en tirant de sa poche un papier cacheté, veuillez prendre lecture de cette lettre ; elle contient les ordres du commandant de Paris, en vertu desquels je me trouve préposé à la garde de l'Hôtel-de-Ville. »

Frochot regarde d'abord la signature, et voyant celle de Malet au lieu de celle de Hulin, demande avec surprise :

« Quel est ce général Malet ?

— C'est le chef ou l'un des nouveaux chefs de l'état-major de la division.

— Je ne le connais pas, je n'en ai même jamais entendu parler », reprend Frochot.

Et il commence à lire; mais l'huissier de la préfecture vient le prévenir que le ministre de la police demande à lui parler.

« Faites entrer », répond Frochot en rajustant sa toilette endommagée par la rapidité de sa course.

Au même instant, l'huissier annonce :

« Son Excellence monseigneur le ministre de la police générale! »

Frochot se précipite au-devant de lui... Ce n'est pas le duc de Rovigo; c'est un personnage qui lui est tout à fait inconnu. Cependant, comme le nouveau venu est décoré de la Légion-d'Honneur, Frochot l'accueille avec déférence.

« Je ne suis pas le ministre, dit ce personnage; je viens au contraire m'informer auprès de vous s'il n'est pas à l'Hôtel-de-Ville.

— Non, monsieur; il y est venu, m'a-t-on dit; malheureusement je n'y étais pas.

— Pardon, monsieur le préfet; c'est que je suis envoyé par Mme la duchesse, qui est dans une douleur, dans une consternation...

— Hélas! monsieur, qui n'y serait pas! Au moins, a-t-on des détails?

— Non; tout ce qu'on sait, c'est qu'il a été enlevé de vive force de son hôtel, ce matin au point du jour.

— Comment, enlevé! De qui me parlez-vous?

— Du ministre, monsieur le préfet.

— Mais c'est de l'Empereur que je parle, moi!

— C'est différent; les uns disent qu'il est mort, les autres qu'il ne l'est pas...

— Ah! grand Dieu! mais il faut savoir au moins à quoi s'en tenir.

— Il est mort! dit Soulier, qui pendant ce dialogue s'était abstenu de prendre la parole.

— Est-ce officiel? demanda Frochot.

— Tellement officiel, monsieur le préfet, que vous avez dû recevoir, comme j'avais l'honneur de vous le dire tout à l'heure, la proclamation du Sénat qui l'annonce; proclamation dont on nous a donné lecture cette nuit à la caserne.

— Alors tout s'explique, reprit Frochot; on aura nommé un nouveau ministre, et le duc de Rovigo aura été arrêté. Connaît-on celui qui le remplace? » Sur un signe négatif des deux interlocuteurs, Frochot ajouta : « Mon Dieu! mon Dieu! quel embarras! quelle incertitude! il faut en finir! » Et, tirant un cordon de sonnette, il demande sa voiture à l'huissier qui entr'ouvrait la porte; puis, s'adressant à l'inconnu, en lui faisant un léger salut : «Monsieur, lui dit-il, veuillez présenter mes compliments de condoléance à Mme la duchesse de Rovigo. »

Le personnage se retire, et Frochot reprend sa lecture. Il voit que le système impérial est aboli, et qu'un gouvernement provisoire, dont il fait partie, doit s'assembler à l'Hôtel-de-Ville à neuf heures précises, pour faire un appel au peuple au moyen du tocsin [1]. Cette dernière mesure toute révolutionnaire achève de bouleverser toutes ses idées.

« Ce n'est pas M. Lapierre, se dit-il à lui-même, que l'on veut arrêter, c'est moi. » Et, s'efforçant de montrer de la sécurité : « Eh bien! commandant, que me voulez-vous? demanda-t-il à Soulier.

— Un endroit pour installer la commission du gouvernement provisoire et un autre pour mon état-major.

— Il y a de la place dans la grande salle pour votre commission; quant à votre état-major, il pourra se placer dans le bas de l'Hôtel-de-Ville; je vous assure qu'il y sera très-commodément. » Et Frochot sonna de nouveau; l'huissier parut. « Qu'on fasse appeler sur-le-champ M. Bouhin et l'économe, lui dit-il.

[1] Ce gouvernement provisoire avait été ainsi composé par Malet : Carnot, président; le général Moreau, vice-président; le général Augereau, ex-maréchal de l'Empire; Bigonnet, ex-législateur; Frochot, ex-préfet de la Seine; Florent-Guyot, ex-législateur; Destutt de Tracy, sénateur; Mathieu de Montmorency, le général Malet, Alexis de Noailles, le vice-amiral Truguet, Volnay, sénateur, et Garat, sénateur.

— Le cocher de monsieur le comte fait demander s'il doit s'habiller et mettre la grande livrée, demanda l'huissier.

— Il s'agit bien de livrée! s'écria Frochot exaspéré; qu'il se mette en chemise s'il le veut, mais qu'il se dépêche. »

Et, prenant de là prétexte pour s'esquiver, Frochot ouvre la porte et se trouve face à face avec M. Bouhin.

« A-t-on dit à l'économe de dresser dans cette salle un bureau et d'apporter des fauteuils? lui demande-t-il. Non! je parie! Eh bien! mon cher monsieur Bouhin, faites-le-lui dire et veillez à ce que tout soit prêt. La commission du gouvernement va s'assembler. » Puis, s'adressant à Soulier : « Pardon, commandant, ajoute-t-il; mais je suis extrêmement fatigué; permettez-moi d'aller changer de bottes; je reviens dans un instant. »

Et il rentre dans ses appartements, après avoir dit à l'huissier de prévenir son cocher qu'il ait à l'attendre, avec la voiture, au bas du petit escalier qui donne dans la cour de service; mais un instant après M. Bouhin revient tout essoufflé et lui dit :

« Monsieur le préfet, M. l'adjudant Laborde est là, qui voudrait vous entretenir en particulier. Il a des ordres du ministre de la guerre pour faire retirer la cohorte et la remplacer par d'autres troupes. »

Frochot revient encore et trouve effectivement Laborde aux prises avec le commandant Soulier, pour savoir à qui des deux resterait la garde de l'Hôtel-de-Ville, sans qu'un seul mot proféré par l'un ou par l'autre puisse lui faire découvrir le sens de ce qui se passe. Mais, en jetant les yeux autour de lui, il aperçoit M. Saulnier qui, dans une embrasure de fenêtre, discute d'une manière très-animée avec ce même M. Lapierre qu'on devait arrêter. Il court à eux :

« Qu'est-ce donc que tout ceci? leur demanda-t-il. L'affreuse nouvelle que l'on répand est-elle vraie?

— Quelle nouvelle? répond Saulnier.

— Celle de la mort de l'Empereur.

— Eh non! il n'en est rien.

— Il n'est pas mort? s'écrie Frochot. En êtes-vous bien sûr?

— C'est positif, reprend le secrétaire général de la police.

— Ah!... » s'écrie Frochot, transporté de joie.

Et, dans son ivresse, il se jette au cou de Saulnier et l'embrasse avec effusion; il embrasse de même M. Lapierre. Laborde s'avance, il l'embrasse aussi. Soulier veut parler, il ne lui en laisse pas le temps, il se précipite dans ses bras en s'écriant :

« Est-ce qu'un si grand législateur, un si grand guerrier pouvait mourir! »

Sur ces entrefaites, l'huissier de la préfecture revint annoncer au comte Frochot que sa voiture l'attendait à la place qu'il avait désignée. Le préfet courut à lui et l'embrassa comme les autres, en lui disant :

« Quand je *me tuais de vous dire* qu'il était impossible que l'Empereur fût mort! vous le voyez bien! »

Mais il n'est plus nécessaire de sortir de l'Hôtel-de-Ville en tapinois, c'est devant la porte d'honneur que Frochot veut que sa voiture soit amenée :

« Au pied du grand escalier, s'écria-t-il, et la grande livrée! »

Enfin tout commence à s'expliquer; Soulier seul résiste aux injonctions que lui adresse Laborde de faire retirer ses troupes.

« J'ai des ordres, dit-il; nous avons tous des ordres; lisez plutôt vous-même.

— Mais ces signatures sont fausses! s'écrie Laborde; ces ordres sont falsifiés; Malet est un conspirateur qui a voulu renverser le gouvernement de Sa Majesté.

— Monsieur le commandant, ajoute Frochot, il faut vous rendre à l'évidence; que vos troupes rentrent sur-le-champ dans leur caserne ; descendez avec moi, je vais les haranguer. »

Arrivé sur le perron de l'Hôtel-de-Ville, Frochot, apercevant toujours beaucoup de peuple rassemblé autour de la troupe, dit en élevant la voix, et de manière à pouvoir être entendu de tout le monde :

« Français! les alarmes qu'on vous avait données étaient sans fondement; la nouvelle semée de la mort de notre auguste Empereur n'était qu'un mensonge. Je vous invite en conséquence à retourner à vos occupations. »

Puis il monta en voiture et se rendit chez l'archichancelier pour lui rendre compte de ce qui s'était passé à l'Hôtel-de-Ville et pour prendre ses ordres.

CAMBACÉRÈS ET MARIE-LOUISE.

En l'absence de Napoléon, le chef officiel du gouvernement était l'archichancelier Cambacérès, qui dirigeait et présidait le Conseil des ministres; mais Malet s'en était peu inquiété; il savait l'archichancelier ambitieux et trembleur, et le regardait comme toujours prêt à se rattacher au système triomphant. Malet pensait que, le succès couronnant ses espérances, Cambacérès eût volontiers présidé la séance pour prononcer la déchéance de Napoléon; il n'en fut pas ainsi. La mollesse et l'inintelligence de Lahorie et de Guidal firent avorter le projet de Malet. Si Lahorie avait exécuté rapidement ses ordres, si Guidal n'eût pas, par sa lenteur, manqué de quelques secondes le ministre de la guerre, s'ils avaient eu tous deux plus d'activité, de tact, de présence d'esprit, Malet eût été délivré de la place Vendôme, et tout restait encore en question. Mais Lahorie, de retour au ministère de la police, s'occupe d'abord des détails de son installation. Il mande le tailleur du ministère, lui commande un brillant costume de ministre, puis, conformément à ses instructions, se rend dans la voiture et avec les chevaux du duc de Rovigo à l'Hôtel-de-Ville, où, selon le sénatus-consulte de Malet, la commission du gouvernement provisoire doit s'assembler. N'y trouvant pas M. Frochot, qui n'est pas encore de retour de sa campagne, il rentre à l'hôtel et s'établit dans le cabinet du ministre, en attendant tranquillement d'autres ordres. Guidal fait pis encore : il se repose tout à fait, savoure les charmes d'une liberté inespérée, va se promener tranquillement au Palais-Royal, et entre chez un restaurateur pour y déjeuner. C'est là qu'il fut surpris et arrêté dans l'après-midi.

A la nouvelle de l'arrestation de Malet, Lahorie fut tellement consterné, qu'il ne songea même pas à faire un appel à ses soldats, et, sans mot dire, se laissa attacher dans un fauteuil par Laborde et Saulnier, qui étaient venus le surprendre chez le duc de Rovigo.

De son côté, Boutreux, nommé par Malet préfet de police, laissé sans nouvelles, mais non sans inquiétudes, n'avait usé de son pouvoir éphémère que pour sortir de l'hôtel du quai des Orfévres, malgré ses soldats, et aller au dehors à la découverte. Mais il n'avait eu garde de rentrer à la Préfecture de police, et s'était enfui le jour même à Courcelles, près Paris, où il fut arrêté quelques jours après.

Boccheampe fut arrêté à dix heures du matin dans les environs de l'Hôtel-de-Ville, où il avait continué à rôder. Interpellé par l'inspecteur de police, Pasques, il lui répondit :

« Ze souis oune prisonnier d'État inoffensif mis en liberté ce matin. Ze venais doumandare à monsignor le préfet oune carte de soureté pour les étrangers à Paris. »

Quant à l'abbé Lafon, il parvint à se sauver, ainsi que le prêtre Carmagno, malgré les recherches et les investigations si actives de la police impériale.

La plupart de ceux qui avaient joué un rôle dans la conspiration furent successivement arrêtés et conduits les uns à la Force, les autres à l'hôtel même du ministre de la police.

Laborde et Saulnier avaient préalablement fait mettre en liberté e duc de Rovigo, M. Pasquier et Desmarets. Les guichetiers et les soldats, en voyant ces allées et venues de prisonniers incarcérés et relâchés, ne comprirent rien à ce manége. A onze heures, tous les fils de la conspiration étaient rompus, et cependant les troupes refusaient opiniâtrement à M. Pasquier l'entrée de la Préfecture de police; il se vit même poursuivi, couché en joue et obligé, pour se soustraire à de mauvais traitements, de se réfugier dans la boutique du pharmacien Sillan, où on fut forcé de lui administrer des calmants. Laborde, envoyé pour faire cesser le désordre, faillit à son tour se faire tuer par les soldats, qui s'obstinèrent à ne vouloir pas le reconnaître. Enfin, à midi, tout étant rentré dans l'ordre, l'autorité n'eut plus qu'à s'occuper d'approfondir les machinations de la nuit et à statuer sur le sort des conspirateurs et de leurs complices, si l'on peut appliquer cette qualification à des hommes si étrangement dupés.

Mais qui pourrait peindre l'effroi de Cambacérès lorsqu'il vint à être salué, à son grand lever, par la nouvelle de la conspiration! Il lui prit une sorte de tremblement nerveux, et sa seule pensée fut de dépêcher un exprès au ministre de la guerre pour qu'il lui envoyât, pour sa sûreté personnelle, un piquet de la garde impériale à cheval. Il se barricada dans son hôtel en s'écriant : « Les conspirateurs vont venir m'assassiner ! » Il envoya ordonnances sur ordonnances au ministre Clarke, et lui signifia que : « Il répondait sur sa tête de la sûreté de sa personne; qu'en sa qualité de chef du gouvernement, il lui ordonnait de prendre les mesures les plus promptes pour arrêter les scélérats qui osaient se révolter contre l'Empereur. »

« Ah ! mon Dieu, s'était-il écrié en voyant arriver son secrétaire intime, ils vont venir me massacrer ! Je vous reconnais bien là, mon cher, vous venez mourir avec moi. »

Mais cette panique fut de courte durée. Après avoir fait mettre en liberté le ministre et le préfet de police, Saulnier avait couru chez Hulin, qu'il avait trouvé dans un pitoyable état et pouvant à peine articuler quelques mots, et de là il était allé chez l'archichancelier pour lui apprendre l'arrestation de Malet, dont il était instruit déjà. En entrant dans le salon, on ne s'entretenait que de la conspiration, et les courtisans, accourus sur le bruit que le danger était passé, se moquaient de ce qu'ils appelaient les *dispositions insensées* du général Malet, qu'ils ne connaissaient pas, tout en félicitant cependant l'archichancelier de son admirable présence d'esprit dans le danger. Au risque de troubler la joie si expansive et si flatteuse de ces messieurs, Saulnier leur dit :

« Mais il n'y a encore que Malet d'arrêté, et tant que nous ne serons pas maîtres des autres conjurés, il ne faut raisonnablement rien conclure sur l'issue de cette rébellion. »

Aussitôt, à la turbulence joyeuse des assistants succédèrent des préoccupations inquiètes; on se parla à l'oreille, et chacun battit prudemment en retraite, se souciant peu de laisser seul l'archichancelier, qui, tout à fait remis de sa torpeur par les nouvelles rassurantes qui lui parvinrent coup sur coup, courut à Saint-Cloud, où se trouvaient l'Impératrice et son fils le roi de Rome, auxquels personne n'avait songé dans la crise.

En arrivant au palais, l'archichancelier trouva Marie-Louise prête à monter à cheval pour aller se promener dans les bois environnants, où pouvaient se trouver des conspirateurs, puisque Malet et les deux généraux ses complices étaient seuls arrêtés, et que, dans le premier moment, on devait croire qu'une telle tentative n'avait pas été faite sans qu'on se fût préalablement ménagé au loin des relations et des moyens d'exécution qui pouvaient encore éclater. Cambacérès peignit à l'Impératrice en termes vifs toutes les phases de cette conspiration, qui avait menacé l'édifice impérial et l'existence de tous. Celle-ci, toujours apathique, interrompit l'archichancelier pour lui demander, avec cette indifférence qui faisait la base de son caractère :

« Eh bien, monsieur l'archichancelier, qu'auraient-ils pu faire contre moi? »

A cette question, le visage de Cambacérès, ordinairement si pâle, se colora subitement.

« Comment, madame, ce qu'ils auraient pu faire? répéta-t-il.

— Oui, reprit Marie-Louise avec la même impassibilité; je serais bien aise de savoir ce qu'ils auraient osé faire contre la fille de l'empereur d'Autriche ! »

Mais Cambacérès n'était pas homme à se laisser imposer par de grands mots. Il avait pour sa part jugé un roi de France, et François II, cet empereur d'Autriche dont on semblait lui faire un épouvantail, s'était vu contraint deux fois de fuir devant nos soldats victorieux. Tout cela ne contribuait pas peu à détruire le prestige qui entoure les têtes couronnées. Aussi l'archichancelier, sortant un peu de ce calme solennel qui ne le quittait presque jamais, arrêta-t-il son regard sur Marie-Louise, et, brisant presque le respect qu'il lui devait, répliqua d'un ton d'aigreur :

« Ma foi, madame, Votre Majesté est bien heureuse de voir les événements d'un œil aussi philosophique, et puisqu'elle ignore ce que les conspirateurs voulaient faire de son auguste personne et de Sa Majesté le roi de Rome...

— Ouï, interrompit encore Marie-Louise, de la fille de l'empereur d'Autriche et de son petit-fils.

— Eh bien! madame, on l'eût déclaré bâtard et on l'eût mis aux Enfants-Trouvés. Quant au sort qu'on réservait à Votre Majesté, on devait décider la chose plus tard. »

A ces paroles, Marie-Louise sourit d'un air d'incrédulité.

« C'est là, monsieur le chancelier, tout ce que vous aviez à m'apprendre? reprit-elle.

— Oui, madame, répondit Cambacérès, comme abasourdi de tant d'indifférence.

— C'est bien. » Et, ayant fait à Cambacérès un léger signe de tête : « C'est très-bien, répéta-t-elle; vous pouvez vous retirer, monsieur l'archichancelier. »

Cambacérès revint à Paris, où il employa toute cette journée à rétablir un peu d'ordre et de foi parmi les autorités publiques. Le gouvernement fit annoncer partout, au moyen du télégraphe, l'entreprise téméraire et insensée de Malet, et des vils conspirateurs qui avaient douté de la puissance et de la majesté des premiers fonctionnaires de l'Empire.

De son côté, le ministre de la guerre fit grand bruit. A une heure de l'après-midi, il envoya la garde impériale à cheval à Saint-Cloud, sous prétexte que les conspirateurs voulaient enlever le roi de Rome, tandis que Malet et ses complices étaient arrêtés depuis plus de deux heures. Mais bien que Clarke sût parfaitement que ces mesures étaient inutiles, il voulut montrer du zèle pour conjurer l'orage qui ne pouvait tôt ou tard manquer d'arriver; en un mot, il déploya beaucoup de vigueur lorsque le danger était passé, et cela lui réussit.

LES MINISTRES ET LE MINISTÈRE PUBLIC.

Cependant, le duc de Rovigo, ignorant si la conspiration embrassait dans ses réseaux d'autres officiers que ceux appartenant à la 10e cohorte et à la garde de Paris, voulut s'éclairer à ce sujet en procédant lui-même, en présence de Réal, du secrétaire général de son ministère et de Doucet, à l'interrogatoire des trois généraux prisonniers dans son hôtel.

Malet, que le ministre interrogea le premier, se reconnut seul et unique auteur de la conspiration; il ne désavoua aucun de ses actes, et avoua hautement que c'était en faveur de la liberté qu'il avait agi; mais il s'abstint de nommer ses complices et ne donna aucun éclaircissement. Savary fit ensuite comparaître Lahorie. Interrogé sur sa complicité avec Malet, celui-ci répondit :

« Isolé dans ma prison et prêt à partir pour les États-Unis, je ne me serais pas exposé à perdre encore une fois la liberté, la vie peut-être, si, confiant dans les assertions du général Malet, d'ailleurs justifiées à mes yeux par le mouvement des troupes de la garnison, je n'eusse été persuadé de la mort de l'Empereur, de l'abolition de son gouvernement par le Sénat, et enfin appelé à concourir à un 18 brumaire. Au surplus, ajouta-t-il en s'adressant directement au ministre, j'avais reçu de Malet l'ordre positif de vous tuer; au lieu de cela, je vous ai sauvé la vie en vous envoyant à la Force.

— C'est possible, répliqua Savary; mais pourquoi avoir mis tant de persistance à demeurer dans la conspiration, lorsque je faisais tout au monde pour vous éclairer sur la véritable position de Malet et la vôtre ? »

Lahorie baissa la tête et ne répondit pas.

Guidal parut le dernier. Il répondit d'abord en souriant dédaigneusement aux premières questions qui lui furent adressées. La sécurité de ce général provenait de ce qu'il prétendait avoir abandonné la conspiration dès qu'il en avait connu le véritable but. Mais, s'apercevant bientôt aux autres questions que lui adressait le duc de Rovigo, qu'il ne lui serait tenu aucun compte de cet abandon tardif, à l'instant même il changea de manières et de langage ; de poignantes angoisses contractèrent ses yeux, et il s'écria avec exaspération :

« Eh bien ! que ma destinée s'accomplisse ! »

Malet, Lahorie, Guidal et quelques autres prévenus, qui avaient été successivement interrogés, passèrent la nuit au ministère de la police. Ce ne fut que le lendemain matin que tous furent transférés à la prison de l'Abbaye, en attendant qu'on les conduisît devant la commission militaire qui devait les juger sans désemparer.

Le même soir, comme Saulnier traversait la salle où Malet dînait seul, ce général se plaignit avec amertume de l'enlèvement de son couteau par le gendarme commis à sa garde. Saulnier le lui fit rendre à l'instant. Malet, paraissant touché de cette condescendance, le secrétaire général du ministère profita de cette bonne disposition pour tâcher d'obtenir quelques révélations, car il avait été le matin d'un laconisme désespérant. Lui ayant exprimé ses doutes sur le succès d'une entreprise si hasardeuse, Malet répondit :

« Les régiments que j'avais soulevés étaient déjà pour moi. Bientôt seraient accourus ceux dont les officiers, fatigués du joug de Bonaparte, désiraient un autre ordre de choses. D'ailleurs, pour en finir avec ses partisans et donner aux miens une garantie de mes promesses, j'eusse fait fusiller Napoléon à Mayence, car je ne doutais pas de la précipitation de son retour à la première nouvelle d'un mouvement qui n'a échoué que par la lâcheté et l'incurie de Lahorie et de Guidal. J'avais également résolu, pour surmonter toute difficulté, de réunir cinquante mille hommes à Châlons-sur-Marne, afin de couvrir Paris de ce côté. Le moment de crise passé, j'aurais renvoyé ces troupes dans leurs foyers, selon l'engagement que j'avais pris dans mon ordre du jour aux troupes de la garnison. J'aurais été d'autant plus fidèle à cette promesse, que c'est celle qui a déterminé plus que tout le reste les régiments à me suivre.

— Pourquoi n'êtes-vous pas entré dans ces détails ce matin, lorsque le ministre vous a interrogé? demanda Saulnier.

— Je me serais bien gardé de donner cette satisfaction au duc de Rovigo », répondit Malet.

Les dix-neuf vingtièmes de la population de Paris ignoraient encore qu'une conspiration eût éclaté dans la capitale pendant la nuit précédente et que ses principaux magistrats eussent été arrêtés. Le surplus avait saisi de droite et de gauche quelques bruits vagues, incertains, contradictoires, mais personne ne connaissait l'ensemble de l'affaire, et les premiers avis de l'autorité, destinés à éclairer le public, eussent été peu propres à atteindre ce but, puisque elle-même était encore tout aussi ignorante. Toutefois, dans la matinée on vit paraître sur les murs de la capitale une espèce de proclamation conçue en ces termes :

« Ministère de la police générale.

« Trois ex-généraux, Malet, Lahorie et Guidal, ont égaré les
« gardes nationales et les ont dirigées contre les membres de la
« police générale et contre le commandant de la place de Paris. Ils
« ont faussement fait circuler le bruit que Sa Majesté l'Empereur et
« roi était mort. Ces trois ex-généraux ont été arrêtés. Ils ont été
« convaincus d'imposture; on va en faire justice. La tranquillité la
« plus parfaite règne dans la capitale. Elle n'a été troublée un mo-
« ment que dans les trois hôtels où les brigands se sont rassemblés.

« Le présent ordre sera affiché.

« *Signé* : Duc de Rovigo.

« Paris, ce 23 octobre 1812.

En lisant cette proclamation, chacun remarqua l'expression de *brigands* si recherchée au temps de la République et du Consulat; la teneur en fut trouvée obscure, parce que personne ne s'était aperçu que le gouvernement eût passé des mains de l'autorité dans celles des trois généraux inculpés; cependant, il y eut véritablement interrègne à Paris pendant quelques heures; mais, plus tard, les détails une fois connus, une foule de quolibets, de bons mots et de caricatures devinrent la punition de l'indolence et de la présomption des fonctionnaires qui avaient compromis à ce point la tranquillité publique et le salut de l'État.

A son retour de Saint-Cloud, Cambacérès avait présidé le conseil des ministres, qui s'était assemblé aux Tuileries à trois heures.

L'archichancelier décida qu'une commission militaire serait immédiatement nommée pour juger les conspirateurs dans le plus court délai, sans distinction de ceux qui avaient conduit le complot et de ceux qui n'avaient fait qu'en suivre l'impulsion. D'après Capefigue, il voulut que le général Dejean, sénateur, grand-officier de l'Empire et premier inspecteur du génie, qui, disait-on, avait été jadis l'ami de Moreau et de Lahorie, présidât le conseil de guerre.

Le choix des juges fut laissé au ministre de la guerre, qui désigna : 1° le général de brigade Barion-Dériot, commandant les dépôts de la garde impériale à Paris; 2° le général de brigade baron Henry, major de la gendarmerie d'élite; 3° le chevalier Général, colonel de la 18e légion de la gendarmerie impériale; 4° le colonel Moncey, premier aide de camp du maréchal Moncey, son père; 5° et Thibault, major du 12e régiment d'infanterie légère. Le capitaine Delon, adjoint à l'état-major de la 1re division militaire, fut appelé à remplir les fonctions de rapporteur.

A l'issue de ce conseil, on décida que la tentative de Malet serait appelée *une équipée*, et que le ministre de la police l'apprendrait aux Parisiens, en évitant, dans la rédaction de l'article, de prononcer le mot *conspiration;* de plus, on convint qu'aucune des pièces qui pourraient figurer au procès ne serait publiée.

Effectivement, ceux qui espéraient que les journaux du lendemain éclairciraient les conjectures dans lesquelles on se perdait, ne trouvèrent que la note suivante, insérée dans le *Moniteur* du 24, dont la contrainte manifestait assez qu'elle devait émaner de la même fabrique que le placard de la veille.

« Les individus arrêtés dans l'équipée d'hier et leurs prévenus de
« complicité ont dû être transférés ce matin à l'Abbaye. Une com-
« mission militaire a été formée pour prononcer sur leur sort et se
« réunira aujourd'hui pour entendre la lecture des pièces et pro-
« céder à l'interrogatoire des accusés. »

Tels furent les seuls renseignements que l'on daigna livrer à l'avidité du public parisien.

Le même jour, l'archichancelier célébra, dans un banquet en quelque sorte improvisé au Rocher de Cancale, où il se rendit en costume, l'heureuse issue de la conspiration. Le soir, tous les abords de l'établissement culinaire se trouvèrent obstrués par les équipages des premiers fonctionnaires de l'Empire, dont les laquais avaient endossé la grande livrée. A l'issue de ce dîner, l'un des principaux convives, le ministre de la guerre, se montra même pour rassurer et consoler les bons Parisiens, en leur prouvant que les ministres étaient sains et saufs, ainsi que le gouvernement.

DEVANT LA COMMISSION MILITAIRE.

Si au temps de l'Empire la justice militaire était généralement expéditive, elle le devenait bien davantage encore lorsqu'il s'agissait d'un crime contre l'État. Et puis, dans une circonstance aussi grave, chacun, comme pour se laver d'un soupçon de complicité, croyait donner un gage de sa fidélité en déployant tout le zèle compatible avec les formes de la procédure. Aussi l'instruction de cette affaire ne dura-t-elle que quatre jours; les accusés comparurent, le 28 octobre suivant, devant la commission militaire, composée comme nous avons dit et assemblée dans le lieu ordinaire de ses séances.

Ce jour-là, et bien avant le lever du soleil, tous les abords de l'hôtel du conseil de guerre se trouvèrent envahis et gardés par le bataillon de ces mêmes vétérans que Malet avait dédaigné de faire agir dans son programme. Quoique l'audience dût être publique, on ne laissa pénétrer dans l'enceinte du tribunal que peu de personnes appartenant à la classe bourgeoise; mais en revanche, une foule de militaires de tous grades s'y pressa bientôt, attirée par la vive curiosité que de tels débats devaient naturellement exciter chez la plupart d'entre eux.

A sept heures et demie du matin, le comte Dejean, président de la commission, ouvrit la séance en disant au capitaine Delon :

« Monsieur le rapporteur, veuillez nous donner connaissance des pièces de la procédure, tant à charge qu'à décharge. »

Après la lecture de ces pièces [1], qui dura plus d'une heure, Delon conclut à ce que Malet, Lahorie, Guidal et leurs complices fussent immédiatement amenés pour être jugés séance tenante, comme prévenus de *conspiration et attentat à la sûreté de l'État*. Sur l'ordre du président, on introduisit les accusés, qui avaient été amenés de l'Abbaye le matin, et qui vinrent s'asseoir sur trois banquettes disposées en gradins à gauche des juges. Malet, Lahorie, Guidal, Soulier, Rateau et Boccheampe occupèrent la plus haute de ces ban-

---

[1] Elles se composaient : 1° de deux rapports de l'adjudant général Doucet, d'un autre rapport du général Hulin au ministre de la guerre, et d'une lettre de son aide de camp, le commandant Deboulard; 2° d'une lettre adressée par Malet à Doucet; 3° d'un prétendu sénatus-consulte du 22 octobre; 4° d'un prétendu ordre du jour du 23 octobre; 5° de la proclamation du précédent sénatus-consulte; 6° d'une lettre signée Malet, trouvée dans son portefeuille et adressée à Rabbe, colonel du 1er régiment de la garde de Paris, l'un de ses coaccusés ; 7° d'une lettre de Malet adressée au colonel du 32e régiment; 8° du procès-verbal du commissaire de police Chopin, relatif à la descente qui fut faite par lui à la Force dans la matinée du 28 octobre; 9° enfin des interrogatoires subis par les accusés Malet et autres devant le magistrat du parquet de la haute Cour impériale, au ministère de la police. (*Causes célèbres anciennes et modernes*. Affaire Malet, pièces justificatives.)

quettes [1]. Ces prévenus, au nombre de vingt-quatre, répondirent aux questions relatives à leur nom, au lieu de leur naissance, à leur âge et à leur qualité, qui leur furent adressées par le greffier Boudin, dans l'ordre suivant :

Malet, né à Dôle (Jura), 58 ans, général de brigade; Lahorie, né à Gavrou (Mayenne), 46 ans, général de brigade; Guidal, né à Grasse (Var), 47 ans, général de brigade en réforme; Soulier, né à Carcassonne (Aude), 45 ans, chef de bataillon, commandant la 10ᵉ cohorte de la garde nationale; Rabbe, né à Pesmes (Haute-Saône), 55 ans, colonel du régiment de la garde nationale de Paris, infanterie; Piquerel, né à Neufmarche (Seine-inférieure), 41 ans, capitaine adjudant-major de la 10ᵉ cohorte; Steenhouver, né à Amsterdam (Zuyderzée), 49 ans, capitaine au même corps; Provost, né à Clermont (Oise), 23 ans, lieutenant au même corps; Régnier, né à Château-Renaud (Loiret), 34 ans, lieutenant au même corps; Lebis, né à Vimoutiers (Orne), 39 ans, lieutenant au même corps; Gomont, né à Metz (Moselle), 44 ans, sous-lieutenant au même corps; Lefèvre, né à Lille (Nord), 45 ans, sous-lieutenant au même corps; Borderieux, né à Roanne (Loire), 41 ans, capitaine de grenadiers au régiment de la garde de Paris, infanterie; Rouff, né à Bouxweiller (Bas-Rhin), 48 ans, capitaine au même corps; Godard, natif de Paris, 52 ans, capitaine au même corps; Beaumont, né à Poitiers (Vienne), 39 ans, adjudant sous-officier au même corps; Viallevieilhe, né à Crest (Puy-de-Dôme), 31 ans, adjudant sous-officier au même corps; Caron, natif de Paris, 39 ans, adjudant dans le même corps; Julien, né à Farin-Fontaine (Forez), 29 ans, sergent-major dans le même corps; Caumette, né à Paris, 28 ans, sergent-major dans le même corps; Rateau, né à Bordeaux (Gironde), 28 ans, caporal dans le même corps; et Boccheampe, né à Olesta (Corse), 42 ans, depuis dix ans prisonnier d'État à Paris.

Cette formalité achevée, Lahorie demanda la parole et dit :

---

[1] Aucun défenseur ne parut au banc de la défense, à l'exception de M. Caubert, qui se présenta dans le cours des débats.

« Monsieur le président, les papiers qui ont été saisis chez moi me sont indispensables pour faire valoir ma défense; je ne pense pas que l'on veuille me condamner sans m'entendre. Dans l'interrogatoire que m'a fait subir M. le comte Réal au ministère de la police, il m'a accusé d'avoir été le pivot d'une conspiration antérieure. Or, dans les pièces que je réclame se trouve la justification de ce fait, car enfin le caractère et les antécédents d'un accusé doivent entrer un peu dans la balance de ses juges.

LE PRÉSIDENT. — Il ne s'agit que d'un fait unique; ce qui s'est passé antérieurement ne peut influer en aucune manière sur l'esprit de la commission que j'ai l'honneur de présider.

LAHORIE. — Dès que vous vous refusez à ce que j'ai le droit de demander, je n'ai plus rien à dire.

— Vous n'aurez à vous défendre que de l'accusation qui pèse sur vous en ce moment : c'est la seule, dit le comte Dejean. » Puis il procéda immédiatement à l'interrogatoire de Malet en disant : « Accusé Malet, levez-vous. »

A ces mots, les yeux de tous les spectateurs se fixèrent sur Malet, qui, vêtu d'un frac bleu, sans décoration, se croisa les bras sur la poitrine et promena sur ses juges un regard fier et assuré.

« Il résulte des pièces soumises à la commission et de vos interrogatoires, poursuivit le comte Dejean, que vous êtes l'auteur des différents ordres dont M. le juge rapporteur vient de donner lecture.

— Oui, monsieur, répondit Malet en s'inclinant légèrement.

— Il y a aussi sur ce bureau deux pistolets de poche qui ont été saisis sur vous. Les reconnaissez-vous?

— Je les reconnais.

LE PRÉSIDENT, *s'adressant aux juges*. — Dès que l'accusé reconnaît les pièces de conviction, je pense qu'il est inutile de lui adresser d'autres questions. » Puis, s'adressant à Lahorie : « Il résulte de l'instruction et de vos aveux que, sorti de la Force, vous avez concouru à l'arrestation du ministre de la police; qu'après son arrestation vous avez pris sa place et signé plusieurs pièces en ladite qualité de ministre de la police. Avez-vous quelques motifs d'excuse à produire à la commission ?

— Puisque c'est une justification entière que l'on demande, je...

LE CAPITAINE RAPPORTEUR, *interrompant*. — Si le prévenu veut parler de sa défense et remplacer son défenseur officieux, ce ne doit être qu'après le rapport qu'il doit prendre la parole.

LE PRÉSIDENT. — C'est juste ; Lahorie, bornez-vous à répondre aux questions que je vous ai faites.

LAHORIE. — J'ai cru, en allant arrêter le ministre, obéir aux ordres de Malet comme ayant un pouvoir supérieur sur moi. Quant au titre de ministre que j'ai pris, c'est à cause de la fermentation qui régnait et de l'inquiétude que j'avais pour les jours de M. le duc de Rovigo. Voilà le seul motif pour lequel j'ai usurpé le titre de ministre ; mais si j'avais cru l'être en effet, j'aurais profité de ma position, n'eût-ce été que pour délivrer quelques prisonniers avec lesquels je me trouvais à la Force. Je dis plus : ce n'a été que par générosité que j'ai consenti à usurper ce titre, et rien que pour sauver la vie du ministre ; car, dès qu'il a été à ma disposition, mes premières paroles ont été celles-ci : « Félicite-toi d'être tombé dans des mains généreuses, car il ne t'arrivera pas de mal. » Et plus tard, voyant la fermentation s'accroître autour de lui, j'ajoutai : « Pour ta sûreté personnelle, je ne vois pas d'autre parti que de t'envoyer à la Force. » Ne sachant comment le faire recevoir par le concierge, il me fallut bien prendre un titre quelconque. Mais je défie qu'on me cite un seul acte écrit où j'aie usurpé les fonctions réelles de ministre.

LE PRÉSIDENT. — Vous êtes trop instruit pour qu'on croie que vous ayez pu vous méprendre sur la contexture des actes qui vous ont été présentés par Malet, et qui ne portaient aucun caractère d'authenticité.

— Monsieur le président, reprit Lahorie, le concierge m'a annoncé ma liberté, comme on l'annonce ordinairement à un prisonnier. A ma sortie, j'ai trouvé le général Malet qui m'a remis un paquet. Il m'a parlé très-rapidement d'un sénatus-consulte et de ce qui existait. Je devais supposer la formation d'un nouveau gouvernement; je croyais, en un mot, concourir à une révolution, mais non à une conspiration.

LE PRÉSIDENT. — Mais vous deviez connaître l'ex-général Malet. N'avait-il pas été à la Force jadis?

— Oui; mais depuis qu'il était sorti de cette prison, je n'avais entretenu avec lui aucune liaison directe ou indirecte; j'ignorais tout ce qui se passait, et j'étais moi-même à la veille de partir pour les États-Unis d'Amérique lorsqu'on vint m'annoncer que j'étais libre. Après avoir été proscrit de ma patrie et sur le point de ne sortir d'une prison d'État que pour être jeté sur une terre étrangère en abandonnant mes biens, je puis être plus excusable qu'un autre d'avoir adopté avec crédulité l'espérance d'un meilleur avenir. Ceux qui connaissent le cœur humain savent que l'on doit excuser un premier moment d'erreur, surtout chez un homme qui n'a eu qu'une seule minute pour réfléchir. Malet me dit : « Il n'y a pas un instant à perdre. » J'avais vu le 18 brumaire; ce fut une révolution qui se fit de la même manière, vous le savez tous, messieurs. Si l'on veut se servir de la supposition d'esprit et d'intelligence pour dire que je ne me suis pas trompé, c'est abuser contre moi de l'erreur dans laquelle tout homme peut tomber.

LE PRÉSIDENT. — Je ne vous dis pas que vous êtes l'auteur du complot, mais seulement que la preuve positive que vous y avez coopéré existe. »

Le président interroge Guidal; mais aux questions qui lui ont été adressées, celui-ci déclare s'en référer aux réponses qu'il a faites dans ses interrogatoires; seulement, il se plaint amèrement de n'avoir pas de défenseur, quoiqu'il en ait désigné un et même deux au rapporteur.

LE CAPITAINE DELON. « J'ai répondu à l'accusé qu'il était libre d'appeler qui bon lui semblerait. »

Le président ordonne aux accusés Régnier et Fessard de se lever. Puis, s'adressant à Guidal :

« Reconnaissez-vous ces deux hommes pour ceux qui sont soupçonnés d'avoir tenu devant vous, au ministère de la police, ce propos : « A quoi bon tant de cérémonie? on enfile ça comme des grenouilles! »

A cette question du comte Dejean, Guidal s'était contenté de répondre, en haussant les épaules :

« Je ne connais pas ces deux hommes. »

Puis il avait tourné la tête d'un autre côté en sifflant entre ses dents.

Le commandant Soulier, qui, depuis l'ouverture des débats, avait manifesté la plus vive anxiété, fut interrogé par le comte Dejean. Il déclara que ce ne fut qu'après les événements du 23 qu'il apprit que le général qui s'était présenté chez lui et à la caserne n'était autre que Malet.

LE PRÉSIDENT. — Vous avez pris lecture des prétendus actes du Sénat?

SOULIER. — Non, monseigneur. On m'a lu ces actes; mais, dans l'état de fièvre où j'étais, je n'y ai rien compris. »

Un débat animé s'éleva à cette occasion entre le président et Soulier, qui convint qu'il avait donné l'ordre d'assembler la cohorte, et chercha à justifier sa conduite, ou plutôt son erreur, en disant :

« Hélas! monseigneur, la nouvelle de la mort de l'Empereur avait tellement redoublé ma fièvre, que dans l'intervalle d'un quart d'heure je fus obligé de changer quatre fois de chemise.

PIQUEREL. — C'est vrai.

LE PRÉSIDENT. — Eh bien! vous qui parlez, qu'avez-vous à répondre pour votre justification?

PIQUEREL. — Parbleu, monsieur le président, elle n'est pas difficile; j'ai été réveillé à trois heures du matin par mon adjudant, qui m'a dit : « Monsieur le major, dépêchez-vous de vous lever; le commandant vous demande. » A trois heures et demie, je me suis rendu chez le commandant, qui m'a dit : « Mon capitaine, j'ai une bien triste nouvelle à vous annoncer. — Qu'est-ce que c'est, mon commandant? Le ministre de la guerre me mettrait-il à la retraite? — Non, l'Empereur est mort! » Je fus tellement *offusqué* que je ne me tenais plus sur mes jambes. Le commandant ajouta : « On va vous donner connaissance d'un sénatus-consulte dont le général que vous voyez ici va faire *exécuter* la lecture. » Puis le commandant m'a encore dit : « Allez prendre vos épées et *revêtir* vos hausse-cols. Aussitôt que vos hommes seront prêts, vous partirez avec cinq compagnies; vous m'en laisserez une au quartier, parce que je vais partir aussi ; elle me servira d'escorte. »

Aux questions que le comte Dejean adressa à ce sujet au commandant Soulier, Malet se pencha à l'oreille de ce dernier, qui répondit aussitôt :

« J'ai si peu de mémoire, que M. Malet me fait observer que c'est lui qui a donné l'ordre de sortir de la caserne.

— C'est la vérité », ajouta Malet.

LE RAPPORTEUR, *à Soulier*. — N'êtes-vous pas allé à l'Hôtel-de-Ville, c'est-à-dire à la Préfecture de la Seine?

— Oui, monsieur.

LE PRÉSIDENT. — Dès que vous vous êtes transporté de votre personne avec une compagnie à la Préfecture de la Seine, il est plus que probable que c'est vous qui aviez donné les ordres antérieurs qui se lient à celui-là.

— Si on veut m'accorder un instant la parole, dit Malet en interrompant le nouveau débat qui s'éleva à ce même sujet entre le comte Dejean et Soulier, je vais éclaircir le fait. Quand je suis arrivé chez le commandant (et tout ce qu'il a dit jusqu'à présent est de la plus exacte vérité), je l'ai trouvé au lit, tellement malade, qu'en très-peu de temps il a changé plusieurs fois de linge. Je lui ai demandé qu'on fît prendre les armes à la cohorte pour lui lire le sénatus-consulte, l'ordre du jour et les autres actes. Il a fait appeler l'adjudant-major, et lui a dit de faire prendre les armes et de mettre la cohorte à ma disposition. Puisque j'avais ordonné au commandant de faire marcher sa cohorte, il fallait bien qu'il m'obéît aussi ponctuellement que si j'avais été véritablement un général envoyé par le Sénat : j'en jouais le rôle, son devoir était donc de m'obéir.

LE PRÉSIDENT, *avec vivacité*.—Son devoir était de vous faire arrêter.

— Encore une fois, monsieur le président, c'est moi seul qui ai mis le commandant dans l'erreur ; j'avais pris pour cela tous les moyens. Les faits accomplis en font foi ; et tous ces officiers, je le répète, sont innocents.

— Alors, quels étaient donc vos complices ? demanda le président ; nommez-les.

— La France entière, et vous-même tout le premier, monsieur le comte, si j'avais réussi. »

Cette apostrophe fit pâlir bien des figures parmi les assistants.

Le président demanda ensuite à Piquerel :

« N'étiez-vous pas présent à l'arrestation du ministre de la police, et ne vous adressa-t-il pas la parole ?

PIQUEREL. — Oui, monsieur le président. Il m'a dit : « Si vous êtes homme d'honneur », et il a fait un mouvement que je n'ai pas compris ; puis il a ajouté : « Je suis le ministre de la police. — Je n'ai pas l'honneur de vous connaître, lui ai-je répondu. — Qui vous a envoyé ici ? — J'y ai été conduit par un général que je n'ai jamais vu. » Je ne savais même où on nous menait, ajouta Piquerel en s'adressant à l'auditoire.

LE PRÉSIDENT. — Est-ce vous ou Guidal qui avez fait conduire le ministre à la Force.

— Ce n'est pas moi, monsieur le président.

LAHORIE. — C'est moi. C'était convenu avec M. le duc de Rovigo.

PIQUEREL. — C'est après que le ministre est sorti de son hôtel que j'ai rencontré M. Laborde, qui disait aux soldats rassemblés dans la cour : « Rendez-vous à vos quartiers ; l'Empereur est vivant. » Alors tous ont crié : Vive l'Empereur ! et moi plus fort que les autres, car j'étais très-content d'apporter cette bonne nouvelle à mes camarades. »

Le comte Dejean passa à l'interrogatoire des accusés Fessard, Lefèvre, Regnier, Steenhouver, Lebis et Provost. Instruments passifs de Malet, ces accusés n'ayant fait que des réponses sans importance, le président interrogea Boccheampe.

« Est-ce l'accusé Malet qui vous avait désigné pour sortir de la Force? lui demanda-t-il.

— Zé n'en savais rien, escellenza, répondit l'accusé en baragouinant le français; c'est lou pouti conciergé (le greffier) qu'il est venou. Alors zé souis sorti per prendre oune poco l'air, perché il était dit dans lé sénatous-consoulte qué tous les pridsiogniés ils sortiraient.

— Vous avez conduit vous-même une garde?

— Non, escellenza. Zé né pouvais conduire oune garde, perché z'ou né connaissais pas.

— Qu'alliez-vous faire à l'Hôtel-de-Ville

— Z'allais doumandare au ministre oune carté per ma soureté personnelle. Alors zé souis été arrêté; ma zé souis innocent. »

Le président s'adressant au colonel Rabbe :

« On vous a donné lecture du sénatus-consulte, de l'ordre du jour et de la proclamation?

— Oui, monsieur le comte. Et voici comment cela s'est passé : Sur les huit heures, mon adjudant se présente chez moi tenant un paquet à la main. « Mon colonel, me dit-il, nous avons beaucoup de nouveau aujourd'hui. » Il ne pouvait parler tant il était essoufflé. Enfin il commença à lire, et dès les premiers mots j'entendis que l'Empereur avait perdu la vie sous les murs de Moscou, et je fis un mouvement. J'ignore dans quelle disposition d'esprit j'étais, mais je fus obligé de m'appuyer contre la cheminée pour ne pas tomber. Cette lecture achevée, je dis à mon adjudant : « Nous sommes perdus, qu'allons-nous devenir! » Cependant je m'habillai à la hâte et j'allais me rendre à la place Vendôme, lorsque l'adjudant Laborde entra et me dit : « Comment! je viens de rencontrer plusieurs de vos compagnies de côté et d'autre; qu'est-ce que cela signifie? » Alors je fis rappeler tout le *disponible*, et je courus chez le général Doucet, qui me dit en me voyant : « Qu'avez-vous donc fait, Rabbe? — Mon général, lui répondis-je, je suis tout saisi, mais la plupart des détachements sont rentrés.

LE PRÉSIDENT. — Pourquoi n'avez-vous pas gardé les ordres par devers vous?

— Voilà ma faute, monsieur le comte; je n'avais plus la tête à moi. Je n'ai pas même touché à ces ordres; l'adjudant les a lus; mais aussitôt qu'il a parlé de la mort de l'Empereur, cette nouvelle m'a donné un tel coup dans la poitrine, que je me suis trouvé comme paralysé complétement au physique comme au moral. »

Les accusés Godard, Borderieux, Beaumont, Limosin, Rouff, Viallevieilhe, Caumette et Caron furent successivement interrogés; leurs déclarations ne portant que sur des détails militaires, le président passa immédiatement à l'interrogatoire de Rateau.

« Vous avez déclaré dans l'instruction, lui dit-il, avoir vu plusieurs fois Malet avant la journée du 23?

— Je vous demande pardon, monseigneur, répondit Rateau en saluant; mais c'est la pure vérité.

LE PRÉSIDENT. — Ceci est en opposition avec la déclaration de Malet, qui a affirmé ne vous avoir jamais vu auparavant.

— Je vous demande pardon, monseigneur; je l'ai vu cinq ou six fois chez lui; mais je n'allais pas chez lui pour cela; *distinguo*, comme dit le major.

— Il s'agit seulement de ce fait que l'accusé vous connaissait et vous avait déjà vu. On doit donc en conclure avec raison que, si Malet ne vous avait pas fait part de tous ses projets, au moins vous en avait-il confié une partie. »

Ici Rateau, tout en saluant, fit un signe de tête négatif.

LE PRÉSIDENT, *continuant*. — Il vous a dit : « Vous serez mon aide de camp.

RATEAU. — Je vous demande pardon, monseigneur, il ne m'a rien dit qu'après l'affaire.

— Il vous avait donné rendez-vous?

— Pardon, monseigneur, c'est l'appelé Boutreux que j'avais rencontré l'avant-veille et qui me dit que, voulant passer une soirée agréable avec moi, pour nous amuser dans Paris, il me fallait demander une permission de vingt-quatre heures à mes chefs pour aller au Palais-Royal et dîner au caveau du Sauvage [1] et de là au café des Aveugles. Nous avons dîné ensemble, c'est vrai; mais le soir de ce jour-là, au lieu d'aller au café, il m'a emmené rue Saint-Pierre..., Saint-Fiacre..., Saint-Guillaume..., enfin, je ne me rappelle pas bien le nom du saint, où le général Malet est arrivé très-tard, à preuve qu'il faisait un temps à ne pas mettre un chien à la porte du corps de garde. Pour lors...

LE PRÉSIDENT, *l'interrompant*. — Vous abusiez souvent de la bienveillance de vos chefs pour demander des permissions de vingt-quatre heures, que vous employiez à fréquenter de mauvais lieux. Vous vous livriez à la boisson ; ainsi, je vois, d'après le registre des punitions, que vous étiez mis souvent à la salle de police pour avoir manqué à l'appel du soir ou pour être rentré au quartier après la retraite, dans un état complet d'ivresse, notamment le mercredi 21 octobre.

— Pardon, monseigneur ; je vais vous expliquer la chose en faveur de ma moralité. C'est juste, le 21, j'ai été attardé; mais c'était pour un motif exemplaire. Je me trouvais, par hasard, au *Soleil-d'Austerlitz*, barrière de la Chopinette, lorsqu'un soi-disant cuirassier en congé à Paris, pour cause d'hôpital au Val-de-Grâce, vint s'asseoir à ma table en me demandant si j'étais du 60°. « Vous le voyez bien », lui *réponds-je*. Alors nous nous dîmes des mots.

LE PRÉSIDENT. — C'est assez! la seule chose qui nous importe, c'est de savoir si vous avez vu plusieurs fois, ou non, l'accusé Malet.

---

[1] C'était alors un modeste restaurant, au prix fixe de 32 sous par tête.

— Je vous demande bien pardon, monseigneur, je ne l'ai vu que par M. Lafon.

— Vous étiez prévenu cependant que vous deviez, soit le soir, soit le lendemain, être affublé d'un habit d'aide de camp?

— Je vous demande bien plus pardon, monseigneur; ce n'est que dans le moment et après avoir pris la goutte avec Boutreux, que le général me dit : « Vous serez mon aide de camp et vous m'obéirez. » J'ai accepté le grade, parce que je me *fanais* à rester caporal, et j'ai obéi les yeux fermés, comme tout militaire doit le faire dans sa partie respective.

LE PRÉSIDENT. — Cela suffit. Maintenant asseyez-vous et surtout taisez-vous. »

Rateau obéit en saluant, cette fois, très-profondément, et se mit en devoir de prendre des notes ; mais après un moment de silence, le comte Dejean, ayant consulté ses assesseurs, écrivit quelques mots sur un petit carré de papier, qu'il fit passer au capitaine Delon, qui les lut et qui y répondit aussitôt par un signe de tête affirmatif.

« L'audience est suspendue pendant deux heures, dit le comte Dejean. Gendarmes, faites retirer les accusés. »

Et le président sortit lui-même de la salle, suivi de tous les membres du tribunal.

La mesure ordonnée s'exécuta au bruit des chuchotements, des réflexions et des bâillements des assistants. Il était huit heures du soir. Cette séance avait duré plus de douze heures, sans qu'aucun des juges eût quitté sa place un seul instant. A onze heures, un violent coup de sonnette, suivi bientôt de la voix du greffier Boudin, qui cria à plusieurs reprises : « Silence!... silence donc!... » vint calmer les inquiétudes de ceux qui craignaient déjà que la suite des débats ne fût remise au lendemain. Quelques secondes après, les membres de la commission entrèrent dans la salle, et, lorsqu'ils furent assis :

« Gendarmes, dit le comte Dejean, rappelez les accusés. »

Ceux-ci arrivèrent bientôt, et reprirent leurs places.

« Je pense que tous les accusés ont été interrogés? demanda le président en s'adressant au rapporteur.

— Oui, monsieur le président, répondit celui-ci.

— Alors, faites votre rapport à la commission. »

Le capitaine Delon parla pendant trois quarts d'heure, qui lui suffirent pour établir les faits, sans cependant prouver la culpabilité de tous les prévenus ; pendant ce temps, Malet ne cessa de prendre des notes.

« La commission accorde la parole aux accusés et à leurs défenseurs, dit le comte Dejean lorsque le rapporteur eut achevé. Vous, Malet, avez-vous quelque chose à dire pour votre défense? ajouta-t-il. »

Malet se leva et dit d'une voix pleine et sonore :

« Un homme qui s'est constitué le défenseur des droits de son pays n'a pas besoin de défense : il triomphe ou il meurt ! »

A ces mots, un léger frémissement parcourut l'auditoire. Le président reprit aussitôt :

« Accusé Lahorie, vous avez la parole.

LAHORIE. — Je vous l'ai dit, messieurs, j'ai cru revoir un 18 brumaire, et j'ai suivi le général Malet, de même qu'il y a douze ans j'avais suivi Bonaparte.

UN JUGE. — C'est un crime de croire à la possibilité d'une révolution sous le gouvernement de Sa Majesté l'Empereur.

LAHORIE. — Je n'ai appris qu'hier au soir qu'on devait me juger ce matin. J'avais demandé qu'on me laissât de la lumière pour rédiger ma défense; tout m'a été refusé, jusqu'à un avocat.

— Oui, tout! s'écria Guidal avec emportement, jusqu'à une chandelle et une demi-bouteille de vin. »

Le président s'adressa alors à Guidal, et lui dit avec douceur :

« Maintenant, parlez, Guidal, dites-nous tout ce que vous croyez utile à votre défense ; nous vous écoutons.

GUIDAL. — Que on me fusille le plus tôt possible. Il y a longtemps que j'ai fait le sacrifice de ma vie.

LE PRÉSIDENT. — Et vous, commandant Soulier. Voyons, défendez-vous; dites-nous quelque chose en votre faveur.

— Hélas! monseigneur! répondit Soulier extrêmement ému et en jetant des regards inquiets autour de lui, j'avais écrit à un avocat: il ne m'a pas répondu.

— En attendant qu'il se présente, dit un juge, défendez-vous toujours. »

Soulier se leva; il était pâle; et, paraissant faire un effort sur lui-même :

« Messieurs, dit-il, j'ai vingt-cinq ans de services, quatorze blessures, une femme infirme et quatre enfants. Au mois de février dernier, l'ennemi enveloppait le mont Jouy, où je commandais. Il me fit offrir cinq cent mille francs et le grade de général au service de l'Espagne si je voulais seulement capituler. Je lui répondis à coups de canon; puis je fis une sortie, et avec mes cinq cents hommes de garnison, je mis en déroute quinze mille Espagnols. Monseigneur, ajouta-t-il, consultez Son Excellence le ministre de la guerre, il vous certifiera le fait. Je suis innocent, j'en appelle à votre justice, à votre commisération. J'ai quatre enfants...

— Commandant, dit le comte Dejean extrêmement ému, soyez tranquille, nous examinerons votre affaire avec le plus grand soin et la plus parfaite impartialité. » Puis, s'adressant à Boccheampe : « La commission vous accorde la parole.

— Z'avais doumandé oune défensor per parlare, perché zé connais mal la lingua frantchaizé. » Et, se haussant sur la pointe des pieds pour mieux voir dans l'auditoire : « Il n'est pas là mon hounourable défensor? demanda Boccheampe d'un ton suppliant.

— Les défenseurs sont couchés! répondit une voix dans l'auditoire.

UN JUGE. — N'importe, parlez : on vous comprendra suffisamment.

— Eh bien! escellenza, zé souis innocent. Si z'avais oune défenseur, il vous expliquerait... Ma, zé souis innocent.

— Et vous, colonel Rabbe? demanda le président.

— Monsieur le comte, je m'en rapporte aux lumières et à la justice de la commission.

— Vous êtes perdu, lui dit Guidal à voix basse en se servant d'une expression grossière.

— Vous, capitaine Borderieux? poursuivit le président.

— Moi! fit celui-ci en se levant, ma défense ne sera pas longue : *Vive l'Empereur!* s'écria-t-il de toutes les forces de ses poumons.

— Aucun des accusés ne réclame la parole? demanda le comte Dejean.

— Moi, je n'ai encore rien dit, répliqua Piquerel.

— Eh bien! parlez, reprit le comte Dejan.

— Un instant, dit Piquerel, je ne suis pas avocat, et j'avais demandé un défenseur.

— Monsieur le président, interrompit M° Caubert, qui avait accepté sa pénible mission avec ce zèle et ce dévouement dont le barreau de Paris a donné tant d'honorables preuves, j'ai été chargé de la défense, non-seulement de Piquerel, mais encore de ses coaccusés Regnier, Steenhouver et d'autres officiers de la 10° cohorte.

— En ce cas, vous avez la parole », dit le comte Dejean.

Aussitôt, le plus grand silence s'établit dans l'auditoire, et les regards de tous les accusés se dirigèrent sur M° Caubert, qui, s'étant couvert de sa toge, commença ainsi :

« Monsieur le président, et vous, messieurs de la commission, chargé depuis quelques heures seulement de la défense d'une partie des accusés, certes je n'aurais pas osé paraître devant vous si je n'avais été convaincu, comme vous l'êtes vous-mêmes, que la plupart d'entre eux ont été égarés par l'imprudence, et que jamais dans leur cœur il n'est entré le moindre germe de culpabilité.

« Le point le plus important à remarquer est la circonstance d'après laquelle les individus que je défends ont été entraînés. On les réveille à deux heures du matin, dans un instant où le repos n'est pas encore complet pour eux. Et on les réveille, dis-je, pour leur annoncer la mort de l'Empereur! Quelle nouvelle pour des Français! surtout pour de braves militaires! C'est la mort de leur chef, et ce chef mort, le père est mort pour ses enfants. Comment croire, messieurs, qu'ils aient pu conserver cette lucidité d'esprit nécessaire pour juger ce qu'on leur faisait faire? Vous savez maintenant comment se sont passées les choses, et, je ne crains pas de le dire, tous ceux que je défends, ainsi que cela résulte des débats, ont obéi à des ordres supérieurs.

« Or, jusqu'à quel point l'obéissance d'un militaire doit-elle aller? Ce n'est pas à moi de le décider; vous connaissez mieux que moi, vous tous qui avez commandé à des hommes, que le militaire est essentiellement obéissant, qu'il ne juge point, qu'il ne peut pas délibérer; et, dans le moment où la conspiration a eu lieu, ont-ils pu raisonner? Eh! messieurs! comment l'Empereur est-il venu sur le trône? Il y est venu par le vœu de tous les Français, vœu manifesté par suite d'un sénatus-consulte; c'est au sénatus-consulte qu'il fallait obéir, au sénatus-consulte véritable aux yeux de ceux qui n'en connaissaient pas la fausseté.

— Ce gaillard-là est plus solide sur sa théorie que notre capitaine sur la sienne », dit à demi-voix Rateau, qui s'était levé pour mieux entendre les paroles de l'avocat.

Ce dernier, après avoir examiné successivement les charges relatives à chacun de ses clients, termina sa plaidoirie en disant :

« Que résultera-t-il de cette affaire? La punition sans doute de quelques-uns des coupables, mais l'indulgence pour des gens qui n'ont été qu'imprudents. Il en résultera pour Sa Majesté que cette conspiration, la plus grande folie qu'on ait pu imaginer, servira à manifester, de plus en plus, l'amour que lui ont témoigné tous ses sujets et tous les braves militaires de son armée. »

Après cette péroraison, le président demanda aux accusés s'ils avaient quelque chose à dire pour ajouter à leur défense.

« Mais nous n'avons pas été défendus! s'écria l'un d'eux.

— On n'a pas voulu me donner de défenseur, dit un autre.

— Ni à moi non plus, ajouta un troisième.

— Si les défenseurs ne sont pas venus, à qui la faute! » dit le rapporteur en se retournant vers les accusés.

A ces mots, Malet se leva vivement, et, désignant du doigt une des personnes présentes :

« La faute est à vous, monsieur, et vous le savez mieux que personne.

— Rouff, reprit le président avec bonté, qu'avez-vous à dire? Parlez; exposez-nous vos moyens de défense. »

Rouff fixa sur ses juges des regards effarés et ne répondit pas.

RATEAU. — Monseigneur, je vous demande bien pardon, mais depuis notre arrestation, la tête du capitaine Rouff bat la breloque; il ne sait plus ni ce qu'il dit ni ce qu'il fait.

MALET. — Ce capitaine devrait avoir un défenseur; mais puisqu'il n'en a pas, je demande la parole en son nom.

— C'est positif, fit Rateau.

LE PRÉSIDENT, *s'adressant à Rateau*. — Eh bien! qu'avez-vous à dire pour votre défense?

— Moi! fit Rateau en saluant, je vous demande pardon, monseigneur, mais j'ai à dire que j'ai été *gouré* comme les autres; demandez plutôt au général.

— Monsieur le président, dit Malet, la défense de Rateau me regarde plus personnellement que la mienne. Rateau est venu, dans la maison de santé que j'habitais, y visiter un parent, un ami de son pays, je crois; je l'ai vu quatre ou cinq fois. Il s'est trouvé une circonstance où cet ami m'a dit : « Si vous pouvez par vos connaissances faire avancer Rateau, vous me rendrez, ainsi qu'à sa famille, qui est très-honorable, un signalé service. » La circonstance que vous savez s'est présentée. Sans rien dire à Rateau, qui se trouvait là par hasard, je lui ai demandé s'il avait bien envie d'avancer; sur sa réponse affirmative, je lui ai appris que j'étais chargé par le Sénat de mettre à exécution des ordres, et que, s'il voulait être mon aide de camp, il obtiendrait ainsi l'avancement qu'il désirait. Il a accepté, il a mis l'uniforme de ce grade; il n'a jamais su autre chose. Voilà la vérité pour Rateau; vous l'avez entendu tout à l'heure; croyez-vous, de bonne foi, que j'aurais été lui confier mon secret? En acquittant Rateau, messieurs, vous rendrez justice à lui et à moi.

RATEAU. — Je vous demande pardon, monseigneur; mais vous voyez que le général lui-même est mon témoin.

— Les débats sont terminés, dit le comte Dejean. » Et il donna l'ordre de faire sortir les accusés, en ajoutant : « La commission va délibérer. »

A ces mots, la plupart des condamnés ne dissimulèrent plus les émotions qui les agitaient.

« Monseigneur, s'écria Soulier d'une voix lamentable, nous sommes tous d'anciens militaires, des pères de famille; nous n'avons pas de fortune; que vont devenir nos femmes, nos enfants? Ayez pitié de nous!

— Et moi! que vais-je devenir? s'écria Borderieux; je suis né sous les drapeaux; j'ai toujours été dévoué à l'Empereur, on le sait. Et, se tournant vers ses coaccusés : Vive l'Empereur! s'écria-t-il en agitant le bonnet de police qu'il tenait à la main.

— Oui! vive Sa Majesté l'Empereur et roi! répéta Rateau.

— Et sa justice! ajouta Lahorie avec un sourire plein d'amertume.

— Quant à moi, je n'ai qu'un mot à dire à mes juges, s'écria Guidal comme hors de lui; c'est qu'ils sont tous des esclaves!

— Gendarmes, faites donc évacuer la salle et retirer les accusés », s'écria à son tour un juge qui n'avait pu conserver son impassibilité.

Et comme les gendarmes préposés à la garde des accusés se mettaient en devoir d'exécuter cet ordre en employant la force, Malet, s'adressant à l'auditoire qui, dans l'obscurité, se retirait en tumulte, dit d'une voix forte :

« Citoyens! vive la liberté! »

Il était deux heures après minuit. La commission s'étant retirée dans la chambre des délibérations, à quatre heures du matin elle rentra en séance, et, par l'organe de son président, prononça, en l'absence des accusés, un jugement longuement motivé qui condamnait à la peine de mort et à la confiscation de leurs biens, quatorze d'entre eux; c'étaient Malet, Lahorie, Guidal, Soulier, Steenhouver, Borderieux, Piquerel, Fessart, Lefèvre, Régnier, Beaumont, Rabbe, Boccheampe et Rateau.

Elle acquitta à l'unanimité Gomont, Lebis, Provost, Godard, Viallevieilhe, Caron, Limozin, Julien, Carmatte et Rouffe.

Après la lecture de cet acte, le comte Dejean fit ramener à l'audience ceux des condamnés qui étaient décorés de la Légion-d'Honneur (Malet, Rabbe, Soulier, Piquerel, Borderieux et Lefèvre), et leur dit, en les appelant les uns après les autres par leurs noms :

« Conformément à la loi, accusé *un tel*, vous avez manqué à l'honneur ; je déclare donc, au nom de la Légion-d'Honneur, que vous avez cessé d'en être membre. »

Tous avaient écouté en silence ces paroles du président ; mais à peine eut-il achevé de dire la formule de dégradation, que Soulier fit entendre un cri de désespoir et Borderieux un cri de *Vive l'Empereur!* Les autres ne dirent rien. Puis les prisonniers furent reconduits à l'Abbaye à cinq heures du matin. A dix heures, le capitaine Delon, assisté du greffier Boudin, se rendit à cette prison et donna aux accusés, réunis dans la salle appelée le *Parloir du greffe*, lecture du jugement qui condamnait quatorze d'entre eux à la peine capitale, et acquittait les autres. Il était dit textuellement dans ce jugement : « Enjoint à M. le juge rapporteur de faire exécuter
« dans tout son contenu, et cela dans les vingt-quatre heures. »

A LA PLAINE DE GRENELLE.

Le jeudi 29 octobre 1812, dans l'après-midi, par une pluie fine et glaciale, on vit arriver successivement sur la place de l'Abbaye, et se ranger en bataille devant la porte de la prison, un fort détachement de gendarmerie à pied et à cheval, et bientôt après un demi-escadron de dragons. Tandis que des vedettes étaient placées aux débouchés de la place pour empêcher les voitures de circuler dans cette direction, d'autres étaient occupées à refouler le peuple, qui commençait à se porter en masse sur ce point, dans l'espérance d'apercevoir les condamnés. A trois heures moins un quart, sept fiacres, à la file les uns des autres, vinrent stationner devant le péristyle de la prison, que les gendarmes masquèrent aussitôt en formant un demi-cercle autour des voitures.

Le capitaine Delon et l'adjudant Laborde, qui étaient dans le premier fiacre, descendirent et pénétrèrent dans la prison avec un piquet de gendarmes commandé par un officier. Un quart d'heure après, le capitaine Delon et Laborde remontèrent dans leur fiacre, qui se dirigea rapidement vers la plaine de Grenelle. Quelques minutes s'étaient à peine écoulées que les prisonniers sortirent de la prison, accompagnés chacun d'un gendarme qui les tenait par-dessous le bras. Ils montèrent deux par deux dans les fiacres, dont ils occupèrent les places du fond; deux gendarmes se mirent sur le devant.

A la vue des condamnés, le silence le plus profond succéda au brouhaha qui régnait sur la place, et le triste cortége se mit en route pour le lieu de l'exécution entre une double haie de dragons; un piquet de gendarmerie ouvrait et fermait la marche. Il passa par la rue Sainte-Marguerite, la place Taranne, la rue de Grenelle-Saint-Germain jusqu'aux Invalides, puis, suivant l'avenue de Lamotte-Piquet, il longea l'Ecole-Militaire et traversa ainsi le Champ-de-Mars.

Si la plupart des condamnés montrèrent une grande fermeté pendant le trajet, le malheureux Soulier fit entendre des plaintes et des gémissements qui durent briser le cœur de ceux mêmes qu'on avait chargés de le conduire à la mort.

« Ma pauvre femme, disait-il, que va-t-elle devenir? et mes enfants! » Et il se couvrait le visage de ses mains pour tâcher d'étouffer ses sanglots.

Boccheampe récitait des prières à voix basse, ou se plaignait qu'on ne lui eût pas permis de faire appeler un prêtre. Piquerel, qui était dans la même voiture que lui, mettait de temps en temps la tête à la portière pour crier au peuple qu'il était innocent, et qu'il ne savait pas pourquoi on le sacrifiait. Borderieux criait Vive l'Empereur! Guidal, placé à côté du lieutenant Regnier, proférait les plus énergiques récriminations contre ceux qui l'avaient arrêté et contre les membres de la commission qui l'avaient condamné.

Malet, placé dans le premier fiacre avec Lahorie, conserva un calme et une fermeté remarquables :

« Général, lui avait-il dit en sortant de prison, c'est votre indécision qui nous a mis ici. »

Puis il harangua le peuple et la troupe avec toute son énergie républicaine :

« Citoyens, s'écria-t-il en passant devant l'Ecole-Militaire, je tombe, mais je ne suis pas le dernier des Romains. »

Pendant ce temps, on avait développé à la plaine de Grenelle un grand appareil militaire ; chacun des corps en garnison à Paris y avait envoyé un fort détachement ; la garde soldée et la 10° cohorte y étaient rassemblées tout entières et sans armes. Celles des compagnies dont les officiers allaient être fusillés avaient l'habit retourné. Ces troupes formaient un carré qui cependant n'avait que trois côtés ; le quatrième, resté vide pour donner passage aux balles, était formé par le mur d'enceinte du boulevard extérieur de l'Ecole-Militaire. Au milieu de ce carré on voyait deux pelotons de vétérans. Le premier, composé de cent vingt hommes, et le second, de trente seulement (appelé *peloton de réserve*), devaient exécuter le jugement. A droite, dans l'encoignure formée par le bâtiment de la barrière, on voyait quatre mauvaises charrettes, attelées chacune d'un cheval presque étique, et destinées à emporter les corps des suppliciés. Elles étaient conduites par des infirmiers du Val-de-Grâce, vêtus de vestes grises à collet bleu. Ces derniers devaient procéder à l'inhumation. A gauche, dans l'angle opposé, formé par le mur et la ligne de soldats qui fermait le carré, un groupe de chirurgiens militaires et d'officiers supérieurs à qui leur grade permettait de se tenir à cette place. Toutes les fenêtres des maisons et des guinguettes qui bordent la chaussée opposée du boulevard étaient encombrées de spectateurs. Çà et là on remarquait quelques-unes de ces femmes du monde qui, dans leur avidité d'émotions fortes, louent une *bonne place* pour *bien voir* supplicier des malheureux. Les arbres des allées, dégarnis de feuilles, étaient chargés d'ouvriers et d'enfants, qui se trouvaient juchés dans leurs branchages sombres, comme de grands nids de corbeaux.

A peine l'horloge de l'Ecole-Militaire avait-elle achevé de sonner quatre heures, qu'un long murmure parti de la foule annonça l'arrivée des condamnés. Ce murmure fut bientôt suivi des cris : « Les voilà ! les voilà ! A bas les chapeaux ! A bas les parapluies ! » mêlés aux plaintes de ceux qui se trouvaient trop serrés et des juremens des militaires qui formaient, à vingt pas du carré, un cordon pour contenir les spectateurs. En même temps, on vit déboucher de la barrière dite de Grenelle un piquet de gendarmes arrivant au grand trot, le sabre nu, et précédant les six fiacres où se trouvaient les condamnés. Lorsque ces voitures eurent pénétré dans le carré, elles s'arrêtèrent. Les adjudants de place et des gendarmes étaient allés à leur rencontre. Les condamnés descendirent de voiture. Quelques spectateurs firent tout haut la remarque qu'aucun d'eux n'était, selon l'usage, assisté d'un prêtre.

Sur un signe de l'officier de gendarmerie qui devait présider à l'exécution, les tambours battirent au champ jusqu'à ce que les condamnés fussent arrivés au centre du carré. Tous, la tête découverte, marchèrent d'un pas ferme, Malet le premier, ayant la tête haute et le regard fier; Lahorie le second, Guidal le troisième, Boccheampe était le dernier. En passant devant un des hommes qui avaient concouru à son arrestation, Guidal s'arrêta :

« Te voilà, brigand ! lui dit-il avec un grincement de rage. Tiens, lâche que tu es ! »

Et il lui cracha au visage.

Celui-ci brandit son épée et poussa un cri de : *Vive l'Empereur !*

— Ton Empereur ! dit alors Lahorie avec une fureur amère, s'il avait été dans mon cœur, il y a longtemps que je me fusse poignardé !

— Ma pauvre famille ! mes pauvres enfants ! murmura de nouveau Soulier d'une voix éteinte.

— Commandant, lui dit Malet en lui serrant énergiquement la main, la mienne en prendra soin.

— Mossu le gendarme, dit Boccheampe au soldat qui le tenait par le bras, z'avais doumandé oun confessor.

— Que vous dit cet homme? demanda un officier en s'avançant vers le gendarme.

— Capitaine, il réclame un confesseur.

— Il réclamera demain; aucun de vous ne doit répondre aux accusés.

— Ils sont bien jeunes, avait dit Malet en regardant les conscrits qui formaient le carré, trop jeunes, avait-il répété ; puis, arrivé en face du peloton des vétérans qui étaient chargés de l'exécuter : — Ceux-là, ils sont bien vieux, répéta-t-il de même. »

Les condamnés s'étant arrêtés, on les plaça sur un seul rang, adossés au mur, et dans l'ordre suivant : Malet au milieu ; à ses côtés, Lahorie et Guidal ; Soulier et Boccheampe étaient les derniers. On devait faire feu sur eux en même temps.

Alors l'officier de gendarmerie fit battre un ban', puis le capitaine rapporteur s'approcha et lut à haute voix le jugement de la commission militaire.

« Misérable ! s'écria Guidal en s'adressant à un de ceux qui avaient figuré dans le procès; les trois quarts de ceux que tu as fait condamner sont innocents, tu le sais bien ! »

Pendant la lecture de ce jugement, Boccheampe s'était mis à genoux (ce fut le seul), et le piquet d'exécution s'était avancé.

« Quelqu'un d'entre vous pourrait-il me faire l'amitié de me dire pourquoi on me fusille? demanda tranquillement Piquerel en s'adressant aux vétérans.

— Silence dans les rangs! s'écria Malet d'une voix forte. Ici, c'est à moi de parler, ajouta-t-il ; et faisant un pas en avant monsieur l'officier de gendarmerie, ajouta-t-il, en ma qualité de général et comme chef de ceux qui vont mourir ici pour moi, je demande à commander le feu. »

Puis se replaçant au niveau de ses compagnons :

« Peloton, attention! s'écria-t-il d'une voix pleine et sonore. Portez... armes! apprêtez... armes!... Cela ne vaut rien ; nous allons recommencer. L'arme au bras tout le monde ! »

Quelques vétérans tressaillirent, les armes vacillèrent. Malet reprit aussitôt :

« Attention cette fois ! Portez... armes! Apprêtez... armes!... A la bonne heure. C'est bien! Joue... feu! »

Et cent vingt balles criblèrent à bout portant ces malheureux, qui tombèrent tous, excepté Malet. Celui-ci, resté debout et ferme sur les jarrets, porta les mains à sa poitrine, car il n'était que blessé, et reculant jusqu'au mur, sur lequel il s'adossa :

« Et moi donc, mes amis! s'écria-t-il, vous m'avez oublié ! »

Le brave Borderieux n'était pas mort non plus sur le coup. Il essaya de se relever en râlant son cri de *Vive l'Empereur !*

« Va, pauvre soldat, lui dit ironiquement Malet, ton Empereur a reçu comme toi le coup mortel. »

Et tout ruisselant de sang, il fit encore un pas en avant, et il cria :

« A moi le peloton de réserve !

— En avant la réserve ! » commanda l'officier de gendarmerie.

A cette seconde décharge, Malet tomba la face contre terre ; mais comme il n'était pas mort, on fut obligé de l'achever à bout portant [1].

---

[1] Mme Malet, qui avait été brutalement arrachée de son domicile par la police et emprisonnée aux Madelonnettes, y demeura deux mois, c'est-à-dire jusqu'au retour de Napoléon, qui, dès son arrivée à Paris, la fit mettre en liberté. Il lui fit même

Exécution de Mallet et de ses complices.

Cette sanglante exécution étant terminée, les chirurgiens examinèrent les cadavres ; puis, sur un signe de l'un d'eux, les trois charrettes furent amenées sur le terrain, qui ressemblait à un champ de bataille. Les infirmiers prirent les corps des suppliciés et les placèrent sur les charrettes, qui furent aussitôt entourées de gendarmes ; après quoi, suivant le boulevard extérieur qui conduit au cimetière de Clamart, elles cheminèrent lentement en laissant sur leur passage une traînée de sang qui coulait à travers la paille dont on avait eu soin cependant de les garnir en abondance.

Pendant ce temps, les détachements de la garnison, qui s'étaient formés en colonne, regagnèrent leurs casernes respectives. La terrible exécution à laquelle ces soldats venaient d'assister fut le soir un triste sujet de conversation dans toutes les chambrées. Ils en parlèrent encore un peu le lendemain, et le surlendemain on n'y pensait déjà plus, tant les impressions douloureuses s'effacent vite de la mémoire des hommes.

L'holocauste avait été épouvantable. On avait cru par là donner plus de force au gouvernement. Certains hauts fonctionnaires se montrèrent le soir même, radieux et pleins d'espérance, dans leurs salons ; et on adressa à l'Empereur un beau rapport sur cette affaire, qui ne rappelait, à tout prendre, que les journées sanglantes de la Convention et du Directoire, et n'avait été véritablement qu'un affreux sacrifice à la peur.

---

offrir, plus tard, par le ministre de l'intérieur, une pension et une bourse pour son fils Aristide Malet ; mais cette dame crut devoir refuser l'une et l'autre de ces faveurs. La Restauration se montra généreuse envers elle. La Restauration, de même qu'elle créa Moreau maréchal de France après sa mort, pour que son titre pût passer à sa veuve, qui fut comblée d'honneur et d'argent, la Restauration, disons-nous, se montra reconnaissante envers la famille Malet. Celui-ci cependant n'avait pas, plus que Moreau en 1804 et en 1813, travaillé pour les Bourbons ; mais pour que les Bourbons se montrassent généreux envers leurs familles, il suffisait naturellement que ces deux généraux républicains eussent travaillé contre Napoléon.

LE CONSEIL D'ÉTAT ET LE SÉNAT.

Ce fut le 6 novembre suivant, à la hauteur de Mikalewska et à l'instant où des nuées chargées de frimas s'accumulaient sur sa tête, que Napoléon vit le comte Daru accourir à lui pour lui dire quelques mots à voix basse. Sur un signe de l'Empereur, les officiers dont il était entouré s'éloignèrent ; un cercle de vedettes se forma autour de lui et de l'intendant général de l'armée.

Une estafette, la première qui, depuis dix jours, avait pu pénétrer jusqu'à Daru, lui apportait la nouvelle de cette étrange conspiration tramée dans Paris même par un obscur général au fond d'une prison. Il n'avait eu d'autres complices que la fausse nouvelle de la mort de l'Empereur et de faux ordres donnés à quelques troupes. Tout avait d'abord réussi par l'étonnement, la stupeur et l'imprévu ; mais dès que le moindre doute avait rencontré cette échauffourée dans sa marche, un ordre avait suffi pour arrêter, juger, condamner et exécuter le chef et ceux qui avaient été ses dupes. Telle était la teneur de cette lettre expédiée par le ministre de la guerre. Napoléon apprit ainsi tout à la fois le crime et le supplice des conspirateurs.

Ceux qui de loin cherchaient à lire sur les traits de l'Empereur n'y remarquèrent aucune altération. Il avait concentré en lui-même toutes ses émotions, et ses premières et uniques paroles à Daru furent celles-ci :

« Eh bien ! monsieur l'intendant général, si nous étions restés à Moscou, comme vous le vouliez, où en serions-nous ? »

Puis il se hâta d'entrer dans une masure abandonnée, où il établit sur-le-champ un poste de correspondance ; mais, dès qu'il fut seul avec ses officiers les plus dévoués, toutes ses émotions éclatèrent par des exclamations d'étonnement, d'humiliation et de colère. Il déplora la rigueur et la promptitude avec lesquelles on avait agi envers Malet et ses coaccusés, en disant :

« C'est trop de sang! Cette fusillade n'est qu'une horrible boucherie! Quelle impression cela a dû produire à Paris et en France! Et Napoléon II! ajouta-t-il, on n'y pensait donc pas? »

Puis il s'emporta contre la police et quelques-uns des premiers fonctionnaires de l'empire; il manifesta de justes inquiétudes et le besoin de retourner en France, de se montrer dans la capitale pour raffermir son pouvoir, remonter l'opinion et réparer ses pertes.

Quelques instants après, il fit appeler quelques chefs de corps pour remarquer l'effet que produirait sur eux une si étrange nouvelle. Il vit une douleur inquiète, de la consternation et la confiance dans la stabilité de son gouvernement fortement ébranlée. Il put savoir qu'on s'abordait en répétant que la grande révolution de 1789 qu'on avait crue terminée ne l'était pas. Fallait-il donc rentrer encore dans la terrible carrière des bouleversements politiques? Quelques-uns se réjouirent de cette nouvelle dans l'espoir qu'elle hâterait leur retour en France; quant à Napoléon, toutes ses pensées le précédaient déjà à Paris, bien qu'il ne fît que s'approcher de Smolensk. Enfin, il arriva à Paris le 19 décembre, à neuf heures du soir, et fit demander les ministres pour le lendemain dix heures du matin à son grand lever.

Le duc de Rovigo, instruit de la présence de Napoléon aux Tuileries, courut le soir même chez M. de Caulaincourt, qui lui apprit le funeste résultat de la campagne dernière, et ne lui cacha pas que l'Empereur était très-mécontent de ce qui s'était passé à Paris pendant son absence.

Le lendemain dimanche, bien avant l'heure de la messe, les salons étaient remplis, et tous ceux qui s'y trouvaient laissaient lire sur leur visage l'inquiétude qui les tourmentait. Napoléon reçut d'abord Cambacérès et lui parla en termes très-vifs de ce qui avait eu lieu.

« De quel droit s'est-on permis de fusiller mes officiers? dit-il d'une voix tonnante. Pourquoi m'a-t-on privé du plus beau droit d'un souverain, celui de faire grâce? Avant tout, on devait m'en référer. Ceux qui ont assumé une telle responsabilité sont bien coupables. »

Ensuite les ministres furent introduits suivant l'ordre de leur ancienneté d'exercice, de sorte que Savary dut passer le dernier. De tous ceux qui étaient là, pas un n'eût voulu être à sa place ; personne n'osait même lui en faire son compliment de condoléance, dans la crainte de se faire remarquer. Napoléon n'avait gardé chacun des autres ministres que quelques minutes, excepté celui de la guerre, qui était resté une demi-heure environ avec lui, de sorte que le tour de Savary arriva bientôt. Lorsqu'il traversa la foule qui était devant la porte du cabinet de l'Empereur, elle s'écarta comme pour laisser passer un convoi funèbre, persuadée tout au moins que le ministre de la police allait recevoir son congé définitif, et, ce qui contribuait à établir cette opinion, c'était la présence à Paris du duc d'Otrante, que tout le monde regardait déjà comme son successeur. Savary resta dans le cabinet impérial deux heures, qui furent exactement comptées par les observateurs. Napoléon demanda à Savary mille détails sur l'affaire de Malet, et lorsqu'il eut poussé à fond tout ce qu'il voulait savoir, il dit à son ancien aide de camp :

« Eh bien ! tout cela n'est pas clair pour moi. Je conçois que vous ayez été arrêté par cinquante hommes sans pouvoir vous défendre ; car moi-même ne suis-je pas à la merci du chef de bataillon qui est de garde à ma porte? Mais ce que je ne conçois pas, c'est que vous n'ayez pas su que depuis longtemps Malet, Lahorie, Guidal et Soulier étaient d'accord et qu'ils se voyaient. »

Savary essaya de prouver que la chose était impossible ; mais Napoléon, ne voulant pas se rendre à ses observations toutes justes qu'elles étaient, répétait :

« Comment, avec de l'esprit, pouvez-vous me faire de pareilles histoires ? »

Le duc de Rovigo insista, et Napoléon commença à être persuadé, lorsque celui-ci lui dit :

Mais, Sire, le colonel de la 10° cohorte n'était à Paris que depuis très-peu de jours. Votre Majesté doit se souvenir qu'elle le rappela de Barcelone après qu'il se fut distingué en Espagne, ce qui lui valut ce commandement; que non-seulement il n'avait pas fait prendre de cartouches à ses soldats, mais encore qu'il ne leur avait pas fait mettre de pierres à feu à leurs fusils, ce qu'il n'aurait pas négligé s'il avait eu part au complot.

— Il est vrai, dit alors Napoléon, que les rapports de la police militaire ne m'ont pas mentionné ces faits. » Puis, après un silence, il reprit :

« Mais enfin, comment se fait-il qu'on puisse arriver jusqu'à votre chambre à coucher sans rencontrer au moins un factionnaire, ne fût-il placé qu'à la porte de votre antichambre? Un seul coup de fusil lâché, toute cette troupe se fût retirée.

— C'est la vérité, Sire; il y a toujours huit ou dix hommes de guet chez moi la nuit, mais dès que le jour paraît, ils s'en vont. Or, lorsque Lahorie arriva avec sa troupe, ces hommes venaient justement de partir.

— N'importe, dit Napoléon, on ne croira jamais que la garde du poste de l'hôtel d'un de mes ministres voie mettre en pièces ses appartements et en laisse enlever le maître sans lui porter aucun secours, sans même s'enquérir de la cause d'une telle violation. Allons, allons! tout cela est très-fâcheux, ajouta-t-il en terminant l'audience; mais enfin il n'y a pas *tout à fait* de votre faute. »

Puis il le congédia en lui recommandant de lui envoyer le soir même le comte Réal, avec qui il était bien aise de causer.

Lorsque le duc de Rovigo sortit du cabinet impérial, il aurait fallu voir l'inquiète curiosité des courtisans, qui cherchaient dans ses yeux s'ils devaient l'aborder ou le fuir ; ils s'étaient trompés sur le sens de sa longue conversation avec l'Empereur, et dès le soir même cessèrent les plaisanteries et les quolibets dont le ministre de la police avait été le sujet depuis six semaines.

Avant de céder aux circonstances qui semblaient exiger de sa part un grand acte de sévérité, Napoléon voulut consulter, comme toujours, son Conseil d'Etat, auquel le comte Frochot appartenait de droit en sa qualité de préfet du département de la Seine. Toutes les sections furent convoquées pour le 22 décembre, et l'Empereur présida lui-même cette séance, qu'il ouvrit en disant, après avoir fait un long signe de croix :

« Messieurs, il faut croire désormais aux miracles. Vous allez entendre le rapport du comte Réal relativement à la conspiration du *citoyen* Malet. »

Après que ce conseiller eut donné connaissance de ce rapport, dont la lecture dura plus d'une heure, Napoléon prit la parole sur ce sujet, et s'étendant avec amertume sur le défaut, en France, d'habitude et d'éducation en fait de stabilité, il s'écria :

« Triste reste de nos révolutions ! Au premier mot de ma mort, sur l'ordre d'un inconnu, des officiers mènent leurs régiments forcer les prisons, se saisir des premières autorités ! un concierge enferme les ministres sous ses guichets ! un préfet de la capitale, à la voix de quelques soldats, se prête à faire arranger sa salle d'apparat pour je ne sais quelle assemblée de factieux ! tandis qu'il y a là l'impératrice, et le roi de Rome, et mes ministres, et tous les grands pouvoirs de l'Etat ! Un homme est-il donc tout ici ? Les institutions, les serments ne sont-ils donc rien ? Frochot est un honnête homme, il m'est dévoué, je le sais, mais son devoir était de se faire tuer sur les marches de l'Hôtel-de-Ville. Messieurs, il vous faut donner un grand exemple à tous les fonctionnaires. »

Puis, comme le plus grand silence continuait de régner dans l'assemblée, il reprit :

« Oui, tout est organisé chez nous de telle façon qu'un caporal pourrait avec quelques hommes, dans un moment de crise, s'emparer du gouvernement. »

Ces paroles étaient justes, l'expérience venait de le prouver. Napoléon seul était tout ; mais il l'avait voulu ainsi, puisque les institutions impériales étaient illusoires et qu'elles ne fonctionnaient que par lui. Comme on le voit, les conséquences du principe qui servait de base à l'empire commençaient à se développer à ce point qu'un souffle avait suffi pour ébranler cette création gigantesque.

Quoi qu'il en soit, il fallait une victime, et Napoléon l'avait désignée : c'était Frochot, car Malet avait étrangement compromis cet honorable fonctionnaire impérial en le plaçant d'office parmi les membres de son gouvernement provisoire. En le dénonçant en plein Conseil d'Etat, Napoléon appelait naturellement sur sa tête un jugement sévère. En vain celui-ci invoquait-il son dévouement passé et les pleurs qu'il avait versés en apprenant la mort de l'Empereur : on n'en tint compte, et Frochot fut traduit devant toutes les sections du Conseil d'Etat réunies extraordinairement et de nuit, comme un jury de cour d'assises. Chacun des conseillers fut invité à donner individuellement son avis sur la conduite tenue par leur collègue dans la matinée du 23 octobre. Les paroles de Napoléon à la séance du Conseil avaient donné le ton. Ce ton fut généralement imité.

La section de législation, qui comptait cependant plusieurs régicides, déclara avec une véritable exaltation monarchique qu'il fallait destituer M. Frochot, parce qu'il avait méconnu l'hérédité et la sainteté de la couronne dans le prince impérial. La section de l'intérieur, composée d'hommes plus modérés, déclara que la faute de M. Frochot résultait d'*une âme abattue et non d'un cœur infidèle.* La section des finances, positive comme les chiffres, déclara la conduite de Frochot *pusillanime.* La section de la marine se contenta de dire qu'*il avait manqué à ses devoirs.* La section de la guerre, toujours inflexible, prononça son indignité de toutes fonctions publiques administratives. Toutes ces déclarations motivèrent un avis du Conseil d'Etat qui provoquait la destitution de M. Frochot. Sur le rapport que le comte de Montalivet, ministre de l'intérieur, adressa immédiatement à l'Empereur, celui-ci se décida à se priver des services de cet administrateur, et le 24 décembre on vit inséré dans le *Moniteur* le décret suivant :

« Napoléon, etc.,

« Sur le rapport de notre ministre de l'intérieur, nous avons dé
« crété et décrétons ce qui suit :

« Art. 1ᵉʳ Le comte Frochot est destitué de ses fonctions de con-
« seiller d'Etat et de préfet du département de la Seine.

« Art. 2. Notre ministre de l'intérieur est chargé de l'exécution
du présent décret,

« Au palais des Tuileries, le 23 décembre 1812.

« NAPOLÉON. »

Frochot fut remplacé sur-le-champ par le comte de Chabrol, préfet de Savonne, qui se trouvait en congé à Paris, et trois jours après, le dimanche 27 décembre, à la réception du corps municipal de la ville, le nouveau préfet de la Seine porta la parole et dit entre autres choses, en se présentant devant le trône impérial :

« Eh ! qu'importe la vie, Sire, devant les immenses intérêts qui reposent sur la tête sacrée de l'héritier de l'empire ? Pour moi, qu'un regard inattendu de Votre Majesté vient d'appeler de si loin à tant de confiance, ce que je chéris le plus de vos bienfaits, Sire, c'est l'honneur et le droit de donner le premier l'exemple de ce noble dévouement. »

Il était réservé, comme d'habitude, à M. de Fontanes de renchérir sur les adulations qui se produisirent au sujet de cette affaire. Lorsque vint son tour de parler au nom du Conseil de l'Université impériale :

« Sire, dit-il, le bon sens s'arrête avec respect devant le mystère du pouvoir et de l'obéissance ; il s'abandonne à la religion, qui a rendu le prince sacré en le faisant à l'image de Dieu même. La nature ordonne en vain que les rois se succèdent, le bon sens veut que la royauté soit immortelle ; permettez donc, Sire, que l'Université détourne un moment ses regards du trône que vous remplissez de tant de gloire, pour les reporter vers cet auguste berceau où repose l'héritier de votre grandeur. Nous lui jurons d'avance un dévouement sans bornes comme à vous-même. »

Ces discours de MM. Chabrol et de Fontanes inspirèrent au Sénat la pensée d'appliquer immédiatement la régence dans le cas où l'Empereur se remettrait à la tête de ses armées, ce qui était hors de tout doute. Avec la régence l'hérédité était assurée. Et puis cette idée semblait être essentiellement monarchique; c'était, disait-on, un principe fondamental; et, sur une proposition expresse du Sénat, le roi de Rome dut être couronné à Notre-Dame. Napoléon se complut à cette idée; déjà même les maîtres des cérémonies s'occupaient des préparatifs de cette grande solennité, lorsque les événements de la guerre vinrent en retarder l'exécution.

On sait comment, deux ans plus tard, ce même Sénat, si adulateur, proclama la déchéance de Napoléon; on sait que cette pensée fut celle de l'abbé Grégoire, qui s'entendit avec M. Lambrecht pour la rédaction des considérants de cette pièce, lue par ce dernier dans la séance du 2 avril 1814; mais ce qu'on ne sait pas, c'est que ces mêmes considérants furent calqués sur ceux mêmes que l'abbé Lafon et Malet avaient formulés deux ans auparavant pour proclamer, eux aussi, l'abolition de l'empire.

Ainsi, chose étrange et qui doit inspirer de bien sérieuses réflexions sur les vicissitudes des choses de ce monde, la pensée de Malet, la pensée du conspirateur, fut réalisée plus tard par un prêtre et un ardent républicain, tous deux membres de ce Sénat qui avait donné à l'empire tant de gages d'une aveugle soumission.

CHAPITRE X.

TRAHISON SUR TRAHISON.

1813-1814.

C'était à la fin de 1813 ; les glorieuses et stériles victoires de Lutzen, de Wurschen et Bautzen n'avaient produit que l'armistice félon de Pleswitz et la Chambre ardente de Prague, où, sous le nom d'un congrès qui ne fut jamais réuni, la France et Napoléon avaient été condamnés. Le père de Marie-Louise, au lieu de mettre, ainsi qu'il l'avait dit, ses 400,000 hommes dans la balance française, les avait jetés dans celle de la coalition. Il avait ainsi prononcé, de lui-même, l'arrêt de son gendre et de son petit-fils. Vainement de nouveaux miracles enfantés par la bravoure de nos soldats décimèrent bientôt, sous les aigles irritées de Napoléon, l'hydre de la coalition qui renaissait de ses blessures. Placés entre le royaume d'Italie qui menaçait l'Autriche et le royaume de Naples qui menaçait la France, les États romains, n'ayant que le fort Saint-Ange, sans garnison, et une légion de gendarmes à opposer aux débarquements britanniques et aux insurrections intérieures, ne présentait aux autorités françaises qu'une hospitalité douteuse. Mais la France était encore protégée par le souvenir de la première gloire de Napoléon, que l'Italie gardait toujours. Il s'agissait seulement de réunir contre l'Autriche les deux drapeaux de famille qui flottaient sur les tours de Milan et de Naples ; de reprendre, avec les 120,000 hommes que le

roi Murat et le prince Eugène pouvaient mettre en marche, la route de Vienne, si bien connue d'eux, et d'opérer sur le flanc gauche de la coalition une diversion qui eût forcément détaché l'Autriche de ses nouveaux alliés. Rien n'était plus facile. C'était le devoir de Murat; c'était celui d'Eugène ; c'était le salut de la patrie !

Les cours de Milan et de Naples entretenaient alors une correspondance fort active. Les aides de camp du vice-roi, porteurs de lettres d'union les plus pressantes, traversaient Rome et attendaient chez moi leurs relais ; ils me donnaient en allant les plus vives espérances ; mais ils me rapportaient de Naples des nouvelles moins rassurantes. Ces négociations, qui n'auraient dû être que des relations de bonne harmonie pour la conservation du foyer commun, avaient été constamment aplanies par le vice-roi. Ce prince se plaçait, lui et sa brave armée, composée de 50,000 hommes environ, sous les ordres du roi de Naples; et d'après ces démarches loyales et patriotiques, dont j'avais la preuve presque chaque jour, soit par ma correspondance particulière, soit par les entretiens que j'avais avec les officiers généraux, avec lesquels j'étais constamment en relation, Rome, je lui dois cette justice, ne doutait point que l'armée napolitaine ne se mît promptement en mouvement pour se réunir à l'armée italienne et porter enfin la guerre au sein des Etats héréditaires de la maison d'Autriche. Rome se rappelait qu'un mois auparavant, Murat, revenant de Leipzick, incognito, après la retraite de la grande armée, sans s'arrêter dans ses murs, avait dit aux gendarmes de Velletri : «Vous allez « me voir bientôt repasser ici avec 70,000 hommes, et nous jetterons « les Autrichiens dans la mer.» Je me rappelais ces propos guerriers du beau-frère de Napoléon, dont le capitaine de gendarmerie m'avait informé le même jour; mais comme lord Bentinck, qui gouvernait alors la Sicile, avait à sa résidence un envoyé à Naples où l'Empereur d'Autriche avait également accrédité le comte de Neipperg, le futur époux de Marie-Louise, j'étais loin de partager l'opinion favorable des bons esprits de Rome dont aucun ne faillit à cette grande épreuve de fidélité, moins, sans doute, par attachement pour la France, que par conviction. L'union du vice-roi et de Murat leur paraissait commandée par tant d'intérêts et par une nécessité si urgente, que, malgré les forfanteries et les proclamations napolitaines appelant l'Italie entière à l'indépendance sous l'égide de Murat, ils se refusaient à attribuer ces grands mouvements militaires à tout autre motif qu'à des ordres reçus de Napoléon lui-même.

L'honorable général Miollis, gouverneur des Etats romains, bon Français, brave soldat, dont l'entier dévouement à l'Empereur datait de ses adversités, se refusait aussi, malgré l'évidence, à admettre de la part du roi de Naples d'autres sentiments que ceux qui l'animaient lui-même; de sorte que sa correspondance avec l'Empereur et le ministre de la guerre, totalement silencieuse sur le chapitre des inquiétudes que je recevais de Naples, était toute confiante sur celui des espérances qu'il tenait de sa propre loyauté, ce qui produisait un embarras réel à Paris à la réception de nos dépêches, si différentes par le fond, sans causer un seul moment, entre le gouverneur et moi, le moindre refroidissement. Comme il était aussi sûr de mon dévouement à l'Empereur que je l'étais du sien, il n'attribuait qu'à l'excès de ce sentiment mes doutes sur la fidélité du roi de Naples. Toutefois, le malaise public se trahissait fréquemment par les funestes nouvelles du théâtre de la guerre, que ne réparaient plus les bulletins victorieux de Napoléon, et par les craintes malheureusement plus sérieuses que répandaient les lettres des prêtres romains résidant à Vienne. La correspondance du clergé effaçait par sa rapidité celle de nos estafettes, qui, partant de Naples et passant par Rome, portaient nos lettres en sept jours, et le quinzième nous rapportaient les réponses. Je n'ai jamais su comment ces prêtres s'y prenaient; mais vingt fois j'ai eu par eux des nouvelles de France un jour avant l'estafette.

J'eus à cette époque le chagrin de faire connaître à l'Empereur, malgré les espérances que toujours il nourrissait sur les bons sentiments de son beau-père, que l'*ultimatum* fatal de sa destruction avait été de nouveau prononcé à Vienne, dans le mois de novembre.

Nous étions effectivement au plus mal. Le prêtre Battaglia, comme pour soutenir l'honneur de son nom, commandait dans la Sabine une insurrection armée. Murat s'était emparé d'Ancône et menaçait Bologne avec ses bâtiments armés par nos arsenaux ; et ses affidés annonçaient la prochaine occupation de Rome par S. M. en personne, quand, le 28 novembre, Fouché, gouverneur de l'Illyrie, nous apparut tout à coup comme une espérance, à laquelle se rattachèrent les crédulités vulgaires; et au clergé, comme un véritable antechrist, annonçant la fin de notre domination. « L'oratorien renégat, disaient les prêtres, le mitrailleur révolutionnaire, chassé de l'Illyrie par l'armée autrichienne, ne pouvait arriver à Rome que pour être le dernier fléau de ses habitants.» Quant à moi, cette arrivée si inattendue me fit l'effet de l'apparition d'un spectre, à qui Fouché ressemblait si fort. Il me semblait être l'avant-coureur ou l'artisan de quelques grandes calamités. Des circonstances aussi graves que celles où nous nous trouvions, sur un sol qui tremblait sous nos pas, entre l'invasion de l'Autriche et la trahison de Naples, ne pouvaient être conjurées ni par la ruse, ni par l'intrigue, ni par ces arlequinades politiques dont Fouché égayait, à Paris, les salons de son ministère. Il y avait déjà assez de Pasquins à Rome, ce n'était pas le moment d'en introduire un de plus, et qui fût de notre nation ; car autour de nous s'agitait un populaire qui pouvait, à la fin, prendre au sérieux sa propre gaieté, et échanger ses sarcasmes contre des poignards. L'impudence de Fouché m'était connue, et j'avais raison de la craindre comme la provocation d'un nouveau péril. Beaucoup de ceux qui avaient tué le général Duphot, en 1797, vivaient encore, et ils pouvaient, avec bien plus de raison, s'armer contre l'Empire français qui tombait de tous côtés, qu'ils ne l'avaient fait contre la République, alors que Napoléon, jeune et heureux, subjuguait l'Europe et Rome elle-même. Je m'attendais donc, de la part du duc d'Otrante, à la révélation d'une mission spéciale, tout au moins relative à l'évacuation de l'Etat romain. En effet, il en avait une qui devait être le prélude de notre ruine totale.

En sa qualité de duc, de sénateur, d'ancien ministre et de gouverneur général de l'Illyrie, Fouché était, de fait, le plus grand personnage qui fût alors à Rome; car le général Miollis n'avait que le titre de lieutenant du gouverneur général, dont le choix était resté caché dans la pensée de l'Empereur. Il reçut donc la visite de ce haut fonctionnaire, de l'intendant général des finances, du directeur général de la police, du préfet de Rome et de l'intendant du trésor.

Les trois premières autorités formaient le gouvernement des Etats romains; il n'y manquait qu'un chef d'état-major général, dont Napoléon avait très-sagement fait l'économie, ainsi que du gouverneur en titre, comme d'un luxe peu en rapport avec la faiblesse de nos forces militaires.

J'avais vu souvent, à Paris, le duc d'Otrante, et en l'envoyant à Rome, je ne pus m'empêcher de rire, me rappelant qu'étant à dîner à Auteuil, chez Mme de Brienne, avec lui et la princesse de Vaudemont, celle-ci, en sortant de table, l'avait mené devant une des glaces du salon, et lui ayant pris familièrement le menton, s'était écriée :

« Mon Dieu ! mon petit Fouché, comme vous avez l'air d'une fouine ! »

Le soir de son arrivée, j'allai chez Fouché pour lui faire part du désir qu'avait le comte Cavalli, premier président de la Cour impériale, de lui faire une visite solennelle à la tête de la magistrature. Il me répondit qu'il les recevrait le lendemain matin à dix heures.

« Venez plus tôt, ajouta-t-il, parce qu'après cette visite nous déjeunerons. »

Puis il passa lestement, et sans transition, à un interrogatoire assez vif sur les personnes et sur les choses du pays. Comme je me renfermais dans une sorte de réserve qui répondait mal à celle qu'il n'observait pas lui-même.

« Je suis gouverneur général de Rome, me dit-il, vous le savez bien.

— Oui, je sais que vous avez été nommé en 1810; mais le décret n'a pas eu son exécution, et vous étiez gouverneur en Illyrie.

— Je le suis encore, puisque le décret n'a pas été rapporté...

— Je vous assure que le général Miollis ne s'en doute nullement. »

Et il riait de ce sourire narquois qui lui donnait cette ressemblance si bien trouvée par Mme de Vaudemont.

« De fait, reprit-il avec une sorte d'assurance, le bonhomme Miollis n'est que lieutenant du gouverneur général des Etats romains, par conséquent il est sous mes ordres, ainsi que vous.

— Je ne demande pas mieux, et lui aussi, sans doute; mais, monsieur le duc, ajoutai-je, vous n'êtes pas homme à être venu ici sans un petit bout de décret.

— Un décret! l'Empereur a bien le temps de songer à ces misères-là! Il ne fait que des ordres du jour et des sénatus-consultes. D'ailleurs, il sait bien que ce qu'on a été une fois, on l'est toujours. Par exemple, est-ce que vous croyez que je ne suis pas encore son ministre de la police?

— Je vous crois, monseigneur; mais au moins faites-nous connaître votre position à Rome, elle décidera de la nôtre. »

Je voyais qu'il était temps de donner le change à un texte qu'il ne pouvait plus soutenir; et, comme on fait en pareil cas, je vins à son secours par des généralités. Il s'en empara vite en disant:

« Qu'est-ce que ma présence ici peut faire aux habitants?

— Beaucoup, apparemment, car elle les occupe exclusivement. Je ne vous cache pas, monseigneur, que chacun voudra savoir pourquoi vous êtes venu.

— Ils sont donc bien curieux, vos Romains?

— Ils sont, du moins, très-observateurs.

— Malgré cela, je ne les crois pas aussi malins que vous et moi.

— Ils sont plus malins que vous ne le croyez, monseigneur, je les connais.

— Et, cependant, vous les menez à la baguette.

— Jamais cela n'est arrivé, même quand ils étaient chez nous, tandis qu'à présent ils savent tous que nous sommes chez eux.

— Mais, excepté votre abbé Bataglio, ils ne bougent pas.

— Ils attendent.

— Parce qu'ils craignent.

— Non, parce qu'ils espèrent; et ils seront tranquilles dans Rome jusqu'au dernier moment. Moi qui ai le ministère terrible, je continue, comme l'année dernière, à me promener seul, la nuit, du côté de Trastevere.

— Je vous en fais mon compliment, dit Fouché en s'inclinant. N'est-ce pas là que sont les anciens Romains?

— A ce qu'ils disent.

— Moi je ne m'y fierais pas.

— Eh bien! si votre excellence a plus de confiance dans les nouveaux, je lui propose de l'accompagner pendant une heure, au clair de la lune, au Colisée... C'est classique, à Rome.

— Au Colisée, la nuit! sous ses arcades à perte de vue et à je ne sais combien d'étages! J'ai vu cela en passant ce matin; c'est à peine si j'y retournerais en plein jour. Diable, monsieur le directeur, comme vous y allez; me mener la nuit dans ces ruines!

— A Paris, je traversais bien la nuit, seul, à pied, le Carrousel et la place Louis XV.

— Vous êtes plus heureux que moi; je n'y étais pas tranquille dans ma voiture.

— Je suis bien fâché, monseigneur, que vous vous priviez d'un des plus beaux spectacles de Rome, le Colisée au clair de lune.

Vous y entendriez des Allemands chanter des strophes mélancoliques.

— Des Allemands ! il ne manquerait plus que cela ; j'en ai plein les oreilles, de vos chants allemands ; j'aime mieux me coucher. A demain, mon cher directeur, à neuf heures et demie ; nous bavarderons avant l'arrivée de la Cour. »

Le lendemain, j'étais chez le duc à l'heure convenue, en grande tenue, pour la présentation solennelle que je devais lui faire, et je lui annonçais la visite de la magistrature pour dix heures précises. Fouché était venu à Rome avec toute sa famille dont il ne se séparait jamais ; la paternité était sa seule vertu ; mais alors ce n'était pas assez, pour un homme d'État, d'être un excellent père de famille. Il ne s'était réservé dans l'hôtel qu'un médiocre appartement, composé d'une petite antichambre, d'un petit salon et d'une chambre à coucher. Ce fut dans l'antichambre que je le trouvai. Rien ne peut peindre le costume matinal du duc d'Otrante. En le voyant revêtu de sa chemise de nuit, à travers laquelle se faisait jour un gilet de flanelle qui enchâssait largement son cou décharné, et d'un pantalon de molleton jauni, dont les pieds se perdaient dans des pantoufles verdâtres et éraillées, et, au-dessus de tout cela, ce visage de vieux Albinos, je ne pouvais reconnaître cet homme qui avait remué la France, fait marcher le maréchal Bernadotte en Belgique avec une armée, et qui, l'année suivante, avait envoyé, à l'insu de l'Empereur, un négociateur à Londres, etc. Jamais je n'avais vu l'homme de si près. Le reste de son costume était à l'avenant : son bonnet de coton était sur la cheminée, à côté d'un débris de savonnette dont la boîte rouge figurait près d'une cuvette ; lui-même repassait, sur un mauvais cuir, un vilain rasoir qui sentait son oratorien, et il allait tondre sa barbe rare et du même teint que son visage, devant un petit miroir accroché à la fenêtre. Il était impossible de voir rien de plus ignoblement laid que ce grand personnage, préludant à sa toilette au moment où il attendait la plus grande Cour du gouvernement général des États romains,

« Ah! bonjour, directeur, fit-il en me voyant entrer.

— Avez-vous bien dormi, monseigneur?

— Pas trop bien; vos diables d'Allemands qui chantent au Colisée, votre clair de lune, tout cela m'est revenu. »

Et, en disant ces mots, il repassait son rasoir.

Les trois quarts moins de dix heures sonnèrent. J'avais dans la tête un autre cauchemar, la visite magistrale. Lui n'avait pas l'air d'y songer. Sur l'observation que je lui fis que sa toilette était peu avancée, et que la Cour impériale serait chez lui dans un quart d'heure, il me répondit en promenant son morceau de savon autour de sa figure :

« Je ne la ferai pas attendre. »

Enfin, quand il eut mis autant de temps à se savonner qu'il en avait mis à repasser son rasoir, il commença son opération.

Il avait la moitié d'une joue débarbouillée par le rasoir quand dix heures sonnèrent. J'étais au supplice; l'autre joue était encore intacte, on frappa à la porte.

« Entrez, dit-il en entamant avec son rasoir sa joue écumante de savon. »

Et dans l'espoir que ce n'était qu'une simple visite, j'ouvris la porte; mais c'était le premier président Caralli, avec sa majesté toute sénatoriale et son flegme piémontais; c'étaient le procureur-général impérial Legonidec, les présidents de chambre, les juges, enfin toute la dynastie judiciaire en grand costume.

Le premier président s'adressa naturellement à moi pour savoir si son excellence était en disposition de recevoir la Cour. Il avait pris d'instinct, pour le frotteur, cet homme en chemise qui se rasait à la fenêtre, et qui aurait bien pu me charger de faire attendre la Cour dans le salon. Mais Fouché, avec ce cynisme vulgaire qui le caractérisait, se prit à dire :

« Le duc d'Otrante, messieurs, c'est moi. »

Et sans prononcer un mot d'excuse sur le négligé de son costume, le rasoir d'une main, la moitié du visage couvert de savon, il ajouta :

« Je suis bien aise de vous voir, messieurs. »

Je suppose que ces graves magistrats durent en être très-fâchés, et le surcroît de gravité qui se peignit tout à coup sur la figure du premier président me prouva qu'il prenait cette réception comme une injure personnelle, à lui et à la Cour impériale.

« Nous sommes désespérés, monseigneur, lui dit-il, d'être arrivés dans ce mauvais moment, et de vous gêner au milieu d'une occupation où toute visite peut paraître importune.

— Vous ne me gênez nullement, monsieur le premier président, j'aime mieux vous voir que de vous faire attendre. »

Et, sans s'embarrasser de la situation de la Cour et de la sienne :

« Eh bien! qu'arrive-t-il donc? Le directeur général de la police vient de me dire que vous étiez en querelle avec le préfet, parce qu'il veut vous prendre votre Palais de justice pour y mettre sa préfecture. Bah! c'est une bagatelle. Il ne manque pas de locaux à Rome pour y transporter vos tribunaux. »

Caralli, qui goûta peu cette observation, lui répondit que le Palais de justice avait été consacré, par les anciens Romains, à son usage actuel, et qu'il avait conservé le nom de cette antique destination, celui de *Monte Citorio*, par abréviation pour *Citatorio*.

« Ah! oui, j'entends bien, dit Fouché, le mont où l'on citait les accusés.

— Précisément, monsieur le duc.

— Eh bien, le préfet y citera les conscrits, ça ne fait rien, tout le monde a besoin de l'administration.

— Et de la justice aussi, je le pense du moins, monsieur le duc.

— Sans doute; mais la préfecture, c'est plus journalier, et elle est placée hors des besoins communs, sur le Quirinal. C'était bon quand le pape était dans son palais, il avait son monde près de lui. Comment appelez-vous cela?

— La Sagra Consulta.

— Eh bien, oui, il avait sa consulte sous la main. D'ailleurs, pourquoi êtes-vous embarrassés pour un local? il y en a à choisir à Rome.

— C'est ce que nous avons dit à monsieur le préfet.

— J'entends bien, mais lui, il n'a pas entendu de cette oreille-là ; il est le premier magistrat de la ville.

— Et moi, du pays, monsieur le duc, interrompit sèchement le Piémontais.

— Tenez, dit Fouché, c'est se disputer pour des mots. Savez-vous ce que vous avez à faire? le voici. Il y a auprès de Rome une vieille église de Saint-Paul, qui est une forêt de colonnes ; il faut des colonnes au temple de Justice. Eh bien, prenez-moi toutes ces colonnes-là, placez-les au milieu d'une de vos grandes places, et voilà un temple de Justice tout trouvé et bien plus beau que votre Mont-Citateur. N'est-ce pas, directeur général?

Je répondis en riant :

« Monseigneur, j'en parlerai à M. le préfet et à monseigneur Atanasio.

— Qu'est-ce que c'est que ce monseigneur?

— C'est le pro-vice-gérant qui remplace le pape. »

Pendant ce petit *aparte*, la Cour, muette, saluait et se retirait. Une heure après, l'anecdote courait la ville. Fouché avait fait quelques pas pour reconduire la Cour, mais la porte s'était déjà refermée.

« Ils n'ont pas l'air très-contents de mon palais de justice, mon cher directeur, me dit-il en se lavant la figure.

— Pas trop, monseigneur ; mais vous allez vous en laver les mains.

— C'est vrai. Que diable aussi vont-ils se disputer pour leur Mont-Citateur !

— Vous ne savez pas ce que c'est que le *chiacchera di Roma?*

— Non. Qu'est-ce encore ?

— C'est ce que vous appelez à Paris le bavardage des salons, des cafés, des boutiques. Eh bien, à Rome, c'est bien pis qu'à Paris ; ici on est rieur, de tempérament, bien plus qu'en France, et on a l'habitude de plaisanter tout haut de tout le monde.

— Il faut empêcher cela, directeur, c'est votre affaire.

— Si je voulais l'empêcher, on se moquerait de moi, et si j'y parvenais, je ne saurais rien ; les Romains font ma police gratis. Et tenez, si vous voulez me faire l'honneur de venir ce soir chez moi, vous vous en assurerez vous-même :

— Ce soir, c'est trop tôt, après la visite de la Cour.

— Ah ! je ne réponds pas que, dans le même salon où nous serions, il n'y eût un coin où en parlât.

— Raison de plus pour attendre. »

Le duc s'étant habillé, nous allâmes dans la salle à manger où sa famille s'était réunie. On se mit à table. Fouché avait à sa droite sa fille, charmante personne ; il me plaça à sa gauche. Les autres places étaient occupées par la gouvernante, qui avait peu l'air d'une maîtresse de maison, par deux de ses fils, et un ou deux secrétaires. Une seule place restait vide, celle vis-à-vis la sienne.

« Où est M. le comte ? dit-il d'une voix forte. Qu'on aille l'appeler.

— Qui est le comte que vous attendez ? lui demandai-je.

— Le comte d'Otrante.

— Ah ! c'est juste. »

Le comte d'Otrante arriva tout désolé ; il venait de perdre sa montre. Il l'avait cherchée partout ; c'était la cause de son retard.

« Papa, on m'a volé ma montre, dit-il en pleurant.

— On a volé la montre à mon fils, directeur, s'écria Fouché, il faut faire arrêter tous les gens de l'hôtel.

— Monseigneur, lui répondis-je avec calme, il s'agit d'abord de savoir si M. votre fils est sorti de sa chambre avec sa montre, et où il a été.

— J'ai été en certain lieu, fit le petit bonhomme.

— Peut-être y est-elle tombée, dis-je.

— Non, non, dit le duc, on l'a volée, c'est sûr : faites arrêter tous les gens de la maison.

— Je vais en faire appeler le maître, qui est un fort honnête homme et qui répond de ses serviteurs. »

Le maître vint et répondit d'eux.

« Il faut que la montre de mon fils se retrouve », dit le duc avec fureur.

Je fis signe à l'aubergiste de se retirer.

« Vous croyez cet homme? reprit-il.

— Oui sans doute ; je le connais depuis trois ans, et je n'ai jamais eu de plaintes sur sa maison ; les étrangers se sont loués de lui constamment.

— Oh! si Pâques était ici! Vous vous rappelez ce patagon qui était l'assesseur de mon juge de paix, à l'entresol, dans l'escalier du ministère.

— Non, je ne l'ai jamais vu.

— Eh bien, cet homme-là me terminait de suite mes petites affaires. Je faisais arrêter un monsieur et on le menait chez mon juge de paix. Si, sur son interrogation, l'autre ne voulait rien avouer, le juge de paix m'envoyait un petit mot. Alors, je demandais, j'appelais Pâques, et lui disais : *Donnez la main à monsieur.* L'autre donnait sa main avec confiance. *Tenez-le bien,* disais-je à Pâques. Alors, je renouvelais la question sur laquelle il s'obstinait à rester silencieux ; et comme il persistait, je faisais signe à Pâques, qui la lui serrait aussitôt comme dans un étau, et soudain l'autre avouait.

— Mais cela s'appelait jadis la question.

— Le sens ne fait rien à la chose. L'homme avouait et j'avais mon affaire. Vous avez vu cet honnête aubergiste, eh bien, si j'avais amené Pâques avec moi, M. le comte aurait déjà sa montre.

— Quant à moi, monseigneur, je procéderai autrement. Le

commissaire de police de cet arrondissement me fera un rapport détaillé sur chaque serviteur de cet hôtel, sur le maître et sa famille, et je le mettrai sous vos yeux. Je pense, toutefois, d'après ce que nous a dit M. votre fils, qu'il serait plus sûr de faire certaines recherches dont il est peu agréable de parler à table.

— A mes frais ?

— Sans doute ; bien qu'ils puissent, à la rigueur, être pris sur ceux de la police secrète », ajoutai-je.

Ainsi se passa le déjeuner. Je n'étais pas sorti de la maison que cette nouvelle anecdote doublait déjà celle de la Cour impériale, et Dieu sait avec quels commentaires. Fouché donna une belle matinée aux faiseurs de caquets de la ville. L'épisode de Pâques n'y fut point oublié. Un valet de la maison, qui servait à table et qui comprenait le français, alla bien vite raconter l'aventure aux oisifs de la place d'Espagne, où logeait la famille d'Otrante. C'était débuter à Rome sous de fâcheux auspices.

Fouché disait toujours ce qu'il voulait dire, mais il n'était pas, à beaucoup près, toujours bien inspiré. Depuis longtemps il affectait un grand cynisme de langage, même dans son propre salon ; il appelait cela mettre tout le monde à son aise. Il n'y avait que lui qui s'y mît. On se gardait bien de l'imiter, il y avait trop de contre-police ; Fouché se croyait invulnérable. Depuis l'épisode de la montre du duc d'Otrante, le questionneur Pâques et son maître ont toujours été pour moi inséparables. La princesse de Vaudemont avait bien raison. La fouine a l'air doux, même un peu rieur, et pourtant c'est une bête cruelle : de là, en me reportant aux cruautés du proconsul de Lyon, qui, comme on sait, continua dans cette ville la moisson sanglante de Collot d'Herbois, je fus curieux, un jour, de lire ce que Buffon avait dit de la fouine ; le voici : « La fouine a la
« physionomie très-fine, l'œil vif, le saut léger, les membres sou-
« ples, le corps flexible, tous les mouvements très-prestes ; elle
« saute et bondit plus qu'elle ne marche..... Elle s'apprivoise à
« un certain point, mais elle ne s'attache jamais..... »

Le lendemain, le duc d'Otrante me dit qu'il allait à Naples, *pour faire marcher Murat*.

« Si vous y allez, lui dis-je, il marchera encore moins; il ne voudra pas avoir l'air d'y être forcé.

— Bah, bah! je lui dirai quatre mots, et il fera ce que je voudrai.

— Vous le trouverez bien entouré.

— Ah! oui, de ses ministres; ils veulent de l'indépendance pour leur pays; ils en sont encore là. C'est mon fort, à moi; je leur en dirai là-dessus plus qu'ils n'en savent. J'ai encore dans ma tête tous mes discours de la Convention sur ce chapitre. Oh! je leur en donnerai plus qu'ils n'en voudront; j'en sais plus long qu'eux, ils le verront; je les mènerai tous, y compris leur roi, par le bout du nez.

— Vous ne connaissez pas les Italiens; il ne faudrait pas leur dire ce que vous disiez dans votre salon de police. Vous passez pour vous moquer de tout le monde; ils le savent et seront en garde contre vos discours. Vous trouverez encore certains étrangers.

— Est-ce que c'est bien vrai? Le bonhomme Miollis n'y croit pas; mais cela ne prouve rien. Je ne pense pas, au reste, que Murat me fasse dîner avec eux.

— Non sans doute; mais ils l'auront vu avant le dîner, et ils le reverront après.

— A mon arrivée, ces gens-là disparaîtront; je dirai à Murat de les chasser.

— Il s'en gardera bien, il craint d'être chassé par eux. Il y a environ deux ans que cela dure.

— Oui, il est vrai que Murat a quitté un peu brusquement la Russie; mais depuis il est allé se battre comme un lion à l'armée de l'Empereur.

— Il s'est battu comme il se bat toujours; c'est le plus brave soldat de l'armée. Les combats, voilà son élément : il n'en devrait jamais sortir ; mais il a aussi un peu brusqué la retraite de Leipzick.

— C'est vrai.

— Et il est revenu à Rome *incognito* et sans s'arrêter.

— Comment! il n'a pas vu Miollis?

— Personne. Et ce n'est qu'à Velletri qu'il a dit aux gendarmes qu'il allait repasser bientôt avec soixante mille hommes pour jeter les Autrichiens à la mer.

— Dieu le veuille! Si l'Empereur m'avait seulement chargé de lui donner un beau sabre de bataille, et de lui dire : *Je compte sur toi*, Murat aurait baisé le sabre en pleurant, et serait parti de suite pour rejoindre le vice-roi. N'importe, je m'en charge. Je serai demain à Naples, et d'aujourd'hui en huit Joachim passera ici avec tout son monde. »

Six jours après, le duc d'Otrante était de retour.

« Je vous l'avais bien dit, directeur, le roi de Naples sera ici lundi. Tout est arrangé, ses bagages sont en route. Je l'ai trouvé ce qu'il est, toujours prêt à se faire tuer pour l'Empereur.

— Je sais que les bagages du roi arrivent demain; mais lui?...

— Je vous dis qu'il sera ici lundi (c'était un vendredi que Fouché était revenu).

— Tant mieux, repris-je; mais je ne le croirai que lorsque je l'aurai vu.

— Il faut que vous soyez bien entêté; je vous dis que le roi m'a dit de l'attendre ici lundi prochain.

— Vous avez dîné mercredi chez Murat, monsieur le duc?

— Oui, c'est vrai.

— Et après le dîner, une fois rentré dans le salon, vous avez eu une longue conversation dans une embrasure de fenêtre, avec le duc de Campo-Chiaro, ministre de la police, et avec M. Zurlo, ministre de l'intérieur, et surtout avec celui qui n'est pas, dit-on, aussi facile à manier.

— C'est encore vrai; qui vous a dit cela?

— Mes voyageurs gratuits, qui étaient aussi dans le salon, apparemment; car, moi, je n'y étais pas.

Oh! oui, j'ai coulé à fond toutes les questions de ce *Zurlo*; c'est un vrai niais. Il a voulu disputer avec moi, mais je l'ai bien vite réduit au silence.

— Sans doute; mais pendant que vous battiez les ministres du roi, savez-vous ce que le roi disait, accoudé sur le marbre de la cheminée?

— Qu'est-ce qu'il disait?

— Il disait : *Fouché a raté sa mission !...*

— Ce n'est pas vrai, c'est impossible !

— Cela est vrai, monseigneur. Au surplus, à lundi.

— Oui, à lundi. On vous a fait un faux rapport; cela m'arrivait sans cesse.

— Malheureusement j'ai des raisons qui m'obligent à croire que celui-ci est véritable. »

Lundi arriva. Le roi ne venait pas; le duc d'Otrante était sur les épines. Je ne le quittais pas. Tout Rome savait qu'il avait annoncé l'arrivée du roi pour ce jour-là. Les bagages de Murat encombraient les routes; une partie de sa maison d'honneur, arrivée successivement, semblait l'annoncer à chaque instant. Toute la population était dans les rues, avec une impatience de curiosité difficile à concevoir, quand on ne connaît pas les Italiens et surtout ceux de Rome. Cinq mille hommes de troupes napolitaines étaient déjà logés chez les bourgeois. Les Romains désiraient la venue du roi, pour le voir arriver d'abord et ensuite partir avec ses soldats. Il n'y a pas d'antipathie comparable à celle qui existe entre les Napolitains et les Romains. Les murs de la ville étaient couverts, chaque nuit, de ces deux mots : *cafoni Napolitani!* Cafoni est une injure populaire à l'usage des Romains contre leurs voisins de Naples. Ce mot n'est pas italien, à moins qu'il ne vienne de *caffo*, dont *caffone* serait l'augmentatif, d'après l'usage de la langue; alors, il signifierait, par une sanglante ironie, *très-incomparable*, *au-des-*

sus de toute parité. Je demandai à un habitant ce que ce mot exprimait pour lui réellement. Il me répondit par une kyrielle de mots injurieux, dont les plus doux étaient *lâches* et *infâmes.* Fouché ne savait plus comment se conduire, entre nous qui avions reçu ses confidences sur le succès de sa course à Naples, et entre les habitants que l'aventure de la Cour impériale et celle de la montre de son fils n'avaient pas favorablement disposés en sa faveur, ce qui le rendait plus qu'inquiet. Les circonstances devenaient graves pour lui ; sa présence à Rome était un hors-d'œuvre, et il s'exagérait peut-être aussi l'attention dont il se croyait entouré. En homme habile, il se tira d'affaire aux yeux du public, par une contre-mine qui dérouta l'opinion de la multitude, la seule qui, avec raison, devait l'occuper ; car pour nous, il ne pouvait nous craindre. Je fis donc bonne contenance pendant trois jours encore, temps calculé pour envoyer un courrier au roi et en recevoir une réponse. Celle-ci arriva de fait et il ne m'en confia pas le contenu, mais, à la réception de cette lettre, qu'il dit être du roi, il annonça que le départ de Sa Majesté était différé de quelques jours, et qu'il avait pour instruction d'aller l'attendre à Florence. On s'arrangea pour le croire et surtout pour le faire croire, afin d'entourer son départ d'une sorte de sécurité morale.

« Eh bien ! monseigneur, lui dis-je, vous allez à Florence et vous faites bien ; mais vous savez aussi bien que moi, et mieux que moi, que vous ne verrez plus, en France du moins, Sa Majesté le roi de Naples.

— C'est convenu, me répondit-il, je vais l'attendre chez la grande-duchesse. »

Fouché partit pour Florence..., il revit Murat à Bologne... Je dirai plus tard quels furent leurs derniers rapports... Mais je dois me hâter de révéler que ce qui n'était pour nous, à Rome, qu'une mystification dont Fouché nous paraissait être la dupe et l'artisan, couvrait la trame la plus machiavélique qui ait jamais été ourdie contre la France, contre Napoléon, et qui, l'année suivante, fut reprise avec la même impudence et le même succès par le même homme ! On va connaître, par ce qui suit, la double et ténébreuse intrigue dont l'Italie fut le théâtre et la France la victime.

Pendant son gouvernement d'Illyrie, le duc d'Otrante avait entretenu avec M. de Metternich une correspondance aussi secrète qu'active, dont le thème était la perte de Napoléon. Lorsque par suite des événements militaires il dut abandonner l'Illyrie, Napoléon ne voulant pas que cet homme, dont il se méfiait toujours depuis les affaires de la Belgique et de Londres en 1809 et 1810, complotât à Paris pendant qu'il se battait pour la France, et justement alarmé d'ailleurs, par la correspondance du vice-roi et la mienne, de l'attitude plus que douteuse du roi de Naples à qui il avait donné ordre de se joindre au prince Eugène pour refouler l'invasion autrichienne, Napoléon, dis-je, prescrivit à Fouché de se rendre à Naples pour décider Joachim à rentrer franchement et sans délai dans la coalition de famille contre la coalition étrangère.

Le duc d'Otrante s'était hâté d'accepter une mission qu'il pouvait rendre si funeste à celui qui la lui donnait, et si favorable aux intérêts de son correspondant de Vienne. Il était donc parti, et avec la lettre de Napoléon qui le chargeait de ramener Murat sous le drapeau de la défense française, et avec les instructions de Metternich dans le but de rattacher ce prince à l'attaque européenne. Cette double mission ne pouvait être confiée à un homme plus capable de la remplir, en raison de la duplicité de son esprit aventureux, de sa haine personnelle contre l'Empereur et de sa passion invétérée pour l'intrigue. Entre Napoléon et Metternich, le choix ne pouvait être douteux pour Fouché. Il arriva donc à Naples, où le roi *seul* était encore incertain ; mais en vingt-quatre heures Fouché triompha de cette indécision, qui était malheureusement le défaut capital de Murat, toujours prêt à se faire tuer pour Napoléon quand il le voyait, toujours prêt à se révolter contre lui dès qu'il en était éloigné. Fouché lui garantit, de la part de l'Autriche, deux choses qui le décidèrent ; l'une était la conservation de sa couronne, l'autre, la condamnation de Napoléon. Ainsi, à Rome et à Naples, où la foule ignorait ce qui se passait derrière la toile, la mystification était double et complète, tant celle que proclamait Fouché sur la réunion actuelle de l'armée napolitaine à l'armée du vice-roi, que celle que Murat avait improvisée de son côté, en disant que Fouché *avait raté sa mission!* Quant à la supposition de l'ajournement du départ du roi pour Rome et pour son armée, elle valait celle du rendez-vous donné par ce prince au duc d'Otrante, à Florence, chez la grande-duchesse. Il eût fallu une intelligence vraiment infernale pour deviner une perfidie si compliquée.

Le général Miollis, le préfet de Rome, les généraux et moi, nous eûmes donc l'honneur d'être complétement joués par Fouché, qui, sans doute, riait bien de notre crédulité, autant que du succès de sa double trahison ; et le loyal Miollis ne crut, lui, à la défection de Murat, que le 19 janvier 1814, quand, par ordre de l'Empereur, il alla noblement garder et défendre, dans le fort Saint-Ange, les pénates militaires du gouvernement de Rome, et la gloire française expirante. »

CHAPITRE XI.

A TROYES EN CHAMPAGNE.

1814.

algré les victoires de Saint-Dizier, de Brienne, de la Rothière, les coalisés continuaient de marcher sur Paris : c'était à la fin de janvier 1814.

Le 3 février, l'Empereur, précédé de la vieille garde, arrive à Troyes et va loger au centre de la ville, dans une maison appartenant à un négociant, M. Duchâtel-Berthelin. Les nouvelles qu'il reçoit de Paris sont loin d'être rassurantes. Le duc de Rovigo, ministre de la police, l'instruit des sourdes menées tramées contre lui au sein même de la capitale; et, il faut le dire, ceux qui trahissaient ainsi Napoléon et la patrie n'étaient ni des hommes envers lesquels il avait pu se montrer injuste ou peu reconnaissant, ni des chefs vendéens soumis par les armées de la République : c'étaient quelques grands dignitaires de l'Empire, c'étaient de hauts fonctionnaires de la maison impériale, comblés de faveurs et de richesses. Savary lui nommait les traîtres et conseillait à Napoléon de sévir. Mais, en s'y refusant, l'Empereur se contente de répondre

« Que voulez-vous! ils sont devenus fous! »

Trois jours après, le 6, Napoléon évacua Troyes pour couper la route de Paris à l'ennemi qui s'y dirigeait à marches forcées. Les vieilles murailles de l'ancienne capitale de la Champagne et les nombreux canaux par lesquels la Seine y multiplie son cours lui semblent des ressources suffisantes pour tenir tête aux coalisés ; mais à peine l'armée française s'est-elle portée sur Nogent, que les autorités municipales de Troyes ne tiennent leurs portes fermées que le temps nécessaire pour obtenir des Russes la garantie d'une capitulation, et le lendemain, 7 février, l'empereur Alexandre y fait son entrée à la tête d'un corps de troupes considérable.

Cette nouvelle ajoute encore à la stupeur qui s'est emparée des esprits et dissipe la dernière espérance du soldat.

« Où nous arrêterons-nous? » Cette question est dans toutes les bouches. Napoléon lui-même ne paraît pas inaccessible à l'inquiétude générale. C'est à Nogent qu'il reçoit, de Châtillon, les conditions que les alliés prétendent lui dicter. « Pour obtenir la paix, disent-ils, il faut rentrer dans les anciennes limites de la France. »

Après avoir lu cette dépêche, il se renferme dans sa chambre et garde le plus morne silence. Le prince de Neufchâtel et le duc de Bassano seuls peuvent arriver jusqu'à lui. Cependant, il faut une réponse aux alliés; le courrier l'attend: Napoléon se refuse à tout engagement. Le duc de Bassano et le prince de Neufchâtel unissent leurs instances; ils parlent de la nécessité de céder. Napoléon est enfin forcé de s'expliquer:

« Eh quoi! messieurs, leur dit-il avec emportement, vous voulez que j'adhère à un pareil traité? Vous voulez que je foule aux pieds le serment qu'à la face de Dieu et des hommes j'ai prononcé à mon couronnement? N'ai-je pas promis de maintenir l'intégrité du territoire de la République, et de gouverner dans la seule vue de l'intérêt, du bonheur et de la gloire du peuple français? Eh bien! parce que des revers inouïs ont pu m'arracher la promesse de renoncer aux conquêtes que j'ai faites, vous voulez que j'abandonne aussi celles qui ont été faites avant moi! que je viole le dépôt qui m'a été remis de confiance! que pour prix de tant d'efforts, de sacrifices, de sang et de victoires je laisse la France plus *étriquée* qu'elle ne l'a jamais été! Non, mille fois non! Ce serait une trahison, une lâcheté, un crime de lèse-nation! Dieu me préserve d'une telle bassesse! »

Ce premier mouvement passé, Napoléon reprend d'un ton plus calme :

« On voudrait me persuader que les Bourbons comptent sur les alliés pour remonter sur un trône qu'ils ont *prostitué* : je n'en crois rien. Ils sont ruinés dans l'esprit de la nation. Aux yeux de la France, ils ont cessé d'être Français ; ils se sont proscrits eux-mêmes. Quelques *vieilles têtes à perruque* y rêvent encore. Ce ne peut être qu'un petit nombre d'hommes arrogants et vains, dont les prétentions sont aussi ridicules qu'absurdes. Au surplus, malheur à ceux qui essayeraient de rappeler cette famille au moyen des troupes étrangères, des ennemis de la patrie ! Pour eux, je serai sans miséricorde ! Mais non, Savary et ses acolytes se trompent. Ils sont devenus fous, vous dis-je ! »

Napoléon n'ayant pas voulu donner de nouveaux pouvoirs au duc de Vicence, le congrès de Châtillon fut rompu : c'était ce que voulaient les coalisés. Mais le ministre de la police et ses agents ne se trompaient pas au sujet des craintes qu'ils avaient exprimées. A mesure que les alliés s'étaient avancés en France, le parti des Bourbons, tout faible qu'il était, cherchait, par tous les moyens possibles, à réveiller le souvenir de cette ancienne dynastie. A Troyes, deux royalistes, le marquis de Widranges et le chevalier de Gouault, anciens émigrés, firent une tentative en faveur de la légitimité auprès des souverains étrangers.

Le roi de Prusse ayant rejoint l'empereur Alexandre à Troyes, le marquis de Widranges se rend chez le prince héréditaire de Wurtemberg et le prie de lui donner quelques renseignements sur les intentions futures des puissances étrangères concernant le rétablissement des Bourbons. Le prince élude d'abord la question, M. de Widranges insiste :

« Eh bien ! monsieur, lui dit celui-ci, comment nous prononcerions-nous pour les Bourbons ? Dans aucune des villes que nous avons traversées il n'en a été dit mot. Les puissances coalisées ont résolu de ne prendre aucune initiative dans le choix du nouveau souverain en

France. Si vous croyez que les Bourbons aient des partisans à Troyes, donnez l'impulsion, cela sera peut-être d'un bon effet. »

Le marquis répond qu'il ne peut être sûr d'un mouvement. Le prince le congédie avec politesse, mais sans prendre avec lui aucune espèce d'engagement.

Les deux émigrés ne perdent pas courage et s'adressent au comte de Rochechouart, officier supérieur d'état-major dans l'armée russe, et à l'adjudant général Rapatel, ancien aide de camp de Moreau, qu'en cette qualité l'empereur Alexandre a attaché à sa personne l'année précédente.

Le comte de Rochechouart dit au marquis :

« Il est temps de se prononcer. Dans plusieurs villes, dans nombre de châteaux, les anciens chevaliers de Saint-Louis ont repris leur croix, et le peuple, dans quelques cantons, a déjà arboré la cocarde blanche. »

Aussitôt MM. de Widranges et de Gouault attachent à leur boutonnière la croix de Saint-Louis, et parcourent les rues de la ville avec une cocarde blanche à leur chapeau. Un comité royaliste s'improvise ; il rédige, en faveur de Louis XVIII, une proclamation que M. de Widranges fait imprimer et placarder ; puis, par l'entremise du feld-maréchal Barclay de Tolly, ce comité obtient une audience de l'empereur Alexandre.

Le 11 février, à midi, une députation composée de MM. de Widranges, de Gouault, de Richemond, de Montaigu, Mangin de Salabert, Guelon, Delacourt, Bureau et Picard, médecin, se rend chez le czar ; et là, le marquis de Widranges prenant encore la parole :

« Sire, dit-il à l'autocrate, organes de la plupart des *honnêtes gens* de la ville de Troyes (c'était alors le mot à la mode), nous venons mettre aux genoux de Votre Majesté impériale l'hommage du plus humble respect, et la supplier d'agréer le vœu que nous formons tous pour le rétablissement de la maison de Bourbon sur le trône de France.

— Messieurs, répond Alexandre, je vous vois avec plaisir. Je vous sais gré de votre démarche; mais je la crois un peu prématurée. Les chances de la guerre sont incertaines; je serais fâché de voir des hommes tels que vous compromis et peut-être sacrifiés. Nous ne venons pas pour donner nous-mêmes un roi à la France; nous voulons connaître ses intentions : elle seule se prononcera.

— Mais, Sire, tant qu'elle sera *sous le couteau*, réplique l'ardent marquis, elle n'osera se prononcer en faveur de son souverain légitime. Non! jamais, tant que Buonaparté aura l'autorité en mains, l'Europe ne sera tranquille.

— C'est pour cela qu'il faut le battre, le battre, le battre », répondit le czar en appuyant sur chacun de ses mots.

Ayant, lui aussi, éludé la question relative à la Restauration, Alexandre changea tout à coup de sujet et entretint les membres de la députation de l'état des hôpitaux, des malades et des intérêts de la ville. Le marquis de Widranges, peu satisfait de la froideur des alliés pour les Bourbons, quitta Troyes et se rendit auprès du comte d'Artois, dont il avait appris l'arrivée à Bâle. Là, dit-on, il lui exposa l'état des choses en France, et lui rapporta les réponses du prince de Wurtemberg et de l'empereur Alexandre. Mais ce dernier semblait avoir prévu les événements. Les merveilleuses victoires de La Ferté-sous-Jouarre, de Champ-Aubert, de Montmirail, de Vauchamps, de Montereau, ramenèrent bientôt Napoléon et son armée devant Troyes.

Dans l'après-midi du 23 février, l'Empereur trouva les portes de la ville fermées et barricadées. Les Russes, qui ne l'avaient point encore entièrement évacuée, voulurent la lui disputer pendant quelques heures. Le combat s'engagea. La nuit survint; l'ennemi en profita pour faire demander, par un officier d'état-major, que la remise fût différée jusqu'au lendemain matin à la pointe du jour, menaçant, dans le cas contraire, d'incendier la ville. Napoléon, qui préférait le salut de Troyes à toute considération militaire, consentit à l'arrangement proposé. Il fit suspendre l'attaque et se retira avec ses principaux officiers dans une maison du faubourg de Noües.

Malgré cette espèce de trêve, le canon continua de se faire entendre de temps en temps. Les troupes qui s'étaient répandues, de nuit, dans le faubourg de la route de Paris, dévastaient les habitations. Du côté opposé, l'ennemi mit le feu au faubourg par lequel il effectuait sa retraite. Plusieurs villages brûlaient dans la campagne ; l'horizon n'était éclairé de toutes parts que par la lueur des bivouacs et des incendies.

Napoléon contemplait d'un regard morne ce désolant spectacle : on l'entendit déplorer les malheurs que la guerre entraîne toujours à sa suite.

« Il faut cependant que tout cela ait une fin ! » dit-il d'une voix sourde.

Puis, après un silence, il ajouta en hochant la tête :

« Et tout cela n'est rien encore ! quand une fois les torches de la guerre civile sont allumées, les chefs militaires ne sont plus que des moyens de victoire : c'est la foule qui gouverne. »

Le jour parut enfin. L'avant-garde de l'armée française prit possession des postes, et Napoléon, suivi de deux escadrons de sa garde, entra dans la ville. Avant de se rendre au logement qui lui avait été préparé, il voulut faire le tour des murs, pour reconnaître l'état dans lequel la ville lui était rendue, et présider lui-même au bon ordre, tandis que son armée traversait les rues. Mais c'est à peine s'il peut se frayer un passage à travers la foule qui s'est portée à sa rencontre et qui se presse autour de lui. On l'accueille avec les plus vives acclamations : tout le monde voudrait lui baiser les mains. Cependant, au milieu de l'enthousiasme général, le peuple élève des plaintes ; on lui parle de traîtres ; des coupables lui sont dénoncés.

Les habitants de Troyes venaient de passer dix-sept jours sous le joug des Prussiens et des Russes. Le peuple, exaspéré par des violences et des humiliations de toutes sortes que l'ennemi lui avait fait subir, avait vu avec colère les tentatives de MM. de Widranges et de Gouault. Il avait hautement désavoué la proclamation royaliste qui avait été affichée. L'indignation de la multitude n'avait attendu, pour éclater, que le départ des étrangers. Forcé de s'arrêter pour ainsi dire à chaque pas, Napoléon apprend ainsi, du haut de son cheval et de la bouche d'habitants honorables, le sujet du mécontentement général. Il promet de faire prompte et sévère justice des coupables. A peine est-il descendu à son logement qu'il ordonne de convoquer un conseil de guerre et fait mander le commissaire de police de la ville.

La tentative de MM. de Widranges et de Gouault se rattachait aux menées secrètes à l'aide desquelles les partisans des Bourbons voulaient rappeler à la fois, sur cette famille *usée* (selon l'expression de l'Empereur), l'attention des Français et celle des souverains coalisés. De tous côtés les intrigues des agents royalistes avaient pris un caractère de plus en plus grave. Cette fois les faits étaient si évidents que Napoléon fut bien forcé de les reconnaître. Le comte d'Artois est en Franche-Comté et ses fils se sont montrés sur les frontières opposées. Louis XVIII lui-même est parvenu à faire circuler mystérieusement dans Paris une *adresse aux bons Français*, dans laquelle sont habilement jetées une foule de promesses. Enfin des conjurations ont éclaté dans certaines localités du Midi. Telle est la substance du dernier rapport que le duc de Rovigo vient d'adresser à l'Empereur. Cet état de choses n'aggrave que trop l'affaire des royalistes de Troyes.

On vient prévenir l'Empereur que le commissaire de police qu'il a fait appeler est arrivé. Il donne l'ordre de l'introduire.

« Monsieur, lui dit Napoléon d'un ton bref, vous avez dans votre ville huit personnes qui se sont promenées publiquement avec la croix de Saint-Louis et une cocarde blanche à leur chapeau?

— Pardon, Sire; mais je crains que Votre Majesté n'ait été mal informée : il n'y en a eu que deux.

— Comment les appelez-vous?

— Sire, ce sont d'anciens nobles : MM. le marquis de Widranges et le chevalier de Gouault.

— Quelle est leur moralité?

— Sire, je puis assurer à Votre Majesté que je n'en ai jamais entendu dire que du bien.

— C'est possible; mais je vous charge de les arrêter sur-le-champ. Allez. »

Le commissaire de police s'incline et sort.

Napoléon s'adresse alors à Berthier.

« Monsieur le major-général, voyez si le Conseil de guerre que j'ai fait convoquer s'est constitué : vous ferez immédiatement traduire devant lui les deux individus, les deux *mauvais Français*, reprit-il, que ce commissaire de police vient de signaler devant nous. Ils serviront d'exemple. Vous, baron Fain, placez-vous là et écrivez ce que je vais vous dicter : c'est un décret. »

Le premier secrétaire du cabinet prit la plume, et Napoléon, après s'être promené silencieusement quelque temps, se croisa les mains sur le dos et répéta :

« Écrivez !

« Art. 1er. — Il sera dressé une liste des Français qui, étant au
« service des puissances coalisées, ont accompagné les armées en-
« nemies dans l'invasion du territoire de l'Empire depuis le 20 dé-
« cembre 1813. Ils seront jugés, condamnés aux peines portées
« par les lois, et leurs biens seront confisqués au profit du domaine
« de l'État.

« Art. 2. — Tout Français qui aura porté les signes ou les dé-
« corations de l'ancienne dynastie sera déclaré *traître à la patrie* et,
« comme tel, jugé par une commission militaire et condamné à
« mort. Ses biens seront confisqués au profit du domaine de l'Etat ;
« le tout conformément aux lois existantes. »

« Faites faire une expédition que je signerai ; vous l'enverrez ensuite à Paris pour être insérée au *Moniteur*. »

Au même instant on annonce l'arrivée d'un aide de camp du prince de Schwartzemberg, qui vient de Bar-sur-Aube, où le quartier général des alliés s'est retiré. Cet officier a mission de proposer le village de Lusigny, près de Vandœuvres, comme lieu de réunion pour les généraux qui auront à négocier l'armistice. Napoléon désigne le comte de Flahaut, son aide de camp. Il le fait appeler, lui remet des instructions préparées, le fait partir à la suite d'un long entretien, et, harassé de fatigue lui-même, se retire dans son appartement.

Pendant ce temps, le malheureux Gouault est resté à Troyes. Il a rejeté le conseil de ses amis qui l'ont conjuré de fuir. Rien n'a pu le décider à s'éloigner de sa femme. Il a même espéré que l'Empereur, par politique, ne l'inquiéterait pas, afin de ne pas faire connaître à la France qu'il existait un parti qui se prononce en faveur des Bourbons. Des gendarmes se présentent, il se livre à eux. Il est conduit à l'Hôtel-de-Ville, où la commission militaire s'est réunie : elle procède immédiatement à son jugement. Une heure s'est à peine écoulée que l'infortuné est condamné à mort. Il est onze heures du soir, la famille de Gouault désolée se présente au logement de l'Empereur pour implorer sa grâce. Napoléon n'a jamais su résister à de telles demandes ; de nombreux actes de clémence ont de tout temps attesté sa générosité ; mais cette fois, bien déterminé à ne pas se laisser fléchir, il a voulu prendre des précautions contre lui-même, et n'a rien trouvé de mieux que de s'enfermer dans son appartement et de ne répondre à aucun de ses serviteurs.

Cependant l'écuyer de service, M. de Mesgrigny, qui est des environs de Troyes, veut servir ses compatriotes ; tous les officiers de la maison impériale cherchent à le seconder. Napoléon ne se laisse pas approcher. Toutefois, le lendemain avant le jour, à peine est-il éveillé, que la supplique de la famille du condamné est placée tout ouverte devant ses yeux. Il la prend, la lit, et, s'adressant à Berthier qui assiste à son lever, il lui demande une plume, en même temps qu'il lui dit :

« Croyez-vous qu'il soit encore temps de sauver ce malheureux ? »

Le prince de Neufchâtel consulte sa montre :

« Sire, répond tristement celui-ci, il est six heures un quart; la sentence doit être exécutée.

— Eh quoi! déjà? s'écrie vivement Napoléon; il faut du moins s'en assurer. Vite, qu'on dépêche quelqu'un à l'état-major. »

Un officier d'ordonnance y court.

A six heures moins quelques minutes, le condamné était sorti de l'Hôtel-de-Ville, accompagné d'un chanoine de la cathédrale, qu'il avait fait appeler pendant la nuit, et escorté de gendarmes. Il portait sur sa poitrine un écriteau avec ces mots : *Traître à la patrie*, tracés en gros caractères et qu'on lisait à la lueur des flambeaux. Le lugubre cortége s'était dirigé vers la place du marché, destinée aux exécutions criminelles. Là, on avait voulu bander les yeux au patient; il avait refusé.

« Je saurai mourir pour mon roi! » avait-il dit à l'adjudant, et il avait donné le signal de tirer en criant : *Vive Louis XVIII!*.

L'officier d'ordonnance, qui avait fait vainement toute diligence, revint au logement impérial.

« Eh bien! monsieur? lui demande Napoléon, qui, pendant sa courte absence, a été en proie à une extrême agitation.

— Sire, trop tard!... répond celui-ci d'un air consterné.

— Trop tard!... trop tard!... » s'écrie plusieurs fois l'Empereur en se promenant à grands pas. Puis, jetant un regard courroucé autour de lui, il ajoute : « Il semble que ce soit un fait exprès : il est des ordres qu'on se hâte d'exécuter, tandis qu'il en est d'autres dont je ne puis jamais obtenir l'accomplissement. »

Et il continua pendant quelque temps de se promener ainsi en gardant un silence qu'il interrompit enfin en s'écriant :

« La loi le condamnait! »

Une fois sur le trône, Louis XVIII ne fit rien pour la famille de l'infortuné Gouault.

CHAPITRE XII.

L'ABDICATION.

1814.

Pour raconter dignement le dénoûment de cette vaste histoire de l'Empire, mesurer toute la hauteur de la chute de Napoléon, et bien faire comprendre toutes les tortures et les douleurs de cette grande âme, il nous faudrait dévoiler des choses et rappeler des noms que nous ne pouvons ni ne voulons dire. Si vulgaire que soit devenue une félonie, si monstrueux qu'ait été un parjure, le temps n'a pas encore affranchi le narrateur de toutes ces convenances, de tous ces ménagements que commande l'histoire contemporaine. Les faits, au surplus, portent avec eux leur caractère.

I

Dans la nuit du 30 au 31 mars 1814, l'Empereur apprit, aux fontaines de Juvisy, le sort de la capitale. Aussitôt il ordonna aux chefs des corps qui commençaient à évacuer Paris de se porter sur Fontainebleau et d'y attendre ses ordres; puis il dépêcha le duc de Vicence au quartier général des alliés, espérant qu'il serait encore temps d'intervenir dans la capitulation, dont les bases ne devaient être que posées, et continua de se promener sur la grande route en attendant d'autres nouvelles. Dans ce moment d'anxiété, Napoléon n'était séparé des avant-postes ennemis que par la Marne.

Les bivouacs russes et prussiens, jalonnés dans la plaine de Villeneuve-Saint-Georges, jetaient leurs sinistres lueurs sur les collines de la rive droite, tandis que sur la rive opposée l'obscurité la plus profonde protégeait le plateau sur lequel il se trouvait avec quelques officiers de sa maison. Il était cinq heures du matin, le jour commençait à poindre. Tout à coup un courrier, expédié par M. de Caulincourt, arrive à bride abattue; il annonce que la capitulation de Paris a été définitivement signée à deux heures de la nuit, que les alliés doivent faire leur entrée dans la capitale le matin même, et que *tout est fini*. Sur-le-champ Napoléon rebrousse chemin, et arrive à Fontainebleau à six heures.

Le temps était passé où ce maître du monde faisait les honneurs du vieux palais de François Ier à ceux qu'il avait dotés d'une couronne : il ne devait plus y rentrer que pour y déposer la sienne. Cette fois, les appartements d'honneur restent fermés. L'Empereur s'établit dans le petit appartement qu'il a habité lorsqu'il n'était que premier Consul. Les officiers de sa maison civile et militaire occupent, dans la *cour du Cheval blanc,* de modestes logements qu'on leur a préparés à la hâte. Pendant ce temps, les troupes qu'il ramène de la Champagne arrivent par la route de Sens. Elles ont fait cinquante lieues en deux jours ! Les débris des corps qui ont défendu la capitale continuent de se presser sur la route de Fontainebleau. Les soldats sont animés d'un enthousiasme qui tient de la frénésie. Les acclamations retentissent dans les bataillons qui ont vaincu à Arcis-sur-Aube, à Saint-Dizier, et dans ceux qui ont courageusement combattu à Romainville et à Montmartre. Napoléon délibère s'il ne se retirera pas derrière la Loire ou s'il ne tentera pas de reprendre Paris. Ce second projet lui semble préférable. Il est bien plus dans son caractère de tenter le sort des armes que de s'en remettre aux chances des négociations. Le lendemain, le jour le trouve encore occupé d'un plan d'attaque qu'il a mûri la nuit, lorsque les nouvelles de ce qui s'est passé dans la matinée du 31 mars lui donnent à penser que sa position est plus désespérée qu'il ne l'a jugé d'abord ; toutefois, il n'en continue pas moins de concentrer ses forces autour de Fontainebleau. Le duc de Raguse établit son quartier général à Essonne ; le duc de Trévise à Mennecy ; les bagages et le grand parc d'artillerie sont échelonnés autour de la forêt ; Lefebvre, Ney, Macdonald, Berthier et d'autres maréchaux rejoignent successivement le quartier général impérial.

Napoléon est encore au milieu d'une armée fidèle et animée du plus saint des fanatismes, l'amour de la patrie. Il apprend aux maréchaux qui l'entourent les événements de la capitale, mais il leur recommande expressément de les cacher à leurs troupes, dans la crainte que ces nouvelles ne viennent à les décourager. Puis il ordonne que la vieille garde soit rassemblée dans la cour du palais : il veut la passer en revue.

Cette parade a quelque chose de plus solennel encore que d'habitude. Napoléon fixe avec complaisance ses regards sur ces braves qui ont gagné tant de batailles sous ses ordres. En entendant ses vieux grenadiers le saluer de leurs acclamations accoutumées, il ne se croit pas encore abandonné de la fortune. Il pense qu'une journée comme celle de Marengo, d'Austerlitz ou de Wagram peut lui rendre sa capitale et anéantir l'orgueil de ses ennemis.

« Tout n'est pas fini, dit-il au maréchal Lefebvre en lui prenant le bras ; Caulincourt s'est trompé. Tout le monde se trompe ici, ajoute-t-il en jetant un œil furtif sur les maréchaux qui l'accompagnent ; c'est à moi de dire la vérité à ces braves gens, à ceux qui ont encore foi en leur Empereur. Duc de Dantzick ! faites former le carré. »

Sur un mot du maréchal, transmis par ses aides de camp, le mouvement s'exécute. Les officiers sortent des rangs et viennent se ranger en cercle autour de l'Empereur. Un long roulement de tambours se fait entendre. D'un signe de sa main Napoléon l'interrompt : le plus profond silence s'établit. Alors, d'une voix claire et sonore, s'adressant à ceux qui l'entourent :

« Officiers, sous-officiers et soldats de ma vieille garde ! dit-il,

« l'ennemi nous a dérobé trois marches; il s'est rendu maître de
« Paris; il faut l'en chasser. »

Ici, un bourdonnement sourd comme celui d'un tonnerre lointain se fait entendre; les yeux de l'Empereur flamboient; il reprend avec plus de véhémence :

« D'indignes Français, des émigrés, auxquels nous avions par-
« donné, ont arboré la cocarde blanche et se sont joints à nos en-
« nemis, les lâches! ils recevront le prix de ce nouvel attentat!

—Oui! oui! » s'écrient les officiers en portant la main sur la poignée de leur sabre.

Napoléon reprend avec un éclat de voix extraordinaire :

« Jurons de vaincre ou de mourir et de faire respecter cette co-
« carde tricolore qui depuis vingt ans nous a constamment trouvés
« sur le chemin de la gloire et de l'honneur! Dans peu de jours
« nous marcherons sur Paris! Soldats de ma vieille garde, votre
« Empereur compte sur vous! »

Si l'on songe au dévouement sans bornes que la garde professait pour Napoléon, on ne sera pas surpris que ces derniers mots, prononcés d'un ton élevé, aient produit un mouvement électrique, un enthousiasme qui tenait du délire. Officiers et soldats s'écriaient avec des trépignements frénétiques :

« A Paris! à Paris!... Vive l'Empereur!... Mort aux traîtres! »

Mais la plupart des chefs ont gardé le silence : leur fidélité est déjà chancelante. Napoléon ordonne que sa harangue soit mise à l'ordre de l'armée, et rentre au palais suivi du duc de Bassano, le seul ministre qui soit resté auprès de sa personne. A peine s'est-il retiré dans son cabinet, que vingt combinaisons plus hardies les unes que les autres se meuvent dans sa pensée. Quinze ans plus tôt, il eût profité avec cette spontanéité, cette confiance qui caractérisaient son génie militaire, des dispositions héroïques qu'il venait de reconnaître dans ses soldats; mais depuis quinze ans les circonstances ont changé; la dignité de souverain a glacé les inspirations du grand capitaine, il compte toujours sur le dévouement de son armée, mais il existe entre elle et lui des intermédiaires dotés de noms illustres. Ses lieutenants sont tous princes ou ducs ; chaque maréchal est une victoire personnifiée, et l'Empereur s'est habitué à marcher entouré de ces trophées vivants. Erreur fatale! comme si sa gloire personnelle n'eût pas suffi, comme si, pour éclairer le monde, le soleil avait besoin de satellites, qui ne brillent que de sa propre lumière! Si, mieux inspiré, Napoléon n'eût pas perdu de précieux moments en vains projets et qu'il eût fait un appel aux jeunes généraux qui l'entouraient; s'il eût, comme le grand Condé au siége de Fribourg, jeté un bâton de maréchal par-dessus les murs de Paris, cette capitale serait devenue le tombeau des trois cent mille étrangers qui en prostituaient l'enceinte.

Les maréchaux n'ignoraient pas que le duc de Vicence était resté à Paris pour renouer avec les puissances alliées des négociations tant de fois entamées et rompues depuis le commencement de la campagne. Aussi, avec quelle curiosité n'écoutaient-ils pas les rapports des émissaires qui se succédaient sans cesse à Fontainebleau! Leur anxiété s'accrut encore lorsqu'ils eurent connaissance de la manifestation royaliste qui avait eu lieu dans la capitale. Aux chuchotements discrets succédèrent les réflexions amères, puis d'inconvenantes récriminations faites à haute voix ; enfin, on déclara qu'on ne marcherait pas sur Paris. Dès lors, Napoléon n'avait plus de généraux, il ne lui restait que des soldats.

II

Ce n'était qu'à six heures du matin que le duc de Vicence, à travers mille entraves, avait pu parvenir jusqu'à Bondy, où l'empereur Alexandre avait établi son quartier général. Ce prince, qui avait conservé du grand-écuyer de Napoléon un souvenir d'estime, l'accueillit avec bienveillance ; mais il tenait dans ses mains les clefs de Paris, que MM. Pasquier et de Chabrol lui avaient apportées :

il était en outre très-occupé de son entrée dans la capitale, qui devait avoir lieu dans quelques heures ; il se borna donc à lui dire d'un ton de reproche amical :

« Il est bien temps de venir, maintenant qu'il n'y a plus de remède ! Je ne puis vous entretenir à présent, j'ai trop à faire. Retournez à Paris, je vous y verrai. »

Ces paroles avaient laissé quelque espoir au duc de Vicence, qui attendit avec anxiété les événements de la journée.

L'empereur Alexandre et le roi de Prusse firent leur entrée dans Paris. Les armées combinées défilèrent sur les boulevards, garnis d'une population curieuse de voir cet assemblage d'hommes de tant de nations différentes. A cette curiosité de contempler un spectacle si nouveau, se mêlait dans le peuple un sentiment de tristesse et de stupeur. Par un contraste vraiment inconcevable, des femmes, jeunes et parées, agitaient à quelques fenêtres des mouchoirs blancs et saluaient les alliés du titre de *libérateurs*. Des groupes de royalistes, qui, dans la matinée, s'étaient promenés à cheval, précédaient et suivaient les souverains étrangers, en cherchant par des démonstrations bruyantes à leur donner le change sur l'état de l'opinion. Il n'y avait plus ni administration ni police : le pavé appartenait pour ainsi dire au premier occupant ; les agents de la famille déchue s'en emparèrent.

A six heures du soir, le même jour, l'empereur de Russie prit possession des appartements que M. de Talleyrand lui avait fait préparer dans son hôtel de la rue Saint-Florentin. Au lieu de suivre Marie-Louise sur la Loire, le prince de Bénévent s'était fait arrêter à une barrière et ramener à Paris pour en mieux faire les honneurs aux alliés.

Alexandre, d'un caractère généreux, quoique un peu dissimulé, n'avait qu'une seule préoccupation, celle d'assurer ce qu'il appelait la paix du monde. Il avait déjà recueilli de Mme Crudner certaines idées mystiques qui lui avaient fait croire que sa mission providentielle était ici-bas de remplir le rôle de pacificateur de l'univers. A peine fut-il installé, que d'accord avec le roi de Prusse, qui était venu le joindre dans la soirée, il tint un conseil auquel assistèrent le duc d'Alberg, le comte de Nesselrode, M. Pozzo di Borgo, les princes de Schwartzemberg, de Lichteinstein et M. de Talleyrand, tous ennemis déclarés de Napoléon. Alexandre seul était resté debout; il se promenait à grands pas et parlait par phrases entrecoupées, vives et souvent éloquentes. Il termina en disant :

« Napoléon a mérité la déchéance d'un pouvoir dont il a abusé. Messieurs, ajouta-t-il en s'adressant à MM. de Talleyrand et d'Alberg, les Français sont parfaitement libres de choisir le gouvernement qui leur conviendra. »

Trois questions furent alors posées : 1° faire la paix avec Napoléon, en demandant toute espèce de garantie contre lui; 2° établir une régence; 3° rappeler la maison de Bourbon.

M. de Talleyrand prit la parole. Il signala ce qu'il appelait les inconvénients du maintien de Napoléon ; il combattit également la régence, qui ne serait, dit-il, que le règne de Napoléon *déguisé*. Le rétablissement de la maison de Bourbon lui parut la seule résolution qui pût être acceptée généralement.

« Qu'en pense Votre Majesté? demanda Alexandre au roi de Prusse.

— Mon opinion, répondit Guillaume, est d'abord de combattre Napoléon. Il est encore à Fontainebleau avec une armée dévouée : le détruire est le point essentiel. »

Alexandre s'adressa aussitôt au prince de Schwartzemberg, qui représentait l'empereur d'Autriche :

« Est-ce là votre avis? » dit-il.

Le prince ayant répondu par un geste affirmatif, le czar prononça encore quelques paroles généreuses; mais déjà la cause de Napoléon était perdue sans retour, avant même que le czar ne fût descendu chez Talleyrand. Depuis la veille, ce dernier était en communication avec M. de Nesselrode : ils étaient d'accord. Tout avait été minuté d'avance et de façon à ce que l'empereur Alexandre n'eût plus qu'à approuver. Il est juste de dire qu'il résista fortement aux motifs allégués par Talleyrand en faveur des Bourbons.

« Quels moyens emploierez-vous? lui avait-il demandé.

— Sire, les autorités constituées.

— Mais quelles autorités? avait répliqué Alexandre avec étonnement, toutes sont dispersées.

— Pardonnez-moi, Sire; le Sénat est en nombre suffisant, ainsi que le Corps législatif. (Ce n'était pas vrai.) Une fois que le Sénat se sera prononcé, la France suivra sa volonté. Sire, je me fais fort du Sénat. »

Alexandre paraissant hésiter encore, Talleyrand se hâta d'ajouter :

« Votre Majesté veut-elle entendre deux témoins irrécusables ?... »

Et sans attendre la réponse du czar, il avait introduit le baron Louis et M. de Pradt, qui affirmèrent devant le Conseil qu'ils étaient tous royalistes, que la France l'était comme eux, et qu'elle ne voulait pas d'autre souverain que Louis XVIII, son prince légitime. Le baron Louis ayant employé contre Napoléon des expressions encore plus ardentes que celles dont M. de Pradt s'était servi, le czar lui avait fait cette observation d'un ton sec :

« Cependant, monsieur le baron, l'empereur Napoléon n'est pas mort, même *politiquement*.

— *Oh! Sire*, avait répondu l'ex-abbé, *c'est un cadavre; seulement il ne sent pas encore.*

— Eh bien! avait répliqué le czar après un silence, je déclare que je ne traiterai plus avec lui.

— Mais, Sire, Napoléon se trouve seul exclu par cette déclaration, qui n'atteint pas sa famille, objecta M. de Talleyrand.

— Ajoutez : *Ni avec aucun des membres de sa famille*, dit froidement le czar. »

Maître du terrain, le prince de Bénévent prit la plume et rédigea un projet de déclaration qu'il présenta à Alexandre en lui disant :

« Sire, il serait bien que la déclaration de Votre Majesté fût rendue publique. »

Et le czar l'avait signée sans faire aucune observation.

Une heure après, par les soins d'un des frères Michaud, qui se tenait aux aguets dans un appartement voisin, cette déclaration couvrait les murs de Paris. Pendant ce conseil, le duc de Vicence s'était présenté plusieurs fois à l'hôtel de M. de Talleyrand pour obtenir de l'empereur de Russie l'audience qu'il lui avait promise à Bondy; mais il n'avait pu parvenir jusqu'à lui.

Le Sénat, habitué à obéir aveuglément, s'assembla le 1er avril sous la présidence de M. de Talleyrand, et accepta un gouvernement provisoire ainsi composé : le prince de Bénévent, président; le général Beurnonville, M. de Jaucourt, le duc d'Alberg et l'abbé Montesquiou. M. Laborie ayant été proposé comme secrétaire, après un moment d'hésitation M. de Talleyrand avait répondu :

« Soit : il sera le cabriolet du gouvernement provisoire. »

Le même soir, et sans délibérer, le Corps législatif avait adopté l'article suivant :

« Considérant que Napoléon Bonaparte a violé le pacte constitu-
« tionnel, adhère à l'acte du Sénat qui déclare sa déchéance, ainsi
« que celle des membres de sa famille. »

En moins de trois jours l'empire avait croulé. Quoique le comité de défection organisé par M. de Talleyrand occupât toutes les avenues des souverains alliés, Caulincourt, toujours fidèle, et d'autant moins découragé qu'il combattait seul, était enfin parvenu à voir l'empereur de Russie et à s'en faire écouter. Il avait obtenu un retour favorable aux intérêts de la régente et de son fils; mais une prompte décision était nécessaire de la part de Napoléon.

« Mon cher duc, avait dit Alexandre au duc de Vicence en le congédiant, avant tout, il nous faut son abdication. Nous vous chargeons de la lui demander. Puis revenez promptement et officiellement porteur de cette pièce; l'empereur Napoléon sera convenablement traité. Je vous en donne ma parole, aurait-il ajouté en pressant affectueusement la main du grand-écuyer.

Dix-huit lieues séparaient M. de Caulincourt de Napoléon ; il les franchit en cinq heures : à trois heures du matin il était à Fontainebleau.

L'Empereur s'était livré tout entier à ses dispositions militaires. Le mouvement des troupes avait commencé. C'est sur la capitale qu'il veut décidément marcher ; il espère que le bruit du canon réveillera l'amour-propre national. Il s'est couché, bercé par de glorieuses illusions. Depuis quelques heures il repose dans la sécurité du succès. L'aide de camp de service l'éveille et lui annonce l'arrivée du duc de Vicence : ce dernier est introduit sur-le-champ.

« Eh bien ! Caulincourt, avez-vous vu l'empereur de Russie ?... Quelle nouvelle ?

— Sire, tout n'est pas perdu.

— Ah ! ah ! s'écrie Napoléon, je savais bien qu'ils y regarderaient à deux fois.

— Sire, poursuit le duc, j'ai obtenu de l'empereur Alexandre des paroles satisfaisantes : il y a en ce moment dans le conseil des souverains alliés un retour favorable aux intérêts de Votre Majesté. Le parti des Bourbons a perdu tout le terrain qu'il avait conquis ; mais..., Sire,... un sacrifice, un grand sacrifice est demandé à Votre Majesté...

— Un grand sacrifice, dites-vous ? répète Napoléon en se dressant avec vivacité sur son lit. Et... quel est ce sacrifice ?...

— Sire..., l'abdication de Votre Majesté, répond le duc d'un ton très-ému.

— Mon abdication ! s'écrie l'Empereur avec une singulière inflexion de voix. Allons donc, Caulincourt, vous vous trompez ! c'est impossible ! Vous avez mal compris !

— Pardonnez-moi, Sire ; les souverains alliés l'exigent, et.... je viens de leur part la demander à Votre Majesté.

— C'est impossible, vous dis-je ! s'écrie de nouveau Napoléon. Et ses regards restent fixes, les traits de son visage se contractent, ses lèvres pâlissent, ses mains sont agitées par une crise nerveuse; il ne peut plus parler, l'indignation le suffoque. Caulincourt, debout et impassible au chevet du lit, répète, les yeux baissés et d'un ton presque suppliant :

— Votre abdication, Sire ; elle est nécessaire. »

Tout à coup, rompant le silence qui a régné un moment, l'Empereur fait un bond et reprend d'une voix éclatante :

« Ils me demandent mon abdication... à moi! Ignorent-ils donc que je suis ici à la tête de cinquante mille hommes, et que c'est plus qu'il ne faut pour les exterminer?... Ce n'est qu'un contre cinq! Les ai-je jamais battus autrement?... Toutes les chances sont encore pour moi... Mais, dites-moi, Caulincourt, ajouta-t-il d'un ton plus calme et avec un sourire plein de mépris, il faut que ces gens-là ignorent que j'ai là les braves de ma garde. Le repos a doublé leur courage, la vengeance le triplera. Nous avons des munitions!... Caulincourt, croyez-le bien, on n'arrache pas ainsi la couronne du front d'un souverain, quand cette couronne est étayée par cinquante mille baïonnettes françaises! Ils sont fous! vous dis-je. Ne me parlez plus d'abdication! Demain, je marcherai sur Paris. Duc de Vicence, vous devez avoir besoin de repos; allez : demain vous saurez ce qu'il faudra faire. Les fous! répéta-t-il encore; est-ce que je suis un roi de souche, moi! »

A peine une heure s'était écoulée depuis la sortie du duc de Vicence, que Napoléon, dévoré d'inquiétude, montait à cheval pour visiter ses avant-postes et faire l'inspection de ses troupes. Ses régiments sont superbes, les soldats paraissent animés de la plus vive ardeur; les cris de : Paris! Paris! partent de tous les rangs et se mêlent aux acclamations de : Vive l'Empereur!

« Oui, mes enfants, répond Napoléon, nous allons voler au secours des Parisiens. Demain vous serez à Paris. Je serai au milieu de vous! »

Ces paroles font partager aux jeunes généraux la brûlante impatience de leurs soldats. L'attitude froide des maréchaux qui entourent Napoléon forme un contraste étrange avec ces manifestations de l'enthousiasme général. La crainte de perdre des richesses, des honneurs acquis au prix de leur sang, la crainte aussi peut-être de voir la capitale livrée à toutes les horreurs d'une guerre d'extermination, ont imprimé sur leur physionomie une teinte de tristesse et d'inquiétude. L'Empereur a dit en confidence à quelques-uns d'entre eux quel sacrifice on exigeait de lui : il a parlé d'abdication; ce propos a couru, on l'a pesé, discuté dans la cour du *Cheval-Blanc* et jusque dans les galeries du palais. C'est une porte ouverte aux tièdes fidélités, aux découragements honteux, aux dévouements factices. Quelques-uns des principaux chefs de l'armée parlent déjà tout bas de briser le pouvoir entre les mains de Napoléon en cas de résistance de sa part. La journée du 3 se passa ainsi en conjectures et en projets désespérés. Dans la nuit, un exprès du duc de Raguse apporte à Fontainebleau la feuille officielle, où se trouve inséré le sénatus-consulte qui prononce la déchéance de l'Empereur. Cette nouvelle devint aussitôt le texte des conversations intimes du palais ; le matin elle se répand dans les bivouacs du camp.

Cependant, le 4, Napoléon a fait prévenir les maréchaux que le quartier général impérial va être transféré entre Ponthierry et Essonne. La veille, il a manifesté aux généraux qui commandent les divisions du corps d'armée de Macdonald le dessein de marcher sur Paris. Mais ceux-ci, effrayés des conséquences qui peuvent résulter de cette disposition, se sont rendus le soir auprès du maréchal, pour le supplier de venir avec eux le lendemain trouver l'Empereur et tâcher de le faire renoncer à ce projet. Macdonald a reçu, dit-on, du général Beurnonville, l'un des membres du gouvernement provisoire, avec lequel il est lié depuis longtemps, une lettre confidentielle qui lui annonce la déchéance prononcée par le Sénat, la détermination arrêtée par les puissances de ne traiter ni avec Napoléon, ni avec aucun des membres de sa famille, en un mot tout ce qui s'est passé dans la capitale depuis trois jours. Mais Macdonald n'a pas fait comme Marmont; il s'est bien gardé de parler de tout cela, et, dans ces circonstances délicates, sa conduite sera celle du plus fidèle comme du plus digne lieutenant de Napoléon.

« Messieurs, répondit-il aux officiers généraux qui sont sous ses ordres, dans la situation où se trouve l'Empereur, une telle démarche pourrait lui déplaire. Nous devons le ménager : laissez-moi faire ; demain matin j'irai au château. »

Introduit le lendemain dans le cabinet de Napoléon, celui-ci, qui est seul, fait quelques pas au-devant de lui.

« Eh bien! maréchal, comment cela va-t-il aujourd'hui?

— Bien mal, Sire.

— Comment! bien mal? Que pense donc votre armée?

— Mon armée, Sire?... elle est découragée ; les événements de Paris l'ont consternée.

— Pensez-vous qu'elle s'unirait à moi pour faire un mouvement sur Paris?

— Sire..., répond avec hésitation le maréchal, peut-être courrais-je le risque d'être désobéi si j'en donnais l'ordre à mes troupes.

— Mais alors que faire? »

Au même instant l'aide de camp de service annonce le maréchal Ney.

Celui-ci entre et demande tout d'abord à l'Empereur, d'un ton qui n'est plus le même que celui qu'il avait habituellement avec lui, s'il a connaissance des événements de Paris, et lui présente en même temps un paquet de journaux. Napoléon les parcourt avec indifférence. Un seul paraît fixer son attention. Son visage devient pâle ; il froisse cette feuille dans ses mains, et la met dans sa poche sans prononcer une parole.

Le maréchal Lefèvre survient.

« Eh bien! Sire, lui dit le brave duc de Dantzick d'une voix tremblante d'émotion, vous n'avez pas voulu écouter vos fidèles serviteurs : vous êtes perdu ! le Sénat a prononcé votre déchéance. »

L'Empereur, qui semble absorbé dans ses réflexions, lève la tête et répond avec le plus grand calme :

« Je le sais ; mais qu'est-ce que cela prouve ?

— Mais..., Sire.... balbutie Lefèvre, confondu de ce sang-froid.

— Que je ne puis rester plus longtemps comme je suis, n'est-ce pas? interrompt Napoléon. N'ai-je pas des ressources, des partisans ? N'ai-je donc plus d'amis ?...

— Mais, Sire, objecte encore Lefèvre, si les alliés ne veulent plus traiter avec Votre Majesté ?

— Cela m'est bien égal ! réplique Napoléon, qui s'est animé peu à peu. Je marcherai sur Paris ; je me vengerai de la lâcheté du Sénat ! Malheur aux membres du gouvernement qu'ils ont plâtré ! Demain, vous dis-je, je me mets à la tête de ma garde, et demain nous serons aux Tuileries ! »

A l'heure ordinaire de la parade, Napoléon descendit dans la cour du *Cheval-Blanc*. Après le défilé, qui eut lieu comme de coutume, les principaux officiers de l'armée le reconduisirent dans son appartement : les princes de Neufchâtel et de la Moscowa, les ducs de Dantzick, de Reggio, de Tarente, de Bassano, de Vicence, le comte Bertrand et plusieurs autres entourèrent l'Empereur ; quelques-uns lui firent de respectueuses observations sur le projet qu'il avait de marcher sur la capitale. Napoléon les écouta en silence.

« Votre Majesté ignore donc complétement ce qui se passe à Paris ? dit alors le duc de Tarente.

— Je le sais. Après ?...

— Sire, poursuivit le maréchal en lui présentant un papier plié, voici quelque chose qui en dira plus à Votre Majesté que je ne pourrais lui en apprendre.

— Qu'est-ce que cela ? demande Napoléon.

— Que Votre Majesté daigne y jeter les yeux.

— Monsieur le duc de Tarente, cette lettre peut-elle être lue tout haut ?

— Sire..., dit le maréchal avec hésitation.

— N'importe! lisez-la. Nous sommes ici en famille : il n'y a personne de trop. »

Le maréchal lut la lettre de Beurnonville.

L'impression que cette lettre fit éprouver à l'Empereur est impossible à rendre. Néanmoins, maître de lui comme il savait toujours l'être :

« Voilà qui est mieux, dit-il ; vous allez en juger. Et tirant de sa poche le *Moniteur*, dans lequel était insérée la proclamation adressée à l'armée par le gouvernement provisoire, il le remet au prince de Neufchâtel en lui disant :

— A votre tour, monsieur le major général, lisez-nous ceci ; cette pièce est de votre ressort. Vous allez voir comment ces gens-là me traitent. »

Berthier, qui avait connaissance de cette proclamation, hésitait :

« Lisez à haute et intelligible voix, ajoute Napoléon d'un ton impératif, et n'omettez rien. »

Alors, d'une voix mal assurée, le prince de Neufchâtel lut ce qui suit :

« Soldats! la France vient de briser le joug odieux sous lequel
« elle gémit avec vous depuis tant d'années. Vous n'avez jamais
« combattu que pour la patrie ; vous ne pouvez plus combattre que
« contre elle sous les drapeaux de l'homme qui vous conduit en-
« core. »

— De *l'homme*, répète Napoléon avec un sourire plein d'amertume. »

Le prince de Neufchâtel continue :

« Voyez tout ce que vous avez souffert de sa tyrannie : vous étiez
« naguère un million de soldats ; presque tous ont péri. On les a
« livrés au fer de l'ennemi, sans subsistances, sans hôpitaux. Ils
« ont été condamnés à périr de faim et de misère. »

La voix de Berthier, qui s'est émue de plus en plus, devient si tremblante à ce passage, qu'il est forcé de s'arrêter.

« Allez donc! allez donc! lui dit Napoléon; cela n'est rien encore.

— Ah! Sire, épargnez-moi la douleur d'en lire davantage.

— Vous avez raison, s'écrie l'Empereur en reprenant brusquement le journal des mains du prince de Neufchâtel ; il faut plus que du courage pour lire de sang-froid de pareilles infamies. Tenez, tenez, écoutez la suite, messieurs!... »

Et Napoléon poursuivit ainsi sa lecture :

« Vous êtes les plus nobles enfants de la France, vous ne pou-
« vez appartenir à celui qui l'a ravagée, qui l'a livrée sans armes,
« sans défense, qui a voulu rendre votre nom odieux à toutes les
« nations, et qui aurait peut-être compromis votre gloire, si un
« homme, qui n'est pas même Français, pouvait jamais affaiblir
« l'honneur de nos armes et la générosité de nos soldats!... »

— Quelle infamie!» s'écrie Napoléon en froissant avec indignation la feuille officielle. Et puis la fin... « Vous n'êtes plus les sol-
« dats de Napoléon : le Sénat et la France entière vous dégagent de
« vos serments! »

— Vous l'entendez! s'écria-t-il en montrant aux maréchaux les noms imprimés au bas de la pièce. Et ils n'ont pas craint de signer! Voyez : «Prince de Bénévent! Beurnonville», un des vôtres! «Montesquiou», un abbé! «duc d'Alberg», un étranger que j'ai eu la faiblesse de naturaliser Français, car je ne le voulais pas!... Je les ferai fouetter tous!... Mais non, reprend-il aussitôt en remettant la feuille officielle dans sa poche, demain je serai à Paris. Il le faut, messieurs! »

Pendant cette lecture les maréchaux ont gardé une morne attitude.

« Sire, dit alors le duc de Tarente, enhardi par la persistance de l'Empereur, nous supplions Votre Majesté de renoncer à un tel projet; pas une épée ne sera tirée du fourreau pour le seconder.»

A ces mots, Napoléon regarde autour de lui. Il cherche à lire dans les yeux de ses lieutenants si Macdonald est vraiment l'interprête de l'opinion de tous. Un coup d'œil lui a suffi pour juger de leurs dispositions. C'en est assez pour lui; il abdiquera, mais en faveur de son fils et de l'Impératrice régente.

« Messieurs, dit-il en passant subitement de la plus violente exaspération au calme le plus stoïque : attendez. »

Il entre précipitamment dans son cabinet, se jette à son bureau et écrit l'acte suivant :

« Les puissances alliées ayant proclamé que l'Empereur Napo-
« léon était le seul obstacle au rétablissement de la paix en Europe,
« l'Empereur Napoléon, fidèle à son serment, déclare qu'il est prêt
« à descendre du trône, à quitter la France, et même la vie, pour
« le bien de la patrie, inséparable des droits de son fils, de ceux de
« la régence, de l'Impératrice et du maintien des lois de l'Empire.

« Fait en notre palais de Fontainebleau, le 4 avril 1814. »

Après dix minutes, il revient tranquillement dans la galerie et présente lui-même aux maréchaux son acte d'abdication en leur disant avec indifférence :

« Voilà, messieurs : j'espère que vous serez contents. »

Puis, se promenant à grands pas, la tête penchée, les bras croisés sur la poitrine, il ajoute en pesant sur chaque mot : « Messieurs, il faut aller défendre auprès des puissances étrangères les intérêts de mon fils et de ma femme, ceux de l'armée, de la France surtout : je ne parle pas des miens, je ne suis plus qu'un soldat. Je nomme commissaires à cet effet le duc de Vicence, le prince de la Moskowa et le duc de Raguse. Vous semble-t-il que de tels intérêts soient remis en bonnes et dignes mains?

« Oui, Sire, répondent comme d'une seule voix toutes les personnes présentes.

— Eh bien! alors tout n'est pas perdu pour vous. »

Et d'un geste plein de dignité, il les congédie.

Suivi des ducs de Vicence et de Bassano, il rentre dans son cabinet. Un secrétaire transcrit l'acte d'abdication que Caulincourt se dispose à porter à Paris. L'Empereur, par une de ces inspirations du cœur si communes chez lui, a voulu que Marmont, «s'il peut, sans inconvénient, quitter son corps d'armée», soit au nombre de ses plénipotentiaires.

« J'ai désiré, dit-il au duc de Bassano, donner ce dernier témoignage de confiance et d'amitié à l'homme sur lequel je compte le plus. »

Mais bientôt entraîné par son instinct, et frappé de l'importance du commandement d'Essonne, qui est le point de contact entre Paris et l'armée, il ajoute en hochant la tête :

« C'est là que s'adresseront toutes les intrigues, toutes les trahisons de Paris. Il faut que j'aie à ce poste un homme comme Marmont, mon enfant, élevé dans ma tente. Caulincourt, rappelez Macdonald... Non, dit-il aussitôt; une chose m'a déplu dans la démarche qu'il a faite ce matin : cette lettre de Beurnonville, il n'aurait pas dû la lire !

— Mais, Sire, objecte le duc de Vicence, il ne l'a fait que par l'ordre exprès de Votre Majesté.

— C'est vrai; mais pourquoi ne me l'a-t-il pas adressée directement ?

— Sire, quelle qu'ait été la conduite du duc de Tarente, il est trop homme de cœur, Votre Majesté connaît trop bien la loyauté de son caractère, pour ne pas lui rendre justice.

— C'est vrai : courez après lui et amenez-le-moi. »

Le duc de Vicence rejoignit à l'extrémité de la galerie le maréchal, qui causait encore avec le prince de la Moskowa de ce qui venait de se passer : il le ramena dans le cabinet.

« Eh bien ! Macdonald, lui dit l'Empereur d'un ton presque amical, croyez-vous que ce que je viens de faire soit bien, et que la régence soit la seule chose convenable ?

— Oui, Sire.

— Alors c'est vous que je charge, à la place de Marmont, d'aller trouver l'Empereur Alexandre. Ney vous accompagnera, ainsi que Caulincourt. Je me confie à vous : j'espère que vous avez oublié tout à fait ce qui nous a séparés pendant longtemps?

— Sire, depuis 1809 je n'y ai jamais pensé.

— Je vous en remercie; mais aujourd'hui, mon cher maréchal, je me sens le besoin de vous le dire : j'avais tort.

— Ah! Sire! »

En parlant ainsi, l'Empereur avait éprouvé une émotion extraordinaire; il s'était approché de Macdonald et lui avait serré la main de la manière la plus affectueuse, en répétant :

« Oui, j'ai eu tort. Puis il n'avait ajouté que ces mots : —Partez donc, mon ami. »

Sur un signe, le duc de Bassano avait accompagné le maréchal. Resté seul avec Caulincourt, l'Empereur lui dicta ses dernières instructions pour les plénipotentiaires, et termina en disant :

« Je veux qu'en traversant Essonne vous communiquiez à Marmont ce qui vient de se passer, que vous le laissiez maître de se joindre à vous s'il le veut, et de remplir la mission toute de confiance que je lui destinais. Je lui enverrai à l'instant mes pouvoirs. MM. de Rayneval et de Rumigny vous accompagneront comme secrétaires. »

Le duc de Vicence expédie aux maréchaux Macdonald et Ney l'acte d'abdication. Mais un quart d'heure après, un avis officieux parvint à Napoléon : on l'informait que le général Allix avait été rencontré par un officier autrichien que l'empereur François dépêchait à Schwartzemberg, et que celui-ci avait positivement affirmé au général que tout ce qui s'était passé à Paris avait eu lieu contre le gré de son maître.

« Je vous le disais bien, Caulincourt! s'écrie Napoléon, je vous le disais bien que mon beau-père ne pouvait être mon ennemi au point de détrôner sa fille! Allez redemander mon acte d'abdication aux maréchaux : je veux envoyer sur-le-champ un courrier à l'empereur d'Autriche. »

Le duc de Vicence alla trouver Ney et Macdonald; ils allaient monter en voiture. Tous deux refusèrent de remettre l'acte en disant:

« Nous sommes sûrs d'avance de l'adhésion de l'empereur François ; nous prenons tout sur nous. »

Caulincourt retourna au palais ; il trouva Napoléon dans la bibliothèque, assis sur la petite causeuse jaune placée dans l'embrasure de la fenêtre. Il lui rendit compte du résultat de sa démarche. L'Empereur tressaillit avec colère, et s'écria après avoir réfléchi un instant :

« Je ne m'en dédis pas : avec ma garde et le corps de Marmont, je serai demain à Paris. Vicence, il ne faut pas que cela vous empêche de rejoindre ces messieurs. Partez ; seulement, vous comprenez, pas un mot. »

Une voiture attendait Caulincourt au pied du grand escalier. Il partit avec MM. de Rayneval et de Rumigny, et se dirigea sur Essonne pour y joindre les deux maréchaux qui étaient partis en avance. De son côté, Napoléon expédia un courrier à l'Impératrice pour l'autoriser à dépêcher M. de Champagny à l'empereur son père, afin qu'il intervînt dans la négociation ; et, succombant à l'agitation de cette journée, il s'enferma dans sa chambre pour s'y reposer quelques instants ; mais il lui restait à recevoir le coup le plus sensible qui pût être porté à son cœur : le colonel Gourgaud était allé dans la matinée porter des ordres au duc de Raguse ; il revint en toute hâte d'Essonne, et annonça que le maréchal avait quitté son poste ; qu'il avait traité avec l'ennemi ; que ses troupes, mises en mouvement par des ordres inconnus, traversaient en ce moment les cantonnements des Russes, et que Fontainebleau restait à découvert.

Cette nouvelle causa à Napoléon une sorte d'éblouissement. Il n'y voulait pas croire. Ses idées se heurtaient, et il ne cessait de répéter ces mots d'un accent concentré :

« Marmont n'a jamais manqué à l'honneur !... Marmont ne saurait se déshonorer ainsi !... Marmont est mon frère d'armes !... »

Mais bientôt il ne lui fut plus possible de douter de la défection de Marmont ; alors son regard devint fixe, il s'assit et resta plongé dans de sombres pensées :

« Lui ! mon enfant ! mon élève ! bégaya-t-il en appliquant ses deux poings fermés sur son front brûlant. Un trait pareil de la part de celui avec qui j'ai partagé mon pain !... L'ingrat !... Il sera plus malheureux que moi ! »

Depuis quelques jours, trop de cruels sentiments avaient déchiré le cœur de Napoléon pour qu'il ne sentît pas le besoin de les épancher. C'est à l'armée, c'est à sa garde qu'il veut confier de telles douleurs. Il prend la plume; et, en proie à une agitation fébrile, il écrit :

« Ordre du jour. Fontainebleau, le 5 avril 1814.

« L'Empereur remercie l'armée pour l'attachement qu'elle lui
« a témoigné, et principalement parce qu'elle reconnaît que la
« France est en lui et non pas dans le peuple de la capitale. Le soldat
« suit la fortune et l'infortune de son général : c'est son honneur,
« sa religion. Le duc de Raguse n'a point inspiré ce sentiment à ses
« compagnons d'armes : il a passé aux alliés ! L'Empereur ne peut
« approuver la condition sous laquelle il a fait cette démarche ; il
« ne peut accepter la vie et la liberté de la main d'un sujet.

« Le bonheur de la France paraissait être dans la destinée de
« l'Empereur. Aujourd'hui que la fortune s'est décidée contre lui,
« la volonté de la nation seule pouvait le dissuader de rester plus
« longtemps sur le trône. S'il doit se considérer comme le seul
« obstacle, il fait volontiers le dernier sacrifice à la France. Il a, en
« conséquence, envoyé le prince de la Moskowa et les ducs de Ta-
« rente et de Vicence à Paris pour entamer les négociations à ce
« sujet. L'armée peut être certaine que le bonheur de l'Empereur
« ne sera jamais en contradiction avec le bonheur de la France ! »

Puis il dépêche un officier d'ordonnance au général Belliard, afin qu'il couvre sur-le-champ Fontainebleau par quelques escadrons ; mais déjà le maréchal Mortier a fait renforcer toute la ligne.

III

On sait que, dans la nuit du 30 au 31 mars, Marmont s'était hâté de capituler. Quand il revint du champ de bataille à son hôtel de la rue de Paradis-Poissonnière, il était à peine reconnaissable : il avait une barbe de huit jours; la redingote qui recouvrait son uniforme était en lambeaux et toute noire de poudre.

Dans les salons se trouvaient rassemblés Talleyrand, Bourrienne, de Chabrol et beaucoup d'autres, las, disaient-ils, du joug tyrannique de Napoléon. Le nom des Bourbons avait été prononcé, et Marmont ne s'était pas montré sourd aux insinuations de Talleyrand. Il était déjà sur la pente de la trahison, la fatalité l'y poussait : Schwartzemberg l'y décida.

Après avoir accompagné ses troupes jusqu'à Essonne, le duc de Raguse était allé à Fontainebleau voir l'Empereur, qui l'avait bien accueilli. Napoléon l'avait fait souper avec lui, et avait accordé des éloges à la belle défense de la capitale, mais il n'avait pas dit un mot sur la capitulation. Après le souper, le maréchal rejoignit son corps d'armée. Le 2 avril, Schwartzemberg lui faisait passer, avec une lettre du général Dessolles, la relation exacte de tout ce qui s'était fait à Paris pendant son absence, l'acte de déchéance du Sénat, et une invitation du gouvernement provisoire qui l'engageait, *au nom de la patrie,* à écouter des propositions qui devaient mettre un terme à l'effusion du sang des braves qu'il commandait. « Monsieur le maréchal, lui disait le prince, vous pouvez sauver la France. »

Marmont, que Talleyrand et de Pradt n'avaient cessé de circonvenir, n'hésita plus. Il répondit au généralissime autrichien qu'il était prêt à quitter l'armée de Bonaparte avec ses troupes, mais à des conditions dont il demandait la garantie par écrit. Cette réponse était tellement inattendue, que Schwartzemberg ne marchanda pas : tout ce que le maréchal exigeait lui fut accordé. De là le traité connu sous le nom de *Convention de Chevilly.*

Cependant, les plénipotentiaires de Napoléon arrivent à Essonne. Ils descendent au quartier du maréchal ; ils lui font part de la nature de leur mission ; mais, avant tout, ils doivent attendre les sauf-conduits qu'on a fait demander. Marmont, qui veut les accompagner, les retient à dîner ; puis ils partent tous les quatre et s'arrêtent d'abord à Petit-Bourg, chez le prince de Schwartzemberg. Le duc de Raguse reste seul dans la voiture et ne va pas avec eux, ce que ses compagnons de route trouvent étrange.

Arrivés à Paris, ils se rendent chez l'empereur Alexandre. Là encore, le duc de Raguse donne une marque singulière d'agitation. Le duc de Vicence, les maréchaux Ney et Macdonald entrent chez M. de Talleyrand : Marmont n'y entre pas. Cette conduite leur semble plus qu'énigmatique.

Pendant ce temps, Paris est plongé dans la plus vive inquiétude. A chaque instant, les bruits les plus alarmants sur les dispositions de Napoléon circulent : on dit qu'avant vingt-quatre heures un grand mouvement s'opérera, que toute la garde impériale, les corps de Macdonald, d'Oudinot, de Marmont, de Mortier, réunis, doivent faire une trouée dans la capitale pour punir les traîtres, et récompenser les braves qui auront délivré la patrie. Des fenêtres de l'hôtel Talleyrand on peut voir, par les dispositions militaires des alliés, que ces craintes ne sont pas sans fondement. Les troupes étrangères ont été massées dans les Champs-Élysées, sur les quais ; des canons sont braqués sur tous les ponts ; on craint à chaque instant une catastrophe. Qu'on juge de la stupeur de ceux qui ont pris part à la déchéance de l'Empereur ! Que de repentirs secrets ! Les royalistes n'élèvent plus aussi haut leurs cris et leurs prétentions ; ils ne s'enorgueillissent plus d'avoir proclamé leurs princes légitimes. On s'entasse dans les salons de M. de Talleyrand pour avoir des nouvelles : c'est sur ces entrefaites que les plénipotentiaires de Napoléon sont introduits.

« Que prétendez-vous faire? leur demande tout d'abord le prince de Bénévent ; si vous réussissez dans vos desseins, vous compromettez tous ceux qui ont mis les pieds dans cet hôtel depuis le 1er avril, et le nombre en est grand. Quant à moi, ne me comptez pas : je veux être compromis. »

Un moment auparavant, il avait dit au czar :

« Voudriez-vous soutenir Bonaparte?... Non, Sire, cela est désormais impossible à Votre Majesté. Rien ne peut être placé entre *cet homme* et Louis XVIII. Tout ce qu'on tenterait d'y mettre, quelque choix que l'on fît, ne serait qu'une intrigue. Eugène, la régence même, intrigue que tout cela. Il n'y a qu'un principe assez fort pour rétablir l'ordre des choses, c'est Louis XVIII : Louis XVIII est un principe. »

A une heure du matin, les maréchaux sont introduits chez l'empereur de Russie, qui les reçoit avec une bienveillance marquée. Ceux-ci reproduisent avec force les arguments que le duc de Vicence a déjà fait valoir. Alexandre, loin de repousser leurs prétentions, écoute avec intérêt la lecture des articles que Caulincourt a rédigés d'avance; puis, prenant à son tour la parole, il commence par faire un éloge pompeux de l'armée française et de ses chefs.

« Quant à Napoléon, continue-t-il, j'ai été son admirateur et son ami; mais c'est lui qui, le premier, m'a déclaré la guerre. Vous savez les pertes cruelles que j'ai essuyées. L'incendie de ma capitale!... je ne le reproche pas à l'armée française, elle y a été étrangère; cependant l'agression de Napoléon n'en a pas moins été la cause. Je n'en tirerai pas vengeance, je respecterai Paris. Le sort des armes m'a été favorable; je n'en veux profiter que pour assurer le repos de l'Europe. Napoléon est malheureux, il n'est plus mon ennemi; je lui rends mon amitié. Les Bourbons me sont indifférents, je ne les connais pas; l'opinion s'est manifestée pour eux, le Sénat, les autorités, le peuple enfin. Cette fois, messieurs, vous venez trop tard.

— Sire, répond Macdonald, nous n'avons pu venir plus tôt, retenus que nous étions par les opérations de la guerre. La manifestation de Paris en faveur des Bourbons, dont parle Votre Majesté, n'est que le fait de quelques intrigants qui ont trahi l'Empereur parce qu'ils ont trouvé qu'il n'avait point assez fait pour eux. Le Sénat a toujours été à genoux devant lui; le vœu qu'il a exprimé ne compte pour rien aux yeux de l'armée et des véritables amis de la patrie. Croyez-le bien, Sire, l'armée tient à sa gloire et à la dynastie napoléonienne.

— J'en suis persuadé, réplique Alexandre : je conçois la régence avec l'Impératrice et son fils; mais reste toujours Napoléon, et c'est là l'obstacle. Que deviendra-t-il?... Il nous faut songer à lui.

— Sire, l'empereur Napoléon ne nous a point autorisés à traiter du sort qu'on lui réserve; nous n'avons de pleins pouvoirs que pour la régence. Bien plus, il nous a positivement défendu de rien spécifier de ce qui pourrait lui être personnel.

— Cela ne m'étonne pas, répond Alexandre avec une tristesse admirative; mais en définitive, la régence ne serait jamais que Napoléon derrière un échafaudage de gouvernement, qu'il ferait tomber à son gré. Vous connaissez mieux que moi sa dévorante activité, son ambition. Il viendra un beau jour se mettre à la place de la régence : une guerre générale commencera, l'Europe sera encore troublée. Comment faire? »

Alors Caulincourt fit valoir avec beaucoup d'énergie les égards que l'on devait à la gloire militaire de l'armée, bien décidée, dit-il, à ne point abandonner l'homme qui l'a conduite si souvent à la victoire.

« Sire, ajoute-t-il en terminant, la régence n'a pas eu de défenseurs; Votre Majesté l'a jugée et condamnée par défaut : c'est à votre justice, à votre magnanimité que l'armée française appelle de ce jugement. »

Ce dernier argument paraît faire une vive impression sur le czar. La crainte d'une guerre civile, d'une guerre d'extermination, qui, pour lui, est la chose qu'il redoute le plus, le fait réfléchir. La conversation reprend un cours favorable, lorsqu'un aide de camp du czar entre précipitamment et lui remet un message en prononçant quelques paroles en russe.

Caulincourt a compris le langage de l'officier. Il s'approche de Macdonald, et lui dit à voix basse :

« Nous sommes perdus! Ceci est l'annonce que Marmont et son corps d'armée ont quitté leur position et se sont joints aux alliés. »

Alexandre s'est empressé d'ouvrir la dépêche. L'expression de son visage a changé tout à coup. Il s'est opéré comme un revirement dans ses manières et dans son langage.

« Mais, messieurs, dit-il aux maréchaux avec un accent de reproche, vous faites sonner bien haut la volonté de l'armée, et cependant vous ne pouvez ignorer que les troupes du duc de Raguse ont passé de notre côté. D'autres corps sont dans les mêmes dispositions, je le sais : on est las de la guerre. »

— Sire, réplique Caulincourt, atterré par la nouvelle, pouvait-on prévoir qu'un *malentendu* ferait partir d'Essonne les troupes de M. le maréchal Marmont? »

Entraîné par l'éloquence chaleureuse avec laquelle Macdonald et Caulincourt ont plaidé la cause de la régence, Alexandre ne trouve d'autre moyen de s'en tirer qu'un faux-fuyant.

« Messieurs, dit-il après un silence, je ne suis pas seul dans cette grave affaire : il me faut prendre l'avis de S. M. le roi de Prusse. J'ai promis à mes alliés de ne rien faire sans les consulter. Bientôt vous connaîtrez ma dernière résolution. »

Et il les congédie avec beaucoup d'affabilité. L'entrevue avait duré plus de trois heures.

Le temps que les plénipotentiaires passèrent avec le czar dut paraître bien long aux membres du gouvernement provisoire et à quelques personnages qui étaient restés dans le salon, inquiets d'apprendre le résultat de la conférence. Il s'agissait pour eux d'une question de vie ou de mort, et ce qui pouvait leur arriver de moins fâcheux, dans le cas où Napoléon l'eût emporté, était l'exil. Aussi le retour des maréchaux dans le salon causa-t-il un mouvement d'anxiété impossible à rendre. Le découragement qu'on remarqua sur leur visage rendit l'espérance à ceux qui, pendant trois heures, venaient d'être en proie aux plus vives inquiétudes. Tout à coup, des chuchotements se font entendre : la voix d'un valet a annoncé :

« Son Excellence monseigneur le duc de Raguse! »

Tous les regards se dirigent vers Marmont, qui entre la tête haute, le sourire sur les lèvres ; de nombreuses félicitations et des poignées de main sont échangées entre lui et les personnages qui se sont portés à sa rencontre. Il a consommé sa défection.

Le duc de Vicence passe le premier devant lui, et se contente de lui dire en baissant les yeux :

« Monsieur le maréchal, vous êtes bien à plaindre! »

Ney n'a pas l'air d'apercevoir son ancien frère d'armes; Macdonald se contente de lui lancer un regard de pitié ; mais, en voyant Beurnonville venir au-devant de lui, le noble maréchal ne peut réprimer un mouvement de colère, et, d'un ton hautain, il lui adresse ces paroles en réponse à une question que ce membre du gouvernement provisoire lui a faite :

« Ne me parlez pas, monsieur, je n'ai rien à vous dire. Vous m'avez fait oublier une amitié de trente ans. » Puis, se retournant vers le général Dupont, qui s'est approché à son tour : « Quant à vous, monsieur, ajoute-t-il sur le même ton, votre conduite à l'égard de l'Empereur n'est pas généreuse. Il vous a traité avec sévérité pour l'affaire de Baylen; mais depuis quand se venge-t-on d'un grief personnel aux dépens de l'honneur de son pays? »

Cette altercation devient si vive et ceux qui s'y sont engagés élèvent tellement la voix, que Caulincourt, toujours strict observateur de l'étiquette, croit devoir intervenir.

« Messieurs, dit-il d'un ton sévère, vous oubliez que vous êtes ici chez S. M. l'empereur Alexandre! »

En ce moment, M. de Talleyrand sort de chez le czar, où il est entré immédiatement après la sortie des maréchaux, et, s'approchant à pas lents du groupe animé qui s'est formé autour de Macdonald :

« Messieurs, dit-il d'un air patelin, si vous voulez *disputer*, il vous faut descendre plus bas... dans la rue ; mais si vous ne voulez que *discuter*, vous pouvez monter plus haut..., chez moi.

— Cela serait inutile, lui répond Macdonald avec dignité ; mes amis et moi ne reconnaissons pas votre gouvernement provisoire.

— A votre aise, messieurs, reprend le prince de Bénévent en fermant les yeux et en passant la langue sur ses lèvres pâles : c'est absolument comme il vous plaira. »

Le lendemain, à onze heures du matin, les plénipotentiaires achevaient de déjeuner chez le maréchal Ney, lorsqu'un aide de camp de l'empereur de Russie vint les prévenir que son maître les attend. Ils arrivent chez le czar avec une inquiétude qu'ils cherchent à surmonter. Alexandre les reçoit avec la même bienveillance que la veille ; mais maintenant que l'armée semble abandonner la cause de Napoléon, la question a totalement changé de face, le temps des ménagements est passé : l'abdication en faveur de la régente et de son fils ne suffit plus à un ennemi rassuré. Le czar déclare aux plénipotentiaires qu'il faut que Napoléon et sa dynastie renoncent absolument au trône.

« Il n'a jamais voulu la paix, ajouta-t-il ; chacun sait qu'il ne peut y avoir de repos à espérer avec lui. L'armée ne saurait s'obstiner à garder un chef qui ne sait pas sacrifier sa passion favorite au bien de la patrie. Mes alliés et moi ne voulons, aujourd'hui, que ce que le vœu national a déjà proclamé. Je vous déclare donc que nous ne recevrons de Napoléon qu'une abdication absolue. »

Les plénipotentiaires se récrièrent en vain contre cette détermination. Tout fut inutile. Alors ils demandèrent au czar un armistice de quarante-huit heures, temps strictement nécessaire pour obtenir de nouveaux pouvoirs. Alexandre l'accorda ; il fit plus : montrant à Macdonald une carte des environs de Paris qui était étalée sur une table, et lui présentant le crayon d'un agenda qu'il tira de sa poche :

« Tenez, monsieur le maréchal, lui dit-il, marquez vous-même les limites des deux armées. »

Macdonald refusa avec dignité, et Alexandre fixa pour limite la

Seine, dont la rive droite devait être occupée par les alliés, et la rive gauche par les troupes françaises; mais par une singulière supercherie, sur la carte qui fut envoyée à l'état-major autrichien pour lui faire connaître les limites arrêtées, on comprit Fontainebleau dans les lignes autrichiennes.

Alexandre ayant encore parlé du sort qu'il réservait à Napoléon, et Macdonald lui ayant répondu que l'Empereur ne voulait absolument rien pour lui :

« N'importe, reprit le czar; assurez-le qu'il sera traité d'une manière digne du rang qu'il a occupé; dites-lui que s'il veut venir habiter mes États, il y sera bien reçu; sinon il aura l'île d'Elbe, ou *autre chose.* »

Les plénipotentiaires se résignèrent à porter à Fontainebleau la nouvelle décision des puissances alliées.

IV

Après avoir veillé une grande partie de la nuit dans son cabinet, Napoléon avait pris le matin un peu de repos. Il n'était pas sorti du palais, et était resté constamment assis dans l'embrasure d'une croisée de la bibliothèque qui avait vue sur la pièce d'eau. Son teint était pâle, et sa toilette se faisait remarquer par un désordre qui n'était pas dans ses habitudes. Il tenait machinalement dans ses mains un volume simplement relié, le *Précis des guerres de César*, lorsqu'un officier du palais entr'ouvrit doucement la porte :

« Qu'est-ce? demanda l'Empereur.

— Sire, c'est monseigneur le duc de Vicence avec leurs excellences les maréchaux le prince de la Moskowa et le duc de Tarente.

— Déjà ! qu'ils entrent. »

Il se leva et alla au-devant d'eux.

Le duc de Vicence parle le premier. Il raconte comment la défection de Marmont a dû changer toutes les combinaisons diplomatiques;

Une Scène de l'Abdication.

comment Fontainebleau a cessé d'être une position militaire ; enfin comment la retraite du sixième corps a ouvert un large chemin aux Autrichiens et aux Russes : ce n'est plus de Napoléon qu'on ne veut pas, c'est de sa dynastie tout entière.

A cette nouvelle, Napoléon se dresse fièrement ; ses yeux étincellent.

« C'est aussi par trop d'humiliations ! s'écrie-t-il. Ils veulent me pousser à bout ! Eh bien donc ! plus de lâches négociations ; que le destin s'accomplisse ! »

Napoléon continue de parler haut, en maître absolu, en père, en soldat, en empereur. Le géant, trop longtemps garrotté par les entraves dont on l'a embarrassé, reprend toute sa hauteur, toute son énergie. Il se promène à grands pas et continue de cette voix qui a si souvent rappelé la fortune des batailles :

« Oui ! nous nous battrons, et certes nous triompherons encore, malgré la trahison ! Soult me ramène cinquante mille soldats ; Suchet va le rejoindre avec ses quinze mille de l'armée de Catalogne ; Eugène fera un mouvement sur les Alpes avec ses trente mille Italiens. J'ai encore les quinze mille hommes d'Augereau, les nombreuses garnisons des frontières et l'armée entière du maréchal Maison. Tout cela va former une masse invincible ! Il nous faut aller au-devant de ces renforts et manœuvrer sur la Loire : c'est là que Charles Martel a délivré son pays, c'est là que nous délivrerons le nôtre !... Messieurs ! s'écrie-t-il de nouveau en frappant d'un geste sublime la garde de son épée, la grande armée est reconstituée ! »

Les paroles si éloquentes que Napoléon vient de prononcer n'ont pas trouvé d'échos, même dans le cœur de ceux qui se sont voués à sa cause. Ses plénipotentiaires sont restés impassibles en présence de tant d'enthousiasme. Macdonald seul réplique avec calme :

« Sire, les circonstances ont acquis une gravité qui ne permet pas de prendre un parti sans en avoir pesé toutes les chances ; nous supplions Votre Majesté de réfléchir.

— J'ai réfléchi! répond sèchement Napoléon. Le lion n'est pas encore mort! »

Et de son pied il repousse avec humeur un pliant qui gêne sa marche; puis il se promène à grands pas, les mains croisées sur le dos. Il aurait été inutile en ce moment de chercher à discuter avec Napoléon, parce que sa volonté se raidissait en raison de l'opposition qu'il rencontrait. Les maréchaux, qui connaissaient son caractère, gardèrent le silence; mais lui, s'arrêtant court devant Macdonald et passant la main sur son front, comme s'il eût été frappé d'une idée subite :

« Monsieur le maréchal, lui demande-t-il avec vivacité, vos troupes me suivront-elles?

— Non, Sire, parce qu'elles savent que Votre Majesté a abdiqué.

— C'est vrai, mais à certaines conditions : vous le savez, messieurs.

— Est-ce que les soldats connaissent de telles nuances? » réplique Ney d'un ton brusque.

Napoléon fixe un moment ses regards sur le prince de la Moskowa.

« On verra, monsieur le maréchal, on verra! » répond-il en hochant la tête.

Et il congédie ses plénipotentiaires en leur disant avec préoccupation :

« Messieurs, peut-être aurai-je encore besoin de vous, car moi, c'est vous. Et, faisant au duc de Vicence un signe de tête affectueux : Allez, Caulincourt; vous reviendrez plus tard. »

Dès qu'on apprend à Fontainebleau la rupture des négociations, une explosion de cris, de reproches, de menaces même, se fait entendre dans les galeries du palais :

« Nous en avons assez!

— Pourquoi est-il resté si longtemps sans abdiquer?

— Les alliés sont trop bons!

— Le nouveau gouvernement accueille avec distinction tout ce qui a appartenu à l'armée!

— Le despote finira par compromettre la position de tout le monde !

— Il faut que cela finisse ! etc. »

De telles paroles sont presque dans toutes les bouches : c'est à qui tournera ses regards vers la capitale; c'est à qui inventera des prétextes pour aller à Paris; ceux-ci pour rassurer leur femme; ceux-là pour mettre à l'abri leur fortune; quelques-uns pour l'intérêt de leur corps d'armée; le plus grand nombre pour négocier leur défection et stipuler les clauses de leur nouvelle fidélité aux Bourbons.

Pendant ce temps, les Russes et les Autrichiens s'avancent et resserrent autour de Fontainebleau la petite armée impériale. Cette manœuvre des alliés sert d'objection aux trembleurs qui ne veulent pas déserter; ils exagèrent les forces ennemies et prédisent les plus funestes résultats. Napoléon entend tous ces propos, réduit ces craintes chimériques à leur juste valeur, et promet, lorsqu'il en sera temps, de percer le réseau de fer dont on l'a entouré.

« Une route fermée à des courriers, dit-il, s'ouvre bientôt devant cinquante mille hommes ! »

Cependant il est lui-même indécis; il lui répugne de faire une guerre de partisans. Lui qui terminait toutes ses campagnes en quelques mois, lui qui conquérait un royaume par une seule grande bataille, il éprouve une sorte de honte à ne plus manœuvrer que sur une petite échelle, à ne faire mouvoir qu'une poignée d'hommes. Au milieu de toutes les perplexités qui viennent l'assaillir, il lui faut néanmoins prendre un parti décisif; mais auparavant il veut entretenir une dernière fois ses maréchaux ; il a subi l'influence du trône, il espère trouver un appui dans les grands feudataires de la couronne ; en un mot il veut savoir si sa cause, si celle de sa famille, sont encore la cause de la France : il se décidera ensuite.

Les maréchaux sont convoqués. Napoléon va au-devant de chacun d'eux en particulier, et l'accueille avec cette distinction de manières, cette noblesse de langage qui ont toujours imposé, même aux souverains ses égaux. Ney et Berthier arrivent les derniers. Leur abord est froid, leur contenance embarrassée : l'Empereur n'a pas l'air d'y faire attention. A peine s'est-il assis, qu'il entame une conversation générale par des lieux communs ; puis s'adressant plus particulièrement au prince de Wagram, il lui demande avec une sorte de bonhomie s'il a des nouvelles de la marche des alliés. Celui-ci, tout en se rongeant les ongles, suivant son habitude, répond qu'il a envoyé en reconnaissance des officiers d'état-major sur tous les points, et que leurs rapports ont été unanimes : l'ennemi a décidément pris position autour de Fontainebleau.

Mais les maréchaux, forts de la résignation de Napoléon, ne sont pas venus pour se borner à ne lui annoncer que de mauvaises nouvelles : c'est son abdication absolue qu'ils sont venus chercher. Ney, le premier, aborde cette question délicate en traçant d'une manière énergique la déplorable situation de la France, et achève le tableau en demandant à l'Empereur quels sont les moyens de sauver la patrie. Aussitôt, sans laisser le temps à Napoléon de répondre, chacun émet son opinion ; la discussion s'anime, les interpellations les plus vives se croisent, de bruyants colloques s'engagent. Au milieu de ce pêle-mêle de paroles, l'attitude de l'Empereur est admirable de sang-froid et de dignité : il se tait ; mais quand la tranquillité s'est un peu rétablie, il prend enfin la parole, résume en peu de mots tout ce qui vient d'être dit, et termine en reproduisant les conditions qui lui sont imposées par les alliés.

« Quant au sacrifice personnel qu'on exige de moi, ajoute-t-il, j'y suis résigné ; mais consentir à déposséder ma femme et mon fils d'une couronne que moi j'ai conquise par mes propres œuvres, jamais, messieurs ! »

Quoiqu'un morne silence accueille cette communication, l'Empereur, toujours calme, dénombre les forces qui lui restent et dont il peut faire usage, non pour éterniser la guerre, mais pour venger l'honneur de la France.

« Est-il un de vous, s'écrie-t-il, qui consente jamais à la laisser à la merci des gens qui ne veulent qu'étouffer à leur profit nos glorieux travaux? Eh bien! s'il nous faut renoncer à défendre plus longtemps la France, reprend-il en relevant la tête, l'Italie ne nous offre-t-elle pas une retraite digne de vous, digne de moi? N'est-ce pas là la terre des miracles? veut-on m'y suivre encore une fois? Croyez-moi, messieurs, marchons vers les Alpes! »

Cette héroïque proposition n'est pas mieux accueillie que les précédentes. Et cependant, si l'Empereur l'eût faite quelques pas plus loin, dans le salon de service encombré par tous les jeunes généraux, elle eût été reçue avec enthousiasme, avec bonheur; dans les rangs de l'armée, elle eût été saluée avec cette bouillante ardeur de 92 et de 98. Mais Napoléon ne s'est adressé qu'à des hommes qui, la plupart, n'ont plus d'autre ambition que de conserver leurs honneurs, leurs richesses. L'empire croulera, que leur importe?

Malgré tant d'indifférence chez tant d'hommes qu'il a élevés si haut par son génie, Napoléon ne laisse percer aucun sentiment de colère et semble les prendre en pitié.

« Vous voulez du repos? dit-il alors; ayez-en donc! Hélas! vous ne savez pas combien de chagrins et de dangers vous attendent sur vos lits de duvet! Quelques années de cette paix que vous allez payer si cher en moissonneront un plus grand nombre d'entre vous que ne l'aurait fait la guerre la plus désespérée. »

Ces paroles de l'Empereur aux maréchaux devaient être prophétiques; car Berthier, Murat, Ney, Masséna, Augereau, Lefèvre, Brune, Serrurier, Kellermann, Pérignon, Beurnonville, Clarke et tant d'autres encore, disparurent en moins de sept années, et le devancèrent dans la tombe.

Pendant toute cette scène, l'Empereur ne recueillit pas un mot de sympathie. Devant le bienfaiteur, en présence du souverain, presque tous les cœurs restèrent froids. Il interroge du regard ceux qui l'entourent: tous les yeux sont baissés, toutes les bouches sont muettes. Une révolution soudaine s'opère à cette vue dans son âme; elle ne se manifeste à l'extérieur que par une extrême pâleur et un léger tressaillement dans tous les membres. Il essuie son front qu'inonde une sueur glaciale, et il se lève.

« Messieurs, dit-il d'une voix vibrante, je sais maintenant à quoi m'en tenir; je veux être seul. Vous, duc de Vicence, restez. »

Et quand le dernier des maréchaux a dépassé la porte, il lacère avec une colère concentrée le mouchoir de batiste qu'il tient à la main, en disant à Caulincourt :

« Vous le voyez! ces gens-là n'ont pour la plupart ni cœur ni entrailles. Je leur ai parlé de ma femme, je les ai implorés pour mon fils : rien! Oui, je cède parce que je suis vaincu ; mais ce n'est pas par la fortune, c'est par l'égoïsme et l'ingratitude de ceux pour qui j'ai tout fait. Oh! c'est hideux! Je leur pardonne, mais l'histoire sera moins généreuse que moi. »

En prononçant ces mots, il se laisse tomber comme anéanti dans le fauteuil qui est devant son bureau, prend une plume, et écrit le nouvel acte d'abdication qu'on attend ; il le formule ainsi :

« Les puissances alliées ayant proclamé que l'Empereur Napoléon
« était le seul obstacle au rétablissement de la paix en Europe,
« l'Empereur, fidèle à son serment, déclare qu'il renonce, pour lui
« et ses enfants, aux trônes de France et d'Italie, et qu'il n'est au-
« cun sacrifice, même celui de la vie, qu'il ne soit prêt à faire aux
« intérêts de la France.

« Fait au palais de Fontainebleau, le 11 avril 1814. »

Après y avoir apposé sa signature, il le lit à Caulincourt.

« Est-ce cela? » lui demande-t-il ensuite.

Le duc de Vicence n'avait pris aucune part aux débats qui venaient d'avoir lieu. Il avait écouté dans une sorte de recueillement l'Empereur, si noble, si grand, s'adresser en vain à l'honneur, à la reconnaissance de ses lieutenants. Il avait le cœur brisé. Il ne put répondre que ces mots d'une voix entrecoupée :

« Sire, il n'y a rien dans l'histoire qui puisse être comparé au sacrifice que fait en ce moment Votre Majesté.

— J'abdique et ne cède rien, réplique Napoléon d'un ton bref ; faites appeler Ney et Macdonald. »

Ces deux maréchaux introduits, Napoléon fait répéter par le prince de la Moskowa tout ce que l'empereur Alexandre lui a dit en dernier lieu. Le duc de Tarente parle ensuite dans le même sens, en employant cependant des formes plus douces que celles de Ney, qui connaît moins l'art des ménagements dans le langage.

« Je sais, mon cher maréchal, tout ce que vous avez fait pour moi dans cette circonstance, dit à son tour l'Empereur ; je sais avec quelle chaleur vous avez plaidé la cause de mon fils, de l'armée ; mais puisqu'ils exigent mon abdication pure et simple, la voilà. C'est vous, monsieur le prince de la Moskowa, avec Caulincourt, que je charge, cette fois encore, de mes pouvoirs. Vous irez défendre les intérêts de ma famille. » Puis, après un silence : « A propos ! reprend-il, et moi ! où irai-je ? »

Macdonald l'instruit de l'offre que lui a faite Alexandre dans l'hypothèse où il voudrait aller habiter la Russie, et il ajoute :

« Sire, Sa Majesté m'a dit en outre qu'elle vous destinait l'île d'Elbe ou *autre chose*.

— Ou *autre chose* ! interrompit vivement Napoléon ; quelle est cette *autre chose* ?

— Je l'ignore, Sire.

— Ah ! moi je devine, ajoute Napoléon avec un sourire forcé : c'est la Corse ; il n'a pas voulu la nommer pour éviter le quolibet ; je l'en remercie. Messieurs, je m'en remets entièrement à vous partez. »

Dès qu'ils eurent reçu leurs pouvoirs, les nouveaux commissaires se mirent en route. Arrivé à Paris, Ney écrivit au prince de Bénévent :

« Je m'étais chargé de défendre la dynastie de Napoléon auprès
« de l'empereur de Russie ; un événement imprévu ayant tout à
« coup arrêté les négociations (la défection du duc de Raguse), Na-
« poléon consent à l'abdication entière et sans restriction. »

Le prince de la Moskowa terminait sa lettre en faisant sa soumission à M. de Talleyrand, véritable roi temporaire de France. Le maréchal ne prévoyait pas alors qu'il serait la première victime de la Restauration.

V

Tandis que ces choses se passaient, Marie-Louise était à Blois. Le 8 arrivèrent le comte Schouwaloff, aide de camp du czar, et le baron de Saint-Agnan, commissaire du gouvernement provisoire, chargés tous deux de protéger le voyage de l'Impératrice. Elle avait annoncé, d'après une lettre que lui avait écrite Napoléon, l'intention de le rejoindre, avec son fils, à Fontainebleau. Après l'audience donnée à ces deux messieurs, elle fait appeler M. de Beausset.

« Voulez-vous me rendre un grand service? lui demanda-t-elle.

— Ordonnez, madame, je réponds de moi à Votre Majesté.

— Eh bien! vous allez partir ce soir pour Paris : vous y trouverez probablement l'empereur, mon père; vous lui remettrez une lettre que je vais écrire; ensuite vous irez à Fontainebleau, porteur d'une autre lettre pour l'empereur Napoléon; de mon côté, j'espère m'y rendre bientôt. Faites vos dispositions, et revenez prendre mes dépêches. »

Le même jour, à neuf heures du soir, M. de Beausset était sur la route de Paris. En arrivant dans la capitale, il se rend à l'hôtel occupé par le prince de Schwartzemberg, lui fait part de sa mission, et lui demande de le faire parvenir jusqu'à l'empereur d'Autriche.

« Il n'est pas encore arrivé, lui répond le généralissime autrichien; on l'attend d'un moment à l'autre. Adressez-vous à M. de Metternich : il va descendre ici, un courrier vient de me l'annoncer. »

Au même instant le bruit d'une voiture de poste se fait entendre dans la cour. Bientôt M. de Beausset voit entrer dans l'appartement, se tenant bras dessus bras dessous, M. de Metternich et lord Castlereagh, les deux plus grands ennemis de Napoléon. Ce sont eux que les puissances étrangères ont chargés de formuler le fameux traité qui se prépare. M. de Beausset se présente au ministre d'Autriche et lui annonce la double mission dont il est chargé.

« C'est très-bien ; remettez-moi la lettre de l'Impératrice ; je suis autorisé à ouvrir celles qu'elle peut adresser à l'empereur, son auguste père.

— Monseigneur, objecte celui-ci, les ordres que j'ai reçus ne me permettent pas de déférer au désir de Votre Excellence. Je dois m'y conformer, sans même me permettre de les interpréter.

— Vous avez tort, réplique froidement M. de Metternich ; les ministres des puissances alliées et ceux de Napoléon doivent se rendre ici ce soir pour s'entendre définitivement sur son sort ; je ne doute pas que la lettre de l'Impératrice, mise sous les yeux de l'empereur Alexandre, n'influe d'une manière avantageuse sur ses dispositions.

— Prince, permettez-moi d'aller jusque chez M. le duc de Vicence ; c'est un des ministres de l'empereur Napoléon, je me conformerai à ce qu'il me dira.

— Allez, monsieur, vous êtes parfaitement libre. »

M. de Caulincourt demeurait rue Joubert, dans le voisinage ; il venait d'arriver de Fontainebleau. M. de Beausset est assez heureux pour le rencontrer chez lui ; il reçoit l'autorisation de remettre la lettre au ministre autrichien, et revient de suite. M. de Metternich la décachète et la lit attentivement.

« Non, non ! dit-il après avoir lu : cela est impossible ; nous l'avons fait promettre à l'empereur François : *ni l'une ni l'autre.* (C'est-à-dire que ni l'Impératrice ni le roi de Rome ne devaient rejoindre l'Empereur à Fontainebleau. C'était la grâce que dans cette lettre Marie-Louise sollicitait de son père. Napoléon ne devait plus voir ces deux objets de sa plus tendre affection.) Quant à votre autre mission, ajoute le ministre autrichien, il vous faut aller trouver le prince de Bénévent ; lui seul peut vous autoriser à la remplir. »

C'était en effet chez M. de Talleyrand qu'était établi le siége du gouvernement provisoire. M. de Beausset trouva les salons de son hôtel remplis d'une foule de gens qui, quelques jours auparavant, encombraient les grands appartements des Tuileries, ceux-là même avaient mis à leur chapeau la plus large cocarde blanche. Après deux heures d'attente, ayant obtenu le visa qu'il désirait, il perçait la foule pour se retirer, lorsque M. de Talleyrand passa par la pièce où il se trouvait, en disant comme à la cantonade :

« Messieurs, l'empereur d'Autriche approuve tout ce que nous avons fait. »

Cela prouvait que ce prince absent n'avait pas même été consulté, et que M. de Schwartzemberg l'avait constamment laissé dans l'ignorance. Le lendemain, après deux heures de conférence, le fameux traité du 11 avril, stipulé en vingt-deux articles qui fixaient le sort de Napoléon et de la famille impériale, était signé chez M. de Talleyrand. Le duc de Vicence, auquel l'Empereur avait expédié courrier sur courrier pour lui redemander, comme il l'avait fait déjà, sa seconde abdication, se hâta de retourner près de lui, muni de ce traité définitif que le duc de Tarente devait rapporter à Paris, signé de Napoléon. La veille, M. de Beausset était arrivé à Fontainebleau.

Depuis qu'il a consenti cet acte, l'Empereur semble mécontent de lui-même. Il voudrait que le grand sacrifice qu'il a fait ne fût pas souillé par des stipulations pécuniaires. « A quoi bon un traité, dit-il, puisqu'on ne veut pas régler avec moi les intérêts de la France? Du moment qu'il ne s'agit plus que de ma personne, il n'y pas de traité à faire. Seulement, je demande à ne pas être prisonnier de guerre; je demande à ne pas être écroué par l'Europe dans mon propre palais. »

Sur ces entrefaites, M. de Beausset est introduit auprès de l'Empereur, qui se promène seul sur la terrasse adossée à la galerie de François Ier. Celui-ci lui présente la lettre de Marie-Louise.

« Comment se portent ma femme et mon fils? dit-il à son ancien préfet du palais; comment se portent l'Impératrice et le Roi de Rome? reprend-il aussitôt en ouvrant la lettre avec vivacité. Bonne

Louise! » ajoute-t-il après avoir lu. Et il accable de questions le messager, qui le prie de l'honorer d'une réponse, en lui exprimant respectueusement le désir qu'il a d'emporter avec lui cette consolation dont le cœur de l'Impératrice a besoin.

« Ce soir je vous remettrai une lettre pour elle, dit Napoléon ; restez ici aujourd'hui. »

M. de Beausset va se retirer; l'Empereur le retient pour lui parler de l'île d'Elbe (car il sait déjà que cette petite souveraineté lui est donnée); il lui fait même remarquer, ouvert sur un banc de marbre, un livre de géographie et de statistique qui renferme sur ce lieu des détails qu'il vient de recueillir. Il ajoute : « L'air y est sain et les habitants les plus braves gens du monde. Je n'y serai pas trop mal; j'espère que l'Impératrice s'y trouvera bien. Et puis, n'aurons-nous pas notre fils, le roi de Rome? » reprend-il encore.

Il ignorait les obstacles que l'on avait mis à leur réunion, et M. de Beausset n'avait pu deviner le sens des paroles que M. de Metternich avait prononcées la veille devant lui à l'hôtel du prince de Schwartzemberg. Napoléon, passant subitement à d'autres idées, reprit bientôt :

« Ne me disiez-vous pas tout à l'heure que vous aviez rencontré Hullin sur votre route, en venant ici?

— Oui, Sire, je l'ai parfaitement reconnu, quoique le général allât très-vite.

— Oh! pour celui-là, réplique l'Empereur en souriant, il arrivera toujours trop tard pour faire sa paix avec les Bourbons. »

Puis il s'exprima avec énergie sur quelques-uns de ses lieutenants:

« De même que Hullin, continua-t-il, Lefèvre s'est toujours tenu à l'avant-garde quand il s'est agi d'une guerre de liberté : j'espère que les Bourbons ne lui en feront pas trop de reproches. Et Macdonald!... brave et loyal guerrier! Ce n'est que dans ces dernières circonstances que j'ai pu apprécier toute la noblesse de son caractère. Je regrette bien de ne l'avoir pas connu plus tôt. Et Ney!... quel soldat! quelle trempe de fer!... C'est la bravoure même; mais là malheureusement se bornent toutes ses facultés. Au moins les *autres* ne l'accuseront-ils pas d'être courtisan. J'en sais quelque chose, moi! dit-il en souriant tristement. Quant à Bertrand, il est désormais identifié à mon sort, de même que Berthier. Ah! Berthier!... Il usera sa vie avec la mienne. Talents, activité, courage, fidélité, il a tout pour lui. Je ne crains pas que l'amitié que je lui porte me rende partial à son égard. L'opinion de toute l'armée ratifiera mon témoignage. Eh! tenez, Beausset, le voilà qui vient là-bas avec Maret; voyez comme il a l'air attristé de nos malheurs, de mes chagrins! Oh! c'est qu'il m'aime réellement, lui! »

Le prince de Wagram, appuyé sur le bras du duc de Bassano, s'avançait lentement à l'extrémité de la terrasse. Napoléon lui fait un signe de la main comme pour lui faire comprendre de hâter le pas et de venir à lui; puis il rentre dans la galerie.

M. Beausset s'était retiré.

A peine Napoléon est rentré dans son cabinet, où Berthier et le duc de Bassano l'ont suivi, que le prince de Wagram balbutie un prétexte pour quitter Fontainebleau. Il a des papiers importants pour Sa Majesté et pour lui à mettre à couvert. Ce soin nécessite absolument sa présence à Paris.

Tandis qu'il parle, l'Empereur le regarde d'un air de surprise inquiète dont le prince ne s'aperçoit pas, parce qu'il tient constamment les yeux baissés.

« Berthier, lui dit-il en lui prenant la main, Berthier, vous voyez combien j'ai besoin de consolations, combien j'ai besoin surtout d'être entouré de mes vrais amis! »

Et il appuya sur ces derniers mots. Le prince ne répond pas. L'Empereur continue :

« Vous reviendrez demain, n'est-ce pas, Berthier? Demain matin?

— Certainement, Sire. »

Ici il y eut un silence ; l'Empereur le rompt le premier en disant d'une voix étouffée :

« Eh bien ! allez ! »

Après sa sortie, Napoléon reste quelques minutes sans parler. Il a suivi des yeux l'homme qu'il a longtemps accablé de toutes ses faveurs impériales ; il ramène ensuite ses regards vers le parquet et les fixe longtemps à la même place. Il est facile de lire sur son front les douloureuses pensées qui s'entre-choquent dans cette âme si cruellement désenchantée. Enfin il a fait deux pas, et posant sa main sur le bras du duc de Bassano, il le serre avec force en s'écriant :

« Il ne reviendra pas ! »

Puis, comme accablé, il se laisse tomber dans un fauteuil.

« Ah ! Sire ! dit le duc attendri, seraient-ce là les adieux de Berthier ?

« Il ne reviendra pas, vous dis-je !... et cependant je l'aimais, je parlais de lui il n'y a qu'un instant, je disais... »

Ici l'Empereur s'arrête, la voix lui manque, il suffoque. Couvrant son visage de ses deux mains ; il ne put que bégayer :

« Et lui aussi ! et lui aussi ! »

On ne revit plus en effet le prince de Wagram.

L'Empereur se montra peut-être plus sensible au malheur d'être abandonné par les hommes qu'il avait *faits* qu'à la perte de sa couronne. Pendant toute la soirée qui suivit le départ de Berthier, il ne parla que de choses profondément tristes : il discuta surtout la question du suicide.

« Vous avez raison, répondait-il au duc de Bassano, qui essayait vainement de combattre ces idées sinistres : le suicide est l'acte d'un joueur qui a tout perdu ou d'un prodigue ruiné. Moi-même, j'ai eu pour maxime qu'un homme montre plus de vrai courage en supportant les malheurs qui lui arrivent qu'en se débarrassant de la vie ; je crois même l'avoir dit quelque part ; mais là se réduit la question : Un homme a-t-il le droit de se tuer ?... Oui, si sa mort ne fait tort à personne, et si sa vie est pour lui une torture incessante. »

Il ramena si souvent la conversation sur ce sujet que le duc en fut frappé, et que, craignant qu'il ne se livrât à quelque acte de désespoir, il en parla à Constant et à Marchand, ses deux valets de chambre de confiance, immédiatement après avoir pris congé de l'Empereur. Ceux-ci se consultèrent, et d'un commun accord enlevèrent de la chambre à coucher de Napoléon un poignard que lui avait donné jadis le grand-maître de l'ordre de Malte, ainsi que la poudrière et les balles qui se trouvaient dans sa boîte à pistolets, après s'être assurés que ces armes n'étaient pas chargées; et, se reposant sur ces précautions, ils s'éloignèrent parfaitement tranquilles. Ils n'avaient pas songé à tout.

Sur ces entrefaites, le duc de Vicence et le maréchal Macdonald arrivèrent à Fontainebleau porteurs du traité définitif. Ils se rendirent immédiatement au palais pour le remettre à l'Empereur, qui en connaissait déjà toutes les stipulations.

« Je ne veux pas de cela! s'écria-t-il en repoussant doucement la main du maréchal qui lui présentait le papier. Qu'est-ce que ce commissaire étranger qu'on m'envoie pour espionner ma conduite?... Ont-ils peur que je ne tente de leur échapper?... Suis-je donc un écolier? Et puis, je n'approuve pas certains articles.

— Mais, Sire, lui fait respectueusement observer le duc de Vicence, l'abdication de Votre Majesté a servi de base à la négociation. Cette pièce a été la première communiquée aux plénipotentiaires des puissances alliées; elle est entre leurs mains, et, qui plus est, elle est devenue publique, puisqu'elle a été imprimée dans tous les journaux.

— Ah! oui, les journaux! » répète l'Empereur avec un tressaillement.

Depuis que la fameuse proclamation du gouvernement provisoire avait été insérée au *Moniteur,* Napoléon ne pouvait entendre parler de journaux sans éprouver une sensation pénible. Dès qu'il apercevait une gazette venue de Paris, quelle qu'elle fût, son agitation devenait extrême; il n'osait pour ainsi dire y toucher; un fer chaud sur lequel il eût porté la main n'aurait pas produit sur lui un effet plus sensible.

« Les journaux! les journaux! répéta-t-il avec amertume, tout ce qu'ils publient en ce moment n'est fait que pour décourager. Quant à cet acte, ajouta-t-il sèchement, je ne le signe pas.

— Sire, dit encore Caulincourt, l'intérêt de Votre Majesté, son intérêt *personnel*, celui de sa famille l'exigent.

— Je vous entends, monsieur le duc; mais vous me comprenez mal : qu'on soit tranquille, j'y mettrai bon ordre. »

Comme il persistait avec opiniâtreté dans son refus de signer l'acte, les deux plénipotentiaires se retirèrent. La journée se passa sans que Napoléon les fît appeler. Il croyait échapper ainsi à la nécessité. Le lendemain il se montra plus triste encore. Il semblait préoccupé d'un secret dessein; son esprit ne s'animait qu'en parcourant les galeries funèbres de l'histoire. Dans sa conversation, il n'est question que de la mort volontaire à laquelle les hommes de l'antiquité n'ont pas hésité à recourir dans une situation pareille à la sienne. Cependant, le soir, ceux qui pendant la journée l'avaient entendu avec inquiétude discuter froidement ces tristes exemples, furent agréablement surpris de le voir causer familièrement et d'une manière presque enjouée avec quelques personnes réunies dans le petit salon qui précédait sa chambre à coucher. Il ne leur adressait plus, depuis quelques jours, que des paroles brèves et quelquefois peu obligeantes. C'était lui qui les avait fait appeler.

Une chose singulière, c'est la variation qui se fit remarquer dans le caractère de l'Empereur pendant toute la durée de ce triste séjour à Fontainebleau. On le vit, dans le cours de la même journée, plongé plusieurs heures de suite dans la plus affreuse tristesse; puis, un instant après, marcher à grands pas en sifflant une marche militaire ou en fredonnant la ritournelle d'un air italien; puis, tout à coup, il retombait dans une rêverie si profonde qu'il ne voyait rien de ce qui se passait à côté de lui ; mais ce soir-là il se montra d'une humeur charmante, jusqu'au moment où un de ses chambellans eut la maladresse de parler du malencontreux traité qu'il ne voulait pas reconnaître. Une fois la conversation mise sur ce terrain, tout changea de face chez Napoléon, ce ne fut plus le même homme.

« Non, messieurs, je ne signerai pas cet acte spoliateur ! s'écria-t-il avec une inflexion de voix et un geste en harmonie avec son langage. La couronne d'un monarque ne doit tomber qu'avec sa tête ! Messieurs, lorsque le Sénat de Suède voulut se *débarrasser* de Charles XII, il ne lui envoya pas d'abdication à signer : il le fit tuer dans la tranchée de Frédereschall. Oh ! ne tremblez pas... Je ne forcerai jamais personne à s'associer à ma mauvaise fortune !... Je ne suis plus le maître de l'Europe, c'est vrai ! mais je suis le maître de ma personne. J'accomplirai ma destinée. »

Chacun gardant le silence, il reprit bientôt :

« Voyez pourtant ce que c'est que la destinée !... Au combat d'Arcis-sur-Aube, il y a trois semaines, j'ai fait tout ce que j'ai pu pour trouver une mort glorieuse en disputant pied à pied le sol de la patrie ; je me suis exposé sans ménagement. Les balles pleuvaient autour de moi, mes habits en ont été criblés... Aucune n'a pu m'atteindre !... Serais-je donc un homme condamné à vivre ?... Je ne le pense pas !... Mais ne parlons plus de cela, ajouta-t-il avec calme. J'ai besoin de voir la sérénité sur le front de ceux qui me sont restés fidèles. Adieu, messieurs, adieu !... »

En prononçant ces mots, l'Empereur se leva et adressa aux assistants un gracieux salut avec un sourire doux et mélancolique ; puis il prit lui-même un flambeau sur la console, et se retira dans sa chambre à coucher. Il était dix heures du soir ; on se sépara. Chacun regagna le logement qu'il occupait au palais ou dans la ville, l'imagination tristement préoccupée du ton avec lequel Napoléon venait de prononcer ces dernières paroles.

Fontainebleau présentait alors un spectacle imposant. La vieille garde bivouaquait dans la cour du château ; les flanqueurs, les tirailleurs et les fusiliers de la jeune garde étaient échelonnés sur les routes qui conduisent à Essonne et à Moret ; les grenadiers à cheval, les guides, les chevau-légers polonais et l'artillerie légère avaient pris position depuis le rond-point de la Pyramide jusque sur les bords de la Marne. D'un mot, Napoléon pouvait encore réveiller l'enthousiasme et l'ardeur des combats. Ces dures paroles que Ney, disait-on, lui avait adressées : « Vous n'êtes plus Empereur, vous ne pouvez plus commander à ces braves ! » ces paroles n'ont point inspiré à ces héros l'apostasie et la rébellion ; les aigles dorment au milieu des faisceaux d'armes, les soldats causent à voix basse, couchés sur la paille des bivouacs. Le palais même semble être sous le charme d'une sécurité parfaite : aucun bruit ne se fait entendre dans l'intérieur ; les pas lourds et cadencés des factionnaires, qui retentissent sur les dalles du péristyle, et les cris périodiques de « Qui vive ! » répétés par les échos de la forêt, indiquent seuls que, sous les splendides lambris qui ont abrité jadis Diane de Poitiers et Christine de Suède, les vainqueurs de l'Europe gardent l'homme qu'on a appelé *la Fortune de la France*. Seul, Napoléon veille. A une heure du matin, il fait appeler le duc de Vicence.

En entrant dans l'appartement de l'Empereur, Caulincourt le trouve étendu sur son lit, à demi déshabillé, et en proie à d'affreuses convulsions. Sa figure est d'une pâleur livide, sa bouche est contractée, ses yeux semblent sortir de leur orbite ; une sueur glaciale a collé ses cheveux à son front.

« Ah ! Sire, que vous est-il arrivé ? s'écrie-t-il en le voyant ainsi ; Votre Majesté se trouve mal ; il faut appeler un médecin.

— Non, je ne le veux pas, répond l'Empereur en saisissant de sa main froide le bras de son grand-écuyer ; d'ailleurs ce serait inutile. Écoutez-moi, Caulincourt, ajoute-t-il d'une voix entrecoupée : vous allez entrer dans mon cabinet, vous prendrez le portefeuille qui renferme les lettres de l'Impératrice, vous le remettrez à mon fils. Vous donnerez vous-même à ma femme la lettre qui est là...

sur cette table, et vous lui direz que je n'ai déploré mes malheurs qu'à cause d'elle..., du roi de Rome... Vous lui direz que, n'ayant pu faire triompher la France de ses ennemis, je ne regrette pas la vie. »

A ces mots, le duc de Vicence se jetant tout en larmes sur le lit : « Il est donc vrai? s'écria-t-il ; je devine l'affreuse vérité... Ah ! Sire, Votre Majesté veut-elle que nous mourions de douleur?»

Napoléon le regarde avec une expression douce et triste, et reprend d'une voix qui s'affaiblit de plus en plus :

« Oui ! j'ai voulu en finir... Je n'ai pu résister plus longtemps aux tortures que l'on m'a fait éprouver depuis que je suis ici, à l'humiliation de me voir bientôt entouré des agents de l'étranger... On a traîné nos aigles dans la boue!... Ils m'ont méconnu, mon pauvre Caulincourt!... Ils me regretteront quand je ne serai plus!... Mes amis, mes compagnons d'armes, m'ont abandonné!... Marmont, Berthier, m'ont porté le dernier coup! eux que j'aimais tant ! »

Une crise vint interrompre l'Empereur ; un voile sembla couvrir ses yeux, comme s'il allait s'assoupir pour ne plus se réveiller. Une convulsion terrible raidit ses membres et amena un léger vomissement, bientôt suivi d'autres convulsions. Dans la crainte de ne pouvoir étouffer les cris que lui arrachait la douleur, Napoléon avait mis dans sa bouche un mouchoir qu'il broyait en râlant. Dans cette situation affreuse, Caulincourt n'ose appeler : Napoléon le lui a défendu ; il cherche du moins des yeux une sonnette, un objet quelconque sur lequel il puisse mettre la main et le briser pour attirer l'attention des gens du dehors ; mais Napoléon, qui n'a pas perdu un seul instant connaissance, s'est cramponné à son bras pour qu'il ne lui échappe pas, et répète ces mots entrecoupés :

« Taisez-vous! taisez-vous! Si vous êtes mon ami, vous ne devez pas vous opposer à ce que je termine mon existence!... Je ne veux pas que d'autres soient témoins de mes derniers moments! »

Caulincourt, terrifié, anéanti, est penché sur le lit de l'Empereur; il n'ose, dans cet instant solennel, ni lui désobéir ni l'abandonner. Il ne peut que fondre en larmes et répéter avec désespoir :

« Mon Dieu! personne ne viendra-t-il? mon Dieu, prenez pitié de nous! »

Enfin un vomissement plus abondant semble soulager Napoléon, qui, après un spasme violent, fait un effort et s'écrie :

« C'en est fait, la mort ne veut pas de moi! » Puis, épuisé, il retombe sur son oreiller.

Le duc de Vicence profite de ce moment de répit pour aller chercher Constant. Celui-ci, en s'approchant du lit de l'Empereur, aperçoit éparpillés par terre les débris d'un sachet de taffetas noir que son maître portait habituellement suspendu à son cou. A cette vue il pousse un cri. Lui aussi a deviné l'affreuse vérité! Il s'élance hors de la chambre et va chercher des secours.

Cependant, au milieu de son abattement, Napoléon a prononcé quelques paroles entrecoupées. Le duc de Vicence s'est penché sur lui pour les mieux recueillir.

« Mon ami, dit-il d'une voix éteinte, si je meurs, je vous recommande ma femme et mon enfant. Soyez-leur aussi fidèle qu'à moi... »

Caulincourt aperçoit alors Constant, qui vient de rentrer, et qui paraît livré à la plus poignante douleur.

« Faites appeler Yvan, lui dit-il.

— Je l'ai envoyé chercher, répond celui-ci. »

Et s'approchant du lit de l'Empereur, il joint ses instances à celles du duc de Vicence pour lui faire prendre quelques boissons. Leurs prières sont vaines : Napoléon repousse la potion qu'on lui présente.

« Sire, dit Caulincourt d'une voix suppliante, au nom de l'Impératrice, au nom de votre fils, au nom de la France! »

Enfin, vaincu par tant de supplications, Napoléon cède et boit un peu de thé. Yvan arrive; mais au moment où l'Empereur va parler, il en est empêché par un spasme violent. Quand cette nouvelle crise est passée :

« Yvan, demande Napoléon au docteur, tandis que celui-ci étudie son pouls, croyez-vous que la dose était assez forte ? »

Ces mots sont une énigme pour le docteur, qui n'a jamais eu connaissance du sachet et que personne n'a instruit de ce qui s'est passé ; aussi répond-il de l'air le plus étonné :

« Pardon, Sire, mais je ne comprends pas ce que Votre Majesté me demande.

— L'Empereur s'est empoisonné », lui dit à l'oreille le duc de Vicence.

A cette affreuse confidence, Yvan pâlit, craignant sans doute qu'on ne l'accusât d'avoir fourni le poison. Puis, sans prononcer une parole, il sort de la chambre comme un insensé, descend rapidement les degrés, arrive dans la cour, y trouve un cheval attaché à une grille, s'élance dessus, disparaît au galop et prend la route de Paris, la tête perdue et sans savoir ce qu'il fait.

A peine Yvan est-il parti, que le duc de Vicence et Constant sont assez heureux pour déterminer l'Empereur à prendre une seconde tasse de thé, puis une troisième. Les spasmes ont cessé tout à fait ; peu à peu Napoléon devient plus calme ; il s'assoupit. Caulincourt se retire sans bruit, après avoir recommandé au dévoué serviteur le secret le plus absolu sur ce qui vient de se passer. Constant reste seul dans la chambre de l'Empereur à attendre son réveil.

Mais bientôt le silence des longs corridors du château est troublé. Les bougies s'allument, les valets de pied parcourent les galeries ; l'un va frapper à la porte du grand-maréchal, l'autre va réveiller le premier chambellan. Celui-ci court à la chancellerie chercher le duc de Bassano ; celui-là va donner l'éveil à l'autorité militaire : c'est un tumulte, une agitation qu'on ne saurait décrire. Les grenadiers du poste du palais prennent les armes ; l'alarme se propage, et bientôt sur toute la ligne des bivouacs on voit, aux pâles lueurs de la lune, les aigles se dresser dans les rangs, les baïonnettes se hérisser comme un long ruban de fer; on suppose que l'ennemi, à la faveur de l'obscurité, a voulu surprendre la demeure impériale.

Un mystère impénétrable régna longtemps sur les événements de cette nuit du 12 au 13 avril. Le voile a été soulevé dans ces derniers temps. Voici ce qu'on a su depuis à ce sujet. Avant de partir pour la campagne de Russie, Napoléon avait dit à son premier médecin : « Je ne me soucie pas de tomber vivant dans les mains des Cosaques; je ne voudrais pas non plus subir une captivité comme celle de François Ier; en un mot, je veux braver le sort et rester toujours maître de ma personne. » Et il s'était fait donner par Corvisart un poison extrêmement subtil. Ce poison n'était autre que l'acide prussique formulé par Cabanis, le même dont s'était servi Condorcet.

« Combien de temps faut-il pour que cette dose donne la mort? avait encore demandé Napoléon.

— Sire, cinq minutes tout au plus, avait répondu le docteur.

— Cinq minutes! c'est bien long! N'importe, je le garde. » Puis il avait ajouté en souriant :

« Je ne suis pas encore, comme Mithridate, familiarisé avec les poisons. »

Depuis, l'Empereur avait constamment porté la substance mortelle dans une bague creuse renfermée dans un petit sachet, dont Constant avait parfaitement connaissance, mais auquel il n'avait pas songé, parce que depuis longtemps il avait échappé à sa vue, Napoléon portait alors un gilet de flanelle. Or, par cela même que l'action de cette substance était excessivement prompte, sa nature même la rendait plus susceptible de s'altérer. C'est ce qui était arrivé : Napoléon souffrit horriblement, il eut de violentes nausées, d'affreuses convulsions, mais enfin la mort ne vint pas. Il avait dit vrai : la Providence lui réservait d'autres tortures.

VI

Après un sommeil de quelques heures, Napoléon se réveilla; son visage portait la trace des souffrances qu'il avait éprouvées. Il était affreusement pâle. Ses yeux étaient creux, ses lèvres décolorées. A peine pouvait-il se mouvoir, tant ses membres étaient endoloris. Néanmoins, il ne voulut pas rester plus longtemps au lit, afin de recevoir les personnes qui assistaient habituellement à son lever. Quoique ses jambes pussent à peine le porter, il voulut s'habiller, mais il n'en eut pas la force. Obligé de se contraindre en présence des officiers et des serviteurs de sa maison, il ne dit pas un mot qui pût rappeler, même d'une manière indirecte, l'épouvantable événement qui avait eu lieu quelques heures auparavant. Napoléon paraissait calme, mais ce calme faisait peur.

A midi, Macdonald arriva au palais pour savoir si l'Empereur était enfin décidé à signer le traité. Introduit dans la chambre à coucher, le maréchal le trouve assis dans un fauteuil devant la cheminée, les coudes appuyés sur les genoux, la tête soutenue dans ses deux mains, et n'ayant pour tout vêtement qu'un pantalon du matin, une redingote de molleton blanc; ses pieds étaient nus dans ses pantoufles. Immobile dans cette posture, Napoléon semble absorbé dans de profondes réflexions. Deux personnes sont avec lui : le duc de Vicence, debout, le coude posé sur le manteau de la cheminée, le regardant avec un inexprimable regret, et le duc de Bassano, assis tristement sur un pliant. La rêverie dans laquelle est plongé l'Empereur est telle, que le bruit qu'a fait le maréchal en entrant ne l'a même pas distrait, et que le duc de Vicence est obligé de lui toucher légèrement le bras pour lui faire remarquer le nouveau venu.

« Sire, lui dit-il, c'est M. le duc de Tarente qui vient chercher le traité que Votre Majesté doit ratifier dans la journée. »

Alors, comme s'il fût sorti d'un sommeil léthargique, Napoléon leva la tête, la tourna lentement vers le maréchal, et lui dit d'un air étonné :

« Ah ! c'est vous, Macdonald ? »

Puis il reprit la position qu'il avait auparavant.

Le duc de Tarente, frappé du changement qui s'est opéré dans la figure de l'Empereur depuis la veille, ne peut s'empêcher de s'écrier :

« Grand Dieu ! Sire, il faut que Votre Majesté ait été bien gravement indisposée depuis que je n'ai eu l'honneur de la voir ? »

Napoléon relève de nouveau la tête, et, fixant sur le maréchal un regard morne, répond :

« Oui, oui, j'ai passé une bien mauvaise nuit ; mais cela va mieux ce matin », ajoute-t-il avec un soupir.

L'Empereur resta assis encore quelques instants ; mais enfin, paraissant faire un effort, il se leva et prit sur la cheminée le traité, qu'il lut tout entier, sans faire la moindre observation. Puis, indiquant du doigt au duc de Vicence un guéridon placé à l'extrémité de la pièce, et sur lequel étaient une écritoire de bronze et le portrait du roi de Rome, ravissante miniature d'Isabey, il dit :

« Pardon, Caulincourt, faites-moi le plaisir d'approcher cette table, je n'en aurais pas la force, moi ! »

Le duc de Vicence, aidé du duc de Bassano, apporta le meuble devant la cheminée.

« Je vous remercie, messieurs », ajouta-t-il. Puis, s'adressant à Macdonald, il reprend d'un ton plein de regret : « Mon cher maréchal, je ne suis plus assez riche pour vous récompenser de vos derniers services.

— Sire, se hâte d'interrompre Macdonald, comme blessé de ces paroles, l'intérêt ne m'a jamais guidé ; Votre Majesté doit le savoir.

— C'est vrai ! réplique vivement Napoléon, vous m'avez mis à même de voir combien on m'avait trompé sur votre compte ; je n'oublierai de ma vie ce que vous avez fait pour moi. Et cependant je voudrais... »

L'Empereur, dont l'émotion s'était accrue, n'acheva pas sa phrase; il y eut un silence. Enfin, arrêtant sur le maréchal un regard d'une tristesse indicible, il lui tendit les bras en lui disant avec le plus grand abandon :

« Macdonald, je voudrais vous embrasser. »

A ces mots, le duc de Tarente se précipite dans les bras de l'Empereur. Les ducs de Vicence et de Bassano, spectateurs de cette scène, fondent en larmes. Ils se regardent et se serrent la main sans parler.

« Messieurs, dit enfin l'Empereur, après avoir tout fait pendant vingt ans pour la gloire et le bonheur de la France, je remets aujourd'hui entre les mains de la nation la couronne que j'avais reçue d'elle. » Puis, s'adressant à Macdonald : « Mon cher maréchal, ajouta-t-il, il ne vous reste plus qu'à hâter la conclusion de tout ceci. Si jamais vous voyagez en Italie, j'espère que vous viendrez me voir à l'île d'Elbe. »

Pour toute réponse, le duc de Tarente s'inclina.

« Rappelez-vous bien, reprend Napoléon, que mon abdication et ma ratification à ce traité ne peuvent être obligatoires qu'autant que l'on tiendra les promesses faites à l'armée. Ne vous dessaisissez de cet acte qu'à cette condition. Puis, passant la main sur son front : Allons ! il faut en finir. »

Alors, avec toute la vivacité que sa faiblesse lui permettait, il s'assit devant la petite table sur laquelle il avait déposé le traité après l'avoir lu; il prit une plume, et, fixant ses regards sur le portrait du roi de Rome qui était devant lui, il leva les yeux au ciel en disant d'une voix brisée :

« Mon pauvre enfant, ton père n'a plus d'héritage à te laisser ! »

En même temps, sa main, comme agitée d'une convulsion nerveuse, signa le traité, qu'il remit aussitôt à Macdonald, en détournant la tête pour lui cacher une larme qui avait obscurci ses yeux.

L'Abdication.

Le même jour, 12 avril 1814, *Monsieur,* comte d'Artois (depuis Charles X), faisait son entrée à Paris, en qualité de *lieutenant général du royaume.* Le même jour aussi, le maréchal Soult, sous les murs de Toulouse, faisait payer cher aux Anglais toutes les humiliations et toutes les douleurs qu'éprouvait Napoléon à Fontainebleau.

CHAPITRE XIII.

DE FONTAINEBLEAU A FRÉJUS.

1814.

●

LES ADIEUX.

Dès que l'Empereur eut abdiqué, les souverains alliés se montrèrent faciles en ce qui concernait ses derniers intérêts : ils déclarèrent qu'il conserverait son rang, le titre et les honneurs des têtes couronnées; quant à sa résidence, ils lui laissèrent le choix entre la Corse et l'île d'Elbe : Napoléon préféra cette dernière.

« Si j'allais habiter mon pays natal, dit-il, tôt ou tard on me trouverait trop près de la France. Le séjour de l'île d'Elbe ne pourra porter ombrage à personne. Que me faut-il pour vivre à présent? un coin de terre, un cheval et un petit écu par jour. »

Le traité de Paris stipula que le gouvernement français lui accorderait un subside de deux millions, et qu'il aurait la liberté d'emmener, en outre du personnel de sa maison, huit cents hommes de ceux de son armée qui voudraient le suivre. Quel que fût le malheur de sa position dans ce moment solennel, il n'oublia ni sa famille, ni ses amis, ni ses serviteurs. Il demanda que les dispositions qu'il avait prises en leur faveur fussent respectées, et qu'on ne troublât aucun d'eux dans la possession des biens qu'il leur avait donnés, tels que propriétés, dotations et rentes sur l'État. Il stipula également que, sur les fonds particuliers qui lui appartenaient et dont il faisait l'abandon, on réservât une somme de deux millions à distribuer à un certain nombre d'officiers et de soldats de son armée qu'il désignait. On lui accorda tout. Il devait croire que les conditions du traité seraient religieusement observées; car enfin, l'héritage qu'il laissait était assez beau pour qu'on n'en répudiât pas les charges. Il n'en fut rien. Bientôt, détrompé lui-même, il dit à ce sujet :

« En supposant que les alliés ne soient pas fidèles aux engagements qu'ils ont pris avec moi, je révoquerai mon abdication. Je n'ai renoncé à tous mes droits à la couronne que pour épargner à la France les horreurs d'une guerre civile, n'ayant jamais eu d'autre but que son bonheur et sa gloire. Ils peuvent m'ôter mon pain, mais je les défie de m'enlever le cœur de mes soldats : avec eux je pourrai toujours faire de grandes choses. »

Ce fut lui qui prit le soin d'apprendre à ceux qui l'entouraient qu'il avait cessé de régner. Fontainebleau devint aussitôt désert. Napoléon ne s'occupa plus que des arrangements de son départ, et vécut comme un simple particulier. Retiré dans un coin du vaste palais qu'il devait encore habiter quelques jours, s'il quittait sa chambre à coucher un moment, ce n'était que pour se promener dans le petit jardin compris dans l'espace étroit qui sépare l'ancienne galerie des Cerfs de la chapelle. Toutes les fois qu'il entendait une voiture rouler dans les cours, il demandait avec vivacité :

« N'est-ce pas Berthier qui revient?

— Non, Sire, lui répondait-on.

— Si c'est un des *miens* qui désire me faire ses adieux, introduisez-le. »

Il s'attendait à revoir, au moins une fois, ses anciens ministres, ses conseillers d'État, ses généraux, et tant d'autres qui lui devaient un dernier témoignage d'attachement. Personne ne vint. Il resta seul avec le petit nombre d'officiers et de serviteurs de sa maison qui avaient résolu de ne l'abandonner jamais. Cependant le maréchal Macdonald arriva un matin : le duc de Vicence l'accompagnait. Lorsque Constant les eut introduits :

« Constant, lui dit Napoléon, allez me chercher le sabre que me donna Murad-Bey, en Egypte. »

Ce sabre était magnifique. Il l'avait porté à Marengo ; il le donna au maréchal Macdonald, en lui disant :

« Tenez, mon digne ami, gardez cette arme en souvenir de moi, qui n'oublierai jamais vos bons et loyaux services. »

Les deux visiteurs assistèrent au déjeuner de l'Empereur, qui se montra plus calme et plus gai qu'il ne l'avait été jusqu'alors. Il causa même familièrement avec les personnes de son service, auxquelles, depuis quelques jours, il n'adressait plus que des paroles rares et brèves. En quittant le maréchal, Napoléon l'embrassa avec effusion et l'appela de nouveau son *digne ami*; mais dès qu'il fut seul, il retomba dans ses rêveries.

Il lisait exactement les journaux de Paris sans paraître s'affecter beaucoup des injures que quelques-uns lui adressaient. Cette lecture lui arrachait seulement un sourire de pitié ; il haussait les épaules et se contentait de dire :

« C'est hideux ! c'est stupide ! »

En un mot, les calomnies sans cesse renaissantes et la conduite des gens dont il avait commencé ou achevé la fortune ne firent que lui inspirer un dégoût qui tourna au profit de sa résignation.

Le grand-maréchal Bertrand, les généraux Drouot et Cambronne, le chirurgien Fourreau de Beauregard, le payeur des voyages Peyrusse, les fourriers du palais Deschamps et Baillon, obtinrent de l'Empereur la faveur de le suivre à l'île d'Elbe, et lui composèrent une maison peu nombreuse, mais forte de fidélité et de dévouement. Au lieu de huit cents hommes, on ne voulut plus lui en laisser emmener que quatre cents. Tous ses vieux compagnons de gloire voulaient partir avec lui : Napoléon n'eut que l'embarras du choix. Toujours conformément au traité de Paris, il devait être accompagné, jusqu'au lieu de son embarquement, par un commissaire de chacune des quatre puissances alliées. Depuis plusieurs jours ces commissaires étaient arrivés à Fontainebleau : c'étaient le général russe

Schouwaloff, le général autrichien Koller, le colonel anglais Campbell et le général prussien baron de Truchess. L'Empereur les reçut tous les quatre en audience particulière ; mais il y eut une grande différence dans la réception qu'il fit à chacun d'eux : celui qu'il accueillit le mieux fut le colonel Campbell. Cet Anglais portait encore sur le front les traces d'une blessure récente. L'Empereur lui demanda dans quelle bataille il l'avait reçue et à quelle occasion il avait été décoré des ordres qu'il voyait briller sur sa poitrine ; puis il l'interrogea sur le lieu de sa naissance. Le colonel lui ayant répondu qu'il était Écossais, Napoléon en prit occasion pour le féliciter d'être le compatriote d'Ossian, son auteur favori, dont il vanta beaucoup les poésies, qui lui étaient familières ; puis, changeant le texte de la conversation :

« J'ai cordialement haï les Anglais, ajouta-t-il ; je leur ai fait la guerre par tous les moyens possibles ; ils me l'ont bien rendu : maintenant nous sommes quittes. Je vous dirai que j'estime votre nation, parce que je suis convaincu qu'il y a plus de générosité dans son gouvernement que dans aucun autre », continua-t-il en regardant les autres commissaires, qui baissèrent les yeux.

Cependant, après avoir fait quelques tours dans l'appartement, il leur adressa la parole ; mais ce fut avec indifférence et comme pour remplir, vis-à-vis d'eux, un devoir de politesse. Quant au baron Truchess, il se borna à lui dire d'un ton sec :

« J'espère, monsieur, que je ne verrai pas de soldats prussiens dans mon escorte ?

— Non, Sire, répondit celui-ci en s'inclinant.

— A la bonne heure. »

Puis il recommença sa promenade, toujours la tête baissée et les mains croisées sur le dos.

Après un silence, il adressa de nouveau la parole au colonel Campbell, et lui demanda communication de l'itinéraire qu'il devait suivre pour se rendre à Fréjus. Par une singularité remarquable, la route tracée par les commissaires alliés était précisément celle qu'il devait prend el'année suivante pour revenir de l'île d'Elbe à Paris, au 20 mars; et, soit caprice, bizarrerie, ou révélation de l'avenir, il ne voulut pas suivre cette route.

« Je veux aller à Lyon par le Bourbonnais, dit-il, et non par la Bourgogne. En passant par Valence, Avignon et Aix, j'économiserai deux jours de marche. »

Les commissaires, qui avaient ordre de traiter Napoléon avec tous les égards dus à un souverain, accédèrent à ce désir : l'itinéraire fut changé, et le départ inévitablement fixé au 20; on était alors au 16 avril.

Après que ces messieurs se furent retirés, on remit à l'Empereur une lettre apportée à Fontainebleau par un courrier particulier de Savary, qui n'avait pas quitté Marie-Louise. A la lecture de ce billet, son agitation devint extrême. Il le lut deux fois de suite avec attention, le replia convulsivement et le remit dans sa poche en disant :

« C'est impossible!... Un assassinat!... Ils n'oseraient!... »

Ce jour-là, il dîna seul et ne voulut voir personne dans la soirée. Il écrivit à l'Impératrice Marie-Louise, qui s'était laissé conduire d'Orléans à Rambouillet pour y voir son père, puis il s'enferma dans sa chambre à coucher avec ses livres et une carte de l'île d'Elbe, sur laquelle il put prendre une idée de la nouvelle résidence qui l'attendait.

Dans cet intervalle, le reste de la famille impériale s'était dispersé : Madame mère et son frère, le cardinal Fesch, avaient pris la route de Rome ; les princes Louis, Joseph et Jérôme, gagnaient la Suisse, et la reine Hortense était allée rejoindre sa mère, l'Impératrice Joséphine, à la Malmaison.

Dans la nuit du 19 au 20, Napoléon éprouva une dernière défection, à laquelle il fut plus sensible encore qu'à toutes celles qui l'avaient précédée : son premier valet de chambre, en qui il avait toute confiance, et son mameluck Rustan, qu'il avait comblé de biens, ne reparurent pas. Le matin, ne les voyant ni l'un ni l'autre à l'heure habituelle de leur service, il se contenta de dire, en apprenant leur disparition de Fontainebleau :

« Au fait, j'avais oublié que l'ingratitude était à l'ordre du jour. »

La bienveillance que Napoléon n'avait cessé de témoigner à Constant, depuis plus de douze ans qu'il était attaché à sa personne, était telle, qu'au moment même où il venait d'être décidé que, par mesure d'économie, aucun de ses valets de chambre ordinaires ne l'accompagnerait à l'île d'Elbe, il s'en était rapporté à Constant du choix de quelqu'un qui pût le seconder dans son service. Celui-ci avait jeté les yeux sur le jeune M. Marchand, huissier du roi de Rome, dont l'intelligence et la probité lui étaient connues, et qui était fils de la première berceuse de l'enfant-roi. Constant en avait parlé à l'Empereur, qui l'avait agréé, et M. Marchand avait accepté ce nouveau poste avec reconnaissance. Il remplaça donc Constant avec le titre de *premier valet de chambre*, et suivit Napoléon à l'île d'Elbe, comme il devait le suivre l'année suivante à Sainte-Hélène, et mêler ainsi son nom à celui du petit nombre d'hommes que leur dévouement et leur fidélité ont si justement rendus populaires.

Le 20 avril, à dix heures du matin, les voitures de voyage étaient attelées et rangées dans la cour du Cheval-Blanc. La garde impériale avait pris les armes et formait la haie. A onze heures, M. de Bussy, aide de camp de l'Empereur, vint lui annoncer, de la part du grand-maréchal, que tout était prêt pour le départ.

« Est-ce que j'ai coutume de régler mes actions sur la montre de mon grand-maréchal? lui répondit Napoléon. C'est bien, monsieur, laissez-moi », ajouta-t-il en faisant avec la main un geste qui atténuait en quelque sorte ce que le ton de ces paroles pouvait avoir de pénible pour M. de Bussy.

A midi précis, la porte de la chambre où Napoléon s'était retiré s'ouvrit, et un huissier annonça à haute voix :

« L'Empereur! messieurs. »

Napoléon paraît. Il tend la main à tous ceux qui sont présents, traverse l'appartement à pas précipités, descend rapidement le grand escalier du château, au bas duquel il trouve tout ce qui reste de la cour la plus nombreuse et la plus brillante de l'Europe : c'est le duc de Bassano, le général Belliard, les comtes Anatole de Montesquiou et de Turenne, le colonel Gourgaud, le baron Fain, le colonel Athalin, le chevalier Joanne, plusieurs Polonais, parmi lesquels le général Kosakowski et le colonel Wousowich, qui ont obtenu la faveur de le suivre à l'île d'Elbe; puis les commissaires étrangers et une foule d'autres personnages de distinction. Aussitôt ce groupe l'entoure; mais il indique par un signe qu'il veut parler. Chacun s'écarte. Tout le monde connaît cette belle scène, qu'Horace Vernet a reproduite d'une manière si admirable dans son tableau des *Adieux de Fontainebleau;* mais, si populaire qu'elle soit, nous ne pouvons nous dispenser de la rappeler ici, car elle fait partie essentielle du sujet que nous avons choisi. L'Empereur s'avance d'un pas ferme vers ses grenadiers, qui tous, le regard fixe, gardent un silence religieux; et alors, d'une voix sonore comme aux jours de ses plus beaux triomphes :

« Soldats de ma vieille garde, leur dit-il, je vous fais mes adieux. Depuis vingt ans je vous ai trouvés constamment sur le chemin de l'honneur et de la gloire. Dans ces derniers temps, comme dans ceux de notre prospérité, vous n'avez cessé d'être des modèles de bravoure et de fidélité. Avec des hommes tels que vous, notre cause n'était pas perdue; mais la guerre était interminable; c'eût été la guerre civile, et la France n'en serait devenue que plus malheureuse. J'ai donc sacrifié tous mes intérêts à ceux de la patrie : je pars. Vous, mes amis, continuez de servir la patrie. Son bonheur était mon unique pensée; il sera toujours l'objet de mes vœux! Ne plaignez pas mon sort; si j'ai consenti à me survivre, c'est pour être utile encore à votre gloire. Je veux écrire les grandes choses que nous avons faites ensemble!... Adieu, mes enfants!... Je voudrais vous presser tous sur mon cœur. Mais j'embrasserai votre général. »

A ces mots, s'adressant au général Petit et lui tendant les bras :
« Venez, général! » ajouta-t-il.

Et il l'embrassa avec effusion.

« Qu'on m'apporte l'aigle », dit-il encore

Aussitôt le porte-drapeau s'avance d'un pas chancelant, et tandis que d'une main il couvre ses yeux pour cacher ses larmes, de l'autre il incline son aigle. Napoléon saisit l'écharpe du drapeau et la presse plusieurs fois sur ses lèvres, en disant d'une voix émue :

« Mes enfants ! que ce dernier baiser retentisse dans vos cœurs ! »

Le silence d'admiration que cette grande scène inspire est tout à coup interrompu par les sanglots des soldats. Napoléon, dont l'émotion augmente, fait un dernier effort et reprend d'une voix plus ferme :

« Adieu, mes vieux compagnons, adieu ! »

Et, se dérobant avec vivacité à la foule qui le presse, il s'élance dans une voiture, au fond de laquelle s'est déjà placé le grand-maréchal, et disparaît dans le tourbillon de l'escorte française qui doit le protéger. Aussitôt un cri immense se fait entendre : c'est celui de Vive l'Empereur !

LE DÉPART.

Dans un voyage aussi long que celui de Fontainebleau à Fréjus, Napoléon avait un train trop considérable et une suite trop nombreuse pour pouvoir aller aussi rapidement qu'il en avait le désir plus encore que l'habitude. Le soir de cette première journée, il n'était arrivé qu'à Montargis. Il ne s'y arrêta qu'une heure pour souper, et repartit en se dirigeant vers Lyon. Le général Drouot allait en avant. L'Empereur avec le grand-maréchal, dans une voiture à quatre places, la seule qui fût attelée de six chevaux, venait immédiatement après. Celles des généraux Koller et Schouwaloff, du colonel Campbell et du baron de Truchess, suivaient la sienne. Deux autres voitures, chacune à six places, étaient occupées par les officiers de sa maison civile et militaire. Enfin, six fourgons, chargés de bagages, avaient pris une autre route, à cause de l'impossibilité de réunir sur une seule le nombre de chevaux suffisant.

La veille du départ, des piquets de cavalerie avaient exploré en éclaireurs les environs de Fontainebleau. Il y avait des craintes, et elles étaient fondées. Savary, en sa qualité de ministre de la police impériale, se trouvait alors à Orléans avec les membres de la régence, qui avait été dissoute. Quoi qu'il en soit, il crut devoir répandre quelques *agents* pour sonder l'opinion et se tenir au courant de l'esprit public. Ceux-ci vinrent bientôt l'avertir qu'ils avaient rencontré dans les environs de Fossard, à peu de distance de Fontainebleau, une bande de cavaliers armés, conduite par un ancien serviteur de la reine de Westphalie, qui, disaient-ils, n'épiaient que l'occasion favorable pour fondre sur Napoléon à son passage et l'assassiner. Savary avait prévenu l'Empereur de ce guet-apens ; on avait pris à tout hasard des mesures de précaution, et les assassins n'ayant point osé se hasarder contre les cinquante lanciers qui formaient l'escorte particulière de l'Empereur, se rabattirent sur les équipages de la reine de Westphalie, qu'ils pillèrent.

On prétendit, dans le temps, que le chef de la bande n'avait d'autre mission que de s'emparer des diamants de la couronne et du trésor que Napoléon emportait avec lui. Mais on ne pouvait faire courir, le 20 avril, après des valeurs que M. le baron Dudon avait reprises dès le 10 du même mois et remises au gouvernement provisoire. Ce fut cependant le prétexte dont on se servit pour arracher au général prussien Sacken, gouverneur de Paris ; au général Dupont, ministre de la guerre ; au préfet de police Anglès, au directeur des postes Bourrienne, tous ministres de la commission du gouvernement provisoire, présidée par Talleyrand, un ordre qui mettait à la disposition du chef de l'expédition les autorités civiles et les postes militaires « pour l'exécution d'une mission *secrète* de la plus haute importance. » La reine de Westphalie se plaignit à l'empereur Alexandre, son parent, et réclama les objets précieux, ainsi que les diamants et les 80,000 francs en or qui lui avaient été enlevés. L'écuyer de la reine fut arrêté, et dans l'instruction de la longue procédure instruite contre lui à ce sujet, il déclara textuellement : « Qu'il n'avait été chargé de rien moins que de tuer Bonaparte et son fils; que cette proposition lui avait été faite par M. de Talleyrand; qu'en récompense de ce service, on devait lui donner 200,000 fr., le faire duc, lieutenant général et gouverneur d'une province; mais qu'il n'avait accepté cette mission que pour sauver les jours de l'Empereur et du roi de Rome; que ce n'était que pour avoir l'air de faire quelque chose qu'il s'en était pris aux bijoux de la femme de Jérôme Bonaparte; qu'il avait remis les caisses enlevées au secrétaire du gouvernement provisoire, et qu'ainsi il s'en lavait les mains. »

Entre ces graves inculpations, le silence obstiné gardé par Talleyrand et les signataires des ordres délivrés, il est difficile de prononcer. Il y a là un mystère que le temps n'a pas encore éclairci suffisamment.

Une des particularités du voyage, c'est que presque toute la garde impériale était cantonnée dans le pays que l'Empereur devait parcourir jusqu'à Nevers. A son passage, elle se trouvait sous les armes; mais depuis plusieurs jours il lui avait été recommandé par ses chefs de ne faire connaître par aucune parole, par aucun signe, qu'elle plaignît le sort de son Empereur. Cette troupe d'élite se montra obéissante en cette douloureuse circonstance. Elle garda le plus morne silence. Ainsi entouré de la milice la plus dévouée que jamais monarque ait eue, il se montra peut-être plus grand dans cette journée que dans celles qui l'avaient illustré durant sa glorieuse carrière.

Il ne fut escorté par sa garde que jusqu'à Briare. Il y eut une longue conversation avec le général Koller, auquel il avait dit entre autres choses :

« Eh bien ! général, vous avez entendu hier la manière dont j'ai parlé à ma vieille garde? vous avez vu l'effet produit par mes paroles? voilà comme il faut agir avec elle. Si les *autres* ne suivent pas mon exemple, ils ne feront jamais rien du soldat français, je le leur prédis. »

Chaque fois qu'il s'arrêtait pour changer de chevaux, il saisissait l'occasion de causer avec les généraux étrangers chargés de l'accompagner, mais il affectait toujours de traiter le commissaire prussien avec une dédaigneuse froideur. Il avoua plus tard au colonel Campbell que c'était parce que la Prusse avait donné la première l'exemple de la défection dans sa dernière guerre de Russie, tandis que, les Suédois exceptés, tous les corps qui marchaient sous ses drapeaux, tels que les Saxons, les Autrichiens, les Hessois, les Dalmates, les Badois, les Illyriens, les Wurtembergeois, les Westphaliens, les Espagnols, les Portugais, les Italiens, les Polonais et les Mamelucks, lui restèrent fidèles au moins jusqu'à la fin de la campagne.

A Briare, où il avait engagé le colonel à déjeuner, après avoir causé longtemps de la guerre de Portugal, que celui-ci avait faite sous les ordres de Wellington, l'Empereur s'étendit en reproches amers contre le Sénat, et termina en disant :

« Il s'est permis de disposer du gouvernement de la France! Il a oublié que c'était à moi qu'il devait tout le pouvoir dont il a si lâchement abusé contre moi! N'avais-je pas sauvé une partie de ses membres des orages de la Révolution, et tiré l'autre de l'obscurité, en la protégeant contre la haine de la nation? Le Sénat n'a cependant pas rougi de m'adresser d'odieux reproches, sans faire la remarque que, comme premier corps de l'État, il avait pris part à tous les événements! Ne m'a-t-il pas accusé, pour se disculper, d'avoir altéré le texte de ses actes dans leur publication? Heureusement l'Europe sait que, pour ces hommes avides et égoïstes, un de mes désirs était un ordre, et que toujours ils faisaient plus que je ne leur demandais. »

Le 21, Napoléon coucha à Nevers. Il y fut encore reçu aux acclamations de la foule, qui, à ses cris d'enthousiasme, mêla quelques épithètes peu courtoises pour les commissaires étrangers. Ce fut en quittant cette ville qu'il eut la douleur de voir son escorte française remplacée par un corps de cosaques et d'entendre crier : *Vivent les alliés!* Mais ces contrariétés, quelque pénibles qu'elles fussent, ne devaient être que le prélude des outrages et des périls qui allaient l'assaillir au delà de Lyon, qu'il ne fit que traverser dans la nuit du 22 au 23. Il y laissa une personne de confiance pour y attendre l'arrivée de la poste de Paris et lui rapporter les journaux avec tout ce qu'elle pourrait se procurer de brochures de circonstance. Tandis qu'il changeait de chevaux, un groupe nombreux, stationné devant la poste, fit entendre les cris de : *Vive l'Empereur!* Ce furent les derniers.

Le lendemain 24, comme sa voiture marchait lentement, en montant une petite côte, à peu de distance en avant de Valence, il vit une calèche dans laquelle, malgré la rapidité de sa course, il reconnut le maréchal Augereau. Napoléon ordonne qu'on arrête, descend précipitamment de voiture, fait courir après Augereau, qui, bien qu'il eût déjà rencontré les équipages de l'Empereur et qu'il l'eût reconnu parfaitement, n'en continuait pas moins son chemin. Le duc de Castiglione, ancien républicain et resté républicain quoique fait duc par Napoléon, s'était constamment rangé parmi les ennemis de son gouvernement. A la chute de l'Empire, il avait été du nombre de ceux qui s'étaient faits royalistes du jour au lendemain, non par amour pour les Bourbons, mais en haine de son ancien frère d'armes. Il commandait dans le midi de la France lorsqu'il apprit la déchéance de Napoléon, et il fut un des premiers à envoyer son adhésion au gouvernement provisoire. Exagéré en tout, comme le sont les hommes à qui a manqué l'éducation première, il laissa publier sous son nom une violente proclamation contre celui à qui il devait sa fortune et ses honneurs, dans laquelle l'injure était poussée jusqu'à la grossièreté. L'Empereur n'en avait pas encore eu connaissance. Augereau le savait-il? c'est ce qu'on ignore. Quoi qu'il en soit, il descendit de calèche et s'avança vers Napoléon, qui, ayant fait quelques pas, l'aborda en ôtant son chapeau. On remarqua que le maréchal affecta de garder sur sa tête la casquette de voyage qu'il portait.

« Où vas-tu ainsi? lui demanda l'Empereur après l'avoir embrassé et en le tutoyant, comme à l'époque où ils n'étaient l'un et l'autre que généraux en Italie ; est-ce à la cour?

— Non, répondit sèchement Augereau ; pour le moment je ne vais qu'à Lyon ? »

L'Empereur sourit. Puis ils se promenèrent tous deux sur la route, en causant d'une manière qui paraissait fort animée.

On prétend que, durant cet entretien, le maréchal accusa Napoléon de les avoir tous perdus en compromettant leur avenir par *l'excès de son ambition*. On ajoute qu'il lui fit à ce sujet de durs reproches. Peut-être n'avait-il pas complétement tort sur tous les points quant au fond ; mais pour ce qui est de la forme, c'était aux Tuileries, revêtu de son costume de maréchal de l'Empire, couvert de toutes les décorations des princes de l'Europe, que le fier républicain eût dû se conduire ainsi, et non point sur le chemin de l'île d'Elbe. Quoi qu'il en soit, lorsque Napoléon revint sur ses pas, on entendit Augereau lui dire d'un ton bien différent de celui qu'il prenait jadis :

« Moi, je ne connais que la patrie ! »

Et l'Empereur l'avait interrompu en répliquant :

« Monsieur le maréchal, nous ne pouvons pas nous entendre ; vous ne me comprenez plus. »

Puis, il lui avait tendu la main, l'avait salué comme la première fois, et était monté en voiture.

On remarqua encore qu'Augereau, sans ôter sa casquette, fit à Napoléon un simple salut de la main, et qu'il resta sur la route, en le regardant dédaigneusement s'éloigner.

Quand on arriva au bord de l'Isère, on fut obligé de faire passer les voitures une à une dans un bac, parce que le duc de Castiglione avait fait couper le pont. Cette disposition prit beaucoup de temps. A une demi-lieue environ de l'autre côté de cette rivière, l'Empereur rencontra un bataillon de troupes de ligne, qui fit halte, se mit en bataille et lui rendit les honneurs militaires. En passant devant lui, Napoléon fit aux soldats un signe affectueux, en leur disant :

« Adieu, mes amis !...

— Nous autres nous ne vous avons pas trahi! cria une voix dans les rangs.

— Vive l'Empereur! » s'écrièrent tous les soldats en agitant en l'air leurs shakos, qu'ils avaient placés au bout de leurs baïonnettes.

A Valence, Napoléon vit pour la première fois des officiers français avec la cocarde blanche à leurs chapeaux. Ils appartenaient au corps d'Augereau.

A l'auberge de la poste, où il s'arrêta un moment, il fut rejoint par la personne qu'il avait laissée à Lyon. Parmi les papiers qu'elle lui apportait, se trouvait le *Moniteur,* dans lequel était la proclamation que le duc de Castiglione avait faite à son armée à l'occasion du retour des Bourbons, et dans laquelle il traitait Napoléon de *lâche*. Après l'avoir lue, l'Empereur haussa les épaules, et passant la feuille officielle à Drouot, qui se trouvait près de lui :

« Tenez, lui dit-il, lisez. » Puis il ajouta en hochant la tête : « Eh bien! je parie que ce n'est pas lui qui a écrit cela ; il est encore trop... » (Le mot *bête* fut prononcé.)

Il ne se trompait pas : c'était Fouché qui avait fait cette proclamation à Avignon. Arrivé récemment d'Italie, sans aucun caractère diplomatique, il logeait dans la même chambre de l'hôtel où fut égorgé, un an plus tard, l'infortuné maréchal Brune. L'ex-ministre de la police de l'Empire s'occupait déjà d'organiser un plan de trahison en partie double contre la famille royale et contre Napoléon tout à la fois.

Ce fut également à Valence que l'Empereur entendit crier pour la première fois : *Vive le roi!* Ce cri lui fit éprouver une espèce de tressaillement involontaire. Il ne s'arrêta dans le chef-lieu de la Drôme que le temps de changer de chevaux.

Après avoir dépassé Loriol et Derbierres, Napoléon arriva le 24, à six heures du soir, à Montélimart, et descendit à l'auberge qui avait été désignée par les commissaires. A peine était-il entré dans la première salle, qui servait en même temps de cuisine, qu'on lui remit un billet cacheté. Il l'ouvrit et le lut :

« Ah ! ah ! dit-il avec un sourire de mépris, on veut renouveler ce qu'on avait tenté là-bas !... Eh bien ! on verra. »

Et il se promena dans cette cuisine, tandis qu'on achevait à la hâte de disposer une des pièces du rez-de-chaussée, et il engagea une conversation avec l'aubergiste :

« Combien compte-t-on d'ici à Avignon ?

— Pas moins de huit heures de route quand on est bien mené ; sinon, il faudra plus de dix heures à Votre Majesté pour franchir ce trajet : les chemins sont si mauvais !

— Ce n'est pourtant pas faute d'avoir beaucoup dépensé pour leur entretien ! » Et après avoir aspiré longuement une prise de tabac, il reprit : « Huit heures..., et maintenant il est ?

— Bientôt six heures et demie, Sire, répondit le grand-maréchal, qui était survenu pour l'avertir que son logement était prêt ; Votre Majesté sait qu'elle doit repartir à neuf heures.

— Ce serait trop tard, Bertrand. Que les chevaux soient attelés à huit heures. Vous préviendrez MM. les commissaires ; on changera de chevaux avant d'arriver dans la ville, ou au delà. »

Quelques fonctionnaires publics de Montélimart se présentèrent alors à la porte de l'auberge, en demandant l'honneur de voir l'Empereur. Il consentit à les recevoir, et leur adressa une foule de questions avec une sérénité bien remarquable dans un moment où il savait qu'on agitait pour lui, à quelques lieues de là, une question de mort. Ces fonctionnaires lui parlèrent de leurs regrets :

« Que voulez-vous, messieurs ! leur répondit-il, il faut faire comme moi : se résigner et attendre. »

Deux anciens officiers de l'armée, dont l'un était le capitaine Krettly, ancien trompette-major et porte-étendard d'honneur de ses guides, vinrent aussi réclamer la faveur de lui adresser un dernier adieu. A huit heures du soir, on était sur la route d'Avignon. Deux postes plus loin, à Donzère, on fut accueilli par des cris de vengeance. C'était un dimanche : les habitants avaient célébré dans la journée une fête pour l'arrivée de Louis XVIII en France. Des cris injurieux s'élevèrent. Quelques femmes du peuple, complétement ivres, s'approchèrent en agitant des torches, et adressèrent à Napoléon des injures telles, qu'il ferma les glaces de sa voiture, en disant à Bertrand d'un ton de pitié :

« Mais regardez-les donc!... Quel hideux spectacle ! Ces femmes sont des furies échappées de l'enfer. »

Arrivé à Orange sur les quatre heures du matin, il monta à pied, de compagnie avec le grand-maréchal et le général Drouot, la première côte que l'on trouve en avant de Caderousse. Un fourrier du palais était aussi descendu de voiture et avait pris les devants. Il marchait à environ deux cents pas du groupe impérial, lorsqu'il rencontra le courrier de la malle de Marseille, qui s'arrêta et lui demanda :

« Ne sont-ce pas les voitures de l'Empereur que j'aperçois là-bas ?

— Non, monsieur, répondit le fourrier, qui avait le mot d'ordre; ce sont des équipages appartenant à des généraux alliés.

— Je vous dis que ce sont les voitures de l'Empereur. Parbleu ! je m'y connais : vous ne savez donc pas que je suis un ancien sous-officier et que j'ai fait la campagne d'Égypte avec lui ? Je veux sauver la vie à mon ancien général.

— Je vous répète, monsieur, que vous vous trompez.

— Pourquoi le nier ? je suis sûr de ce que je dis, et vous-même vous faites partie de la maison impériale. Eh bien! en passant par Orgon, hier, j'ai vu pendre l'Empereur en effigie par une bande de mauvais chenapans. S'il passe par là, il est perdu, ils l'assassineront. Imaginez-vous que ces brigands-là ont élevé une potence à laquelle ils ont suspendu par le cou un mannequin revêtu de l'uniforme français, avec un écriteau sur la poitrine, où il y avait écrit : *Voilà ce qui t'attend ici!* Telle est la vérité, monsieur; ainsi, profitez-en si vous voulez. »

Ayant dit, il remonta dans son cabriolet et partit au galop.

Le fourrier prit le général Drouot à part et lui répéta ce qu'il avait appris. Ce dernier en prévint le grand-maréchal, qui rappor-

le fait à l'Empereur devant les commissaires alliés. Ceux-ci, justement alarmés, tinrent une espèce de conseil sur la grande route, et il fut décidé que Napoléon endosserait un carrick à collet semblable à ceux que portaient la plupart des gens de la suite des commissaires, qu'il se coifferait d'un chapeau rond et qu'il changerait de voiture. La tentative des environs de Fontainebleau ayant échoué, il était évident qu'on en avait organisé une autre à Avignon. Deux jours auparavant, des émissaires, venus on ne sait d'où, avaient été détachés dans cette ville et étaient parvenus sans peine à échauffer la populace. Un boucher fameux, l'un des massacreurs de la Glacière, que ses acolytes avaient surnommé *le Vengeur*, s'était déjà mis à la tête de deux cents misérables qui parcouraient les rues en hurlant « qu'ils voulaient *boire le sang* du tyran *et dévorer l'Ogre de Corse.* »

Napoléon dit plus tard, à Sainte-Hélène, que pendant ce voyage la vie lui avait alors semblé bien lourde à porter.

« Mais la perdre, avait-il ajouté, par les mains d'une poignée de scélérats encore rouges du sang des femmes et des vieux prêtres qu'ils avaient égorgés, c'est ce que je ne voulais pas ! »

LA PORTE SAINT-LAZARE.

Ce fut à Avignon que le péril, qui grondait comme un orage depuis Valence, devait éclater. La veille du jour où Napoléon devait passer par cette ville était un dimanche. Les voitures de son service y étaient arrivées déjà ; elles s'étaient arrêtées à ce même hôtel du Palais-Royal que Fouché n'avait quitté que le matin. Les officiers du palais et les domestiques qui faisaient partie de ce convoi portaient encore la cocarde tricolore et, sur leurs boutons, l'aigle impériale. Ce jour-là aussi, des officiers espagnols, prisonniers dans l'ancien château des Papes, avaient été mis en liberté. Cette délivrance avait excité une grande joie dans le peuple, qui avait dansé des farandoles et parcouru la ville aux cris de *Vive le roi !* Il y a toujours quelque chose à craindre de la populace du Midi, quand elle rit ou quand elle pleure. Vers les trois heures de l'après-midi, la foule se porta sur la place de la Comédie, où stationnaient les voitures impériales. A la vue des armoiries peintes sur les panneaux, cette foule se rua dessus, lacéra les écussons, enleva toutes les aigles qui étaient en relief, puis voulut brûler les bagages. Les personnes de la suite de l'Empereur qui tentèrent de s'opposer à ces violences furent maltraitées : on en blessa même quelques-unes. L'autorité parvint cependant à maîtriser cette émeute, parce que la majeure partie des habitants ne prit aucune part à ces désordres.

Les choses en étaient là, lorsque les autorités furent averties que Napoléon arriverait dans la nuit ou le lendemain matin au plus tard. Des mesures de sûreté furent prises aussitôt ; mais elles ne pouvaient être que fort peu rassurantes, parce que les moyens étaient presque nuls. Il n'y avait que peu de troupes de ligne, la garde nationale n'était pas encore organisée, la force répressive ne consistait que dans les débris de la garde urbaine, dont M. de Montagnat était commandant; toutefois, un fort piquet de cette garde fut placé dans un café situé tout près du lieu où l'Empereur devait relayer, avec l'ordre de protéger son arrivée et son départ.

A une heure du matin, une voiture sans armoiries, conduite par trois chevaux et un postillon, se présente aux relais. Le factionnaire crie : *Aux armes!* M. de Montagnat arrive avec quelques hommes ; cette voiture est celle du colonel Campbell, accompagné d'un officier russe que Napoléon, de concert avec les commissaires, avait dépêché en avant de Montélimart. M. de Montagnat demande avec intérêt au colonel si l'escorte de S. M. est suffisante pour opposer une courageuse résistance en cas d'attaque.

« Craignez-vous donc ici une tentative organisée? répond le commissaire.

— Oui ; et un seul homme tué, tout est perdu si vous n'êtes les plus forts. »

M. de Montagnat et le colonel décidèrent alors que le courrier qui faisait préparer les relais arriverait avant l'Empereur, et que S. M. changerait de chevaux-hors de la ville.

Le colonel continua sa route sur Orgon.

A quatre heures du matin, le courrier qui précédait l'Empereur arriva. M. de Montagnat le prévint qu'il devait faire conduire les chevaux à trois cents pas environ en avant de la porte Saint-Lazare, où il était convenu que les voitures s'arrêteraient. Cette porte était opposée à celle par où Napoléon devait venir. Le courrier ne voulut pas d'abord se conformer à cette disposition : M. de Montagnat fut obligé d'employer la menace pour l'y décider. Une estafette avait été expédiée à franc étrier pour avertir le convoi de tourner la ville et de se diriger vers ce point; malheureusement tout cela n'avait pu s'exécuter si secrètement que quelques habitants n'en eussent eu connaissance. Une foule exaspérée s'était portée de ce côté, tandis que M. de Montagnat, suivi de sa petite troupe, s'y rendait. Il y trouva la voiture de l'Empereur déjà entourée d'Espagnols proférant d'horribles imprécations. Il y avait aussi des hommes inconnus dans le pays et qu'on prétendit plus tard s'être trouvés là *par hasard*. Malgré *ce hasard*, l'un d'eux s'était élancé plusieurs fois à la portière pour l'ouvrir et arracher l'Empereur de sa voiture. M. de Montagnat, doué d'une grande force musculaire, le saisit et l'envoya rouler dans un des fossés qui bordaient la route. Pendant ce temps, un verdet s'était glissé au milieu des chevaux qu'on venait d'amener, et, le couteau à la main, essayait de couper les traits. La foule grossissait; les manifestations hostiles devenaient de plus en plus menaçantes, tout faisait présager une sanglante tragédie. Un individu, complétement ivre, d'une physionomie atroce et armé d'un vieux sabre qu'il brandissait en poussant d'effroyables clameurs, pose la main sur l'anneau de la portière; un valet de pied de l'Empereur, placé sur le siége de la voiture, tire son couteau de chasse pour le frapper.

« Malheureux ! s'écrie M. de Montagnat, ne faites aucun mouvement ! »

En même temps, Napoléon, baissant rapidement la glace de devant, avance la tête, et, saisissant le valet de pied par le pan de son habit :

« François, lui dit-il d'une voix forte, mais calme, restez tranquille, je le veux ! »

Tandis que ceci se passait, les postillons s'étaient mis en selle, les chevaux avaient été lancés, et Napoléon était parti au galop, au milieu d'une grêle de pierres. Il n'avait eu le temps que de se pencher du côté de M. de Montagnat, à qui il devait la vie, pour lui dire en le saluant de la main :

« Monsieur, je vous remercie. »

Quelques minutes encore, il était perdu : une bande d'Espagnols, armés de longs couteaux, accouraient pour le massacrer, lui et son escorte. La populace des faubourgs se montra plus furieuse encore que ces soldats étrangers. Quand elle vit sa proie lui échapper, il n'est pas d'insultes ni de mauvais traitements qu'elle ne fit souffrir à ceux qui étaient demeurés. Les généraux Schouwaloff et Koller ne durent leur salut qu'au riche uniforme et aux décorations qu'ils portaient ; encore furent-ils couverts de boue et accablés d'outrages. Quant au général Truchess, il avait essayé de calmer le peuple en le haranguant à sa manière.

« Laissez-le, mes amis, avait-il dit en parlant de Napoléon : ne vaut-il pas mieux que *le tyran* vive pour être puni par son repentir et ses regrets ? Il souffrira mille morts au lieu d'une !... »

Et la foule avait applaudi à ces paroles.

L'Empereur, qui n'avait pas perdu un seul instant son calme habituel, et qui avait tout vu, tout entendu, trouva la harangue du commissaire prussien de mauvais goût. Arrivé à Novès, il lui dit avec un sourire ironique, tandis qu'il relayait :

« A propos, monsieur le baron, je vous fais mon compliment : vous savez admirablement parler français dans l'occasion. »

Cependant de nouveaux périls, plus grands encore, l'attendaient dans la suite de ce voyage, qui devait être si bien vengé, un an plus tard, par la marche triomphale du retour de l'île d'Elbe.

Lorsque le colonel Campbell, qui continuait d'aller en avant pour éclairer la marche de l'Empereur, arriva à Orgon, toute la populace des environs était rassemblée sur la grande place et criait :

« A bas le Corse! Mort au tyran! »

Le maire de la ville, le même qui, quinze ans auparavant, s'était presque mis aux genoux de Napoléon, s'approcha de la voiture du colonel anglais :

« Est-ce que vous êtes de la suite de ce scélérat de *Buonaparte?* lui demanda-t-il.

— Non, monsieur; je suis attaché aux commissaires des puissances alliées.

— Ah! vous avez raison de ne pas accompagner *ce coquin-là*. Je veux le pendre de mes mains! Si vous saviez, monsieur, comme il nous a trompés!... C'est à moi, un des premiers, qu'il adressa la parole à son retour d'Égypte. Alors nous voulions dételer les chevaux de sa voiture pour le traîner nous-mêmes : aujourd'hui, je veux me venger des honneurs que je lui ai rendus : je l'attends! »

Pendant ce colloque, le colonel était entré dans l'auberge pour dépêcher son domestique aux autres commissaires, afin de les prévenir des dangers qui menaçaient encore l'Empereur. Ce courrier rencontra la voiture impériale à la hauteur de Saint-Andéol, et rendit compte de sa mission au général Koller, qui se trouvait en tiers avec Napoléon et le grand-maréchal. Cette fois, il fut encore décidé que l'Empereur endosserait une redingote d'uniforme du général Koller, et partirait avec lui en avant; mais lorsque, pour plus de sûreté, on l'engagea à mettre une cocarde blanche à son chapeau, malgré les instances qu'on lui fit, il ne voulut jamais y consentir; et, précédé d'un de ses piqueurs nommé Amandru, il continua de se diriger sur Orgon, accompagné seulement du général Koller.

L'AUBERGE DE LA CALADE.

Cependant la populace, rassemblée sur la place, s'était considérablement accrue. Elle vociférait avec cette exaltation habituelle chez les gens du midi, poussée qu'elle était d'ailleurs par un vieux gentilhomme, soi-disant propriétaire dans les environs, qui semait l'argent autour de lui pour échauffer les esprits, qui n'étaient déjà que trop exaltés. Il en donnait de préférence aux femmes, qui s'excitaient les unes les autres aux souvenirs douloureux qu'il avait soin de leur rappeler.

« J'ai perdu deux de mes enfants en Russie, disait l'une.

— Mon mari a été tué à Wagram, disait l'autre.

— Et moi donc! répliquait un homme jeune encore, en frappant avec un bâton sur sa jambe de bois : je suis mutilé ainsi depuis l'âge de vingt ans, et je n'ai pas seulement une bouchée de pain à mettre sous la dent!

— Et les droits réunis! répliquait un ouvrier, n'est-ce pas une horreur?... Une bouteille de vin coûte quatre sous! *A bas le tyran!* »

Tel était le cri que Napoléon entendit proférer autour de lui lorsqu'il vint à s'arrêter devant l'auberge de la poste.

Le premier objet qui frappa sa vue en descendant de voiture fut un mannequin habillé à peu près comme lui et suspendu, par une corde, à une potence plantée à droite de la place. Un groupe considérable entourait, en poussant d'affreuses clameurs, ce mannequin, que le vent faisait balancer. L'Empereur détourna la tête et se hâta d'entrer dans la maison. Elle était, comme toutes les auberges de la Provence, bâtie au milieu d'une cour entourée de murs, avec deux portes : l'une d'entrée principale, l'autre de sortie donnant sur une espèce de ruelle qui aboutissait à la grande route. Le maître de l'auberge, voulant soustraire les voyageurs à la fureur du peuple, fit fermer la grande porte et pressa les postillons d'amener les chevaux. On se hâta d'atteler, et la voiture dans laquelle montèrent Napoléon et le général Koller fut enlevée au galop. Les commissaires étrangers n'ayant pas voulu déjeuner à Orgon, payèrent les apprêts déjà faits, et rejoignirent l'Empereur à Saint-Canat, à l'auberge de la Calade, où il était arrivé quelques instants avant eux.

En entrant dans cette autre auberge, l'Empereur et son compagnon de voyage s'étaient approchés de la cheminée. Le piqueur Amandru et le domestique du général autrichien se tenaient respectueusement à quelques pas en arrière. Selon ses habitudes de familiarité, Napoléon avait adressé la parole à la sœur de l'aubergiste. Cette femme, dit-on, blessée l'année précédente par des gendarmes en défendant son mari malade, que ceux-ci voulaient emmener de force, avait juré de se venger et de porter le premier coup à l'Empereur lorsqu'il viendrait à passer. Ses discours respiraient la haine. Napoléon l'écoutait tranquillement, et ne répondait que par monosyllabes aux questions qu'elle lui adressait en surveillant les apprêts du déjeuner.

« Vous croyez donc, lui disait-elle, que le tyran va bientôt arriver?

— Mais... oui...

— Tant mieux!... Je suis toujours pour ce que j'ai dit : il faut le jeter au fond d'un puits, avec des pierres par-dessus. Je ne serai contente que lorsque je l'aurai vu là-dedans, ajouta-t-elle en indiquant du geste le puits qui était à l'extrémité de la cour. Celui-ci a quarante-cinq pieds de profondeur ; il y a des pavés tout autour : je me charge de l'opération, moi ! »

En parlant ainsi, cette femme tourna la tête et remarqua que la seule personne qui n'eût pas son chapeau à la main était précisément celle à qui elle parlait. Elle reconnut Napoléon et resta interdite et confuse. En le voyant si calme devant de telles injures, toute sa colère s'évanouit, et ce regard puissant de l'Empereur déchu, qui se reposait doucement sur le sien, réveilla dans son cœur tout ce que la femme y recèle de noble et de généreux.

« Ah! Sire, pardonnez-moi! s'écria-t-elle en se précipitant à genoux et en saisissant une de ses mains, je suis une malheureuse de vous avoir parlé ainsi! » Et, se relevant avec vivacité : « Ils ne vous toucheront pas tant que je serai vivante! » reprit-elle avec un accent sublime.

Pendant ce temps, on frappait à la porte d'entrée, et on tâchait de l'enfoncer. La jeune femme regardait Napoléon d'un air égaré :
« Je vous sauverai! » s'écria-t-elle de nouveau.

Puis elle s'élança dans la cour.

Le maître de l'auberge de la Calade eut pour Napoléon et sa suite les plus grands égards. Il le prévint qu'il ne serait pas prudent de traverser Aix, où une population immense l'attendait pour le lapider. Tandis que les commissaires se disposaient à envoyer au maire de cette ville l'ordre d'en fermer les portes et de veiller à la tranquillité publique, des individus à figures sinistres se rassemblaient autour de la maison où l'Empereur se reposait en ce moment. Une estafette fut dépêchée au maire d'Aix, avec une seconde lettre dans laquelle les commissaires prévenaient ce magistrat que si les portes de la ville n'étaient pas fermées dans une heure, ils passeraient avec deux régiments de hullans et quatre pièces de canon, et mitrailleraient tout ce qui se trouverait sur leur passage.

Cette menace eut tout l'effet qu'on en attendait. Le messager revint dire aux commissaires que les portes étaient fermées et que le maire répondait du bon ordre. On avait ainsi la certitude d'éviter les dangers qui menaçaient Napoléon à Aix ; mais il en restait de plus imminents à conjurer : le rassemblement formé quelques heures auparavant autour de l'auberge s'était considérablement accru. Si les portes n'eussent été soigneusement barricadées, cette populace se fût certainement livrée aux plus coupables excès. Quelques-uns des forcenés dont elle se composait tenaient à la main une pièce de cinq francs à l'effigie de l'Empereur, pour mieux le reconnaître à sa sortie. Pendant ce temps, comme il avait passé deux nuits sans sommeil, il s'était retiré dans une salle voisine et s'était endormi sur une chaise. Lorsqu'on vint l'avertir que tout était prêt pour le départ, d'affreuses vociférations se firent entendre du dehors. On tâchait de nouveau d'enfoncer la porte d'entrée : enfin elle allait céder aux efforts de la multitude, lorsque la sœur de l'aubergiste parut tout à coup une hache à la main :

« Je vous ai promis de vous sauver, dit-elle à Napoléon, je vais tenir ma parole ; suivez-moi ! » Et allant elle-même ouvrir la porte : « Arrière ! s'écria-t-elle en brandissant sa hache, et faites place !... Ce sont les commissaires des alliés qui vont embarquer le tyran ! »

A ces mots, à ce geste, la foule s'ouvrit sans reconnaître Napoléon, qui se jeta dans sa voiture ; le marchepied se leva et les postillons partirent. Les cris : *A bas Nicolas! Mort au tyran!* se firent entendre ; une grêle de pierres brisa les vitres de l'auberge et les glaces de la voiture... Beaucoup d'habitants des environs étaient montés dans les arbres qui bordaient la route pour pouvoir insulter impunément l'Empereur à son passage : ces ignobles vociférations l'accompagnèrent jusqu'à un quart de lieue de Saint-Canat. Quant à lui, moins effrayé qu'attristé de ces témoignages de haine, il dit au général Koller d'un ton de douleur :

« Ces gens-là sont toujours les mêmes : des furieux et des braillards ! Ils ont commis d'affreux massacres au commencement de la Révolution. Je me rappelle qu'il y a une vingtaine d'années j'arrivai ici avec quelques centaines d'hommes pour délivrer deux malheureux royalistes qui devaient être pendus, et ils agirent à peu près comme ils le font aujourd'hui.

— Sire, quel était donc leur crime ? demanda le commissaire allié.

— Leur crime ? répliqua Napoléon ; ils avaient porté la cocarde blanche. Je les sauvai, mais ce ne fut pas sans peine que je parvins à les arracher des mains de ces enragés. Aujourd'hui, vous le voyez, ils recommenceraient les mêmes excès contre celui d'entre eux qui refuserait de prendre la cocarde blanche. J'ai bien fait de ne jamais estimer les hommes en général. »

L'Auberge de la Calade.

L'Empereur relaya en dehors de la ville d'Aix. Le sous-préfet, M. Dupeloux, fit preuve, dans cette circonstance, de beaucoup de dévouement, en escortant à cheval la voiture de Napoléon jusqu'aux limites de son département.

LE FRÈRE ET LA SOEUR.

La princesse Pauline, après avoir passé l'hiver à Nice, avait loué dans les environs d'Hyères un petit château appelé le Luc, appartenant à M. Charles, ancien député au Corps législatif. C'est là qu'elle avait eu connaissance des événements de Fontainebleau. En apprenant que, dans son voyage, les jours de son frère avaient été menacés plus d'un fois, elle trembla pour lui, surtout lorsqu'elle sut que, cédant à son invitation, il venait auprès d'elle, car l'esprit du pays lui était connu. Ce fut le 26 avril, à deux heures de l'après-midi, qu'il arriva dans cette résidence. Pauline était avec une de ses dames, la marquise de Saluces, et le comte de Montbreton, son premier écuyer. En entendant le bruit de la voiture, elle voulut aller au-devant de son frère; mais elle ne put que pleurer, et retomba dans les bras de son amie. M. de Montbreton s'empressa d'aller recevoir l'Empereur, qu'il conduisit à l'appartement de la princesse. Celle-ci, très-souffrante, ne put que lui tendre les bras et fondre en larmes sans prononcer une parole. Mais tout à coup elle fit un mouvement en arrière : elle avait reconnu l'uniforme autrichien, et, plus pâle encore :

« Mon frère, lui dit-elle, je ne puis vous embrasser avec cet habit. »

L'Empereur s'éloigna aussitôt pour aller, dans l'appartement qui lui était destiné, revêtir l'uniforme des chasseurs de la garde, qu'il portait habituellement. En traversant une galerie, il se mit à regarder les tableaux qui l'ornaient. Or, dès son arrivée au château, des sentinelles avaient été placées aux portes extérieures, avec la consigne de ne laisser pénétrer personne sans une permission délivrée par le grand-maréchal.

La sœur de M. Charles, qui avait le plus grand désir de voir l'Empereur, s'en retournait fort contrariée de n'avoir pu satisfaire sa curiosité, lorsque l'idée lui vint de dire au factionnaire qu'elle était *de la maison* : la sentinelle la laissa passer.

Mlle Charles pénétra dans l'intérieur des appartements, mais avec circonspection. Elle n'avait encore rencontré personne lorsque, arrivée dans la galerie, elle aperçut un homme seul, qui se promenait lentement, vêtu d'un simple uniforme vert. Ce dernier alla au-devant d'elle et lui demanda avec bienveillance ce qu'elle voulait. Mlle Charles s'annonça comme la sœur du propriétaire, en disant qu'elle voulait juger par elle-même si ses illustres hôtes ne manquaient de rien.

« Mais ce que je désire surtout, ajouta-t-elle, c'est d'apercevoir l'Empereur seulement un instant.

— Vraiment ! répondit l'homme à l'habit vert ; et pourquoi cela ? »

Mlle Charles sourit et baissa les yeux.

« Eh bien ! madame, c'est moi qui suis l'Empereur. Vos Provençaux, continua-t-il en souriant, m'en veulent-ils toujours ? »

Celle-ci ne répondit pas.

« Au surplus, reprit-il en prenant la main de cette dame, je vais vous dire pourquoi ils m'en veulent ; mais c'est une confidence que je vous fais : c'est parce que j'ai voulu mettre l'Angleterre dessous et la France dessus ; voilà tout le secret. Maintenant vous en savez autant que moi en politique. »

Cependant, la petite cour du château s'était remplie d'une foule de paysans des environs, qui, pour la plupart, aussi exaspérés que ceux d'Orgon, poussaient d'horribles clameurs. Malgré les supplications de sa sœur, Napoléon descendit dans la cour et apparut tout à coup au milieu de ces forcenés, le chapeau sur la tête et les bras croisés sur la poitrine. Les commissaires alliés, qui s'étaient hâtés d'intervenir, lui représentèrent en vain qu'à Porto-Ferrajo il pourrait faire ce qu'il voudrait, mais que jusque-là ils étaient responsables des malheurs qui arriveraient.

« Oui, Sire, avait ajouté le général Koller, nous répondons de Votre Majesté.

— Et à qui, bon Dieu! » lui demanda Napoléon en faisant un léger mouvement d'épaules.

A ces mots, le commissaire autrichien, d'un geste sublime lui montrant le ciel, lui répliqua avec feu :

« Sire, à Dieu d'abord ; au monde ensuite ! »

Mais l'Empereur, ne tenant aucun compte des conseils de prudence qui lui étaient donnés, s'aventura au milieu de la foule devenue plus compacte autour de lui. Les commissaires, craignant une catastrophe, s'apprêtaient à lui faire un rempart de leurs corps, lorsque, avisant à quelques pas de lui un homme de haute taille, dont la figure était partagée en deux par une balafre, Napoléon se fit jour jusqu'à lui, et, le prenant par la manche de sa blouse :

« Tu t'appelles Mandarou, lui dit-il ; que fais-tu ici ? pourquoi as-tu quitté ta femme et tes enfants ? »

Le vieux soldat devint pourpre, et, portant machinalement la main à son front, comme pour faire le salut militaire, ne put que balbutier quelques mots inintelligibles de justification. Napoléon reprit d'un ton de reproche :

« Ce n'est pas ici ta place, tu le sais bien ! Je t'avais offert, l'année dernière, de rentrer dans la garde, et tu me l'as refusé.

— C'est vrai, mon Empereur, répondit enfin celui-ci, suffoqué par les larmes ; je suis un ingrat ! Mais, si vous voulez me le permettre, je vais aller reprendre du service où vous voudrez, pourvu que ce soit avec vous.

— C'est bien, nous verrons cela. En attendant, va retrouver ta femme ; je le veux. »

Et tandis que Mandarou racontait aux paysans qui l'avaient entouré la bonté avec laquelle l'Empereur lui avait accordé son congé et une pension, deux ans auparavant, Napoléon demandait à ceux qui se trouvaient le plus près de lui quelle distance il y avait du Luc à Saint-Tropez et de Saint-Tropez à Fréjus. Puis, tout à coup s'interrompant :

« A propos! ajouta-t-il, c'est Masséna qui commande à Toulon; je serais bien aise, avant de m'expatrier pour toujours peut-être, d'embrasser un ancien frère d'armes. Qui de vous, mes amis, veut porter une lettre au maréchal Masséna?

— Moi! moi!... » répondirent cent voix à la fois.

Aux sentiments de haine qui animaient ces hommes il n'y 'avait qu'un moment, avait succédé l'enthousiasme, par une de ces réactions si ordinaires dans les foules. Une jeune femme, qui s'était fait remarquer jusque-là par la violence de ses discours, perça les rangs :

« C'est moi qui porterai votre lettre », dit-elle. Et, s'adressant avec fierté à ceux qui réclamaient la même faveur : « Vous n'avez pas le droit de m'en empêcher : je suis la veuve d'un canonnier mort sur le champ de bataille! »

En ce moment, le général Koller s'approcha de M. de Montbreton :

« Comment déterminer Sa Majesté à rentrer? lui demanda-t-il avec inquétude; nous ne savons que faire... »

Pour toute réponse, l'écuyer de la princesse se contenta de toucher légèrement le bras de l'Empereur, qui se retourna avec vivacité.

« Sire, lui dit-il à voix basse, Son Altesse Impériale aurait quelque chose d'important à communiquer à Votre Majesté : elle attend. »

Napoléon se rendit aussitôt auprès de sa sœur. Celle-ci lui promit de le rejoindre à l'île d'Elbe dès que sa santé le lui permettrait.

Le lendemain 27, l'Empereur partit pour Fréjus, où il retrouva le colonel Campbell, qui s'était chargé de faire entrer dans le petit port de Saint-Rapheau la frégate anglaise *the Undaunted* (l'Indomptable). Il s'embarqua le 28 avril 1814, à sept heures du soir. Une demi-heure après, le bâtiment levait l'ancre et faisait route pour l'île d'Elbe. Le colonel Campbell fut le seul des commissaires étrangers qui accompagna Napoléon à bord. Avant de monter dans la chaloupe, ce dernier avait remercié affectueusement le comte de Schouwaloff, le général Koller et même le baron de Truchess. Ces commissaires avaient juré que l'assassinat ne souillerait pas les pages de leur itinéraire, et ils tinrent courageusement parole. Ils en ont été récompensés dignement : en se remettant entre leurs mains à Fontainebleau, Napoléon avait légué leurs noms à la postérité.

CHAPITRE XIV.

LA SAHLA.

1815.

A l'époque du glorieux traité de Tilsitt, au mois de juillet 1807, Napoléon écrivait à l'impératrice Joséphine :

« La reine de Prusse est vraiment
« charmante ; elle est pleine de co-
« quetterie pour moi ; mais n'en sois
« point jalouse, mon cœur est comme
« une toile cirée sur laquelle tout cela
« ne fait que glisser. Il m'en coûterait trop cher pour faire le ga-
« lant. »

Mais la reine de Prusse ne fut pas à cette époque la seule femme jeune et séduisante qui tenta de plaire à Napoléon. Presque toutes les dames de la cour quêtèrent, à Berlin, un regard ou un sourire du grand homme ; parmi elles, toutefois, aucune ne mit autant de puissants ressorts en jeu pour y parvenir que la comtesse de H..., ravissante personne, unie depuis six mois seulement au plus vieux des chambellans de Frédéric-Guillaume. Un jour que, chez la reine, on parlait en petit comité de Napoléon :

« Quelque farouche que soit cet insatiable conquérant, dit en souriant la comtesse, je suis persuadée qu'il ne serait pas impossible de l'apprivoiser et de le rendre traitable.

— Prenez garde, comtesse, fit malicieusement observer la reine ;

il y aurait, je crois, plus de danger à réussir qu'à échouer. Il ne faut pas jouer avec la foudre.

— Que Votre Majesté se rassure, en ce qui me concerne du moins, reprit la comtesse de H... Quoi qu'il pût m'arriver, et dans toutes les occurrences possibles, mon patriotisme me fournirait des consolations suffisantes. »

Ces paroles, dites avec une sorte d'exaltation, firent sourire toutes les dames qui se trouvaient réunies au cercle; la reine seule arrêta sur la comtesse un regard profond, comme pour lui dire qu'elle avait compris toute sa pensée.

Ses intentions ainsi avouées, la comtesse, belle entre les belles, pleine d'esprit, de distinction, s'abandonna sans contrainte aux agaceries, aux demi-confidences, à tout le manége enfin de la coquetterie. Par malheur, ou plutôt par bonheur peut-être, Napoléon, en amour comme en guerre, ne semblait vulnérable que quand il lui convenait de l'être; à peine remarqua-t-il Mme de H..., et bientôt, quittant la capitale de la Prusse, il fut de retour aux Tuileries à Paris. Napoléon avait pour habitude de mépriser les femmes qui lui faisaient des avances; à cette occasion, il disait un jour de Mme de Staël :

« Je ne puis souffrir cette femme-là, parce que je n'aime pas les femmes qui se jettent à ma tête, et Dieu sait combien celle-là m'a fait de cajoleries! »

« Eh bien! chère comtesse, disait la reine de Prusse à Mme de H..., le lendemain du jour où l'Empereur avait quitté Berlin, vous l'avez donc laissé partir sauvage comme devant?

— Oh! répondit vivement la jeune femme, croyez que je n'ai pas dit mon dernier mot. »

C'est qu'en effet, dès ce moment, elle avait à venger son amour-propre, son orgueil froissé. Déjà, dans son esprit, son projet de vengeance était arrêté. Une exaspération fanatique contre Napoléon commençait dès lors à se manifester en Allemagne; les écoles, les comptoirs, les brasseries de la Saxe et de la Prusse exhalaient en quelque sorte des idées de meurtre. L'amour de la patrie, le sentiment de l'indépendance nationale faisaient fermenter toutes les jeunes têtes ; dès lors, on pouvait prévoir que, pour ces nouvelles castes d'illuminés qui se formaient, tous les moyens seraient bons, épurés qu'ils leur semblaient être par le noble but de leurs efforts.

Au nombre de ces fanatiques, qui parlaient tout haut de purger le monde du nouvel Attila, se faisait remarquer, par une exaltation qu'il ne cherchait ni à dissimuler ni à contraindre, le jeune baron de La Sahla, frêle enfant de dix-sept ans à peine [1], qui, dans les circonstances ordinaires de la vie, n'eût pu voir sans trembler la lame d'une épée, mais auquel l'idée de l'indépendance menacée de l'Allemagne inspirait un courage, une résolution capables de tout entreprendre et de tout braver.

La Sahla aimait Mme de H..., c'était son premier amour.

« Noble comtesse, lui disait-il, quelques semaines après le départ de Napoléon, adorée Marie, n'aurez-vous donc pas pitié de moi, qui donnerais ma vie, mon âme, pour un seul de vos regards?

— Baron Ernest, répondit la comtesse après quelques instants passés dans une sorte de méditation contemplative, j'ai juré de renoncer à tout ce qui touche au monde, à ses plaisirs, à ses exigences, à ses préjugés, tant que le tyran de l'Allemagne sera debout.

— Qu'il meure donc! s'écria le jeune Saxon, dont le visage s'illumina subitement.

— Oui! qu'il meure! lui qui n'a pas craint de dire : « Cette fière noblesse prussienne, je lui ferai mendier son pain [2] ! »

Ce mot, comme un trait empoisonné, s'attacha au cœur de La Sahla.

« Eh bien! dit-il d'une voix sourde et menaçante, je mendierai mon pain s'il le faut pour arriver jusqu'à lui..., je le frapperai..., et alors, serez-vous à moi, comtesse Marie? »

Mme de H..., pour toute réponse, lui tendit sa blanche main, sur laquelle il déposa un baiser de feu.

---

[1] Dominique-Ernest de La Sahla était né à Chaulan, dans le royaume de Saxe comme Frédéric Strapps, qui avait tenté d'assassiner Napoléon à Schœnbrunn.

[2] Napoléon, dans sa colère, avait proféré cette menace, en 1806, à Berlin même.

Quelques jours s'écoulèrent, pendant lesquels La Sahla fit ses préparatifs de départ. Il venait fréquemment retremper son courage près de la comtesse, et, grâce à ses discours, à ses encouragements, à ses promesses, il en vint bientôt à ce point d'exaspération, que la vue seule d'un uniforme français l'exaltait jusqu'aux plus injurieuses bravades. Ce fut dans ces dispositions qu'il vint prendre congé de Mme de H..., avant de se mettre en route pour Paris.

« Allez, baron Ernest, lui dit la comtesse en l'embrassant, puissiez-vous être bientôt de retour pour me rappeler ma promesse; allez, et que Dieu dirige votre bras ! »

Arrivé en France, La Sahla ne négligea rien pour entretenir en lui ce qu'il appelait le feu sacré; à plusieurs reprises, il insulta les officiers qu'il rencontrait, voulant par ses provocations, réprimées aussitôt que faites, s'enhardir à l'idée du sang versé en répandant le leur ou le sien sur le terrain du duel. Enfin, il se disposa à frapper le grand coup [1]. Trois jours après son arrivée à Paris, il écrivit en ces termes à la comtesse :

« Marie, pensez à moi et priez ! Le tyran doit sortir aujourd'hui
« pour aller à la chasse. Je serai sur son passage, et lorsque vous
« recevrez cette lettre, il est probable que ni lui ni moi ne serons
« plus de ce monde... Le courage ne peut me manquer, ô Marie bien
« aimée ! car en ce moment suprême, votre chaste et dernier baiser
« me brûle le cœur. »

L'espérance de La Sahla fut déçue le jour où il écrivait cette lettre; armé d'un poignard et de deux paires de pistolets de forte portée, il se tint constamment aux abords des Tuileries, épiant le moment où le tambour, en battant aux champs, lui annoncerait la sortie de l'Empereur. Cette étoile qui, tant de fois déjà, avait sauvé le grand homme, ne devait pas permettre qu'il tombât sous les coups

---

[1] La Sahla, dans le second interrogatoire qu'il subit, s'exprima plus tard ainsi : « J'étais surpris du courage dont je me sentais animé, car je suis si craintif naturellement, que la vue d'une épée me fait trembler; mais sur ce point, pour risquer ma vie contre un Français, j'étais un lion. »

d'un fanatique : Napoléon avait changé de projet, il ne sortit pas.

Six mois s'écoulèrent ainsi sans que le jeune baron pût approcher de l'Empereur. Cependant ses ressources s'épuisaient, son fanatisme devenait moins sombre, peut-être son courage avait-il faibli. Il avait dû cacher son voyage à sa famille; ses lettres à la comtesse de H... étaient toutes demeurées sans réponse. Un jour, il se trouva sans pain, et fut obligé d'emprunter une modique somme à un de ses compatriotes, que le hasard lui fit rencontrer. Cette circonstance raviva sa haine, et le soir même il rentrait à l'hôtel qu'il occupait sous un faux nom depuis son arrivée, lorsqu'une femme, passant près de lui, lui jeta ces mots qu'il put seul entendre :

« Baron Ernest, le tyran de l'Allemagne est encore debout! »

La Sahla se retourne, s'élance; mais déjà l'apparition mystérieuse s'est évanouie. A la voix cependant, à l'accent de reproche qui l'a frappé, il a reconnu la comtesse.

Dès le lendemain, il recommença ses courses autour du palais des Tuileries. C'était un jour de revue. Napoléon, après avoir parcouru les rangs à pied, selon son habitude, s'avançait au milieu des spectateurs. Tout à coup, un jeune homme, fendant la foule, cherche à se frayer un passage vers l'Empereur; mais cette précipitation même s'oppose à l'exécution de son projet, et un officier général, qui marchait à quelque distance en avant, arrête le bras de l'assassin au moment où il tire de sa poche un pistolet chargé et armé. Cet assassin, c'était La Sahla.

Instruit aussitôt de ce qui venait de se passer, Napoléon voulut interroger lui-même l'homme qui avait essayé d'attenter si audacieusement à sa vie.

« Si ce n'est pas un fou, dit l'Empereur, ce doit être un homme de forte trempe... Aurait-il donc osé tirer sur moi au milieu de ma garde? »

La Sahla fut amené, et Napoléon ne put s'empêcher de témoigner sa surprise en voyant devant lui ce frêle blondin aux joues pâles, à la lèvre imberbe et au regard doux.

La Sahla tente d'assassiner Napoléon.

« Que vous avait-on promis pour me tuer? demanda Napoléon [1].

— Rien. Je voulais délivrer le monde du tyran qui l'opprime ; je n'avais pas d'autre but, d'autre vouloir.

— Comptiez-vous sur l'impunité ?

— Je ne m'occupais en rien de ce qui pourrait m'arriver.

— Comment cette pensée vous est-elle venue, à vous qui paraissez si doux ?

— Oui, je suis doux, craintif même ; mais pour frapper l'oppresseur de ma patrie, je me sens de la force et du courage.

— C'est du fanatisme, dit Napoléon ; voilà comme on pervertit les idées, comme on dérange de pauvres faibles têtes. » Puis, après avoir gardé le silence quelques instants : « Ecoutez, dit-il en s'adressant au prisonnier, je vais vous faire rendre vos armes, vous serez libre, et vous pourrez, dès demain, retourner dans votre famille, car vous devez avoir un père, une mère, à la douleur de laquelle vous n'avez pas pensé ? Ecoutez, je ne vous demande pour tout cela que votre parole de ne rien entreprendre jamais contre moi. »

Une larme avait brillé dans les yeux de La Sahla en entendant ces nobles paroles. Il hésita ; puis, après quelques moments de réflexion, il demanda vingt-quatre heures pour faire une réponse définitive.

Le lendemain il déclara avec le plus grand calme qu'il ne pouvait engager la parole qu'on lui demandait.

« Avez-vous bien compris? lui dit le duc d'Otrante, qui était venu lui-même à Vincennes pour connaître sa résolution. Avez-vous bien compris qu'il s'agit de vous rendre à la liberté, de vous renvoyer dans votre pays, au sein de votre famille qui vous pleure?

— J'ai compris tout cela, répondit le jeune Saxon d'un ton résigné ; mais il y a encore une chose plus précieuse que je perdrais

---

[1] Cet interrogatoire est presque semblable à celui que Napoléon fit subir à Strapps, à la suite de l'attentat de Schœnbrunn ; mais on peut le considérer comme authentique, car M. Réal, qui le rapporte, y assistait et le rédigea par écrit le même jour.

sans retour, et mon choix est fait. J'ai engagé ma parole, mieux vaut mourir que d'y manquer. »

L'Empereur eut pitié de ce pauvre insensé, et ne voulut pas qu'on le jugeât.

Le baron de La Sahla fut, à dater de ce jour, écroué au donjon de Vincennes, sous la qualification de prisonnier d'État. Là, pendant cinq années, ce jeune homme montra une véritable force d'âme ; il n'eut pas un moment d'humeur, ne fit entendre aucune plainte, aucune récrimination, et, placé au secret le plus rigoureux, ne demanda jamais aucun adoucissement à son sort. Une fois seulement il tenta de jeter par la fenêtre de sa cellule une lettre qu'il était parvenu à écrire, espérant sans doute que le vent l'emporterait dans la campagne, et qu'elle pourrait tomber aux mains d'honnêtes gens qui la feraient parvenir à son adresse. Cette lettre, ramassée sur le revers du fossé et renvoyée au ministre de la police par le directeur de la prison, Fauconnier, le même qui, sous le Consulat, était directeur de la prison du Temple, et auquel elle avait été rapportée, portait pour suscription :

« A Mme la comtesse de H..., à Berlin. »

Voici quel était le contenu de cette lettre, que le ministère fit immédiatement traduire :

« Madame,

« Je m'étais proposé trop de bonheur ou trop de gloire; Dieu
« m'a tout ôté. Mais il a laissé votre image dans mon cœur, et je
« ne me plains pas. Je ne sais précisément où je suis, ni ce que
« l'on a l'intention de faire de moi ; mais, quoi qu'il arrive, je ne
« puis être malheureux, car, tant que je vivrai, ma pensée sera à
« vous, et quand le souffle de Dieu aura cessé de m'animer, je vous
« attendrai au ciel.

« Ne me plaignez donc pas, Marie adorée, mais gardez-moi votre
« cœur, qui doit être mon seul bien dans ce monde et dans l'autre.

» Ernest LA SHALA. «

Le désastre des armées françaises et l'entrée des alliés à Paris, en 1814, rendirent la liberté au baron de La Sahla.

Presque en même temps il apprit que la comtesse de H..., devenue veuve, avait épousé un jeune colonel prussien, et qu'elle se trouvait avec son mari dans la capitale de la France.

C'était le marquis de La Maisonfort, arrivé à Paris avec le comte d'Artois, lieutenant général du royaume, et remplissant provisoirement les fonctions de ministre de la police, qui faisait part lui-même au malheureux La Sahla de ces diverses circonstances.

« Je n'ai pas droit de me plaindre, répondit celui-ci avec résignation ; je n'ai pu la mériter. »

Et il supporta ce nouveau malheur avec la même fermeté qu'il avait montrée durant ces cinq ans de captivité. Cependant, il fit quelques démarches pour obtenir une entrevue avec la comtesse ; il lui écrivit, mais ses lettres demeurèrent sans réponse. Un jour enfin il osa l'aborder dans le jardin des Tuileries, qu'elle traversait seule.

« Vous êtes un fou, monsieur, lui dit-elle quand il se nomma ; le mieux est d'oublier le passé. »

La Sahla se retira tristement, en se disant à lui-même : « Elle a raison, l'homme qu'elle haïssait vit encore, et j'avais promis de le tuer ! »

Vers le mois de mai 1815, une voiture armoriée passait sur le pont Royal. Tout à coup, un jeune homme, qui paraissait attendre depuis longtemps sur le trottoir, profitant d'un embarras qui ralentissait la course des chevaux, s'élance vers la portière, l'ouvre, et, d'une voix grave et élevée :

« Comtesse de H..., s'écria-t-il, je le tuerai ! »

Puis il disparut [1].

---

[1] Nous avons dit dans notre *Introduction*, page 14, comment La Sahla échouait dans cette nouvelle tentative.

CHAPITRE XV.

A SAINTE-HÉLÈNE.

1815-1821.

I

La veille de la bataille de Waterloo, de cette funeste journée qui, sans la trahison des principaux chefs, eût eu sans doute un résultat pareil à celui de la bataille d'Austerlitz [1], qui faisait dire à l'Empereur : « J'ai livré bien des batailles, mais je n'en ai vu aucune où la victoire ait été aussi prononcée et les destins si peu balancés »; la veille de la bataille de Waterloo, disons-nous, un capitaine d'infanterie de l'armée anglaise, nommé Elphinston, avait été blessé grièvement à Ligny et fait prisonnier par des chasseurs à cheval de la garde. Ceux-ci l'emmenaient au quartier général, établi à Saint-Amand, lorsque Napoléon se trouva sur son passage :

« Quel est cet officier? demanda-t-il aux chasseurs.

— Sire, c'est un Anglais », répondit un brigadier.

---

[1] On a reproché à l'éditeur de n'avoir donné aucune gravure représentant l'une ou l'autre des batailles livrées par Napoléon. Afin de satisfaire tout le monde, nous donnons avec cet article la *bataille d'Austerlitz*, composée d'après les plans et les dessins conservés au dépôt de la guerre. C'est le directeur du *Musée pittoresque*, dont les gravures sont toujours exécutées avec tant de conscience et de talent, qui a bien voulu nous communiquer celle-ci.

Bataille d'Austerlitz.

Napoléon s'étant approché de l'escorte, eut pitié du prisonnier, qui paraissait très-affaibli par la perte de son sang :

« Qu'on le conduise de suite à l'ambulance de la garde », reprit-il. Puis, s'adressant à un officier de son état-major : « Monsieur, ajouta-t-il, accompagnez cet officier et veillez à ce que ses blessures soient pansées sur-le-champ; vous viendrez me rendre compte de son état. »

Quelques moments après, il envoyait au blessé un gobelet d'argent rempli de vin provenant de sa cantine particulière.

Or, le capitaine Elphinston appartenait à une des premières familles d'Angleterre : lord Keith était son oncle; un de ses frères occupait un emploi important dans l'Inde.

En apprenant la générosité de Napoléon envers le capitaine, la famille Elphinston fut pénétrée de reconnaissance. Aussi, lorsque, vers la fin de juillet 1815, le *Bellérophon* arriva en vue des côtes d'Angleterre ayant à son bord Napoléon prisonnier, lord Keith lui fit exprimer ses remerciements respectueux et offrir ses services. Quant à sir Elphinston, frère du capitaine, dès qu'il apprit que le seul passe-temps de l'Empereur à Sainte-Hélène était de jouer aux échecs, il fit confectionner, par des ouvriers chinois, un superbe échiquier avec deux magnifiques corbeilles à ouvrage et une boîte à jetons, le tout en ivoire ciselé, découpé, et d'un travail admirable. Ces objets arrivèrent directement de Canton à Sainte-Hélène; c'était au commencement du mois d'août de l'année suivante.

En recevant ces cadeaux avec une lettre qui lui était personnellement adressée, Hudson-Lowe fut fort embarrassé. D'après la stricte teneur de ses instructions, il fallait que tout ce qui était adressé à Napoléon eût passé préalablement sous les yeux du ministère anglais. Cependant, comme lui aussi avait une sorte de pouvoir discrétionnaire, il se décida, pour cette fois seulement, à faire la remise de ces objets, et écrivit au comte Bertrand, à Longwood, qu'ils étaient à sa disposition; mais dans l'intervalle, ayant fait ouvrir la caisse, il vit, à son grand étonnement, un N, surmonté de la couronne impériale, gravé sur chacune des pièces de l'échiquier et sur les jetons.

Cette allusion à une puissance évanouie pour toujours, cette reconnaissance d'un droit que le gouvernement britannique s'obstinait à ne pas reconnaître, lui semblèrent un démenti donné à sa conduite précédente. Il décida, en conséquence, que le séditieux présent ne serait pas envoyé à Napoléon, à moins qu'il ne consentît à ce que l'N et la couronne impériale fussent effacés; et lorsque Gentilini, valet de pied de l'Empereur, vint à Plantation-House pour prendre l'échiquier, le gouverneur lui remit seulement une lettre pour le comte Bertrand, dans laquelle il disait entre autres choses :

« Puisque j'ai promis d'envoyer à Longwood le présent venu de
« Canton, je consens à l'expédier demain, mais à de certaines con-
« ditions, que je me réserve de faire connaître. Toutefois, je désire
« que le général Bonaparte sache qu'en cette occasion j'ai outre-
« passé mes instructions pour faire quelque chose qui lui fût agréa-
« ble. Au surplus, ajouta-t-il en terminant, j'irai moi-même après-
« demain expliquer au général les motifs de ma conduite et de mes
« restrictions à ce sujet. »

Après avoir pris connaissance de cette lettre, datée du 14 août 1816, Napoléon haussa les épaules et dit au grand-maréchal, en présence de MM. de Montholon et de Las-Cases, qu'il avait invités à dîner ce jour-là :

« Est-ce donc une affaire d'État que l'envoi de cet échiquier? Cet homme craint-il que je ne fasse échec à tous les rois de l'Europe? ou bien parce que mon chiffre se trouve gravé sur ces babioles, s'imaginerait-il qu'on va l'accuser de proclamer un nouveau 20 mars en ma faveur? le pauvre homme!... Il s'obstine à ne pas vouloir me donner la qualification d'Empereur; il me dispute ce titre, comme s'il n'était pas indélébile!... Au surplus, dans quelques années, lui et les autres seront ensevelis dans la poussière de l'oubli, ou si on vient à prononcer leurs noms, ce ne sera que pour rappeler les indignités qu'ils me font souffrir; tandis que mon nom à moi demeurera comme un ornement dans l'histoire, comme l'étoile qui doit guider les peuples civilisés. Qu'il vienne donc me faire part de ses scrupules, M. Hudson-Lowe! moi aussi je lui dirai tout ce que j'ai sur le cœur. »

En parlant ainsi, Napoléon s'était animé peu à peu; de sorte qu'en finissant il avait, contre l'ordinaire, le visage très-coloré; le grand-maréchal lui en fit l'observation avec ménagement.

« Ah! bah! lui répondit-il, dans un instant je n'y penserai plus. Mais, messieurs, ajouta-t-il avec un sourire forcé, puisque Marchand n'est pas encore venu nous avertir, faisons un tour de jardin, cela me calmera et vous donnera de l'appétit. »

Pendant cette courte promenade, une des boucles de ses souliers vint à se détacher. Ceux qui étaient présents se précipitèrent à l'envi pour la remettre en place. M. de Montholon fut le plus prompt et rattacha la boucle. Napoléon se prêta volontiers à ce léger service, et quand l'opération fut terminée, il saisit la main de M. de Montholon, qui avait mis un genou en terre, et, l'aidant à se relever, lui dit avec bonté :

« Merci, mon cher général. Messieurs, ajouta-t-il, vous venez d'être témoins du service que m'a rendu Montholon. Aux Tuileries, je ne l'eusse souffert que d'un serviteur; mais ici je n'ai plus de serviteurs, je n'ai que des amis, et certes je n'ai pas perdu au change. »

Pendant le dîner, qui fut triste, le grand-maréchal fit l'observation que ce jour même était la veille du 15 août.

« En effet, dit Napoléon, je n'y avais pas songé. Demain, en Europe, bien des santés seront portées à Sainte-Hélène, et quoi que fassent M. mon frère, Sa Majesté le roi George IV et les autres, ils ne pourront empêcher que quelques vœux n'arrivent jusqu'à moi, au travers de l'Océan. »

Après le dîner, se sentant fatigué, il ne sortit pas; il s'assit sur le canapé et causa de l'abbé de Pradt, qui avait été le sujet de la conversation pendant le repas.

« Il a écrit en parlant de moi, dit en souriant Napoléon, que je ne m'étais pas contenté de me créer une France imaginaire, une Espagne imaginaire, une Pologne imaginaire; mais que je voulais me créer une Sainte-Hélène imaginaire. Qu'en pensez-vous, messieurs ? »

Et il se mit à rire. Chacun ayant gardé le silence, il reprit après un moment de méditation, la tête appuyée sur ses deux mains et d'un ton qui avait quelque chose de prophétique :

« Ils me tueront ici, c'est certain ; il n'y a que les morts qui ne reviennent pas. »

On apporta le punch : Napoléon prit un verre sur le plateau en disant :

« Eh bien, messieurs, faites comme moi... Et vous, mon cher, dit-il à M. de Las-Cases, est-ce que vous ne prenez pas votre part ? »

Le grand-maréchal fit observer gaiement à l'Empereur que le comte ne pouvait boire de punch parce qu'il n'avait pas de verre ; on n'en avait apporté que trois par mégarde. Napoléon reprit alors :

« Oh ! que si, il en boira ! » Et, lui offrant le sien après l'avoir approché de ses lèvres, il ajouta : « C'est à l'anglaise, n'est-ce pas ? En France on ne boit guère qu'après sa maîtresse ; mais, à Sainte-Hélène, on peut boire après son ami. »

Il était dix heures, Napoléon témoigna le désir de se retirer, et dit avec un sourire charmant :

« A demain donc, messieurs ; nous passerons la journée en famille. Prévenez ces dames et faites les invitations en mon nom, sans oublier mon petit Emmanuel et M. Tristan, s'il promet d'être sage. »

II

Les hôtes de Sainte-Hélène avaient projeté de se présenter le lendemain chez l'Empereur, à dix heures du matin, avec un bouquet pour lui souhaiter sa fête ; mais Napoléon, soit qu'il eût été instruit de ce projet, soit qu'il l'eût deviné, le dérangea complétement. Il alla lui-même, avant huit heures, frapper à toutes les portes, en disant à haute voix à chacun de ceux qu'il éveillait ainsi :

« Allons, monsieur le paresseux ! levez-vous donc ! ne savez-vous pas que nous devons déjeuner tous ensemble aujourd'hui ? »

Le temps était fort doux ; à dix heures, tout le monde était réuni dans le jardin : c'était le grand-maréchal, sa femme et son fils aîné ; M. et Mme de Montholon, avec le petit Tristan, un de leurs enfants, âgé tout au plus de six à sept ans ; le général Gourgaud, M. de Las-Cases et le jeune Emmanuel, son fils, arrivèrent les derniers. Le déjeuner avait été préparé sous la tente que Napoléon avait fait élever dans un des angles du jardin. Entouré de ses fidèles, qui s'étaient empressés de lui adresser leurs vœux sincères, il les remercia avec effusion.

« Maintenant, avait-il dit, trêve aux compliments et allons nous mettre à table. »

Et, offrant la main aux dames, il les plaça à ses côtés.

Ce déjeuner ne fut pas aussi gai qu'il promettait de l'être ; les convives étaient absorbés par trop de sentiments divers : aussi ne fut-il pas long. A peine était-il achevé, que le petit Tristan, qui aimait beaucoup à courir, s'élança de sa chaise pour aller jouer hors de la tente ; mais Napoléon le retint par le bras, et, l'ayant placé entre ses jambes, lui dit d'un ton de mignardise :

« Monsieur Tristan, c'est beaucoup trop tôt ; on ne quitte pas ainsi les gens ; demandez plutôt à votre papa, il vous dira que ce n'est pas poli. »

Le pauvre enfant, honteux de la réprimande, baissa les yeux et ne répondit pas. Alors Napoléon lui prit la taille dans ses deux mains, et le secouant légèrement, il ajouta d'un ton paternel :

« Je ne te dis pas cela pour te gronder ; c'est un avertissement que je te donne. Tu pleures maintenant !... Allons, allons, calme-toi, et pour prouver à ton bon ami que tu n'es pas fâché, récite-lui une des jolies fables que ta maman te fait apprendre par cœur. Essuie tes yeux, et tâche de ne pas te tromper. »

En disant ces mots, Napoléon avait assis l'enfant sur ses genoux. Le petit Tristan leva sur lui ses longues paupières encore humides et lui demanda d'un ton câlin :

« Sire, laquelle voulez-vous que je récite?

— Celle que tu voudras; la plus courte, car ce doit être celle que tu sais le mieux.

— Je n'en sais qu'une tout entière, *le Loup et l'Agneau*, et puis la moitié d'une autre.

— Diable! je n'aurai pas l'embarras du choix; c'est égal, va pour *le Loup et l'Agneau.* »

Le petit bonhomme commença donc à réciter cette fable tant bien que mal. Rien n'était plus plaisant que de le voir et de l'entendre dire « Sire... Votre Majesté », tantôt en parlant du loup, tantôt en s'adressant à l'Empereur, les confondant ainsi tous les deux à tort et à travers dans son langage, et plus probablement encore dans sa petite tête. Napoléon riait de bon cœur, tout en condamnant qu'on mît les fables de La Fontaine dans les mains des enfants qui, disait-il, ne pouvaient comprendre ni sa simplicité ni sa logique.

Lorsque Tristan eut fini, il l'embrassa tendrement; puis il chercha à lui faire comprendre cette fable, « dans laquelle, ajouta-t-il, il y avait beaucoup trop d'ironie »; mais il ne tâcha pas moins de la lui rendre sensible, en lui expliquant la morale qu'elle renfermait.

« D'ailleurs, reprit-il en terminant, elle pèche dans son principe, parce que sa morale est absurde. Il est faux que la raison du plus fort soit toujours la meilleure. Voilà justement l'abus que le fabuliste aurait dû condamner, et c'est ce qu'il n'a pas fait; au contraire, il semble consacrer cet abus. A sa place, moi, j'eusse dit que le loup s'étrangla en croquant l'agneau, et certes cette morale eût été mieux comprise de l'enfance, parce qu'elle eût été juste; d'autant plus, ajouta-t-il encore en s'adressant au petit bonhomme, qui l'écoutait avec avidité, qu'il y a aussi des loups qui croquent les petits garçons paresseux. »

A ces mots, Tristan, qui était paresseux comme la plupart des enfants gâtés, ouvrit de grands yeux et s'empressa d'avouer tout bas à l'Empereur qu'il n'étudiait pas tous les jours, mais qu'à l'avenir il travaillerait davantage.

« Et tu auras raison, lui dit Napoléon. Ne manges-tu pas tous les jours ?

— Oui, Sire, mais pas toujours des confitures.

— Des confitures! toujours des confitures! répéta Napoléon avec un demi-sourire, tu ne sors pas de là, toi ! il semble que ce soit la condition *sine qua non*... Eh! messieurs, voilà bien l'influence du petit ventre! ajouta-t-il en frappant doucement sur celui de Tristan ; c'est la gourmandise qui fait mouvoir le monde. Allons, mon petit ami, dit-il en le mettant à terre, maintenant que tu as bien babillé, va jouer au jardin. »

Puis Napoléon frappa dans ses mains, comme pour lui donner le signal de la liberté.

Le petit bonhomme ne se le fit pas répéter ; il prit son élan et disparut. Napoléon le regarda courir en disant avec attendrissement :

« Mon fils a presque cet âge aujourd'hui ! »

Puis, passant la main sur ses yeux, il engagea ses convives à faire un tour de jardin : tous l'accompagnèrent.

Comme il se disposait à rentrer, il aperçut près de l'habitation un trou dans lequel s'était peu à peu formée une mare d'eau stagnante, assez profonde pour qu'un agneau s'y fût noyé quelques jours auparavant. A cette vue, Napoléon, encore impressionné par le souvenir de son fils, se retourna vivement vers le grand-maréchal, et lui dit avec un peu d'humeur :

« Est-il possible, Bertrand, que vous n'ayez pas encore fait combler ce trou ! Quel chagrin n'auriez-vous pas si un enfant en jouant tombait dans ce cloaque et s'y noyait, comme la pauvre bête de l'autre jour !

— Sire, dit le grand-maréchal, souvent j'en ai eu l'intention ; mais jusqu'à présent il m'a été impossible d'obtenir du gouverneur qu'il envoyât ici un ouvrier.

— Le gouverneur ! le gouverneur ! reprit Napoléon plus vivement encore, ce n'est pas une excuse. Est-ce que cet homme a des entrailles?... Si mon fils était ici, il y a longtemps, qu'à défaut d'ouvriers et d'outils, j'eusse moi-même comblé ce trou avec mes mains. »

A cet instant, l'huissier Santini vint prévenir le grand-maréchal qu'un officier du 53ᵉ venait d'arriver de Plantation-House, chargé d'un message du gouverneur.

« C'est sans doute le cadeau de sir Elphinston, dit Napoléon en pressant le pas; il ne pouvait arriver dans un moment plus favorable. »

En effet, c'était le capitaine Poppleton, suivi d'un soldat du 53ᵉ, qui portait une caisse. Elle fut ouverte en présence de l'Empereur, dans la salle de billard, où le capitaine avait été introduit. La boîte, ainsi que les objets qu'elle contenait, excitèrent l'admiration de tous ceux qui étaient présents; cependant, Napoléon se montra plus flatté du sentiment qui avait guidé sir Elphinston que de la beauté du cadeau. Toutes les pièces de l'échiquier, au lieu de ressembler aux nôtres, étaient de grosses et lourdes images des objets dont elles portaient les noms : ainsi, le cavalier était armé de toutes pièces, et la tour reposait sur un énorme éléphant. Napoléon admira le fini du travail, mais il dit en plaisantant :

« Il me faudrait une grue pour faire mouvoir cette tour; j'enverrai les corbeilles à Marie-Louise, la boîte à jetons à ma mère, et les échecs à mon fils. »

Le capitaine prévint Napoléon que l'intention du gouverneur était de venir à Longwood le lendemain.

« Je le recevrai, répondit froidement Napoléon. Monsieur Poppleton, ajouta-t-il après un moment de silence, n'êtes-vous pas le plus ancien capitaine du 53ᵉ?

— Oui, Sire.

— J'estime beaucoup les soldats et les officiers de ce régiment. Ce sont de braves gens qui font bien leur devoir. Le bruit a couru, m'a-t-on dit, que je ne voulais pas voir MM. les officiers :

auriez-vous la bonté de leur dire que ceux qui ont rapporté ce propos ont dit une fausseté?

— Sire, je crois que ce renseignement est inexact. Je connais l'opinion que mes camarades ont toujours exprimée sur le compte de Votre Majesté, et je puis certifier qu'ils ont pour elle le plus profond respect et la plus grande admiration. »

Napoléon sourit.

« Eh bien! reprit-il, dites-leur que je ne suis pas une vieille femme, et que je ne m'occupe pas de caquets ; j'aime et j'estime les braves qui ont subi le baptême du feu, à quelque nation qu'ils appartiennent. »

Et, ayant congédié le capitaine avec politesse, il se retira dans son appartement pour changer de costume et se faire beau, selon son expression, c'est-à-dire pour revêtir son ancien uniforme de colonel des chasseurs de sa garde.

A six heures, les mêmes personnes qui avaient déjeuné avec lui se trouvaient assemblées dans le salon ; on dîna à sept. En sortant de table, Napoléon fit un petit présent à chacun des enfants, s'amusa pendant quelque temps avec eux, les embrassa et les fit emmener.

Le temps était incertain, Napoléon prit le café dans la petite bibliothèque et passa ensuite dans le salon, en manifestant le désir de faire une partie.

Le comte Bertrand proposa de jouer à l'écarté; mais Napoléon, qui n'aimait pas ce jeu, « parce que, disait-il, il ne se jouait que dans l'antichambre », voulut faire un vingt-et-un, afin que tout le monde pût jouer. Santini prépara la table de whist, chacun s'assit à l'entour.

Ordinairement Napoléon se levait après avoir perdu dix napoléons, et cela lui arrivait presque toujours, parce qu'il avait pour habitude de laisser sa pièce d'or sur le tapis jusqu'à ce qu'elle en eût produit un grand nombre. Ce jour-là, il arriva jusqu'à soixante-quatre napoléons. Le grand-maréchal tenait la main; l'Empereur voulait voir jusqu'à quelle somme son gain pourrait monter; mais le comte Bertrand lui ayant fait observer, en riant, que s'il venait à gagner le coup, non-seulement il ferait sauter la banque, mais encore qu'il le forcerait à faire banqueroute, Napoléon retira son argent en disant :

« Je ne veux ruiner personne. »

Et il se contenta de risquer deux cents francs chaque fois.

Ceci fut fort heureux pour le banquier, car si Napoléon eût joué comme d'habitude, il eût passé seize fois de suite et eût gagné 654,760 pièces de vingt francs, ou 13,075,200 fr., ce qui eût été une somme énorme et que l'île même ne possédait pas. Comme on s'extasiait sur cette faveur de la fortune :

« Mais, messieurs, dit Napoléon avec bonhomie, n'est-ce pas aujourd'hui l'anniversaire de ma naissance? c'est bien le moins que j'aie un jour de bonheur dans l'année. »

Après avoir partagé l'or qu'il avait devant lui entre MM. Montholon et Gourgaud, que les chances du jeu avaient fort maltraités, il se leva :

« Si nous causions un peu en attendant le punch? » dit-il.

Tout le monde fut de cet avis.

« Alors, mon cher, continua-t-il en s'adressant à M. de Las-Cases, racontez-nous quelque chose de votre faubourg Saint-Germain ; dites-nous un conte à la manière des *Mille et une Nuits* ou de Perrault; je suis persuadé que si vous voulez être franc, je vais en apprendre de belles.

— Eh bien, Sire, dit le comte, il était une fois un jeune chambellan de Votre Majesté qui était très-pauvre, mais qui avait un grand-oncle bien vieux et très-riche...

— Ah! je sais qui, s'écria Napoléon en faisant un mouvement.

— Sire, je me souviens, reprit le comte, que Votre Majesté étant à bord du *Northumberland,* nous raconta l'histoire d'un gros-major allemand qui, ayant été fait prisonnier au début de la campagne d'Italie, se plaignait qu'on eût envoyé pour le combattre un jeune étourneau qui n'était bon tout au plus qu'à gâter le métier... (Ici

Napoléon fit un geste affirmatif). Or, dans notre société du faubourg Saint-Germain, nous avions parmi nous le pareil de ce major autrichien : c'était le vieux grand-oncle du jeune chambellan de Votre Majesté, qui avait toujours conservé quelque chose du costume de Louis XIV. Il nous donnait la comédie toutes les fois que vous nous faisiez parvenir quelques merveilles d'au delà le Rhin. « J'ai fait les campagnes du maréchal de Saxe, nous disait-il avec emphase, voilà de ces prodiges qui n'ont jamais été appréciés. Alors la guerre était un art admirable, une science sublime; mais aujourd'hui votre Buonaparte... ». Sire, pardonnez-le-moi; mais Votre Majesté m'a permis d'être sincère...

— Certainement, mon cher; eh bien, que disait cette espèce d'oncle Tobie?

— Sire, le grand-oncle haussait les épaules de pitié et ajoutait : « De notre temps, nous autres gentilshommes, nous faisions la guerre en toute décence : nous avions en campagne nos mulets, nos cuisiniers et nos maîtresses; on faisait bonne chère en route, on couchait sous sa tente, et, au quartier-général, nous avions de deux jours l'un le bal ou la comédie. Pendant ce temps, les armées s'approchaient à petites journées, elles prenaient de belles positions; puis, lorsque tout était disposé et convenu de part et d'autre, on donnait la bataille en se faisant des politesses. Ou bien, en attendant, on faisait un petit siége pour occuper les cadets de famille, qui allaient à la tranchée en criant : Vive le Roi! Puis, lorsque la saison commençait à devenir maussade, on prenait ses quartiers d'hiver dans quelques villes voisines, où l'intendant de la province et les dames des environs venaient nous fêter à l'envi; quelquefois même le roi ne dédaignait pas de venir, avec les plus grands seigneurs de la cour, passer en revue sa maison rouge. Et là, on jouait son argent d'abord, puis ensuite ses équipages et jusqu'à sa maîtresse; cela occasionnait parfois quelques duels, que le tribunal des maréchaux de France permettait ou défendait, selon que les champions étaient de maison égale; car un gentilhomme qui eût osé passer

outre, ou se compromettre avec un officier de fortune, aurait eu
affaire à MM. de la prévôté, qui certes ne badinaient pas sur l'article.
Enfin, au printemps, quand la terre était sèche et que le soleil commençait à devenir chaud, on rouvrait la campagne.—Voilà, s'écriait
le grand-oncle en brandissant sa canne, voilà ce qui s'appelait faire
la guerre dans toutes les règles ; tandis qu'aujourd'hui on parcourt
cent lieues de pays en dix jours, on dort quand on peut, on mange
des pommes de terre lorsqu'on en trouve, une armée tout entière
disparaît devant une autre dans une seule bataille, et une monarchie
disparaît de la carte du monde comme une ombre chinoise. Ma foi,
si vous appelez cela du génie, vous autres jeunes gens, je suis forcé
d'avouer, moi, vieux tacticien, que je n'y entends plus rien, et que
vous me faites pitié quand je vous entends répéter sans cesse que
votre petit Buonaparte est un grand homme... Je le demande :
qu'est-ce qu'un général qui n'a pas de manchettes et qui ne porte
seulement pas le plumet blanc dans le chapeau?... Un être pareil ne
possède même pas les premiers éléments du commandement. »

A ces mots, Napoléon rit aux éclats.

« Mon cher Las-Cases, dit-il, quand son accès de gaieté fut un peu
calmé, on disait donc bien des bêtises à mon sujet dans votre société?

— Oui, Sire, de toutes sortes.

— Eh bien ! il n'y a pas d'intrus ici, nous sommes en famille,
je vous donne carte blanche.

— Un jour, chez la douairière de... trois étoiles...

— Quelle est cette dame? demanda aussitôt Napoléon en interrompant le comte. Je n'en ai jamais entendu parler.

— Je le crois, Sire; lorsque je dis *trois étoiles*, c'est...

— Ah! je comprends! s'écria Napoléon en riant de grand cœur
de sa naïveté. Eh! mon Dieu! que je suis moi-même... trois étoiles!
n'est-ce pas, mon cher? Continuez.

— Un jour donc, nous vîmes arriver l'oncle Tobie, comme l'appelle Votre Majesté : « Mes petits seigneurs, nous dit-il d'un air tou effaré, je reviens de la plaine des Sablons, où j'ai vu faire exécuter la manœuvre à votre Ostrogoth... »

— Votre Ostrogoth! répéta encore Napoléon, quel est celui-là?

— Votre Majesté elle-même, Sire, dit le comte en s'inclinant.

— Cette fois, je comprends, reprit Napoléon en fronçant légèrement le sourcil : c'est assez drôle ; et puis?...

— Il avait avec lui, continua le vieux grand-oncle, trois ou quatre régiments de freluquets à moustaches, qu'il a fait culbuter les uns sur les autres, et le tout a été se perdre dans les buissons. Avec ma compagnie de dragons, j'aurais voulu le faire prisonnier, lui et tous les siens. Réputation usurpée, répétait-il ; Moreau a eu raison de dire que c'était en Allemagne qu'il l'attendait. On parle de guerre avec l'Autriche ; si elle a lieu, nous verrons comment votre petit Corse s'en tirera : les pandours de l'empereur François nous en feront bientôt justice ; c'est que je les ai connus les pandours, et mes dragons aussi. » Sire, la guerre eut lieu, ajouta M. de Las-Cases, et Votre Majesté nous envoya le bulletin d'Austerlitz. Le grand-oncle reparut chez la douairière, et tous nous nous écriâmes en le voyant : « Eh bien! marquis, vos pandours de l'empereur François?... — Oh! ma foi! nous répondit-il, on n'y comprend plus rien. Cet homme déroute tout ; il est endiablé ; et puis, ces Autrichiens sont si bêtes et si lourds! Mais s'il avait eu affaire à mes dragons!... »

Ici Napoléon rit encore plus fort :

« Mon cher, dit-il, vous devez avoir encore quelque chose de plus fort à nous dire, car ceci n'est que ridicule.

— Sire, cela commence à devenir difficile. Cependant il me revient que cette même douairière, qui est morte sans avoir cru à un seul des succès de Votre Majesté en Allemagne, nous disait, après votre entrée à Berlin : « Et vous croyez cela, vous autres jeunes gens? de même que vous croyez qu'il a gagné des batailles autrefois! Ne voyez-vous pas que tout ceci est fabriqué par lui? Il n'oserait mettre le pied en Allemagne. Je gage qu'il est encore derrière le Rhin où il meurt de peur... Allez, allez, le temps vous apprendra si on m'en impose à moi. J'ai dit qu'un jour on le renverrait dans son île déserte. Eh bien! vous verrez... »

Ici Napoléon ne rit plus. Il se leva d'un air pensif en disant à demi-voix :

« Plût à Dieu que c'eût été dans la mienne ! »

Et comme les histoires étaient épuisées, il s'approcha de la table de jeu, et, rassemblant machinalement les cartes éparpillées sur le tapis, il ajouta avec un sourire amer :

« Oui, ce fut une véritable partie d'écarté. Que doivent-ils dire de moi, aujourd'hui que je l'ai perdue sans retour ? Il est vrai que je leur ai donné beau jeu : le roi et la vole... Et, malgré cela, ajouta-t-il en se frappant le front, j'ai vu l'instant où... où, sans de perfides conseillers, je gagnais cette partie ! »

Et comme les histoires étaient finies et que la soirée était fort avancée, Napoléon se retira.

III.

Le lendemain matin, le gouverneur, accompagné du major Gorrequer, arriva à Longwood, tandis que Napoléon se promenait dans le jardin avec le grand-maréchal, M. de Las-Cases et son fils. Hudson-Lowe envoya demander à Napoléon une entrevue que celui-ci lui accorda, en disant :

« Ah! ah! le voilà!... il vient aussi me souhaiter ma fête à sa manière ; c'est moi qui lui donnerai le bouquet. »

Il reçut le gouverneur avec une politesse qui avait quelque chose de cérémonieux ; il était un peu plus pâle que de coutume.

« C'est vous, monsieur, lui dit-il d'un ton sec; eh bien, que me voulez-vous?

— Permettez-moi, général, lui répondit-il, de vous remercier d'abord de la bonté que vous avez eue de me recevoir à cette heure...

— Tenez, monsieur, interrompit Napoléon, avec impatience, point de tartuferie, point de mensongères politesses entre nous; cela ressemblerait trop à la ridicule conduite des officiers français et anglais à Fontenoy, qui, avant de s'envoyer des balles et des boulets, se saluèrent en disant : « A vous de commencer. » Nous autres, soyons francs et allons droit au but. »

En disant ces mots, Napoléon fit un geste de la main, comme pour défendre au grand-maréchal et à M. de Las-Cases de l'accompagner, et entra dans la salle à manger. Là, le gouverneur et lui eurent une conversation des plus vives. Poussé à bout par d'indignes traitements, de gratuites méchancetés et d'absurdes calomnies, Napoléon s'en expliqua sans réserve, et, ne ménageant plus rien, il termina en disant :

« Monsieur, le plus mauvais procédé des ministres anglais n'est plus désormais de m'avoir envoyé ici, mais bien de m'avoir livré à vous pieds et poings liés. Je me plaignais de l'amiral votre prédécesseur, j'avais tort, car du moins il avait un cœur, lui; mais vous, vous n'en avez pas. Vous faites tout ce qu'il faut pour déshonorer votre nation... Songez-y bien, ajouta-t-il en étendant les bras et en faisant avec l'index un geste de menace, votre nom sera une flétrissure éternelle... Je me plaignais aussi qu'on m'eût envoyé un geôlier; j'avais encore tort, car vous n'êtes qu'un bourreau... Voilà ce que j'avais à vous dire; maintenant, monsieur, je vous prie de me laisser en repos. »

Et, tournant brusquement le dos au gouverneur, il entra dans sa chambre à coucher, en poussant violemment la porte sur lui.

Hudson-Lowe se retira dévoré de dépit : il dit seulement au major Gorrequer, qui l'attendait dans le petit salon, que le général Buonaparte n'était pas un gentleman.

Napoléon ne sortit plus de la journée; il ne reçut personne et mangea seul. Le soir, comme Marchand l'aidait à se déshabiller, il lui dit d'un ton pénétré :

« Tu me racontais, l'autre jour, que tu aimais à étudier les hommes. Si tu avais pu entendre ce que m'a dit le gouverneur ce matin, tu aurais appris à connaître jusqu'où peut aller la patience humaine et tout ce que le cœur peut dévorer d'humiliations. Une chose me console cependant, c'est que plus tard ses compatriotes seront bien forcés de me rendre justice. Eh! tiens! déjà, regarde sur cette table. »

Marchand s'approcha du guéridon sur lequel Napoléon avait fait déposer l'échiquier que le capitaine Poppleton lui avait apporté la veille, avec la boîte en bois d'ébène, qui renfermait toutes les pièces de ce jeu ; et il vit écrit ces mots, incrustés en lettres d'ivoire :

« *A l'illustre prisonnier de Sainte-Hélène,*
la famille Elphinston reconnaissante. »

IV

La mort est la grande justicière du monde ; sur la tombe viennent s'éteindre les préventions, les antipathies et les haines de toute espèce. Du moment où le cercueil s'est refermé sur un personnage politique, la calomnie, les accusations l'abandonnent sans retour, et la vérité, cette fille du ciel, vient s'asseoir, comme une sentinelle vigilante, sur les degrés de son tombeau, pour défendre la mémoire du citoyen ou du monarque qui, pendant sa vie, a été en butte aux flèches empoisonnées du fanatisme politique ou de l'impopularité, souvent aveugle et toujours frémissante!

Les nations elles-mêmes, comme les individus, se sentent désarmées en présence d'une tombe. Le gouvernement anglais, non content d'avoir violé envers Napoléon, captif, toutes les lois divines et humaines, s'acharna, durant six années entières, à torturer le grand homme sur son rocher de Sainte-Hélène ; il ne lui épargna ni le sceptre de roseau, ani le breuvage d'absinthe, ni la couronne d'épines, qui était venue remplacer, sur son large front, le double diadème de Charlemagne et des rois lombards ; il épuisa tout : douleurs physiques, douleurs morales, opprobres et humiliations. Eh bien! cette Angleterre, qui se vengeait ainsi de ses déceptions commerciales, cette Angleterre, qui avait attaché le vautour de Prométhée aux flancs de ce géant, qui était la France incarnée; cette Angleterre, envieuse, irritable et jalouse, comme une courtisane à laquelle on veut arracher la ceinture d'or qui voile ses turpitudes; cette Angleterre, disons-nous, s'inclina devant son martyr dès l'instant où, mort et revêtu de ses habits de bataille, elle le fit sortir de son palais de bois de Longwood pour prendre possession de son sépulcre de granit. Elle se surprit, en contemplant le Titan qui avait succombé à la pesanteur de ses chaînes, à se repentir de son implacable vengeance. En jetant un regard craintif sur le rocher de Sainte-Hélène, l'échafaud de Charles Ier lui parut moins horrible. Stuart, en effet, n'avait eu qu'une agonie de six jours : le César de la France avait subi une agonie de six ans! Stuart avait été abreuvé des insultes d'une soldatesque fanatique : Napoléon avait constamment souffert les insultes d'un geôlier que l'impartiale histoire stigmatisera d'un mépris éternel [1].

« Je m'apprends à mourir », répondait tranquillement Napoléon à son médecin Antommarchi, un jour que celui-ci, le voyant plus abattu que de coutume, lui reprochait avec douceur de n'avoir pas pris, la veille, une potion qu'il lui avait préparée. « Ne savez-vous pas que l'Angleterre veut ma mort et réclame mon cadavre? avait-il ajouté; il ne faut pas la faire attendre trop longtemps. »

Antommarchi ayant essayé de lui persuader que son état offrait encore des chances de guérison, Napoléon l'interrompit, en lui disant avec un signe de tête négatif :

« Non, docteur, non! Pourquoi me bercer d'illusions trompeuses? je sais ce qu'il en est : je suis résigné. L'Angleterre a trouvé le

---

[1] Il est en Angleterre, nous le savons, un parti qui professe, pour notre pays et la mémoire de Napoléon, une estime sincère et d'honorables sympathies. Ce parti-là ne saurait être compris dans nos justes récriminations, qui, en bonne justice, ne peuvent guère s'adresser qu'au gouvernement du pays à cette époque.

moyen de m'exiler même dans mon exil. Hudson-Lowe aurait bien voulu me tirer un coup de fusil pour me tuer plus vite [1]; mais la blessure eût saigné aux yeux du monde et sali toute l'histoire d'Angleterre. Comme on ne voit pas saigner le cœur, c'est au cœur qu'ils m'ont frappé, en m'outrageant en valets de bourreaux, en me disputant mon pain, mon lit et jusqu'à mon ombre... N'ai-je pas été assez patient à la torture?... Il faut en finir avec eux. »

En effet, l'année 1821 avait commencé sous de funestes auspices pour les exilés de Sainte-Hélène. Dès le commencement d'avril, Antommarchi avait jugé que Napoléon touchait aux derniers jours de sa vie. L'illustre captif ne cherchait pas non plus à s'abuser sur sa fin prochaine; mais, toujours semblable à lui-même, il regardait la mort avec la même impassibilité, le même sang-froid que sur les champs de bataille. Le 17 mars précédent, il avait dit à son médecin :

« Ce n'est pas la faiblesse, c'est la force qui m'étouffe, c'est la vie qui me tue. » Puis, regardant le ciel beau et sans nuages, il

---

[1] Déjà Napoléon avait été forcé d'interrompre ses courses à cheval dans l'île, et il n'y faisait plus ses promenades quotidiennes qu'à pied. Un jour, accompagné de M. de Las-Cases et du général Gourgaud, il remontait tout doucement la vallée par le revers opposé à Longwood, lorsque, parvenu à l'une des crêtes où jusque-là il n'avait aperçu aucun factionnaire, tout à coup un soldat parut au loin, poussant de grands cris et faisant à l'Empereur un signe énergique, comme pour lui intimer l'ordre de retourner sur ses pas. Les trois promeneurs se trouvant dans la circonscription de leur enceinte, ne tiennent aucun compte des avertissements et du geste de l'Anglais, et continuent tranquillement leur marche. Alors le soldat s'avance de quelques pas, charge son arme et couche en joue Napoléon... Mais le général Gourgaud avait deviné l'intention du factionnaire et s'était aussitôt élancé sur lui pour l'empêcher de tirer. Pendant ce temps, Napoléon s'était arrêté; il regarda froidement le soldat en haussant les épaules de pitié; puis il continua paisiblement sa route sans prononcer une parole. M. de Las-Cases, resté un peu en arrière pour être témoin de ce qui allait se passer, vit le général se colleter un moment avec l'Anglais, qu'il parvint enfin à entraîner jusqu'au poste voisin; mais, arrivé là, le soldat s'échappa de ses mains et se mit à fuir à toutes jambes. Le général Gourgaud apprit à Napoléon que cet homme était un caporal ivre, qui sans doute avait mal interprété sa consigne. Cette circonstance, pouvant se renouveler, fit frémir de crainte les officiers de l'Empereur, tandis que lui ne vit dans cet incident qu'un affront moral et une nouvelle insulte de Hudson-Lowe.

ajouta avec regret : « Il y a six ans, à pareil jour (il était à Auxerre, revenant de l'île d'Elbe), il y avait des nuages au ciel !... Ah ! je serais guéri si je revoyais ces nuages. » Et, posant la main du docteur sur sa poitrine : « C'est un couteau de boucher qu'ils m'ont mis là, reprit-il en respirant avec peine, et ils ont brisé la lame dans la plaie. »

Cependant, la grande âme de l'Empereur ne faiblissait pas devant l'idée de le destruction, et, à le voir présider à la rédaction de son testament, à le voir distribuer à chacun sa part de gloire dans ses immortels souvenirs, on eût dit qu'il s'occupait encore de la conquête d'un empire ou du succès d'une bataille. Tout ce qu'il disait était rempli de dignité, de calme et de bonté. Le lit dans lequel il était à demi couché était couvert d'objets scellés, destinés soit à son fils, soit à sa famille, soit aux officiers ou aux serviteurs de sa maison.

Le même jour, à neuf heures du soir, enveloppé dans sa robe de chambre et assis dans un grand fauteuil, un petit guéridon devant lui, Napoléon fit apposer sur ses testaments et ses codicilles les signatures et les cachets de ses trois exécuteurs testamentaires, le comte Bertrand, le général comte Montholon et Marchand, son premier valet de chambre. Puis ayant, ainsi qu'il le voulait, *mis ordre à ses affaires*, il s'occupa longuement de l'état et des besoins de tous ceux qui l'avaient accompagné. Il entretint ses exécuteurs testamentaires de ce qu'ils auraient à faire à leur arrivée en Angleterre et en France pour que ses cendres ne restassent pas exilées à Sainte-Hélène. Il leur dit à ce sujet :

« Lorsque vous verrez mon fils, vous l'engagerez à reprendre son nom de Napoléon aussitôt qu'il sera en âge de raison et qu'il pourra le faire convenablement. S'il y avait un retour de fortune et qu'il remontât sur le trône, il est de votre devoir, messieurs, de lui mettre sous les yeux tout ce que je dois à mes vieux officiers, à mes vieux soldats, à mes fidèles serviteurs. Mon souvenir, j'en suis certain, fera la gloire de la vie de mon fils... Je désire que, le moins possible, les personnes de mon sang soient à la cour des rois; je désire encore que mes neveux et nièces se marient entre eux, soit dans les États Romains, soit dans les Républiques suisses, soit dans les États-Unis d'Amérique... Lorsque vous pourrez voir l'Impératrice Marie-Louise, entretenez-la des sentiments que j'ai toujours eus pour elle; recommandez-lui mon enfant, qui n'a d'autres ressources que de son côté... En imprimant mes campagnes d'Italie et d'Égypte, et mes autres manuscrits, on les dédiera à mon fils, ainsi que les lettres des souverains, si on les trouve. On se les procurera sans doute aux archives, et la vanité nationale ne peut que gagner à cette publication. »

Les jours qui précédèrent la mort de l'Empereur furent plutôt employés par lui à des conversations graves ou à des lectures édifiantes qu'au soin de sa santé. Les deux dernières lectures qu'on lui fit, furent les *Campagnes de Dumouriez*, lues par Marchand, et les *Oraisons funèbres de Bossuet*, que lui lut l'abbé Vignali, son aumônier.

Cependant, quelques lueurs d'espérance venaient briller de temps à autre aux yeux de ses fidèles serviteurs; par moments Napoléon reprenait toute sa vivacité d'esprit. Il souriait en se laissant aller à ses habitudes de causeries, toujours empreintes d'un charme et d'un laisser-aller inexprimables; mais ces bons moments duraient peu, et bientôt il retombait dans l'engourdissement et le marasme.

« Ah! s'écriait-il alors, en quel état suis-je tombé! J'étais si actif, si alerte! Naguère encore je parcourais l'Europe à cheval... A peine si je puis à présent soulever ma paupière. Je ne suis plus Napoléon. »

Et il refermait les yeux, et son front se rembrunissait!

Que d'images, que de pensées profondes devaient alors traverser l'âme de ce lion aux abois!

Dans les derniers jours de mars, l'Empereur souffrait déjà beaucoup. Antommarchi, en présence du docteur Arnott, chirurgien d'un des régiments anglais en garnison à Sainte-Hélène, cherchait à lui réchauffer, par des fomentations, les extrémités inférieures, atteintes d'un froid glacial.

« Laissez-moi! s'écria le malade, ce n'est pas là, c'est à l'estomac, c'est au foie qu'est le mal! Vous n'avez point de remède, point de préparations, point de médicaments pour calmer le feu dont je suis dévoré! »

Le docteur Arnott essaya de lui persuader qu'il avait le foie intact :

« Ah! ah! monsieur vous le croyez? lui dit Napoléon en jetant à l'Anglais un regard plein d'amertume. Eh bien, soit! ajouta-t-il, puisque votre Hudson-Lowe l'a décrété. »

Le ciel parut vouloir signaler au monde la perte qu'il allait faire du plus grand homme des temps modernes : une comète à longue chevelure apparut tout à coup à l'horizon de Sainte-Hélène vers les derniers jours de mars. On parla autour du lit de l'Empereur de cette apparition.

« Une comète, s'écria-t-il en faisant un effort pour se dresser sur son lit; une comète! ce fut le signe précurseur de la mort de César », ajouta-t-il encore en laissant retomber sa tête.

Cette comète devait être l'avant-coureur de l'agonie du César de la France. A compter des derniers jours d'avril, nul ne pouvait plus s'abuser sur la mort imminente de l'Empereur ; lui-même supporta, avec une rare énergie, le petit nombre d'heures qu'il avait encore à vivre, et, en monarque, en chrétien, il les employa à sceller sa magnifique gratitude pour les compagnons volontaires de son exil, à recevoir des mains de son aumônier les derniers secours que la religion catholique accorde à ses enfants sur le seuil de l'éternité.

« Je suis né dans la religion catholique, lui avait-il dit ; je veux remplir les devoirs qu'elle impose et recevoir les secours qu'elle administre. »

Dès ce jour, la chambre de l'Empereur fut fermée à tout le

monde, excepté aux généraux Bertrand, Montholon et à Marchand. Napoléon arrêta ses dernières volontés et fit son testament. Lorsqu'il eut permis à Antommarchi d'entrer :

« Voilà mes apprêts, lui dit-il, je m'en vais, c'en est fait de moi ; que la volonté de Dieu s'accomplisse ! »

Ces paroles avaient été aussi les dernières prononcées par le Christ mourant.

Puis il chargea son médecin de faire l'autopsie de son cadavre et de porter son cœur à *sa chère Marie-Louise*.

« Quand je ne serai plus, ajouta-t-il, vous vous rendrez à Rome ; vous irez trouver ma mère, ma famille ; vous leur raconterez ma maladie et ma fin. Vous leur direz que Napoléon est mort dans l'état le plus déplorable, abandonné des siens, manquant de tout ; vous direz à ma mère... »

Il s'arrêta : une faiblesse qui le surprit l'empêcha d'en dire davantage.

Ces deux grands actes de la vie temporelle et de la vie spirituelle accomplis, Napoléon ne pensa plus, dans ses trêves de souffrances, qu'aux objets de ses plus chères affections : la France, sa femme et son fils occupèrent tour à tour son esprit. Il se fit apporter le buste du roi de Rome, qu'il fit placer en face de lui, au pied de son lit, avec le manteau de drap bleu que lui, premier Consul, portait à la journée de Marengo.

« Les monstres ! s'écria-t-il au plus fort d'une crise déchirante, m'ont-ils fait assez souffrir !... Encore s'ils m'avaient fait fusiller, au moins serais-je mort de la mort d'un soldat ! »

Puis, dans un transport fiévreux, son imagination ardente évoquait l'ombre de ses vieux compagnons d'armes, tombés autour de lui dans les batailles. Kléber, Dugommier, Joubert, Desaix, se dressaient devant son lit de mort, il leur souriait, il les saluait du geste et de la voix, puis tout à coup il s'écriait :

« Ah ! la victoire se décide ! Allez, courez, pressez la charge, ils sont à nous !... »

Quelques jours avant cette vision héroïque, Napoléon dit à ceux de ses fidèles qui entouraient sa couche et ne dissimulaient pas leur joie de le voir beaucoup mieux que les jours précédents :

« Vous ne vous trompez pas, je vais assez bien aujourd'hui, je crois même que je me sentirais de force à faire dix lieues à cheval ; cependant je n'en sens pas moins que ma fin approche. Quand je serai mort, chacun de vous aura la douce consolation de retourner en Europe ; vous reverrez vos parents, vos amis, et moi je retrouverai mes braves aux Champs-Elysées. Oui ! continua-t-il en haussant la voix : Lannes, Saint-Hilaire, Bessière, Duroc, Berthier, Masséna, Ney, Murat, tous viendront à ma rencontre ; ils me parleront de ce que nous avons fait ensemble ; je leur conterai les derniers événements de ma vie. En me revoyant ils redeviendront fous d'enthousiasme et de gloire. Nous causerons de nos guerres avec les Scipion, les Annibal, les César, les Frédéric ; il y aura plaisir à cela, à moins, ajouta-t-il en souriant à demi, qu'on n'ait peur là-bas de voir tant de guerriers réunis. »

Le rêve de Napoléon agonisant était le complément des vœux de Napoléon éveillé.

Le docteur Arnott entra en ce moment, et quoique l'Empereur se fût peu à peu affaibli, il n'en adressa pas moins au praticien anglais quelques mots sur ce qu'il avait éprouvé la veille ; puis, d'une voix entrecoupée :

« C'en est fait, dit-il, le coup est porté : je vais rendre mon corps à la terre... Approchez, Bertrand, et traduisez à monsieur ce que vous allez entendre ; surtout n'omettez pas un mot... J'étais venu m'asseoir au foyer britannique ; je demandais une loyale hospitalité... Contre tout ce qu'il y a de sacré sur la terre, on m'a répondu par des fers... J'aurais reçu un autre accueil d'Alexandre, de l'empereur François, du roi de Prusse lui-même... Mais il appartenait à l'Angleterre de surprendre, d'entraîner les rois, et de donner au monde le spectacle inouï de quatre grandes puissances s'acharnant sur un seul homme. C'est le ministère anglais qui a choisi ce rocher où se consume en moins de trois ans la vie des Européens, pour y achever la mienne par un assassinat. Et comment m'a-t-on traité depuis que je suis sur cet écueil ?... Il n'y a pas d'indignités dont on ne se soit fait une joie de m'abreuver... Les plus simples communications de famille, celles même qu'on n'a jamais interdites à un scélérat que l'échafaud attend, m'ont été refusées... Ma femme, mon fils ne vivent plus pour moi depuis six ans; pendant six ans on m'a ainsi tenu à la torture du secret, renfermé entre quatre cloisons. Le gouvernement britannique m'a assassiné longuement, en détail, avec préméditation, et l'infâme Hudson-Lowe a été l'exécuteur des hautes œuvres... Ce gouvernement finira, un jour, comme la superbe république de Venise ! Quant à moi, mourant sur cet affreux rocher, *je lègue l'opprobre de ma mort à la maison régnante d'Angleterre !* »

Le soir de cette journée, c'est-à-dire le 29 avril, après avoir bu un peu d'eau de la fontaine située à une lieue de Longwood, il se sentit plus calme, et dit à ceux qui l'entouraient :

« Si la destinée veut que je vive encore quelques jours, j'élèverai un monument au lieu où cette source jaillit, en mémoire du soulagement qu'elle m'a procuré... Si après ma mort on ne proscrit pas mon cadavre comme on a proscrit ma personne, si on ne me refuse pas un peu de terre, je souhaite qu'on ensevelisse mon corps là où coule cette eau si douce et si pure, ou bien dans la cathédrale d'Ajaccio en Corse, ou mieux encore sur les bords de... »

Ici l'Empereur tomba tout à coup en faiblesse, et la nuit qui suivit se passa dans un délire continuel. A quatre heures du matin le calme succéda à cette agitation : c'était le calme du courage et de la résignation. Une sueur froide couvrait le visage de Napoléon. Dans la journée le mal continua ses rapides progrès. Sur les quatre heures du soir, ayant eu un moment de répit, il fit venir ses exécuteurs testamentaires près de son lit :

« Je vais mourir ! leur dit-il avec une sorte de solennité, vous retournerez en Europe. Je vous dois des conseils sur la conduite que vous avez à y tenir. Vous avez partagé mon exil ; vous serez fidèles à ma mémoire ; vous ne ferez rien qui puisse la blesser. J'ai sanctionné tous mes principes, je les ai infusés dans mes lois et dans mes actes ; il n'y en a pas un seul que je n'aie consacré. Malheureusement les circonstances étaient graves : j'ai été obligé de sévir, d'ajourner ; les revers sont venus, je n'ai pu détendre l'arc, et la France a été privée des *institutions libérales que je lui destinais*. Elle me jugera avec indulgence, elle me tiendra compte de mes institutions ; elle aimera à rappeler mon nom, mes victoires, le peu de bien que j'ai fait. *Imitez-la, soyez fidèles aux opinions que nous avons défendues, à la gloire que nous avons acquise : il n'y a, hors de là, que honte et confusion.* »

V

Le 4 mai, Napoléon était au plus mal. Le temps était affreux, la pluie tombait par torrents ; le vent détruisit toutes les plantations qui bordaient Longwood. Un seul arbre, le saule sous lequel il aimait à se reposer, résistait encore ; un tourbillon le déracina et le transporta au loin, comme si rien de ce qu'avait aimé l'Empereur n'eût dû lui survivre ; et cependant la violence de la tempête, le bruit de l'ouragan ne l'avaient pas tiré de l'assoupissement léthargique où il était resté plongé. Enfin, le lendemain, 5 mai 1821, anniversaire à jamais célèbre dans les annales du monde, le docteur Antommarchi annonça aux Français de Sainte-Hélène que Napoléon n'avait plus que quelques instants à vivre. Cette nouvelle, bien qu'elle fût depuis longtemps prévue, fut accueillie par le silence et la douleur la plus profonde.

Ce dut être un spectacle sublime et touchant à la fois que de contempler autour du lit de l'auguste moribond ce petit nombre de Français restés fidèles à leur souverain, à leur père. Mme Bertrand, cette femme si noblement et si simplement héroïque, était assise au chevet de la couche où se débattait dans les dernières étreintes de l'agonie le grand homme expirant. Les généraux Bertrand et Montholon étaient debout auprès d'elle ; Marchand et les autres serviteurs comptaient, en versant des larmes, les dernières pulsations de son cœur. L'abbé Vignali, à genoux devant un prie-dieu, récitait les prières des agonisants ; l'anxiété et le désespoir étaient peints sur toutes les physionomies ; mais le respect enchaînait les larmes, et le silence éloquent de cette scène de mort n'était troublé que par la respiration saccadée et haletante de Napoléon, et les prières du prêtre.

L'œil de l'Empereur est fixe, sa bouche est tendue. Quelques gouttes d'eau sucrée introduites par le docteur Antommarchi relèvent le pouls. Un soupir s'échappe de la noble poitrine, on renaît à l'espérance... Tout à coup Napoléon fait un effort, il cherche à soulever sa tête : les mots *France!... armée!...* sortent de sa bouche... Ce furent les derniers qu'il prononça.

Un instant après, il se passa une double scène que l'histoire ne manquera pas de recueillir un jour.

Mme Bertrand avait fait appeler ses enfants (sa fille Hortense et ses trois fils), pour qu'ils vinssent contempler une dernière fois leur souverain et leur bienfaiteur. Ces pauvres enfants paraissent, d'un mouvement unanime s'élancent et tombent à genoux devant le lit de l'Empereur, dont ils prennent les mains qu'ils couvrent de baisers et de pleurs. Le jeune Napoléon Bertrand ne peut dompter son émotion, il chancelle et tombe privé de connaissance ; on est obligé d'arracher du lit funèbre les jeunes amis de Napoléon.

Les assistants étaient à peine revenus de l'impression de cette scène déchirante, que Noverraz, l'un des serviteurs de l'Empereur, qu'une fièvre délirante retenait au lit depuis très-longtemps, apparut dans la chambre comme un fantôme, pâle, échevelé, hors de lui.

« Quoi! s'écria-t-il d'une voix creuse et stridente, l'Empereur est en péril, et il n'appelle pas Noverraz à son secours! Sire! continue-t-il en fondant en larmes et en se cramponnant au pied du lit de Napoléon, malgré les efforts des assistants, me voilà! Voilà Noverraz prêt à vous défendre, prêt à mourir pour vous! Sire! par pitié, répondez-moi! Sire, je vous en supplie, un mot à votre pauvre Noverraz... »

N'obtenant pas de réponse, le fidèle serviteur se retourne vers les assistants et prononce ces mots avec un accent déchirant :

« Il ne veut plus me reconnaître. »

Antommarchi chercha à calmer l'infortuné, dont la raison semblait égarée : il ne put y réussir, et quelques domestiques l'entraînèrent, en pleurant avec lui.

Il est six heures du soir, l'anxiété du docteur redouble. Cette main, qui tant de fois donna le signal de la victoire et dont il étudie les pulsations, s'est glacée. Le médecin Arnott, les yeux sur sa montre, compte les intervalles d'un soupir à l'autre : quinze secondes, puis trente, puis une minute s'écoulent. Au même instant le bruit du canon des forts de Sainte-Hélène annonce le coucher du soleil... Napoléon rend le dernier soupir... Sa grande âme semblait n'attendre pour s'échapper de son corps que ce signal formidable. L'astre du jour et Napoléon devaient s'éteindre ensemble, dans le même linceul de pourpre et de gloire; le bronze des batailles devait saluer en même temps le départ du soleil pour un autre hémisphère, et le départ du héros pour l'immortalité.

L'Empereur venait d'expirer. Antommarchi quitta la main qu'il tenait.

« Tout est fini! » dit-il d'une voix grave.

Aussitôt toutes ces douleurs, si longtemps muettes, si péniblement contenues, se révélèrent à la fois. La chambre de Napoléon retentit de sanglots et de gémissements ; on s'approche de ce lit sur lequel ne repose plus qu'un cadavre, et chacun veut contempler une dernière fois les traits de Napoléon, que sa longue agonie n'a cependant point défigurés : seulement ses lèvres sont entièrement décolorées, sa bouche s'est contractée faiblement, ses yeux sont éteints, son front semble calme et serein. L'abbé Vignali, qui était resté agenouillé, se leva alors, s'approcha du lit, et, d'une voix entrecoupée, fit entendre ces paroles du grand orateur sacré

« Ainsi passe la gloire de ce monde ! »

Dans cet intervalle, le capitaine Crokett entra pour constater l'heure de la mort de l'Empereur ; sa démarche se ressentait du trouble de son âme : il se retira avec respect, en faisant aux assistants des excuses de l'obligation où il se trouvait de remplir sa mission. Peu après, deux médecins anglais remplacèrent le capitaine. Ils posèrent la main sur le cœur de l'illustre victime, et retournèrent froidement certifier à sir Hudson-Lowe que *Bonaparte était mort;* mais la présence d'un Anglais ne devait pas souiller la chambre de Napoléon, et à des mains françaises seules devaient être confiés les apprêts funèbres de ses obsèques. On organisa sur-le-champ à Longwood une garde d'honneur, et, dès ce moment, personne ne pénétra plus dans la chambre mortuaire qu'il n'y fût appelé par ses fonctions ou par la permission expresse du général Bertrand. Quelques heures après, les exécuteurs testamentaires de l'Empereur prirent connaissance des deux codicilles qui, selon sa volonté, devaient être ouverts immédiatement après sa mort. Le premier de ces deux codicilles ne contenait que ce court paragraphe :

« Je désire que mes cendres reposent sur les bords de la Seine, au milieu du peuple français que j'ai tant aimé. »

Ce vœu de Napoléon mourant a été enfin exaucé !

VI

. . . .

Le grand homme n'était plus : l'immortalité commençait pour lui.

La dépouille mortelle de l'Empereur avait été déposée sur un de ses petits lits de campagne, surmonté de simples rideaux blancs qui servaient de sarcophage ; le manteau de Marengo tenait lieu de poêle funèbre. Les pieds et les mains étaient libres : on l'avait habillé comme il avait coutume de l'être au temps de sa puissance ; c'est-à-dire qu'il était revêtu de l'uniforme de colonel des chasseurs de sa garde, décoré du grand-cordon de la Légion-d'Honneur. Il avait à son côté son épée de bataille, la même qu'il portait à Austerlitz, à Wagram, à Moscou, à Dresde, à Montmirail, à Waterloo. Un crucifix était posé sur sa poitrine ; à ses pieds était le vase d'argent dans lequel son cœur avait été conservé ; à droite, derrière sa tête, était un autel devant lequel l'abbé Vignali, en habits sacerdotaux, récitait les prières. Toutes les personnes qui avaient appartenu à la maison de l'Empereur, habillées de deuil, se tenaient debout à gauche ; Antommarchi et le médecin anglais veillaient sur le cadavre.

Les domestiques de Longwood ayant les premiers rompu le silence, bientôt le bruit de la mort de Napoléon se répandit dans l'île, et bientôt toutes les avenues qui conduisaient à l'habitation furent couvertes de curieux : Européens, Asiatiques, Américains, traficants d'Ethiopie, du Japon, des Indes et de l'Océanie, marins de la Norwège, de la Suède et du Danemarck, tous se joignirent aux indigènes et aux soldats anglais pour aller rendre un dernier hommage au héros. A voir la tristesse peinte sur toutes ces physionomies basanées, noires, blanches et cuivrées, on aurait pu croire que chacune de ces races d'hommes avait perdu son monarque. On eût dit que la Providence, en permettant à cette foule d'individus de tant de natures et de tant de climats divers de se trouver rassemblés sur le rocher de Sainte-Hélène en ce funèbre moment, voulait montrer d'une manière éclatante ce que le génie du grand homme devait conserver de puissance sur le monde entier.

L'ordre dans lequel chacun était admis dans la chambre ardente avait été ainsi réglé. Les officiers anglais des 20e et 66e régiments furent d'abord admis; puis les sous-officiers, puis tous les étrangers, et enfin les habitants de l'île. Cette triste scène se passa dans le plus religieux silence. Des larmes coulaient de tous les yeux, des sanglots étouffés s'échappaient de toutes les poitrines : on vit même des esclaves éthiopiens se prosterner devant le lit de l'Empereur. Un rescrit du gouverneur avait défendu aux femmes les abords de Longwood; mais celles-ci ne tinrent aucun compte de la défense. Bravant l'autorité de Hudson-Lowe et les fatigues d'une longue course, elles arrivent, se mêlent à la foule toujours croissante des visiteurs, et impriment à cette solennité funèbre un cachet qu'aucun pinceau, qu'aucune plume ne sauraient ni peindre ni retracer.

Le cercueil qui devait recevoir les dépouilles mortelles fut apporté dans la chambre mortuaire quarante-huit heures après l'exposition du corps sur le lit de parade. Ce cercueil était composé de trois caisses, une de plomb, une de fer-blanc et une d'acajou. Le corps fut déposé tout habillé dans la caisse de plomb. Le vase d'argent contenant son cœur, malgré le désir qu'il avait exprimé (il devait être porté à l'Impératrice Marie-Louise), fut placé dans un des angles de cette caisse, garnie d'une espèce de matelas et d'un oreiller recouvert de satin blanc. Le chapeau n'ayant pu, faute d'espace, rester sur la tête du mort, fut mis à ses pieds. On déposa aussi dans cette première caisse une aigle en argent avec une pièce d'or et d'argent de chaque monnaie frappée à son effigie, le couteau et le couvert dont Napoléon se servait habituellement, ainsi qu'une assiette et quelques objets qu'il affectionnait. On ferma cette caisse, et après qu'elle eut été soudée avec soin, on la passa dans celle de fer-blanc, qui fut elle-même posée dans la troisième caisse, celle d'acajou, qu'on ferma et qu'on scella avec des vis de cuivre. Le manteau de Marengo servit encore de drap funèbre à ce cénotaphe, et un crucifix d'argent fut fixé sur le milieu du cerceuil qu'aucune inscription funéraire ne surmonta et qui ne fut entouré d'aucun luminaire.

Les officiers de l'Empereur avaient commandé, le jour même de sa mort, à un graveur de l'île une plaque d'argent destinée à être placée sur son cercueil. Déjà l'artiste avait figuré sur la plaque cette simple et modeste inscription :

NAPOLÉON,

Né à Ajaccio

Le 15 août 1769;

Mort à Sainte-Hélène

Le 5 mai 1821.

Mais Hudson-Lowe, instruit de cette disposition, déclara au comte Montholon qu'il s'opposait formellement à cette disposition.

« Général, avait-il ajouté, mes instructions me font un devoir de ne pas le permettre; c'est tout au plus si mon gouvernement tolérerait qu'on inscrivît ces mots sur le cercueil : *Le général Bonaparte.* »

A cette déclaration, le général s'était récrié.

« C'est une horrible vexation! avait-il dit au gouverneur. Il est infâme de poursuivre ainsi la victime jusqu'au delà du tombeau. »

Mais le geôlier de Sainte-Hélène fut inébranlable; la pierre même qui devait recouvrir la fosse ne reçut aucune épitaphe. Le gouvernement anglais, qui avait prévu la mort de l'illustre prisonnier, avait défendu à son représentant de laisser rien inscrire sur la pierre tumulaire, dans la crainte qu'un mot ou le moindre emblème ne vînt à rappeler aux vivants le souvenir de l'homme qui avait laissé tant d'ineffaçables traces de sa puissance depuis les Pyramides jusqu'au Kremlin.

Le 8 mai avait été le jour choisi pour les funérailles. Un peu avant que le funèbre cortége partît de Longwood pour la vallée où devait être inhumé l'Empereur, Hudson-Lowe, qui était arrivé le matin, s'approcha de quelques personnes qui avaient appartenu à la maison de Napoléon, et, déplorant devant eux la perte qu'ils venaient de faire, leur dit qu'elle était d'autant plus cruelle pour lui que son gouvernement lui avait paru revenir à de plus tolérantes dispositions à l'égard du captif. « Enfin, ajouta-t-il avec une certaine émotion, j'étais chargé de faire connaître au général Bonaparte, que l'instant approchait où la liberté allait lui être rendue pour lui permettre de vivre comme il l'avait tant désiré, soit en Angleterre, soit en Amérique. S. M. Georges IV ne demandait pas mieux que de mettre un terme à cette cruelle réclusion. Il souffrait de voir un homme qu'il estimait et qu'il admirait, soumis à un régime dur et humiliant, et il voulait être un des premiers à améliorer le terme de ses souffrances. Mais hélas ! maintenant qu'il est mort, il ne nous reste plus qu'à lui rendre les derniers devoirs ainsi que les honneurs militaires qui sont dus au grand capitaine et au plus illustre soldat de notre siècle. »

Ces tardives promesses d'un meilleur avenir, cette apologie plus tardive encore, étaient bien dignes de l'implacable gouvernement anglais. Les amis de l'Empereur ne répondirent à la harangue de Hudson-Lowe que par un sourire de pitié et de mépris ; et tout bas ils répétèrent ces mots terribles que Napoléon n'avait cessé, du haut de son rocher, de jeter à la face de ses persécuteurs : *Je lègue l'opprobre de ma mort à la famille régnante d'Angleterre !*

Cette matinée du 8 mai était magnifique. Le soleil semblait avoir voulu illuminer le firmament pour l'apothéose du héros ; la mer était calme et majestueuse. Une immense population couvrait toutes les avenues ; des corps de musique couronnaient les hauteurs ; les sourds roulements du tambour étaient entrecoupés par la lugubre explosion du tam-tam.

Il était midi : des grenadiers anglais saisissent le cercueil, le soulèvent avec peine, et parviennent, à force de bras, à le transporter dans la grande allée du jardin, où l'attend le corbillard. Placé immédiatement sur le char, le cercueil est recouvert du manteau de Marengo, et le cortége se met en marche dans l'ordre suivant :

L'abbé Vignali, revêtu de ses ornements sacerdotaux ; le jeune Henri Bertrand, marchant à ses côtés et tenant un bénitier d'argent ; le docteur Antommarchi et le médecin anglais Arnott ; puis venait le corbillard, traîné par quatre chevaux et escorté par douze grenadiers anglais, sans armes ; puis le jeune Napoléon Bertrand et Marchand, sur les côtés du corbillard ; puis les comtes Bertrand et Montholon, à cheval ; puis les serviteurs de la maison de l'Empereur ; puis la comtesse Bertrand avec sa fille Hortense, dans une calèche attelée de deux chevaux, conduits à la main par des domestiques, qui marchent de chaque côté de la calèche pour la garantir des précipices qui bordent la route ; puis le cheval de l'Empereur, caparaçonné de noir et conduit par Archambault ; puis les officiers de marine, à pied, et les officiers anglais de l'état-major, à cheval ; puis le contre-amiral et le gouverneur, également à cheval ; et enfin les marins des navires en rade à Sainte-Hélène, et les habitants de l'île.

Le cortége sortit de Longwood dans cet ordre, passa devant le grand corps de garde, et trouva toute la garnison, au nombre de 2,500 hommes, rangée sur la gauche de la route, qu'elle occupait jusqu'à Huts-Gatt. Les divers corps de musique, placés de distance en distance, exécutaient des hymnes funèbres. Les troupes, se repliant au fur et à mesure que le char avançait, le suivirent jusqu'au lieu de la sépulture, les dragons en tête. A la suite du char marchaient les 20ᵉ et 66ᵉ régiments d'infanterie, les soldats de la marine, les volontaires de Sainte-Hélène, et enfin le régiment de l'artillerie royale avec douze pièces de campagne, les canonniers à leurs pièces, mèche à la main et prêts à faire feu.

A un quart de lieue au delà de Huts-Gatt, le corbillard s'arrêta. Les troupes firent halte et se rangèrent en bataille le long de la route. Les douze grenadiers anglais prirent alors le cercueil sur leurs épaules et le portèrent ainsi jusqu'au lieu de la sépulture, en suivant une route nouvelle qui avait été pratiquée tout exprès sur le flanc de la montagne. Ceux qui étaient à cheval mirent pied à terre.

La comtesse Bertrand et sa fille descendirent de calèche, et le cortége suivit le corps sans observer aucun ordre de préséance ; cependant les comtes Bertrand et Montholon, le jeune Napoléon Bertrand et Marchand tenaient les quatre coins du poêle. Le cercueil fut déposé sur le bord de la fosse, près de laquelle on apercevait les cabestans qui devaient servir à le descendre. Dès ce moment un silence morne régna dans cette foule immense : généraux et soldats, Français et Anglais, citoyens de toutes les nations, tous étaient pénétrés d'une émotion profonde. On découvre le cercueil, l'abbé Vignali s'approche, récite la dernière prière, jette la pelletée de terre symbolique sur le corps ; les câbles se dressent ensuite, la poulie tourne, un son rauque se fait entendre : Napoléon repose sur le rocher de Sainte-Hélène, les pieds tournés vers l'orient, la tête vers l'occident, et sa gloire partout.

Alors l'artillerie de terre résonne, le bronze du vaisseau amiral lui répond en rade ; jamais les échos de l'île n'ont retenti de si formidables détonations. Ces salves annoncent au monde que Napoléon a quitté son lit d'agonie pour son lit funèbre, comme autrefois il avait quitté son infime demeure d'Ajaccio pour le splendide palais de Louis XIV !

. . . .

Un anneau de fer, aux armes de la Grande-Bretagne, scella pendant vingt-cinq ans les dépouilles du grand homme ; mais tous ceux qui avaient été témoins de ses obsèques, Français, Italiens, Anglais, Russes, Prussiens, Portugais, Espagnols, Japonais, Autrichiens,

Tombeau de Napoléon à Sainte-Hélène.

Suédois, Américains, Indiens et Chinois, tous s'élancèrent de Sainte-Hélène pour aller, apôtres nouveaux, raconter à leur nation la mort et les funérailles de l'homme qui sera la gloire éternelle de la France.

Puis, pendant vingt-cinq ans, rien ne troubla plus le silence de cette tombe, abritée par un saule, près duquel tous les soldats du monde auraient dû venir s'agenouiller au moins une fois en leur vie comme tous les vrais croyants devant le tombeau de Mahomet, si ce n'était le pas du soldat anglais qui veillait, en tremblant, sur le mort qui dormait à ses pieds !

CONCLUSION.

Enfin, vingt-cinq ans plus tard, en 1840, l'Angleterre rougit du grand attentat qu'elle avait commis sur le grand homme trahi par la fortune; et, pour effacer jusqu'au moindre vestige de ses persécutions, elle consentit à rendre à la France son Empereur mort.

On se rappelle encore l'enthousiasme avec lequel la nation tout entière salua le retour des cendres de Napoléon. A l'aspect de ces dépouilles vénérées, le peuple et l'armée oublièrent à quel prix ces cendres augustes leur étaient rendues.

Ces tardives funérailles furent célébrées avec une magnificence digne du héros mort et du peuple vivant. La France, comme du temps des monarques carlovingiens, assista, par ses représentants, à l'apothéose de celui qui avait régné sur elle pendant quinze ans. Les drapeaux de notre jeune armée conduisaient ce grand deuil national, et semblaient recevoir une consécration nouvelle en mêlant ses lauriers africains aux palmes d'Aboukir, de Marengo, d'Austerlitz, d'Iéna, de Friedland, de Wagram, de la Moskowa, de Lutzen, de Montmirail et de Waterloo. Dans ce cortége étincelant des trophées du passé et des trophées du présent, le peuple remarquait avec attendrissement un groupe de soldats peu nombreux et courbés sous le poids de l'âge et des fatigues de la guerre : ces hommes, vêtus des anciens uniformes de l'Empire, étaient, à eux seuls, un poëme héroïque. En marchant derrière le cercueil de leur Empereur, ces invincibles rappelaient ces centurions romains qui accompagnèrent jusqu'au mont Janicule le cadavre de César.

A l'aspect de ces débris mutilés de nos phalanges si longtemps victorieuses, à la vue de ces glorieux habits encore imprégnés de la neige de la Bérésina et de la poudre de Mont-Saint-Jean, le peuple s'inclina !... Chacun de ces braves lui représentait une victoire, car sur ces étoiles d'honneur qui scintillaient sur leurs poitrines tant de fois labourées par la mitraille de l'ennemi, chacun pouvait lire cette sublime devise de Napoléon : *Honneur et Patrie!*

Non, jamais les obsèques d'un monarque n'avaient été plus éclatantes, plus entourées de ce qui rend sacrées ces funèbres cérémonies : les regrets et les bénédictions. Pour en faire passer le récit à la postérité, il faudrait rassembler les traits épars des funérailles de Trajan, de Marc-Aurèle et de Constantin, unies à celles de Charlemagne, de Louis XII et de Turenne. La France reconnaissante, dans ce jour mémorable, paya en effet au héros mort les hommages dus au conquérant, au législateur, en un mot, au grand homme qui sut poser des digues au torrent révolutionnaire, en relevant de la pointe de son épée les autels du vrai Dieu et le trône de saint Louis.

A ce cercueil si chargé de souvenirs, il fallait un sépulcre digne de la France ; on l'avait trouvé : ce fut au milieu de ses braves compagnons de gloire, que la nation décerna une sépulture éternelle à Napoléon. Ce fut aux *Invalides*, dans ce palais somptueux élevé, par la munificence du grand roi, à la vaillance mutilée ou refroidie par l'âge, que la dépouille mortelle de l'Empereur fut déposée, comme dans un sanctuaire où nulle main sacrilége ne saurait troubler le sommeil éternel. La nuit de l'éternité doit être aussi calme pour Napoléon que le fut pour lui la nuit d'Austerlitz. Ici, comme là-bas, il ne pourra plus être distrait que par l'ombre de ses lieutenants, au milieu desquels il se présentera, le jour suprême, devant le tribunal de Dieu.

Si l'âme, séparée du corps, peut abandonner le séjour céleste pour planer quelquefois sur la terre, avec quelle joie Napoléon se sera-t-il vu au milieu de ce peuple français qu'il aimait avec tant d'amour! avec quel bonheur aura-t-il contemplé le splendide sépulcre qu'on lui a assigné, selon ce dernier vœu exprimé à Sainte-Hélène : « Je désire que mes cendres reposent sur les bords de la Seine, au milieu de ce peuple que j'ai tant aimé! »

La coupole d'or du monument de Louis XIV couvre cette noble sépulture! des soldats français la garderont jusqu'à ce que la France soit effacée par le temps de la surface du globe! Les arts de la patrie viendront consacrer à l'envi cette chapelle Saint-Jérôme, où le cercueil de Napoléon, débarrassé des chaînes britanniques, a été descendu libre, et par des mains françaises, au tonnerre de cent pièces de canon.

Oui sans doute, à la voix de ce bronze, aux accents de ce peuple, de cette vieille et jeune armée en proie à une fièvre patriotique, la dépouille du grand homme aura frémi dans son linceul; sa main se sera portée instinctivement sur la garde de son épée, et, en voyant ses vieux braves se grouper encore autour de son cénotaphe, la bouche du grand capitaine aura pu encore articuler ces mots magiques qu'il prononçait après toutes les grandes journées de la France : « Soldats! je suis content de vous! »

Et vous, nobles débris de nos guerres de la République et de l'Empire; vous, fiers soldats de la Garde impériale, dites-nous quelle sainte extase s'est emparée de vos âmes quand vous avez vu descendre du char funèbre le corps du héros pour lequel vous aviez versé tant de sang sur tant de champs de bataille? Dites-nous quel noble orgueil vous a saisis au cœur lorsque vous avez appris que les cendres de votre Empereur bien-aimé dormiraient désormais sous le même abri que vous, pendant la durée des siècles, et que, seuls, vous seriez les gardiens de ce palladium de la gloire et de la grandeur de la France!

Saint-Denis à Louis XIV, à Du Guesclin, à Bayard! A l'hôtel des Invalides, dans la chapelle Saint-Jérôme, Napoléon et tous les fameux capitaines, dont les toiles vivantes forment, avec les drapeaux suspendus aux voûtes, le plus précieux ornement.

La chapelle Saint-Jérôme est devenue aujourd'hui la Mecque des braves. Sur son parvis de marbre, à toutes les heures du jour, viennent errer pieusement les hôtes de l'Hôtel; à les voir ainsi marcher timidement, on croirait que ce sont de respectueux enfant qui craignent de réveiller leur père endormi.

Souvent aussi, sur les degrés du tombeau, on voit un vieillard se prosterner et prier : c'est un ancien grenadier de la garde qui vient redire à son Empereur que les soldats de la France d'aujourd'hui sont dignes de leurs aînés, et que les blessés de Saint-Jean-d'Acre et de Mont-Saint-Jean ont adopté les blessés de Mostaganem et d'Isly ; puis un jour viendra où les nations de l'Europe, rendues au sentiment d'équité qu'amène toujours le temps, inclineront la tête avec respect au souvenir de Napoléon, impérissable dans la mémoire des hommes, et dont le nom vivra autant que le monde !

FIN DES CONSPIRATIONS.

Des raisons de haute convenance avaient pu seules porter l'auteur à supprimer de ses *Souvenirs intimes* l'article suivant, ce chef-d'œuvre d'intérêt et de style. Mais, sur nos vives instances, M. Emile-Marco de Saint-Hilaire, s'étant décidé à faire quelques modifications qui, tout en donnant à son Histoire du maréchal Ney plus de clarté et de précision, font taire les scrupules de sa délicatesse, nous la publions ici afin de combler une lacune que le lecteur nous saura gré d'avoir remplie.

(*Note de l'éditeur.*)

LE MARÉCHAL NEY.

En regardant naguère cette gravure touchante où une simple religieuse prie à genoux devant le cadavre de Ney, le sentiment douloureux que nous éprouvâmes nous fit réfléchir à la haine que l'exécution de La Bédoyère et de Ney souleva contre la Restauration. On croyait alors, par ces tristes représailles, consolider le trône, comme si les proscriptions et les échafauds pouvaient jamais recommander une cause! Qu'arriva-t-il? Que le sang versé par suite des ordonnances royales de juillet 1815 mina, durant quinze années, ce trône qui croula une troisième fois à la suite d'autres ordonnances, celles de juillet 1830. Etrange coïncidence de dates!

Parler aujourd'hui du maréchal Ney est encore une entreprise délicate, quoique nous soyons arrivés à une époque où tout devrait pouvoir se dire hautement, la main sur la conscience. En exhumant ces souvenirs si pleins d'actualité, notre intention n'est donc pas d'agiter de nouveau une question politique depuis longtemps jugée en dernier ressort. Nous voulons seulement raconter quelques brillants épisodes de la vie de l'illustre guerrier; expliquer comment, à la fin d'une des plus glorieuses carrières militaires des temps modernes, Ney paya de sa vie l'élan irréfléchi d'une âme généreuse et patriotique. Puis nous entrerons, avec l'impartialité et le respect des convenances dont nous croyons ne nous être jamais écarté, dans les détails de son arrestation, en tâchan de dévoiler les animosités puissantes et les influences *étrangères* qui, dans le cours du procès, provoquèrent sa condamnation. Enfin nous dirons les derniers moments de celui que Napoléon avait appelé le *brave des braves*, et en cela nous ne risquons pas de profaner la tombe qui recèle son glorieux cadavre. Car, lorsqu'on parle d'histoire contemporaine, si la vérité pouvait jamais être redoutable pour quelqu'un, ce ne serait pas pour les morts, ce serait pour les vivants.

I

Dans la petite ville de Sarrelouis, sur les confins de la Lorraine allemande, naquit, le 10 janvier 1769, Michel Ney. Son père avait été soldat; il était rentré dans sa ville natale où il avait repris le modeste état de tonnelier qu'il y exerçait auparavant. Bien qu'il désirât voir cet enfant embrasser sa profession, le récit des combats auxquels il avait assisté pendant la *guerre de sept ans* enflamma cette imagination impressionnable, chez laquelle une vocation décidée pour le métier des armes se révélait déjà.

Michel reçut les premiers éléments d'instruction au collége des Augustins. Calme et appliqué pendant les leçons, il devenait d'une turbulence extrême lorsqu'elles étaient achevées. Il rangeait alors ses petits camarades en ordre de bataille, les disciplinait et leur adressait des paroles de commandement, comme s'ils eussent été dans un camp. M. Valette, notaire à Sarrelouis, que les exercices du jeune Ney avaient souvent amusé, et qui avait deviné, non pas sa vocation, mais son intelligence, offrit au père de le prendre dans son étude [1]. Mais faire des courses le matin et expédier des rôles le soir, ce genre de vie convenait peu à une telle organisation. Le dégoût vint bientôt, et Michel quitta l'étude de M. Valette pour entrer au parquet du ministère public. C'était tomber de Carybde

---

[1] La famille Valette conserve avec une sorte de culte la minute d'un acte écrit de la main du jeune Ney.

en Scylla ; car, paperasses pour paperasses, mieux valent encore les contrats de vente et les constitutions de dots que de tristes et sévères réquisitoires.

Cependant Ney avait atteint sa quinzième année. Il avait un frère aîné, Pierre Ney, qui venait de prendre du service. Cette circonstance ne contribua pas peu à développer chez lui le penchant irrésistible qui l'entraînait, et, dès ce moment, il ne rêva plus que gloire et combats. Cependant Pierre, qui avait toujours eu sur lui beaucoup d'ascendant, parvint à faire prendre à cet esprit belliqueux une autre direction. Michel était actif et intelligent : on lui avait offert la surveillance des forges de Saleck. Sur les instances de son frère, il accepta ce poste et le remplit avec zèle. Deux ans s'écoulèrent ainsi ; mais les lieux qu'il habitait entretenaient encore sa passion : toutes les villes environnantes étaient des places fortes tenant garnison. Le jeune surveillant de Saleck allait-il à Trèves, à Bingen ou à Deux-Ponts, partout il rencontrait des uniformes, partout il voyait des exercices militaires auxquels il brûlait de se mêler ; enfin sa position lui étant devenue insupportable, un matin, après avoir résigné ses fonctions, et sans en avoir rien dit à sa famille, il partit pour Metz, où se trouvait le régiment de *Colonel-Général hussard*, avec l'intention de s'y engager comme volontaire ; mais, à moitié route, l'idée de la douleur que cette brusque résolution va causer à sa mère jette du trouble dans son cœur accessible aux douces affections ; il s'arrête, il hésite, la tendresse filiale l'emporte ; il rebrousse chemin et revient à Sarrelouis pour embrasser sa mère et dire un dernier adieu à ses parents.

L'accueil que lui fit sa famille fut sévère. Reproches, prières, menaces, tout fut employé par son père pour le faire renoncer à son projet ; dans la crainte de céder aux larmes de sa mère, Michel s'esquiva, se remit en route, sans argent, triste, exténué de fatigue, mais résolu, et il exécuta son projet. Il montra ainsi, dès le début, cette force de caractère qui ne devait céder devant aucun obstacle, un seul jour excepté ! Plus tard, et lorsque la fortune eut placé dans ses mains le bâton brodé d'abeilles d'or, il revint à Sarrelouis. Alors les habitants de la ville se pressaient sur son passage pour contempler un compatriote dont ils étaient fiers : les troupes étaient sous les armes, l'artillerie grondait pour célébrer cette arrivée ; quant à lui, simple et modeste comme il le fut toujours, en reconnaissant cette route que seize ans auparavant il avait parcourue seul, à pied, pauvre, par un froid excessif, il pensa aux derniers adieux de sa mère; les larmes lui vinrent aux yeux, et, tout ému, il raconta aux officiers qui l'entouraient ses premières émotions.

Arrivé à Metz le 1er février 1787, Ney s'était engagé le même jour dans le régiment de Colonel-Général, qui devint par la suite le 4e hussards. Il avait alors dix-huit ans. Il commença sa carrière militaire sous les auspices d'un de ses compatriotes, simple sous-lieutenant qui, par cela même qu'il n'était pas noble, ne put rien pour lui ; mais bientôt il se fit remarquer de ses supérieurs. Sa conduite, son application, la promptitude avec laquelle il comprenait et exécutait les exercices de son arme, lui valurent leur bienveillance et l'humble grade de brigadier. A cette époque, les chasseurs de Vintimille tenaient également garnison à Metz. Parmi les maîtres d'armes de ce régiment, il y en avait un appelé Malasson, qui passait pour un *crâne* dangereux. Toujours le sabre à la main, il s'était rendu redoutable aux jeunes recrues, qu'il mettait à contribution : les plus habiles tireurs le craignaient ; aussi insultait-il impunément les hussards, parmi lesquels il avait déjà estropié quelques maîtres d'armes.

Un jour que plusieurs sous-officiers de Colonel-Général s'étaient réunis dans un café de la ville pour fêter un nouveau venu, l'un d'eux, jeune Lorrain, au regard fier, à la voix puissante, entonne une chanson de son pays, dont ses camarades répètent en chœur le refrain. Sur ces entrefaites arrive Malasson. La joie bruyante des hussards ne tarde pas à déplaire au maître d'armes, qui a déjà la tête échauffée par d'amples libations. Il apostrophe brutalement le chanteur, qui n'était autre que Ney, et lui ordonne de se taire.

Celui-ci ne tient aucun compte de l'injonction et continue de chanter. Une provocation succède aux menaces, et enfin Ney et Malasson sortent du café pour vider la querelle les armes à la main. Ils arrivent sur le terrain, déjà les sabres sont croisés, lorsque Ney, se sentant violemment tiré par la queue, se retourne : c'était le major de son régiment, qui le fait arrêter et jeter au cachot.

Le duel était alors puni de mort. Ney avait été pris en flagrant délit : le cas ne pouvait être plus grave; mais il était aimé de ses camarades. Les sous-officiers vinrent en masse demander sa grâce au colonel, qui la leur accorda. A peine était-il sorti de prison, que les sous-officiers se réunirent pour aviser au moyen de punir l'insolent maître d'armes. Cette vengeance appartenait d'autant plus à Ney, qu'il était réputé le plus brave et le plus adroit; aussi accepta-t-il la mission avec joie, sans se soucier des conséquences. Cette fois, le combat eut lieu plus secrètement, et, d'un vigoureux coup de sabre, Ney abattit les quatre doigts de la main droite de son adversaire, qui, réformé par suite de cette blessure, se retira à Lille, où il vécut misérablement [1]. Le colonel ayant appris que Ney ne s'était battu que par délégation, dut fermer les yeux sur cette nouvelle affaire.

Ney passa rapidement par tous les grades subalternes. Maréchal

---

[1] En 1808, ce même Malasson vit un matin toute la garnison venir se ranger en bataille sur la grande place de Lille. Les troupes allaient être passées en revue par un maréchal de l'Empire. Celui-ci arrive escorté d'un brillant état-major. Malasson reconnaît dans le maréchal le hussard qui l'a blessé en duel vingt ans auparavant. A travers la foule de curieux qui se presse sur son passage, Ney a reconnu, lui aussi, l'ancien maître d'armes de Vintimille, auquel il a donné jadis une si rude leçon. Il le fait appeler après la revue, lui parle avec bonté, s'informe de sa position, et, apprenant qu'il ne lui reste ni famille ni ressources : « Celui avec qui j'ai croisé le fer, lui dit-il, ne doit pas mourir de faim. Désormais vous recevrez une pension de 600 fr., mais à la condition que vous vous conduirez en honnête homme. » Alors Malasson était loin de prévoir que sept ans plus tard une terrible catastrophe le priverait de cette dernière ressource. En apprenant l'exécution du maréchal, sa douleur fut telle, que, de désespoir, il se brûla la cervelle, ne voulant pas survivre à son bienfaiteur.

des logis, adjudant sous-officier; il fut nommé lieutenant en 1793, et capitaine l'année suivante. Kléber, qui avait su le deviner, l'attacha à son état-major et lui conféra par la suite le grade d'adjudant général (chef d'escadron). Dans les intervalles que lui laissaient ses occupations militaires, Ney travaillait avec ardeur à réparer l'insuffisance de sa première éducation. En 1796, il passa à l'armée de Sambre et Meuse, dans la division du général Collaud, et donna des preuves multipliées de sa bravoure aux journées d'Altenkirchen et de Dierdorff. Ce fut à la suite du célèbre combat de Rednitz, livré par lui en 1797, sous le feu de quatorze pièces de canon, qu'il fut fait colonel. A la bataille de Norweid, qui lui valut le grade de général de brigade, il commandait une partie de la cavalerie française, et contribua puissamment au succès de cette journée en enfonçant les Autrichiens sur tous les points. Le soir, accablé de fatigue, couvert de sang et de contusions (il avait eu deux chevaux tués sous lui), il racontait à ses frères d'armes les accidents de la bataille. L'un d'eux le blâme sur ce qu'il appelle *ses imprudences.*

« C'est vrai, lui répond Ney, je l'ai encore échappé belle aujourd'hui! Quatre fois je me suis trouvé seul au milieu des Autrichiens. Il faut qu'il y ait des grâces d'état, car je n'aurais jamais dû sortir vivant de cette mêlée.

— Tu as été plus heureux que ton frère, lui dit-on.

— Comment! s'écrie Ney en fixant des regards pleins d'anxiété sur son ami. Parle! mon frère serait-il mort?»

On lui apprend qu'à une affaire sérieuse en Italie, Pierre Ney, officier à la 55ᵉ demi-brigade, a été tué. A cette funeste révélation, Ney couvre son visage de ses mains et s'écrie en fondant en larmes :

« Mon pauvre Pierre! Et ma mère, et ma sœur, que seraient-elles devenues si j'avais succombé ce matin ! »

Et il écrivit le lendemain à sa famille, afin qu'elle n'eût pas à craindre pour lui.

Sa parfaite indifférence au milieu du danger lui permettait de remarquer ces émotions dont un militaire, quelque aguerri qu'il soit, n'est pas toujours exempt dans les moments périlleux. A la bataille d'Iller, au moment où un capitaine d'état-major, le chapeau à la main, lui rendait compte d'une mission, un boulet passe si près d'eux, que l'officier baisse instinctivement la tête et continue néanmoins son rapport.

« C'est très-bien, lui dit Ney lorsqu'il eut achevé de parler; mais une autre fois ne saluez pas si bas. »

Successivement employé sous Masséna, en Suisse, et sous Moreau en Allemagne, Ney, en 1799, faisait partie de l'armée du Rhin, comme général de division, lorsque le Directoire fut renversé. Le premier Consul, qui avait souvent entendu parler de lui, l'emmena en Italie. Après cette prestigieuse campagne qui se termina par Marengo, Ney profita des loisirs que lui laissait l'armistice pour songer à ses blessures. De retour à Paris après la paix de Lunéville, Napoléon l'accueillit avec une distinction toute particulière. Soit sympathie, soit politique, désirant s'attacher Ney par des liens plus intimes, il demanda conseil à Mme Bonaparte, qui ne trouva rien de mieux, pour seconder les desseins de son mari, que de marier son protégé.

Sa fille Hortense de Beauharnais avait pour amie d'enfance Mlle Auguié, aimable et belle personne, que des malheurs de famille rendaient plus intéressante encore. Joséphine voulut tout à la fois combler les vœux de celui dont elle pressentait la gloire, et assurer à l'amie de sa fille une existence brillante. Elle donna donc à Ney la lettre d'introduction de M. Auguié, en joignant à cette lettre un billet aussi aimable pour le général que flatteur pour la famille dans laquelle il désirait entrer :

« Je vous envoie, général, mandait-elle à Ney, une lettre que
« vous m'avez demandée pour le citoyen Auguié. Je vous engage
« à en prendre connaissance. Je ne lui dis pas tout le bien que
« je sais et que je pense de vous, parce que je veux lui laisser la
« satisfaction de juger par lui-même des avantages et des qualités

« de son gendre futur. Mais je vous réitère ici l'assurance de l'in-
« térêt que Bonaparte et moi prendrons à cette union de deux per-
« sonnes pour lesquelles il a une bienveillance et une estime qui
« ne sauraient s'exprimer. Je partage bien sincèrement avec lui,
« général, ce double sentiment.

« Malmaison, ce 10 prairial, an X (30 mai 1802, vieux style).

« LA PAGERIE-BONAPARTE. »

Cette négociation ayant été menée à bien, Ney disposa tout pour son prochain mariage. Malgré les commandements qu'il avait eus pendant six ans de guerres continuelles, il ne possédait pour tout bien qu'une propriété de la valeur de 80,000 fr.; mais il avait confiance en sa valeur pour assurer son avenir. Des débris de sa brillante fortune, M. Auguié avait acheté le château de Grignon; c'est là que le mariage de sa fille fut célébré. Dans le village habitaient deux vieillards mariés depuis plus de cinquante ans. Ney voulut qu'ils reçussent de nouveau la bénédiction nuptiale, le même jour et au même autel que lui.

« Ce couple, avait-il dit à son beau-père, me rappellera la modestie de mon origine, et ce renouvellement d'une longue union sera d'un heureux augure pour la mienne. »

La pensée était noble, mais le présage qu'elle exprimait ne devait malheureusement pas s'accomplir.

Quelques jours après, les nouveaux mariés étant allés à Malmaison pour faire leur visite à Mme Bonaparte, le premier Consul survint :

« Je vous fais mon compliment, mon cher général, dit-il à Ney; mais ce n'est pas tout, je veux vous faire mon cadeau de noces. » Et sur un ordre donné à un valet de chambre, celui-ci apporta un sabre oriental, dont la monture était d'une richesse extraordinaire. Napoléon le donna à Ney en lui disant : « Acceptez cette arme en souvenir de l'amitié et de l'estime que je vous porte. Elle appartenait à un pacha égyptien mort bravement sur le champ de bataille d'Aboukir : vous vous en servirez lorsque l'occasion de défendre la République se représentera.

— Général ! s'écria Ney, je jure sur mon honneur que ce sabre ne me quittera qu'avec la vie. »

Il disait vrai ; mais treize ans plus tard, comme on le verra, cette arme devait devenir pour lui un présent bien funeste.

II

Enfin l'Empire venait d'être constitué. Le pouvoir confié à Napoléon avait été continué à sa famille, et l'ordre de succession réglé. Consul, Bonaparte n'avait eu que des généraux en chef ; empereur, il voulait avoir de grands dignitaires de la couronne et des maréchaux. Ney fit partie de cette nouvelle création, et reçut des premiers le bâton du suprême commandement, mais jamais il ne perdit le souvenir de sa modeste origine. Parvenu à l'apogée de la fortune militaire, il aimait à rappeler son point de départ. L'empressement que l'Empereur mettait à s'entourer de noms anciens et la faveur dont jouissait la vieille noblesse dans son état-major déplaisaient au maréchal. C'était surtout devant ces représentants de l'ancien régime qu'il aimait à parler de ses premières années. Un jour qu'aux Tuileries quelques-uns d'entre eux s'entretenaient avec affectation de leurs aïeux et de la fortune qu'ils auraient un jour, le maréchal les interrompit brusquement en leur disant :

« Eh bien ! moi, messieurs, je suis moins heureux que vous : je n'ai rien à prétendre de ma famille ; mais à l'époque où je n'étais que ce que vous êtes, je m'estimais riche lorsque j'avais la moitié d'un pain sur ma planche. »

Dans une autre circonstance, à un dîner d'apparat chez le ministre de la guerre, Ney se trouva placé à table à côté d'un prince de la confédération du Rhin, qui se faisait servir par son heiduque. Pendant le repas, ce serviteur avait pour le maréchal des soins si empressés, qu'au dessert celui-ci se retourna pour l'en remercier, et s'écria :

« Tiens, c'est Frédérick ! »

Puis, pour s'excuser auprès des convives, qui paraissaient presque scandalisés de cette familière exclamation, le maréchal ajouta en s'inclinant :

« Pardon, c'est un camarade de lit que je retrouve. »

Sur un signe du prince, le heiduque avait disparu : par discrétion, son maître l'avait éloigné. On sortit de table, et l'étrange exclamation du maréchal était déjà oubliée; mais le sentiment qui l'avait provoquée était resté au cœur de Ney; au lieu de suivre les convives dans le salon, il se dirigea vers les antichambres, s'informa de ce qu'était devenu Frédérick; et, apprenant qu'il s'était retiré à l'office, il y courut, l'embrassa devant tous les domestiques, lui glissa sa bourse dans la main et lui fit les offres de service les plus obligeantes.

Appelé au camp de Boulogne en 1805, et bientôt après dirigé sur l'Autriche avec le commandement du 6ᵉ corps de la grande armée, en sept jours le maréchal occupa tous les débouchés du Danube. De victoire en victoire, son impétuosité le porta d'Elkingen à Ulm ; et tandis que Napoléon triomphait à Austerlitz, Ney remportait sur d'autres points des avantages qui assuraient le succès de cette immortelle campagne. Puis il battit les Prussiens à Iéna, les Russes à Friedland et s'illustra de telle sorte, que l'Empereur lui confirma alors le surnom de *brave des braves* que depuis longtemps les soldats du 6ᵉ corps avaient déjà donné à leur chef. Nos aigles, victorieuses dans le nord de l'Europe, franchirent les Pyrénées. Ney pénètre avec elles dans la Péninsule ; mais il augura mal de l'issue de cette guerre et ne craignit pas de s'en expliquer franchement avec Napoléon, qui venait d'arriver à Madrid.

Un matin qu'après la parade l'Empereur, rentré au palais, traverse le salon de service où se trouvent réunis tous les chefs des corps de l'armée, il aperçoit Ney, et, s'arrêtant devant lui :

« Eh bien ! monsieur le mécontent, lui dit-il d'un ton de bonne humeur, j'ai reçu d'excellentes nouvelles ; cela marche : la Romana n'en a pas pour quinze jours, les Anglais ont été culbutés. Ils ne s'aventureront pas davantage : d'ici à trois mois, tout sera fini. »

Le maréchal garde le silence et baisse les yeux. Napoléon fronce légèrement le sourcil et reprend :

« Monsieur le maréchal, me ferez-vous l'honneur de me répondre ? »

Il y eut encore un moment de silence, que Ney rompit enfin en disant :

« Sire, il y a longtemps que cela dure. Je ne vois pas, comme Votre Majesté, que nos affaires avancent. Ces gens-là s'entêtent : les femmes et les enfants s'en mêlent; ils nous tuent tous nos hommes en détail; cette guerre tournera mal. Ce n'est pas une armée que nous avons à combattre, c'est un peuple tout entier; je n'y vois d'autre fin que notre perte. »

Pendant que Ney avait parlé, l'Empereur l'avait regardé fixement. Quand il eut achevé, il reprit, sans avoir l'air de répondre directement au maréchal :

« Eh bien ! admettez que c'est une Vendée : j'ai soumis la Vendée. Les Calabres s'étaient bien autrement insurgés !... Partout où il y a des montagnes, il y a des insurgés. Le royaume de Naples est tranquille maintenant. Ce n'est pas tout que de bien conduire une armée, il faut encore voir l'ensemble. Le système européen n'est plus le même que sous Frédéric. Aujourd'hui les grandes puissances doivent absorber les petites. Ici les prêtres ont de l'influence. C'est ce qui exaspère ces gens-là. Mais les Romains les ont conquis, les Maures les ont conquis, nous valons mieux que les Romains et que les Maures : donc nous viendrons à bout des Espagnols. Est-ce que si Jules-César se fût rebuté, il eût conquis les Gaules? On dit que la population est contre nous; mais c'est une solitude que cette Espagne; on ne trouve pas un homme par lieue carrée. S'il en était autrement, j'amènerais l'Europe chez eux. Ne pensez-vous pas comme moi, monsieur le maréchal ? dit alors Napoléon en se retournant vivement vers lui.

— Non, Sire, répondit Ney.

— Ah!... » fit l'Empereur, peu habitué à entendre ses lieutenants formuler leur opinion d'une façon aussi laconique.

Le désintéressement de Ney égalait son indépendance. Jamais ses caissons ne furent souillés des dépouilles des pays conquis. Oudinot, formé à son école, remplit les siens, il est vrai, mais seulement d'armes curieuses ramassées dans les arsenaux étrangers. Nous avons vu, à son château de Jean-d'Heure, l'imposante collection de ce belliqueux butin, rangée par dates et dans un ordre de bataille qui émerveillait. Une justice non moins honorable à rendre encore à Ney, c'est qu'aucun général français n'eut autant de droit que lui à la reconnaissance des émigrés. Il était peu de familles nobles qui ne dussent à son humanité d'avoir conservé ceux des leurs qui étaient tombés en son pouvoir.

Malgré son opposition au principe des guerres d'Espagne et de Portugal, Ney y montra, comme ailleurs, les qualités héroïques qui le distinguaient à un si haut degré. On sait avec quelle puissance, avec quelle énergie il enlevait les masses et les lançait sur l'ennemi. Impétueux lorsqu'il fallait entraîner une charge, il était d'un sang-froid imperturbable lorsqu'il devait la soutenir.

La vie des camps, les fatigues de la guerre, les blessures qu'il avait reçues à la tête l'avaient rendu de bonne heure presque chauve. Ses rares cheveux, d'un blond vif, lui avaient fait donner par les soldats le surnom de *Lion-Rouge*, comme à Napoléon, sa taille celui de *Petit-Caporal*. Aussi quand, dans un moment décisif, les soldats apercevaient le maréchal, disaient-ils dans leur langage énergique :

« Le *Lion-Rouge* est arrivé : *ça va chauffer!* »

Le soir d'une journée qui avait été des plus chaudes, l'Empereur complimentait Ney de sa belle conduite et ne tarissait pas en éloges sur le sang-froid qu'il avait montré pendant l'action.

« Sire, je n'ai fait que mon devoir, répondit celui-ci,

— Mais, mon cher maréchal, reprit Napoléon en souriant, n'avez-vous donc jamais eu peur? »

Le Maréchal Ney en Russie.

Résumant tout son caractère en un mot, Ney répondit simplement :

« Ma foi, Sire, je n'en ai jamais eu le temps. »

Désigné des premiers pour l'expédition de Russie, Ney revint de Portugal en France, rappelé par Napoléon, qui lui conféra le titre de duc d'Elkingen. A cette occasion, un soir que la réunion était nombreuse dans les salons du maréchal, et que chacun le félicitait à l'envi, il interrompit ce concert de flatteuses paroles pour s'adresser à un vieil officier qui se tenait modestement à l'écart :

« Vous rappelez-vous, capitaine, lui dit-il, le temps où, lorsque je venais vous faire mon rapport, vous me disiez : « Ney, c'est bien, « je suis content de toi; continue à servir de cette façon, tu feras « ton chemin. »

— Parfaitement, monsieur le maréchal, lui répondit son ancien chef; j'avais alors l'honneur de commander à un homme qui valait mieux que moi : cela ne s'oublie pas. »

Dans cette funeste campagne de Russie, le 3ᵉ corps, sous les ordres de Ney, marcha à la victoire, suivant l'expression de Napoléon, *l'arme au bras*. Smolensk et Valoutina furent les brillants combats où la présence du maréchal se signala particulièrement; mais la bataille de la Moskowa le couvrit d'une gloire immortelle. Ce fut à Moscou même qu'il reçut de l'Empereur le titre de prince. Ney avait le pressentiment des malheurs dont la grande armée était menacée. Un jour, mécontent de ce que l'opinion contraire à la sienne avait prévalu dans le Conseil, il s'écria :

« Fasse le Ciel que la flagornerie des généraux d'ambassade ne soit pas plus nuisible à l'armée que la plus sanglante bataille! »

Pendant la désastreuse retraite qui fit, pour tant de braves soldats, un tombeau de leur conquête, Ney, avec un courage vraiment surhumain, soutint jusqu'à la fin l'honneur de nos armes. Notre avant-garde et le grand corps d'armée avaient traversé Krasnoë en perdant beaucoup de monde. Les Russes, au nombre de quarante mille, avaient gardé ce poste, afin que le maréchal et l'arrière-garde ne pussent leur échapper. Instruit par ses éclaireurs de l'immense supériorité des Russes, Ney renonce à franchir ce passage et donne l'ordre de rétrograder, c'est-à-dire de retourner sur cette ligne déserte et glacée, que le fer, le froid ont jonchée de cadavres. Ses soldats s'insurgent contre un commandement qui semble les vouer à une mort certaine. Le maréchal, pour les soumettre à sa volonté, déploie tout ce que son âme a d'énergie :

« Eh quoi ! leur dit-il, ne vous ai-je pas toujours conduits à la victoire ? Qu'on me suive ! »

Après avoir signalé à ses aides de camp, pour point de ralliement, un ruisseau qui descend de la route et va se perdre dans le Borysthène, seul, à cheval, il s'élance dans la campagne afin de combiner, d'après la vue des lieux, le plan de retraite qu'il a imaginé. Les troupes, obéissant enfin à l'ordre de leur chef, rétrogradent jusqu'au ruisseau signalé ; les aides de camp du maréchal, inquiets de sa longue absence, parcourent la plaine qu'arrose le fleuve, et le retrouvent au revers d'un tertre couvert de neige, assis tranquillement sur un tronc d'arbre, et marquant sur son carnet, à la clarté de la lune, et malgré un froid de 25 degrés, le passage qu'il veut faire franchir à ses soldats. Quelques cavaliers reçoivent l'ordre de s'avancer sur la glace dont le fleuve est couvert, afin de s'assurer qu'elle peut supporter le poids de l'artillerie. La glace fléchit sous les pieds des chevaux ; il faut chercher un endroit plus favorable. Enfin, à une lieue plus haut, ce passage est effectué au milieu de la nuit ; mais les plus valides sont exténués, et la plupart des blessés expirent.

Ney fait former le cercle à sa troupe ; des feux sont allumés ; il ordonne que ce qui reste de vivres soit distribué, et cela fait, il s'écrie :

« Mes amis, nous sommes sauvés ! A un mille de nous est une réserve de chevaux gardés par des Cosaques : quelques hommes de bonne volonté suffisent pour s'en emparer ; allez ! je réponds du succès ! »

Un détachement se met en marche : deux heures après, les chevaux étaient amenés et le maréchal arrivait sur la Bérésina, pour partager le péril et la gloire de ce passage. L'armée tout entière salua son retour par des cris de joie. Napoléon courut à lui et l'embrassa avec effusion. Quelques heures auparavant on l'avait entendu déplorer la perte du maréchal et dire, avec un accent de profonde tristesse :

« J'ai dix millions en or dans mes caves des Tuileries, je les donnerais volontiers pour racheter Ney. »

Cependant chaque jour amenait de nouveaux désastres. Au milieu des scènes de mort et de désolation qui se renouvelaient à chaque pas, le maréchal acheva cette périlleuse retraite, toujours combattant, s'arrêtant quelquefois, ne reculant jamais. Il traversa ainsi Kowno et le Niémen, et pendant quarante jours et quarante nuits exposa incessamment sa vie pour ramener en France quelques Français de plus; il y rentra le dernier de tous.

Une nouvelle campagne s'ouvrit au mois d'avril 1813 : celle de Saxe. Les armées belligérantes se trouvent bientôt en présence. Au milieu des triomphes de Bautzen et de Dresde, le bruit se répand dans l'armée alliée que Ney a été tué à l'affaire de Dennewitz. « Si « le prince de la Moskowa est mort, dit Bernadotte dans son bulle-« tin du 12 septembre 1813, l'empereur Napoléon a perdu l'un de « ses meilleurs capitaines. »

- Le maréchal, inconsolable de l'échec qu'il avait éprouvé à Dennewitz, voulait quitter l'armée, et pendant plusieurs jours il laissait échapper de temps en temps cette exclamation :

« Quel malheur que je n'aie pas été tué le 5 ! »

Son désespoir augmenta quand il fallut faire à l'Empereur le rapport de cette funeste affaire. Néanmoins, il y mit une grande franchise, et il le lut plusieurs fois, dans la crainte de n'avoir pas indiqué assez clairement les fautes qu'il avait faites. Avant de publier ce rapport, Napoléon en changea quelques expressions. Ainsi, dans le texte du maréchal, il y avait : « L'ennemi, ayant été rapidement

« renforcé, le 4ᵉ corps se trouva entièrement cerné. » L'Empereur remplaça le mot *cerné*, qui, selon lui, disait beaucoup trop, par le mot *engagé*. Nous avons vu cette correction faite de la main de Napoléon sur la pièce originale.

A Leipsick, les défections imprévues, les contre-temps, les malheurs, se multiplièrent de jour en jour. Bientôt le sol de la patrie, envahi par l'Europe coalisée, devint à son tour le théâtre de la guerre. Ce n'étaient plus nos conquêtes qu'il s'agissait de garder, c'étaient nos villes, nos campagnes, nos propriétés, notre civilisation qu'il fallait disputer à ce million d'étrangers, qui venaient pour ainsi dire saisir l'Empire corps à corps. Dans cette lutte désespérée, Ney développa une infatigable activité. A Brienne, à Champaubert, à Montmirail, il fut constamment dans le feu de la mitraille, animant ses jeunes soldats par sa parole, par son exemple, jusqu'au moment fatal où la France épuisée, trahie, mais non vaincue, se vit enfin accablée par la force brutale du nombre.

Nous venons de suivre rapidement la brillante carrière que parcourut le maréchal dans cette période de vingt-six années. Nous allons raconter les événements politiques qui amenèrent la sanglante catastrophe qui termina sa vie. Hélas! dans nos temps de révolutions, quel est l'homme politique qui peut se dire exempt de toute faiblesse, de toute erreur? Honneur à ceux qui n'ont commis que des fautes !

III

Napoléon avait appris à Fontainebleau l'occupation de Paris par les troupes de la coalition; le Sénat avait prononcé sa déchéance; mais encore entouré d'une poignée de braves, il espérait arracher à ses ennemis le fruit de la double défection de la fortune et des hommes, lorsque Ney, un des premiers, vint à prononcer le mot d'*abdication !*

« Vous n'êtes plus empereur! lui avait-il dit ; nous ne répondons plus de l'obéissance des troupes, dont nous ne sommes plus les maîtres. »

Ces paroles inattendues, ces récriminations, prouvèrent à Napoléon que cet état-major si dévoué de Marengo et de Wagram n'existait plus. Il se résigna. Un acte d'abdication en faveur de son fils et de l'Impératrice, comme régente, fut livré à Ney, à Macdonald et à Caulaincourt, chargés de porter cette pièce à Paris. Mais déjà la cause de Napoléon et des siens était perdue. Les plénipotentiaires retournèrent immédiatement à Fontainebleau : Ney entra chez l'Empereur.

« Eh bien ! demanda Napoléon au prince de la Moskowa, avez-vous réussi ?

— En partie, Sire ; votre vie et votre liberté vous sont garanties ; mais la régence n'est point admise : il était trop tard ; le Sénat reconnaîtra demain les Bourbons. »

Et Ney écrivit sur-le-champ à M. de Talleyrand, président du gouvernement provisoire, pour lui rendre compte de cette négociation, et lui envoyer en même temps son adhésion au nouvel ordre de choses.

« ...Je vis dès lors, disait le maréchal dans sa lettre, que, pour
« épargner à notre chère patrie les maux affreux d'une guerre civile,
« il ne restait plus aux Français qu'à embrasser entièrement la cause
« de nos anciens rois ; et c'est pénétré de ce sentiment que je me
« suis rendu hier au soir auprès de l'empereur Napoléon pour lui
« manifester le vœu de la nation.

« C'est demain matin que j'espère qu'il m'en remettra lui-
« même l'acte formel et authentique, etc. »

Six jours après, le 12 avril 1814, lorsque le comte d'Artois fit son entrée à Paris, on vit un groupe de maréchaux de l'Empire sortir de la barrière et aller au-devant de ce prince pour le complimenter :

« Monseigneur, dit Ney, qui porta la parole au nom de ses frères d'armes, nous avons servi avec zèle un gouvernement qui nous commandait au nom de la France. V. A. R. et S. M. verront avec quelle fidélité et quel dévouement nous saurons servir la patrie. »

Puis il alla à Compiègne au-devant de Louis XVIII qui, après l'avoir reçu avec la plus grande distinction, le fit venir à son lever le lendemain de son arrivée aux Tuileries, et lui demanda ce qu'il pouvait faire de mieux pour affermir son trône.

« Sire, lui répondit le maréchal, il ne s'agit que d'un mot de Votre Majesté : qu'elle ordonne que la *garde impériale* s'appelle *garde royale*, et son trône sera inébranlable. »

Les maréchaux de Napoléon, appelés ainsi à devenir les soutiens du trône des Bourbons, furent admis dans l'intimité des Conseils du roi, qui leur partagea les grandes charges militaires de l'Etat. Ney ne fut pas oublié dans cette large distribution de faveurs. Par ordonnance royale du 20 mai 1814, il fut nommé commandant en chef des cuirassiers, des dragons, des chasseurs et des chevau-légers ; le 1er juin il fut fait pair de France ; et le 2, gouverneur de la 6e division militaire.

IV

Cependant il était impossible que le gouvernement royal eût une longue durée. Environné d'ennemis infatigables, d'amis plus dangereux encore, mal appuyé, vivement attaqué, il avait déjà toutes les apparences de la caducité, quoiqu'il comptât à peine quelques mois d'existence. La cour ne voulait pas de la Charte, de ce contrat que le roi avait offert en garantie à la nation. Le clergé regrettait son ancienne influence et ses priviléges détruits. Une foule de hobereaux de province réclamaient à grands cris un retour impossible à l'ancien régime. D'un autre côté, les attaques imprudentes dirigées journellement contre la vieille armée lui faisaient souhaiter la chute d'un pouvoir qui ne cherchait qu'à la déposséder de sa gloire. Beaucoup d'officiers généraux avaient été froissés dans leur juste susceptibilité. La cour, sans doute, avait accueilli Ney comme la plupart des autres maréchaux; mais si on lui avait souri d'abord, plus tard, ce sourire devint un sourire de dédain. Qu'on ajoute à ces mille causes de mécontement les formes aristocratiques de M. de Blacas, à qui Louis XVIII le renvoyait, lui, l'un des maréchaux de l'Empire, lorsqu'il avait quelque grâce à solliciter pour un frère d'armes, on concevra comment il prit peu à peu en haine le gouvernement royal, qu'il avait contribué si puissamment à établir. Il se décida donc à se retirer à sa terre des Coudreux pour se remettre des fatigues de la guerre et se livrer à ses goûts de solitude.

Cependant le roi était doublement tourmenté par ce qu'on appelait *les intrigues du pavillon Marsan* et par les courriers que M. de Talleyrand lui dépêchait de Vienne, où la France était maltraitée dans le congrès, lorsque la nouvelle foudroyante du débarquement de Napoléon à Cannes, apportée par le ministre de la guerre dans la soirée du 5 mars 1815, vint faire trêve à tous ces tripotages diplomatiques. La stupéfaction fut profonde au château. Louis XVIII resta longtemps sans prononcer une seule parole ; il dit à son ministre d'un air consterné :

« Qu'allons-nous faire ! Comment nous tirer de là?

— Il n'y a qu'un homme que Votre Majesté puisse envoyer au-devant de Bonaparte, répondit le ministre : c'est le maréchal Ney. Il est brave parmi les braves ; la perspective de vaincre celui que nous avons toujours regardé comme invincible flattera son orgueil.

— Où est-il ? demanda le roi.

— A sa terre des Coudreux, près de Châteaudun.

— C'est loin, reprit le roi ; n'importe, écrivez-lui sur-le-champ, ou plutôt dépêchez-lui quelqu'un, et donnez-lui des instructions en conséquence. »

Le ministre retourne à son hôtel, expédie une dépêche et donne l'ordre à l'aide de camp de service (M. Baudus) de partir à l'heure même pour les Coudreux et de remettre sa lettre au maréchal. Cet officier s'acquitte de sa mission et revient à Paris. Malgré les ordres du ministre, qui enjoignait au prince de la Moskowa de se rendre directement à Besançon pour y prendre le commandement des troupes de son gouvernement, celui-ci part dans la nuit du 6 au 7, et, en arrivant à Paris, va directement chez M. Batardi, son notaire, qui lui annonce que l'Empereur vient de débarquer sur les côtes de France.

« Ah! s'écrie le maréchal, comme frappé d'un éblouissement, voilà un bien grand malheur! Que va-t-on faire? Qui pourra-t-on envoyer contre cet homme? »

Il se rend ensuite chez le duc de Berry, qu'il trouve désespéré de n'avoir pas été à la place de son père. Le maréchal lui offre ses services :

« Je vous engage à voir mon oncle », lui dit le prince.

Ney se présente le lendemain au lever du roi ; on lui dit que S. M. est souffrante et qu'elle ne peut admettre personne. Il insiste ; il est enfin présenté à Louis XVIII, qu'il trouve avec le prince de Foix et le duc de Duras. Le grand événement qui se passe devient tout d'abord le sujet de la conversation.

« Sire, demande le maréchal, Votre Majesté est-elle bien sûre qu'on ne la trompe pas? »

Et sur la réponse du roi qui lui donne des détails :

« Mais Sire, reprend Ney, il faut que Bonaparte soit devenu fou! Comment n'a-t-il pas sa garde? Il avait au moins 400 hommes de bonnes troupes avec lui à l'île d'Elbe.

—Sa garde n'a pas voulu le suivre, reprit le roi. Enfin, n'importe! il faut marcher contre lui. Monsieur le maréchal, partez! Allez au-devant de *cet homme féroce* qui veut noyer mon peuple dans une mer de sang! Allez le combattre! vous aurez bien mérité de votre roi et de la France, et en triomphant de Buonaparté, ajouta-t-il en appuyant perfidement sur chaque mot, vous aurez vaincu le vainqueur des vainqueurs!

Ces paroles bouleversèrent la tête de Ney, qui répondit :

« Sire, j'ai l'honneur d'assurer Votre Majesté que je n'aurai nul besoin de le combattre ; il est fou, complétement fou ; il mériterait qu'on le mît à Charenton. »

Des officiers généraux, qui avaient appris l'arrivée du maréchal à Paris, allèrent le voir à son hôtel ; Ney, qui s'était monté la tête, leur dit :

« Eh bien ! que pensez-vous de l'équipée de Bonaparte ? Il est fou, il a débarqué avec 300 bandits ! Sa garde n'a pas voulu le suivre ; je vais à sa rencontre, moi ! »

Il partit en effet dans ces dispositions. Le 10, il était à Besançon, et dès le lendemain, le duc de Maillé accourait annoncer au maréchal le départ de S. A. R., les événements de Grenoble et l'occupation inévitable de Lyon par *la bande de l'usurpateur.*

Ney se décide alors à transférer son quartier-général à Lons-le-Saulnier, « bien résolu, mande-t-il au ministre de la guerre, d'attaquer *l'ennemi* à la première occasion favorable. » Arrivé dans cette ville dans la nuit du 11 au 12 mars, il ne se couche pas pour mieux s'occuper de concentrer ses forces. Toutes les mesures qu'il prend, les recommandations qu'il adresse à ses officiers, aux troupes, aux autorités du Jura, attestent que le 13 au soir il est plus que jamais dans l'intention de soutenir la cause des Bourbons.

Pendant ce temps, Napoléon avance rapidement. Dans la nuit du 13 au 14 il dépêche auprès de Ney, qui est de tous les maréchaux celui sur le concours duquel il compte le moins, des émissaires qui lui remettent, avec divers papiers, une lettre du comte Bertrand. On a toujours ignoré ce qui fut convenu dans cette mystérieuse entrevue et quelle fut la réponse de Ney aux ouvertures qui lui étaient faites ; mais toujours est-il que le maréchal subit la plus entière métamorphose, et que le lendemain, inquiet, inactif, indécis, il fit appeler les généraux Bourmont et Lecourbe, ses chefs d'état-major, pour leur faire part de ce qui lui avait été communiqué pendant la nuit, leur donner connaissance d'une proclamation qui lui avait été remise tout imprimée, en les adjurant, au nom de l'honneur, de lui dire leur pensée avec franchise et de lui donner des conseils.

Lecourbe, dit-on, s'abstint ; mais M. de Bourmont déclara, dit-on, que non-seulement le seul parti à prendre était de se rendre à Napoléon, mais encore il alla de son propre mouvement faire assembler les troupes sur la place et revint ensuite chercher le maréchal pour qu'il leur fît lecture de cette fatale proclamation qui devait indubitablement amener une défection complète.

Arrivé avec son état-major au milieu des soldats qui formaient le carré, Ney lut d'une voix mal assurée ce qui suit :

« Officiers, sous-officiers et soldats !

« La cause des Bourbons est à jamais perdue ! La dynastie lé-
« gitime que la nation française a adoptée va remonter sur le trône :
« c'est à l'Empereur Napoléon, notre souverain, qu'il appartient
« seul de régner sur notre beau pays ! Que la noblesse des Bour-
« bons prenne le parti de s'expatrier encore ou qu'elle consente à
« vivre au milieu de nous, que nous importe ! La cause sacrée de
« la liberté et de notre indépendance ne souffrira plus de leur fu-
« neste influence. Ils ont voulu avilir notre gloire militaire ; mais
« ils se sont trompés ; cette gloire est le fruit de trop nobles tra-
« vaux pour que nous puissions jamais en perdre le souvenir. »

Cette déclaration de principes produisit un effet électrique. L'enthousiasme se manifesta par des acclamations qui empêchèrent un moment le maréchal de poursuivre ; enfin il reprit d'une voix ferme :

« Soldats, les temps ne sont plus où l'on gouvernait les peuples
« en étouffant leurs droits ; la liberté triomphe enfin, et Napoléon,
« notre auguste Empereur, va l'affermir à jamais ; que désormais
« cette cause si belle soit la nôtre et celle de tous les Français ! que
« tous les braves que j'ai l'honneur de commander se pénètrent de
« cette grande vérité ! »

A ces mots, on vit voler en l'air les cocardes blanches et les fleurs de lis ; on vit couler des larmes de joie des yeux de ces vieux soldats qui n'avaient jamais pleuré. *Les fantassins couvrirent leurs fusils de baisers, les cavaliers embrassaient leurs chevaux.*

« Soldats ! je vous ai souvent menés à la victoire, poursuivit le
« maréchal ; maintenant je veux vous conduire à cette phalange
« immortelle que l'Empereur Napoléon conduit à Paris ; et là notre
« espérance et notre bonheur seront à jamais réalisés. Vive l'Em-
« pereur ! »

« Vive l'Empereur ! » répétèrent les soldats avec frénésie.

Les officiers entourèrent le maréchal, qu'ils faillirent étouffer dans le transport de leur ravissement. Le peuple seul resta calme, parce qu'il y avait au fond de ce mouvement une incertitude mêlée de crainte pour l'avenir. La résolution de Ney avait été si personnelle, si inattendue, que le comte de Grivelle, commandant de toute la garde nationale du Jura, qui avait mal compris ou qui doutait de ce qu'il venait d'entendre, s'approcha du maréchal dans une agitation extrême, et lui dit en désignant la proclamation qu'il roulait dans ses doigts :

« Ne vous êtes-vous pas trompé, monsieur le maréchal ? il me semble que ce n'est pas cela.

— Pardon, monsieur, lui répondit Ney, j'ai dit ce que je voulais dire. »

Alors M. de Grivelle sortit des rangs de l'état-major, et brisant son épée sur le pommeau de sa selle, en jeta les tronçons, en s'écriant d'un ton qui avait quelque chose de chevaleresque :

« Adieu, monsieur le maréchal ! Souvenez-vous seulement qu'il est plus facile à un gentilhomme franc-comtois de rompre du fer que de violer ses serments. »

Et il se retira.

Ney, en suivant le torrent qui l'entraînait, croyait sincèrement accomplir le vœu du pays. Accompagné de Bourmont et de Lecourbe, il rentra chez lui et invita tout son état-major à dîner. Après le repas, qui fut court, Ney dicta l'itinéraire à suivre pour diriger vers Napoléon les troupes qu'il commandait, et dans la nuit il partit pour Dôle. Là, le maréchal exhorta tous les fonctionnaires publics à se rallier à une cause qui, disait-il, était devenue celle de la France.

Le 17, il arriva à Dijon, où il croyait trouver l'Empereur, qui déjà marchait sur Auxerre.

Quelque temps après, le maréchal arriva dans la ville. Il était huit heures du soir. Le comte Bertrand vint en prévenir l'Empereur. « Mais avant de se présenter devant Votre Majesté, ajouta-t-il, le duc d'Elckingen voudrait recueillir ses idées et justifier la conduite qu'il a tenue avant et après les événements de Fontainebleau. »

— Eh! qu'ai-je besoin de justification! Allez lui dire que je l'aime toujours et qu'il vienne m'embrasser sur-le-champ..... Mais non, reprit aussitôt l'Empereur; je ne veux le voir que demain pour le punir de s'être fait attendre. »

Le lendemain de grand matin, un officier d'ordonnance arrive au logement de Ney et ne lui dit que ces mots :

« Monsieur le maréchal, l'Empereur vous demande à l'instant ! »

Ney regarde l'officier d'un air hagard, sa respiration est haletante, il tremble.

« Oui, oui, l'Empereur, répondit-il en prenant son chapeau, comme un homme qui ne se rend pas compte de ce qu'il fait; j'y vais, je vous suis. »

Et il accompagne l'officier d'ordonnance, qui l'annonce dans le salon, où se trouvent déjà réunis un grand nombre d'officiers généraux. En le voyant et quoiqu'à l'extrémité de la pièce, Napoléon va au-devant de lui d'un pas précipité et lui tend la main. Le maréchal est tellement ému qu'il ne peut trouver une parole. De grosses larmes roulent dans ses yeux. Enfin il prononce quelques mots inintelligibles parmi lesquels on distingue celui de *Fontainebleau.*

« Monsieur le maréchal, interrompit vivement l'Empereur avec une expression profonde, je ne me rappelle pas cette époque : je ne me souviens que de la Moskowa. »

Et il tend de nouveau sa main au maréchal, qui la porte à ses lèvres en disant d'une voix entrecoupée :

« Ah! Sire, c'est à présent que je dois mourir pour vous. »

Le brave et malheureux maréchal devait remplir cette promesse !

Dans l'après-midi du même jour, Napoléon fit appeler le maréchal, qui le trouva avec plusieurs officiers supérieurs, parmi lesquels étaient Cambronne, Brayer, Labédoyère et un colonel polonais qui lui rendait compte des dispositions qu'il avait fait prendre à son régiment pour le lendemain.

« Embrassez-moi d'abord, mon cher maréchal, lui dit Napoléon en s'empressant d'aller au-devant de Ney; je vous l'ai dit ce matin, je n'ai pas besoin d'explication, je vous ai toujours honoré et estimé comme le *brave des braves.*

— Sire, répondit Ney profondément touché, on répand une foule de mensonges que je voudrais démentir. Ma conduite a toujours été celle d'un bon Français.

— Je le sais. Aussi n'ai-je jamais douté de votre dévouement.

— Vous avez eu raison, Sire : Votre Majesté pourra toujours compter sur moi quand il s'agira de la patrie. C'est pour elle que j'ai versé mon sang : je suis prêt encore à le verser jusqu'à la dernière goutte pour empêcher la guerre civile. Je vous aime, Sire, mais la patrie avant tout. »

L'Empereur l'interrompit en disant :

« C'est le patriotisme qui me ramène en France. J'ai su que la patrie était malheureuse, je suis venu pour la préserver de la guerre civile, le plus grand des fléaux; la délivrer des Bourbons et des émigrés. Soyez tranquille, je donnerai à la France tout ce qu'elle attend de moi.

— Votre Majesté peut être sûre d'être soutenue : les Bourbons se sont perdus pour s'être aliéné l'armée.

— Parbleu ! s'écria Napoléon, des princes qui n'ont jamais su ce que c'était qu'une épée ne pouvaient honorer l'armée : ils étaient jaloux de notre gloire ! »

« Comment vos troupes sont-elles disposées ? demande Napoléon au maréchal.

— Très-bien, Sire ; j'ai cru qu'elles m'étoufferaient quand je leur ai annoncé que nous allions marcher au-devant de vos aigles.

— Quels généraux avez-vous avec vous ?

— Lecourbe et Bourmont, Sire.

— Et nous pouvons compter sur eux ?

— Je réponds de Lecourbe, Sire ; Bourmont, ajouta le maréchal, je ne suis pas aussi sûr de lui.

— Il fallait me les amener.

— Je l'ai proposé à Bourmont ; il m'a montré de l'hésitation, et ma foi, je n'ai pas insisté.

— N'importe, je veux arriver à Paris sans obstacle. J'espère que j'y serai du 20 au 25, à moins que les Parisiens ne veuillent pas m'y laisser entrer, ajouta-t-il en souriant.

— Ah ! Sire, Votre Majesté y est attendue comme un sauveur !

— Je veux revoir ma capitale sans qu'une goutte de sang ait été versée, reprit l'Empereur ; il faut que notre triomphe soit pur comme la cause que nous servons. Restez à dîner avec nous, mon cher maréchal, je vous expliquerai mon plan et mes projets. »

Arrivé à Paris en même temps que Napoléon, Ney se montra fort peu aux Tuileries et partit presque aussitôt pour sa terre des Coudreux, d'où il ne revint que pour assister à la solennité du Champ-de-Mai.

Waterloo arrive. Dans ce drame sanglant, où tous les rôles avaient été distribués d'avance par Napoléon, Ney se fit admirer comme toujours par son sang-froid et son intrépidité. A sept heures du soir, après les plus prodigieux efforts, le maréchal, à pied et l'épée à la main, arrive devant le 2ᵉ régiment d'infanterie légère, qui, s'étant battu toute la journée, ne compte plus dans ses rangs qu'un petit nombre d'hommes.

« Mes camarades, la victoire dépend de votre courage ! Ce sont les Anglais qui sont devant nous ! »

Sept fois démonté dans cette journée, Ney combattit jusqu'au dernier moment à la tête des régiments de la garde qui s'immortalisèrent en tombant avec l'Empire.

V

Cette sorte d'inquiétude fiévreuse qui précède toujours les désastreuses nouvelles fit pressentir dans la capitale, dès le 20 juin, les grandes funérailles de Waterloo. D'abord on n'eut pas de détails ; on sut seulement qu'une bataille décisive avait été perdue par Napoléon, et que les alliés s'avançaient à marches forcées sur Paris ; mais le lendemain on comprit toute l'étendue des nouveaux malheurs qui menaçaient la France, en apprenant le retour subit de l'Empereur à l'Elysée.

Ney avait été le dernier à quitter le champ de bataille. Excédé de lassitude, couvert de poussière, de sang et de contusions, il avait tout fait pour trouver sur les lieux témoins de ses premières victoires une mort qui eût été glorieuse ; mais la Providence lui en réservait une autre ; il revint à Paris.

Ce fut Carnot que Napoléon chargea de porter à la Chambre des pairs le triste bulletin de Waterloo. Il y avait dans cette assemblée plus d'attachement pour l'Empereur que dans la Chambre des députés ; mais les pairs étaient sans crédit dans l'opinion. La physionomie consternée d'un grand nombre de généraux n'annonçait que trop combien nos pertes avaient été grandes.

Quelques jours après, ayant eu connaissance que dans un club de fédérés on l'avait dénoncé comme *trahissant la patrie*, et le gouvernement provisoire n'ayant rien fait pour étouffer cette absurde calomnie, le maréchal crut de son honneur d'exposer solennellement quelle avait été sa conduite dans la campagne dernière, et adressa au président du gouvernement provisoire une lettre en forme de Mémoire, qu'il fit imprimer et répandre avec profusion. Malgré ses explications, il n'obtint aucun commandement dans la nouvelle armée que l'on organisait en toute hâte autour de Paris, et sur ces entrefaites, l'abdication de l'Empereur en faveur de son fils, Napoléon II, ayant été repoussée, Ney se montra à la Chambre des pairs, moins pour prendre part aux discussions orageuses qui l'agitaient, que pour répondre aux accusations qui pourraient être dirigées contre lui. A l'une de ces séances, la Chambre ayant décidé qu'elle contribuerait aux secours à donner aux victimes de Waterloo, le maréchal s'empressa d'aller porter son offrande à M. Larsonnier, chargé de recevoir la cotisation volontaire de chacun. Il tira de sa bourse les neuf pièces de vingt francs qu'elle contenait et les donna au questeur en disant :

« C'est peu de chose, sans doute, pour tant de malheureux, mais c'est tout ce que je possède ; maintenant je suis ruiné. »

VI

Cependant la capitulation qui livrait pour la seconde fois Paris aux étrangers, avait été signée le 3 avril. Le duc de Wellington ayant écrit à Louis XVIII : « Il est essentiel que Votre Majesté se « fasse précéder par quelque document qui annonce des intentions « d'oubli et de pardon », les journaux légitimistes déclarèrent hautement, dans de pompeux articles, l'intention qu'avait le roi de ne pas se souvenir du passé, et annoncèrent en même temps son entrée dans la capitale pour le 8 du même mois. Malgré l'article 12 de la convention, qui mettait le maréchal à l'abri de toute poursuite ([1]), sur les instances de sa famille, il consentit à s'éloigner de Paris et à chercher un refuge en Suisse, avec la pensée de gagner les Etats-Unis si l'intérêt des siens l'exigeait.

([1]) Cet article portait : « Nul ne pourra être recherché pour le fait de sa conduite « politique et pour raison des opinions qu'il aura manifestées antérieurement. »
Il avait été vivement sollicité par les plénipotentiaires stipulant au nom des Bourbons. Ce fut celui de tous que le gouvernement de la Restauration remplit le moins scrupuleusement. L'histoire de 1815 est là pour le prouver.

Le 5 juillet, il fit ses préparatifs de voyage. Par prudence, autant que pour sa commodité, il ne voulut emporter avec lui que le strict nécessaire : une malle et quelques caisses formèrent tout son bagage. Mais parmi les armes qu'il possédait, il en était une à laquelle il attachait un grand prix, non parce qu'elle était d'une richesse extrême, mais à cause des souvenirs qui s'y rattachaient : c'était le sabre égyptien que Napoléon lui avait donné à l'époque de son mariage. Ney ne voulut pas s'en séparer. Pour n'être pas inquiété sur sa route, il s'était muni de plusieurs papiers. Le prince d'Eckmülh, ministre de la guerre, lui avait remis un congé illimité avec une feuille de route sous le nom supposé de Reisset, et la fausse qualité de major du 3° régiment de hussards. Le ministre de la police lui avait également délivré deux passe-ports, dont l'un était sous les noms de Michel-Théodore Neubourg. Il partit donc et arriva à Lyon le 9 juillet suivant. Là le commissaire général de police lui apprit que les routes de la Suisse étaient gardées par les Autrichiens, et qu'il n'y avait pas de sécurité pour lui à suivre cette direction. A l'appui de son assertion, il lui dit que le prince Lucien, qui avait passé à Lyon quelques jours auparavant, a été arrêté et conduit à Turin (ce qui était vrai), et lui conseille en conséquence de demander des passe-ports à M. de Bubna, agent de l'Autriche, qui se trouve en ce moment à Lyon, ou enfin d'aller aux eaux de Saint-Alban attendre des nouvelles de Paris. Le maréchal hésite, il veut retourner près de sa famille ou passer outre : à cette époque, ses résolutions étaient plus que jamais éphémères. Ney, si terrible sur un champ de bataille, était si faible dans la vie ordinaire, qu'il ne savait pas même résister à un valet impertinent. Cependant il se décida à se retirer momentanément à Saint-Alban, espérant de ce point passer facilement en pays étranger. Il y demeura jusqu'au 25 juillet, correspondant journellement avec sa femme et un banquier (M. de Montalba), qui le pressait d'accepter le crédit qu'il lui avait offert sur une maison des Etats-Unis. Les lettres de la maréchale affaiblissaient les inquiétudes de son mari, qui, de son côté, retardait le plus possible le moment où il lui faudrait quitter la France. Mal informée des mesures extrêmes que le gouvernement était décidé à prendre, elle ignorait qu'un des membres les plus influents de la coalition étrangère, lord Clancarti, avait dit à Louis XVIII :

« Sire, il faut frapper tous les conspirateurs qui ont ramené Bonaparte, autrement l'Europe n'en a pas pour un an. »

La cour, non moins implacable que les étrangers, demandait aussi des vengeances; les ultra-royalistes ne voulaient pas reconnaître la capitulation de Paris. La terrible ordonnance du 21 juillet 1815 parut; le maréchal Ney figurait le premier en tête de cette liste de mort et de proscription [1], comme accusé d'avoir trahi le roi avant le 23 mars, d'avoir attaqué la France et le gouvernement à main armée, et de s'être emparé du pouvoir par violence. »

Accablée par ce coup inattendu, la maréchale dépêcha au plus vite à son mari une personne de confiance pour lui recommander d'être prudent et de quitter sur-le-champ Saint-Alban, où les étrangers qui y affluent à cette époque de l'année pouvaient amener une fatale découverte. Ney consentit à prendre un déguisement, et le même émissaire le conduisit dans le département du Cantal, près

---

[1] Cette liste contenait cinquante-sept noms. Dix-neuf individus, compris dans une première catégorie, devaient être traduits immédiatement devant des conseils de guerre. On remarquait parmi eux le maréchal Ney, Labédoyère, les deux frères Lallemand, Brayer, Gilly, Grouchy, Clauzel, Bertrand, Drouot, Cambronne, Lavalette, le duc de Rovigo. Trente-huit autres devaient quitter Paris dans les quarante-huit heures et se rendre dans les lieux désignés par le ministre de la police. Nous citerons parmi ceux-ci le maréchal Soult, les généraux Excelmans, Vandamme, Lamarque, Lobeau, Perrée; MM. Boulay (de la Meurthe), Thibeaudeau, Carnot, Harel, Arrighi (duc de Padoue), Félix Desportes, Bory Saint-Vincent. Cette liste fut fournie par MM. de Talleyrand, Fouché, de Vitrolles, Gouvion Saint-Cyr, Pasquier et Decazes. Quelques jours avant la promulgation de l'ordonnance, une autre liste avait été dressée par M. Decazes, avec signification aux personnes désignées de quitter Paris dans les vingt-quatre heures, et de se retirer à quarante lieues. Cette liste, qui était primitivement de soixante individus, fut réduite à vingt-quatre. Mmes Hamelin, de Souza et Benjamin Constant étaient au nombre des proscrits. A la suite de ces mesures illégales, MM. Teste et Cauchois-Lemaire furent aussi forcés de s'expatrier.

d'Aurillac, chez Mme de Bessonis, parente de la maréchale. Là il dut se croire à l'abri des recherches. Il se tenait constamment dans sa chambre, y mangeait seul, et n'en sortait que le soir pour prendre l'air. Les maîtres de la maison, attachés de cœur à la famille Auguié, voyaient avec un sentiment douloureux cet homme si grand dans la gloire militaire de l'Europe contraint de se cacher comme un malfaiteur. Plus d'une fois, dans ces jours d'angoisses, ils surprirent le *brave des braves* les yeux remplis de larmes au souvenir de sa famille. Une imprudence commise par le maréchal causa sa découverte, son arrestation, et par conséquent sa perte. Un jour, une personne qui habitait Aurillac vint faire une visite au château. Un sabre, d'une richesse extraordinaire, placé sur le canapé du salon, excite son admiration. Mme de Bessonis lui fait sur cette arme une histoire dont le visiteur paraît se contenter ; mais le lendemain, se trouvant dans une maison d'Aurillac en nombreuse compagnie, il parle du sabre qu'il a vu la veille, et s'extasiant de nouveau sur la beauté du travail, il en fait une minutieuse description.

« Vraiment ! s'écrie une personne qui l'avait écouté attentivement, je connais cette arme ; elle a appartenu à Bonaparte lorsqu'il n'était que premier consul, et il n'y a aujourd'hui que deux individus qui puissent la posséder : c'est Murat ou le maréchal Ney. »

Ces paroles parvinrent à M. Locard, préfet du Cantal et royaliste exalté. Il les jugea importantes ; mais ne voulant pas avoir l'air de trouver des espions parmi les gens qu'il rencontrait dans ses salons, il prit, pour la forme, quelques informations, et envoya un matin à Bessonis quatorze gendarmes avec une demi-douzaine d'agents de police pour arrêter le maréchal. Ney s'habillait lorsqu'un domestique entre tout effaré dans sa chambre, et le prévient que le château est entouré de gendarmes et d'hommes de mauvaise mine qui ont prononcé son nom.

« Monseigneur, ajoute-t-il, il faut fuir ; vous en avez encore les moyens; mais hâtez-vous. »

Ney, malgré les instances du dévoué serviteur, s'y refuse opiniâtrément ; et, ouvrant lui-même la fenêtre de sa chambre, il aperçoit les gendarmes qui déjà pénètrent dans la cour.

« Que voulez-vous? demande-t-il à celui qui semble commander la brigade.

— Ne vous dérangez pas, monsieur, lui répond celui-ci sans lever la tête, bien éloigné de croire que c'est le maréchal qui lui parle ainsi, nous cherchons le prince de la Moskowa.

— Que lui voulez-vous au prince de la Moskowa?

— Nous avons mission de l'arrêter.

— Alors, montez par ici, reprend le maréchal en indiquant d'un geste la porte qui conduit à sa chambre : je vais vous le faire voir. »

Les gendarmes montent. Arrivés sur le palier, ils se trouvent en face du maréchal qui leur dit :

« Eh bien! me voilà! C'est moi qui suis Michel Ney, prince de la Moskowa. »

Il fut transféré le même jour à Aurillac ; on lui donna la préfecture pour prison. M. Locard lui fit subir une espèce d'interrogatoire, qu'il supporta patiemment, persuadé que sa position n'avait rien qui dût l'inquiéter ; mais l'ordre de le conduire à Paris arriva. Ney partit dans une voiture de poste escortée par la gendarmerie, et ayant à ses côtés deux officiers de cette arme. Tandis que les flots du Rhône rejetaient sur leur grève le cadavre sanglant du maréchal Brune, un autre maréchal de France allait tomber victime des vengeances de la Restauration et des rancunes jalouses de l'étranger.

Cependant les avis étaient partagés, dans le département du Cantal, sur le plus ou moins de légalité de l'arrestation du maréchal ; il y avait même de l'agitation parmi la population des campagnes, et l'un des officiers qui escortaient Ney, connaissant toute la responsabilité qui pèserait sur lui dans le cas où le prisonnier serait enlevé, opinait pour que la plus grande sévérité fût déployée dans la translation. Mais l'autre, qui avait servi jadis sous les ordres du maréchal, avait pleine confiance en la loyauté de son caractère.

«Monsieur le maréchal, lui dit ce dernier quand ils furent arrivés au premier relais, la mission que nous avons à remplir nous est pénible, vous n'en sauriez douter. Nos instructions sont précises; cependant, si vous voulez nous donner votre parole que vous ne chercherez pas à nous échapper, nous vous laisserons aussi libre que si vous voyagiez pour votre bon plaisir.»

Ney serra la main de cet officier.

« Je vous la donne », répondit-il.

A Riom, on s'arrêta pour prendre un peu de repos. Après le repas, un fonctionnaire public vint prévenir les officiers de gendarmerie qu'à quelque distance ils trouveraient sur leur route des gens apostés dans le dessein d'enlever le maréchal.

« Messieurs, dit ce dernier à ses gardiens, vous avez ma promesse. S'il arrivait qu'on fît, malgré moi, une tentative pour me délivrer, eh bien ! rendez-moi mes armes, et je vous prouverai que ma parole m'est plus chère que ma vie. »

En effet, on remarqua quelques hommes échelonnés çà et là qui paraissaient attentifs au moindre signal qu'aurait pu faire le maréchal; mais il resta calme et silencieux dans la voiture, qui continua de se diriger vers la capitale. Pendant toute la route, un être invisible [1] avait fait disposer les relais et préparer tout ce qui était nécessaire pour qu'on n'apportât aucun retard dans ce voyage. A quelques lieues de Paris, la maréchale, qui avait été informée de l'arrivée de son mari, l'attendait dans une auberge. Les officiers de gendarmerie crurent devoir ne pas troubler cette douloureuse entrevue et s'éloignèrent. Après quelques instants passés avec la maréchale, Ney alla au-devant de ses gardiens et leur dit avec résolution :

« Allons, messieurs, je suis à vous. »

[1] Ce personnage mystérieux était, dit-on, un homme dévoué à M. Decazes, alors préfet de police, aujourd'hui grand-référendaire de la Chambre des pairs.

En apercevant sur le visage du maréchal des traces de larmes, ceux-ci parurent étonnés. Ney leur dit encore :

« Vous êtes surpris de me voir pleurer? Je ne m'en défends pas, mais ce n'est pas sur moi que je pleure, c'est sur ma femme, c'est sur mes enfants. J'ai quatre enfants! messieurs! »

La maréchale, ne pouvant se résoudre à se séparer de son mari, qu'on devait conduire à l'Abbaye, demanda qu'on lui permît de monter dans la voiture où il était; mais, arrivé à quelque distance de la prison, Ney ne voulant pas rendre sa femme témoin des formalités de son incarcération, exigea qu'elle retournât à leur hôtel [1]. Il monta seul dans une voiture de place et arriva à l'Abbaye, où il fut écroué, le samedi 19 août 1815, à six heures du soir. Quelques instants après, le directeur de cette prison le conduisit dans la chambre qu'il devait occuper.

Il ne devait pas y avoir longtemps qu'elle était vacante, à en juger par le désordre qu'on y remarquait. Les draps de lit n'avaient pas même été enlevés. Tandis que le directeur s'excusait de cette négligence, et parcourait d'un œil investigateur toutes les parties de la pièce, comme pour s'assurer que son prisonnier y serait en sûreté, les regards de Ney furent attirés par un papier chiffonné qu'il aperçut sous le pied du lit. Il le ramassa : c'était le fragment d'une enveloppe de lettre dont il ne restait que cette suscription lacérée :

A Monsi
Monsieur Charles de la Bédo
Chez M. de Fontry,
Faub. Poissonnière, n°
A Par

Puis le timbre de la poste d'une petite ville d'Auvergne, avec la date du 28 juillet 1815.

« Pauvre Labédoyère! dit Ney en roulant machinalement le pa-

---

[1] L'ancien hôtel Seizeval, situé sur le quai d'Orsay.

pier dans ses doigts; où est-il maintenant? il a bien fait de se dérober à leur vengeance; ils ne lui auraient jamais pardonné son courage et sa loyauté. »

Au même instant le bruit d'une décharge de mousqueterie se fit entendre dans la direction du nord. Ney tressaillit involontairement.

« Qu'est-ce que cela? demanda-t-il au directeur. Fait-on l'exercice à pareille heure?

« Je l'ignore, monsieur le maréchal », répondit celui-ci en baissant la tête; et il se retira.

Cet homme aurait pu lui dire, car il le savait : « C'est Labé-« doyère que l'on fusille, et le même sort vous est réservé! » car il avait donné à Ney la chambre que l'infortuné jeune homme avait occupée, et dont il n'était sorti, une heure avant l'arrivée du maréchal, que pour être conduit à la plaine de Grenelle.

VII

Quand le bruit se répandit à Paris que Ney avait été arrêté et amené à l'Abbaye, les salons du faubourg Saint-Germain accueillirent cette nouvelle comme une bonne fortune. Les ministres s'assemblèrent pour délibérer sur la question de savoir si le maréchal serait traduit devant un conseil de guerre ou devant la Chambre des pairs. Ils se décidèrent pour le conseil de guerre, attendu que, depuis l'ordonnance du 24 juillet, le maréchal avait été exclu de la Chambre; mais la police devant s'occuper de la première instruction de l'affaire, il parut peu convenable à M. de Richelieu de tenir un maréchal de France dans un lieu de détention affecté aux soldats. (Labédoyère y était resté le temps qu'avait duré son procès.) Les ministres décidèrent donc qu'il serait transféré immédiatement à la Conciergerie.

Lorsqu'on vint prévenir le maréchal de cette mesure, ce nom de

Conciergerie parut lui causer une impression désagréable. Toutefois, sa contenance, pendant ce court trajet, fut celle d'un homme qui ne bravait ni ne craignait le danger de sa position. En descendant de voiture, il se vit entouré d'une escouade de gens de police qui lui servirent de valets de pied et l'accompagnèrent jusqu'au greffe. Le concierge fit peu d'attention à lui, occupé qu'il était à assigner des logements à de nouveaux venus. Parmi ces individus, Ney reconnut un M. de Landrejean, qui avait été longtemps secrétaire intime du duc de Rovigo, et qui sembla si confus en sa présence que, s'imaginant que cet homme était comme lui victime de la réaction, il s'avança pour lui exprimer sa compassion, lorsque M. de Landrejean recula de deux pas, et le désignant de l'index :

« Conduisez M. le maréchal au n° 4, dit-il à un porte-clefs, et il disparut.

— Quel emploi remplit donc ici ce monsieur ? demanda Ney.

— M. de Landrejean est concierge en second, lui fut-il répondu.

— Il a bien lestement retourné son habit », reprit Ney, un peu confus de sa méprise.

Le maréchal suivit son guide jusqu'au fond du corridor obscur situé au rez-de-chaussée, et fut installé dans sa nouvelle demeure, qui, au dire du cicerone de la Conciergerie, avait servi de cuisine au temps du roi saint Louis. Cette chambre était un espace long et étroit, terminé par une fenêtre garnie d'un abat-jour qui ne permettait d'entrevoir qu'un pied carré du ciel. Les murs étaient charbonnés de noms, d'emblèmes de mort et d'exclamations de désespoir. Le mobilier se composait d'un mauvais chalit, d'une table vermoulue, d'une chaise boiteuse et de deux baquets infects. Ney ne se plaignit pas. Après deux jours passés dans ce lieu abject, il fut placé dans une chambre assez propre, attenant au logement du greffier. Un poêle pour garantir de l'humidité, et une fenêtre, garnie d'une double grille, lui procurèrent un air moins malsain que celui qu'il respirait auparavant. Il était gardé par la troupe de service; un gendarme couchait dans sa chambre ; des rondes y entraient d'heure en heure, et un guichet, pratiqué à la porte, permettait à chaque instant du jour et de la nuit de voir ce qui se passait dans l'intérieur.

A peine le maréchal était-il installé dans sa nouvelle prison, qu'on vint le prévenir qu'il allait être interrogé par le préfet de police. Cette formalité parut influer un instant sur la fermeté de son caractère et commença à jeter quelques inquiétudes dans son esprit. Il déclina d'abord la compétence de cette autorité, mais bientôt après il ajouta :

« Je ne refuserai pas de répondre aux questions que le préfet de police peut avoir à m'adresser ; mais, je le répète, je ne le reconnais pas suffisamment fondé en pouvoirs pour m'interroger judiciairement. »

M. Decazes arriva. Les premiers mots ne furent qu'un échange de souvenirs, qui n'avaient aucun rapport avec les circonstances présentes. Puis Ney raconta le désastre de Waterloo, et parla enfin de sa *fatale journée*, car c'est ainsi qu'il appelait le 11 mars, jour où il avait lu aux troupes rassemblées à Lons-le-Saulnier sous ses ordres, la proclamation de l'Empereur dont nous avons rapporté le texte.

« J'ai perdu la tête, ajouta-t-il, j'ai été entraîné malgré moi. »

Le maréchal subit trois interrogatoires. Les questions étaient adressées par un homme versé, comme M. Decazes, dans toutes les subtilités de la chicane, à un homme qui ne connaissait que le manuel militaire et que chaque question devait rendre circonspect, parce qu'il redoutait toujours quelque piége. Les réponses devinrent par la suite d'une terrible gravité devant la Chambre des pairs.

Lorsque la police eut informé l'affaire Ney, le ministère fut d'accord sur ce point : « Resserrer toute l'accusation dirigée contre le maréchal dans la lecture faite par lui, à Lons-le-Saulnier, de la proclamation qui entraîna ses troupes sous le drapeau de l'*usurpateur*. » Une ordonnance royale du 2 août institua un conseil de guerre pour le juger ; mais un tel tribunal était difficile à former. Un arrêté du ministre de la guerre désigna ceux des membres qui devaient composer ce tribunal. C'étaient les maréchaux duc de Conégliano (Moncey), duc de Trévise (Mortier), duc de Castiglione (Augereau), le prince d'Essling (Masséna) et Jourdan ; les lieutenants généraux Gazan, Claparède, Villate et le maréchal de camp Grundler, leur étaient adjoints, ce dernier comme rapporteur. M. de Joinville, ordonnateur en chef de la 1re division militaire, devait remplir les fonctions de procureur du roi, et M. Boudin celles de greffier. La présidence appartenait de droit au maréchal Moncey, aujourd'hui gouverneur de l'hôtel des Invalides, doyen des maréchaux et le plus ancien officier de l'armée. Aimé et considéré de tous ses compagnons d'armes, il était l'exemple de toute la jeune génération militaire à laquelle il avait été lié par un fils sur lequel il pleure encore[1] ; il était ami intime de Ney, qu'il avait connu au début de sa carrière, dans le 4e hussards ; il refusa de siéger et exposa les motifs de sa récusation dans une lettre au roi, qui est un monument de noble indépendance, de patriotisme et de générosité.

« Sire, disait-il, placé dans la cruelle alternative de désobéir à
« Votre Majesté ou de manquer à ma conscience, j'ai dû m'expliquer.
« Je n'entre pas dans la question de savoir si le maréchal Ney est in-
« nocent ou coupable ; ses faits et l'équité de ses juges en répondront
« à la postérité, qui pèse dans la même balance les rois et les sujets.
« Sont-ce les étrangers qui exigent que la France immole ses plus illus-
« tres citoyens? D'abord ils se sont présentés en alliés ; ils ont demandé
« la remise des armes. Eh bien ! dans les deux tiers de votre royaume,
« Sire, il ne reste pas même un fusil de chasse ! Ils ont voulu que l'ar-
« mée française fût licenciée : il ne reste plus un seul homme sous
« les drapeaux, pas un caisson attelé ! Il semble qu'un tel excès de con-
« descendance a dû assouvir leur vengeance. Ils veulent vous rendre
« odieux à vos sujets en faisant tomber dans l'armée les têtes de

---

[1] Le colonel Moncey, tué accidentellement à la chasse. Il avait été page de l'Empereur.

« ceux dont ils ne peuvent prononcer le nom sans rappeler leurs
« humiliations !

« Sire, ma vie, ma fortune, tout ce que j'ai de plus cher est à
« mon pays et à mon roi ; mais mon honneur est à moi, et aucune
« puissance humaine ne peut me le ravir. J'irais prononcer sur le
« sort du maréchal Ney, moi ! Mais, Sire, permettez-moi de demander
« à Votre Majesté où étaient les accusateurs lorsqu'il parcourait tant
« de champs de bataille? Si la Russie ne peut pardonner au vainqueur
« de la Moskowa, la France peut-elle oublier le héros de la Bérésina?
« Peut-être que si l'infortuné maréchal avait fait à Waterloo ce qu'il
« fit tant de fois ailleurs, peut-être, dis-je, ne serait-il pas traîné
« devant une commission militaire, peut-être ceux qui demandent
« aujourd'hui sa mort imploreraient-ils sa protection. »

La cour fut blessée du refus du duc de Conégliano, et le roi se
montra profondément offensé de ce qu'il appelait « cette outrecuidance d'un soldat parvenu. » Il en parla à des hommes qui l'aigrirent encore, et le maréchal Moncey reçut un nouvel ordre de siéger
parmi les juges de Ney ; mais celui-ci n'avait pas fait une pareille
démarche légèrement ; il répondit par un nouveau refus. Alors on
vit une chose inouïe : pour se venger du maréchal, on exhuma une
loi révolutionnaire du temps de la République, qui destituait et
condamnait à trois mois de prison tout militaire, quel que fût son
grade, qui refusait de remplir un emploi imposé par le pouvoir
exécutif. Cette ordonnance, bizarrement motivée par le ministre de
la guerre, se terminait ainsi : « Le maréchal Moncey est destitué.
Il subira la peine de trois mois d'emprisonnement. »

Un maréchal de France destitué par un ministre et condamné à
trois mois de prison comme un sous-lieutenant !

Mais, contre l'attente universelle, contre les espérances et les
vœux de ses amis, Ney, d'après le conseil de ses avocats, MM. Berryer
père et Dupin aîné, déclina ainsi la compétence d'un conseil de
guerre où il devait naturellement trouver des garanties d'amitié et
de fraternité militaire :

« Je déclare, par ces présentes, décliner la compétence de tout
« conseil de guerre pour être jugé, en conformité de l'ordonnance
« du roi du 24 juillet dernier. Cependant, par déférence pour
« MM. les maréchaux de France et les lieutenants généraux qui
« composent ce conseil, je suis prêt à répondre aux questions qu'il
« plaira à M. le maréchal de camp Grundler de m'adresser.

« A la Conciergerie, le 14 septembre 1815.

« Le maréchal prince de la Moskowa,

« NEY. »

Malgré cette protestation, le maréchal comparut devant le conseil le 9 novembre suivant. Ce fut un spectacle à la fois curieux et touchant pour les Parisiens d'alors, accoutumés à regarder les maréchaux comme des demi-dieux, de voir comparaître à la barre d'un tribunal l'un des plus grands parmi ces hommes de l'Empire, accusé de haute trahison. La foule était immense. Les amis de Ney étaient en majorité. Le tribunal siégeait dans la grande salle du palais affectée aux assises. Sur ces bancs où la veille encore étaient assis des magistrats et des criminels obscurs, on voyait les principaux chefs de l'armée, chacun décoré des insignes de son illustration. Derrière eux se tenait une foule d'aides de camp et d'officiers de tout grade ; partout enfin un appareil militaire et pompeux. Quelle que fût la différence des opinions, le sentiment qui dominait l'auditoire était un recueillement religieux. La garde nationale, cette garde obligée, depuis cinquante ans, de voir passer, l'arme au bras, tant de révolutions devant elle, faisait avec la gendarmerie à cheval le service intérieur. A dix heures du matin, les juges militaires étaient réunis. Le maréchal Jourdan, qui présidait le conseil, allait ouvrir l'audience, quand Masséna, qui avait éprouvé les mêmes répugnances que Moncey, mais qui avait été plus adroit que lui, se récusa en donnant pour motif les démêlés qu'il avait eus jadis avec Ney en Espagne et en Portugal. Les autres juges, ne trouvant pas la raison suffisante, refusèrent d'admettre ce moyen, tout en louant le duc d'Essling de ses scrupules généreux.

L'audience commença. Le rapporteur n'ayant pu achever la lecture des pièces de la procédure, au nombre de quinze, le président renvoya l'audience au lendemain.

Dans la nuit tous les postes du Palais furent doublés, et le lendemain matin un déploiement extraordinaire de forces se fit remarquer : toute la garnison de Paris semblait être sur pied ; il y avait jusqu'à une compagnie de sapeurs-pompiers qui stationnait sur le pont Saint-Michel.

Le conseil entra en séance à dix heures. Le rapporteur continua la lecture des pièces. Quand elle fut achevée, Jourdan prit la parole, et s'adressant à l'auditoire, plus nombreux qu'il ne l'avait été la veille :

« Le maréchal Ney, dit-il, va être amené devant le conseil. Je n'ai pas besoin de recommander au public le silence et les égards qui sont dus au tribunal ! et *au malheur.* »

Puis s'adressant à la force armée, il ajouta :

« *Priez* le maréchal accusé de *vouloir bien* comparaître devant nous. »

Le mot *priez* fut trouvé de bon goût. Le plus grand silence régnait dans la salle. Tous les yeux étaient fixés sur la petite porte par laquelle Ney devait être introduit.

Après un intervalle assez long, elle s'ouvrit ; le maréchal parut, accompagné de deux officiers de gendarmerie. La garde lui présenta les armes. Malgré la recommandation du président, un murmure sympathique circula dans l'auditoire. Ney remercia ses amis de cet accueil. Son maintien était assuré. Il était vêtu d'un uniforme bleu sans aucune broderie, mais il avait ses épaulettes de maréchal. La plaque de grand-aigle de la Légion-d'Honneur brillait seule sur sa poitrine. Il portait au bras gauche un crêpe noir : c'était le deuil de son beau-père, M. Auguié, qui, en apprenant l'arrestation de

son gendre, était tombé mort, frappé d'apoplexie foudroyante [1].
Un fauteuil avait été préparé pour le maréchal sur une estrade en
face du président. Ce dernier lui ayant fait les questions d'usage,
au lieu d'y répondre, Ney tira un papier de sa poche et lut la protestation qu'il avait formulée à la conciergerie. Il demandait d'être
jugé par ses pairs.

Le président ayant donné sur-le-champ la parole à ses défenseurs pour développer leurs moyens d'incompétence, Berryer, dans
son discours, s'attacha à prouver que « la Chambre des pairs pouvait seule prononcer d'une manière légale dans cette affaire. » Le
conseil adopta cet avis, et à la suite d'une délibération qui ne dura
qu'un quart d'heure, déclara, à la *majorité de cinq voix contre
deux*, qu'il n'était pas compétent. Ce fut ainsi que le maréchal
obtint ce qu'il avait désiré ou peut-être ce qu'on avait désiré pour
lui. Et cependant la composition du conseil était pleinement rassurante. Si les avocats se fussent bornés à faire juger le fond de
l'affaire, jamais de vieux généraux n'eussent frappé de mort leur
glorieux camarade ; Ney, au pis-aller, eût été condamné à la déportation, et, comme Moreau, exilé aux Etats-Unis. On eut donc tort
de soulever de vaines chicanes de forme et de compétence ; on eût
dû comprendre qu'en matière politique un tribunal est toujours
assez compétent pour absoudre.

Par malheur, on ne pensa pas ainsi. Le conseil, qui, de son côté,
était bien aise de se débarrasser de la responsabilité du jugement à
rendre, admit avec empressement l'exception : Ney fut perdu.

---

[1] Une sorte de fatalité a poursuivi dans tous les temps cette malheureuse famille.
La femme de M. Auguié, sœur de Mme Campan, et, comme elle, femme de chambre
de Marie-Antoinette, reçut une émotion si violente en apprenant l'exécution de
la reine, qu'à l'instant même, atteinte d'une sorte de vertige, elle courut se précipiter par une fenêtre et se tua sur le coup.

VIII

Le jugement qui dessaisissait le conseil de guerre de l'affaire du maréchal fit naître les sentiments les plus opposés. Le peuple l'accueillit avec joie, comme une bonne nouvelle. A la cour, au contraire, il excita la fureur de tous. Les ultra-royalistes s'imaginèrent qu'on voulait sauver Ney, et le sauver leur paraissait un crime.

« C'est une trahison ! s'écrièrent les uns.

— C'est une conspiration organisée », prétendaient les autres.

Le jugement d'incompétence avait été rendu le 10 novembre. Les ministres passèrent une partie de la nuit du 10 au 11 en conseil. Ils arrêtèrent un projet d'ordonnance royale et d'acte d'accusation, et le lendemain 11 le duc de Richelieu porta cette ordonnance et cet acte d'accusation à la Chambre des pairs. Le Conseil semblait avoir fait de la condamnation du maréchal sa cause personnelle. Jamais documents ministériels ne furent rédigés avec moins de réflexion. Le ministère y faisait intervenir non-seulement le roi et la France, mais encore l'Europe, par une maladresse qui indiquait clairement le motif secret de cette ardeur de vengeance. La rédaction de cette pièce monstrueuse fut attribuée, selon les uns, à M. Guizot, alors secrétaire général de la justice sous M. Barbé de Marbois ; selon les autres, à M. Laîné, alors intimement lié avec M. de Richelieu. Quoi qu'il en soit, tous les ministres étaient présents à la séance ; M. de Richelieu s'était chargé de soutenir l'accusation. Voici quelques passages de son allocution devant les pairs :

« Le conseil de guerre extraordinaire établi pour juger le ma-
« réchal Ney s'est déclaré incompétent. L'un des motifs est que le
« maréchal est accusé de haute trahison. Aux termes de la Charte,
« c'est à vous qu'il appartient de juger ces sortes de crimes. Il n'est
« pas nécessaire, pour exercer cette haute juridiction, que la Cham-

« bre soit organisée comme un tribunal ordinaire. Personne ne
« peut vouloir que le jugement soit retardé par le motif qu'il
« n'existe pas auprès de la Chambre des pairs un magistrat qui
« exerce l'office de procureur général. La Charte n'en a pas établi :
« elle ne l'a pas voulu. C'est le gouvernement qui doit se porter
« accusateur ; les ministres sont les organes naturels de l'accusa-
« tion, et nous croyons bien plutôt remplir un devoir qu'exercer
« un droit. Ce n'est pas seulement au nom du roi que nous rem-
« plissons cet office, *c'est au nom de la France depuis longtemps*
« *indignée* et maintenant *stupéfaite ;* c'est même *au nom de l'Europe*
« que nous venons vous conjurer de juger le maréchal Ney. Il est
« inutile de suivre la méthode des magistrats qui accusent, en
« énumérant avec détail toutes les charges qui s'élèvent contre
« l'accusé.

« Nous osons dire que la Chambre des pairs doit au monde une
« éclatante réparation ; elle doit être prompte, car il importe de re-
« tenir l'indignation qui de toutes parts se soulève. Les ministres
« du roi sont obligés de vous dire que la décision du conseil de
« guerre devient un triomphe pour les factieux. Nous vous *conju-*
« *rons* donc, et au nom du roi nous vous requérons de procéder
« immédiatement au jugement du maréchal Ney, etc. »

La lecture de ce document signé par le Conseil des ministres :
MM. de Richelieu, de Vaublanc, Decazes, de Feltre, Barbé de Marbois, Dubouchage et Corvetto, fit une impression profonde sur la
Chambre des pairs, qui déjà s'était prononcée en grande majorité
contre le maréchal. Sur la proposition d'un pair, l'assemblée déclara par l'organe de son président, le chancelier Dambray, « qu'elle
recevait avec respect la communication faite au nom du roi par
les ministres de Sa Majesté, et qu'elle était prête à remplir ses devoirs. » Puis elle s'ajourna au lundi suivant, 18 novembre, pour
prendre connaissance des pièces.

Ce jour-là les ministres se rendirent à la séance. M. de Richelieu donna lecture à la Chambre d'une autre ordonnance royale en

date du 12, additionnelle à celle du 11, qui réglait la procédure à suivre. Les fonctions du ministère public étaient déférées à M. Bellart, oyaliste fougueux, qui avait été longtemps avocat à Paris. Expression du ministère, M. Bellart oublia trop souvent, dans le cours de ces déplorables débats, le caractère impartial de ses hautes fonctions pour se jeter dans les déclamations d'un accusateur passionné. L'instruction de l'affaire fut confiée au baron Séguier, longtemps premier président à la Cour impériale de Paris, ardent royaliste, et qui, depuis peu, avait été nommé pair de France. M. Séguier déploya tant de zèle dans sa mission, que trois jours lui suffirent pour prendre connaissance de ce gigantesque dossier, assigner les témoins, recueillir leurs dépositions et faire en sorte que les débats pussent s'ouvrir le 24 suivant. Il apporta d'ailleurs de l'impartialité dans les actes de la procédure ; mais jamais cause criminelle ne fut instruite avec plus de célérité.

IX

Pendant que ces choses se passaient, Ney, qui était toujours à la Conciergerie, continuait à recevoir la visite de ses avocats, de ses parents et de ses amis. La maréchale et ses enfants venaient tous les jours dîner avec lui ; elle accompagnait ordinairement son mari dans la promenade qu'il faisait le soir, mais seulement lorsque les autres prisonniers étaient rentrés. En général, il se couchait de bonne heure, vivait sobrement. Il se levait à six heures du matin, se promenait pendant une heure sur le préau, mais rentrait dans sa prison, déjeunait et travaillait ou lisait jusqu'à l'heure de son dîner. Ni son nom ni son rang ne purent le garantir des petites vexations que l'autorité semble se plaire à imposer sans motifs aux prisonniers. Ney aimait beaucoup la musique ; il jouait même assez bien de la flûte. Pendant les premiers jours de sa captivité, il lui avait été permis de tromper ses ennuis à l'aide de cette distraction.

Cette ressource lui fut bientôt enlevée par ordre du préfet de police, sous le prétexte que les règlements s'opposaient à ce qu'aucun instrument entrât dans une prison. La flûte avait sans doute paru à M. Decazes un instrument trop révolutionnaire.

Lorsque l'instruction préparatoire fut commencée, les moyens de surveillance se multiplièrent encore autour du maréchal. Jour et nuit un gendarme, un garde national et un grenadier de l'ancienne garde furent placés devant sa fenêtre. Ces sentinelles n'étaient autres que des gardes du corps déguisés. En effet, Mlle Dubourg ayant obtenu à grand'peine la permission de visiter son parent, M. de Lavalette, détenu dans la chambre située au-dessus de celle du maréchal, reconnut parmi ceux qui faisaient faction devant la porte un de ses cousins, M. de Chazelles, garde du corps de la compagnie du duc de Raguse, revêtu de l'uniforme de grenadier à cheval. Enfin l'inconvénient qu'on trouva à amener chaque jour le maréchal de la Conciergerie au Luxembourg détermina le grand-référendaire à lui faire disposer, dans l'intérieur même du palais, une pièce qu'il ne quitta que pour aller mourir à quelques pas de là, derrière la muraille du jardin de la pairie.

Avant l'ouverture des débats la Chambre s'était constituée en Cour de justice ; M. Bellart avait donné connaissance de son réquisitoire, qui n'était qu'un résumé passionné de l'histoire de 1815 ; la Chambre avait ensuite procédé aux exclusions. Des récusations avaient été admises. MM. de Jaucourt, Gouvion Saint-Cyr et Talleyrand, qui avaient porté le premier acte d'accusation comme ministres du roi, s'abstinrent comme juges. (Il est à remarquer que c'était M. de Talleyrand qui avait conçu la procédure dans l'ordre où elle fut suivie). On excusa également le duc de Castiglione parce qu'il avait fait partie du conseil de guerre. Deux pairs, le prince de Poix et le duc de Duras, témoins dans le procès, ne purent non plus siéger. Nous ne parlerons pas de l'excuse légale des pairs ecclésiastiques, toujours admise dans les procès criminels. Un noble exemple de générosité que nous devons citer, car ils furent rares, est celui que donna M. le duc de Broglie en faisant constater l'âge qu'il venait d'atteindre, pour donner sa voix au maréchal.

En matière criminelle, à la Cour des pairs, les votes des parents de l'accusé, jusqu'à certains degrés, ne comptant que pour une voix, on dressa une liste des pairs qui se trouvaient dans le cas de la réduction, et la Chambre se constitua. Les débats s'ouvrirent le mardi 21 novembre 1815. Les annales de la justice humaine n'en renferment pas de plus solennels.

On avait annoncé que les séances seraient publiques ; un grand nombre de billets furent distribués ; des dispositions particulières avaient été faites dans la salle transformée en tribunal. Dès le point du jour, de nombreux détachements de toutes les troupes composant la garnison de Paris entouraient le Luxembourg. A huit heures du matin, le public encombrait déjà l'étroit espace qui lui avait été concédé. Les étrangers de distinction assistèrent avec un étrange empressement à ce drame écrit en lettres rouges sur les pages de notre histoire. On remarquait dans le nombre le prince royal de Wurtemberg, M. de Metternich, le baron de Golz (diplomate prussien), le comte de Grisin (général russe) et la plupart des ambassadeurs. De nobles dames de la cour et du faubourg Saint-Germain et beaucoup de députés en costume se faisaient aussi remarquer dans les tribunes réservées. Au milieu des draperies appendues au-dessus du bureau du président était une inscription en forme de légende, et qui portait ces mots en lettres blanches :

Sagesse. Tolérance. Modération.

A onze heures la séance s'ouvrit au milieu d'un profond silence. Le chancelier de France, M. Dambray, occupa le fauteuil ; à ses côtés se placèrent les secrétaires de la Chambre : MM. de Pastoret, de Choiseul, Desèze et de Chateaubriand. Trois ministres seulement étaient présents : MM. de Richelieu, de Vaublanc et du Bouchage. Le procureur général Bellart, représentant le ministère public, avait un bureau à droite du président. M. Cauchy, secrétaire rédacteur de la Chambre, remplissant les fonctions de greffier, était à gauche ; les messagers d'Etat et les huissiers étaient assis en avant sur des tabourets. La garde nationale et la gendarmerie faisaient la police. La Chambre paraissait être au grand complet ; jamais réunion n'avait paru plus brillante et plus triste à la fois.

Les pairs ayant pris séance, M. Dambray se couvrit.

« Messieurs, dit-il d'une voix émue, le maréchal Ney, accusé de haute trahison et d'attentat contre la sûreté de l'Etat, va être amené devant vous. Je fais observer au public, pour la première fois témoin de nos séances, qu'il ne doit se permettre aucun signe d'approbation ou d'improbation ; les témoins devront être écoutés, les réponses de l'accusé religieusement recueillies. J'ordonne à la force armée d'arrêter quiconque s'écarterait du respect dû à cette auguste assemblée et des égards que réclame une grande infortune. Les témoins vont être introduits, ajouta-t-il en changeant d'intonation, ensuite on fera comparaître l'accusé. »

Seize témoins se présentèrent successivement et prirent place sur la banquette qui leur était destinée. Les avocats du maréchal, MM. Berryer père et Dupin aîné, arrivèrent immédiatement et se placèrent à la barre préparée pour eux. Un bruissement d'armes se fit entendre. Le maréchal entra escorté par quatre grenadiers royaux, qui n'étaient autres que des officiers choisis dans la maison du roi. Il était vêtu de la même manière que lorsqu'il avait paru devant le conseil de guerre. Sa démarche était noble, mais son visage était empreint d'une mélancolie qui décelait les sentiments dont il était agité. Cependant il promena un regard doux et assuré sur l'assemblée, qu'il salua avant de serrer la main à ses défenseurs et de s'asseoir sur le fauteuil placé entre les leurs.

Alors, dans les tribunes, on vit des femmes (toutes étaient vêtues de blanc, quoique la saison avancée fût rigoureuse) envahir les places occupées par les hommes, empressées qu'elles étaient de voir l'illustre accusé sur la tête de qui la mort planait déjà.

Lorsque l'agitation qui s'était manifestée dans la salle à l'arrivée du maréchal se fut tout à fait calmée :

« Greffier, dit le président, faites l'appel nominal de MM. les pairs et notez les noms de ceux qui ne répondront pas.

L'appel commença.

« Et moi ! s'écria le duc de Brissac. Vous m'avez oublié : je suis présent. »

Cette formalité terminée constata l'absence de MM. de Vauthois, Jules de Polignac, de Broglie, de Valmy et Destutt de Tracy; ils ne vinrent qu'à la séance du lendemain.

« Accusé ! demanda le président au maréchal, quels sont vos nom, prénoms, âge, lieu de naissance, domicile et qualités ?

— Je me nomme Michel Ney ; je suis né à Sarrelouis, le 10 janvier 1759 ; mes qualités sont : maréchal de l'Empire, duc d'Elchingen, prince de la Moscowa, pair de France. Les titres de mes ordres : chevalier de Saint-Louis, grand-cordon de la Légion-d'Honneur, grand-croix du Christ, officier de la Couronne de fer, etc., etc., ajouta-t-il.

— Accusé, reprit M. Dambray, prêtez à ce qui va être lu la plus grande attention. Je recommande à votre conseil d'observer la plus stricte modération dans les débats qui vont s'ouvrir, et de se renfermer dans tout le respect dû aux lois. Greffier, commencez la lecture des pièces par les ordonnances du roi qui statuent que la Cour des pairs procédera sans délai au jugement du maréchal Ney ; puis vous lirez l'acte d'accusation. »

Cette première séance fut entièrement remplie par cette lecture. La seconde séance, ainsi que les suivantes, furent consacrées à des questions préjudicielles soulevées par les avocats du maréchal sur le défaut de constitution légale de la Cour. M. Bellart répondit aux longues plaidoiries de MM. Berryer et Dupin avec cet accent d'aigreur et d'animosité qui avait distingué son réquisitoire. Toutes les questions préjudicielles furent écartées par la Cour. On ne passa cependant aux interrogatoires et à l'audition des témoins que dans la séance ajournée au lundi 4 décembre.

X

Dans l'intervalle qui s'écoula, les avocats du maréchal lui avaient conseillé d'invoquer la capitulation de Paris et l'intervention des signataires de cet acte. L'idée en avait été donnée par un tiers, car elle n'était venue à personne des intéressés. La maréchale fit demander un rendez-vous au duc de Wellington. Des notes furent également adressées aux ambassadeurs à Paris. Il eût été noble pour le duc d'intervenir. Il pouvait sauver un ennemi désarmé et d'autant plus sacré que, naguère encore, il avait croisé l'épée contre lui. Wellington répondit :

« Je n'ai aucune action dans le gouvernement du roi de France (ce qui était complétement faux). Il n'est pas en mon pouvoir d'arrêter le cours de la justice. »

Les journaux anglais parlèrent beaucoup de cette démarche. Lord Holland et presque tous les membres de l'opposition s'y intéressèrent; mais ils ne purent rien obtenir de l'inflexibilité de Wellington. Dans une dernière entrevue avec la maréchale, qui avait fait valoir énergiquement l'art. 12 du traité, celui-ci avait répondu avec froideur :

« Madame, cet article ne regarde pas le roi de France ; il ne peut s'appliquer qu'au seul but de protéger les habitants de Paris contre les vengeances de l'armée victorieuse. Cette capitulation n'est d'ailleurs obligatoire que pour les puissances qui l'ont ratifiée, et Louis XVIII n'a pas donné cette ratification [1].

---

[1] Tout cela était aussi complétement faux. L'auteur de l'*Histoire de l'esprit public en France*, M. Alexis Dumesnil, dit à cette occasion, en parlant de la condamnation du maréchal Ney : « A la vérité, Louis XVIII se défendait d'avoir signé la « capitulation de Paris. Mais cette excuse, si mauvaise qu'elle soit, ne porte encore

— Mais, milord, répliqua la maréchale, la prise de possession de Louis XVIII n'équivaut-elle pas à une ratification ?

— Madame, ceci regarde le roi de France, répondit encore le duc ; adressez-vous à lui. »

La maréchale ne put s'empêcher de témoigner au duc une douloureuse indignation. Elle eut recours aussi vainement au baron Vincent, ambassadeur d'Autriche. Toutes les démarches diplomatiques ayant été inutiles, ce fut alors que les défenseurs résolurent d'invoquer ce motif devant la Cour des pairs. A cet effet, et par le pouvoir discrétionnaire du président, le prince d'Eckmühl (Davoust), le général Guilleminot, MM. Bignon et de Bondy, signataires de la capitulation de Paris, furent assignés.

XI

Les débats reprirent le 4 décembre. M. Dambray ouvrit la séance en demandant au maréchal où il était avant le 6 mars dernier.

«Monseigneur et messieurs les pairs, répondit Ney, je déclare que je vais répondre à toutes les questions qui pourront m'être faites dans cette enceinte, sous la réserve toutefois du bénéfice qui m'est attribué par l'art. 12 de la convention militaire de la capitulation de Paris et le traité du 20 novembre précédent. »

« que sur une odieuse fourberie ; car, puisqu'il faut qu'on le sache, lorsque les
« alliés, après la défaite de Waterloo, menaçaient de détruire nos ponts et nos arcs
« de triomphe, ce fut par une note écrite de la propre main du roi, et qui invoquait
« les clauses favorables de la capitulation, que se trouvèrent paralysés leurs des-
« seins. Or, cette pièce, qui renfermait une ratification formelle du traité, devait
« sauver la vie au maréchal. Il ne s'agissait plus que de la présenter à ses juges,
« quand on apprit que, par la faiblesse même de celui qui en avait fait usage, au-
« tant que par la perfide adresse de Louis XVIII, elle était déjà rentrée dans les
« mains de son royal auteur. C'est là, du reste, le fameux secret qui jadis a fait tant
« de bruit à la tribune, et dont certain député se plaisait à menacer la Restaura-
« tion, quoique, dans l'intérêt de son propre honneur, il dût être lui-même peu
« jaloux de le divulguer. »

A ces mots M. Bellart se leva.

« Les commissaires du roi, s'écria-t-il, déclarent qu'ils ne peuvent admettre de pareils moyens comme défense fondamentale dans cette cause. L'accusé peut user des ressources qu'il croit utiles, mais non pas hors des limites de la procédure. »

A ces mots un murmure d'assentiment se fit entendre sur les bancs de la pairie.

Dans les interrogatoires qui suivirent, Ney confondit l'accusation par des réponses toujours simples et conformes à la vérité. Il eut même des à-propos sublimes. Mais il y eut de malheureux témoignages de la part d'hommes qui avaient servi sous ses ordres. M. de Bourmont, entre autres, s'exprima ainsi :

« Les dispositions des troupes, dit-il, étaient excellentes, lorsque le maréchal me fit appeler : Eh bien ! mon cher général, me dit-il, vous avez lu ces proclamations de Bonaparte que l'on répand partout : elles sont bien faites? — Oui, lui répondis-je, il y a plusieurs phrases qui peuvent produire un grand effet sur la troupe ; celle-ci, par exemple : *La victoire marche au pas de charge!* Il faut bien prendre garde qu'elles ne circulent dans l'armée. — Eh ! mon ami, l'effet est produit; dans toute la France c'est de même : tout est fini. En ce moment le général Lecourbe entra et le maréchal continua : Je suis bien aise de vous voir, mon cher général; je disais à Bourmont que tout est fini : il y a trois mois que nous sommes tous d'accord. Si vous aviez été à Paris, vous l'auriez appris comme moi. Le roi doit avoir quitté la capitale. S'il ne l'a pas fait, il sera enlevé, mais malheur à qui lui ferait une égratignure! C'est un bon prince qui n'a fait de mal à personne. Il sera conduit à un vaisseau et embarqué pour l'Angleterre.

— C'est-à-dire qu'il sera seulement détrôné ? lui dis-je.

— Il le faut, et nous n'avons rien de mieux à faire que d'aller à Bonaparte. »

Après cette déposition, le maréchal se leva et répondit avec calme :

« Il paraît que M. le général de Bourmont a fait son thème à loisir. Il ne croyait pas que nous dussions jamais nous revoir : il espérait que je serais traité comme Labédoyère. Moi qui n'ai point le talent oratoire, je vais au fait. Je fis prier les généraux Bourmont et Lecourbe de venir chez moi. Je regrette vivement que Lecourbe soit mort ; mais je l'interpellerai dans un autre lieu qu'ici..., plus haut!... et là vous répondrez, vous aussi, monsieur de Bourmont !

J'étais dans ma chambre, continua Ney, la tête baissée sur cette fatale proclamation ; je la leur montrai. Bourmont ne me dit que ces mots : « Je suis parfaitement de votre avis ; il n'y a pas d'autre parti à suivre. » Lecourbe reprit : « Il y a longtemps qu'une rumeur circule ; mais cette proclamation, par qui vous a-t-elle été envoyée? — Il ne s'agit pas de cela, lui dis-je ; je vous demande votre avis. Aucun d'eux ne me dit : « Qu'allez-vous faire ? vous allez sacrifier votre gloire ! » Ils se retirèrent, et Bourmont fit lui-même rassembler les troupes sur la place. S'il croyait ma démarche criminelle, il pouvait m'arrêter, disposer de moi ; je n'avais pas un seul cheval de selle. Bourmont, je le répète, est venu me prendre chez moi. Lui et Lecourbe m'ont conduit vers le carré formé par la troupe. Là j'ai lu cette malheureuse proclamation, après quoi ils sont venus tous les deux dîner avec moi. »

Un vif débat s'engagea alors entre le maréchal et M. de Bourmont, débat qui fut terminé par cette apostrophe de M. Berryer :

« Quand toute la troupe a crié *vive l'Empereur!* vous, monsieur de Bourmont, avez-vous crié *vive le roi?* »

La question allait droit au but. Une sourde rumeur éclata dans l'assemblée.

« Vous sortez du terrain de l'instruction, dit un pair.

— Cette question est de la dernière inconvenance, s'écria M. Bellart.

— Elle se rattache à un fait ! » répliqua M. Berryer.

Quelques pairs demandèrent qu'on mît fin à ce débat.

Au nombre des griefs reprochés le plus amèrement au maréchal était celui de s'être montré aux troupes, à Lons-le-Saulnier, avec les insignes de l'Empire ; accusation que Ney repoussa toujours. Le marquis de Vaulchier, alors préfet du Jura, déposa à son tour.

« Je remarquai d'abord, dit-il au commencement de sa déposition qui fut accablante, que le maréchal portait la décoration du Grand-Aigle, et que ses aides de camp avaient quitté le ruban blanc.

— Monsieur, vous êtes comme beaucoup d'autres dans l'erreur, interrompit froidement Ney ; je portais les décorations du roi : vous aurez mal vu.

— Je suis tellement persuadé d'avoir remarqué sur votre poitrine la plaque à l'aigle, reprit le témoin, que j'en parlai à Mme Vaulchier le soir même.

— Impossible, monsieur. En arrivant à Paris j'avais encore les décorations du roi. Le fait, au surplus, sera prouvé par M. Calloué, mon bijoutier au Palais-Royal. »

Ce témoin, introduit à son tour, déposa en ces termes :

« Après que M. le maréchal fût arrivé à Paris avec Bonaparte, il m'envoya par son valet de chambre toutes ses décorations à changer. C'est le 25 mars que je lui fis remettre ces objets après les avoir inscrits sur mon livre que voici.

— Veuillez désigner ces articles », lui dit Ney.

M. Calloué ouvrit son registre et lut :

« Le 25 mars, doit, M. le maréchal Ney, un médaillon de grand-cordon, n° 75, 50 fr. ; une croix, n° 1, 12 fr. ; deux portraits de Bonaparte, en or émaillé, 60 fr., 30 fr. chacun ; une grande croix...

— Ces détails sont inutiles, dit un pair.

— Pardon, reprit le maréchal, ils prouvent évidemment que je ne pouvais pas porter les décorations que beaucoup de témoins prétendent m'avoir vues à Lons-le-Saulnier.

— N'auriez-vous pas arrangé pour l'accusé, précédemment à l'époque que vous avez mentionnée tout à l'heure, une plaque de la Légion-d'Honneur à l'effigie de Bonaparte? demanda le président au témoin.

— Jamais, monseigneur.

— Le maréchal n'a dû faire changer dans ses décorations que l'aigle ou le portrait, qui peut se remplacer à volonté, fit observer M. Bellart, et la substitution était d'autant moins difficile à opérer qu'il n'existe que cette différence entre les plaques de l'ancien gouvernement et celles données par le roi. Cette déposition n'a donc aucune importance.

— Pardonnez-moi, dit encore M. Berryer, de même que l'autre, elle se rattache à un fait. »

On passa outre. Les témoins à charge dont la déposition eut le plus d'influence furent le duc de Duras, le prince de Poix, M. de Bourmont, le comte de la Genetière, le baron Capelle et le marquis de Vaulchier. Le baron Clouet se fit remarquer par la modération et la convenance avec lesquelles il déposa. Il avait été aide de camp de Ney, et il n'oublia pas la reconnaissance qu'il devait à son bienfaiteur. En revanche, il y eut des témoins dont les paroles étaient empreintes de tant de haine, que quelques pairs eux-mêmes s'en montrèrent scandalisés. En écoutant la déposition d'un de ces derniers, M. Dupin ne put se contenir :

« Je veux l'interrompre, disait-il au maréchal; comment pouvez-vous souffrir que cet homme débite tant de faussetés? »

Enfin, se levant de sa place, il allait s'élancer vers ce témoin pour le sommer d'avoir à rétracter ce qu'il venait d'affirmer, lorsqu'il se sentit retenu fortement par la main du maréchal, qui lui dit à voix basse :

« Arrêtez! mon ami, arrêtez! que voulez-vous faire? Ne voyez-vous pas que c'est un parti pris et qu'ils veulent ma mort? Vous ne me sauveriez pas et peut-être perdriez-vous cet homme, qui, je le sais, a des enfants. Taisez-vous et laissez-le dire. »

Ce trait est sublime de générosité; mais les fils du maréchal n'étaient-ils pas en droit de s'écrier de leur côté : — Mon père, et vous aussi vous avez des enfants !

Les débats continuèrent. La déposition de Davoust fut imposante : elle aurait dû sauver le maréchal.

« Dans la nuit du 2 au 3 juillet, dit le prince d'Eckmühl, tout était préparé pour une bataille générale, quand la commission du gouvernement m'adressa MM. Bignon et de Bondy, qu'elle avait chargés d'instructions pour traiter avec les généraux ennemis. J'y insérai un article qui stipulait pour les militaires, et j'adjoignis à ces messieurs le général Guilleminot. Les premiers coups de fusil étaient déjà tirés. Afin d'empêcher l'effusion du sang, j'envoyai aux avant-postes un officier pour demander une suspension d'armes. On parvint à régler les articles. J'avais chargé le général Guilleminot de rompre les négociations, si les militaires n'étaient pas compris dans les articles stipulés en faveur des habitants de Paris et des autres individus. On m'apporta la convention, je la signai, et je donnai des ordres pour son exécution.

— Qu'auriez-vous fait si la convention proposée n'eût pas été acceptée ? demanda M. Berryer au prince d'Eckmühl.

— Parbleu, reprit Davoust en se retournant vers l'avocat, j'aurais livré bataille. J'avais une armée bien disposée ; toutes les chances heureuses que peut prévoir un général en chef étaient de mon côté. »

M. de Fitz-James se montra favorable à la déposition des plénipotentiaires, qui affirmèrent que les stipulations de la convention de Paris protégeaient les propriétés et les *personnes*.

« Je demanderai à MM. les plénipotentiaires, dit M. de Fitz-James, si, sur leur honneur, ils pensent que ce soit en vertu de cette convention que les portes de Paris se soient ouvertes pour le roi ; car il serait difficile d'admettre une convention qui obligeât une partie sans obliger l'autre. »

Le général Guilleminot vint alors confirmer le témoignage du maréchal Davoust.

« Comme chef d'état-major de l'armée, dit-il, je fus chargé de stipuler pour la partie militaire de la convention du 3 juillet. Je demandai une garantie pour toutes les personnes, quelles qu'eussent été leurs opinions, leurs fonctions et leur conduite. J'avais l'ordre de rompre immédiatement la négociation si cet article était refusé, et l'armée était prête à attaquer. »

M. de Bondy ajouta :

« Les premières bases du traité consenti avec les étrangers furent : le maintien de la tranquillité publique, la conservation de la capitale, les garanties des personnes. Plusieurs articles furent l'objet de débats et de modifications ; mais l'article 12, relatif à la sûreté des personnes qui auraient pu être poursuivies pour leurs fonctions et leurs opinions, fut accepté de la manière la plus rassurante pour tous les individus qui pouvaient se croire compromis. »

Alors M. Dupin fit cette question peu adroite en ce qu'elle jetait du doute sur la déposition si précise du maréchal Davoust :

« Je désire que M. le prince d'Eckmühl dise quel était, dans sa pensée, le sens de l'article 12 de la convention ; si son objet était qu'on ne poursuivît pas les fonctionnaires publics seuls, M. le général en chef et les commissaires du gouvernement entendent-ils qu'il dût mettre à l'abri tous les individus quels qu'ils fussent ?

— Les commissaires du roi, s'écria M. Bellart, s'opposent à ce que cette question soit faite au témoin : elle est au moins inutile pour ne pas dire indiscrète.

— La pensée de M. le prince d'Eckmühl est indifférente au procès », ajouta le président.

Ici quelques pairs se récrièrent.

« Non ! non ! dirent-ils.

— L'acte existe ! s'écria M. Bellart, on ne peut rien y changer ; mais si cette pensée est hors de l'acte il faut la repousser.

— Messieurs, dit le maréchal, j'ai toujours regardé cette convention comme tellement protectrice, elle m'a inspiré une telle confiance, que je suis resté en France ; et cependant on m'a mis sur une liste de proscription. Depuis, le roi a chassé ses ministres : par là il a réprouvé son ordonnance ; je réclame la bienveillante protection du roi, j'y ai droit comme tous les Français. »

La liste des témoins était épuisée, le président donna la parole au procureur général pour lire son réquisitoire. Il était remarquable d'emphase et de mauvais goût. En voici un fragment :

« Messieurs les pairs, dit M. Bellart en commençant, lorsqu'au
« fond des déserts, autrefois couverts de cités populeuses, le voya-
« geur philosophe, qu'y conduit cette infatigable curiosité caracté-
« ristique de notre espèce, aperçoit les tristes restes de ces monu-
« ments célèbres, construits à des âges reculés, dans le fol espoir
« de braver la faux du temps, et qui ne sont plus que des débris
« informes, et pour ainsi dire une fugitive poussière, il ne peut
« s'empêcher d'éprouver une mélancolie profonde en songeant à ce
« que deviennent l'orgueil humain et ses ouvrages.

« Combien est plus cruel encore, pour celui qui aime les hom-
« mes, le spectacle de la ruine d'une grande gloire tombée dans
« l'opprobre, par sa faute, et qui prit soin de flétrir elle-même par
« des crimes, les honneurs dont elle fut d'abord environnée !

« Quand ce malheur arrive, il y a quelque chose qui combat en
« nous contre la conscience, pour la routine de respect si longtemps
« attaché à cette illustration à présent déchue. Notre instinct s'in-
« digne de ces caprices de la fortune, et nous voudrions, par une
« contradiction irréfléchie, continuer d'honorer ce qui brilla d'un si
« grand éclat, en même temps que détester et mépriser ce qui
« causa de si épouvantables malheurs à l'État.

« Telle est, messieurs les pairs, la double et contraire impres-
« sion qu'éprouvent, ils ne s'en défendent pas, les commissaires du
« roi à l'occasion de ce déplorable procès. »

M. Bellart parla ainsi pendant quatre heures et demie. La séance fut levée lorsqu'il eut achevé ce discours vraiment digne de Petit-Jean, mais de Petit-Jean en robe rouge. Le lendemain, 6 décembre, on entendit les avocats. M. Berryer parla le premier ; M. Dupin lui succéda. Animés du désir de sauver l'honneur et la tête du maréchal, ils plaidèrent l'un et l'autre avec une éloquence admirable ; mais lorsque M. Berryer arriva à l'argumentation irrésistible de la capitulation de Paris ratifiée par Louis XVIII, M. Bellart l'interrompit en disant :

« Je crois devoir épargner aux défenseurs du maréchal l'occasion d'ajouter un nouveau scandale dans cette affaire qui n'en recèle déjà que trop ; nous sommes Français, nous avons des lois françaises, ce sont les seules qui doivent être invoquées. »

« En vertu du pouvoir discrétionnaire qui m est attribué, dit alors M. Dambray, j'interdis aux défenseurs de raisonner d'un traité auquel le roi n'a eu aucune participation, et de faire plus longtemps usage de moyens qui n'ont aucun rapport avec le fait de l'accusation.

— Nous avons trop de respect pour les décisions de la Cour pour nous permettre aucune réflexion sur l'arrêt qu'elle vient de rendre, répliqua M. Dupin ; mais en vertu du traité du 20 novembre, postérieur à celui du 3 juillet, Sarrelouis ne fait plus partie de la France, et nous avons vu que les individus *nés* dans un pays *cédé* à un autre, sont sous la protection du droit général des gens. Or, le maréchal est toujours Français de cœur, mais enfin il est né dans un pays qui n'est plus soumis au roi de France... »

A ces mots, un murmure sourd s'était fait entendre sur tous les bancs de la pairie. Le maréchal en comprit le sens sinistre et se leva aussitôt.

« Monsieur, dit-il à son défenseur avec un calme plein de dignité, je m'oppose à ce que vous alliez plus loin.

— .... Pour conserver les droits attachés à son état primitif, avait continué M. Dupin, il lui faut des lettres de naturalisation, et...

— Assez ! monsieur, assez, vous dis-je ! s'écria Ney avec vivacité.

— Eh ! monsieur le maréchal, répliqua M. Dupin avec véhémence, votre vie ne vous appartient pas !

— Oui, je suis Français! reprit Ney avec exaltation, et je mourrai Français! Jusqu'ici ma défense m'avait paru libre; mais je m'aperçois enfin qu'on l'entrave de plus en plus. Je remercie mes généreux défenseurs de ce qu'ils ont fait et de ce qu'ils sont prêts à faire pour moi ; mais je les prie de cesser tout à fait de me défendre plutôt que de ne me défendre qu'imparfaitement. Je suis accusé contre la foi des traités, et on ne veut pas que je les invoque ! Je fais comme Moreau, j'en appelle à l'Europe et à la postérité ! »

Après ces nobles paroles du maréchal, M. Bellart s'écria avec véhémence :

« Il est temps de mettre un terme à ce système de longanimité qu'on a constamment adopté ! On a fait valoir des maximes antifrançaises ; on a poussé jusqu'à la licence la liberté de la défense ; les défenseurs ont eu plus de temps qu'ils n'en avaient demandé. A quoi bon les dérogations du fait capital auxquelles ils se livrent ? Ce n'est porter aucune atteinte à la défense que de vouloir la faire circonscrire...

— Défenseurs, dit M. Dambray en interrompant le procureur général, continuez, et renfermez-vous dans les faits.

— Monsieur le président, je défends à mes avocats de parler, à moins qu'on ne leur permette de le faire librement.

— Puisque M. le maréchal veut clore les débats, dit aussitôt M. Bellart, nous ne ferons plus, de notre côté, de nouvelles observations, et nous allons terminer par notre réquisitoire. »

Et il lut d'un air triomphant son réquisitoire de mort, dans lequel on remarqua cette assertion si contraire aux faits prouvés par les débats : «... S'est rendu coupable d'avoir entretenu avec Bona-
« parte des intelligences, à l'effet de faciliter à lui et à *ses bandes*
« l'entrée sur le territoire français, etc. » Il terminait en demandant que la Chambre appliquât au maréchal les articles du Code pénal relatifs aux individus convaincus du crime de haute trahison et d'attentat à la sûreté de l'État.

— Accusé, avez-vous quelques observations à faire sur l'application de la peine ? demanda le président.

— Non, monseigneur.

— Qu'on fasse retirer l'accusé, les témoins et le public, reprit M. Dambray. La Cour va délibérer.

Sur cet ordre, tout le monde se retira dans un silence morne; il était cinq heures et demie. Quant à Ney, il se leva, tira tranquillement sa montre et regarda l'heure, puis il salua l'assemblée et sortit de la salle, accompagné de ses défenseurs qu'il remercia affectueusement.

« Que voulez-vous? leur dit-il, c'est un boulet de canon. »

La Cour entra immédiatement en délibération secrète. Elle y resta jusqu'à dix heures et demie. Après un double appel nominal, sur l'application de la peine, 128 voix se prononcèrent pour la mort, 17 pour la déportation; 5 membres ne voulurent point voter [1].

[1] Voici, d'après l'*Histoire de la Restauration*, de M. Capefigue, la liste des pairs qui votèrent la mort :

Les maréchaux : ducs de Raguse, de Bellune, de Valmy; les comtes Serrurier et Pérignon; l'amiral Ganthaume; les généraux Compans et Mounier; le prince de Bauffremont; les ducs de Saint-Aignan, de Fitz-James, de Chevreuse. de Brissac, de Rohan, de Luxembourg, d'Harcourt, de Valentinois, de Lavauguyon, de Larochefoucauld; de Clermont-Tonnerre, de Coigny, de Montmorency (Laval), de Beaumont, de Lorges, de Croï-d'Havré, de Lévis, de Laforce, de Castries, de Doudeauville, de Chalais, de Serant d'Aumont, de Caylus et d'Uzès; les comtes Molé, Dupont, Dessolles, Maison, Lauriston, d'Haubersaert, Garnier, de Beauharnais, Soubès, Davoust, Pastoret, Alrial, Barthélemy, de Beaumont, de Guernouville, de Canclaux, Cornet, d'Aguesseau, Demont, Depère, d'Hedouville, Dupuy, Emmery, de Lamartillière, Laplace, Lecouteulx-Canteleu, Lebrun de Rochemont, de Lespinasse, de Montbadon, de Saint-Vallier, de Sémonville, Shée, de Tascher, de Vaubois, de Villemanzi, Vimar, Victor de Latour-Maubourg, de Vaudreuil, Charles de Damas, de Clermont-Tonnerre, du Cayla, de Castellanne, Choiseul-Gouffier, de Contades, de Crillon, Victor de Caraman, de Durfort, de Damas-Crux, d'Ecquevilly, François d'Escar, Ferrand, de Laferronnays, de Gand, de Laguiche, d'Haussonville, Latour du Pin-Gouvernet, Machault d'Arnouville, de Mun, de Muy, de Noé, Rougé, de Rully, Suffren Saint-Tropez, de Saint-Priest et Auguste Talleyrand; les vicomtes de Chateaubriand, Mathieu de Montmorency et de Vérac; les marquis d'Harcourt, de Clermont-Gallerande, d'Albertas, d'Avarey, de Boisgelin, de Bonnay, de Brezé, de Chabannes de Frondeville, de Gontaut-Biron, de Juigné, d'Herbouville, de Louvois, de Mathan, d'Orvilliers, d'Osmond, de Reige-

Après ce triste résultat, la Cour consultée déclara que l'arrêt serait prononcé *hors de la présence de l'accusé*. M. Dambray se retira pour en rédiger le texte, puis il revint, le lut à la Cour, qui l'adopta, et à onze heures et demie du soir il prononça enfin ce fatal arrêt qui condamnait le maréchal Ney à la peine de mort, aux frais du procès, et, sur le réquisitoire du procureur général, à la dégradation de la Légion-d'Honneur [1].

XI

Cette dernière séance de la Cour des pairs avait été longue. Le maréchal n'avait pris aucune nourriture de tout le jour. On lui servit

court, de La-Suze, de Talaru, de Vence et de Mortemart; les barons Séguier, Boisset de Montville et de Larochefoucault; le chevalier d'Audigné; enfin MM. Emmanuel Dambray, Desèze, de Lamoignon (Christian), Boissy-Ducoudray, de Saint-Roman, de Vibraye, de Linch, Morel de Vindé, Lepelletier de Rosembo et le bailli de Crussol.

Les pairs qui, d'après le même historien, votèrent pour la déportation, furent :

Les ducs de Broglie et de Montmorency; les comtes Berthollet, Chasseloup-Laubat, Chollet, Colaud, de Fontanes, de Gouvion, Herwyn, Klein, Lanjuinais, Lermercier, Lenoir-Laroche, de Malleville, Porcher de Richebourg, Curial et de Lally-Tolendal.

S'abstinrent constamment de voter :

MM. le duc de Choiseul, le Marquis d'Aligre, les comtes Théodore de Nicolaï, de Sainte-Suzanne et de Brigode.

[1] Napoléon, dont l'opinion dans l'affaire du maréchal doit être d'un grand poids, dit à Sainte-Hélène : « La défense politique de Ney semblait toute tracée : il avait été entraîné par un mouvement général, qui lui avait paru la volonté et le bien de la patrie, il avait obéi sans préméditation, sans trahison. Les revers avaient suivi ; il se trouvait traduit devant un tribunal; il ne lui restait plus rien à répondre sur ce grand événement. Quant à la défense de sa vie, il n'avait rien à répondre encore, si ce n'est qu'il était à l'abri derrière une capitulation sacrée, qui garantissait à chacun le silence et l'oubli sur tous les actes, sur toutes les opinions politiques. Si dans ce système il succombait, ce serait du moins à la face des peuples, en violation des lois les plus saintes, laissant le souvenir d'un grand caractère, emportant l'intérêt des âmes généreuses et couvrant d'infamie, de réprobation ceux qui, au mépris d'un traité solennel, l'abandonnaient sans pudeur. » (*Mémorial de Sainte-Hélène.*)

à dîner aussitôt qu'il fut remonté dans sa chambre. Il se mit à table et commença de manger fort tranquillement. Pendant ce temps, M. Berryer arriva. Le trouble extrême que révélaient sa personne et ses discours contrastait singulièrement avec la sérénité et le sang-froid du maréchal, qui ne se démentirent pas. Après quelques phrases échangées ils s'embrassèrent.

« Adieu, mon cher défenseur, dit Ney à son avocat; nous nous reverrons un jour... autre part... » ajouta-t-il.

En proie à une fièvre brûlante, M. Berryer retourna chez lui, où il trouva M. Bignon, l'un des négociateurs du traité de Paris, qu'une grave et subite indisposition avait empêché d'arriver à temps de son château d'Ecouys pour être entendu aux débats. M. Bignon apportait avec lui la copie de la pièce relative au pont d'Iéna, qui établissait évidemment le concours de Louis XVIII au traité du 3 juillet. Quoique les débats fussent clos depuis plusieurs heures, M. Berryer pressa le diplomate de porter cette pièce à la Cour des pairs, où les membres délibéraient encore. M. Bignon y courut.

Quand M. Berryer l'eut quitté, le maréchal devint soucieux. Ce n'était pas la mort qu'il redoutait, il l'avait affrontée dans cent combats; c'étaient les adieux qu'il allait faire à sa famille. Cette pensée douloureuse le faisait tressaillir. Ce fut pendant cette préoccupation pénible que, voulant machinalement couper ce qui était sur son assiette, il chercha un couteau sur la table et s'aperçut qu'on ne lui en avait pas donné [1].

« Quelle lâcheté! » dit-il à demi-voix.

Puis levant la tête et frappant de son poing fermé sur la table :

« Pourquoi n'ai-je pas de couteau? demanda-t-il à ceux qui le servaient.

[1] Dans toutes les législations, il est une coutume observée religieusement : c'est celle d'ôter à un condamné à mort tous les moyens de terminer sa vie avant le moment marqué par la loi; mais cette mesure, qui s'applique indistinctement, n'est prise que lorsque l'arrêt est rendu. Or, à peine le maréchal avait-il quitté la séance, qu'il fut placé sous l'empire de cet usage : était-on donc si certain d'une condamnation?...

— Monsieur le maréchal, répondit l'un d'eux avec embarras, c'est qu'on aura oublié de le monter.

— *Oublié!* répéta Ney en haussant les épaules, croient-ils donc que je veux me tuer? La mort et moi nous nous connaissons de longue date! J'espère bien, d'ailleurs, qu'ils m'accorderont celle des gens de ma sorte : une balle au cœur! Qu'on aille à l'instant me chercher un couteau! » ajouta-t-il.

On lui en apporta un qui était arrondi par le bout.

« J'en veux un autre! » s'écria-t-il en repoussant celui-là.

Comme la chambre du maréchal était située presque dans les combles du palais, on fut longtemps à remonter. Pendant cet intervalle il demeura assis, les coudes posés sur la table, le front soutenu dans ses mains, paraissant réfléchir péniblement sur cette circonstance; enfin, lorsqu'on lui eut apporté un couteau pointu, il le prit avec vivacité et le lança avec tant de force à l'autre bout de la chambre, qu'il alla se ficher dans la boiserie. Puis, se levant de table, il se promena en silence, et marcha ainsi pendant un quart d'heure, puis demanda de l'eau à boire. On lui apporta une carafe de cristal. Il voulut ensuite du vin de Madère; on lui en monta un flacon, qui provenait, comme tout le reste, de l'office du grand-référendaire. Le maréchal versa deux cuillerées de ce vin dans un verre qu'il remplit d'eau, et le but avec avidité. Un instant après, il but encore de même, et la carafe fut ainsi vidée en peu de temps, car la soif qu'il éprouvait semblait extrême. Ney commença alors à écrire quelques lignes, mais il se remit bientôt à marcher par la chambre en fumant un cigare. En passant devant son lit, et comme si une réflexion l'eût tout à coup frappé, il se jeta dessus, tout habillé, acheva son cigare et s'endormit bientôt. On remarqua que son sommeil était paisible et sa respiration douce et réglée comme celle d'un enfant.

Il dormait depuis quelques heures, lorsque son repos fut interrompu par le bruit que firent trois personnes qui entraient dans sa chambre. C'était M. Cauchy, secrétaire-archiviste, remplissant les fonctions de greffier près la Cour des pairs, qui, assisté de deux huissiers, venait donner au maréchal connaissance de l'arrêt prononcé contre lui. Vers minuit, M. Cauchy s'était présenté pour accomplir son office; mais, sur l'observation que lui avaient faite les gardiens, que le maréchal reposait, de son chef M. Cauchy avait différé le réveil jusqu'à quatre heures du matin. En ce temps déplorable d'injustices politiques, le maréchal avait trouvé si peu de sympathie parmi ceux qui l'entouraient depuis sa captivité, que nous rappelons ce fait qui, dans la position de M. Cauchy, était une bonne action.

En voyant ces trois personnages habillés de noir et immobiles devant son lit, Ney leur demanda en se soulevant à demi :

« Que me voulez-vous, messieurs?

— Monsieur le maréchal, répondit M. Cauchy, j'ai une douloureuse mission à remplir auprès de votre excellence.

— Vous faites votre devoir, reprit Ney avec douceur, chacun doit accomplir le sien dans ce monde. Seulement, dépêchez-vous, car j'ai hâte d'en finir.

— Alors M. Cauchy, qui tenait un papier à la main, commença à lire de ce ton monotone de greffier avec lequel on lirait une affiche; le maréchal, debout et les bras croisés sur sa poitrine, écouta avec beaucoup de calme le préambule de cette pièce ainsi conçue :

« Vu par la Cour des pairs l'acte d'accusation dressé, le 16 no-
« vembre dernier, par MM. les commissaires du roi nommés par
« ordonnance de S. M., des 11 et 12 dudit mois contre... »

« Au fait! au fait! monsieur Cauchy, interrompit le maréchal; vous savez bien que depuis six semaines j'ai assez entendu la répétition quotidienne de ce que vous lisez là, pour que vous puissiez m'en faire grâce aujourd'hui. Passez outre, et abrégez. »

L'archiviste reprit sa lecture; mais, arrivé à ces mots : « Con-
« damne Michel Ney, maréchal de France, duc d'Elchingen, prince
« de la Moskowa, ex-pair de France, grand-officier de la Légion-
« d'Honneur, grand-cordon de l'ordre du Christ, etc. »; à cette

longue énumération de titres et de qualités, disons-nous, le maréchal interrompit de nouveau M. Cauchy en lui disant d'un ton d'impatience :

« Mais à quoi bon tout cela? Il fallait dire Michel Ney est un peu de poussière : c'était tout. »

Et lorsque celui-ci eut achevé sa lecture :

« Monsieur, reprit Ney, je présume que personne ne s'est permis d'apprendre cette nouvelle à Mme la maréchale? Je me réserve ce soin. »

M. Cauchy s'inclina devant la volonté de cette âme si noble et si calme en présence de la mort.

« Monsieur le maréchal est le maître, répondit-il en baissant les yeux ; il peut également recevoir *ses gens d'affaires et son confesseur.*

— Monsieur, je sais ce que je dois faire. Puis, avec un sourire amer, il ajouta : Et... s'il vous plaît, pour quelle heure demain ?

— Huit heures du matin, monsieur le maréchal.

— C'est bien tard, reprit Ney en portant la main à son front. N'importe ! et il ajouta : Monsieur Cauchy, je voudrais être seul. »

Le greffier se retira immédiatement suivi de ses deux assistants, qu'on eût pu prendre pour des automates.

XII

Tout était consommé. Ney était perdu pour les siens et pour la patrie. Le souvenir de son père [1], de sa mère, de tous les siens, de

---

[1] Le père du maréchal était presque centenaire. Il avait pour son fils une tendresse mêlée de respect. Quoique d'une santé encore robuste, on craignait pour lui l'émotion que devaient produire les événements de 1815. Il n'en fut pas instruit. Les vêtements de deuil de sa fille, chez laquelle il vivait, ceux de ses petits-enfants, lui firent seuls supposer qu'un grand malheur avait frappé la famille ; mais il n'osa questionner personne. Triste, sombre, et ne prononçant plus que rarement le nom de son fils Michel il mourut en 1826, sans jamais avoir appris la catastrophe qui l'en avait privé.

tout ce qui peut encore faire regretter la vie dans ces moments suprêmes, préoccupa sa pensée. Il écrivit quelques lignes à la maréchale pour lui annoncer ce qu'il appela *leur malheur* et lui dire de lui amener ses enfants, pour qu'il les bénît. Un gardien porta la lettre. S'il faut en croire des récits que nous reproduisons d'autant plus volontiers et avec d'autant plus de confiance qu'ils sont empreints d'un grand caractère de vraisemblance en même temps qu'inspirés par une douloureuse sympathie, voici quelle aurait été cette solennelle entrevue. A cinq heures du matin, la maréchale arriva seule au Luxembourg, navrée de douleur. Le docteur Pasquier, médecin de la Chambre des pairs, l'attendait. Il alla au-devant d'elle et arriva assez à temps pour la recevoir évanouie dans ses bras. Il la fit transporter dans une pièce située sur un des paliers de l'escalier qui conduisait chez le maréchal. Enfin, elle put se rendre jusqu'à la chambre où le *brave des braves* traçait d'une main ferme sur le papier ses dernières volontés. Là, ses forces l'abandonnèrent encore et elle tomba sur le parquet. Le maréchal, qui n'avait cessé de conserver toute sa force de caractère, s'élança au-devant d'elle en s'écriant :

« Messieurs, aidez-moi à la secourir ! »

Et il releva sa femme, qui, revenue de son évanouissement, s'était jetée au cou de son mari et l'étreignait convulsivement en lui disant d'une voix déchirante :

« Mon ami, je ne te quitte plus ! je veux rester ici ! »

Ce que le maréchal dut éprouver en ce moment ne saurait se décrire. Il avait prévu cette autre agonie, qui dut ajouter encore à ses tortures morales; et pourtant il ne méritait pas de souffrir ainsi. Il rappela tout son courage pour tâcher d'inspirer à la maréchale un peu de confiance, en lui donnant à entendre que l'exécution de son arrêt était différée, que ce n'était pas leur dernier adieu, et que le soir, il espérait passer encore quelques instants avec sa famille...

« Mon ami, on te trompe, répétait cette malheureuse femme,

qui fut jusqu'au bout sublime de dévouement; ils ont hâte de te sacrifier, je le sais.

— Je t'assure que j'ai de l'espoir.

— Ils n'ont même pas voulu m'écouter! Lord Wellington!... Ah! lui surtout, s'il avait voulu!... Je me suis traînée jusqu'à eux en leur demandant grâce...

— C'est ce que je ne voulais pas!

— Mais si nous te perdons, quelle pourra jamais être notre consolation! Prières, larmes, tout a été inutile. Ce ne sont pas des hommes!...

— Parle plus bas, je t'en supplie; si nos enfants arrivaient, ils t'entendraient et pourraient comprendre... »

Cet entretien déchirant ne fut interrompu que par l'arrivée des quatre enfants du maréchal, qui entrèrent conduits par Mme Gamot, leur tante. Alors se renouvela avec plus d'angoisse la scène qui venait de se passer. Mme Gamot tomba aux pieds du maréchal en pleurant. Pendant ce temps, Ney avait réuni ses enfants autour de lui. Il avait assis les deux plus jeunes sur ses genoux, tandis que les deux aînés [1] étaient debout; et pour les mieux presser sur son cœur, il avait passé un bras autour de leur cou et les étreignit ainsi tous à la fois. Ceux-ci fondaient en larmes en écoutant avec recueillement les derniers conseils de leur illustre père, et bien qu'il leur parlât à voix basse et que chacune de ses paroles fût entrecoupée, on rapporte qu'il leur disait :

« Oui, mes enfants, je sortirai bientôt d'ici pour aller ailleurs... ailleurs, où je serai mieux... Je ne resterai éloigné de vous que pour quelque temps; mais votre mère vous restera... Rendez-vous toujours dignes de sa tendresse..., des soins qu'elle n'a cessé de vous prodiguer...; aimez-la bien, aimez-la comme vous m'aimez... Aimez la France aussi, car la France est votre seconde mère ; en mon absence, elle me remplacera vis-à-vis de vous... Quand vous serez

---

[1] M. le prince de la Moskowa, aujourd'hui pair de France, et M. le duc d'Elchingen, aide de camp du duc d'Orléans.

grands, souvenez-vous que vous portez un nom glorieux ! oui, glorieux ! On vous contera ma vie ; qu'elle vous serve d'exemple, et quand vous serez des hommes, si jamais votre patrie vous appelle pour la défendre, allez, mes enfants, et tâchez surtout, plus heureux que votre père, de mourir sur un champ de bataille... Embrassez-moi encore une fois !... »

Après ces dernières étreintes, le maréchal s'était levé ; car il craignait que s'il prolongeait cette déchirante situation, son courage ne vînt à faiblir à l'heure suprême qui s'avançait. Il voulut donc éloigner sa femme et ses enfants pour leur épargner à eux-mêmes de plus cruels adieux ; et s'adressant à Mme Gamot, sa belle-sœur, il lui dit que la maréchale aurait peut-être le temps de parvenir jusqu'au roi (il savait le contraire), et qu'elle devrait l'y accompagner

A peine la maréchale eut-elle entendu ces paroles qu'elle releva la tête, essuya ses yeux et s'écria avec l'accent d'une joie confiante :

« Oui, oui, le roi ! la duchesse d'Angoulême est bonne : elle m'entendra..., je lui parlerai de nos enfants. »

Et de nouveau elle s'était élancée au cou de son mari, qu'elle pressait convulsivement dans ses bras en répétant :

« Mon ami, je te sauverai, je te sauverai ! »

Le maréchal n'ignorait pas que sa mort était résolue. Il pressa sa femme de partir, et sachant bien qu'il ne reverrait plus aucun des êtres si chers qu'il avait embrassés pour la dernière fois, il dit à Mme Gamot, qui emmenait ses enfants, et après lui avoir recommandé la maréchale :

« A ce soir, ma sœur. »

XIII

Tandis que ces scènes désolantes avaient lieu au Luxembourg, que se passait-il aux Tuileries ?

La veille au soir, pendant que les pairs délibéraient, il y avait au château une conférence dans laquelle s'agitait la question de vie ou de mort du maréchal. Le roi, inquiet, était indécis, parce qu'il savait mieux que personne que le traité de Paris, si perfidement méconnu par lui, eût dû protéger la vie du maréchal. Le comte d'Artois (depuis Charles X) penchait pour la clémence, le duc d'Angoulême comprenait peu la question ; enfin l'un des coryphées du parti réactionnaire avait émis l'opinion qu'en présence d'une majorité de députés exaltée, il était impossible de commuer la peine du maréchal sans soulever bien des orages.

« Ne pas sacrifier Ney, dit-il, serait une condescendance que les puissances étrangères ne pardonneraient pas, et le lendemain le cabinet Richelieu serait mis en accusation par la Chambre. »

Une femme avait pris la parole dans ce conseil intime pour appuyer M. de Blacas, et, chose douloureuse à dire, elle s'efforça de démontrer au roi, dans un langage énergique, la nécessité d'un exemple *terrible*, mais nécessaire. A ses yeux, Ney était, de tous les généraux de Bonaparte, le plus coupable dans le mouvement des Cent-Jours. La perte de l'illustre maréchal fut donc irrévocablement arrêtée au château, et, dans la crainte que quelques circonstances imprévues ne vinssent militer en sa faveur, ordre fut donné de hâter l'exécution du jugement.

Cependant, parmi les pairs qui avaient voté *la mort* du maréchal, plusieurs avaient *espéré sa grâce* et l'avaient recommandé à la clémence royale par l'organe de M. de Richelieu, quoique celui-ci se fût positivement déclaré contre Ney et qu'il n'eût pas craint de prononcer ces malheureuses paroles :

« Qui de vous oserait s'intéresser au maréchal Ney ? »

Il y eut conseil des ministres à minuit. On n'osa pas prendre un parti sans connaître les dispositions de Louis XVIII. Lorsqu'on eut persuadé à M. de Richelieu que la maison de Bourbon gagnerait une grande popularité à la commutation de la peine de mort en une déportation, la demande en fut faite au roi à minuit et demi. Louis XVIII ne voulut rien entendre.

D'un autre côté, les ministres furent informés que beaucoup

d'officiers qui jadis avaient servi sous les ordres de Ney devaient se rendre à la plaine de Grenelle où les jugements militaires recevaient habituellement leur exécution. Ils ordonnèrent, en conséquence, que l'exécution aurait lieu cette fois dans l'enceinte du jardin du Luxembourg. La grande pépinière à droite du palais avait été indiquée d'abord, mais on se décida ensuite pour l'emplacement situé en dehors de la grille qui fait face à l'Observatoire, à gauche, et devant le mur sur lequel on voit écrit aujourd'hui *Jardin de la Grande-Chartreuse*. C'est une guinguette fréquentée par les étudiants.

Dès trois heures du matin, la garde du maréchal avait été remise au comte de Rochechouart, commandant de la place de Paris, chargé par le lieutenant général Despinois, d'après l'instruction des commissaires du roi, d'assurer l'exécution de l'arrêt de la Cour. Quatre cents hommes, gendarmes et vétérans, environnèrent le palais et gardèrent les grilles. Il est cruel de le raconter, mais il est avéré aujourd'hui que des officiers, dans le fanatisme de leur royalisme, revêtirent l'uniforme de simple gendarme pour garder le maréchal; que quelques-uns d'eux briguèrent même la triste faveur de faire partie du peloton qui devait le fusiller. La cour voulait que cette exécution se fît presque en cachette; les ministres craignaient une manifestation de l'armée; il fut donc résolu qu'on frapperait comme à la dérobée cette tête glorieuse que vingt-cinq ans de combats avaient épargnée.

On a prétendu depuis que lorsque le procès du maréchal était encore pendant, sans laisser d'espoir à ses amis, un Anglais, un soldat qui s'était plus d'une fois mesuré contre les nôtres, notamment dans la désastreuse campagne de Russie, sir Robert Wilson, le même qui joua plus tard un si beau rôle dans l'affaire de Lavalette, osa concevoir le hardi projet de délivrer le maréchal et de l'enlever du Luxembourg. On ne connut pas les moyens qu'il avait imaginés, mais on sut par lui que cette tentative n'avait échoué que parce que, la veille de l'exécution, la garde fut tout à coup triplée autour de l'illustre prisonnier. Cette délivrance du héros de la Bérésina, opérée par un homme contre lequel il avait croisé le fer sur le champ de bataille, eût égalé certainement tout ce que l'histoire des temps héroïques peut offrir de plus brillant et de plus généreux.

La maréchale n'avait quitté son mari que pour se rendre aux Tuileries. Elle avait insisté pour être introduite auprès du duc de Duras, l'un des quatre premiers gentilshommes de la chambre de Louis XVIII, afin d'obtenir une audience du roi. La maréchale ayant attendu longtemps cette audience, qu'on avait retardée sous divers prétextes, ce fut le duc qui eut à lui apprendre cette épouvantable nouvelle, que le jugement était exécuté.

« Madame, lui dit-il, l'audience que vous réclamez du roi serait sans objet. »

La maréchale ne comprit pas d'abord le véritable sens qu'il fallait attacher à ces terribles paroles; on le lui expliqua. Quelques instants après on la reconduisait demi-morte à son hôtel.

XIV

Ney resté seul, et livré à lui-même, commençait de mettre en ordre quelques papiers épars sur sa table, lorsqu'un de ses gardes, qui n'avait cessé de sangloter pendant la douloureuse entrevue du maréchal avec sa femme et ses enfants, lui dit avec une franchise toute militaire :

« Tenez, mon maréchal, à votre place, et au point où vous en êtes, j'enverrais chercher le curé de Saint-Sulpice. On dit que c'est un brave homme. Moi qui vous parle, toutes les fois que du temps de *l'autre* il a été question de bataille, eh bien ! j'ai pensé à Dieu, et je ne m'en suis pas mal trouvé; à preuve que me voilà ! »

Le maréchal regarda cet homme, qui portait l'uniforme de grenadier de Larochejacquelein, et lui répondit en souriant avec amertume :

« Est-ce que tu crois que j'ai besoin de quelqu'un pour apprendre à mourir?

— Mon maréchal, je ne dis pas cela. On n'ignore point que ce n'est pas un million de balles qui vous feraient peur. Au surplus, chacun a son idée. »

Et portant la main à son chapeau, il ajouta d'une voix pleine d'émotion :

« Pardon, excuse, mon maréchal, ce n'est pas au jour d'aujourd'hui que je voudrais vous offenser. »

Après un moment de silence, Ney s'approcha du vieux soldat.

« Tu as raison, mon camarade, lui dit-il avec entraînement; il faut mourir en honnête homme, en chrétien. Fais en sorte qu'on appelle M. le curé de Saint-Sulpice. »

Et le maréchal lui tendit une main que celui-ci couvrit de larmes.

On courut avertir M. de Pierre, curé de Saint-Sulpice, qui ne se fit pas attendre. Lui et le maréchal restèrent ensemble une demi-heure. Une pensée préoccupait le héros à ses derniers moments : il eût voulu savoir de quelle mort il allait mourir. Il questionna sur ce triste sujet M. de Pierre, qui lui apprit que sa mort serait celle du champ de bataille. A cette assurance, la poitrine du maréchal sembla se dilater; un éclair brilla dans ses yeux et illumina sa belle physionomie.

« Ah! merci, merci! » s'écria-t-il.

Cependant l'heure s'avançait. Le maréchal pressa la main de l'homme de Dieu en le priant de venir l'assister au moment suprême. M. de Pierre le lui promit.

« Sans adieu donc, mon père », lui dit le maréchal.

Et après l'avoir embrassé, il le reconduisit jusqu'à l'entrée de sa chambre.

A huit heures, un des vétérans de garde reçut l'ordre d'aller chercher une voiture de place. On avait fait demander, dit-on, à M. le grand-référendaire de la Chambre des pairs une voiture pour le maréchal. Cette voiture fut refusée. Un fiacre, numéroté 666 [1],

---

[1] Les gens superstitieux, habitués à tirer des conséquences des choses les plus

fut amené dans le jardin, au pied de l'escalier à gauche du palais. Alors on vint avertir le maréchal que tout était disposé. M. de Pierre avait tenu parole : il était retourné au Luxembourg à huit heures un quart. On était au 7 décembre, il faisait froid et sombre. La pièce où l'on se trouvait était à peine éclairée. Tous les assistants étaient silencieux.

Le maréchal était en deuil, comme nous l'avons dit. Il avait des bas de soie noire, un gilet noir et une redingote d'un bleu foncé, la même qu'il portait la veille à la séance. Il continuait de s'entretenir à voix basse avec M. de Pierre, lorsque voyant qu'on l'attendait, il dit d'un ton bref :

« Je suis prêt ! »

Puis il s'approcha de sa toilette, prit une brosse à cheveux avec laquelle il arrangea les siens, boutonna sa redingote jusqu'au haut, releva le col de sa cravate, mit son chapeau sur sa tête et se dirigea résolument vers la porte de sortie :

« Ah ! j'oubliais ! » dit-il.

Et revenant sur ses pas, il alla décrocher sa montre et la mit dans son gousset, voulant en faire don aux soldats qui allaient lui donner la mort, car il ignorait que ceux-là étaient, non pas des soldats obéissant passivement, mais des hommes qu'un zèle aveugle égarait, et qui avaient brigué l'étrange honneur de remplir ce triste office. Enfin il donna lui-même le signal du départ en disant :

« Allons, messieurs, je n'ai plus rien à faire ici. »

Et guidant M. de Pierre, auquel il avait offert son bras, il descendit avec assurance les nombreuses marches de l'escalier du Luxembourg. L'officier qui devait présider à l'exécution allait en avant. On était arrivé dans le vestibule du palais, devant lequel s'était arrêté le fiacre, lorsque tout à coup cet officier fait entendre une exclamation et se précipite, à droite, dans l'antichambre du

---

insignifiantes, remarquèrent que ce chiffre 666 était celui de l'Apocalypse, qui se rapporte à la proscription des saints. D'autres prétendirent que 3 fois 6 faisant 18, le maréchal devait nécessairement périr sous le règne du roi Louis XVIII.

grand-référendaire, où rencontrant une femme de charge, il lui dit d'un air effaré :

« Je n'ai pas pensé à prendre un mouchoir pour bander les yeux au maréchal. Prêtez-m'en un, je vous prie.

— Moi ! *décompléter* une douzaine pour un bonapartiste ! Allons donc ! »

Et cette femme lui tourna le dos.

L'officier rejoignit le maréchal au moment où la portière du fiacre étant ouverte, il pressait M. de Pierre de monter dans la voiture.

« Jusqu'à présent, mon père, lui disait le maréchal, vous m'avez montré le bon chemin ; montez, et quoique j'aille plus loin que vous, j'arriverai encore le premier. »

Le funèbre cortége se mit en marche par la grande avenue du Luxembourg, qui conduit à l'Observatoire. Pendant le trajet, le visage du maréchal semblait animé comme en un jour de bataille. En dehors de la grille le fiacre s'arrêta ; un capitaine de gendarmerie ouvrit la portière, abattit lui-même le marchepied et prévint le maréchal qu'on était arrivé.

« C'est ici », dit-il.

En ce moment les cris : « Le voilà ! le voilà ! » se firent entendre, et il y eut un instant de trouble parmi les spectateurs, derrière la ligne des soldats qui les repoussaient en disant, selon l'ordre qu'ils avaient reçu :

« Retirez-vous donc ! ce n'est pas lui ! C'est à la plaine de Grenelle que le maréchal doit être exécuté ce soir.

— Soldats ! serrez vos rangs et empêchez qu'on n'approche ! » s'écria la voix d'un officier général.

En cet instant l'expression du visage du maréchal était d'un calme admirable. Il regarda autour de lui, et apercevant le peloton qui devait faire feu :

« Ah ! fit-il, c'est là ! »

Au même moment on entendit le galop précipité d'un cheval.

« C'est sa grâce ! crièrent les uns. C'est un sursis ! » dirent les autres ! C'était l'ordre expédié du château de presser l'exécution.

Alors le maréchal fit ses adieux à M. de Pierre ; il lui donna une boîte d'or qu'il le pria de remettre à la maréchale, et tout l'argent qu'il avait sur lui pour être distribué aux pauvres de la paroisse Saint-Sulpice. Puis il s'avança d'un pas ferme et se plaça devant le peloton, dont le commandant scrupuleux vint, le mouchoir blanc à la main, offrir de lui bander les yeux. Ney le repoussa doucement :

« Ignorez-vous, monsieur, que depuis vingt-cinq ans j'ai l'habitude de regarder la mort en face ! »

Et posant la main droite sur son cœur et de la gauche élevant son chapeau au-dessus de sa tête, il reprit d'une voix claire et solennelle :

« Je proteste devant Dieu et devant les hommes contre le jugement qui me condamne. J'en appelle à la patrie et à la postérité. Vive la France ! »

Sans doute il allait continuer, car au milieu de la stupeur dont chacun était frappé, personne ne songeait à l'interrompre, lorsque la voix du même officier général couvrit la sienne par ce commandement adressé au peloton :

« Apprêtez armes !

— Camarades ! reprit alors le maréchal d'une voix plus éclatante et en effaçant sa poitrine, faites votre devoir et tirez là... là ! ajouta-t-il en frappant de sa main sur son cœur.

— Joue... feu » ! dit avec vivacité la même voix qui s'était fait entendre.

Au même instant le *brave des braves* tomba.

«Vive le roi !... vive le roi ! » ... crièrent les officiers en brandissant leurs épées.

Aucune voix ne répondit à ces acclamations sacriléges, car dès que le petit nuage de fumée se fut dissipé, on vit les traces d'un noble sang sur le mur devant lequel s'était adossé le maréchal. Ce fut alors qu'une femme, une sœur de l'hospice de la Maternité, à laquelle personne n'avait fait attention parce qu'elle était restée à l'écart et constamment à genoux depuis l'arrivée du maréchal, perça le triple rang des soldats et se précipita pour recueillir quelques traces de ce sang, avec la même piété que si c'eût été le sang d'un martyr de notre foi. Cette femme était la sœur Sainte-Thérèse, dont le frère, qui servait en 1814 dans le corps d'armée du maréchal, avait été tué sous ses yeux.

Ney était tombé percé de six balles au cœur, de trois à la tête et au cou et d'une à l'épaule gauche. Son corps mutilé resta gisant au pied de ce mur pendant vingt minutes, au bout desquelles des hommes de peine de l'hospice de la Maternité vinrent l'envelopper dans une couverture et le transportèrent, sur un brancard, dans la salle basse de leur hospice. La sœur Sainte-Thérèse passa tout le jour et toute la nuit qui suivirent en prières, agenouillée devant ses restes mortels. Le lendemain, la famille du maréchal les fit pieusement conduire au cimetière du Père-Lachaise.

. . . .

En passant naguère sur le lieu où le prince de la Moskowa fut immolé par la Restauration aux vengeances de l'étranger, nous n'avons pu contempler sans une émotion profonde cette muraille recrépie, de laquelle on a essayé de faire disparaître les traces du sang généreux dont elle fut teinte. On n'a pu les effacer de même de la mémoire des hommes. L'histoire les a recueillies sur ses pages indestructibles. Un jugement de réhabilitation peut seul les en effacer. Le pays attend depuis longtemps ce grand acte de réparation. Il est, dit-on, des consciences qui reculent peut-être devant la nécessité d'avouer hautement qu'elles se sont trompées, comme si la justice humaine était infaillible ! Et pourtant, à des époques de révolutions comme la nôtre, que de jugements, dictés par les passions du moment, ont dû prouver à tous les partis tour à tour qu'il n'y a qu'une justice qui ne saurait faillir : celle de Dieu !

FIN.

TABLE DES MATIÈRES

CONTENUS DANS LE VOLUME DES CONSPIRATIONS.

	Pages.
INTRODUCTION	5
CHAP. I. — La machine infernale, 1800	17
CHAP. II. — A la Malmaison, 1801-1815	41
CHAP. III. — Georges Cadoudal, Moreau et Pichegru, 1802-1804	67
CHAP. IV. — Le château de Marrac, 1808	232
CHAP. V. — A Schœnbrunn, 1809	246
CHAP. VI. — A Paris et à Rome, 1810	255
CHAP. VII. — Un prisonnier d'État, 1810	279
CHAP. VIII. — Intrigues diplomatiques, 1810	289
CHAP. IX. — Malet, Lahorie et Guidal, 1812	330
CHAP. X. — Trahison sur trahison, 1813-1814	416
CHAP. XI. — A Troyes en Champagne, 1814	436
CHAP. XII. — L'abdication, 1814	446
CHAP. XIII. — De Fontainebleau à Fréjus, 1814	500
CHAP. XIV. — La Sabla, 1815	530
CHAP. XV. — A Sainte-Hélène, 1815-1821	538
CONCLUSION	574
LE MARÉCHAL NEY	579

PLACEMENT DES GRAVURES.

L'Explosion	21
Un chalet à la Malmaison	53
Interrogatoire de Pichegru	128
Arrestation de Georges Cadoudal	137
Georges Cadoudal au Temple	165
Grâce pour mon père	204
La Pamperruque	234
Lahorie à la Force	352
Exécution de Malet	406
Scène de l'abdication	475
L'abdication	498
L'auberge de la Calade	524
La Sabla	534
Bataille d'Austerlitz	538
Tombeau de Napoléon	573
Le maréchal Ney en Russie	591

FIN DE LA TABLE DES MATIÈRES.

www.ingramcontent.com/pod-product-compliance
Lightning Source LLC
Chambersburg PA
CBHW050315240426
43673CB00042B/1422